6 97

39.80

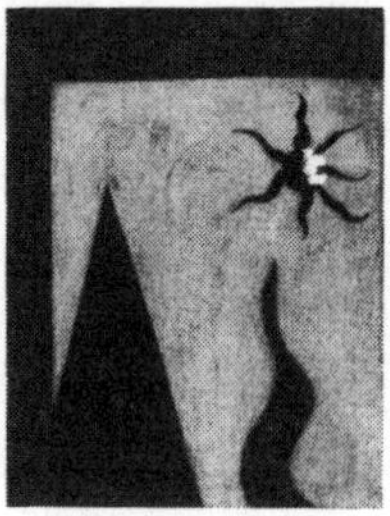

BECK & GLÜCKLER

PORTUGIESISCHE ERZÄHLUNGEN DES ZWANZIGSTEN JAHRHUNDERTS

Bearbeitete und erweiterte Neuauflage

Herausgegeben
von
Curt Meyer-Clason

BECK & GLÜCKLER

Wir danken dem Instituto Português do Livro e das Bibliotecas
und der Portugal-Frankfurt S.A. , sowie der Sociedade Portuguesa de Autores
für die freundliche Unterstützung bei der Herausgabe des Werkes.

Quellenangaben befinden sich im Kapitel
«Die Autoren und ihre Werke».

Erweiterte Neuauflage 1997
der 1. Ausgabe 1988

Maximilianstr. 30, D-79100 Freiburg
Gestaltung: Michael Wiesinger, Freiburg
unter Verwendung eines Bildes von Manuel Cargaleiro
Druck und Bindung: Clausen & Bosse, Leck
Printed in Germany

ISBN 3-89470-222-2

Portugiesische Erzählungen des Zwanzigsten Jahrhunderts

INHALT

Die Übersetzer

ChMC	Christiane Meyer-Clason
CMC	Curt Meyer-Clason
FB	Frederico Berna
GH	Gesa Hasebrink
GRL	Georg Rudolf Lind
IL	Ilse Losa
JA	Jeanne Adler

EINFÜHRUNG

»Zerrinnen lass' ich die gequälte Zeit
und streue meine Sehnsucht ohne Ende
am Meeresufer hin in Einsamkeit ...
Was immer hier sich wende und mich narre,
und will ich über Blumenwiesen gehn,
so ist's, als käm' darüber eine Darre.
Dies ist ja nun das übliche Geschehn,
daß unsere Augen, wenn sie trübe blicken,
auch in der Freude nur die Trauer sehn ...«

Camões, Luís Vaz de Camões (1524–1580), der lusitanische Barde, hat zwar die Glanzzeit seines Helden, des portugiesischen Erobervolks, in seinen *Lusiaden* episch verklärt, er hat aber gleichzeitig in seiner von Karl Vossler übersetzten *Elegie* »unsere Augen, die trübe blicken« fixiert; die allem Anschein nach von Anfang an im Portugiesischen angelegte *Saudade*, eine vage, im Aufbruch gebrochene Sehnsucht, eine richtungslose Richtung des Herzens, die vor der Tat, vor der Erfahrung, die schon vor der Konfrontation mit der Konkretheit der Welt die Waffen streckt und strandet – »am Meeresufer hin in Einsamkeit«.

Vierhundert Jahre später, 1958, bleibt dem Lyriker Helder Macedo nur noch übrig, diese seine welt- und bezuglose Selbstdramatisierung ironisch zu spiegeln:

»Nur in des Existierens schlichter Wut
verlängere ich mich, erzwungne Pein,
verabschiedet von mir, bis auf sich tut
der Weg von mir zu meinem ganzen Sein.
Wachsam will ich mein volles Schicksal schmieden
als des gefangnen Lebens Rachewaffe,
damit, dem Menschheitsganzen eingeschrieben,
es ein verkürztes Gegenbild erschaffe

für meine unpersönliche Identität.
Ich werde meine Ferne sein und ihr Indult,
damit mir meine Freiheit neu gerät
als Spötterei, als Zeitvertreib, als Kult.«

Dies als Vorbemerkung oder Exkurs. Und nun zu Portugals zeitgenössischer Erzählung, zum Thema dieses Bandes.

Er beginnt mit einem Mangel. Raummangel nämlich macht es unmöglich, die Vorläufer der heutigen Erzählung – Raul Brandão (1867–1931), António Patrício (1878–1930), Mário de Sá-Carneiro (1890–1916), zum anderen die in der Literatur dieses Jahrhunderts beheimatete, aber im vorigen geborenen Erzähler Almada Negreiros (1893–1970) und Irene Lisboa (1892–1959) aufzunehmen. Somit beginnt unser Band mit zwei Autoren: dem unerläßlichen Aquilino Ribeiro (1881–1963), fruchtbarster Vertreter des bürgerlich-demokratischen Flügels in der portugiesischen Literatur, von ursprünglicher Sprache und Gestaltungskraft. Und mit Ferreira de Castro (1898–1974), dem volkstümlichsten Schriftsteller seines Landes. Er ist der bedeutendste Autor des Übergangs vom Naturalismus zu einem neuen Realismus, der in seinem 1928 erschienenen ersten Roman *Die Auswanderer* (dem noch der undifferenzierte Tonfall des Journalisten anhaftet) die am eigenen Kinderleib erfahrenen Leiden der Brasilien-Emigranten an den Pranger stellt. Damit – denn der Held seines Buches ist eine soziale Gruppe – gilt er als Vorläufer der neorealistischen Schule, die sich am Vorabend des Zweiten Weltkriegs zu Wort meldet. In der Erzählung unseres Bandes ermahnt er seine Landsleute, statt abergläubig den Kopf zu ducken, tatkräftig in die Welt zu blicken.

Die portugiesische Erzählung – *conto* (spanisch *cuento*): von dem auf das griechische *kóntos* zurückgehenden lateinischen *contu* (computu) – tritt im Schrifttum des Landes zum erstenmal 1575 auf: in den *Contos e Histórias de Proveito e Exemplo* von Gonçalo Fernandes Trancoso, dann 1619 bei Francisco Rodrigues Lôbo. Wichtige Erscheinungen der folgenden Jahrhunderte sind, bündig gesprochen: Pater Antônio Vieira (1608–1697), den auch die Brasilianer zu ihrer Literatur rechnen, der militante Mystiker und episch begabte Epistologe und Prediger; der Ritter Francisco Xavier de Oliveira (1702–1783), der im Londoner Exil »die Welt zu seinem Vaterland« machte und in Portugal eine »infolge der Inquisition nachgehende Uhr« sah; die nach der Revolution von 1820 zur Flucht ins Ausland gezwungenen Männer der portugiesischen Romantik, vor allem Almeida Garret (1799–1854), der, von einem abstrakten Begriff des Volkes ausgehend, für eine streng nationale Dichtung eintrat, sowie der von Klopstocks *Messias* und Miltons *Paradise Lost* beeinflußte Doktrinär Alexandre Herculano (1810–1877). Uns freilich interessiert vor allem die moderne realistische Prosaliteratur, die in der zweiten Hälfte des neunzehnten Jahrhunderts mit der sogenannten »Generation von 1870« beginnt, welcher der Romancier Eça de Queirós, der Lyriker, Historiker und Pamphletist Antero de Quental, der Historiker Oliveira Martins und der Kulturkritiker Ramalho Ortigão angehörten; beeinflußt von der gesellschaftskritischen Literatur Frankreichs und Englands, von Thackeray, Flaubert, Hugo, entflammt vom Gedankengut Darwins, Hegels, Feuerbachs, Michelets, Renans, Auguste Comtes, sagten sie dem Romantismus, der dem längst versunkenen »Goldenen Zeitalter« der Conquista gehuldigt hatte, den Kampf an.

Doch eine Zwischenbemerkung zu der hier vorgestellten Gattung: Der Portugiese ist, wie der Essayist Guilherme de Castilhos sagt, »in der Regel undiszipliniert, impulsiv, übereilt«, und das steht der Schaffung einer dem Roman günstigen Tradition im Wege. Daher äußert sich sein Talent, sofern es nicht zur Lyrik tendiert, fast immer als Erzähler, aber selten als Romancier. Portugal besaß im Rahmen der Weltliteratur bis vor wenigen Jahren nur einen großen Romancier: den erwähnten Eça de Queirós (1846–1900). »Der Zeitgeist ist die Revolution« – so verkündete der fünfundzwanzigjährige Eça, der mit dem Lyriker Antero Quental, einem der Organisatoren der portugiesischen Sektion der Ersten Internationale, die »Demokratischen Konferenzen« ins Leben rief, 1871 die Prinzipien einer realistischen Kunst und Literatur: »Unser Bewußtsein wird durch die Revolution geformt. Sie ist die Seele des Jahrhunderts. Trotzdem sind die Ideale der Kunst die alten Ideale der Vergangenheit! Die Revolution steckt in allem, nur nicht in unserer Kunst: Diese repräsentiert und stützt die Reaktion.« Sein *Verbrechen des Paters Amaro* (1875) war der erste Roman des portugiesischen Realismus. Doch die fortschrittliche, fruchtbare Zeitspanne war von kurzer Dauer. Das Schlagwort »Portugals Zukunft liegt in den Kolonien« – die offenbar einzige Rettung des finanziell zerrütteten, sozial erschütterten Landes – begann in die Werke der »Generation von 1870« Eingang zu finden. Ein Teil der enttäuschten einstigen Aufrührer schloß Frieden mit Thron und Altar, und der in Neuilly lebende Konsul und alternde Gesellschaftskritiker Eça de Queirós kehrte in seinem Schwanengesang *Stadt und Gebirg* ausgesöhnt zurück in die Provinzidylle Portugal. Auch Schriftsteller der »Portugiesischen Renaissance« (um 1910), die sogenannten »Passadisten« (passado = Vergangenheit), flüchteten sich in die *Saudade*, in die Sehnsucht nach einer verschwommenen, versunkenen Ferne in Schönheit, Würde, Ruhm, Adel, und erhofften sich in der Neubelebung der alten Ideale die Wiedergeburt des Landes, welche die »Progressisten« in der Errichtung einer Republik erstrebten. Am 1. Februar 1908 fielen König Carlos I. und der Thronfolger einem republikanischen Attentat zum Opfer; 1910 wurde die Monarchie durch eine bürgerliche Revolution gestürzt und die Republik ausgerufen. Da aber die neue Staatsform die bestehenden Verhältnisse nicht zu ändern vermochte, setzten ihre Führer die unter der Monarchie begonnene Expansionspolitik in Afrika fort und traten aus Sicherheitsgründen auf der Seite der »Entente« in den Krieg ein.

In den Kriegsbeginn fallen die Anfänge des vom französischen Symbolismus beeinflußten Modernismus, begleitet von dessen kurzlebigen Publikationsorganen: *Orpheu* (1915), *Centauro, Exílio, Portugal Futurista, Contemporânea, Athena.* Fernando Pessoa (1888–1935), Gipfel der Bewegung, spiegelt mit seinem Hauptthema, der Zersplitterung der Person in der Gesellschaft seiner Zeit, die Krise des bürgerlichen Bewußtseins. 1926 wurde die Republik durch einen Staatsstreich von der Diktatur abgelöst, die sich zu einem Korporativstaat entwickelte. Das Streikrecht wurde aufgehoben, die politischen Parteien verboten, die Pressezensur eingeführt, die kulturellen Betätigungen überwacht.

Nun zu den Autoren unseres Bandes: Den Auftakt bildet die Gruppe um die in Coimbra erschienene Zeitschrift *Presença* (54 Nummern, 1927–1940), ein Siebengestirn, bestehend aus ihrem

Oberhaupt, José Régio, außerdem José Rodrigues Miguéis, Vitorino Nemésio, Tomaz de Figueiredo, Domingos Monteiro, Branquinho da Fonseca und zunächst auch Miguel Torga. Sie traten ein für eine »lebendige Literatur – gegen alle Formen des Stillstands, für den Primat des Zeitlosen vor dem Bedingten, des Individuellen vor dem Kollektiven, des Psychologischen vor dem Sozialen –«, wie David Mourão-Ferreira formuliert. Ihr Hauptthema war Kindheit, Jugend, die Lebensbeichte, die Sichtbarmachung innerer Erfahrungen. (Cocteaus *Les Enfants Terribles*, 1929, bestärkte sie in ihren Bestrebungen). José Régio, der Dichter der *Presença* (und der Nabelschau), erklärte: »Ich will euch sagen, wer ich bin / Ich bin mein einziges Ziel …« Und Sophia de Mello Breyner Andresen ruft später, vermutlich in seinem Schlepptau, aus: »Ich halte meine Seele, damit sie nicht bricht.«

Mit einem Wort: Die Bewegung hatte die Erziehung der Persönlichkeit im Auge, sie gehorchte den autonomen Werten des l'art pour l'art. Ein Hauch von Puritanismus umgab sie, ein hautgoût von Sterilität, trotz ihres Anspruchs auf »vivência«, auf gelebtes Leben. Nichts veranschaulicht dies besser als Régios hier abgedruckte Erzählung. Auch Branquinhos *Die kalten Hände* mit ihren Halbtönen vermittelt diesen Eindruck von Scheitern und Gehemmtsein, von einer Gebundenheit, die das Leben von sich fernhält. Früh löst sich Miguel Torga von der Gruppe: Der Lyriker, Erzähler, Tagebuchführer und Briefschreiber Torga, unbändig, granithart und zugleich zartbesaitet, war entschlossen, der Sintflut der Verneinung zu widerstehen – wie der Rabe seiner Erzählung *Vicente* aus dem Band *Tiere* (Bichos), der sich in die letzte, der überfluteten Erde entragende Felsspitze verkrallt –, denn seine einziges Gewißheit ist sie, die Erde, auf der er, der Mensch, steht. Torga geht es – wie man sieht – vor allem darum, als Erwachsener Stellung zu nehmen zu Umwelt und Zeitgeschehen und kritisch, luzide, bewußt zu wettern gegen den versteinerten Status quo, gegen die Resignation, die bockig den Nacken beugt:

»Frische Luft! Frische Luft herein!
Unser Haus soll kein Museum sein,
kein Wachsfigurenkabinett.

Reißt nieder! Schlagt die Fenster ein!
Lieber Chaos als schleichender Tod.
Fenster und Türen auf, frische Luft tut not!«

tönt es aus den fünf Sechszeilern eines seiner vielen rebellischen Gedichte. Und im Vorwort zur 2. Auflage seiner *Neuen Erzählungen aus dem Gebirge* (1945), denen unsere Wahl entstammt, schreibt er seinen Lesern: »Ich habe Große-Seeles Grab wiedergesehen und habe Marianas Leidensweg abgeschritten. Ich habe alles gefunden, wie ich es letztes Jahr, anläßlich der ersten Ausgabe dieser Abenteuer, verlassen habe. Ich habe nur mehr Hunger, mehr Unwissenheit und mehr Verzweiflung gesehen. Durch diese Berge weht ein trostloser Elendswind, der kein Heidekraut blühen läßt, keine Hirten und keine Herden. Hier verbündet sich das Soziale mit dem Natürlichen, und das Gesetz geht Hand in Hand mit dem heißen Südwind, der die Augen ausgetrocknet hat und die Brunnen. Versengt und verschrumpft gleichen die Gesichter der Alten tausendjährigen Pergamenten, in die ein grausames Leiden tiefe, tragische Legenden gegraben hat. Aber auch im glatten Gesicht der Jungen ist nicht mehr Hoffnung. Ich bin Schriftsteller, wie du weißt. Doch nicht alles läßt sich wiedergeben. Neben dem Sonett oder dem Roman, den die Maschine druckt, verbleibt in der Seele des Künstlers sein Zustand als Herdenmensch. Daher habe ich ein Gelübde getan, das ich dir übermittle: Ich war sicher, daß du, Bewohner der fruchtbaren Niederung, rasch Verständnis und Liebe aufbringen würdest für das harte Los dieser Brüder. Daß du eines Tages die Dürre und Trostlosigkeit ihrer Felslandschaft kennenlernen würdest, nicht als Leser des Malerischen oder Sonderbaren, sondern als feinfühlendes Wesen, berührt von der Magie der Kunst und aufgerufen von den Geboten des Lebens. Das habe ich gelobt, weil ich mich gedemütigt fühlte von soviel Schmutz und Elend, und beschämt, die undankbare Rolle des Chronisten einer Welt zu spielen, die nicht einmal lesen kann ...«
Die Heimat Torgas, Trás-os-Montes (Hinter-den-Bergen: nomen est omen) ist eine der zurückgebliebensten und durch die Emigration am meisten entvölkerten Provinzen des Landes.

Am Anfang unserer Sammlung steht auch der Lyriker José Gomes Ferreira, der jedoch der zehn Jahre nach *Presença* einsetzenden Strömung des Neorealismus zuzurechnen ist. Eines seiner Gedichte aus *Eléctrico* (1943–45), *Ein Augenblick billiger Philosophie*, lautet:

»Jenseits vom »Sein oder Nichtsein« hohler Probleme
hat nur dies einen Sinn:
Ich denke an die anderen.
Und schon kann ich sagen: Ich bin.«

Ganz im Geist dieser Zeilen scheint unsere Erzählung oder Chronik *Das Fest kam mich billig!* geschrieben, die im übrigen der Titel seines Prosabandes definiert: *Das unwirkliche Alltägliche*, unermüdlich gesammelt im Gegenüber mit dem Alltag.

José Rodrigues Miguéis, der gleichen Generationsgruppe angehörend, dreißig und mehr Jahre Emigrant, schafft dagegen aus der räumlichen Distanz. Der Literaturhistoriker Oscar Lopes spricht von seinem »ethischen Realismus«, und seine späteren Arbeiten sind geprägt von dem Drang, das tief verwurzelte *Fado*-Gefühl, das sich bei so vielen Schriftstellern des Landes im Gebrauch gefühlsträchtiger Metaphern, in der oft selbstgefälligen Dramatisierung der eigenen Schicksalsverfallenheit äußert, durch den bewußt gesteuerten Willen zur verantwortlichen Gestaltung des eigenen Lebens und somit der eigenen Zukunft auszumerzen.

Damit sind wir bei der zweiten Gruppe Schreibender angelangt: den Neorealisten. Ihre Vorläufer, Erreger sind kurz gesagt: geschichtliche Ereignisse wie Spaniens Entwicklung (Fall der Diktatur Rivera 1930, die Republik 1933, der Bürgerkrieg 1936–1939) und Frankreichs innere Spannungen, dessen Hauptstadt nach wie vor Portugals hauptsächliches literarisches Blickfeld bildet; zum anderen Autoren wie André Malraux, Maxim Gorki, Ilja Ehrenburg; Ernest Hemingway, John dos Passos, John Steinbeck; endlich die Brasilianer Jorge Amado, José Lins do Rego, Graciliano Ramos. Zum dritten die Lage im Lande: »Ein unablässiges Nachlassen in der direkten oder ideologischen Dynamik der mittleren Volksklassen sowie eine soziale Polarisierung als Ergebnis des langsamen, aber unumstößlichen Industrialisierungsprozesses, vor allem aber der ökonomischen Zentralisation und Konzentration« (Oscar Lopes). Mário Dionísio, einer der Lyriker des neorealistischen *Novo Cancioneiro* und Theoretiker der Bewegung, schrieb zurückblickend: »Der Neorealismus entstand nicht durch Dekret, sondern spontan, aus der Unruhe, der Großmut und der Einfalt all der Jungen, die zusammenkamen, unwiderstehlich getrieben von der hartnäckigen Weigerung, in einer aggressiv unglücklichen Welt glücklich zu sein, von der gleichen Hoffnung auf den Menschen (von der sie wußten, daß sie nur bedeuten konnte: auf *die* Menschen), vom Drang, eine neue, im Zusammenleben, in der Gemeinschaft wurzelnde Literatur zu schaffen, fähig, ein ganzes Land zu seiner Wirklichkeit zu erwecken.«

Der vielgeschmähte Neorealismus – der Versuch eines echten, und das heißt: kritischen Realismus, die traditionellen Grundlagen der portugiesischen (dualistischen, platonischen, christlichen) Literatur durch den dialektischen Materialismus zu ersetzen – eröffnet die Lehrzeit eines neuen Typs von Schriftsteller, er schuf ein neues Bewußtsein, eine neue Optik, eine neue »Religion«: die Erlösung des Menschen durch den Menschen im Kampf gegen die Ausbeutung des Menschen durch den Menschen.

Dazu der hier vertretene Alves Redol in seinem Vorwort zu *Gaibéus* (1940): »Dieser Roman beansprucht nicht, als Kunstwerk in die Literatur einzugehen. Er will zunächst ein im Ribatejo-Gebiet angesiedeltes Dokumentarium sein, Roman als Antihandlung, ohne Hauptpersonen. Das Thema entstand im Kollektiv einer Gruppe von Wanderschnittern. Beabsichtigter Kompromiß zwischen Reportage und Roman zugunsten der vergessenen Menschen, aber auch der geschmähten Literatur.«

Fernando Namora zu seinem Roman *Casa da Malta* (1945): »Die Probe für einen von den Dringlichkeiten seiner Zeit durchdrungenen Schriftsteller war die Begegnung mit dem Volk.«

In Soeiro Pereira Gomes' Roman *Esteiros*, 1944 (gewidmet »den Söhnen von Männern, die nie Kinder gewesen waren«), schreibt ein Vater aus dem Gefängnis: »Schick unseren Sohn in die Schule. Ohne Unterricht wird er ein Sklave oder ein Lump!« Manuel da Fonsecas *Saat des Windes* (1958, beschlagnahmt) endet mit dem »geschichtlichen« Schrei: »Sagt meiner Enkelin, sagt ihr, sie hat recht! Ein Mann allein ist nichts wert!« Carlos de Oliveira in *Alcateia* (1944): »Es gilt, den bürgerlichen Bodensatz auszuräumen.«

Die Bahnbrecher der ersten Phase der Bewegung, die unter Mißachtung literarischer Werte Kunst für den Menschen machen wollten, waren der frühverstorbene Soeiro Pereira Gomes (der laut Oscar Lopes den gültigen Industrie-Roman hätte schreiben können), Alves Redol, Manuel da Fonseca, José Marmelo e Silva; Fernando Namora und Carlos de Oliveira (die ihr erstes Buch gemeinsam schrieben); die der zweiten José Cardoso Pires und zunächst Urbano Tavares Rodrigues. Freilich überspannten anfangs manche den Bogen, und dogmatische Versteifung auf die These von der aufsteigenden Klasse führte bisweilen zu marionettenhafter Verzeichnung des Bürgers en bloc. (Darin hatte eines ihrer Vorbilder, der frühe Jorge Amado, bereits den Ton angeschlagen, denn bei ihm besaß ein Arbeiter grundsätzlich ein edles, ein Bürger ein schäbiges Herz, und ein Priester war natürlich ein Schwätzer). Fernando Namora war es, der in seinem *A Noite e a Madrugada* als erster wagte, den Armen auch mindere Eigenschaften zuzuschreiben. Denn vielfach ging den portugiesischen Neorealisten der Sinn fürs Psychologische ab, im Gegensatz zu Gorki, zu Anna Seghers, zu Brecht. Eingedenk dessen, »daß unser Land aus analphabetischen Bauern besteht« (Namoras *Feuer in dunkler Nacht*, 1943), fielen manche der vorwiegend aus den Landgebieten stammenden Schriftsteller in einen magischen Realismus zurück und ließen dadurch die soziale Dimension in einem mythischen Zeit-Raum verschwinden. Oder sie schwankten unter dem Einfluß ihrer Vorläufer des Regionalismus wie Aquilino Ribeiro und João de Araújo Correia zwischen der Darstellung von Charakteren und Typen.

Wenn also das Schreiben schwerfiel, so war das Veröffentlichen noch schwerer. Denn entweder fand der Autor für seinen antielitären Ton, der die Ideale der Diktatur verwarf, keinen Verleger, oder der Buchhändler legte sein Buch nicht aus, sofern er es nicht unter dem Ladentisch verkaufte, oder seine Arbeiten – wie zum Beispiel Manuel de Fonsecas ersten Gedichte – »wurden von

Hand abgeschrieben oder auswendig aufgesagt in kleinen Kollektivs nahe oder fern von Lissabon, wohin die Dichtung nie gelangt war« (Mário Dionísios Vorwort zu dessen Band *Poemas Completos*). Wurde das Buch aber regulär gedruckt und verkauft, drohte Beschlagnahme, einfach, weil das komplizierte System der literarischen Zensur trotz eines bestehenden Dekrets im Grunde nur repressiv funktionierte, während die eindeutige Presse-, Bühnen- und Filmzensur eine strenge Vorzensur war. So gab es Beschlagnahmungen ganzer Auflagen. Zum Beispiel wurden 1937 die ersten *Cadernos da Juventude* mit ihrem »literarischen Panorama Coimbras«, an dem der achtzehnjährige Fernando Namora mitgearbeitet hatte, beim Verlassen der Druckerei von der Polizei abgefangen. Dem Drucker wurde nämlich die Auflage gemacht, jeden verdächtigen Inhalt eines Druckauftrags der Zensur zu melden. Es gab Verhaftungen, es gab Ausreiseverbote. So schrieb Miguel Torga in seinem Tagebuch I (1957): »Wieder wurde mir der Paß für die Ausreise verweigert. Gefangen! Und seht nur die Absurdität des Polizisteneifers! Sie dachten wohl, mich lenke die sinistre Absicht, die Ordnung zu untergraben, und dabei wollte ich nur die Velásquez' im Prado und die Memlings in Brügge sehen!«

Vergílio Ferreira vertauscht in seiner Kurzgeschichte die zuvor oft geübte, mit schwermütiger Metaphysik befrachtete Selbstbetrachtung mit einem neuen, pseudo-naiven Zungenschlag: Griffig, bissig macht er sich mit seiner Satire auf Bigotterie und Heuchelei, auf die Nullität als Lebensbilanz ans Ausräumen von Plunder und Aberglauben. Und hier, das weiß der Autor, kann man nie dick genug auftragen.

Ilse Losa hat in einem umfangreichen Werk das Leben in der Emigration aus ihrer Doppelperspektive eindrücklich geschildert. Nicht weniger eindrücklich ist ihre scheinbar harmlose Frage am Ende ihrer *Geschichte ohne Überraschungen*, wie wohl das Erwachen aus dem ins zwanzigste Jahrhundert mitgeschleppten muffigen Bürgertraum des neunzehnten schmecken wird. Übrigens: Da der Autorin die bereits in Ostberlin erschienene eigene Übersetzung des portugiesischen Originals nicht mehr gefiel, bat sie den Herausgeber, sie neu zu übersetzen, und schrieb ihm daraufhin: »Ich habe daran so richtig erkannt, wie tragisch die Situation der schreibenden Emigrantin ist. Man lebt zwischen den Sprachen, man ist nicht vollkommen zweisprachig (bilingue) und ein Verräter an dem, was das Wertvollste an einem ist: die Muttersprache. Was tun? Heil Hitler rufen? Kurzum: Ich finde die Geschichte in Ihrer Übersetzung besser als in meinen beiden Fassungen, ironischer, humorvoller ...«

Jorge de Sena fühlte sich als Sachwalter des lusitanischen Sängers Camões. Für die Erzählung, die den deutschen Leser – mutatis mutandis – an Thomas Manns *Schwere Stunde* aus dem Jahre 1905 erinnern mag, wurde der Autor angeregt von verschiedenen Schriften, aus denen er manchen Satz wörtlich übernommen hat und in deren einer geschrieben steht: »Nachdem Luís de Camões 1572 seine *Lusiaden* gedruckt hatte, verbrachte er den Rest seines Lebens in Lissabon. Bereits reifen Alters, verkehrte er nur mit einigen gelehrten Freunden, vor allem mit Mönchen des Klosters Santo Domingo. Zu jener Zeit befiel ihn eine lange Krankheit, die ihm dazu verhalf, sich auf den Tod vorzubereiten ...«

In Fernando Namoras *Picknick* aus den späten fünfziger Jahren hat zunächst das existentielle Element den Vorrang vor dem neorealistischen Angriffston seiner früheren Bücher. Und doch ist der Gesellschaftskritiker nach wie vor anwesend: »Alles gehört den jungen Herren, ausschließlich den jungen Herren, sogar das Meer, die Kindheit ...« Wie bei José Cardoso Pires kehrt auch bei ihm das Stichwort der »Ausschließlichkeit«, »Exklusivität« als Leitmotiv häufig wieder: die von einer Feudalclique eifersüchtig gehüteten sozialen, politischen und ökonomischen Vorrechte in jeder Form. Nach wie vor muß der Autor wegen der Unmöglichkeit, Klartext zu sprechen, umschreiben: »Ich möchte von den Dingen reden«, sagt die Erzählerin, »von echten, hoffnungslosen oder in denen die Hoffnung eine geballte Faust ist gegen die Gegenwart!«

»Von den Dingen reden ...« Genau gesagt: Nicht von den Dingen der konkreten Umwelt reden zu dürfen, hat in vielen Schriftstellern der ersten und zweiten Generation von Neorealisten ein Trauma erzeugt, das der Romancier Augusto Abelaira folgendermaßen formuliert: »Würde ich eines Tages ohne Repression, ohne versperrte Horizonte schreiben können, ich käme in schlimme

Verlegenheit und müßte befürchten, daß meine durch die lange Selbstkastration kasteite Sprache zerfiele.«

Ruben A. mit seiner *Branca*, der weißen Dame in der Moderluft der Provinz, die in unschuldiger Sterilität empfängt, vegetiert und vergeht, demonstriert als Autor, der auf der einen Ebene Historiker, auf der anderen Surrealist ist, die Zirkularität der portugiesischen Zeit, den Teufelskreis, dessen Einsamkeitsbann er in seinem prämierten Roman *Der Turm von Barbela* mit einer Technik zyklischer Wiederholungen ausbreitet. (»Estamos orgulhosamente sós!« – »Wir sind auf stolze Weise allein!« behauptete dagegen Salazar.)

Über *Die grüne Mücke* der Natália Nunes brauchte kein Wort verloren zu werden, wäre sie nicht ein Schulbeispiel für die Neigung des frustrierten Portugiesen, aus der Wirklichkit, sprich Stillstand (»Das Leben war so eintönig, so schal, stockend und farblos!«), zu fliehen in Traum, Phantasterei, Fabuliererei.

Eine Generation jünger als die der ersten Neorealisten, gilt Urbano Tavares Rodrigues als fruchtbarer Vertreter eines Existentialismus kosmopolitischen Musters, der dennoch dem sozialen Realismus nahesteht; man könnte ihn auch einen Neuromantiker mit existentiellen oder sozialen Wurzeln nennen. Sein Werk spannt sich zwischen Liebe und Tod, zwischen der Angst und dem Wunsch nach einer besseren Welt, zwischen den sozialen Forderungen und dem Sinn fürs Absurde. In unserer Erzählung berührt der Autor nebenbei eine Seite des Donjuanismus, mit dessen portugiesischer Prägung, dem *machismo*, er sich essayistisch befaßt hat.

Sein Generationsgefährte José Cardoso Pires mit seiner erzportugiesischen Erzählung *Die Chinesen* – Einheit von Raum und Zeit, Dialog und Präsenz, provinziell und universell, unaufdringlich und eindrucksvoll – statt des zunächst gewählten, eher programmatischen Prosastücks *Das Samenkorn keimt im Verborgenen* aus dem Jahre 1952, das mitsamt seinem Erzählungsband von der Zensur beschlagnahmt wurde, sagt in seinem Roman *Der Dauphin*: »Ich, der Herr Schriftsteller der Gemarkung Portugal, und folglich nur ein geduldetes Tier am Rande ...« Am Rande der Zeit, am Rande der Welt? Hier lohnt es, Carlos de Oliveira zu hören und seinen Essay *Der Eisberg* (1966, in *Der Zauberlehrling*,

1971): »Jeder an den Rand gedrängte portugiesische Schriftsteller leidet an dem, was ich ›Eisbergkomplex‹ nennen möchte: ein Drittel sichtbar, zwei Drittel unter Wasser. Derjenige Teil, überschwemmt von den Umständen, die uns daran hinderten, unsere Gedanken auszudrücken und am öffentlichen Leben teilzunehmen, ist ein (fast totes) Gewicht, das uns Tag für Tag in die Tiefe zieht. Damit steigt die Flutlinie, und der sichtbare Teil schwindet entsprechend. Jemand biographieren heißt, sein Leben beschreiben: die Fakten, die Geschehnisse, die Daten, die es gliedern und abstecken. Der größte Teil davon wurde uns verwehrt, trat folglich nicht in Erscheinung. Nehmen wir einen Schriftstellerkongreß. Wir würden hingehen, wir würden sprechen und vielleicht etwas Wichtiges sagen, wer weiß. Aber der Kongreß durfte nicht stattfinden, versteht sich. Darum wurde aus unserer Biographie ein Faktum, ein Datum verbannt. Wieder sank der Eisberg um ein paar gute Zentimeter. Diese Anhäufung negativer Daten hat unsere Existenz in das verwandelt, was die Franzosen so gerne den (hier gemeinsamen und doch einsamen, versteht man?) Wüstenmarsch nennen. Der seinerseits seine Versuchungen hat, denen einige weniger sensible Seelen erlegen sind im Tausch gegen ein Leben von nebenbei keineswegs verlockenden Luftspiegelungen. Die Biographie dieser Leute läßt sich natürlich schreiben, doch ist die Aufgabe nicht lohnend. Die Fakten sprechen wenig zu ihren Gunsten, und die Daten vergißt man lieber.«

Zurück zur »Gemarkung Portugal«. »Wäre es nötig, den Zustand der portugiesischen Mentalität mit einem Wort zu beschreiben«, schrieb Fernando Pessoa vor stark fünfzig Jahren, »dieses Wort hieße: Provinzialismus.« Ähnliche Stichwörter waren *Bolor:* Schimmel, der Titel eines Romans von Augusto Abelaira und *Torpor:* Starre.

Denn »das portugiesische Tempo, Tempo wie in der Musik«, so schreibt José Cardoso Pires in seinem Essayband *Cartilha do Marialva* (1960), »heißt *Andante*«, zumal der Förderer von Reformbestrebungen in der Verwaltung, in der Landwirtschaft, im Sozial-, im Schul-, im Universitätswesen.

»Ein Volk, das mitten im zwanzigsten Jahrhundert ein mittelalterliches Bauerntum aufweist, eine kaum vorhandene Schwerindustrie, eine auf anderen Gebieten verschwindend geringe Industrialisierung, einen archaischen Fischereidienst, unvermessene kaum gehobene Bodenschätze, keine Erfahrung in Agrarreformen (Ernteschätzungen fehlen, weil die Feudalherren den Fiskus fürchten), eine so starke Auswanderung, daß sie die Felder entvölkert, und endlich eine Hierarchie der Großgrundbesitzer und Bürokraten, welche *Die Geschichte* in einen mit sieben Schlössern verriegelten, ahnengeschmückten Salon sperrt – was für Aussichten für dieses Volk?« (Mário Sacramento)

Die genannten Schriftsteller folgern daraus: Auf der Welt sein heißt eine Zukunft konzipieren und die Gegebenheiten in diesem Licht analysieren. Sie halten daher nichts vom mythischen Glauben an den »Integralismo« (ein Thesen-Postulat, welches das Land in alte Modelle integrieren möchte), dessen Sprecher noch vor vierzig Jahren verkündete: »Wir zweifeln nicht an den aufbauenden Kräften, die in Erwartung des Dritten Tages in Portugals Unterbewußtsein den Schlaf des Herrn schlafen.« Sie verwerfen das Abrakadabra der zehn Schlüsselwörter des »portugiesischen Ideals« (1962): Meer, Schiff, Entdeckung, Reise, Streitsache, Orient, Liebe, Reich, Saudade, geheimnisvoll. Sie verschmähen den Lusitanismus und seine Benennung als *casa* – als Haus mit seiner mittelalterlichen *ordo* dreier Familien statt Klassen: der Arbeiter-, Bürger- und Bauernfamilie, mit ihrem Kult der Unterlegenheit der Frau, mit ihrer Resignation, die Salazar verkünden hieß: »Wir sind ein armes Land, das in Zukunft wohl nicht mehr erwarten kann als die Würde eines bescheidenen Lebens.« Sie wehren sich gegen die Vergöttlichung der kosmischen wie der irdischen Ordnung in der Gestalt »eines großen Führers, der, ein Geschenk der göttlichen Gnade, sich völlig mit dem Vaterland identifizierte« – ein Politiker im Jahre 1965 –, »der in einem scheinbar zarten Körper die Seele eines Riesen besaß« – das Staatsoberhaupt am 1. Januar 1971. Sie verurteilen die verordnete betäubende Ruhe und fordern stimulierende Kritik. Sie verdammen den Ausspruch des Abgeordneten Querubim Guimarães, der noch im Jahre 1960 fragte: »Wozu das Land alphabetisieren?« und daran erinnerte, daß Vasco da Gamas Seeleute, Analphabeten, den Seeweg nach Indien gefunden hätten. Dieser Ausspruch ist nicht verwunderlich, wenn man bedenkt, daß so manche Bürgersfrau der Hauptstadt ein analphabetisches Dienstmädchen vorzieht, dem noch im Jahre 1959 »Die Stimme des Dienstmädchens« rät: »Wirst du von deiner Herrschaft gleichgültig behandelt, so stelle dir vor, du dientest der Heiligen Familie.«

Zurück zu unseren Autoren. An dem knappen Prosastück *Eine Fischpartie* läßt sich schwerlich die hohe Begabung der Romanschriftstellerin Agustina Bessa Luís ablesen. In ihrem vielbändigen, atmosphärisch dichten, fast ganz auf die portugiesische Provinz ausgerichteten Romanwerk stehen psychologische Probleme und Gesetzmäßigkeiten im Vordergrund – wie bei Proust, dem sie verpflichtet ist; doch statt dessen Methodik, die nur zwingende Bezüge zuläßt, fügt die Portugiesin meist chaotisch alle Assoziationen ein, die sie aus ihrer Umwelt aufsaugt. In ihrem Erzählband *A Brusca*, dem unsere Probe entnommen ist, scheint sie sich die Kandare der Strenge und Selektion anzulegen. *Eine Fischpartie* ist übrigens interessant wegen ihrer Zweideutigkeit: Der Tagebuchsatz »Die gescheiterten Völker sind es, die überleben« legt nämlich die Vermutung nahe, daß Portugal sich nur dann für den Fortschritt, und das heißt: für Europa, entscheiden will, wenn es seine alte Gesellschaftsstruktur beibehalten kann.

Wie kann man Europäer sein – fragt sich der Leser –, wenn man bereit ist, Europa beizutreten? Wie kann man Europa beitreten, wenn man behauptet, immer Europäer gewesen zu sein? Wir sind kompliziert, werden die Portugiesen vielleicht auf eine solche Frage antworten. Sie sind es, denn sie, »die durch fremde Länder pilgernde Nation«, leben in einer Enklave, mit dem Rücken gegen das ungeliebte Spanien (trotz gegenseitiger Freundschaftserklärungen beider Regierungen), mit dem sie seit ihrer Befreiung von der spanischen Herrschaft im Jahre 1640 nicht mehr viel verbindet, denn sie ziehen die Sprache Frankreichs, an das sie nicht grenzen, dessen Kulturprodukte sie aber mit Verspätung zu assimilieren suchen, der Sprache ihrer Nachbarn bei weitem vor. Sie leben mit dem Gesicht zum Meer, das keine Verheißung mehr bereithält.

Wir sehen: die portugiesische Literatur des zwanzigsten Jahrhunderts besitzt, vereinfacht gesprochen, drei Arten von Erzählern: die apolitischen, denen es um die Darstellung des Privaten,

Psychologischen, Intimen geht; diejenigen, die das dringendste Zeitproblem, den sozio-politischen Aspekt, direkt, ohne Umschweife und Umschreibung anzupacken versuchen; und endlich solche, die das zuletzt erwähnte Thema verschlüsselt behandeln. Zu dieser Gruppe gehören der Lyriker Herberto Helder mit *Theorem*, sowie *Die umzingelten Körper*, in denen Maria Gabriela Llansol die zu Hause empfundene Atemnot und Beklemmung in eine Parabel oder in nicht identifizierbare Verhältnisse transportiert. Dazu gehört David Mourão-Ferreiras *Die Liebenden*. Doch hier braucht der Leser nur die Schlüsselwörter auszutauschen, um das Leitmotiv des Autors zu erkennen: Ablehnung der Kolonialpolitik seines Landes und der Wunsch, das von Europa mißhandelte Afrika möge sich emanzipieren. So heißt die Mutter der Mulattin, um derentwillen der junge Weiße dieser scheinbar eindeutigen Geschichte von Liebe und Tod sich »in einer Tropenzone am ›Putsch der Neunzehn‹ beteiligt hat«, Afrika. Und ihr Vater, vor dessen Geld er seine junge Geliebte, die zu seiner Freude »anfängt zu reagieren, sich zu befreien«, warnt und den zu verleugnen er ihr rät, heißt Portugal. Aber auch im Roman, im Gedicht, findet diese Technik seit Jahrzehnten Anwendung. So nannte Augusto Abelaira den Schauplatz seines ersten, in Lissabon spielenden Romans Florenz (das Florenz Mussolinis) und bei José Gomes Ferreira wußte in den vierziger Jahren jeder Eingeweihte, wer gemeint war, wenn er schrieb:

»...und da sind Elendsviertel, immer dieselben,
Reden Mussolinis,
Kriege, Hochmut und Anmaßung,
Rennwagen ...«

Hier wäre der bedeutende Lyriker Alexandre O'Neill zu erwähnen mit seinem 1970 erschienenen ersten Prosabändchen. Doch diese im Lokalgeschehen und -kolorit wurzelnde Minutenprosa mit ihren semantischen Spielen verliert ihre Überzeugungskraft in der Übertragung.

Es war unmöglich, die zuerst mit Gedichten hervorgetretene Romanschreiberin Fernanda Botelho auszulassen (die wie José

Cardoso Pires und Augusto Abelaira der »verlorenen« Generation von 1950 angehört), selbst wenn ihr Beitrag zu diesem Band ihre einzige auffindbare Kurzgeschichte ist. Wie José Marmelo e Silva, mit dem sie das Pathos der Aufklärung verbindet, schreibt sie gegen seelischen Obskurantismus und die selbstgefällige Sucht, die Fatalität für eigene Verantwortungslosigkeit einzuspannen. Ihr Existentialismus ist ein Humanismus. Der prickelnde Zynismus ihrer Protagonistin liegt der kühlen, hellsichtigen Autorin ebenso sehr wie die in ihrem Roman *Die Katze und die Fabel* ausgesprochene Erkenntnis: »Ich glaube, das Böse ist weniger in den anderen als in uns. Gott zugewandt werden wir geboren, und wenn man uns eines Tages den Teufel zeigt, wenden wir uns verzweifelt dem Teufel zu und bewerfen das Leben mit Schimpfnamen.« Vielleicht spürt der Leser aus dieser Prosa wie aus der anderer Beiträge von Frauen eine stärkere Unbekümmertheit, einen freieren Duktus, mit einem Wort: mehr Mut als bei den Männern. Sein Gespür würde zutreffen: Die Frau Portugals, seit altersher unterdrückt, ist dabei, sich zu emanzipieren, und der dafür notwendige Mut macht auch ihre Sprache befreiend. In Parenthese: Die besten Leistungen von Studenten der Germanistik an der Universität Lissabon sind neuerdings den Frauen zuzuschreiben.

Einsamkeit ist das Stichwort von Maria Judite de Carvalhos Erzählungen, die von ferne an Katherine Mansfield erinnern mögen. Doch der Kern dieses Still-Lebens *Palavras Poupadas* (1962) ist echt portugiesisch und nebenbei echter als Arbeiten aus ihrem 1969 erschienenen Band *Os Idólatras*, in denen die Erzählerin einen – nach Nachahmung klingenden – versachlichten Ton erprobt. *Veranda mit Blumen* enthält übrigens, dialektisch gesehen, eine wichtige Komponente: Die Besucherin, Bewohnerin eines Neubaus, die in einem Moment der Gedanken-, und das heißt: Gewissenlosigkeit, ihr Kind, und das heißt: ihre Zukunft, aus den Augen gelassen und damit verraten hat, sucht Hilfe und Rat bei der in zeitloser Erloschenheit dahinlebenden Dame des abbruchreifen Hauses, und da ist sie erst recht verraten.

Der Putsch vom 25. April 1974, von den Politikern rasch zur Volksrevolution erhoben, überraschte die Nation. Den Schriftstellern und der Mehrzahl des Volkes fiel sie als Geschenk in den Schoß. Das erste Jahr zerrann allen im Rausch, im Traum; die ersten zwei Jahre brachten Lähmung. War die »Freiheit« nicht so wichtig wie vermutet? War sie stimulierend? Jedenfalls erwiesen sich die Schubladen jener Autoren, in denen man verbotene Manuskripte erhofft hatte, als leer. Kam die »Revolution der Nelken« zu spät? Für Schriftsteller, die ihr Werk vor dem Horizont einer mythischen Revolution erbaut hatten, erschien die wirkliche Revolution gleichsam erschöpft. Romanciers wie Vergílio Ferreira und Augusto Abelaira, die sich vom Mythos entfernt hatten, begleiteten die neue Zeit gleichmütigen Schritts. Die Vision von Almeida Faria, von José Cardoso Pires, von Maria Velho da Costa, Maria Isabel Barreno und zahlreichen anderen blieb unverändert: progressiv, als vorwärtsdrängende politische Utopie. Die bislang apolitische Agustina Bessa Luís trat »vermittelnd« in die Diskussion, hellsichtig, ironisch. Für sie war die »Revolution der Nelken« keine Revolution in dem Sinn, den ihr ein jeder verleihen wollte, ein Triumph, die Wette auf eine Gesellschaftsklasse zum Beispiel; für die Schriftstellerin war sie etwas Tieferes, vielleicht die Auslöschung einer tausendjährigen Angst, einer Selbstverachtung. Sieht die Autorin eines der bedeutendsten Romanwerke des Landes sich doch als Zuschauerin ohne Illusionen in Bezug auf die menschliche Komödie im Allgemeinen und die literarische im Besonderen, die sie beide mit demselben gleichgültig-wütenden Freimut schildert.

Im Juli 1975 schrieb José Cardoso Pires, der 1974 so alt war wie die überwundene Diktatur, 48 Jahre, in »Sieben Bemerkungen zur Freiheit«: »Wir glauben nicht, daß der politische Pluralismus das ausschließliche Vorrecht der fortgeschrittenen bürgerlichen Demokratie ist (die ihn als Nährboden der privilegierten Klassen benutzt). Wir glauben, daß er möglich ist und gesund in einem Revolutionsprozeß, solange das Volk in seiner Basis zu seinem Gebrauch über die vertikale Macht und eine dauernde Stimme verfügt. Und das ist es, was in unserem Land in immer stärkerem Maße vorhanden ist.

Hier entsteht alles aus der unmittelbaren Erfahrung, aus dem konkret Erlebten – nicht aus staatlicher Technokratie. Alles geht aus von örtlichen Einheiten, von Einwohnervertretungen oder Dorf- und Bezirksausschüssen, von Fabrik- und Betriebskommissionen, von Gewerkschaften und sogar von der staatlichen Verwaltung. In einem derartigen System ist das Einspruchsrecht auf allen Ebenen von wesentlicher Bedeutung. Mit einem Wort: es geht um die Überwachung durch das Volk. Vor allem denken wir, die Freiheit zu verteidigen als die Kraft, die uns von unserer vergangenen Unterdrückung entgiftet: man hat uns durch so viele Jahrzehnte mit unserer »natürlichen Unfähigkeit«, in der Demokratie zu leben, derartig gepeinigt, daß es ein kapitaler Irrtum wäre, den Aufbau des neuen Landes auch nur mit einem Schatten dieses Fluchs zu beginnen ...«

Schon ein Jahr später, 1976, findet Sophia de Mello Breyner Andresen, Abgeordnete der Sozialistischen Partei und Verbündete von Mário Soares während seines Pariser Exils, nur böse Vorzeichen – so in *Tag für Tag*:

»Wir werden die verfehlte Begegnung besingen
Die verlorene Schwelle und verlorene Strecke
Wir werden die verfehlte Begegnung besingen
Das verirrte Leben in einem verirrten Land
Neue Ratten zeigen die alte Gier«

Das neue Portugal kämpfte weiter; Banken und Industrien wurden verstaatlicht; viele Großgrundbesitze der Kornkammer des Landes, der Provinz Alentejo, gingen in den Besitz von Landkommunen über; statt den Ertrag von Weizen zu steigern, fiel die Produktion gegenüber den Ziffern der Vorrevolutionszeit jedoch zurück. Salazars Goldreserven schwanden; die früheren afrikanischen Kolonien brachten keinen Escudo mehr ein und bürdeten dem einstigen Mutterland die Last von hunderttausenden mittellosen Rückwanderern auf, die überall im Land in Blechbarackensiedlungen der Vorstädte und Strände ein armseliges Dasein zu fristen begannen. Die Währung verfiel; eine zunehmende Geldentwertung und Inflation machte sich breit.

Mittlerweile erschienen die ersten Nachrevolutionsveröffentlichungen; gleich 1975 *Die notwendige Revolution* des Poeta laureatus José Gomes Ferreira, des in keine Strömung passenden Verfechters einer dramatischen Utopie, der mit *Die Welt der Anderen*, einem Schlüsselwerk des Neorealismus, 1950, und mit *Abenteuer des Haus-ohne-Angst*, 1963, einen richtungsweisenden Beitrag der politischen Opposition geleistet hatte. 1979 brachte José Saramago *Hoffnung im Alentejo* – im Original *Levantado do Chão*: Aufgestanden vom Erdboden – heraus, die Chronik einer Tagelöhnerfamilie durch vier Generationen von der Jahrhundertwende bis nach dem 25. April 1974, vom ersten Aufbegehren über Streiks, Gewalt der Herrschenden, Inhaftierung und Folter durch die Geheime Staatspolizei *PIDE*, bis zur neuen Generation, welche die Träume der Väter nach einem menschenwürdigen Leben zu verwirklichen sucht. Im selben Jahr schildert Eduarda Dionísio in *Bildnis eines Freundes während ich rede* den Übergang von einer alten Zeit in eine neue, gelebte und zugleich kommentierend kritisierte Zeit als Spiegel einer neuen Empfindsamkeit. Die Geschichte einer Revolution, welche die schwindelerregende Verwandlung eines Volkes aus einem ländlich provinziellen Kokon in eine Zivilisation von Verbrauchern ohne Grenzen beschleunigt.

Der Neorealismus, die wohl einzig mögliche Form, in der Portugals Literatur die Diktatur zu widerlegen vermochte, wandelte sich. So wich der geschichtlich-dialektische Materialismus als ideologisches System im Verein mit dem Realismus als Erzählfiktion französischen Einflüssen, insbesondere dem Existentialismus und Nouveau Roman. Es ging darum, die Vorrevolutions- und Revolutionsphase schildernd zu erkennen, zu begreifen – doch in Jorge de Senas Verständnis: »Begreifen ist nicht hinnehmen und freisprechen«. Entsprechend verwandelte Carlos de Oliveira in seinem 1978 erschienenen letzten Roman *Finisterra* die Analyse des bisher praktizierten soziopolitischen Neorealismus in die Synthese der Zeit – die ewige Gegenwart –, in ein Buch aus Bildern und Stimmen.

1982 war das Erscheinungsjahr hervorragender Romanwerke, die den portugiesischen Faschismus aufarbeiteten: Fernando Namoras *Der traurige Fluß*, die Geschichte eines Verschwundenen in einem Land, »das nach Polizei riecht«; Teolinda Gersão Morenos *Landschaft mit Frau und Meer im Hintergrund*, mit seiner unsichtbaren Hauptperson O. S. – Oliveira Salazar; José Saramagos *Memorial*; António Lobo Antunes' *Der Judaskuß*, eine Abrechnung mit der Hölle des afrikanischen Buschkriegs in Angola; in dessen Nähe gehört *Was Moleiro sagt* von Diniz Machado. Und endlich José Cardoso Pires' *Die Ballade vom Hundestrand*, ein Roman, der ein unter Salazar verübtes Verbrechen behandelt, das der Autor erst 1975 in den freigegebenen Archiven der *PIDE* ergründen konnte, ein Buch, »in dem der Mechanismus eines Systems auf der Anklagebank sitzt, in dem die Angst allmächtig war und die Lüge sich jeder Verantwortung entzog«. In diesem Jahr 1982 bezog der letztgenannte abermals Stellung zur Gegenwart: »Fast acht Jahre nach der Revolution der Nelken versinkt der kulturelle Weg der Demokratie in einer Zone aus Dunkelheit und Scheitern, welche die allgemeine Krise des Landes spiegeln. Die Meinungsfreiheit ist nach wie vor eine Realität unseres Alltags – ja, eine nicht zu leugnende Konstante –, doch die soziale Meinung verliert Tag für Tag an Kraft, Tag für Tag wird der Protest zunehmend Routine ohne Echo, die Allgemeinheit verfällt einer überwältigenden Ermüdung und entfernt sich dadurch von der öffentlichen Einmischung, sei es zugunsten unmittelbarer Überlebensbedürfnisse oder zugunsten der Verführungen durch Vermassung. Und nun fragen wir uns: inwieweit läßt sich Meinungsfreiheit beschränken auf Zierrat oder auf das Alibi einer handeltreibenden Gesellschaft? Inwieweit kann sie einfaches Werkzeug von Gehörlosen in einer Massenkultur werden?

Es gibt die Krise: das ökonomische Verhältnis gesellt sich zur Entmotivierung kultureller Interessen, es verschärft diese auf erschreckende Weise. Inflation und Arbeitslosigkeit schränken nicht nur das Unterrichtswesen auf zunehmend elitistische Bezirke ein, sondern sie korrumpieren auch die Beziehungen zwischen Kunst und Publikum und lassen ihre Bedeutung in den Hintergrund treten: die Malerei ist nichts als Spekulationsanlage, das Buch eine schutzlose Ware im Konkurrenzdschungel des großen Supermarkts. Das Buch, möchte ich betonen, ist das empfindlichste und unmittelbarste Indiz einer kollektiven Krise; es läuft Gefahr, zu einem ohnmächtigen, einsamen Wert zu werden.

So kündigt sich das Verhängnis des portugiesischen Schriftstellers schon nicht mehr an wie in den verwünschten Zeiten politischer Repression: jetzt wird diese düstere Zukunft fühlbar durch das Schwinden geistigen Hungers und durch den merkantilen Dirigismus …

Heute lehrt uns die Erfahrung mit der Freiheit, daß die Wahrheit nicht nur durch die Zensur verschwiegen wird: sie mit Geschwätz und Chaos zuzudecken, ist eine Form, sie der Anarchie und ohne Gewicht der Zerstreuung zu überantworten, und das war die unmittelbare Aufgabe der Feinde der Demokratie nach dem Sieg der Revolution. Sie begegnen uns auf der Straße, sie sind frei. Niemand hat ihnen Rechenschaft für die Vergangenheit abverlangt, in der sie unser Schreiben folterten und uns die Stimmen verboten, niemand. Indem sie den durch die Zensur geknebelten Lesehunger des Volkes nutzten, lancierten sie Zeitungen und pulverisierten die Wahrheit mit Hilfe wilder Alarmschlagerei im Wettstreit mit den Institutionen, die dem Terrorismus der Ultra-Rechten den Weg ebneten, und so, wie sie früher das Schweigen ausgebeutet haben, beuten sie jetzt das Wort aus. Sie benutzen es in einer Inflation der Orientierungslosigkeit …

Vor diesem Dämmerhorizont wird im Februar der portugiesische Schriftstellerkongreß tagen …«

Auf diesem Kongreß erkärte Agustina Bessa Luís: » … Und doch wird die Welt der Zukunft arm sein. Weder verlassen noch unwissend, besiegt oder siegreich – aber arm. Für fast alle, die heute leben, scheint dies ein unerträglicher Gedanke zu sein und stellt eine Art von Beleidigung dar, so sehr verbinden wir mit der Armut einen uralten Makel, einen niederschmetternden Fluch. Die moralische wie unmoralische Betrachtung der Fakten beraubt diese eines tieferen Sinns. Wenn das Ausland Portugal ›Armenhaus Europas‹ (Der Spiegel) nennt, gebraucht es diesen Ausdruck hämisch und stellt uns auf eine tiefere Stufe menschlicher Verdienste. Und doch wissen wir alle, wo nicht im Sinn einer Philosophie, doch zumindest als Vorahnung, daß etwas in der unteilbaren Solidarität der Menschen zur Armut neigt. Und daß sie in Zukunft die einzige Form zivilisierter Distinktion sein wird, welcher der menschliche Wille Glauben schenken kann …«

Die von José Cardoso Pires geschilderte Lage im Land wird von der Stimmung der Gegenwartsliteratur, welche die Gegenwart behandelt, gespiegelt. Da ist einmal der Triumph des Todes, ein Leichenschauhaus, in dem sich jeder Leichnam unterordnet und sich zugleich objektiviert. Da ist die Optik des Augusto Abelaira, der den politischen Neoralismus unter der Diktatur in die neue Perspektive der Konsumgesellschaft verwandelt: das Produkt wird stärker und bezwingt seinen Erfinder, das Objekt besiegt den Menschen. Lídia Jorge beschreibt, etwa in *Tag der Wunder*, 1980, und in *Kai der Vesper*, 1982, den Verlust der kulturellen Identität durch gedankenlose Nachahmung des Ausländischen – unter anderem durch Gemeinplätze wie »shopping«, »help!«, »party«, »mon dieu«; sie schildert eine prostituierte Gesellschaft, in der für materiellen Wohlstand alles zum Verkauf steht. Ein Pseudokosmopolitismus erzeugt einen Determinismus, der zu einem gescheiterten, mittelmäßigen Leben verurteilt: das synchronische Bewußtsein einer Zeit, welche die augenblickliche Jugend von der Vergangenheit loslöst; diese, die jene nicht gekannt hat, geht der Zukunft, ohne die Schäden der Vergangenheit erlitten zu haben, mit Geringschätzung entgegen oder reduziert sie zu einer wirkungslosen Bedrohung und zugleich ihr Land auf winzige Proportionen.

Währenddessen träumt Vergílio Ferreira statt von einer überholten Parteilichkeit von einem erneuerten Humanismus, der die politischen Dogmen überwindet, und bekräftigt: »Ich tausche meine Zweifel gegen nichts ein!« Damit bestätigt er seine Stellungnahme als Schriftsteller, der unter dem Einfluß des Nouveau Roman sein Erzähltalent aufgibt zugunsten eines Tagebuchs, als Zeugenaussage des portugiesischen Lebens zwischen Diktatur und Demokratie.

Almeida Faria, dessen Held João Carlos aus *Passionstag*, 1965, sich der Kommunistischen Partei anzuschließen gedenkt, führt seine Zeitchronik, die Tetralogie *Lusitânia*, fort, darunter den Mittelband *Cortes – Brüche –*, somit den Bruch mit der Vergangenheit als abgeschlossene Welt, somit eine Aufarbeitung unbegrabener Obsessionen und mythischer Erlebnisse während des Salazarregimes. Eine ähnliche Haltung beobachtet Nuno Bragança bei der Abfassung seiner Romane der Vorrevolutionsgeschichte *Direkt*, und *Square Tolstoi*.

Nach 1980 ließ der Einfluß der französischen Literatur, zumal auf die jüngeren Autoren, nach. Jetzt machte sich gelegentlich ein Funken lächelnden Nihilismus breit, eine Art zynischer Erotik nach dem Muster Milan Kunderas. Dafür gewann der magische Realismus Lateinamerikas von Autoren wie Juan Rulfo, García Márques und Carlos Fuentes Eingang in das Volkstümliche, Imaginative und Fantastische portugiesischer Autoren wie José Saramago, Lobo Antunes, Hélia Correia oder Lídia Jorge.

1986 hat Mário Ventura in *Unterhaltungen* mehrere Schriftsteller über alte und neue Stellungnahmen befragt. So erklärte Augusto Abelaira, warum er zur Zeit des 25. April nie der Linken nahestand, wie vermutet wurde. Warum Maria Velho da Costa nach ihrer ersten Reise in die Sowjetunion 1975 aus der Kommunistischen Partei Portugals austrat – aus Entsetzen über die Trennung zwischen Volk und geistig Schaffenden im Paradies des Sozialismus. Warum Natália Correia sich der Sozialdemokratischen Partei anschloß. Anders ausgedrückt: Verunsicherung, Schüchternheit, Schwäche der Überzeugungen, Unregelmäßigkeit der Lebensläufe, Taktik der Annäherung und Entfremdung je nach wechselnden Machtverhältnissen bestimmten unter manchen Autoren das Auftauchen von Situationen ideologischer Zweideutigkeit. Was Augusto Abelaira zu der Formulierung veranlaßte: »Wir wissen nicht, wer wir sind.« Womit Miguel Torga, der sich als »lyrischer Wächter der nationalen Identität« verstand und Qualen litt, wenn er sie bedroht sah, wie er in Tagebuch XIII, 1983, sagte, übereinstimmen würde, behauptete er doch, Portugal habe nach achthundert Jahren Existenz noch nicht seine nationale Identität gefunden. Ein Thema, das der mehrmals erwähnte José Cardoso Pires in seinem 1987 erschienenen Roman *Alexandra Alpha* mit der ihm eigenen bohrenden Beharrlichkeit anpackt.

Das Verhältnis der neu hinzugekommenen Namen zwischen Schriftsteller und Schriftstellerin verhält sich umgekehrt zu den am Anfang vorgestellten Autoren: von 28 Namen kamen auf drei Autoren eine Autorin: im zweiten Teil kommt ein Autor auf zwei Autorinnen. Dieses Verhältnis stimmt übrigens mit dem literarischen Schaffen der portugiesischen Gegenwart überein, in dem der weibliche Anteil auch im Vergleich zu den meisten europäischen Ländern überwiegt.

Jorge Reis, seit Jahrzehnten in Frankreich lebender Antifaschist, der 1972 in *Schlagt euch die Köpfe ein* die Oberschicht im diktatorischen Portugal unter die Lupe nahm, ist einer der wenigen Verfasser, welcher die Diktatur – hier die nachrevolutionäre Abrechnung mit einem Schergen der *PIDE* – in einer Erzählung bewältigt hat, scheint doch das Thema Salazar-Regime – nach den zahlreichen diesbezüglichen Romanen zu urteilen – sich nur mit der Elle der Epik messen zu lassen.

Daß die »Drei Marias« zu Wort kommen, versteht sich von selbst, und jede auf ihre Weise. Für Maria Teresa Horta sind Sinnlichkeit, Erinnerung und Wahnsinn wichtige Elemente. Maria Velho da Costa geht Vorurteilen des Bürgers, seiner Daseinsstütze, auf die Spur und zugleich den existentiellen Forderungen des Gewissens. Maria Isabel Barreno mischt Wirklichkeit und Fantastik. Das Werk der drei durchzieht eine lyrische Strähne. José Saramago scheint eine borgianische Ader in sich aufgenommen zu haben und zugleich eine Nuance von Apokalyptik. Lídia Jorge schildert Wirkliches, als entstamme es dem Fantasiebereich. Daß Fernando Pessoa hier auftritt, ist eine Huldigung an Natália Correia, die das berühmte Gedicht seines Heteronyms Alberto Caeiro, *Der Hüter der Herden*, als Ausgangspunkt für ihre Satire wählt. Alle Autoren gehen von erfahrener oder mittelbar erkannter Wirklichkeit aus, um im Vorgang des Erzählens zum Wesenhaften des inneren Lebens vorzudringen. Dabei poetisieren sie unterschwellig ihre Prosa mit Hilfe einer knappen, klaren Sprache, einfachster Adjektivierung. Fast ohne Fabelstruktur, in wirbellosen Szenarios, sondieren sie Bewußtseinszustände und schaffen so eine metaphorische Wirklichkeit.

In den achtziger und neunziger Jahren haben sich zahlreiche zwischen 1940 und 1965 geborene Erzähler und Erzählerinnen zu Wort gemeldet, von denen diese Auswahl stellvertretend nur drei vorstellen möchte. Sie alle fühlen sich unbelastet von einem halben Jahrhundert Diktatur und scheinen unbehinderten Anschluß an die kulturelle Vergangenheit ihres Landes und dessen Wortschatz gefunden zu haben. In manchen Fällen möchte man an König Dinis' Bezeichnung aus dem Jahre 1340 denken: »Der Portugiese – Dichter und Bauer«. Der auch erzählende Lyriker Nuno Júdice, geboren 1947, äussert sich zur Lage so: »Die Welt ist praktisch bekannt. Es gibt wenig zu erforschen. Die letzte Wegstrecke zu unbekannten Bereichen wurde mit Hilfe der Reiseliteratur zurückgelegt. So bleibt die letzte Möglichkeit, unbekannten Landschaften zu begegnen, die Transzendenz als Reise durch das Innere des Seins.« Dem stimmt Luísa Costa Gomes zu: »Das Feld der Literatur ist das Feld des Heiligen.« Diese Autoren gehen frei mit dem Reichtum ihrer Sprache um, ohne Angst vor Gefühl oder Leidenschaft, gepaart mit Einsprengseln von Amerikanismen, um ihren spöttischen Abstand von den Verheißungen einer neo-europäischen Kulturindustrie zu bekunden. Sie greifen zu den Stoffen ihres Alltags, den sie real oder surreal, physisch-metaphysisch, traumhaft oder traumatisch behandeln und in Vergangenheit, Gegenwart, Zukunft oder Wahnvorstellung kleiden. So finden sich unter den neueren Hervorbringungen Themen wie die Erinnerung an den Tod eines Großvaters; die Geschichte der Witwe eines in Angola gefallenen Offiziers, die dessen einstigen Kadetten betört; ein Vorhang aus Nichts trennt Utrecht von Coimbra; eine Traumreise beim nächtlichen Warten auf den Morgenzug; die vergebliche Suche nach einem Schicksalsstein; der Mord an einer steinernen Wasserheiligen und sein folgenschwerer Wassermangel; die Versetzung eines Inquisitors in die Neuzeit der Bankkonten, Börsengewinne und Bankrotte – Stoffe, die weder Phantasie und Metaphysik, noch Fantasterei oder Ironie scheuen. Bekanntlich besitzt Portugal eine in europäischen Ländern unbekannte Satzbauform: das konjunktivische Infinitiv des Futurums, das heißt: das künftig Mögliche des Unmöglichen, vielleicht die sprachliche Entsprechung von Portugals Legende des Sebastianismus. Wer die Themenvielfalt dieser Autoren unbefangen aufnimmt, fühlt sich womöglich an eine Zeile von Durs Grünbein erinnert:

»Erzählungen –
Drehungen eines Taschenspiegels
in dem sich alle Dinge
wiederfinden.«

Aber auch der Lyriker António Ramos Rosa, geboren 1924, scheint das Wirken seiner jüngeren Landsleute zu erklären und zu rechtfertigen: »Der Mensch besitzt eine Identität, die ihm erlaubt, sein Leben lang derselbe zu sein, und auch der andere seiner selbst. Diese Zweiheit schwächt seine Identität nicht, vielmehr stärkt sie sie. Wäre der Mensch völlig identisch, könnte er sich nicht erkennen und sich auch nicht mit sich selbst identifizieren.«

Diese Schriftsteller und Schriftstellerinnen scheinen somit die Vielfalt wiederzugewinnen, die zum Teil unter den Bedrängnissen der Geschichte verschollen lag und die in den Ursprung der Dinge hineinpasst.

Wir sind am Ende angelangt. Es kam uns nicht darauf an, nur Meisterwerke, Höhepunkte zu bieten, die das Idealbild einer Literatur vortäuschen (das ihr nicht entspricht), auch nicht ausschließlich Erzählungen zu wählen, in denen Abwege, Schwächen, Idiosynkrasien ausgeschlossen sind, noch eine einheitliche Fortschrittlichkeit darzustellen, die sie nicht besitzt. Wir wollten in dieser Anthologie Information liefern, einen Querschnitt, Akzente signalisieren, Strömungen aufzeigen, geeignet, die komplexe Wirklichkeit von Portugal im zwanzigsten Jahrhundert durch seine Literatur sichtbar zu machen.

Curt Meyer-Clason
1997

Aquilino Ribeiro

DAS FELL FÜR DIE TROMMEL

Jahraus, jahrein hatte Cletos Gaul die Milch aus dem Dorf in die Stadt befördert, und schon lange waren seine Augen des ewig unveränderten Wegstreifens hin und zurück überdrüssig geworden. Nun war plötzlich gar nichts mehr los mit ihm. Nur noch ganz langsam und träge schleppte er sich dahin; beinahe hätte man meinen können, sein eingefallener Brustkorb sehne sich nach der verlockenden Ruhe der Erde. An den Beingelenken und Sehnen wucherten Geschwülste, deren Eiter die Fliegen von zehn verschiedenen Dörfern ergötzte. Mit großem Widerwillen trat er seinen täglichen Gang beim ersten Hahnenschrei an und kehrte erst zurück, wenn die Ochsen schon längst ihr aufgespeichertes Grünfutter wiederkäuten. Ein paar Stunden lang verfiel er dann in einen unruhigen Schlaf, träumte von Pferdekämpfen und Kriegen oder aber von gruseligen Abgründen, über die er mit bleischwerer Bürde springen mußte.

Sogar die schwächlichen Esel waren jetzt flinker als er, und sein Herr, der bei solchem Schneckentempo ganz ungeduldig wurde, munterte ihn immer wieder mit der Gerte auf und zerrte ihn am Zügel, wobei er schrie: »Hü! Willst du vielleicht Wurzeln schlagen, elendes Vieh?«

Und da geschah es eines Morgens, als die bis zum Rande gefüllten Kannen ihn zu einer Atempause zwangen, daß er plötzlich zu Boden stürzte.

Als Cleto die verschüttete Milch sah, schlug er wutentbrannt mit einem Knüppel auf ihn ein. Er prügelte so lange, bis ihn der Arm schmerzte und der Knüppel zersplitterte. Aber so sehr sich der Gaul auch anstrengte, brüllte und zappelte, seine krummen Beine wollten ihn nicht mehr tragen. Cleto zerrte ihn am Kopf, am Schwanz und an den Ohren; er sah, wie er seine Hufe in die Erde bohrte und mehrere Furchen zog und dann wieder schwach und ermattet auf die Seite fiel, wobei ihm aus dem Maul mit den gefletschten Zähnen blutroter Geifer floß.

Cleto, der auf der milchgetränkten Erde herumstapfte, beschloß, das Pferd auszuspannen. Er rief die Hirten, die, vom Lärm angelockt, aus den Schluchten aufgetaucht waren:

»Heda! Ihr Jungs, legt mal mit Hand an!«

Von allen Seiten kamen sie herbeigelaufen, die Mundharmonika in der Tasche und den Stab in der Hand. Ein paar faßten den Gaul am Schwanz und ein paar am Leib, und so stellten sie ihn gemeinsam auf die Beine. Cleto brachte das Geschirr in Ordnung, schloß die Milchkannen und trieb das Tier in sanftem Ton an:

»Hü hott! Nun mal zu, du kleine Kreatur du!«

Das Pferd straffte sich, gab sich einen kräftigen Ruck und setzte sich in Bewegung. Aber sein Schritt war unsicher und taumelnd, so, als ob es jede Sekunde wieder hinfallen wollte.

»Der übt einen Sarambeque* ein«, sagte ein Hirt,

»Der kommt heute nicht mehr bis ins Dorf«, prophezeite ein anderer scherzhaft.

Cleto versuchte, das Tier an der Mähne hochzuhalten. Aber bald wurde es wieder ganz schwach, seine Beine begannen heftig zu zittern, und auf einmal ließ es sich auf die Knie nieder und rutschte kraftlos zur Seite, als ob ein Blitz es zu Boden gestreckt hätte. Cleto versetzte ihm einen Fußtritt, raufte sich dabei die Haare und nannte sich einen vom Schicksal Geschlagenen.

»Nimm dir lieber einen Esel, Vater Cleto !« riet ihm einer der Burschen.

Noch einmal versuchte Cleto zuerst mit Hieben, dann mit aufmunternden Worten, den Gaul anzuspornen. Aber er blieb reglos liegen, und sein starrer Blick schien sich in einem fernen Nebelmeer zu verlieren. Cleto stieß ihn noch ein paarmal in den Leib, ehe er ihm unter wilden Flüchen die Bürde abnahm. Darauf lief er Hals über Kopf ins Dorf, wo er sich nach einer Eselin umsah. Und sofort umringte ein Rudel Hunde das Pferd, um die Milch aufzulecken.

Als Cleto mit einem Lasttier zurückkam, hatte sich das Pferd bereits auf die Knie erhoben und knabberte gerade in aller Gemütsruhe den Stechginster am Wegrand. Weil Cleto es loswerden und vielleicht auch aus Mitleid nach Hause schicken wollte, jagte er es mit Steinwürfen auf das Dorf zu.

* Ein afrikanischer Tanz.

Schwerfällig und trübsinnig stapfte das Tier über Heide und Farnkraut hin und trottete schließlich in seinen Stall. In dieser Nacht schlief es wie ein Murmeltier.

Am frühen Morgen kam Cleto und trug ohne ein Sterbenswörtchen den Packsattel und die Kannen nach draußen. Verstohlen sah ihm der Gaul zu. Er wartete auf die üblichen aufmunternden Püffe. Aber heute kam und ging sein Herr, ohne ihn überhaupt anzurühren.

Da ihm die Launenhaftigkeit der Menschen nichts Neues war, wunderte er sich nicht sonderlich. Er wußte, daß es nun einmal sein Los war zu arbeiten, und sein alter Pferdeverstand sagte ihm, daß es nicht ratsam sei, sich in süßen Hoffnungen zu wiegen. Voller Behagen legte er sich zunächst einmal zurück auf sein Lager, das gerade frühmorgens am allermolligsten war, wenn die Nacht mit ihrem Frieden zur Neige ging und die harten Arbeitsstunden bevorstanden.

Wie er so ganz behaglich dalag, hörte er draußen — einmal, zweimal — das dünkelhafte, freche Iah eines dummen Esels, der sich ganz wohl zu fühlen schien. Er schwankte einen Augenblick, doch dann siegte seine Neugier; er erhob sich und spähte hinaus. Cleto war gerade dabei, denselben Esel einzuspannen, der ihn gestern bei seinem Tagewerk abgelöst hatte. Und Joana stopfte dem Eindringling zärtlich ein Kleebündel nach dem andern ins Maul.

»Der frißt ja eine Riesenportion!« stellte der Gaul fest, und ein tiefer Neid ergriff ihn gegen den Vielfraß mit seinen genießerischen, halbgeschlossenen Augen, als er sah, wie jener das Futter, das die ihm da reinstopften, zermalmte. Aber das war doch regelrechter Diebstahl! Der Klee gehörte doch ihm, nur ihm, daran war nicht zu rütteln! Und so schritt er denn mutig und entschlossen hinaus, biß dem Esel tief ins Fleisch und hielt anschließend seine Schnauze der freigebigen Joana hin. Aber Cleto versetzte ihm eins auf die Ohren, und so trottete er tieftraurig und haßerfüllt in den Stall zurück.

Später strich er den lieben langen Tag herum, fraß Gräser und Ginster am Berg und hielt sich bei den kleinen Ochsentreiberinnen auf, die Futter schnitten und gar keine Angst vor ihm hatten. Erst in der Abenddämmerung kehrte er zufrieden und sogar beinahe satt in seinen Stall zurück.

Einmal versuchte Cleto noch, ihm den Sattel aufzulegen. Doch teils aus Boshaftigkeit, teils aus Schwäche legte er sich auf den Boden, und weder Prügel noch Liebkosungen brachten ihn dazu, sich aufzurichten. Von dem Tage an ließ ihn sein Herr allmorgendlich hinauslaufen und herumstrolchen. Das war freilich nur ein Ausdruck seiner Verachtung. Was blieb dem Gaul aber anderes übrig, als sich mit seinem traurigen Schicksal abzufinden? Ungehindert weidete er am Wege und an den Bächen, doch das Dorf verließ er niemals, da ihm seine Entzündung nicht erlaubte, sich weit zu entfernen. Und wenn vom Kirchturm das Ave-Maria ertönte, kehrte er heim, ausgeruht und erquickt von soviel Gras und Kräutern, von den herrlichen Düften der Welt, und sein Körper schmerzte weniger.

Eines Nachmittags warfen Kinder mit Steinen nach ihm, und er sah sich gezwungen, sein alltägliches Weidegebiet schnell zu verlassen, was seine krummen und eiternden Beine kaum noch schaffen wollten. Als er ins Dorf zurückkam, fraßen die Kühe schon gemächlich an ihrer Krippe. Er fand seinen Stall verriegelt, und keine Menschenseele war ringsum zu sehen. Auf gut Glück trottete er hierhin und dorthin, verharrte dann grübelnd mitten auf der Straße, kehrte zur Stalltür zurück, blieb dort lange mit hängendem Kopf stehen und wartete. Da aber noch immer niemand kam, um ihm die Tür zu öffnen, begann er schließlich zu wiehern, zunächst schnell und bittend, nur um sich bemerkbar zu machen, dann aber langgezogen und klagend und endlich so angstvoll und schmerzerfüllt, daß die Stute des Herrn Rektors, die im nahen Wagenschuppen stand, darüber Tränen vergoß.

Er wieherte und wieherte; da ihm das aber gar nichts half, fing er an, voller Qual und Zorn auf der Erde herumzuscharren. Doch niemand kam. Da stieß er ein paarmal mit dem Vorderhuf an die Tür. Aber auch das war umsonst. Erst als seine Verzweiflung und Kraft schon erlahmte, sah er Gestalten näher kommen. Am Gang und am Wuchs erkannte er in einer von ihnen Cletos Sohn. Er spitzte die Ohren und wieherte leise und dankbar. Aber der Halunke warf ihm als Antwort einen Stock an den Kopf. Da lief er weit fort und schlief unter freiem Himmel. Tiefes Entsetzen und Abscheu vor den Menschen erfüllten ihn.

Als am folgenden Tag die Sonne aufging, sah er seinen Herrn auf dem Esel sitzen; seine gespreizten Beine wurden von den Milchkannen verdeckt. Da trabte er kläglich auf ihn zu, und wehmütige Erinnerung sprach aus seinen feuchten Augen. Cleto bückte sich flink; er befürchtete wohl, das Tier könnte eine Dummheit begehen. Aber gleich darauf streichelte er es und klopfte ihm ganz leicht ein paarmal auf die Kruppe, wobei er Worte murmelte, die es zwar nicht verstand, die aber so leiderfüllt waren wie die Abenddämmerung auf den endlosen, öden Landstraßen. Da der Gaul sich nun mit dem Milchmann ausgesöhnt hatte, trabte er heiter hinter dem kleinen Esel her nach Haus. Mit sich selbst und der Welt zufrieden, schlief er die ganze Nacht den Schlaf des Gerechten.

So verstrich die Zeit, und unser Lazarus, der weiterhin ungehindert aus und ein ging, fühlte, daß ihm das Blut leichter durch die Adern rollte; auf seinem Fell sprossen sogar ein paar neue Haare, und es sah so aus, als ob er bei seinem Vagabundenleben jünger wurde.

Cleto lieferte die Milch mit seinen ausgeliehenen Eseln einmal sauer, ein andermal zu spät in der Molkerei ab.

Am Ende hatten die Leute keine Lust mehr, ihm ein Tier zu überlassen, und die Milch in den Kannen wurde dick. Am Tage darauf standen die Sterne noch am Himmel, als ein Mann mit einem stattlichen Pferd am Zügel an Cletos Tür klopfte und um die Liste der Milchlieferanten bat.

Cleto erschien schlaftrunken auf der Schwelle und sagte frech:

»Was quasseln Sie da, Mann?«

»Soll ich noch deutlicher werden? Sie sind entlassen. Her mit der Liste…«

Cleto schimpfte ausgiebig und beteuerte, er würde doch den Maulesel des verstorbenen Isidoro kaufen und dann ein für allemal seinen Dienst vorschriftsmäßig ausführen können.

Der andere aber hörte ihm nicht einmal zu, sondern ging fort und holte sich die Milch ohne die Liste. Er stellte sich auf den Brunnenplatz, zog sein Horn hervor und blies dreimal darauf. Da stellten sich sofort die Frauen mit den vollen Gefäßen auf dem Kopf ein, und da Cleto sie um einen Tag Verdienst gebracht hatte und außerdem als Schwindler und Lump galt, fuhr der neue Milchmann mit bis zum Rand gefüllten Kannen ab.

Cleto hatte sich unterdessen zu dem Molkereibesitzer, Senhor José da Loba, begeben und wollte mit ihm sprechen. Loba war klein, fett und unbeholfen, aber reich und einflußreich bei den Wahlen. Sein Entschluß sei unerschütterlich, ließ er Cleto sagen und schickte ihm eine abgetragene Hose und ein kleines Geldgeschenk heraus.

Als Cleto seiner Joana von dem fehlgeschlagenen Bittgang erzählte, sagte sie:

»Morgen gehe ich hin.«

Sie putzte sich mächtig heraus, zog den Flanellrock, der auf Taille saß, und die Lackpantoffeln an, und geschniegelt und gebügelt machte sie sich auf den Weg.

»Senhor José da Loba ist nicht da«, erklärte man ihr.

Mit ihren kräftigen Armen drang sie bis zum Chef vor.

»Nanu, Joana, was willst du denn hier?«

»Was fragen Sie so dumm? Ich will, daß mein Mann wieder die Milch fährt.«

»Aber, Joana, das ist doch ganz unmöglich. Ohne ein eigenes Tier kann er die Stunden nicht einhalten. Die Lieferanten laufen ihm davon, die besten wollen schon nichts mehr von uns wissen. Siehst du das nicht ein? Kein Tag vergeht, ohne daß er die Hälfte der Milch nicht schon sauer anbringt. Entweder holt er sie zu spät ab, oder die Leute hauen ihn übers Ohr und drehen ihm gepantschte an. Nein, das geht beim besten Willen nicht so weiter!«

»Sie brauchen ihm bloß Geld vorzuschießen, daß er sich einen Gaul kaufen kann. Schließlich kann ich das von Ihnen verlangen.«

»Du bist närrisch geworden… reinweg närrisch. Nun hör aber mal gut zu: selbst wenn ich nachgäbe… die Leute wollen ja gar nichts mehr mit ihm zu tun haben…«

»Dummes Zeug! Das Pack ist doch bloß neidisch. Leihen Sie ihm das Geld, und wir werden sehen, wer recht hat.«

»Ich möchte nichts mehr davon hören, verstanden, Joana? Bring dich also bitte nicht um!«

»Ach so. Na ja, umbringen tu ich mich deswegen nicht, aber ich geh zur Senhora Dona Zèzinha und sag ihr und allen Leuten, daß Sie was mit mir haben.«

Er faßte sie beim Arm und schob sie ruhig bis an die Tür:

»Geh, Joana, geh! Wer hätte wohl noch Lust, dich anzurühren?«

Da füllten sich Joanas Augen mit Tränen:

»Damals, als Sie mich rumkriegen wollten, da haben Sie ganz anders geredet.«

Ihre warmen Tränen lösten ein wollüstiges Gefühl in ihm aus, und mit schmeichelnder Stimme sagte er:

»Sieh, Joana, ich möchte dir ja immer behilflich sein. Aber deinen Mann kann ich nun mal nicht wieder einstellen, wahrhaftig nicht. Du müßtest bloß wissen, was für Summen der mich schon gekostet hat.«

Das Blut färbte Joanas Wangen und ließ die unzähligen Falten unsichtbar werden, die ihr das siebenmalige Kindbett eingetragen hatte. Ihre pechschwarzen Augen waren eigentlich noch immer schön, und die Tränen machten sie so jung und so mädchenhaft, daß dem Loba ganz heiß wurde. Er legte seinen Arm um ihre Schultern und zischelte ihr ins Ohr:

»Du weißt doch, Joana, wie gut ich dir immer war. Aber entgegenkommen mußt du mir schon… Ob du wohl noch so zu mir sein könntest wie damals?… Nun sag schon… Dein Mann kann doch irgendeinen Lohndienst suchen, kräftig genug ist er noch. Ich meine: soll er doch arbeiten!«

Mit heiserer Stimme klagte sie: »Wir kommen um vor Hunger…«

»Dummes… Dummerchen… wenn du wüßtest, was mir an dir liegt, würdest du nicht solch einen Unsinn schwätzen.«

Er lehnte seinen Kopf an den ihren, küßte sie schmatzend ab und ließ auf ihrem Nacken einen ekelhaften Schneckengeifer zurück.

»Joaninha, warte auf mich bei der Borralha… hörst du? Ich bin gleich da.«

»Nein, heute nicht.«

»Doch, heute!«

»Und Sie stellen meinen Mann wieder ein?«

»So geh doch schon. Wir sprechen nachher drüber.«

Keine fünf Minuten brauchte Joana im Hause der Kupplerin zu warten. Loba trat keuchend und mit feurigen Augen ein, genau wie damals, wenn sie die Serra heruntergestiegen kam, frisch nach

Bergkräutern duftend und mit prallem, appetitlichem, fast unzüchtigem Leib.

Es war schon spät, als der bedeutende Herr sich den Schweiß trocknete, einen Fünf-Escudo-Schein auseinanderfaltete, auf das mit Wachstuch bespannte Nachtschränkchen legte und sich dann hastig und angewidert verabschiedete:

»Da, nimm. Und mach's gut. Sag deinem Anacleto, daß ich an ihn denken werde, aber bei der Milch kann ich ihn nicht gebrauchen, er soll sich das ganz aus dem Kopf schlagen. Na, dann auf Wiedersehen!«

Joana richtete sich auf der Pritsche hoch und schob ihre schlaffen, schlauchigen Brüste in das Schnürmieder zurück. Sobald sie Loba draußen wußte, nahm sie gierig das Geld an sich und steckte es in ihren Ausschnitt. Nun konnte sie Gott sei Dank einen Ofen voll Brot backen und sich vielleicht sogar noch einen Kattunrock kaufen!

Als sie wieder oben in der Serra anlangte, schickte sich das Vieh gerade an, wie in einer Prozession ins Dorf zurückzukehren. Cleto, diese gute und treue Seele, wunderte sich gar nicht über den Bericht seiner Frau. Auch nahm er die Dreistigkeit des reichen Protzers nicht schwer; er hatte sich an vieles gewöhnt, und sein moralisches Rückgrat war längst weich geworden. Was seine unwiderrufliche Entlassung anbetraf, so zuckte er nur mit den Achseln:

»Hab ich dir's nicht gesagt?«

Niemand öffnete dem Gaul an diesem Morgen die Stalltür. Er war hungrig und wieherte so lange, bis ihr der Kehlkopf schmerzte. Er wühlte im Düngerhaufen nach Heu und Seetang, und als er Cleto draußen hin und her gehen und geräuschvoll hantieren hörte, war er tief entrüstet und wütend.

Erst gegen Abend kam Cleto herein, um ihm den Zaum anzulegen, und ganz unterwürfig ließ er sich von ihm aus dem Stall führen. Draußen steckte ihm Joana eine Brotrinde ins Maul. Dann stiegen sie zu dritt den Berg hinan. Birnbäume und Pflanzen wuchsen wild am Weg, und die Elstern kamen hier am Abend zusammen, um ungestört und laut schwätzen zu können. Im Heidekraut lagen Zisternen und Abbaureste verlassener Minen herum, und der Gaul, der an so vereinsamten Orten stets Angst hatte, fragte sich befremdet: Zum Teufel, was haben wir hier bloß zu suchen?

Joana ging neben Cleto her. Sie hob den Rock an, damit er nicht im Schmutz schleife. Und das Pferd leckte ihr die Hand, was ihm von dem Tage an, da er sie von der groben Pranke Cletos zu unterscheiden gelernt hatte, zu einer lieben Gewohnheit geworden war. Und mit einer zarten, liebevollen Hand, die heute ungewöhnlich zitterte, streichelte sie ihm den weißen Fleck auf der Stirn, den sie immer bewundert hatte, wenn er sich zum Brunnen beugte, um seinen Durst zu löschen. Solch weiche, schwermütige Liebkosung machte ihn nur noch mißtrauischer.

Nach dem Regen war der Himmel ganz klar geworden, und darunter schwebte der Duft von Ginster und »Vela-luz«; er war flüchtiger als die Dunstschleier, die morgens über einem Fluß liegen. Und der Gaul sog die Luft genießerisch ein, wie er das immer auf den friedvollen Wegen getan, wenn die Maienbäume ihren herrlichen Wohlgeruch über ihn verströmt hatten.

Je länger er jedoch, von den wundersamen Düften berauscht, hinter seinen Gebietern hertrottete, desto argwöhnischer machte ihn seine Vagabundenphilosophie.

Auf halbem Wege galoppierte ein Füllen vorbei. Seine Nüstern schäumten, seine Mähne flatterte im Wind. Wie ein Blitz schoß es dahin, kaum daß es die Erde und das Heidekraut berührte. In seiner Fußspur lief des Müllers Schimmel; er war lächerlich anzusehen mit seiner Last auf dem Buckel, wie er keuchte und geradezu dampfte. Barhäuptige Männer setzten den beiden schreiend nach.

Dieses kleine Intermezzo rief in dem Gaul seine weit zurückliegende Jugendzeit wach. Und da er das ungestüme Verlangen der Hengste und die wilde Geilheit der Stuten gut kannte, wieherte er dem grotesken und mutigen Müllerschimmel zu:

»Nur zu, nur zu, das Füllen brennt schon drauf!«

Und der andere antwortete ihm in seiner Hast:

»Ich krieg es schon, mein guter Freund!«

Am Gipfel angelangt, wurde ihm ganz traurig und seltsam zumute. Er erblickte Cletos Sohn, der an einer Felsplatte ein riesengroßes Messer schliff, und da er ihm noch böse war, fletschte er warnend die Zähne. Doch der Bursche drohte ihm mit der Faust.

Cleto band ihn an einer Eiche fest und verband ihm die Augen. Von neuem wunderte er sich. Was sollte dies alles?

Plötzlich verspürte er einen scheußlichen Kniff am Hals und dann ein Brennen, das einem scharfen Peitschenhieb glich und ihm durch und durch ging bis hinunter zur Kruppe und sich endlich unter der Haut verlor. Und dann wurde ihm so leicht, so leicht, daß er glaubte, ein Windstoß könne ihn mit einem Ruck in die Lüfte heben. Gleichzeitig aber vermochten seine Augen hinter dem roten Lappen ganz deutlich zu erkennen, wie sich dort oben die junge Stute und der Schimmel in wütender Liebe bissen. Schließlich war auch er einmal ein forscher Kerl und ein Angeber gewesen, und wenn er die Stuten voll brünstiger Wut in den Nacken gebissen hatte, so waren sie erschauert wie ein Schilfrohr. Mit falkenhafter Geschwindigkeit war er über sie hergefallen, und er erinnerte sich… einmal hatte er seinen Riemen zerrissen, um sich auf die brünstige Stute eines Fremden zu stürzen, die an der Taverne an einem Eisenring festgebunden war und ihn mit ihrem schmachtenden Gewieher herausgefordert hatte. Ein anderes Mal waren er und die junge Stute des Schmiedemeisters ins Gebirge geflüchtet, und das halbe Dorf war ihnen nachgesetzt. »Hierher, hierher, das ist ihre Spur! Ich habe sie wiehern hören! Halt! Brr!« Und als die Leute sie endlich hatten, da labten sie sich, er und die Stute, schon längst befriedigt und in aller Ruhe am Grase, das an der Quelle wuchs.

Der lauwarme Gießbach auf dem Bergeskamm war sanft wie Joanas Hand, die ihm nie ein Leid zugefügt hatte. Und als er nun endlich niederfiel, fühlte er sich gut, denn ein herrliches, ihm ganz neues wohliges Gefühl überkam ihn. Seinen verbundenen Augen bot sich ein unvermuteter Horizont dar, noch durchsichtiger und noch röter, als es zuweilen das Abendrot über dem Meer ist. Nun wollte er schlafen. Ach, wie wunderbar weich doch die Erde war! Leicht wie ein Flügel oder wie das erste zarte Morgenrot strich etwas ganz sacht und behutsam über sein Fell.

Joana nahm ihm die Binde ab, und noch einmal leckte er ihr die Hand, die ihn sanft und traurig streichelte. Die Luft war ein schwacher Hauch, der nicht mehr ausreichte, um auch nur ein einziges Mal die Lungen zu füllen. In der Ferne, jenseits der Berge sah er ein flammendes Etwas sich langsam senken. Und dunkel fragte er sich: Ob das die Sonne ist?

Doch dann erinnerte er sich der Stute und des Pferdes, die zu ihrer stürmischen Hochzeit galoppierten, und er dachte: Nein, das ist die Liebe der Pferde.

Am Horizont sank die große Rose hernieder und nahm das allerletzte Licht mit sich, um einzutauchen in das weite Nichts der Dunkelheit.

Cleto zog das Tier am Bein und versetzte ihm einen Fußtritt in den Leib. Zu Joana, die leise weinte, sagte er:

»Man weint um eine Christenseele, Frau. Der da war schon am Verfaulen.«

»Ach, das arme Tier«, sagte sie. »Es war so gutmütig. Es hat uns immer so geduldig getragen und uns geholfen, unser Brot zu verdienen.«

José Cleto setzte das Messer an. Und Joana dachte an die guten, für immer entschwundenen Zeiten, da sie noch jung und hübsch gewesen war und ihr die ganz feinen Herren nachgestellt hatten, wenn sie, seitlings auf dem glänzenden Sattel des Pferdes sitzend, unten im Dorf erschienen war.

»Nicht einmal die Zigeuner hätten den noch genommen«, sagte Cleto, während er dem Tier die Beinknochen straffte, damit José Cleto es abhäuten konnte. »Ließen wir ihn liegen, würden die Wölfe über ihn herfallen. Es ist schon das Beste so. Außerdem kann mir das Fell noch ein paar Kröten einbringen, wenn ich's zum Pelzhändler bringe…«

»Ich hab dir's doch schon einmal gesagt«, unterbrach ihn sein Sohn, »das Fell ist für unsere Trommel.«

»Was für eine Trommel, zum Teufel?«

»Für die Trommel, sag ich dir. Die Ziegenfelle halten keine zwei richtigen Schläge aus. Und dieses Jahr geht unsere ›Rusga‹* nach Lapa, und da wollen wir mal so richtig drauflostrommeln können.«

Als Joana den von ungeübter Hand zerstochenen Leib des Pferdes sah, ging sie angewidert und traurig davon.

Übersetzung: IL

---

* Volkstümlicher Umzug junger Leute, der einmal im Jahr an einem katholischen Feiertag stattfindet.

Ferreira de Castro

DER GOTT DER SEEFAHRER

Auf einem Hügel stand ganz oben weiß, anmutig und klein die Kapelle des Gottes der Seefahrer. Sie war von weither sichtbar, wie ein Leuchtturm. Und wenn die auf Wellenbergen und in Wellentälern treibenden Boote in Gefahr gerieten, dann blickten die Fischer voller Verzweiflung und Hoffnung zu ihr auf wie zu einem Licht, das in der Nacht des Atlantiks leuchtet.

Da der Weg zu ihr mühsam und steinig war, gingen nur selten Leute hinauf, es sei denn am großen Festtag, einmal im Jahr, mit Musikkapelle und Schnedderengteng. Mich aber reizten die Einsamkeit und der weite Blick dort oben, und ich richtete es in jenen Sommertagen stets so ein, daß ich hinaufstieg, ohne mich zu überanstrengen. Beim Bergsteigen ist uns ein Buch dienlicher als ein Stock, und so machte ich mich jedesmal mit einem Buch unter dem Arm auf den Weg. Sobald meine Beine nicht mehr recht wollten, setzte ich mich nieder und las, während die Amseln in den alten Bäumen zwitscherten. Ohne ein Buch hätte ich mir gewiß nur eine kurze Ruhepause gegönnt und wäre ungestärkt weitergestiegen; denn strebt man einem bestimmten Ziele zu, sei es auf Rädern, mit Propellern oder auch ganz bescheiden zu Fuß, so neigt man dazu, so schnell wie möglich ankommen zu wollen, auch wenn man dort gar nichts Wichtiges zu tun hat. Mit einem Buch ist das etwas anderes. Gefällt es uns, so hält es uns länger in seinem Bann, als es Frauenarme tun könnten, und erst am Ende eines Kapitels oder eines Abschnittes, da, wo wir leicht wieder anknüpfen können, mögen wir die Lektüre unterbrechen. Mittlerweile sind unsere Beine wieder zu Kräften gekommen.

Als ich an jenem Nachmittag, von dem ich hier erzählen will, auf dem kleinen Platz vor der Kirche des Gottes der Seefahrer anlangte, blieb ich zunächst eine Weile stehen, um meinen Blick über das weite, ruhig daliegende Meer mit den anmutig treibenden Segeln und den Strand schweifen zu lassen, den noch kaum eines Menschen Fuß betreten hatte. Rechts im grünen Kiefernwald standen überall verstreut moderne, schmucke, bunte Häuschen, während auf der gegenüberliegenden Seite die dicht nebeneinander hockenden Fischerhütten eine Art Insel im Sande bildeten. Sie waren so alt, so dunkel und von den Jahren so abgenutzt, daß man hätte auf den Gedanken kommen können, sie stammten noch von den Ureinwohnern des Küstenstrichs. Die Zeit schien stehengeblieben zu sein auf dieser Seite, wo man bei praller Sonne schwer und oft unter Lebensgefahr arbeitete, und schien nur auf der anderen Seite weiterzueilen, wo man es sich im friedlichen Schatten der Kiefern wohl sein ließ.

Nachdem ich, wie es meine tägliche Gewohnheit war, liebevoll den Ozean, die Erde und den Himmel betrachtet hatte, setzte ich mich nieder, um, wie üblich, zu lesen. Doch kaum hatte ich das Buch aufgeschlagen, als aus dem Innern der Kapelle ein Geräusch an mein Ohr drang. Überrascht drehte ich mich um und sah, daß die Tür halb offenstand. Das war, solange ich hierherkam, noch nicht vorgekommen. Bisher hatte mich hier stets tiefste Stille empfangen, völlige Einsamkeit und eine gleichsam poetisch zarte und reine Stimmung, wie sie den Gebirgseinsiedeleien eigen ist.

Jetzt war das Geräusch wieder da. Ich hörte Schritte und sah dann einen Mann zur Tür heraustreten. Er hielt zahlreiche Wachsschiffchen und kleine, billige Holzmalereien in den Armen. Als er meiner ansichtig wurde, blieb er ungehalten stehen; dann trat ein unbestimmbarer Ausdruck in seine Augen, er machte eine gleichgültige Bewegung und ging entschlossen bis ans Ende des Kirchplatzes, wo der Berg fast senkrecht bis zu dem tief unten liegenden Wäldchen abfiel. Es war ein sehr gefürchteter Steilhang. Man hatte sogar, um die Besucher der Kapelle zu schützen, eine kleine Mauer vorgebaut, die an der Innenseite eine Bank in Halbkreisform bildete. Dorthin, ungefähr vier Meter von mir entfernt, setzte sich der Mann.

Seine Gegenwart störte mich. Ich senkte von neuem meine Augen auf das Buch. Doch schon in demselben Augenblick redete er mich an: »Gewiß halten Sie mich für einen Dieb, nicht wahr?«

Tatsächlich war mir gerade eben dieser Gedanke gekommen. Ich hatte sogar die Stärke des Fremden im Vergleich zu meiner abgeschätzt und die Schlußfolgerung gezogen, daß er, falls es zum

Kampf zwischen uns kommen sollte, mich wohl besiegen würde. Nicht weil er jünger gewesen wäre — er mochte in den Fünfzigern sein, während ich noch nicht einmal die Dreißig erreicht hatte —, aber er hatte einen kräftigen Körper und kräftige Arme, wogegen meine, die das Buch hielten, sehr zart waren. Seine hellen Augen benötigten keine Brille, ich aber hätte ohne die Hilfe meiner Gläser keine zwei Schritte zu tun gewagt, nicht einmal, um zu fliehen. Und wenngleich seine Körperformen alles andere als grob genannt werden konnten, so ließ doch sein zerschlissener, staubiger Anzug darauf schließen, daß er gewöhnt war, mit einem Stock in der Hand auf den Straßen der Erde den harten Lebenskampf auszufechten.

Ich zögerte ein paar Sekunden mit meiner Antwort, und er fügte, ohne sie abzuwarten, hastig hinzu: »Nein, ich bin kein Dieb. Dies hier« — und er deutete auf die Weihbilder — »gehört ja alles mir. Ich habe zwar soviel gar nicht verdient...«

Nun hatte er mich gänzlich verwirrt. Ich weiß nicht mehr, was ich ihm antwortete, gewiß aber war es etwas Dummes. Er sagte: »Ich nehme an, Sie sind nicht aus dieser Gegend. Wohl ein Badegast?«

»Allerdings.«

»Das merkt man sofort. Die Leute von hier haben keine Zeit, auf die Berge zu klettern und Bücher zu lesen. Die haben an ihrer Arbeit genug.«

Ich war mir nicht im klaren darüber, ob er sich bei mir unbeliebt machen oder ob er mir zeigen wollte, wie gescheit er war.

Seine Augen hefteten sich nun wieder auf mich, und ich glaubte in ihnen eine gewisse Freundlichkeit wahrzunehmen, aber als er wieder zu sprechen begann, fühlte ich mich gedemütigt, denn er sagte: »Lassen Sie sich nicht stören. Ich halte mich nicht lange hier oben auf. Sie brauchen auch keine Angst vor mir zu haben. Ich tue niemandem etwas zuleide. Wir haben gewiß alle einmal ein Unrecht begangen — ich habe ein sehr großes begangen, aber das ist nun schon viele, viele Jahre her...« Er wiederholte mit tiefer Stimme: »Viele, viele Jahre...«

»Weshalb sollte ich wohl Angst vor Ihnen haben?« fragte ich kühl. Aber, um die Wahrheit zu gestehen, er beunruhigte mich. Ich schlug von neuem mein Buch auf und tat so, als ob ich läse.

Der Mann schwieg. Er saß über seine Weihbilder gebeugt, zerstückelte die Wachsschiffchen und warf sie den Berg hinunter in das Gestrüpp, das sich tief unten ausbreitete. Nur die Spitze eines Mastes mit einem Wimpelchen daran behielt er zurück und drehte sie zwischen seinen Fingern, wobei er zärtlich lächelte, ganz so, wie man es beim Betrachten nichtiger, vergänglicher Dinge tut. Dann steckte er das Dingelchen in das Knopfloch seines Mantels. Gleich darauf nahm er einen Stein auf und fing an, damit die Holzgemälde zu zertrümmern, auf denen Fischerboote im Kampf mit der wilden See sowie der Gott der Seefahrer, hoch auf einer Wolke schwebend, zu sehen waren. Einige Bilder waren schon jahrhundertealt. Auf jedem standen ein Datum und ungeschickt gekritzelte Dankinschriften voller orthographischer Fehler. Der Mann las sie alle, bevor er die Bilder zerstörte, und dann warf er die Trümmer, genau wie er es mit den Wachsschiffchen getan hatte, den Steilhang hinunter. Dabei sagte er zu sich selbst: »Ich habe noch nie einen Menschen gerettet... Nein, noch nie! Ich hätte es gern getan, aber wo sollte ich die Kraft hernehmen? Wenn einige dem Tode entrannen, so verdanken sie das den günstigen Umständen...«

Er stand auf und ging wieder in die Kapelle zurück. Ich hielt den Augenblick für gekommen, fortzugehen. Gewiß würde er mich für feige halten, aber das konnte mir ja einerlei sein. Denn schließlich hatte ich hier oben meine Ruhe gesucht, und davon konnte heute nicht die Rede sein.

Doch ehe ich meinen Entschluß ausführen konnte, kam der Mann schon wieder zum Vorschein. Diesmal trug er die Arme voller Köpfe, Brüste, Hände und Füße, alles aus Wachs. Ich weiß nicht, ob er nun keine Geduld mehr hatte, die einzelnen Teile Stück um Stück zu zertrümmern, oder ob es ihm vielleicht aus einem alten Aberglauben heraus widerstrebte, die Nachbildungen menschlicher Glieder zu zerstören — jedenfalls näherte er sich der Mauer und warf alles zusammen den Berg hinunter. Dann blickte er, genau wie beim erstenmal, über den Ozean hin. »Gefällt Ihnen das?« fragte er, indem er sich leicht zu mir herumdrehte.

»O doch«, antwortete ich, »ein prächtiger Anblick.«

Langsam schweiften seine Augen über das Meer und die Erde

hin. »Nicht schlecht...« murmelte er. »Könnte allerdings besser sein, aber immerhin... Schon den alten Römern gefiel es dazumal hier... Übrigens weiß niemand außer mir, daß sich hier einmal eine Siedlung befand. Sehen Sie, dort links, bevor man den Kirchplatz betritt, könnte man Gräberreste finden... Und da unten am Strand liefen einmal viele Galeeren an... Es gab da auch einen kleinen Hafen, der mit der Zeit versandet ist.«

Ich war erstaunt über sein Wissen und seine kluge Ausdrucksweise. Ich wollte ihn mir genauer ansehen, aber er hatte mir schon wieder den Rücken zugekehrt und blickte ins Weite. Dann sagte er: »Wenn wir die Erde, das Meer und den Himmel betrachten und uns die Mannigfaltigkeit der Wesen und die wunderbare planetarische Ordnung vor Augen halten, will es uns tatsächlich scheinen, als ob dies alles ein Wunder ist. Nicht wahr? Kommt Ihnen nicht derselbe Gedanke, wenn Sie zum Beispiel an die Wesen denken, die unter Wasser leben?«

»Gewiß, die Welt ist sehr mannigfaltig, und...«

Er unterbrach mich: »Natürlich haben die Menschen in dieser Hinsicht mehr oder weniger alle dieselbe Meinung. Ein kleines Insekt im Gebirge, das wir ohne weiteres zertreten könnten, wenn es nicht flieht, läßt uns nachsinnen über das Geheimnis der Schöpfung und lenkt unsere Gedanken, ehe wir uns versehen, in die rätselhaftesten Bahnen...« Plötzlich hielt er inne und fragte: »Wer sind Sie? Welchen Beruf üben Sie aus?«

Ich gab ihm Antwort auf seine Fragen, und er schien befriedigt zu sein. »Fein«, sagte er, »da können Sie mich bestimmt verstehen... Finden Sie nicht auch, daß die Erschaffung der Welt nur einer so herrlichen Phantasie und einer so scharfen Intelligenz zu verdanken sein kann, wie sie die Menschen nie und nimmer erreichen können?«

»Das ist mir wohl schon in den Sinn gekommen«, sagte ich bescheiden.

»Da haben wir's, da haben wir's!« rief er aus. »Aber Sie irren sich, zumindest zur Hälfte...«

Er kam noch näher auf mich zu. Da ich saß und er stand, war ich gezwungen, zu ihm aufzuschauen, und plötzlich verspürte ich Angst, er könne seine Hand ausstrecken und mich schlagen.

»Bitte, sagen Sie mir doch, ob Sie niemals auf den Gedanken gekommen sind, daß jene scharfe Intelligenz ihre Arbeit nur halb ausgeführt hat? Daß sie nicht das vollbrachte, was zu vollbringen sie sich vorgenommen hatte?«

»Ich weiß nicht recht. Unseren Gedankengängen sind Grenzen gesetzt. Jenseits unserer Gründe mögen andere Gründe bestehen, die niemand zu erfassen vermag…«

»Ganz richtig, genau darauf wollte ich hinaus!« Während er so sprach, setzte er sich neben mich, beugte sich leicht vor, legte die Arme in den Schoß und die Hände übereinander. Seine Stimme nahm den flüsternden Ton vertraulicher Mitteilungen an. Er sprach langsam und schien keine Eile zu haben. »Anfangs ging alles gut«, sagte er, als setze er eine unterbrochene Erzählung fort. »Ich besaß eine unendliche Macht und eine rätselhafte Erfindungskraft. Ich staune heute selbst darüber. Mir brauchte nur eine Idee vorzuschweben, und schon nahm sie Gestalt und Leben an. Mein schöpferischer Geist kannte keine Grenzen, das können die Wesen dort unten in der Meerestiefe bezeugen. Den unsinnigsten Einfall in die Wirklichkeit umzusetzen, das ist Ihnen gewiß ein unbekanntes Vergnügen. Aber für mich war das damals eigentlich gar kein Vergnügen, da ich ja noch nicht zu unterscheiden wußte zwischen Unsinnigkeit und Logik, Schönheit und Häßlichkeit, Gutem und Schlechtem. Solche Unterschiede kamen mir erst später zum Bewußtsein, eben dann, als sich bereits die Grenzen meiner Macht abzuzeichnen begannen… Ich schuf und schuf wie im Taumel. Und zweifellos war mein Hauptwerk das, was die Menschen das Universum, den Mechanismus des Himmels, die Unendlichkeit nennen… Ihr Menschen versucht, mit euren Wissenschaften Grundsätze aufzustellen, aber das ist schwieriger, als mit einem Teelöffel die Erde eines ganzen Gebirges umzuschaufeln.«

Während er sprach, blickte er auf den Boden, als wollte er nicht sehen, welchen Eindruck seine Worte auf mich machten. Dann änderte er den Klang seiner Stimme: »Der Tag kam, da meine Kräfte nachließen. Die Vögel sind ein Beweis meines Verfalls. Ich weiß nicht, ob Sie viel gereist sind und ob Sie Asien, Amerika und die großen tropischen Wälder kennen, wo es wunderschöne Vögel gibt. Wenn Sie aber nicht dort gewesen sind, so macht es nichts.

Gewiß haben Sie bunte Abbildungen in Büchern gesehen. Für Ihre Begriffe weist die Vogelwelt eine zauberhafte Mannigfaltigkeit auf und zeugt von einer unerschöpflichen Erfindungsgabe. Das stimmt aber gar nicht. Wenn Sie genau beobachten, können Sie selbst feststellen, daß es nicht stimmt. Meine Phantasie schrumpfte bereits zusammen, sie näherte sich dem, was einmal die menschliche Phantasie ausmachen sollte. Ich erschuf nur einen einzigen Vogel; alle übrigen sind weiter nichts als Varianten von ihm. Ich benutzte sein Vorbild, um es in allen Größen zu vervielfältigen, angefangen beim Straußenvogel, auf dem man reiten kann, bis zum winzig kleinen Kolibri, den man mit einem Insekt verwechseln kann. Darauf gab ich meinen Vögeln alle möglichen Farben und Farbkombinationen. Ich machte mich dann noch daran, statt neuzuschöpfen ein paar Einzelheiten des schon Geschaffenen übertrieben auszuarbeiten, bis sich schließlich eine Karikatur meiner eigenen Schöpfung daraus ergab. Bei einigen Vögeln beschränkte ich mich darauf, die Beine, den Schwanz oder den Schnabel zu strecken, so daß diese Teile schließlich größer und länger wurden als der Körper selbst. Die Vögel sahen dann ganz grotesk aus. Anderen machte ich größere Flügel, als sie eigentlich brauchten, und wieder anderen gab ich nur ein paar lächerliche, beschnittene Stümpfe. Ich brachte eine gewisse Abwechslung in den Glanz ihrer Augen und gab ihnen verschiedene Kehlen. Der Erfolg war, daß einige stumm fürs ganze Leben blieben und andere bis zu ihrer Todesstunde singen müssen. Aber das waren in Wirklichkeit nur unbedeutende Einzelheiten, denn die Grundidee blieb sich doch immer gleich. Ich war wie ein Künstler, dem einmal etwas gut gelungen ist und der dann sein Leben lang voller Verzweiflung den Eindruck zu erwecken versucht, er schaffe ständig etwas Neues, während er weiter nichts fertigbringt, als sich selbst zu plagiieren…«

Der Mann hielt inne, hob den Kopf und blickte mich zum erstenmal an, seitdem er sich neben mich gesetzt hatte: »Sie halten mich für wahnsinnig, nicht wahr?«

Ich schlug die Augen nieder und überlegte mir, daß er mich jeden Augenblick über die Mauer werfen könnte, wie er es mit den Weihbildern getan hatte. »Aber wieso denn, Senhor? Ich höre Ihnen mit größtem Interesse zu. Nur ist es leider etwas spät geworden…«

Er schaute prüfend zum Himmel, als ob er an ihm die Zeit abläse. »Es ist noch nicht spät… Fünf Uhr… Bitte, geben Sie mir eine Zigarette.«

Ich reichte ihm das Päckchen, er nahm eine Zigarette heraus, zündete bedächtig ein Streichholz an, tat einen Zug und fuhr fort: »Mit der Pflanzenwelt ging es nicht besser. Was ist überhaupt ein Baum? Was eine Pflanze? Eine in die Erde gesteckte Wurzel. Um die Eintönigkeit zu vermeiden, mußte ich die Blätter, die Blumen, die Früchte und den Geruch abwechslungsreich gestalten. Ja, sogar die Stämme und Stiele sind verschieden voneinander. Aber trotzdem handelt es sich immer um eine in die Erde gesteckte Wurzel. Sehen Sie, und eigentlich ist das gar nicht meine Absicht gewesen. Ich wollte ja gar nicht, daß sich dauernd alles wiederholt auf der Welt. Sie sollte immer anders aussehen. Haben Sie sich noch nie gefragt, warum es keine in der Luft schwebenden Wälder gibt und warum der Mensch sich nicht mit derselben Leichtigkeit im All und auf dem Meeresgrunde wie hier auf der Erde bewegen kann? Und ist Ihnen noch nicht aufgefallen, daß die Menschen Tag für Tag damit beschäftigt sind, meine Fehler zu korrigieren? Was anderes ist schließlich ein Flugzeug oder ein Taucheranzug als ein Herumflicken an meinem Werk? Ja, sogar die, die mich anbeten, sind nicht einverstanden mit dem, was ich schuf, und sie versuchen unablässig, an meiner Schöpfung herumzuverbessern. Wenn sie mich anflehen, ihnen in ihrem Unglück gnädig zu sein, so bedeutet das im Grunde genommen doch nur einen Tadel für mich. Ist eine inständige Bitte nicht eine Revolte, die nicht zum Ausbruch kommen kann?« Er lächelte leise und fügte hinzu: »Sie verfluchen mich nur deshalb nicht, weil sie mich vorläufig noch für wichtiger halten als sich selbst…«

Wieder schwieg er eine Weile. Dann drückte er die nur angerauchte Zigarette aus und gestand in sanftem, traurigem Ton: »Sie haben ja ganz recht, die Ärmsten! Ich versagte, ehe ich mein Werk vollenden konnte. Was verwandelbar werden sollte, wurde unverwandelbar, und die Gesetze, die die Welt regieren, sind unbarmherzig. Fast ganz zuletzt kam ich auf den Gedanken, den Menschen zu schaffen. Ich hatte schon andere Kreaturen ins Leben gerufen, meine Phantasie war erschöpft und jede Einzelheit bis zur Übertreibung ausgenutzt. Da verfiel ich plötzlich auf eine Abweichung. Bisher hatte ich den Tieren vorwiegend vier Stützen für die Fortbewegung auf der Erde oder den Bäumen mitgegeben. Den neuen Lebewesen aber wollte ich, wie den Vögeln, nur zwei geben. Doch können Sie sich nicht vorstellen, was in mir vorging, als ich das neue Menschenpaar zwischen den anderen Geschöpfen erblickte. Ich war just dabei, das Känguruh zu schaffen. Der Anblick der beiden Menschen beeindruckte mich so tief, daß ich ihm noch flink zwei Beinembryos ansetzte, doch blieb es für alle Zeiten verstümmelt. Inmitten der anderen Kreaturen, die fröhlich lärmend an ihrem Lebensmorgen tollten, sahen die einzig aufrecht Gehenden, der Mann und die Frau, wie zwei Pinguine inmitten eines lärmenden Vogelschwarms aus. Der Mann blickte in die Ferne und wußte nichts mit sich anzufangen. So traurig, so unsicher sah er aus, daß Mitleid in mir aufstieg. Da er aufrecht ging, war sein Geschlechtsteil sichtbarer als bei den anderen Lebewesen, was ihn anscheinend demütigte. So arm an Ideen war ich geworden, daß ich anfing, ein und demselben Organ mehrere Funktionen zuzuteilen. Für die Vögel hatte ein einfacher Ausgangskanal genügt, den anderen Lebewesen schuf ich unnützerweise zwei, da ich dem einen eine doppelte Zweckmäßigkeit gab. Als ich meinen Fehler einsah, war es schon zu spät: Das Menschenleben sollte für immer aus einem Ausguß keimen. Mein Mitleid mit dem Manne wuchs. Und so entschloß ich mich nach einigem Zögern: ›Diesem werde ich mich selbst geben. Er soll mitbekommen, was in mir noch an Größe übriggeblieben ist.‹ Und so erhielt das traurige Lebewesen meine schon fast verfallenen Kräfte, den Rest meiner Würde und meiner Macht. Das war ein Fehler, ja mein größter Fehler. Der Mann besaß den Ehrgeiz eines Gottes, aber er war kein Gott. Daraus erwuchsen viele Konflikte. Er wollte unsterblich sein wie der Gott, den er in sich trug, und war doch nur vergänglich wie jede andere Kreatur. Er wollte glücklich sein, doch hinderte ihn daran die dunkle Erinnerung, daß ein Teil von ihm, der göttliche nämlich, zu mir gehörte, und so kämpfte er jahrtausendelang um sein Glück und kann es doch nur kurze Zeit genießen. Uneingeschränkt befriedigt kann er überhaupt nur ein paar Minuten sein, und just dann, wenn er schon dabei ist, neue menschliche Leiden zu zeugen. So hilflos und mit unzähligen Mängeln behaftet hatte ich ihn erschaffen, daß selbst die Höhle, anstatt für ihn nur ein Ausgangspunkt zu sein, ihm im Gegenteil ein Ziel bedeutete, da sie ja seine erste Errungenschaft war. Unvollkommen war die Welt geblieben, und der Mensch erstrebte eine unmögliche Vollkommenheit. Ja, gewiß, die Welt war unvollkommen, ohne Gerechtigkeit und ohne sichtbaren Zweck, und der Mensch machte sich daran, all das zu erkämpfen, was ihr fehlte. Wenn er sich nicht anders zu helfen weiß, greift er zur Hypothese. Eigentlich waren die Hypothesen von Anfang an seine Stütze. Ich mache mir Gewissensbisse über das, was ich getan habe, glauben Sie mir, besonders weil so vieles ungetan blieb…«

Er stand auf, vergrub die Hände in den Taschen und schritt bedrückt bis ans Ende der Mauer, die uns vor dem Abgrund schützte. Ich sah, wie er auf die Trümmer der Weihbilder und auf das Meer hinunterblickte. Dann wandte er sich wieder zu mir: »Zu guter Letzt fing ich selbst an, mein Werk zu bekämpfen. Als ich mich mit dem ersten Menschen vereinigte, war ich natürlich sterblich geworden wie er! Aber im Gegensatz zu ihm ist mir die Möglichkeit geblieben, mich der vielen Leben, die ich bereits gelebt, zu entsinnen. Meine Erinnerungen gehen zurück bis zum Beginn der Zeit, als ich die Welt erschuf. Darin liegt aber auch mein tiefstes Leid verborgen, denn hat man etwas Schlechtes getan, so ist die Erinnerung daran die schwerste Strafe. Auch leide ich darunter, daß die Menschen Tausende von Jahren benötigen, um an das Offenkundige zu glauben. Sage ich ihnen die Wahrheit, so mißhandeln sie mich. Rufe ich ihnen zu: ›Die Welt ist unvollkommen, und es liegt an euch, sie zu verbessern!‹, so blicken mich die Schwachen und die Naiven zweifelnd an, ob ich wohl die Wahrheit spreche, während die Stärkeren mich sofort grausam verfolgen. Wenn ich mich zu verteidigen suche: ›Die Welt ist bestimmt nicht gut, ich weiß es, denn ich habe sie ja erschaffen‹, dann halten sie mich für einen Narren, Hexenmeister, Ketzer, Phantasten und stellen mir gleichfalls nach. Selten bin ich, wie es bei Generalen und den meisten Menschen Brauch ist, im Bett gestorben. Im Gegenteil, ich wurde zerfleischt, bei lebendigem Leibe verbrannt, gekreuzigt, gehängt, erschossen, guillotiniert, auf den elektrischen Stuhl gesetzt und vergast. Stets nahm man mir das Leben mit den neuesten Errungenschaften, die den Völkern gerade dazu dienten, ihre Feinde aus dem Weg zu räumen. Aber darüber darf ich mich nicht beklagen…«

Er lächelte nun. »Vorhin erzählte ich Ihnen, daß sich dort, wo der Kirchplatz beginnt, ein römischer Friedhof befindet. Sie haben das gewiß nicht geglaubt. Das ist begreiflich, ich hätte es an Ihrer Stelle auch nicht getan. Aber es stimmt, so wahr ich hier stehe… ich selbst liege dort begraben. Falls von meinem Körper nichts mehr übrig ist, wird zumindest noch die Spange vorhanden sein, die ich damals zu tragen pflegte. Nachdem mich die Menschen grausam gefoltert hatten, verscharrten sie mich dort. Und das alles nur, weil ich behauptet hatte, ich sei der Schöpfer dieser Erde und täte Buße für meinen großen Fehler. Sie sagten, ich wolle mich wohl wichtiger machen als der Kaiser von Rom, und so töteten sie mich denn…«

Ein Möwenschwarm flog über den Strand und umkreiste den Hügel. Das Licht der hereinbrechenden Dämmerung tauchte die Landschaft und den Kirchplatz in zarte Farben. Der Mann fuhr fort: »Ach, wenn ich Ihnen alle meine Leiden seit Zeitbeginn aufzählen wollte! Ich fände kein Ende, und Sie haben es eilig. Aber sagen möchte ich Ihnen noch, daß mir in den letzten Jahrhunderten die Druckereien sehr zustatten kamen. Ohne sie hätte ich noch viel mehr gelitten. Ich verbrachte nämlich meine letzten Leben fast ausschließlich in Gefängnissen, und da konnte ich mir doch wenigstens mit Lesen die Zeit vertreiben. Ich habe sehr viel gelesen, seit vierhundert Jahren tue ich fast gar nichts anderes. Einerseits vergesse ich dabei das Gefängnis, andererseits quält mich allerdings, wenn ich aus den Büchern erfahre, was für ein Drama ich heraufbeschwor… Letztens, in der Irrenanstalt, wollten sie mich nur optimistische Bücher lesen lassen. Die Ärzte meinten, solche Bücher würden keine dunklen Gedanken in mir erwecken… Aber ich widersprach ihnen heftig…«

»Ach, Sie waren also in einem Irrenhaus?« fragte ich schüchtern.

»Ja«, antwortete er unbefangen. »Sie kränken mich nicht, keine

Angst. Sie haben mich von Anfang an für wahnsinnig gehalten, ich habe es wohl gemerkt. Nein, das kränkt mich nicht mehr... schließlich halten mich alle für einen Narren, ich sagte es Ihnen ja schon. Ich war im Irrenhaus und wäre auch wohl noch da, wenn mir gestern nicht die Flucht gelungen wäre. Acht Jahre habe ich dort verbracht. Und warum? Weil ich eines schönen Tages in eine Kirche trat und den knienden Gläubigen zurief: ›Findet euch nicht ohne weiteres ab mit der Welt, denn ich habe sie schlecht erschaffen. Sie braucht eure Kräfte und eure Ergebenheit! Unvollkommen wird sie wohl immer bleiben und der Mensch ebenfalls, aber ihr könnt sie und euch selbst um vieles besser machen. Doch das erreicht ihr nicht, indem ihr auf den Knien herumrutscht... ihr müßt aufrecht stehend kämpfen. Der zu euch spricht, war einmal Gott und weiß, weshalb er dies sagt...!‹«

Der Mann blickte mich an, als wollte er feststellen, wie seine Worte auf mich wirkten. Da ich aber schwieg, lächelte er traurig und fuhr fort: »Sie hätten das sehen sollen. Nur die Heiligenbilder nahmen meine Worte gleichgültig auf. Christus auf dem Hochaltar sah mich zärtlich und wie ein heimlicher Mitschuldiger an. Die Gläubigen waren zum Teil empört oder aber bemühten sich krampfhaft, nicht herauszuplatzen vor Lachen... Neben dem Altar der Mutter Gottes aller Schmerztragenden kniete eine arme Frau, die einzige, die an jenem denkwürdigen Morgen wahrhaft andächtig betete. Ihr Kind lag todkrank danieder, und sie hatte weder Geld für einen Arzt noch für die Arzneien. Sie flehte nun den Himmel an, er möge ihr Kind retten, da der Himmel ihre letzte Rettung bedeutete. Ich fühlte tiefes Mitleid mit der unglücklichen Mutter. Ich näherte mich dem Altar, streckte den Arm nach der Mutter Gottes aus und nahm ihr eine von den zahlreichen goldenen Ketten, die die Gläubigen ihr dargebracht hatten, ab. Ich hielt sie der Frau hin und sagte: ›Eile und verkaufe sie und hole dann schnell den Arzt!‹ Aber die Frau trocknete ihre Tränen und sah mich voller Ekel an, als ob ich der Leibhaftige wäre. Die Kette nahm sie nicht. ›Los, eile dich, sonst stirbt dein Kind‹, sagte ich. Aber sie weigerte sich und blickte mich noch immer verächtlich an. Da ich aber großes Mitleid mit ihr fühlte, beschloß ich zu lügen: ›Da, nimm. Mach dir keine Gedanken! Ich bin ja nur das Werkzeug, dessen sich die

Heilige Mutter Gottes bedient, um dir zu helfen.‹ Da zögerte sie einen Augenblick, sah das Heiligenbild und dann wieder mich an, aber ich wußte nicht, ob sie die Kette nehmen wollte. In diesem Augenblick ertönte es laut durch die Kirche: ›Ein Wahnsinniger! Ein Wahnsinniger! Ein Dieb! Ein Dieb! Er hat die Mutter Gottes bestohlen!‹ Ein kniender Polizist erhob sich, kam auf mich zu, nahm mir die Kette ab und hängte sie wieder um den Hals der Heiligen. Dann befahl er mir, ihm zu folgen… Nun, das übrige können Sie sich denken… Wäre gestern der Wächter nicht so unachtsam gewesen und wäre ich nicht über die Anstaltsmauer gesprungen, so stünde ich nicht hier und könnte nicht zu Ihnen sprechen…«

Ich bot ihm noch eine Zigarette an. Er lehnte mit einer kurzen Handbewegung ab. »Wir müssen nun gehen«, sagte er, als bestünde gar kein Zweifel daran, daß ich ihn, den Gott der Seefahrer, begleiten würde. Und tatsächlich hatte ich gar keine Furcht mehr vor ihm.

Wir schritten über den Kirchplatz, und als wir an die Stätte kamen, wo nach seiner Aussage der römische Friedhof gewesen war, blieb er stehen. Seine Augen suchten unter dem wilden Gestrüpp eine bestimmte Stelle und mußten sie wohl gefunden haben, denn er beugte den Kopf hinunter und rief in die Erde hinein: »Ich bin wieder da. Hörst du? Und ich gebe den Kampf nicht auf!«

Übersetzung: IL

João de Araújo Correia

FÜR MEINEN BISCHOF

Sie war als Witwe mit zwei Söhnen zurückgeblieben: einem Säugling und einem, der schon aus den Windeln heraus war. Der Säugling sah aus wie ein kleines Mädchen, so fein und zart waren seine Gesichtszüge, und so friedlich benahm er sich. Er wachte nur auf, um zu trinken. Die Mutter hatte große Freude an ihm. Auf seiner hellen Stirn entdeckte sie ein Zeichen, das auf ein außerordentliches Leben hindeutete. Ich weiß nicht, was aus ihm werden wird, aber ganz gewiß muß es etwas Großes sein, dachte sie, wenn sie ihn im Schlaf betrachtete. Dieses Kind ist ein Engel, so gewiß wie der ältere ein Lümmel ist. Ich habe sie beide im Leibe getragen, und doch sind sie so verschieden wie Wasser und Wein. Gelobt sei Gott!

Der Jüngere war leicht zu erziehen. Der Ältere dagegen bereitete der armen Frau viel Kummer. Er war von schlechter Art. Er vertrieb sich die Zeit damit, die Tiere zu quälen, und ersann ein Verfahren, die Hunde toll zu machen, indem er ihnen Schellen an den Schwanz band oder ihnen den After mit Terpentinöl befeuchtete. Wenn die Pferde ihn erblickten, fingen sie an zu zittern, als ob sie Wechselfieber hätten. Die Katzen flohen vor ihm. Die Schweine quiekten, als ob man sie bereits zur Schlachtbank schleifte. Kurzum, der Junge war eine Geißel der Tiere. Der Tiere und der Christenmenschen. Er träumte nachts von Streichen, die er den Leuten bei Tag zu spielen gedachte. Den auf den Äckern arbeitenden Männern versteckte er die Gerätschaften. Den Hausfrauen bohrte er Löcher in die Krüge, ließ ihre Hühner los und verdarb ihnen das Essen. Nicht ausstehen konnten sie ihn. Wenn sie ihn erwischten, verprügelten sie ihn. Sie wickelten ihn acht Tage lang in mit Wein durchtränkte Laken ein, und das waren himmlisch friedliche Tage für die Bevölkerung. Danach aber setzte das Höllenleben wieder ein. So blieb denn der Mutter nichts anderes übrig, als den kleinen Teufel mit fünfzehn Jahren nach Brasilien abzuschieben. Es war, als hätte sie ihn ins Jenseits geschickt. Sie hörte nie wieder etwas von ihm. Manchmal betete sie für sein Seelenheil.

Sie zog den Jüngeren auf, ohne daß er ihr oder irgendeinem Nachbarn Kummer bereitete. Man hätte meinen können, er wäre überhaupt nicht da. Mit fünf Jahren kam er zur Schule. Schon kurz darauf sagte der Lehrer, daß er ihm auch nicht das geringste mehr beibringen könne. Umsichtig half er bei der Messe, und nie spielte er mit den Kindern auf der Straße. Er sammelte Heiligenbilder und baute Altäre auf der Kleiekiste auf. Er hatte schneeweiße Hände, und sein hübsches Gesicht war bleich. Die Mutter meinte, das müsse wohl von Würmern kommen, und verabreichte ihm einige Tage hintereinander eine halbe Tasse Zitronensaft mit Öl vermischt, die der Knirps, ohne eine Miene zu verziehen, trank. Es hätte ruhig noch Schlimmeres sein können… Er scheute keine Opfer. Er legte sich manchen Abend zu Bett, ohne gegessen zu haben. Es kam auch vor, daß er bis zum Vesperläuten fastete. Täglich nahm er das Abendmahl, und sonnabends beichtete er seine Sünden. Er wollte Priester werden. Er blickte auf das Bild eines Domherrn, das in der Küche an der schwarzen Wand hing, und fing an zu weinen. Der Domherr war seines Blutes, ein Onkel seiner Mutter. Ach, könnte er es doch auch bis zum Domherrn bringen!

Die Mutter förderte das Streben ihres Jungen. Sie ließ ihn die vier Volksschulklassen absolvieren, bat dann einen Kaplan, der in der Kapelle eines Herrenhauses tätig war, ihn Latein zu lehren, und sobald sie genug Geld für die ersten Ausgaben aufgebracht hatte, schickte sie ihn in die Stadt auf ein Privatgymnasium. Und um eben diese Zeit nahm sie sich vor, aus ihrem Sohn einen Bischof zu machen.

Es ist kaum zu beschreiben, wie die Frau sparte, damit er auf dem Gymnasium bleiben konnte! Von Sonnenaufgang bis Sonnenuntergang arbeitete sie mit leerem Magen auf ihrem ärmlichen Hof. Am Abend betrog sie ihren Hunger mit einer sauren Suppe und ein paar harten, verschimmelten Brotkrusten. Wenn sie in den Weinberg ging, nahm sie sich ein Fäßchen verdorbenen Tresterweins mit, um damit ihren Durst zu löschen. Was ihre Kleidung anbetraf, so trug sie langsam, Jahr um Jahr, die Mäntel und Jacken ihres verstorbenen Mannes auf. Seine Hosen benutzte sie zum Ausflicken.

Als der Junge in die Entwicklungsjahre kam, fing er an zu faulenzen. Wohl schlug er noch die Bücher auf, aber er lernte recht wenig daraus. Dafür gähnte er und schlug träge ein paar Kreuze vor dem Mund. Nachts, im Schlafsaal, schlief er nicht ein. Er seufzte und betete bis zum Morgengrauen. Er wurde mager, und in einem Unterrichtsfach schnitt er schlecht ab. Als das die Mutter erfuhr, erschien sie sofort in der Schule. Unter dem Mantel ihres Verstorbenen verbarg sie eine Gerte. Als der Sohn sich ihr näherte, um sich von ihr segnen zu lassen, züchtigte sie ihn, wie man einen Hund züchtigt, dem man das Stehlen austreiben will. Zur rechten Zeit ließ sie ihm solch grausame Strafe zukommen! Der Junge besserte sich und ließ sich nie wieder gehen. Ein Jahr nach seinem Mißerfolg zeichnete er sich in der Prüfung aus und wurde noch obendrein vom Direktor mit einer festen Umarmung bedacht. Ganz aufgeblasen kam er zu Hause an. Als er seine Mutter erblickte, stürzte er sich in ihre Arme, aber die Feldarbeiterin konnte Liebkosung nicht mit Liebkosung beantworten. Hunger, schwere körperliche Arbeit und Ehrgeiz hatten sie versteinern lassen. Wenn sie mit dem Jungen sprach, klang es, als ob sie bellte. Ganz fürchterlich sah sie nun aus. Ihr Gesicht war dunkel, und die Augen darin brannten wie zwei glühende Kohlen. Mit ausgedörrtem Finger wies sie ihrem Sohn den harten Weg der Pflichten, der noch vor ihm lag. Sie zwang ihn, bis spät in die Nacht hinein und vom Morgengrauen an über seinen Büchern zu sitzen, damit er zumindest nicht vergesse, was er das Jahr hindurch gelernt hatte. Wenn sie sah, daß er müde den Kopf hängen ließ und seine schönen blonden Locken zerzaust waren, rührte sie das nicht, sondern sie klatschte in die Hände — das hörte sich an, als ob zwei Steine gegeneinanderschlugen — und rief: »Du mußt es bis zum Bischof bringen!« Freundlich sprach sie nur mit ihm, wenn sie ihn dazu anhielt, den Durst an warmen Tagen zu ertragen, damit er sich daran gewöhne, mit froher Miene die kleinen alltäglichen Prüfungen zu bestehen. Zur Vesperstunde hinderte sie ihn daran, naschhaft nach einer Birne oder einem Apfel zu greifen. Sie bat ihn, lieber trocknes Brot zu essen, damit er sich rühmen könne, wieder einer Versuchung widerstanden zu haben. Sie riet ihm, die Zähne zusammenzubeißen, wenn es ihn nach verruchten Speisen gelüste, und voller Ekel alle Delikatessen zurückzuweisen. »Höre,

Tibúrcio, wenn du Lust auf weiße Tauben hast, iß schwarze. Nur wenn du ständig deine Wünsche bezwingst, kannst du ohne Schwierigkeiten ein großer Mann werden.« Und der Schüler erinnerte sich der Zeit, da er vor dem Bild seines Onkels, des Domherrn, Opfer gebracht — und geweint hatte. Er war nun im Begriff, eine stahlharte Natur zu werden.

Nachdem Tibúrcio alle Vorstudien beendet hatte, schrieb er sich an der theologischen Fakultät der Universität von Coimbra ein. Das Leben in Coimbra brachte ihn nicht aus dem Geleise. Er verließ das Haus, um die Vorlesungen zu besuchen, und kehrte nach Hause zurück, um die Vorlesungsaufzeichnungen auswendig zu lernen. Er war ein wahrer Musterstudent. Er legte seine Abschlußprüfung ab, ohne jemals in das bekannte Pappelwäldchen der Stadt gegangen zu sein. Er wurde Pfarrer, und ein paar Monate später war er Domherr in Guarda. Die roten Strümpfe machten ihn ganz eitel. Er ließ sich in seraphischer Haltung fotografieren. Was für ein schöner Mann er doch war! Er schrieb an seine Mutter und bat sie, das Dorf zu verlassen und lieber zu ihm zu ziehen. Die Mutter stimmte diesem Vorschlag nicht zu. In ihrem Antwortbrief nannte sie den Domherrn einen Narren. Wie konnte er übersehen, daß seine arme Mutter niemanden im Hause hatte, dem sie die Wirtschaft und die Verwaltung ihres Hab und Guts anvertrauen könne? Er übersah das keineswegs, aber ihm war zu Ohren gekommen, daß seine Alte ihre Tage damit verbrachte, auf dem Felde herumzuhacken. Er wollte sie in seiner Nähe haben, sie sollte schwarze Kleider tragen und still und schweigsam in seinem Salon sitzen. Es blieb ihm jedoch nichts anderes übrig, als sich damit abzufinden, allein in einer Pension zu wohnen. Seine Mutter zu überzeugen war keine leichte Sache. So ließ er sie in Frieden auf ihrem Feld hacken.

Von Guarda wurde unser Domherr nach Lissabon versetzt. Jahrelang war er in der Hauptstadt als ehrwürdiger Bischof ohne Bistum, als dekorativer Prälat tätig. Ihm oblag es, in einer vornehmen Kirche blaublütige Brautleute zu trauen, und es oblag ihm ebenfalls, die Goldkinder zu taufen. Als Vertreter des heiligen Patriarchen gehörte es überdies zu seinen Amtspflichten, bei den feierlichen Sitzungen der vielen wissenschaftlichen und Wohltätigkeitsgesellschaften den Vorsitz zu führen. Da er ansehnlich von Gestalt war und etwas Engelhaftes an sich hatte, brachten sich die eleganten Damen rein um für ihn. Sie lockten ihn in ihre Salons, indem sie ihm in besonders zurückhaltendem Ton verfaßte Einladungen sandten, und sie trugen in seiner Gegenwart niemals tief ausgeschnittene Kleider. Im Umgang mit solch angesehenen Leuten fühlte sich unser Bischof recht wohl. Schnell lernte er die mannigfachen Feinheiten in der Sprechweise, im Benehmen, im Witzeln und im Grimassenschneiden, die die ernsthaften Menschen von den leichtfertigen unterscheiden. Es war eine reine Freude, ihn an Galatafeln essen und trinken zu sehen. Die Regeln, wie man sich zu bedienen und wie man zu kauen hatte, waren ihm alle geläufig. Niemand hätte in dem eleganten Tischgefährten mit den vollendeten Manieren den Sohn von Feldarbeitern vermutet. Im Gegenteil: Inmitten all der Gräfinnen war er wie ein Prinz von Geblüt.

Obgleich unser Bischof nun ein Weltmann geworden war, vergaß er nie, auch ein Mann der Barmherzigkeit zu sein. Mit größter Gewissenhaftigkeit leitete er die Andachtsübungen in der Hauptstadt. Es gab niemanden, der inbrünstiger gebetet hätte als er, und niemanden, der keuscher gewesen wäre als er. Obgleich er der geborene Hypnotiseur der Weiblichkeit war, wandte er stets zur rechten Zeit die Augen von ihr ab, um sie auf den Himmel zu richten. Auch nicht die kleinste Sünde hätte man ihm nachweisen können. Da er mit solchen Eigenschaften ausgestattet war, ist es nicht verwunderlich, daß eine fromme Königin ihn bei Hofe empfing und ihm die erste in den Bistümern des Landes herrenlos gewordene Bischofsmütze auf sein Engelshaupt stülpte. So geschah es, daß Tibúrcio Lissabon verließ und in eine Stadt der Beira-Provinz übersiedelte. Seine Mutter arbeitete auf dem Felde weiter. Sie trug den letzten schon fadenscheinig gewordenen Rock ihres verstorbenen Mannes auf.

In der Beira-Stadt, wo Tibúrcio als Bischof wirkte, begann er eine Ära weltlicher Pracht ins Leben zu rufen, deren Traditionen noch immer nicht ganz verschwunden sind. Er erteilte Herren und Damen Unterricht in der Etikette. Er lehrte sie die Kunst des gesellschaftlichen Umgangs. Er organisierte eine elegante Form der Wohltätigkeit. Er machte sich zum König eines kleinen Hofes, dessen Höflinge, die bis dahin Einfaltspinsel gewesen waren, sich nun in impertinente Geschöpfe verwandelten. Sie krankten alle an dem bösartigen Ehrgeiz, vom gewöhnlichen Volk abzustechen. Sie taten den Armen so viel Gutes, wie sie konnten. Da sie aber keinem Notleidenden das Almosen eines herzlichen Lächelns schenkten, rächten sich die Armen an ihnen, indem sie ihnen Spitznamen gaben, die selbst die Steine zum Lachen bringen konnten.

Tibúrcios Mutter fuhr fort, sich auf dem Feld und in den Weinbergen abzurackern, eigentlich mehr, weil es ihr zur Gewohnheit geworden war, als weil sie es nötig gehabt hätte. Ihr Sohn vergaß nie, ihr ansehnliche Monatsgelder und Leckerbissen zu schicken, welche die gute Frau lieber verkommen ließ, als auch nur ein einziges Küchlein oder eine Scheibe Käse davon einem Kind zu schenken. So sehr war sie ans Sparen gewöhnt, daß sie niemandem auch nur ein Strohhälmchen angeboten hätte. Sie sagte sogar: »Ich habe eine Menge Sachen, die ich verschenken könnte, aber es paßt mir nicht.« Sie ließ die Süßigkeiten verschimmeln, die Trauben verfaulen und den galicischen Kohl im Garten gelb werden. Sie war so geizig wie der Hunger selbst. Das ging so weit, daß sie kein Dienstmädchen nehmen wollte, sondern alle Arbeiten selbst verrichtete. Sie fegte das Haus und schirrte den Esel an, um Holz zu holen. Da aber die Jahre über alle Menschen hinweggehen, fühlte sie sich immer müder und erschöpfter. Das teilte sie dem Prälaten in einem Brief mit, den sie ihm in die Beira-Stadt schrieb, wo er wie ein König lebte, überhäuft mit Gütern und Ehren. Da setzte der Sohn sich von neuem in den Kopf, die Mutter zu sich zu nehmen. In der Absicht, ihr gute Sitten beibringen zu lassen, überredete er sie dazu, eine religiöse Dame, die Erholung in frischer Luft brauche, als Gast bei sich aufzunehmen. Es handelte sich um eine kluge Nonne mit blauem Blut und mit dem Taktgefühl, das nötig war, um solch eine Aufgabe vorbildlich erfüllen zu können. Die Alte hieß sie freundlich willkommen. Doch acht Tage später schrieb sie einen kurzen Brief an den Bischof, worin es hieß: »Prälat, sorge dafür, daß diese Frau aus meinem Haus verschwindet. Sorge dafür, oder ich drehe ihr den Hals um, wie man es mit den Hühnern macht.« Es blieb dem Prälaten nichts anderes übrig, als die Erziehung seiner Mutter für abgeschlossen anzusehen. Er fuhr zu ihr ins Dorf und nahm seine gute Alte mit sich in seine Residenz. Am

Tage nach der Ankunft der »Mutter des Herrn Bischofs« wurde die Dörflerin von einer Anzahl Damen besucht, von denen die eine immer noch reizender als die andere war, noch liebevoller, noch rührender in ihrer töchterlichen Zärtlichkeit gegenüber der Bäuerin, die sie alle miteinander ganz gleichmütig empfing. Als die erlauchten Damen sich von ihr verabschiedeten, sagte sie zu ihnen: »Um der Heiligen willen werden sogar die Steine angebetet.«

Am folgenden Tag bat der Bischof seine Mutter in freundlichem Ton, doch bitte die »blechernen« Huldigungen, die man ihr darbringe, so hinzunehmen, als ob es »silberne« wären. Schließlich dürfe man ja nicht alle Wahrheiten aussprechen…

Die Alte war ganz bestürzt. Sie weigerte sich, am Abendessen teilzunehmen. Sie blieb in ihrem Zimmer und weinte. Sie erinnerte sich ihres anderen Sohnes, der ein Strolch gewesen war, und dachte, daß er ihr gewiß nicht einen solchen beleidigenden Verweis erteilt hätte. Und ihn hatte sie verstoßen!… Was mochte aus ihm geworden sein? Vielleicht war er auf der Straße mit einem Messer erstochen worden oder gar in einem Gefängnis umgekommen, in das weder Sonne noch Mond hineingeschienen hatten. Schlechter als eine Hündin hatte sie sich ihm gegenüber gezeigt. Sie würde dreihundert Messen für den Unglücklichen lesen lassen. Was den Bischof anbetraf, dem ging es gut. Sie hatte genug geschwitzt und sich genug vom Munde abgespart, um ihn so weit zu bringen. Im Hinblick auf ihn konnte sie beruhigt sterben. Aber der andere? Ob er sehr unglücklich war? Sie mußte doch einmal ausfindig zu machen versuchen, wo er sich aufhielt. Der Ärmste! Vater unser, der du bist im Himmel, geheiligt…

Die Alte konnte sich beim besten Willen nicht abfinden mit dem neuen Leben, das sie in der Bischofsresidenz führte. Wenn sie in ihrem Zimmer saß, kam sie fast um vor Sehnsucht nach der frischen Luft. Wenn sie die Säle durchschritt, deren mit Wandteppichen bedeckte Wände ihr Angst einjagten, als würde sie hineingerissen in Kriege und Jagdpartien, floh sie voller Entsetzen. Und wenn sie in die Küche trat und ihre Augen, die gewohnt waren, genau abzuschätzen, die Mißwirtschaft des Kochs sahen, hob sie die Hände an den Kopf, um keinen Schlaganfall zu bekommen. Der Dieb verlangte doch zumindest ein halbes Dutzend Rebhühner für eine Rebhuhnbrühe! Und er verdiente ein englisches Pfund pro Tag. Im Namen des Vaters, des Sohnes und des Heiligen Geistes! Die Alte bekreuzigte sich vor lauter Empörung.

Das war doch kein Leben! Im Residenzgarten wuchsen nur Blumen. Die Alte sehnte sich nach den Kartoffelfeldern in ihrem Dorf. So viel Platz für Zierpflanzen zu verschwenden! Dabei hätte man hier Gemüse für das ganze Jahr anpflanzen können! Eines Tages griff sie zur Hacke und fing an, das Gras aus den Beeten auszuhacken. Sie wendete die Erdklumpen um und zerstückelte sie. Dann zog sie Samen aus der Tasche und streute ihn in Abständen, die sie mit ihrer Handspanne ausmaß, in die feuchte Erde. Sie keuchte vor Müdigkeit und Zufriedenheit, als der Sohn sie auf frischer Tat ertappte. Er schlug die feinen Hände zusammen und sagte: „Aber Mutter, das geht denn doch zu weit!«

Am Tag darauf wohnte die Alte wie immer der Messe bei, die ihr Sohn zelebrierte. Nach dem Gottesdienst näherten sich ihr die bekanntesten Damen der Stadt, um sie zu begrüßen und sie lächelnd auf die Wangen zu küssen. Doch ihr Lächeln war so blaß wie die Lichter, die am Altar brannten. Den Mund dicht an den Backen der Damen, murmelte die Alte: »Schon gut, ihr beißt mich heute zum letztenmal.«

Zusammen mit dem Prälaten nahm sie das »petit déjeuner« zu sich, wie der Bischof entzückt die erste Tagesmahlzeit nannte. Als die Alte den letzten Bissen hinuntergeschluckt hatte, sprach sie folgende Worte: »Mein Sohn, ich gehe fort. Ich will in meinem Häuschen sterben. Empfange meinen Segen. Und gib mir den deinen. Ich gehe zu Fuß. Ich bin schon lange nicht mehr zu Fuß gegangen. Auf Wiedersehen!« Sie küßte den Ring ihres Sohnes und brach auf. Der Kirchenfürst blieb in Gedanken versunken inmitten des Silbers und des Kristalls im Eßzimmer sitzen. Als er sich endlich erhob, nachdem er lange über den Entschluß seiner guten Mutter nachgedacht hatte, war sie bereits weit fort, auf dem Weg zu ihrem Haus. Denn sie trug Flügel an ihren Holzpantoffeln. Da es Winter war, kam sie in der Dunkelheit am Tor ihres Hauses an. Entzückt spürte sie den Stechginster unter ihren Füßen. Und freudig hörte sie, wie sich der Schlüssel im Türschloß drehte. Ganz erregt lief sie von einer Ecke des Hauses in die andere. Voller

Entzücken küßte sie die Küchentöpfe, worin sie einstmals für ihren Verstorbenen und für die Tagelöhner das Essen gekocht hatte. Leichtfüßig wie ein junges Mädchen stieg sie in den Keller, um Holz heraufzuholen. Sie lief zum Brunnen und schöpfte Wasser, lief in den Gemüsegarten und pflückte Kohl. Singend ging sie ins Haus zurück, zündete das Feuer an, kochte sich eine Kohlsuppe, aß sie mit Genuß und wärmte ihren mageren Körper vor dem größten Feuer, das sie in ihrem ganzen Leben angefacht hatte. Die Größe und die Pracht der Flammen dienten ihr als Maß ihrer Zufriedenheit, und sie sprach zu den Flammen, die so ausgelassen waren wie sie selbst: »Mein Häuschen, mein Heim! Meine lieben Vielfresser, wollt ihr noch mehr Holz? Heute sollt ihr einmal ganz satt werden!«

Um dem Feuer Nahrung zu geben, holte sie aus dem Keller Arme voll Holz, Späne und Weinstöcke und warf sie in die gierigen Flammen. Sie setzte sich in den Lehnstuhl, ganz nahe an das Feuer. Aber sie konnte nicht stillsitzen; sie war wie berauscht von soviel Annehmlichkeiten. Selbst ihre Eingeweide nahmen teil an ihrer Freude. Und so laut war der Knall, daß beinahe das Feuer davon ausgegangen wäre. Die Alte kicherte und murmelte: »Das war für meinen Bischof…«

Übersetzung: IL

José Gomes Ferreira

DAS FEST KAM MICH BILLIG!

Sosehr ich meinen Kopf anstrenge, so habe ich bis heute noch nicht begriffen, wie so viel Zeit in so wenige Sekunden paßte.

Und in der Tat: In der Zeitspanne zwischen der lakonischen Frage »Bleistifte?« und der prompt bejahenden Antwort besaß ich den überraschenden Scharfsinn zu entdecken, daß mein Fragesteller, Inhaber des Kurzwarengeschäfts, Jerónimo hieß, eine Fratze feierlichen Dünkels zur Schau stellte und daß ihm unlängst ein schwindsüchtiger Sohn weggestorben war, um den er Trauer trug, im Anzug und in den Augen.

Es gibt solche Momente: in denen die Zeit sich weitet und wo jäh, ich weiß nicht, durch welch geheimnisvollen Einfluß der Atmosphäre, die belanglosesten Handlungen des Lebens außergewöhnlich werden. Bleistifte kaufen zum Beispiel. Es ist außergewöhnlich, auf einer die Sonne umkreisenden Kugel zu stehen und Bleistifte einzukaufen bei Senhor Jerónimo, der dort hinter dem Ladentisch aufragt — groß, massig und kratzbürstig.

»Welche Marke ziehen Euer Exzellenz vor?«

Ich entgegnete irgend etwas absichtlich Zweifelhaftes, um mich in Schweigen hüllen zu können, weil ich keine Antwort parat hatte.

Ins Lädchen war mittlerweile eine andere Kundin getreten: eine Dame mittleren Alters, von Beruf verbittert, der Mund stets in Seufzerform, dazu laue Augen, in denen der Neid aufs Leben bereits erlahmt war.

Sie jammerte:

»Meine Nichte ist schön schlimm dran… Und das mit neunzehn Jahren, man stelle sich vor! So jung und schon so schwindsüchtig wie Ihr Sohn…«

Senhor Jerónimo, während er Schachteln mit Bleistiften nebeneinanderreihte, schüttelte den Kopf, verärgert über den Vergleich, der ich weiß nicht welch merkwürdig-unplebejische Ader seines väterlichen Stolzes verletzt hatte.

»Nicht wie die meines Sohnes, o nein, meine Senhora. Es gibt

Schwindsucht und Schwindsucht… Die meines Sohnes ist die galoppierende. Und was für eine galoppierende! Der Arzt jedenfalls hat mir gesagt, er habe nie eine zweite wie die gesehen. Und was für eine galoppierende!«

Und seine Stimme bellte im unterirdischen Aufruhr eines, der uns das beklemmende Getrappel eines schwarzschuppigen, blutrünstigen Tiers veranschaulichen will, das Raum verschlingt, Leben verschlingt, Seelen verschlingt und mit den Krallen Augen löscht…

»Und was für eine galoppierende!«

Dann skizzierte er mit den Händen die runde Geste des Rabenfluges über der Walstatt eines Blutbades.

»Habe so wenig Glück mit meinen Kindern gehabt, wie Sie sich's nicht vorstellen können. Sie sind allesamt schwach auf der Brust geboren, und wir mochten sie mit Rindfleisch füttern, soviel wir wollten, sie haben sich nie hochrappeln können. Von Kindesbeinen an Rindfleisch und noch mal Rindfleisch… Und zwar Lende! Rindsrücken, die sich sehen ließen. ›Mann Gottes‹, sagte meine Frau immer (die Ärmste, eine echte Märtyrerin meiner Söhne), ›Mann Gottes, hör zu, wir ruinieren uns noch mit soviel Fleisch. Hast du schon mal unsere Fleischerrechnungen gesehen?‹ — ›Laß gut sein! Zahle und fauche nicht. Stopfe sie mit Rindfleisch. Spare nicht am Rindsrücken.‹ Aber was! Alle sind sie mickrig, miesepieprig…«

Und in einer Schlußfolgerung, in der die Melancholie der Stimme den Umfang des Riesenleibes nur noch mit eitler Kraft unterstrich:

»Keiner ist nach mir geschlagen.«

Es folgte ein kurzes Stillschweigen, nur gestört von dem Sonnenstrahl, der durchs Schaufenster drang und staubbekleidet den Laden durchquerte.

Die Dame im Mittelalter genoß die Trauer des Ausrufs:

»Sie Ärmster! Sie machen sich keine Vorstellung, wie leid es mir tat, als ich vom Tod Ihres Sohnes erfuhr. Leider konnte ich nicht zur Beerdigung kommen. Ich wollte Sie sogar noch um Entschuldigung bitten…«

Wie sie sich daran ergötzt, Zartgefühl zu heucheln! Sie muß

kein anderes Vergnügen auf der Welt mehr haben, als fremdes Unglück zu schlürfen, und zwar mit seelenbemaltem Gesicht, mit Küßchen auf dem aschfahlen Puder verwitweter Damen, mit Zehenspitzenschrittchen bei Totenwachen, mit Geflüster bei Beileidsbesuchen und sämtlichen Totenfeiern, wo sie lächerlich sein kann nach Lust und Laune, ohne daß sich jemand über ihr Alter aufhält, weil man mit Falten Schmerz leichter ausdrücken kann, zumal einen, den niemand fühlt, den aber alle gerne auf dem Gesicht der anderen geprägt sehen. Und die Bleistifte? Wartet! Ich bin ja beim Bleistiftkaufen! Ich muß irgendeine Meinung über die Bleistifte äußern:

»Haben Sie keine weicheren?«

Senhor Jerónimo, ohne mich eines Blickes zu würdigen, zog aus der Schublade eine neue blaue Schachtel, die er auf den Ladentisch stellte.

Und noch immer zu der Kundin gewandt, wodurch er eine physische Schranke legte zwischen die arme, unbedeutende Frau und seinen Stolz, an dem alle Entschuldigungen abglitten:

»Sie sind nicht gekommen und hätten auch gar nicht kommen können, meine Senhora, weil die Beerdigung nicht in Lissabon stattfand, sondern in Caldas, in der Heimat der Großeltern des Kleinen. Die Ärmsten! Es lag ihnen so viel daran, daß ihr Enkel in ihrer Nähe begraben werde! Möchte wissen, warum… Vermutlich, um sein Grab pflegen zu können. Und um die Blumen zu begießen… Ticks alter Leute.«

Seine Stimme wurde mit einemmal eigenartig: ein düsteres Gemisch aus Gleichgültigkeit und Unverschämtheit mit dem sinistren Anflug von Krämerlaune eines, der zwei Dummköpfen imaginäres Geld ins Gesicht wirft:

»Aber wenn schon, auf diese Weise habe ich viel Geld gespart. Hätte ich ihn auf der Höhe von Sankt Johann begraben — wissen Sie, was mich der Spaß gekostet hätte? So an die neun Contos. Und was die Überführung anlangt, lieber nicht davon reden. Das hätte sich gut und gern auf sechzehn Contos belaufen… So kam das Fest mich billig.«

»Wie bitte?« stammelte die Dame im Mittelalter, verirrt im Labyrinth von Contos und Festen, in dem der Leichnam eines Sohnes verschwand.

»Oh, das war alles genau berechnet«, erklärte Senhor Jerónimo mit dem brillanten Tonfall nutzloser Kaufmannschaft. »Das war alles genau berechnet.«

Ja, die Bleistifte kommen mir immer noch zu hart vor. Ich möchte andere, hast du gehört? Zeig mir noch andere. Aber bloß keine Eile, verstehst du? Zieh deine Schachteln langsam aus der Schublade. Noch langsamer… Laß mir Zeit, die Geschichte bis zu Ende zu hören.

»Als ich sah, wie schlecht es meinem Sohn ging, rief ich den Arzt beiseite und fragte ihn: ›Nun, Doktor, sagen Sie mir von Mann zu Mann: Haben Sie noch Hoffnung, ihn zu retten?‹ Der Doktor sah mich betrübt an und gestand: ›Es geht zu Ende. Er hält es höchstens noch drei Tage aus.‹ Drei Tage? Herr des Himmels! Nur noch drei Tage? Ich war außer mir, können Sie sich vorstellen. Aber nachdem ich den Fall reiflich überlegt hatte, faßte ich einen Entschluß. Das Beste war, den Kleinen zu packen und ihn so rasch wie möglich nach Caldas zu spedieren, solange er noch am Leben war, um nachher die Überführung zu vermeiden. Gesagt, getan. Seine Mutter jammerte noch. Das sei doch barbarisch, das sei dies, das sei jenes… Aber was verstehen Frauen schon vom Geschäft! ›Psst! Mund halten! Ich bin der Herr im Haus.‹ Mit zwei Anschnauzern setzte ich ihr den Kopf zurecht, und gleich fuhren wir nach Caldas. Er konnte sich kaum auf den Beinen halten, so ausgezehrt war er! Nur noch Haut und Knochen. Wir konnten ihn überhaupt nur anziehen, weil wir ihm Kampferspritzen gaben, damit sein Herz standhielt, und selbst so mußten wir wahnsinnig aufpassen und alle naselang unterbrechen, damit der Teufel uns nicht in die Quere kam… Schließlich, die Krawatte um den Hals geschlungen und schlotternd in einem viel zu weiten Anzug, verstauten wir ihn in einem Wagen erster Klasse — der Ärmste! —, mit einem Bart, einem Bart, daß einem angst und bange wurde. Als wir in Caldas ankamen, war er weiß wie ein Laken und kriegte kaum mehr Luft. Der Großvater, sobald er ihn sah, bekam einen Schock, wurde ganz blaß und fragte leise: ›Ist er tot?‹«

Und Senhor Jerónimo wiederholte mit säuselnder Stimme, wie durch die Flüssigkeit von Traumkristallen sinternd: »Ist er tot?«

»Und war er es?« wollte die Dame im mittleren Alter begierig wissen.

»Nein, er war es nicht. Ich ließ gleich einen Arzt rufen, um jede Verantwortung los zu sein. Er war es nicht… Er starb erst am darauffolgenden Tag, der Ärmste!«

Er verstummte.

Mittlerweile waren mehrere Personen ins Lädchen eingetreten, die Bänder kaufen wollten, Streichhölzer, Garnspulen, dieses und jenes, und alle schienen die Geschichte mit der Natürlichkeit von Leuten anzuhören, die es normal finden, alle Tage am Leben zu sein. Nur ich fand alles immer noch außergewöhnlich.

»Wieviel?«

»Soviel.«

Während ich in meiner Tasche nach Geld kramte, um die Bleistifte zu bezahlen, schoß mir plötzlich folgende ungereimte Idee durch den Kopf: Wenn ich mit geschlossenen Füßen über den Ladentisch spränge, den Senhor Jerónimo am Kragen packte und ihn mit der eiskalten Stimme eines Leichenmundes anführe: Wer, glaubst du, wer ich bin, mein Herr Gauner? Ein Kunde wie jeder andere, wie? Irgendein Schafskopf, der weiche Bleistifte will, was? Ich werde deine erbärmliche Geschichte in den Zeitungen ausposaunen, mit Namen und allem, und zwar mit folgendem sensationellen Titel: Ein makabrer Gauner, der die Leiche seines Sohnes zu Lebzeiten überführt. Kapiert?

Doch statt dessen lächelte ich ihm zu. Und um vollends aus dem Konzept zu geraten, als Senhor Jerónimo mir die verpackten Bleistifte übergab (das Fest kam mich billig!), glaubte ich in seinen Augen einen Anflug von tränenvoller Zärtlichkeit zu sehen… einen schmerztiefen Schleier… einen Schimmer geheimer Ergriffenheit… oder war das alles nur die eigene Illusion?

Ich zahlte und verließ den Kurzwarenladen.

Hier draußen die Straßen von immer, die Sonne von immer, die Steine von immer, die Häuser von immer, die Menschen von immer, das Staunen von immer. Alles normal, alles schläfrig normal.

Nur an der gewohnten Ecke eine Alte, häßlich vom Elend, eine behaarte Fratze aus Wachs, die um Almosen bettelte für ihren idiotischen Sohn mit unheimlich stillstehenden Augen, in einem Leiterwagen kreischend:

»Ach, mein reicher Herr! Geben Sie doch ein Almöschen für

mein Söhnchen, der die große Leidenschaft meines Lebens ist! Geben Sie mir…«

Ich starrte sie an mit dem Komplizenblick eines, der genau weiß, was diese großen Leidenschaften des Lebens sind. Und gab ihr zwei Tostões. (Das Fest kam mich billig!)

Alles normal, alles auf absurde Weise normal.

Nur das arme Ungeheuer im Wägelchen entließ noch immer unartikulierte Laute und blickte wieder und wieder auf seine Hände, staunend, daß es Hände hatte.

Übersetzung: CMC

José Rodrigues Miguéis

LÉAH

Ich erinnere mich noch genau an den friedlichen Nachmittag, an dem ich an der Tür der Pension stehenblieb, weil ich ein Zimmer ohne Verpflegung mieten wollte: »Chambre à louer«. Ich zog an dem Messingring der Türglocke und wartete einige Augenblicke. Die Tür ging auf, und ich sah eine runde, rosige, blonde Frau mit unordentlichen Haaren in einer blauen Kattunschürze, die etwas schmuddelig war. Sie lächelte und begrüßte mich freundlich. Es war die Wirtin »Annette-Marie, Madame Lambertin, zu Diensten«. Dann führte sie mich in den vierten und, wie ich vermutete, obersten Stock. Sie klirrte mit den Schlüsseln und redete ununterbrochen mit einer etwas heiseren, abgehackten Stimme, die während des Steigens atemlos wurde und, als wir oben ankamen, fast völlig versagte. Ich tippte auf Alkohol und Herzkomplikationen. Unterwegs bekam ich die Geschichte fast sämtlicher Gäste zu hören — alles ruhige Leute, kein Lärm. Ein kleiner schwarzer Hund ohne Schwanz und Stammbaum kletterte vergnügt vor uns her. Es war »Bouboule« — »ein Schatz«. Auf jedem Treppenabsatz sprang er mir um die Beine und leckte mir die Finger wie einem alten Bekannten.

Aus den zwei großen Fenstern des Zimmers sah man auf einen milchigen Himmel, alte Dächer und einen Wald von Schornsteinen. Verblaßte Tapeten an den Wänden, abgetretenes Linoleum mit ein paar geflickten Stellen, das breite, mollige Bett und ein altmodischer eiserner Ofen. Es war bescheiden und die Miete nicht zu hoch. Ich beschloß zu bleiben.

Gleich auf den ersten Blick hatte die Pension etwas Heruntergekommenes, Vernachlässigtes und Unbürgerliches. Ohne eigentlich schmutzig zu sein, war sie doch weniger aggressiv sauber als die, die ich vorher gesehen hatte. Da war natürlich der abscheuliche Geruch nach in Hammelfett gebratenen Kartoffeln. Aber da war nichts zu machen: Der Geruch war überall der gleiche. Ich war übrigens zu der Überzeugung gelangt, daß pommes frites großartig schmecken, wenn man sie ißt wie Rebhühner: mit zugehaltener Nase.

Einmal hinsehen genügte, um zu merken, daß Madame Lambertin Flämin war, etwas frei in ihrem Benehmen, aber mit einer gewissen Gutmütigkeit. Sie mochte Mitte bis Ende Dreißig sein. Wenn sie lächelte, dann lächelte das ganze Gesicht. Sie hatte grüne, lebhafte Augen. Vom Fenster meines Zimmers sah ich sie nun jeden Tag die Straße überqueren und in die »brasserie« an der Ecke gegenüber gehen, wo sie einen unersättlichen Gott besänftigte. Sie kam dann zurück mit einem ganzen Korb voll Flaschen »Gueuze«. Später erfuhr ich, daß sie bis zu achtzehn oder zwanzig Flaschen täglich leerte. Das hatte wohl auch ihren an sich frischen Teint verdorben; er war von dem Netz roter Äderchen noch nicht ganz verdeckt, das ihre Wangen wie eine Stickerei überzog. Ihr Mann, den ich nur ein- oder zweimal flüchtig gesehen habe, kam gegen Abend von seiner Arbeit — was er tat, weiß ich nicht — und ließ sich in Pantoffeln in der im Keller gelegenen Küche nieder, dicht am Herd, las die »Dernière Heure« und zog an seiner Pfeife. Gutbürgerliche Ideale, nehme ich an. Er war Wallone, noch jung, unbedeutend, und schien zu der übrigen Umgebung keinerlei Beziehung zu haben.

Es wurde früh dunkel: Traurigkeit und Heimweh würgten mich. Ich hatte noch keine Zeit gehabt, Freundschaften zu schließen, meine Arbeiten im Laboratorium hatten noch keine feste Form angenommen, und ich suchte mich vergeblich für die Leute zu interessieren, mit denen ich gelegentlich in Berührung kam. Ich ging frühmorgens weg, noch bevor die Sonne aufgegangen war, und kam bei dem allzu frühen Einbruch der Dunkelheit zurück. Jahrelang hatte ich von Unabhängigkeit geträumt, hatte den Traum aber nie verwirklichen können. Und jetzt, wo ich mein eigener Herr war, fühlte ich mich plötzlich außerstande, sie zu genießen. Die »Fremde« war von Anfang an eine Enttäuschung, und ich zog mich in mich selbst zurück. Ich sollte bald erkennen, daß man im Leben die persönliche Freiheit und Ruhe mit Einsamkeit bezahlt — und das ist ein hoher Preis.

So widersprüchlich das klingen mag: Nur die Gegenwart anderer Menschen löst in uns Reaktionen aus, die uns zwingen, zu denken, unser Wissen zu mobilisieren und zu handeln. Dies erklärt auch, warum ich nie imstande gewesen bin, allein oder in der Ferne zu leben — zwei Dinge, die mir immer als etwas sehr Schönes vorgeschwebt hatten. Und auch: warum ich nie im Zusammenleben mit einem anderen Menschen glücklich war und nur Menschen glücklich machen konnte, die von mir nur das oberflächlich Sichtbare kannten. Aber ist diese Dialektik der Misanthropie (oder der Schüchternheit) nicht zu kompliziert für dich, Léah?

Nun, das war eben das Dasein, das ich mir immer erträumt hatte. Ich mußte es hinnehmen. Ich mied die Cafés, lief auf den Boulevards herum, aß irgendwo und irgendwann und fühlte mich überall fremd, vor allem mir selbst gegenüber. Alles, wozu ich Lust gehabt hatte, widerstand mir, überall fand ich Vorwände, um zu zögern, mich zu entziehen, aufzugeben. Ich verfiel in einen bodenlosen Negativismus. Unzufrieden und müde kam ich nach Hause. Ich wußte weder, was ich wollte, noch was mir fehlte. Nur meine Versuchsmäuse und Meerschweinchen hielten mich da und meine ersten ergebnislosen Experimente. Eine Zeitlang mußte ich mich gegen die Versuchung wehren, nach Brasilien zu gehen, wo ein Verwandter von mir, ein Parfümeriefabrikant, mir irgendeine Laborstellung versprochen hatte.

Ich zog mich in mein Zimmer zurück, setzte mich auf das grüne Samtsofa — du wirst dich erinnern, es war krummbeinig, und die Füllung quoll durch einen Riß im Bezug — und betrachtete melancholisch die Glut im Ofen, in den der Wind hineinpfiff, dann das riesige einsame Bett oder den tiefhängenden Wolkenvorhang, der da draußen, über den von Alter und Rauch geschwärzten Dächern, ziemlich mangelhaft den Himmel darstellte. Lesen war mir unerträglich; unmöglich, Ordnung in meine Aufzeichnungen zu bringen oder überfällige Post zu erledigen. Selbst die Zigaretten schmeckten nach Stroh, nach trockener Erde, nach irgend etwas Scheußlichem. Die Beleuchtung im Zimmer war mäßig, die Heizung knapp, das Waschbecken ärmlich. Die Fenster ließen den Herbst durch alle Ritzen dringen. Ich weiß nicht, warum ich nicht gleich nach der zweiten Woche ausgezogen bin; vielleicht hielt mich die Furcht, mit meiner geringen Barschaft, meiner Unkenntnis des Landes und der Sitten es woanders noch schlimmer zu treffen. (So bin ich immer gewesen: Wo ich bin, da bleibe ich bis zur Verzweiflung, und dann tue ich einen Sprung ins Ungewisse…)

Aber das Zimmer war geräumig, und ich konnte in der Stille der Abenddämmerung um das Bett herumwandern und mich nach Belieben von innen verzehren. Durch die hellen Tapeten rückten die Wände von mir fort. Durch die Fenster drang die Traurigkeit eines Himmels, der mit seinen Farben an keinen der großen Maler erinnerte. Es war November, und nach drei Uhr nachmittags war es praktisch dunkel. Ich erstickte vor Ungeduld. Ich ging aus, lief in den nieselnden Regen, schaute in die menschen- und lichterfüllten Cafés, ging in irgendein Restaurant, wo alles anders war, als ich es haben wollte. Eines Tages geriet ich in ein russisches Restaurant, wo einige von meinen Landsleuten in einer Ecke im Chor über das Essen schimpften. Ich ging nie wieder hin. Ich tat alles, um so spät wie möglich in mein Zimmer zurückzukommen, wo mich nichts erwartete. Schließlich wurde ich in einem Café heimisch, wo ich Bücher und Zeitschriften las, meine immer verspäteten Briefe schrieb, während ich meine Tasse mit bitterem schwarzen Kaffee bis auf den letzten Grund leerte und dazu das elektrische Klavier hörte. Ich ging immer zu Fuß nach Hause, auf dem längsten Weg, und wenn es noch so regnete oder stürmte. Ich lief vor den Straßenmädchen davon, die mich in ihrer Halbweltmanier ansprachen: »Bonjour, mon petit, comment ça va?« Oder die mich mit vertraulichem Lächeln zu einem Bier einluden oder in der Dunkelheit eines Toreingangs flüsterten: »Un peu d'amour, un tout petit peu d'amour?« Was mich zurückhielt, war nicht die Angst vor ihnen, sondern vor mir selbst. Andererseits waren die Belgier nicht etwa ungastlich, im Gegenteil: Mich störte nur das fast luxuriöse Leben, das sie führten und das mit meiner puritanischen Armut so im Widerspruch stand.

Eines Nachts (das habe ich dir nie erzählt) wachte ich halberstickt auf; ich hatte geträumt, ich wäre in der Hölle. Vor Angst röchelnd, machte ich die Augen auf und sah eine merkwürdig rote, glühende Form, die genausogut der aufgehende Mond wie Beelzebub selber hätte sein können, der in langsamem Feuer brannte. Entsetzt sprang ich aus dem Bett, und erst da begriff ich, daß ich in der Pension Lambertin war und daß der rote Schein von meinem überheizten Ofen kam. Der Emaillekrug darauf (der für heißes Wasser, den sich die Wirtin weigerte mir morgens um sechs zu bringen) glühte ebenfalls und füllte das Zimmer mit einem erstickenden Rauch, der mich glücklicherweise geweckt hatte. Ich machte die Fenster weit auf, und da saß ich nun trübselig in eine Baumwolldecke gehüllt auf dem Sofa, hustete und nieste in der Kälte der traurigsten Morgendämmerung, die ich je erlebt habe, und verfluchte mein Schicksal. Wenn ich damals nicht gestorben bin, Léah, dann, weil andere, viel schwerere Prüfungen auf mich warteten.

Jedenfalls genieße ich erst heute, nach soviel Jahren, den Reiz dieser bitteren Stunden.

Die Wirtin trank, schwatzte, führte ihren »Bouboule« spazieren oder blieb in der vom Geruch der pommes frites erfüllten Küche und trank. Viele von den Gästen aßen im Saal im Erdgeschoß. Eines Abends kam ich früher nach Hause als sonst, und die Lambertin lud mich ein, doch hineinzukommen. Ich traf da einen Inder, der in Brüssel unstet und verträumt dahinlebte. Der Sinn seiner Existenz war so geschrumpft wie sein Körper. Da waren zwei oder drei lustige Mädchen. Ich ließ mich von meiner Schüchternheit hineinziehen. Es wurden anzügliche Geschichten erzählt, Klavier gespielt, man sang und rauchte unzählige Zigaretten, trank heimlich Kognak, und in einem gewissen Augenblick fand ich, der Magere, mich ungeniert, mit einem Glas in der Hand, auf dem Schoß der Lambertin sitzen; ich küßte sie auf die lachenden und — doch — noch immer weichen Backen. »So ist die Jugend«, wirst du sagen. Harmlose, eher bedrückende Exzesse. Die Lambertin hielt mich fest und lachte mit einem verdächtigen, gefährlichen Lachen. Die Mädchen tanzten und wisperten, und der Inder saß dabei mit einem dürren, unbeteiligten Lächeln, die Beine übereinandergeschlagen, das unberührte Glas in den endlos langen Fingern. Ob der Wirt unten in der Küche war? Ich bezahlte den Kognak, die Mädchen gingen mit ihrem Freund fort, und ich hatte Gewissensbisse, ich ekelte mich vor mir selber. Ich nehme an, es war die Einsamkeit, die mir den beizenden Ekel, die würgenden Gewissensbisse einbrachte.

Andererseits: Mein Zimmer war immer aufgeräumt, erträglich sauber; ich brauchte mich also darum nicht zu kümmern. Mir war dunkel bewußt, daß ein Zimmermädchen da war. Ab und zu schrie die Lambertin aus der Tiefe des Hauses: »Léaaah!«, und aus einem der Stockwerke antwortete eine Stimme »Ouiii!« Oder auch: »Ich komme schon!« Das warst du. In meiner Einsamkeit kamen mir diese Stimmen poetisch vor. Das hat nichts mit unseren kurzlebigen Beziehungen zu tun, Léah; aber wenn ich daran denke, empfinde ich — und das ist ein schlechtes Zeichen — eine sanfte, schmerzliche Freude. In mir war der Lyrismus sozusagen in der fremden Umgebung geronnen, durch mein Gefühl der Minderwertigkeit und Unzufriedenheit. Was weiß ich! So daß ich krankhaft empfindlich wurde.

In einem winzigen Zimmer neben mir — eher einer Kammer — wohnte ein junger Mann, der vorgab, Ingenieur zu sein. Er war russischer Abstammung, aber der Krieg und die daraus folgenden Wirren hatten ihm seine Staatsangehörigkeit zweifelhaft erscheinen lassen. Er hieß Perlman. Wir begegneten uns selten. Er ging früh weg, noch vor mir, und kam um sieben zurück, wenn es schon dunkel war, zog sich um und ging gleich wieder fort. Wenn ich spät nachts nach Hause kam, schlief er schon. Am Sonnabendnachmittag ging es lebhaft zu in seiner Kammer; man hörte Stimmen und das Lachen von Frauen. Ich beneidete ihn um die Geselligkeit. Ein aufgeschlagenes Kompendium in der Hand — stundenlang ohne umzublättern —, horchte ich auf die Geräusche und Schritte. Aber hinter der verschraubten Tür ging nichts Verdächtiges vor.

Eines Tages kam es zufällig im Treppenhaus zu einer Unterhaltung mit ihm. Und da ich mich beklagte — ich weiß nicht worüber, vielleicht über die schlechte Heizung oder das winzige Waschbecken —, öffnete mir der rosige, weißhäutige Perlman die Tür zu seinem Zimmer und forderte mich auf einzutreten; man mußte schräg über das Bett springen; der Waschtisch war eine vor Schmutz starrende Emailleschüssel voller Sprünge, die kaum größer war als ein Suppenteller. Heizung war nicht vorhanden.

»Und Sie beklagen sich noch!« sagte er mit überlegenem Lächeln. »Und ich schlafe immer bei offenem Fenster!«

»Mag sein, aber Sie waschen sich auch nur einmal in der Woche«, entgegnete ich übellaunig und ging hinaus.

Dabei ahnte ich nichts von der Gefahr, der ich gerade entgangen war, als ich über das viel zu sperrige Bett stieg.

Mehr als einmal habe ich deine Stimme durch die Tür gehört, im Zimmer von Perlman, in dem nur auf oder unter dem Bett Platz war. Ich verzehrte mich vor Neid. Er war lustig und pfiff wie ein Vogel. Er rief nach dir — alle im Haus riefen nach dir, außer mir; ich kannte dich nicht einmal — und du bist heraufgekommen und bliebst oben. Und man hörte lachen und halblaut sprechen — unruhiges Durcheinander, Schritte kamen und gingen. Auf dem Sofa kniend, dicht an die Tür gedrängt, lauschte ich. Besonders am Sonnabend war es so, wenn der junge Mann heißes Wasser verlangte, um, wie ein Vogel pfeifend, in seinem Emailleteller zu »baden«. Das Wasser floß bis auf den Treppenabsatz.

Bei anderen Gelegenheiten rief dich der Mieter von dem nach hinten hinausgehenden »Quartier«. Eilig kamst du angelaufen, bliebst endlos lange, bist immer wiedergekommen, und dabei war's im vierten Stock.

»Léah!« rief der Mieter unfreundlich und kurz. »Oui, Monsieur Albert!« Und du kamst von unten aus der Tiefe heraufgeflogen, eifrig wie ein Vogel — und ich hätte den Eifer gesegnet, wenn er mir gegolten hätte. Du bist hineingegangen, hast die Tür zugemacht, und dann folgten Unterhaltungen, Streit, Stillschweigen oder auch alles durcheinander. Mich packte die Wut, und mehr als einmal kam es dazu, daß ich auch an der Tür horchte, die mich von diesem Nachbarn trennte. Aber ich hörte nichts Außergewöhnliches — auf der anderen Seite stand ein Kleiderschrank vor der Tür.

Ich konnte nicht lesen, ich hatte Heimweh, ich war nervös, alles war mir zuwider. Manchmal klirrte Glas, Geld, und mir schwirrte der Kopf von allen möglichen Vermutungen. Ich fühlte mich ausgeschlossen, gescheitert, und wie alle, die sich benachteiligt fühlen, hatte ich moralische Anwandlungen, ich protestierte, ich war in ein »unsittliches« Haus geraten und so weiter. Ich haßte dich manchmal, ohne dich zu kennen, Léah. Aus Gekränktheit und um meine Würde zu wahren, machte ich meine Tür zu. Immer wieder dasselbe: stolz, schüchtern, unnachgiebig, unfähig, hinterherzulaufen, wenn mir etwas weglief, den anderen irgend etwas streitig zu machen. Aber trau' einer diesen Schüchternen!

Eines Nachmittags —, es mochte drei oder vier Uhr sein, kam ich nach Hause, früher als gewöhnlich (damals arbeitete ich schon ernsthaft im Laboratorium), und fand mein Zimmer genauso vor, wie ich es verlassen hatte: Das Bett war nicht gemacht, der Ofen war aus, die Asche war auf den Boden gefallen, das Wasser war nicht ausgegossen, das Zimmer war kalt. Deprimierend. Es war nicht das erstemal, daß das vorkam, aber ich hatte mich nie beschwert, denn ich konnte mir vorstellen, was das für Arbeit machte, bei so vielen Leuten im Haus Ordnung zu halten. Aber diesmal stieg die Wut in mir hoch, denn ich wollte gerade den Rest des Nachmittags da verbringen und meine Trübseligkeit in langen Briefen auswalzen. Ich dachte schon an Ausziehen (und hätte es auch getan, wenn ich nicht einen halben Monat im voraus bezahlt hätte). Ich lief ins Treppenhaus und brüllte 'runter, mit der ganzen Lungenkraft eines Portugiesen aus dem Bergland:

»Léaaaaah!«

Und die aufgeschreckte Stimme:

»Oui, Monsieur, ich komme schon!«

Einige Augenblicke später kamst du zu meinem Erstaunen schnell die Treppe heraufgelaufen, du Lebhafte, du Dienstbereite, Liebenswerte. Mir klopft noch heute das Herz vor Dankbarkeit.

»Monsieur«, sagtest du, blaß, atemlos, mit weit aufgerissenen Augen.

»Was soll das heißen?« rief ich, ohne dich anzusehen, und drehte mich so unhöflich wie möglich zum Zimmer hin. »Diese Schlamperei! Schmutzige Wäsche, das Bett nicht gemacht, der Eimer läuft über, und das Feuer ist aus!«

In diesem Augenblick wandte ich mich nach dir um, Léah, und sah dich zum erstenmal. Das Licht fiel von den Fenstern voll auf dein Gesicht, und ich entdeckte, daß du hübsch, jung und ernsthaft warst. Dein vor Staunen offener Mund ließ die schön stehenden weißen Zähne sehen, deine runden, klaren, grauen Augen betrachteten mit aufrichtigem Entsetzen die Unordnung im Zimmer. Deine vollen Brüste wogten noch vom schnellen Treppensteigen. An deinem weißen, festmodellierten Hals war eine zarte Falte, und man sah eine Ader pulsieren. Dein Haar war wellig und hellblond; du warst ungefähr so groß wie ich, rosig, frisch und glänzend wie eine große Frucht. In der Taille warst du schmal, und deine Hüften rundeten sich fruchtbar und fest. Bei diesem Anblick wurde meine Stimme leiser, weicher, sanfter:

»Mademoiselle«, und das Herz klopfte mir, »warum ist mein Zimmer noch nicht aufgeräumt? Jetzt muß ich weggehen; dabei bin ich nach Hause gekommen, um zu arbeiten. Zahle ich etwa meine Miete nicht? Die Aufmerksamkeiten sind für die anderen, und ich…«

Du sahst mir in die Augen, und dein ganzes Wesen lächelte, mit einem Lächeln voll ironischem, gutmütigem Mitgefühl.

»Armer Herr Carlos!«

Wir gingen hinein.

»Léah«, sagte ich und ging die Tür zumachen. »Warum kommen Sie nie in mein Zimmer?«

»Aber Sie rufen mich doch nie! Wenn Sie mich rufen würden, dann würde ich kommen. Außerdem sagt die Wirtin, Sie hätten ihr gesagt, sie solle das Zimmer aufräumen und nicht ich.«

»So? Hm!«

»Sie schätzt Sie sehr. Ein Herr Doktor! Sie sagt, Sie wären der beste Mieter, den sie im Hause hat, der anständigste. Das finde ich auch. So ein sauberer Mann, so gut erzogen. Aber Sie sind sehr stolz, nicht? Sie reden mit niemandem.«

Dein Staunen war so echt, so reizend, daß ich erleichtert in ein Lachen ausbrach. Und du hast mitgelacht. Ich nahm deine Hände, und da hast du mir mit weicher, vertrauensvoller Stimme erklärt, daß Monsieur Albert, der Mieter nach hinten 'raus, tausend Franken, eine ungeheure Summe, für sein Zimmer mit Verpflegung zahlte. Und deswegen muß er gut behandelt werden. Und er war nicht ganz richtig im Kopf, er rief immerzu. Er hockte den ganzen Tag da drin, verlangte zu jeder Tageszeit Bonbons, und du — immer treppauf, treppab wegen Monsieur Albert, bei dem's im Hirnkasten spukte, aber der Geld hatte — die Familie schickte es, und die Familie hatte ihn auch da eingemietet. Das war mit der Lambertin abgemacht worden, die auf das Wohl von Monsieur Albert Bier und Kognak trank. Und er zahlte wöchentlich im voraus, und noch etwas dazu. Das alles erzähltest du mir in einem Atemzug, du wolltest mich unbedingt überzeugen. Mit weiten Augen und bebenden Nasenflügeln kamst du näher und strecktest mir die roten Lippen entgegen, von denen ich den Blick nicht wenden konnte.

»Ja«, sagte ich kühl und trat einen Schritt zurück. »Aber Sie verbringen soviel Zeit damit, ihn zu unterhalten!«

Was für Worte waren das! Léah, du weißt vielleicht gar nicht, welchen Wert, welchen Charme, welche Macht die Unschuld hat. In diesem Augenblick drückte dein ganzes Wesen reines, lebhaftes Erschrecken aus. (Ich war es, dem böse Gedanken das Herz vergifteten.) Und als ob wir nicht zum erstenmal miteinander redeten (dabei war es das erstemal, daß wir uns überhaupt sahen); als ob zwischen uns eine so alte Freundschaft bestünde, daß schon Moos auf ihren Mauern wuchs, eine zur Gewohnheit versteinerte Liebe, eine unbewußte Vertrautheit, die eine unerwartete Tatsache, ein bis dahin verborgener Charakterzug nun plötzlich überraschte, so riefst du schmerzlich verwundert, voller Bedauern, weil du mir weh getan hattest, ohne es zu wissen:

»Da waren Sie also eifersüchtig! Und ich habe nichts davon gewußt. Lieber Gott, wenn ich es gewußt hätte... Entschuldigen Sie!«

Du blühtest auf — beinahe wärst du nach hinten gefallen, wenigstens sah es mir so aus, vielleicht ein Vorwand für mich, dich um die Hüfte zu fassen. Léah, von diesem Augenblick an, ich schwöre es, habe ich dich geliebt. In diesem Augenblick brach das Eis in mir, und ich hätte dich gern umarmt und geküßt, um dann auf deinem guten flämischen Schoß einzuschlafen. Aber ich beherrschte mich:

»Oh, ich bin nicht eifersüchtig. Nur stolz vielleicht, wie Sie sagten. Ich mische mich nicht gern in die Angelegenheiten anderer Leute, das ist es.«

»Ich habe Ihnen doch schon erklärt, daß der arme Junge sie nicht alle beisammen hat. Ich muß ihn unterhalten. Er kann nichts allein machen, nicht einmal die Krawatte binden. Schrecklich, Stunden brauche ich, um seine Schubladen aufzuräumen!«

»Ja, aber nebenan der Perlman — er sieht gut aus.«

»Ach der!« Du verzogst verächtlich den Mund. »Der kann einem doch bloß leid tun...«

»Wieso? Er sieht gar nicht so aus!«

»Er sagt es selbst. Und ich glaub's. Meine Schwester — Sie

haben sie noch nie gesehen; sie geht manchmal am Sonnabend mit ihm aus, manchmal am Sonntag. Aber er... Sie verstehen schon...«

»Ach so, er geht mit Ihrer Schwester aus, aber sie hat keinen Grund, sich über ihn zu beschweren, wie?«

»Im Gegenteil. Er geht mit ihr ins Kino, aber nie gibt er ihr einen Kuß oder so. Verstehen Sie?«

»Ja, aber das ist doch gut so. Ich bin für Moral, Léah. Ich hasse gewisse Gewohnheiten, gewisse Freiheiten...«

Ich atmete ruhiger. Mit welchem Neid ich sie in seinem Zimmer lachen hörte an den Tagen, an denen sie zusammen ausgingen und ich vor Einsamkeit verging! Ich setzte mich und zündete mir eine Zigarette an.

»Also die Wirtin räumt mein Zimmer auf — falls sie es aufräumt. Komische Idee; ich habe sie nie darum gebeten. Dann tut sie also doch etwas!«

»Trinken vor allem, arbeiten weniger. Diesen Monat hat sie mir noch nicht mal mein Gehalt bezahlt. Dem Hauswirt schuldet sie die Miete. Über kurz oder lang wird sie 'rausgesetzt.«

»Klar«, sagte ich betrübt. »Und auszuhalten hab' ich's. Wieviel verdienen Sie hier im Monat, Léah?«

»Fünfhundert Franken, Kost und Logis.« Du setztest dich neben mich auf das abgewetzte Sofa. »Gar nicht so schlecht, nicht? Wenn sie bezahlen würde! Was auch gut ist, ich habe einen Tag und eine Nacht in der Woche Ausgang.«

»Eine Nacht? Warum eine Nacht Ausgang? Können Sie nicht in Ihrem Zimmer schlafen?«

Du wolltest gerade etwas sagen, aber in dem Augenblick rief die Lambertin von unten, vom Fuß der Treppenspirale:

»Léaaaaah!«

Du sprangst mit einer Leichtigkeit auf, die erstaunlich war bei deiner vollen Rubensfigur, und liefst ins Treppenhaus.

»Ouiiiii!«

»Wo bleiben Sie denn so lange?«

»Ich räume das Zimmer von Monsieur Albert auf.«

»Ach so...«

Lachend kamst du zurück (Monsieur Albert war ausgegangen — ein seltenes Ereignis), und ich empfing dich schon mit ausgebreiteten Armen, hielt dich dankbar an mich gedrückt, und das berauschende Begehren brannte in jeder Faser meines Körpers. Du warst gut, Léah, du hast gleich verstanden, daß ich mich nach Liebe, vielleicht nicht nach sehr tiefer Liebe sehnte, daß ich unter der Einsamkeit, unter dem Exil, der Verlassenheit und dem Stolz litt. Mit mütterlichem Instinkt hast du begriffen, warum ich litt. Dein Körper, das fühlte ich gleich bei diesem Kuß, war mitteilsam, zärtlich und mitleidig, problemlos. Gesegnete Unkompliziertheit! Aber du sagtest gleich, und entzogst dich meiner zu drängenden Umarmung:

»Ich muß das Zimmer aufräumen. Es könnte ihr einfallen, ’raufzukommen.«

Wir räumten also das Zimmer auf. Du erfuhrst, daß ich mich mit Biologie befaßte, und ich erfuhr, unter anderem, daß du Französin warst, nicht Belgierin, aus Pas-de-Calais.

Erinnerst du dich noch? Ich fragte dich, während wir das Laken glattzogen, was du am nächsten Sonntag vorhättest, und du sagtest mit liebenswürdiger Selbstverständlichkeit, während du mit deinen kräftigen Armen ein Kissen klopftest:

»Ich gehe aus, aber ich kann nicht mit Ihnen ausgehen.«

»Gehen Sie denn allein aus?«

»O nein! Mit Ferdinand.«

»Ferdinand? Wer ist Ferdinand? Irgendein Mieter?«

»Nein, nein! Ferdinand ist mein Verlobter.«

»Verlobter?«

Ich stand unglücklich da, mit dem Kopfkissen gegen die Brust gedrückt. Ich muß wohl ein sehr komisches Gesicht gemacht haben. Wieder fühlte ich mich um etwas betrogen, was nicht mir gehörte. Wie konntest du einen Verlobten haben? Mir war mein Kartenhaus eingestürzt. Du kamst auf mich zu, zärtlich und mitleidig, voller Ernst.

»Finden Sie das nicht richtig? Ich bin neunzehn! Und er will mich unbedingt heiraten, pauv’ Fe’dinand!«

»Armer Ferdinand!« rief ich entrüstet und bearbeitete das Kissen mit den Fäusten. »Ein Mann, der das Glück hat… Aber wenn Sie ihn nicht mögen, ich seh’s an Ihrem Gesicht, wenn Sie ihn nicht heiraten wollen, warum ziehen Sie ihn an der Nase ’rum?«

»Aber ich mag ihn doch, pauv' Fe'dinand! Wir stehen sehr gut miteinander. Er ist ein so guter Kerl. Er sieht gut aus und ist anständig. Und er hat eine gute Stellung.«

Ich schwieg verstimmt. Dann, als das Zimmer aufgeräumt war und der Ofen mit seiner tröstenden Wärme brannte, setzten wir uns wieder auf das krummbeinige Sofa, im Dämmerlicht des Nachmittags, so zwischen vier und fünf, und du erzähltest mir wie einem alten Kameraden die ganze Geschichte, die das Wiedererzählen nicht lohnt. Ich hörte zu — erinnerst du dich noch? — und hatte dabei vertrauensvoll den Kopf auf deinen warmen Schoß gebettet, die Augen auf das Fenster gerichtet und sah den Tag trüb dahinsterben. Beim Sprechen strichst du mir durch die Haare und über die Stirn; deine Finger waren weich, trotz der Arbeit. War es eine Klage, die ich in deiner Stimme spürte? Léah, während ich dir zuhörte, war es, als ob in mir ein Wall von Kälte und Egoismus zusammenstürzte, ich fühlte all meine Angst, meine Unzufriedenheit sich lockern, in mir aufsteigen und mir die Kehle zuschnüren, bis sich alles in Tränen löste. Kam das daher, daß du ein einfaches Mädel warst, die Tochter eines Fischers und Bauern in Pas-de-Calais, daß du nur ein paar Jahre in die Schule gegangen warst und alles in dir einfach und unmittelbar war; daß du mir deine noch frischen Liebeserlebnisse mit der Naivität und Melancholie eines Menschen erzähltest, der nicht weiß, wohin er treibt; oder kam es daher, daß du in mir meine eigene, nur maskierte Einfachheit und Bescheidenheit anrührtest? Ich litt, Léah, aber ich litt dankbar wie jemand, dem man einen Pickel entfernt. Ich litt um all das, was ich vorher unnütz gelitten hatte: das Warten, die Einsamkeit, den Ehrgeiz, das Gekränktsein — was weiß ich? Ich litt vielleicht das Ende meiner Leiden, denn im Grunde war alles so einfach, und es tat so gut zu liegen, mit dem Kopf auf deinem weichen Schoß und in deinem samtweichen Französisch die Geschichte deiner Liebe mit Ferdinand zu hören (du beklagtest dich, du könntest ihn nicht lieben) und dabei deine Hände zu spüren, deine fast mütterlichen Liebkosungen, die mich sanft durchdrangen. Und ich litt, Léah, weil du vor wenigen Monaten deine Jungfräulichkeit verloren hattest, in einer Nacht im Bois de la Cambre, als ob ich dahingekommen wäre oder meine ganze Jugend hindurch auf deine Unberührtheit gewartet hätte, um glücklich zu werden, und als ob mir dieses Glück plötzlich entglitte oder sich auflöste wie eine Luftspiegelung in der Wüste. Deine schmerzliche, vertrauensvolle Stimme trieb mir im Dunkeln die Tränen in die Augen. Arm und einsam, wie ich war, hatte ich, glaube ich, noch nie die Gegenwart der Frau in ihrer vollkommenen Nacktheit und Intimität empfunden. Und als du dich über mich beugtest, mich auf den Mund küßtest und leise sagtest: »Ach, wenn ich gewußt hätte! Wenn du etwas früher gekommen wärst!«, begriff ich, daß du in deiner ehrlichen Einfachheit auch auf mich gewartet hattest, ohne es zu wissen. Unsere Trauer hatte den gleichen bittersüßen Geschmack des Nichtwiedergutzumachenden. Glücklich in meiner Verzweiflung erhob ich mich, umarmte dich heftig, preßte mein Gesicht gegen deine glühenden Wangen, küßte dich heiß und linderte so einen sinnlosen alten Schmerz. Und du sagtest:

»Aber du weinst ja! Du weinst…«

Und mich mit den Armen umschlingend, weintest du mit mir.

In dem Augenblick schlug eine Tür krachend zu, und die Stimme der Lambertin rief von unten nach dir. Du liefst hinaus und sagtest mir mit einem flüchtigen Kuß:

»Ich klopfe nachher bei dir, wenn ich in mein Zimmer gehe, um zehn…«

Von da an, Léah, lernte ich einen anderen Frieden und eine andere Unruhe kennen. Du kamst und bliebst, und ich hatte deine Hände, deinen aufrichtigen Mund, deinen warmen, festen Körper, deine Stimme, die mich trösteten und beruhigten, wenn ich verzweifelt oder niedergeschlagen war. Wie oft sah ich, mit dem Kopf auf deinem gastlichen Schoß, den Abend auf die Stadt heruntersinken. Und wie du kamst, so gingst du auch wieder: fröhlich, eilig wie jemand, der ein harmloses Delikt begeht. Du brachtest mir Frieden mit deiner ganzen Fröhlichkeit, deiner Fülle und deiner Festigkeit. Von dieser einfachen, gesunden Kost lebte ich bis zum nächsten Tag. Deine Gegenwart machte mein Zimmer jung. Du bliebst manchmal eine Stunde und länger. Monsieur Albert rief umsonst, Perlman war den ganzen Tag weg. Und die Lambertin in ihrem Keller empfing Besuch, amüsierte sich lärmend — und trank. Das waren Stunden, wie ich sie noch nie kennengelernt hatte. Nur eins machte mir Gewissensbisse (Stolz war es schon nicht mehr), daß ich Ferdinand den Duft und die Frische deiner vollen Jugend streitig machte.

Du hast mir aber nie erlaubt, in dein kleines Zimmer unterm Dach hinaufzugehen, nicht einmal, um meine Neugier zu befriedigen. Warum? Scheu, Scham über die bescheidene, ärmliche Unterkunft? Wieviel mehr hätte ich mich schämen müssen über meine Eitelkeit — die eines armen Mannes!

Vielleicht unter dem Einfluß des Neuen begann ich, regelmäßiger und ernsthafter zu arbeiten. Ich ging früher weg, voller Mut, und verbrachte lange Stunden im Laboratorium mit meinen Versuchstieren, die ich quälte und unerbittlich beobachtete. (Wie menschlich ist doch manchmal die Grausamkeit!) Wenn ich mit meiner Arbeit fertig war, lief ich in die Bibliothek oder in die Buchhandlungen, wo ich alles ausgab, was mir bei meinem mehr als frugalen Leben übrigblieb; dann ging ich so früh wie möglich nach Hause. In meinem Leben war fast schlagartig eine Wandlung eingetreten; aber ich verlor keine Zeit damit, darüber nachzudenken. Psychologie war sowieso nie meine starke Seite, und dafür war auch kein Raum zwischen meinen Gefühlsproblemen und meiner Leidenschaft für meine Experimente.

Alle Leute außer Haus; wenn die Lambertin auch wegging, gehörte die Pension uns. Monsieur Albert schmollte vergessen in seinem Quartier oder verließ wütend das Haus, die ganze Treppe hinunter fluchend. Wir gingen von Zimmer zu Zimmer, von einem Stockwerk ins andere, ich tat irgendeinen kleinen Handreich, wir plauderten, lachten, und du zeigtest mir das Elend der Pensionäre, die böse Winde aus allen Teilen der Welt hergetrieben hatten. In der Liebe wie in der Zärtlichkeit warst du freimütig, impulsiv, voll Initiative. Du warfst dich mir zu mit dem ganzen Gewicht deiner üppigen, wirklichkeitsnahen und ursprünglichen Natur; mehr als einmal drängtest du mich in die Verteidigung. Dann lachtest du sieghaft. Aber ich war dir dankbar, denn es tat gut, sich von jemandem geliebt und begehrt zu fühlen, der so von Saft und Leben strotzt wie du.

Die Wochen vergingen. An einem Sonnabend voll sanfter Müdigkeit kündigtest du mir an, daß deine Schwester gleich kommen würde.

»Du wirst sehen, wie hübsch sie ist!« sagtest du, und deine Augen waren feucht vor zärtlichem Stolz.

An der Schönheit hattest du eine naive, heidnische Freude. Als ob du gute, köstliche Frucht nicht auch schön gewesen wärst! Deine Schwester kam. Sie sollte abends wieder einmal mit dem Schönling von nebenan ausgehen. Du brachtest sie in mein Zimmer, damit ich sie bewundern könnte — vielleicht, wer weiß, auch, damit ich sie ein bißchen lieben sollte. Sie war wirklich sehr hübsch, deine Schwester, mehr als das: eine Schönheit. Sie war von einer feinen, geläuterten Schönheit, neben der du den etwas ländlichen und nahrhaften Reiz einer guten Frucht hattest. Aber du warst nicht eifersüchtig auf ihre Schönheit; du hattest die loyale, sportliche Haltung eines Menschen, der die Überlegenheit des anderen nicht bestreitet, der sie eher bewundert. Keinerlei Gefühl einer niedrigen Rivalität. Ich konnte sie endlich bewundern, wie ich wollte, ohne Hemmungen oder Schüchternheit, wie man einen Kunstgegenstand bewundert. Ich saß ordentlich neben dir auf dem Bettrand und war froh, daß es zwischen uns keinerlei Vorbehalt, Vorurteil oder Bitterkeit gab. Da war nur die ehrliche Liebe zur Schönheit, in der alles rein und groß ist. Welche andere Frau, Léah, wäre imstande gewesen, mit soviel Selbstverleugnung und Großmut sich einer solchen Gefahr auszusetzen?

»Siebzehn Jahre«, sagtest du leise mit fast mütterlichem Stolz und drücktest mir den Arm: als ob es dein Werk wäre.

Und was für siebzehn Jahre! Größer als du, mit strahlenden, feinen, regelmäßigen Zügen, ohne die geringste Spur des Elends, wie sie die Arbeit für gewöhnlich auf den Gesichtern der armen Leute hinterläßt. Immer zum Lachen bereit, gesund, gepflegt wie eine reinrassige Pariserin, lebensprühend wie ein amerikanisches »girl«. Die ganze Frische und der Übermut der Jugend und die anmutige Reife der Frau. Angezogen wie eine »nurse« in einem reichen Hause — die sie ja war.

»Ist sie nicht wirklich schön?« wiederholtest du bewegt, als ob du bei der Betrachtung der Schönheit in eine geistigere Sphäre gelangt wärst. Und dann, mit einem fast unmerklichen wehen Schatten, vielleicht Reue deiner selbst wegen, fügtest du mit innerer Wärme hinzu: »Und noch Jungfrau!«

Ich drückte dir schweigend, heißen Herzens die Hand. Ich verstand, daß es dich meinetwegen schmerzte, wie ein Widerspiel meines eigenen, verletzten Vorurteils. Sie saß vor uns, leuchtend vor Stolz und Jugend, wie Helena beim Wettstreit um den Preis der Schönheit, den Oberkörper hochgereckt, die kleinen Brüste unter der hellen Bluse emporragend, lächelnd und glücklich, daß sie bewundert und begehrt wurde. Da standest du, einem unwiderstehlichen Impuls gehorchend, auf und zogst ihr langsam, anmutig den Rock bis über die eng aneinanderliegenden glatten Knie hoch und riefst begeistert, mit vor Liebe lodernden grauen Augen:

»Sieh dir diese Beine an!«

Gerade nebeneinanderlaufend, lang, schmal, herrlich geformt — es waren wirklich die schönsten Beine, die ich je gesehen hatte. Mir schwindelte etwas, wir waren alle drei rot und verlegen. Und da gingst du noch weiter und sagtest mit einem Ausdruck des Leidens und des Verzichts, der dir etwas Unirdisches verlieh:

»Gib ihr einen Kuß!«

Dieses Bild, dieser Kuß sind noch lebendig in mir. Ist es taktlos von mir, wenn ich es sage? Ich erinnere mich noch an die Rose aus karminrotem Samt, die sie kokett am Mantelkragen angesteckt trug. War es der Stolz auf sie oder auf mich, Léah, der dich trieb, uns zu diesem Kuß zu zwingen, der dir doch weh tat? Unlösbares Rätsel! Dir standen die Tränen in den Augen. Und ich spürte, wie viele Gesichter die Liebe haben kann.

Es regnete fast immer, und du kamst, um dich zärtlich in meine Arme zu kuscheln. Du liebtest die Liebe, und du liebtest mit einem Ernst und einer Selbstverständlichkeit, die mich verblüfften, denn ich kam aus einem Land, wo die Leute gehemmt und heftig sind. Alles, was mir bis dahin heilig und geheimnisvoll erschienen war, wurde in deinen Händen klar, einfach und fröhlich, so wie die transzendentesten Motive unter dem Pinsel der Maler deines Landes einfach werden. Mit welcher Freude genoß ich diese Analogie zwischen der Liebe und der Kunst deines Volkes! Wie natürlich, welche Fülle und welche Gesundheit!

An einem dieser trüben, regnerischen Nachmittage, als du schon gute drei Viertelstunden bei mir warst, rief dich die Lambertin von unten, um dir zu sagen, daß »Ferdinand auf der Straße wartet«. Ich sprang auf. Er wartete auf dich? Vor der Tür, während du hier bei mir warst? Ich nahm das übel und konnte meinen Ärger nicht vor dir verstecken. Meine traditionelle Moral hatte wieder einmal einen Stoß abbekommen. Da nahmst du mich bei der Hand wie ein Kind, das ein Geheimnis hat, sprachst leise im Halbdunkel, zogst mich ans Fenster und, auf dem Linoleum kniend, hobst du einen Zipfel der Gardine hoch, spähtest auf die Straße und flüstertest mitleidig:

»Da steht er, an der Ecke vor der Bierstube. Siehst du ihn? Seit fast einer Stunde wartet er auf mich!«

Ich sah ihn einige Augenblicke an, in seinem triefenden Regenmantel, mit einem Paket unterm linken Arm. Im Licht der Straßenkreuzung erriet ich mehr, als ich es sah, ein ernstes, blasses Gesicht, die hellen Augen, die die Fassade und die Fenster unseres Hauses von oben bis unten absuchten in der Hoffnung, dich zu sehen. Ich zog mich empört ins Zimmer zurück, und (so sind wir Männer) ich konnte es mir nicht versagen, dein Benehmen zu tadeln. Du sagtest mir, daß ihr »böse miteinander« wärt und daß er sich mit dir aussöhnen wollte. Na und? So behandelt man einen Mann doch nicht. Seit einer Stunde wartete er im Regen auf dich — und du hier bei mir, wo du wußtest, daß er wartete!

Du hättest mir wenigstens den traurigen Anblick ersparen können. Anstatt vor Stolz zu lachen, verurteilte ich dein Opfer. Aber in deinen Augen las ich gleich das Mitleid und die Reue — denn du warst gut, Léah, du wirst es immer sein!

»Er will, ich soll heute abend mit ihm ausgehen. Er ist hergekommen, um sich bei der Wirtin über mich zu beklagen. Sie ist doch schließlich nicht meine Mutter! Ich will nicht ausgehen, ich hab's ihm schon gestern gesagt. Warum besteht er darauf? Mich ärgert das. Hör zu, warte hier auf mich, ich gehe 'runter und spreche mit ihm. Ich bin gleich wieder da.«

Du gingst hinunter, und ich hatte kaum Zeit gehabt, eine Zigarette zu Ende zu rauchen, als du wieder da warst. Du brachtest ein Paket mit, es war seins.

»Er ist schon weg und war ganz vergnügt. Wir gehen doch heute abend zusammen aus. Pauv' Fe'dinand! Sieh her, guck dir an, was er mir mitgebracht hat!«

Mit kindlicher Freude, mit einer Harmlosigkeit, die mir weh tat, breitetest du eine seidene »Echarpe« auf den Bett aus, das Geschenk von deinem Verlobten. Aber nicht ohne meinen Protest. Wenn dir an diesem Tag meine Küsse schmeckten, Léah, dann, weil mich das Leben schon lügen gelehrt hatte: In mir waren sie kalt und bitter.

Mit der Pension ging es inzwischen bergab: Die Lambertin trank immer mehr, schrie die Gäste an, bezahlte dir dein Gehalt nicht, das Haus verwahrloste. Monsieur Albert schimpfte, speichelte, stotterte in seiner Schwachsinnigkeit. Eines Abends kamst du in mein Zimmer und sagtest:

»Würdest du mit mir zum Prud'hommes-Gericht gehen und mir helfen, die Gehälter einzuklagen, die sie mir schuldig ist?«

Ich fand es selbstverständlich und amüsant. Ich ging hin, gab Erklärungen ab, war bereit, mich als Zeuge aufrufen zu lassen. Als die Lambertin es erfuhr, war sie wütend. So etwas hätte sie nicht von mir erwartet. Im Haus war die Hölle los: Unordnung und Geschrei. Du tratest in Streik, damit die unzufriedenen Mieter die Wirtin dazu brächten, dich zu bezahlen. Das Haus hallte wider von euren Zankereien, bei denen keine ein Blatt vor den Mund nahm. Der Krach lockte alle Mieter ins Treppenhaus. Ein paar Tage später konntest du es nicht mehr aushalten und entschiedest dich, wegzugehen. Du bestandest darauf, ich solle zu deinen Gunsten aussagen, wenn die Sache zur Verhandlung käme. Ich versprach es dir. Was hätte ich damals nicht für dich getan!

Für mich war es furchtbar, daß du gingst; ich hatte im voraus Angst vor der Einsamkeit. Was sollte aus uns werden, wenn wir nicht mehr unter einem Dach lebten? Was konntest du von meiner Initiativlosigkeit erwarten? Wir küßten uns lange und traurig. Es stimmte: Mit meiner Arbeit stand es nicht zum besten. Ein paar von meinen Versuchstieren waren eingegangen, entweder, weil ich sie nicht sorgsam genug behandelte oder weil die Versuchsanordnung falsch war. Ich mußte ganz von vorn anfangen.

Am nächsten Tag, schon nach dem Abendbrot, als ich gerade meine Aufzeichnungen durchsah, hörte ich Geschrei im Erdgeschoß. Ich machte die Tür einen Spalt weit auf und lauschte, ob es irgend etwas mit dir zu tun hätte. Da hörte ich meinen Namen, zusammen mit Beschimpfungen und unverständlichen Worten, wieder meinen Namen... »Verdammt!« sagte ich zu mir selbst. »Hoffentlich gibt's keinen Ärger.« Ich wollte mich gerade vorsichtig zurückziehen, als mich deine Stimme aus der Tiefe unten anrief:

»Monsieur Carlôss! Monsieur Carlôss!«

Ich ergriff irgend etwas als Verteidigungswaffe, ich glaube, es war der gußeiserne Aschenbecher, und flog die Treppe hinunter dir zur Hilfe, zu jeder Heldentat bereit. Auf dem letzten Treppenabsatz blieb ich verlegen stehen: Wer stand da vor mir? Ferdinand, tadellos in seinem Regenmantel, mit seinem ewigen Paket unterm linken Arm, du, die Lambertin und noch zwei Frauen, die ich nicht kannte. »Schöne Bescherung!«

Du verlangtest, ich sollte »erklären«, dich verteidigen, die »Wahrheit« sagen. Aber die Wirtin schnitt mir das Wort ab.

»Kommen Sie nur, kommen Sie nur her!« brüllte sie außer sich; sie mochte schon bei der zehnten Flasche »gueuze« angelangt sein. »Kommen Sie nur, ich sag's ganz laut, was Sie für einer sind. Hier, vor Ferdinand — armer Kerl —, und dabei ist er aus ihrer Familie! Ich mache reinen Tisch! Ferdinand, die Léah belügt Sie und betrügt Sie! Jeden Tag steckt sie stundenlang bei Monsieur Carlôs im Zimmer. So eine Schande in meinem Hause! Diese schamlose Person! Ich will sie nicht mehr hier sehen! Und dann verlangt sie auch noch, daß ich sie bezahle! Nichts tut sie! Sehen Sie sich diese Treppe an! Soll doch Monsieur Carlôs sie bezahlen, für den hat sie ja in den letzten zwei Monaten gearbeitet! Das ist ein anständiges Haus hier. Wenn die bei Gericht mich bei der Zunge ziehen, sag' ich alles. Und Sie«, sagte sie und wandte sich an mich, »Sie können Ihre Koffer packen und verschwinden. Nicht einen Tag mehr will ich Sie hier im Hause haben!«

Ruhig, wenn auch etwas blaß vor Überraschung, wandte ich mich zu Ferdinand, der der Szene mit vorbildlichem Gleichmut beiwohnte, und sagte:

»Monsieur, diese Frau ist eine alte Trinkerin, sie ist nicht zurechnungsfähig, sie weiß nicht, was sie sagt. Auf jeden Fall stehe ich Ihnen zur Verfügung, wenn Sie irgendeine Erklärung von mir wollen. Wenn Sie es wünschen, begleite ich Sie auf die Straße.«

»Bemühen Sie sich nicht,Monsieur«, sagte er höflich mit einem unbestimmten Lächeln. »Ich verstehe vollkommen.«

Was mochte er verstehen? Solltest du ihm etwas erzählt haben? Ich drehte mich zur Lambertin um, und nach einigen schmückenden Beiworten, die ich hier nicht wiederholen will, sagte ich noch:

»Und übrigens: Ihr angeblich so anständiges Haus — erinnern Sie sich an den Abend, an dem wir da in diesem Zimmer Kognak getrunken haben? Mit dem indischen Prinzen und den drei lustigen Mädchen? Wie ich auf Ihrem Schoß gesessen habe und wie wir uns geküßt haben? Ich schäme mich richtig, davon zu sprechen. Sie sollten nicht zuviel reden. Wenn Sie so um die Moral besorgt sind, warum haben Sie dann nicht mehr auf das Mädchen aufgepaßt, das in Ihrem Haus gearbeitet hat? Wie oft sind Sie diese Treppe hinaufgestiegen, wenn Monsieur Albert, Perlman, der Finne und die anderen Léah gerufen und sie oben aufgehalten haben? Fängt die Moral erst jetzt an, Sie zu jucken?«

Die Lambertin wollte den Mund aufmachen, um mir zu antworten, wahrscheinlich ziemlich unflätig — statt dessen fiel sie mir um den Hals und fing an, laut zu weinen. In diesem Augenblick hörte man unten den Hausherrn sich räuspern, ein Stuhl scharrte auf den Küchenfliesen. Die Lambertin ließ mich los, und ich nutzte den Wirrwarr aus, um die Treppe hinaufzuflüchten und mich verärgert in meinem Zimmer einzuschließen.

Alles blieb beim alten — das heißt, du gingst ungeschoren aus, aber auch ohne einen Pfennig Gehalt, und ich blieb noch ein oder zwei Tage in dem Haus, in dem mich jetzt alles abstieß, vom Geruch der pommes frites bis zu den Tapeten, und wo kein Mensch mehr meinen Ofen heizte oder mein Bett machte. Ich brauche wohl kaum zu sagen, wie ich mich rächte und in welchem Zustand ich das Zimmer verließ.

Der Mensch, Léah, unterscheidet sich vom Vieh durch ein empfindliches Hühnerauge, das das Vieh unserer Meinung nach nicht besitzt: nämlich das moralische Gewissen. Von diesem Tag an dachte ich mehr an Ferdinand, an seine Ruhe, seinen Ernst und seine Würde in all der Niedrigkeit und an seine ehrlichen Absichten in bezug auf dich. Ich fühlte mich schuldig vor ihm. Vielleicht übten die Luftveränderung und die Erholung — ich spannte eine Zeitlang aus — einen gewissen Einfluß auf meinen Geisteszustand aus. Ich habe nie eigentlich religiöse Skrupel gehabt, aber man kann sich doch der moralischen Atmosphäre, in der man aufgewachsen ist, nicht ganz entziehen. Anstatt deinem Beispiel zu folgen und unsere Liebe, unsere Jugend und Freiheit problemlos zu genießen, kam ich mir vor wie ein Angeklagter. Ich fühlte mich wie ein Verräter, unanständig.

Ich mietete mich woanders ein, bei puritanischen Leuten, weit von dort. Du warst auf der Suche nach einer anderen Stellung und wolltest nicht auf deine ältere Schwester hören, eine Bäuerin, die dich, vielleicht auf Betreiben von Ferdinand, aus der Stadt holen wollte. Ich war nun ruhiger, steckte bis über beide Ohren in Experimenten, mit denen es vorwärtsging, und verfügte über viel weniger Zeit. Wir trafen uns ein paarmal heimlich, irgendwo, zu unregelmäßigen Zeiten, irgendwie. Es waren nicht mehr die ruhigen, milden Regennachmittage, an denen ich mit dem Kopf auf deinem trostreichen Schoß die Nacht hereinbrechen sah. Das »Wo, Wann und Wie«, der schwarze Schatten für alle Liebenden, begann uns zu verfolgen, und ich runzelte die Stirn vor Ungeduld. Ich war nie der Mensch, der die praktischen Probleme des Lebens leicht lösen konnte. Mir ist es immer schwergefallen, Entscheidungen zu treffen, und wenn ich es tat, dann heroisch und endgültig — sie mußten von selbst fallen. Mir kam nie der Gedanke, mit dir zusammenzuleben, dich Ferdinand abspenstig zu machen, zu heiraten. Wovon auch? Außerdem nahm die Arbeit alle meine Gedanken in Anspruch; ich traute mir nicht zu, meiner Liebe und meiner Arbeit gleichzeitig leben zu können.

Ein flüchtiger Abend im Café oder im Kino, und obwohl du mir fehltest wie ein Stück von mir — wie oft, wenn ich die Zeit verfliegen sah und an den nächsten Tag und die Arbeit dachte, sagte ich dir schließlich: »Ein andermal.« Mich verschüchterten diese Gelegenheitstreffen, die üblichen Lügen, die Restaurants mit Hotelzimmern im oberen Stockwerk, die Neugier der Leute, das allzu Durchsichtige unserer Zusammenkünfte. Heute? Morgen? Seit wir örtlich voneinander getrennt waren, ging mir meine an sich schon spärliche Initiative verloren. Vielleicht war mein tückisches Gewissen an meinem Zögern schuld. Ich weiß es nicht, Léah. Als du mich so unentschlossen sahst, wolltest du, ich sollte in das Haus ziehen, in dem du jetzt in Stellung warst. Aber es waren andere

Leute, eine andere Atmosphäre, strengere Hausregeln, und der Preis, der für meine magere Börse zu hoch war, schreckte mich ab. Ich konnte auch die Hilfe nicht annehmen, die du mir anbotest. Du weintest. Zum erstenmal verfiel ich in eine sinnlos schlechte Laune, ich sehnte mich zurück nach der Pension Lambertin. Ich hatte Angst vor einer Enttäuschung, ich weiß nicht was. Ich blieb, wo ich war, in einem Haus, wo ich in Frieden arbeiten konnte und wo es nicht gestattet war, »gewisse Besuche« zu empfangen.

Das eine oder andere Mal, wenn du Ausgang hattest, entwischtest du Ferdinand (der am liebsten gleich geheiratet hätte) und trafst dich mit mir. Und einmal verbrachten wir eine ganze Nacht in dem kleinen Vorstadthotel, um uns für all die Schwierigkeiten schadlos zu halten. Was war das für eine Nacht, Léah! Das Zimmer war so gemütlich und die Liebe so schön und die Sterne so hell, als sie gegen Morgen für die Augen der Liebessatten funkelten. Morgens gingen wir, etwas blaß, hinunter ins Café und setzten uns zum Frühstück an ein Fenster, vergaßen die Welt und unsere Probleme, sahen die Sonne auf den korrekten und sauberen Fassaden wachsen, während die Arbeiter aus der Umgebung mit kräftigen Schritten auf dem hallenden Pflaster schon zur Arbeit gingen. Es sah aus, als ob alle Probleme gelöst wären — aber es stimmte nicht.

An der Straßenbahnhaltestelle in der noch schüchternen Sonne zogst du den bescheidenen Pelzkragen über die Wangen hoch, die der frische Morgen rötete, und sahst mich ernst und entschieden an aus deinen klaren, aufrichtigen Augen. Mir schien es, als ob sie feucht wären. Woran dachtest du? Und da überwandest du dein Zögern und schlugst mir bewegt vor, wir sollten »fliehen«.

»Gehen wir nach Paris«, sagtest du flehend und zärtlich. »Ich bin Französin, ich bin stark, ich kann arbeiten. Da kennt uns niemand. Wir könnten so glücklich sein!«

Da standest du, ganz nahe vor mir, so voller Flehen, daß die Vorübergehenden gerührt über uns lächelten.

»Gehen wir beide zusammen. Da kannst du für deine Tiere leben und für deine Bücher.«

Aber welche Feigheit, welche Erwartungen, welcher Ehrgeiz, welche Eitelkeit hielten mich zurück? Welchen Hoffnungen, Pflichten oder Vorstellungen von Pflichten wollte ich treu bleiben? War ich müde nach dieser Nacht ohne Schlaf? Deine durchsichtigen, sanften Augen waren melancholisch wie das Meer in deinem Pas-de-Calais. Ich entzog mich deinem Flehen. Ich lachte, lachte über die heroische Dachkammer, die du mir anbotest, und dabei war es, im Grunde, vielleicht dieselbe, von der ich träumte. Aber in diesem Kampf, Léah, siegte nicht die Tugend, sondern die Feigheit. Die Feigheit vermag viel, die Feigheit ist heldenhaft, wenn sie sich mit großen Worten tarnt. Ich bin mir nicht recht klar darüber, was ich vom Leben wollte oder erhoffte, wohin mich mein noch unklarer Ehrgeiz führen sollte. Für die anderen leben…

Und du, was wolltest du? Aus deinem engen Leben ausbrechen? Dich von Ferdinand befreien? Die Welt kennenlernen, den Lebenskampf, das Opfer, die festen Bande zwischen zwei Menschen, die zusammen arbeiten und genießen, schaffen und leiden? Dein Traum war zu hoch für meine Feigheit oder zu einfach für meinen Ehrgeiz. Das war es. Heute sehe ich klar, daß ich mir glühend Liebe und Glück wünschte, aber egoistisch verlangte, sie sollten sich in mein Leben einfügen, ohne an seiner Richtung oder seinen Zielen etwas zu ändern.

Wir stiegen zusammen in die Elektrische, die uns zurückbrachte in die Stadt und in den Kreis unseres täglichen Lebens. Wir trennten uns traurig. Ich mit einer gewissen Erleichterung. Die Liebe drohte die Landschaft meines Traums zu zerstören; fremdes Leid hat mich immer beängstigt und bedrückt. Ich litt, nicht meinetwegen, denn ich begann, festen Boden unter den Füßen zu spüren — wenigstens bildete ich mir das ein. Ich litt für dich, weil ich wußte, daß du littest, und in diesen Minuten hätte ich wer weiß was darum gegeben, nicht bei dir zu sein, um kein Mitleid mit dir haben zu müssen.

Zufälle, Verabredungen, bei denen wir uns verfehlten, Arbeit schoben sich zwischen uns, und es vergingen lange Tage, Wochen, ohne daß wir uns gesehen oder einander Nachricht gegeben hätten. Neue Aufgaben begannen sich in meinem Kopf abzuzeichnen, ich war ruhelos und lehnte alles »Private« ab; es schien mir die höheren Ziele des Lebens zu beeinträchtigen. Du schienst ausschließlich für die Liebe zu leben. In deiner Verwirrtheit wechseltest du mehrmals hintereinander die Stellung, und zu einer gewissen Zeit hatte ich nicht einmal deine Adresse. Und auch du hattest meine nicht mehr. Ich traf dich zufällig auf einer winkligen, einsamen Straße in Ixelles; blaß, langsam, ungepflegt, schienst du aus einer anderen Welt zu kommen. Du wolltest mit mir in mein Zimmer gehen, in irgendein Café, um mit mir zu sprechen. Ich sagte — und es stimmte —, daß ich dich zu Hause nicht empfangen könnte und daß ich eine Verabredung mit dem Direktor meines Laboratoriums hätte. Der Bitte in deinen Augen stand ich vor Eile ungeduldig, verwirrt, ohne Wärme gegenüber: ängstlich vor allem. Wie schwer mir dieser Augenblick war! Wie schrecklich das ist, mit einem Menschen Mitleid zu haben, den man zu lieben glaubt! Ich wandte den Blick ab und versprach, dich noch am selben Nachmittag um fünf an einem passenden Ort zu treffen. War es eine bewußte Lüge, oder war mein Versprechen ehrlich? Ich kann es nicht mehr sagen. Du beharrtest:

»Kommst du bestimmt?«

»Was für eine Frage!« sagte ich lachend. „Habe ich dich schon mal vergeblich warten lassen?«

Aber ich bin nicht gekommen, Léah. Ob du mir wohl verziehen hast? Und was nützt jetzt meine Reue? Reue ist immer sinnlos.

Die Tage, Wochen, Monate, ein Jahr und noch mehr fielen in ein Loch ohne Boden. Ich arbeitete, reiste, kämpfte, litt, widmete mich anderen Interessen und Problemen, engagierte mich. Ich lernte die Bitterkeit der Enttäuschungen kennen — meine eigene und die der anderen. Ich ging zurück nach Brüssel, und eines Tages trieb mich die Neugier, vielleicht der Wunsch, die Vergangenheit noch einmal zu durchleben, die Gewissensbisse oder was weiß ich, zur Pension Lambertin zu gehen. Am Türpfosten hing ein Schild »Zu vermieten«. Es war schon vergilbt und zerrissen. Ich spähte durch die beschlagenen Fensterscheiben im Erdgeschoß: Die Zimmer waren leer, verstaubt. Aus dem Keller drang nicht mehr der vertraute Geruch nach pommes frites, sondern ein trauriger Hauch von Moder und Verlassenheit — die Trostlosigkeit einer schlecht gehaltenen Grabkammer. Vor der Tür, auf den Stufen und auf dem Bürgersteig waren Reste von Schutt, von Kalk und Sand. Das Haus wurde umgebaut. Die Pension Lambertin gehörte der Vergangenheit an. In der Bierstube an der Ecke sagte man mir, sie hätte vor Monaten wegen Bankrott schließen müssen. Traurig gestimmt ging ich weg, als ob ein Teil meiner Vergangenheit niedergerissen worden wäre.

Eines Nachmittags ging ich langsam die Chaussee W… entlang, im Gewühl eines sonnigen Tages; es machte mir Freude, all diese Unbekannten zu sehen — ich mit meiner leidenschaftlichen Liebe zum Anonymen —, als dicht hinter mir eine vertraute Stimme ausrief:

»Monsieur Carlôss!«

Ich drehte mich um: Du warst es. Du sahst frisch aus, rot, ein klein wenig voller, gut angezogen, frauenhafter mit einem Wort.

Ich blieb sprachlos stehen. Als ich merkte, daß du in Begleitung warst, hob ich die Hand an den Hut, bereit, wieder einmal zu flüchten. Aber du warst stehengeblieben und sahst mich mit deinem offenen, guten Lächeln an, und die Leute, die mit dir waren, lächelten auch. Ich trat verwirrt auf dich zu und drückte dir die Hand, die die meine mit aller Kraft ergriff. Und ich sah Ferdinand, stark und gesund, gutaussehend, glücklich, mit einem Bambino auf dem Arm. Er begrüßte mich herzlich und stellte mir die Familie vor, die jetzt auch deine war.

»Wir sind seit über einem Jahr verheiratet«, sagtest du. »Und das ist mein Kind.«

Dein Kind. Ich sah es an. Es war rosig und rund, wunderschön, und hatte deine großen grauen Augen. Es lächelte mich an wie einen alten Bekannten.

»Es ist ein Junge.«

Ich wandte mich zu dir. Du hattest Tränen in den Augen und lachtest. Ringsum lächelten alle glücklich. Und du, mit einem zärtlichen Vorwurf, den nur ich richtig verstand, wiederholtest weich. »Es ist *mein* Kind!«

Nach vieler Mühe und vergeblichen Schritten fand ich eine unbedeutende Stellung im Laboratorium eines Armenkrankenhauses, wo sich, durchzogen von Karbol- und Formolgeruch, alles menschliche Elend vor meinen Blicken ausgoß. Leben, gerade eben leben war jetzt meine ganze Aufgabe. Aber ich widmete mich ihr mit der gleichen Leidenschaft wie immer, als ob Einsamkeit, Verfolgung und Bitterkeit mich nicht von innen verzehrten. Auf alle meine Forschungsarbeiten und meine Träume hatte ich verzichten müssen, und geblieben war von allem, was uns an den milden Morgen in der Vorstadt getrennt hatte, nur die Dachstube, die heroische, kahle Dachstube in der Armeleuteklinik, und der scharfe, ekelerregende Geruch nach Elend. Und die Erinnerung an meine Schuld, das muß ich hinzufügen. Du wärst vielleicht dick, wärst vielleicht Bäuerin im flachen Lande Flanderns, und alles, was dir von mir bliebe, wäre wahrscheinlich ein verblaßtes Bild und ein verstümmelter Name. Selbst für dich hätte ich aufgehört zu leben.

Eines Tages, beim Verlassen der Klinik in dem entfernten, regennassen Viertel ging ich in ein Café, um Zigaretten zu kaufen. Als ich gerade wieder hinausgehen wollte, stand in einer dunklen Ecke eine Frau auf, kam geradewegs auf mich zu und blickte mich an. Ich erkannte sie nicht gleich; aber das gedunsene Gesicht, die gerötete Nase, die krausen, graublonden Haare, die hellen Augen brachten mir irgend etwas in Erinnerung. Wir sahen uns einige Augenblicke lang an, und sie sagte mit heiserer, feierlicher Stimme:

»Aber das ist doch Monsieur Carlôss!«

Es war die Lambertin. Fast auf der untersten Stufe der Leiter. Wie alt sie geworden war! Die wirren, schmutzigen Haare fielen ihr ins weiche, aufgedunsene, fast ausdruckslose Gesicht. Das unsagbar schäbige Kleid vom Regen durchnäßt. Sie drehte sich nach dem unbedeutenden Mann um, der hinter ihr am Tisch saß, und sagte:

»Erinnerst du dich nicht? Es ist Monsieur Carlôss, der Doktor, der Portugiese…«

Der Mann mit der Schiebermütze stand auf, um mich zu begrüßen. Ich setzte mich zu ihnen und bestellte eine Runde »gueuze« für uns drei. »Zwei Ruinen!« sagte ich bitter zu mir selbst.

Dann erzählten sie mir ihr Leben. Alles war ihnen schiefgegangen, sie waren aus dem Haus geworfen worden — so ein gutes Geschäft! Schulden, Bankrott, aller Tod und Teufel — sechs Monate da oben in Sankt Gilles hinter Gittern. Das bittere Elend, mit einem Wort. Jetzt hatten sie nicht einmal eine Wohnung. Und (leise), ob ich ihnen nicht mit einer Kleinigkeit aushelfen könnte…

Ich gab ihnen die paar Franken, die ich vom Wochengeld übrig hatte, und wir blieben schweigend sitzen, hörten dem unerträglich eintönigen Regen auf dem Platz zu; ich hatte nur einen Wunsch: von da loszukommen. Schmerzliche Erinnerungen quälten mich. Plötzlich wies die Lambertin, die schon bei ihrer zweiten »gueuze« angelangt war, mit dem Finger auf mich und sagte:

»Sieh mal, Monsieur Carlôss hat schon ganz graue Haare!«

Und das Gesicht mit den Händen bedeckend, fing sie an, zu weinen wie ein Kind. Der Mann machte mir heimlich ein Zeichen, legte ihr den Arm um die Schultern und tröstete sie in einem unverständlichen Jargon. Bald darauf murmelte die Lambertin, schon mit einem Lächeln unter Tränen:

»Und wie die Léah Sie geliebt hat!«

Das war das letzte Mal, daß ich deinen Namen hörte.

Übersetzung: JA

Vitorino Nemésio

QUALLENKOPF

Als der Abílio nach Brasilien ging, nähte seine Mutter ihm Haufen und Haufen von Hemden und langen Unterhosen. Ich erinnere mich sehr gut daran. Wir waren eine Handvoll: Abílio, ich, Fausto, Hemetério, der Francisco der Zweiten, der Tiàzé. Aber die beiden letzten kamen nie zu uns zum Abendessen, noch verbrachten sie die Nachmittage mit uns, die Spielschürzen aufgerollt oder an der Hand eines Dienstboten wie der Cinchinho: Sie rochen nach Fisch, und wenn der Rotz zu hartnäckig lief, wischten sie ihn am Jackenärmel ab, zogen den Rest hoch und schluckten ihn hinunter.

Der Francisco der Zweiten war schmächtig und lebendig wie Quecksilber; Abílio friedlich und schwerfällig. Hemetério hatte den Körper eines Windspiels und sprach stockend; Fausto war der Beste in der Schule und kurzsichtig. Wer ihn wütend sehen wollte, brauchte ihm nur einen Kieselstein in die Tasche zu stecken oder ihn insgeheim am Jackenzipfel zu ziehen, wenn er lernte. Beides zu gleicher Zeit, unter dem Oberbefehl von Francisco der Zweiten (der dazu zwinkerte), brachte ihn zur Weißglut. Er wurde puterrot, senkte den Kopf und griff an. Dann flohen wir alle, und während Francisco der Zweiten, behende wie ein Affe, ihn wie einen Stier reizte, hörte man im Chor den wilden Schrei: »Klein-Fausto spinnt! Klein-Fausto spinnt!«

Abílio, gutmütig und fett wie er war, hielt sich tunlichst von derartigen Hetzjagden fern. Er dachte nur an sein fünfjähriges Brüderchen, das er zu Hause hatte, den Nachzügler Pirrilha. Sofern nötig, rannte Abílio fünfhundert Meter weit, und nicht mal der der Zweiten konnte ihn einholen: Er preßte die Kiefer aufeinander und strampelte mit fliegender Joppe seinem Ziel entgegen, als drohe die Welt unterzugehen. Jedoch, wenn er lange lief, schwitzte er heftig. Dann setzte er sich auf die Stufen der Schule und brauchte zehn Minuten, bis sein Schnaufen nicht mehr zu hören war. Schließlich wischte er sich den Schweiß ab und blieb so schlapp hocken, daß selbst Tiàzé seine Nase mit spuckenassem Finger berühren konnte, ohne einen Schlag auf die Schnauze zu gewärtigen.

Wir hatten vor einiger Zeit diese überraschende Art erfunden, »den Fehdehandschuh aufzuheben«. Beim geringsten Wortstreit — bei einer Wette, beim Kreiselspiel — brüstete sich der Stärkste und Kühnste: »Ist's gelogen? Ist's etwa gelogen? Berühr mich an der Nase!« Der andere spuckte auf die Fingerspitze, und wenn er die fremde Nase berührte, hörte man die Ohrfeige knallen, bis der erste unvermischte Faustschlag ein paar Nasenlöcher knockout schlug.

Doch Abílio, zwar unfroh, aber gutmütig, hatte nichts übrig für Schlägereien. Die Herausforderungen waren mehr für die, welche Fischer als Väter hatten und gewöhnt waren an das Gerede in den Kneipen, bis in die Nächte hinein. An das Gefluche beim Einholen der Netze, an das wüste Gezeter der Mütter, die sich an den öffentlichen Waschplätzen Schimpfwörter an den Kopf warfen, bis die eine die andere an den Haaren packte oder ihr den Hintern hinstreckte und sich mit der flachen Hand draufschlug, um ihr damit weiß Gott was für einen Sauberkeitsbeweis zu liefern. Dann kamen die Männer und stifteten Frieden oder, das Klappmesser in den Klauen, bereinigten sie den Fall unter der Stadtmauer.

Wir, die »Landratten«, trieben andere Spiele. Unsere Väter besaßen Büros oder Läden, unsere Mütter Wohnstuben mit Begonientöpfen. Die waren was Besseres. Meine Mutter zum Beispiel hielt große Stücke von Senhora Dona Claudina. Die war Abílios Mutter; sie sagte immer: »Ich gehe selten Dona Rosinha besuchen, aber wir sind befreundet, und damit hat sich's. Mein Abílio und der kleine Frederico hingegen, die sind ein Herz und eine Seele!« Meine Mutter, wenn sie uns sah, bemerkte: »Da kommt der Blinde und die Drehorgel...«

Hätten wir den Ausspruch wörtlich genommen, Abílio wäre der Blinde gewesen. Er tat alles, was ich wollte. An den Strand und Rohr schneiden? Gehen wir an den Strand Rohr schneiden. Machen wir 'ne Blockflöte. Er hätte lieber eine Flinte geschnitzt und ein Kurzschwert — mit einer dicken Kordel um den Bauch hätte er drollig ausgesehen. Aber ich sagte: »Wir machen eine Blockflöte!« Und schon waren es zwei Blockflöten, die man bastelte, wobei ich die mit dem besseren Rohrblatt bekam. Und — dideldumdei... — gaben wir meiner Mutter mit ihrem Ausspruch vom »Blinden und der Drehorgel« recht.

Wir schossen rasch auf. Um die Mittagsstunde, wenn der Herr Lehrer die Glocke läutete, gingen wir still und gesittet bis zum Treppengeländer; wer dann die längeren Beine hatte, gelangte als erster auf die Straße. Von der Veranda des Schulhauses aus sah man das Meer branden. Winters war es fast immer grün und dick wie Spucke. Und der Strand schmaler. Hohe schäumende Brecher übersprangen den Netzschuppen. Und wenn Wind aufkam mit dem Regen, war es fast immer ein kleiner Strichregen, ein nordostwärts gerichteter Sprühregen, indes die Möwen um Pexinhos Kaufladen kreischten. Im Schulhof spielte man »Floh und Laus«, und es roch nach menschlichen Ausdünstungen...

Doch wenn die Aprilnebel vorüber waren, zerriß der Himmel über den Inseln, und der Herr Lehrer trat ans Fenster, um seine Zigarette zu rauchen, und tat, als sähe er uns nicht; auf dem Meer, in der Ferne, gab es für den Herrn Lehrer genügend angebliche Anziehungspunkte: Delphine an der Wasseroberfläche und die Segel der Bootsmannschaft der *Carocho,* die im vergangenen Winter umgekommen war. Dann gingen wir baden und versteckten Kleider und Schuhe im Schilf.

Eines Tages fanden ich und der Abílio es komisch, daß das, was Gott uns geschenkt hatte, eine Gänsehaut bekam, wenn wir aus dem Wasser stiegen. Unsere von der heißem Sonne gebräunte Haut troff. Nach einer Stunde im Meer (wir hatten den Nachmittagsunterricht geschwänzt) klapperten uns die Zähne. Wir trockneten uns, indem wir uns im Sand wälzten. Dann, noch immer nackt, setzten wir uns auf, und Abílio warf mir eine Handvoll Sand auf den Nabel.

»Aufhören!«

Abílio spuckte mich an, kurz unterhalb des Nabels.

»Aufhören!«

Zack: ein Stück Netzkork auf dieselbe Stelle. Wir waren trocken, beide mit gespannter Haut; von ferne hörte man das Tapptapp des Mühlenwerkes und Trajelas Maulesel iahen. Die Ebbe setzte ein, daher war fern ein schläfriges Glucksen zu hören. Dann nahmen wir uns mit Holzspänen gegenseitig Maß und sprachen von unseren Dingern. Trotz der Einsamkeit ringsum hörten wir einander kaum. Unser durch die Nacktheit erwachtes Interesse gehörte noch zu einer ernsteren, einsameren Welt, noch jenseits der Rundungen des glatten heißen Sandes. Ich sagte, unser Dienstmädchen, die Malagrida, entfache immer beim Abendläuten die Glut. Meine Mutter war dann aus dem Haus.

»Und du?«

»Ich, von hinten…«

Ein jeder von uns machte mit dem Maßstab seines Holzspans sein kleines Loch im Sand. Wir blickten einander scheel an. Ich sah das Weiß in Abílios Auge, feucht und klebrig und schillernd.

»Also ich…«

»Erzähl!«

»Da ist nichts zu erzählen. Ich poussiere mit der Lucinda.« Er meinte es ernst; er hatte die Hand in dem Loch und glättete die Rundung des Bodens. Da ich stumm blieb, warf er mit Sand und sagte: »Ich muß nach Brasilien und das Geld für die Überfahrt verdienen, damit sie nachkommen kann.«

»Und ist es schön?« fragte ich, noch immer von dem Bild Malagridas besessen, die abends gebückt die Glut entfachte.

Abílio runzelte die Stirn und sagte, mich streng musternd:

»Schön was?« Pause. »Ich, Gott soll mich strafen!« Vielleicht befriedigt über den blöden Ernst, der in meinem Gesicht zu lesen stand, ließ er sich zu der Bemerkung herab: »Bei uns tut man so was erst, wenn man verheiratet ist… Willst du mein Trauzeuge sein?«

Wir knöpften die Hosenträger fest und waren Freunde wie nie zuvor.

Bei der Aufnahmeprüfung zur Oberschule bestand ich mit Ausgezeichnet, Abílio mit Ausreichend. Ein Trauerspiel! Er erschien in langen Hosen, weißer Weste, Dona Claudinas Chatelaîne diente ihm als Uhrkette. Da er auf den Nägeln kaute, füllte er damit die peinlichen Minuten, wenn er keine Antwort wußte auf Fragen wie: »Wer war der König, der den Pinienwald von Leiria pflanzen ließ?« Senhor Fontes, der Lehrer der Fünften, mochte ihm noch so zuflüstern: »Dom Dinis… Dom Dinis…« Aber Abílio, versessen auf Stiere, erwiderte statt dessen »Dom Afonso IV., der Tapfere« und war damit so gut wie durchgefallen. Draußen warteten mein und sein Vater neben dem Herrn Lehrer. Der Schulmeister sagte kein Wort zu mir, doch ihm gegenüber tat er sich keinen Zwang an:

»Der Quallenkopf da wird mir noch den ganzen Klassendurchschnitt verderben.«

Abílios Vater war beschämt über seinen Sohn, wütend auf seinen Sohn, wütend auf den Herrn Lehrer; er hatte Mitleid mit sich, mit dem Herrn Lehrer und mit seinem Sohn:

»Taugenichts! (Sieh nur, wie du wieder deinen Kragen umhast!) Und kostest mich dabei ein Heidengeld!«

»Dieser Quallenkopf ist ein Schandfleck auf meiner Liste!« Der Herr Lehrer ließ nicht locker.

Abílios Vater bückte sich leicht, um ihm die Tränen abzuwischen, drückte aber mit dem Taschentuch so fest auf, daß er ihn zwang, sich ohne Notwendigkeit hineinzuschneuzen.

»Los, fester! Der Dummbart, dabei war er doch erster bei den Dezimalzahlen! (Ach, Kleiner, weine nicht, denn der Herr Lehrer bestimmt nur in der Schule, aber außerhalb bestimme ich.)«

Doch Abílio heulte untröstlich und hatte ganz rote Augen. Als die Ergebnisse bekanntgegeben wurden, dämpfte der Herr Lehrer seinen Ton: »Abílio Cardoso de Aguiar, ausreichend. Frederico Pedro Dias de Meneses, sehr gut.«

Mein Vater gab Abílio einen Kuß, bevor er mir einen gab. Abílios Vater drückte meinem Vater die Hand.

»Ach, Senhor Meneses! Welch ein Trost, ein Sohn wie Ihrer!«

Wir waren alle ziemlich beklommen. Nur Abílio hörte auf zu weinen. Man wußte nicht recht, ob, weil er doch nicht durchgefallen war, oder ob aus einem anderen Grund. Er zog mich in seine Arme und sagte:

»Ach, Frederico, gottlob!« Und in seinen Augen fühlte ich mich ausgezeichnet.

Von jenem Tag an wurde im Hause Aguiar nichts anderes getan als Unterwäsche für Abílio genäht. Ich ging für das erste Gymnasialjahr zu einem Nachhilfelehrer. Abílio war in seines Vaters Geschäft eingetreten und schenkte Petroleum und Wein aus. Doch nur vorübergehend; er sollte ja nach Brasilien zu einem Onkel, dem Bruder seiner Mutter. Nachmittags, wenn ich zu ihm in den Laden ging, wurde Senhor Aguiar stets rührselig und gab seinem Sohn frei.

»Geh mit Frederico spazieren. Da du keinen Lernkopf gehabt hast, wirst du vielleicht ein Kreuz zum Kaffeeschleppen haben…« Und in verändertem Tonfall: »Aber laß gut sein, dein Onkel wird dir schon Beine machen!«

Doch Abílio, sonst so empfindlich, so anhänglich an seinen Vater, war hart geworden und gleichgültig. Er war blasser, und seine Lippen waren noch weißer; dafür traten die Halsadern immer deutlicher hervor, und auf unseren Spazierwegen durchs Städtchen seufzte er und blickte mich mit denselben Augen an, in denen ich meine wahre Auszeichnung gelesen hatte.

Indessen schien es mir, als verleihe jetzt irgend etwas unserem Abílio die Note »Ausgezeichnet« und mir die Note »Ausreichend«. Ich wußte weder, was es war, noch ob es so war. Ich wußte nur, daß der Onkel in Brasilien sein Onkel war, Garrão hieß und eine Metzgerei in Rio besaß. Abílio zeigte mir den Anstellungsbrief, das Bild des Onkels mit Schnurrbart und Berlocke auf der Weste, die Brieftasche, die seine Mutter ihm geschenkt hatte, um darin seinen Paß zu verwahren, und das Bildchen mit dem Heiligen Herz Jesu. Man verschloß sie mit einem Gummiband. Sie war braun und knirschte. Abílio bat mich um einen schriftlichen Freundschaftsbeweis: *Zur Erinnerung an deinen Freund Frederico Pedro Dias de Meneses;* und nun, als er das Blättchen in die Brieftasche steckte, sah ich eine Fotografie des jungen Mädchens, und — *Halt! Herz Jesu, steh mir bei!* — es war Lucinda.

In jenem Jahr wuchsen wir für so manches Jahr, in dem wir nur gespielt oder Ohrfeigen bezogen hatten. Meine Mutter besuchte Dona Claudina seltener. Doch immer wenn sie hinging, nahm sie mich mit, und wir mußten die Unterhosen begutachten, die sie für ihren Abílio nähte.

Endlich gingen wir einmal zu ihnen, als der lackierte Überseekoffer im Hausgang stand. Ich weiß es noch gut: Er war gelb und am Vorabend auf den Schultern von Eschanchado gekommen, der auf die gleiche Weise die Totensärge trug. Dona Claudina schwamm in Tränen, während sie Unterhosen einpackte. Es roch nach Stärke und nach Zitronen gegen die Seekrankheit. Und während Dona Claudina sie meiner Mutter gab, sie solle mal fühlen, wie schwer sie waren, hörte man Senhor Aguiars Schritte auf dem

Strohläufer. Er sagte guten Abend. Die Petroleumlampe leuchtete traurig im Hintergrund der Eßstube.

„Hast du die Schnur mitgebracht?« fragte Dona Claudina. Stumm zeigte Senhor Aguiar die Rolle. »Ist sie nicht zu kurz?«

„Zum Verschnüren des Koffers reicht sie. Einmal über Kreuz genügt.«

Jetzt begann die Arbeit, die Ausrüstung des Auswanderers in ihr Grab zu versenken. Senhor Aguiar ergriff die Lampe; meine Mutter reichte Dona Claudina Lagen von Wäsche, die diese darin verstaute.

»Hier sehen Sie, Senhora Dona Rosinha, was dabei herauskommt, wenn man keinen Kopf hat…«

„Aguiar, kannst du nicht mal heute den Mund halten? Denkst du nicht daran, daß morgen um diese Zeit dieser Engel Gottes bereits über die Meere segelt!«

Aguiar, hart, packte den Leuchter noch fester:

»Er weiß sehr gut, daß ich alles getan habe, wozu ein Vater verpflichtet ist. Aber zu behaupten, er sei ein Adler, wo er nur ein Quallenkopf ist, wie der Rüpel von Lehrer mir ins Gesicht gesagt hat… Wo steckt denn der Herr Sohn?«

Er vermutete wohl, wir beide seien im Hinterhof. Doch Abílio zählte in der Kammer, in der er neben seinem Brüderchen schlief (man konnte alles durch die Tür hören), einen Rest Spielknöpfe zu den Marken, die er mir schenken wollte. Einmal, als er gegen Tiàzé verloren hatte, riß er sich sogar die Knöpfe vom Hosenschlitz ab, nur um Wort zu halten. Was für eine Blamage! Schließlich nahm er das alte Messerchen (seine Mutter hatte ihm ein nagelneues für die Reise geschenkt) und bestand darauf, daß ich es annähme. Ich wollte nicht.

»Nimm's! Es ist das letzte, was ich dir geben kann.«

»Dein Bruder kann es noch gebrauchen…«

»Pirrilha ist noch zu klein, um mit Messern zu spielen. Sieh doch nur sein Händchen…« Pirrilha schlief mit offenem Mund und geschlossenem Fäustchen. Abílios Augen, seine reinen und plötzlich verantwortungsbewußten Augen liefen über. »Hast du gehört, was mein Vater gesagt hat? Da, nimm's… Es ist das letzte, was dir Quallenkopf schenkt.«

Eine Sekunde lang betrachtete er Pirrilha, dann führte er mich in die Küche. Er war aschfahl, und nur ein Lächeln hing an einem Mundwinkel. Aber im Hof sah ich, daß seine Lippen zitterten und daß auf dem fünfzehnjährigen Gesicht Bitterkeit lag. Es war tagheller Mondschein, ein unruhiger, von der Meeresbrandung tönender Mondschein. Der Hof war groß, voll von Kohlstrünken, im Hintergrund stand eine riesige Zeder. Dort plauschten wir dahin…

Francisco der Zweiten war beim Baden der Länge nach hingeschlagen, ich behauptete steif und fest, Tiàzé schwämme am weitesten hinaus. Und Abílio: Estoiro sei der Meister im Brustschwimmen, halte es am längsten unter Wasser aus und komme wieder hoch, ohne zu prusten. Von Sehnsucht zu Sehnsucht redeten wir von allem, von der Schule und vom Schilf. Abílio mußte austreten — »über die Füße gehen«, sagt man auf der Insel. Um unsere Unterhaltung nicht zu unterbrechen, hockte er sich am Fuß der Zeder hin.

»Und du willst noch immer, daß ich dein Trauzeuge werde, Abílio?«

Er wischte sich mit einer Handvoll Zitronenkrautblättern ab und sagte mit trostloser Stirn:

»Die Lucinda hat mich verlassen, als ich ›Ausreichend‹ bekam…«

Übersetzung: CMC

José Régio

FRÄULEIN OLÍMPIA UND IHR DIENSTMÄDCHEN BELARMINA

Durch die Hauptstraßen der Stadt Porto sieht man oft in den späten Nachmittagsstunden eine seltsame Gestalt wandeln. Eigentlich sind es sogar zwei seltsame Gestalten. Denn Fräulein Olímpia hat ja niemals aufgehört, sich eine Bedienstete zu halten — immer dieselbe übrigens —, und diese Bedienstete begleitet sie auf ihren langsamen Spaziergängen. Sie sind freilich nicht nur langsam, sondern auch feierlich, majestätisch, systematisch und rituell, und das, weil Fräulein Olímpia bei ihren Spaziergängen eine bestimmte Ordnung einhält.

Genaugenommen geht Fräulein Olímpia gar nicht spazieren, sie trägt sich zur Schau, indem sie zunächst mit wohlbedachter Muße den Carlos-Alberto-Platz überquert, dann die Clérigos-Straße und die Carmelitas hinunterschreitet. Unten angekommen, bleibt sie stehen. Steif und nachdenklich blickt sie um sich. Einer ihrer früheren oder gegenwärtigen Verehrer geht vorüber — Fräulein Olímpia hat nämlich eine große Anzahl Verehrer in allen Altersstufen. Tief zieht er seinen Hut, besonders wenn er gerade guter Laune ist, und begrüßt sie mit einem vertraulichen und zugleich respektvollen: »Guten Tag, Fräulein Olímpia.« Sie neigt dann ganz leicht und mit der Miene einer einbalsamierten Königin den Kopf. Einige bevorzugt sie, indem sie ihnen ein flüchtiges Lächeln schenkt, allerdings ohne die Lippen zu öffnen, weil — nicht einmal sie selbst kann dieses große Mißgeschick deuten —, weil ihr längst ein paar Vorderzähne ausgefallen sind. Und weshalb sollte sie sich bloßstellen? Gewiß besserten sich die Zeiten noch einmal, und dann würde sie sich ein Gebiß machen lassen.

Wenn sie eine Weile am unteren Ende der Clérigos-Straße verweilt hat, überquert sie den Platz. Das tut sie ganz gemächlich, es sieht aus, als ob sie auf einem unsichtbaren, sich dicht am Boden fortbewegenden Traggerüst stünde. Ihre Verehrer tauchen lächelnd verständnisinnige Blicke aus und schauen zur Seite. Um diese

Stunde wimmelt es im Stadtzentrum von Menschen. Sie rennen sich fast um. Um diese Stunde herrscht Hochbetrieb. Einige eilen nach Hause, andere bummeln, warten auf die Straßenbahnen oder stürzen sich in sie hinein, verlassen eben die Konditoreien, die Kinos und Theater, und wieder andere nutzen die letzten Minuten vor Ladenschluß, um noch dies oder das einzukaufen... Und in all diesem Gewimmel und Gewühl respektiert kein Mensch Fräulein Olímpias Gelassenheit. Es kommt sogar vor, daß dumme Flegel sie anrempeln, ihr auf die Füße treten und sie mit Grobheiten vom Gehsteig stoßen. Dem Fräulein wird ganz übel dabei. Es bleibt ihm nichts anderes übrig, als aus dem Wege zu gehen und sich an eine Hauswand zu drücken, bis die Welle vorüber ist.

Auf der einen Seite der Santo-António-Straße hinauf, auf der anderen hinunter und in die Sá-da-Bandeira-Straße einbiegen, manchmal auch wohl noch einmal die Santo-António-Straße hinauf, um ein kurzes Stückchen der Santa-Catarina-Straße mitzunehmen, das ist gewöhnlich die Route, die sich Fräulein Olímpia zur Pflicht macht. Stets dieselben kleinen Unterbrechungen am Rande der Bürgersteige, das Verweilen vor den Schaufenstern, ein wirkungsvolles plötzliches Stehenbleiben, ein verstecktes Lächeln oder ein leichtes Kopfneigen machen aus diesen Spaziergängen eine Art Theatervorstellung. Nun, Fräulein Olímpia kann sich schließlich auch zur Schau tragen. Wer ihre modischen Kapricen, ihre einzigartigen und ausgefallenen Toiletten bereits kennt, wundert sich nicht mehr darüber. Aber nicht selten kommen Provinzler in die Stadt, echte Bauern, die natürlich von dem erlesenen und besonderen Geschmack der Großstädter rein gar nichts verstehen, richtige Spießbürger, die jeder Eigenart abhold sind, und die kommen aus dem Staunen nicht heraus und bleiben mitten auf der Straße stehen, wenn sie Fräulein Olímpia zum erstenmal sehen. »Das Weibsbild will wohl heute Karneval feiern!«

Und geht gerade einer von Fräulein Olímpias Bekannten vorbei, so lächelt er wortlos.

Nichts könnte Fräulein Olímpia willkommener sein als das Staunen, das sie auf ihren Rundgängen hervorruft. Anders ihre Bedienstete. Belarmina — solch einen hübschen Namen führt Fräulein Olímpias Mädchen — muß sich in protokollarischem

Abstand halten und ertappt die vorübergehenden Leute dabei, wie sie ganz dumm lachen oder spöttische Mienen aufsetzen. Ja, manchmal hört sie sogar die Grobiane von Bauern sagen: »So eine lächerliche alte Schachtel!« — »Da guck' sich einer die Vogelscheuche an!« — »Das Weibsbild will wohl heute Karneval feiern!«

Bei solchen Gelegenheiten, und dadurch ist das Ganze natürlich noch amüsanter, fährt Belarmina aus der Haut und läßt sich manchmal hinreißen, den Leuten mit der geballten Faust zu drohen. Aber das macht das Gespött nur noch schlimmer. Belarmina ist nicht auf den Kopf gefallen. Sie weiß nur allzu gut, daß solch ein Verhalten die Leute reizt. Aber schließlich kann sie sich nicht immerzu beherrschen. Manchmal sind es auch ganz dumme Jungen, die herumgrölen: »Na, du alte Vogelscheuche! Na, du Mißgeburt!« Oder noch unverschämter: »Wie geht's, wie steht's, Fräulein Olímpia? Bist aber todschick aufgetakelt heute, Fräulein Olímpia!«

Solche Grobheiten, die sie natürlich nicht immer überhören kann, nimmt Fräulein Olímpia mit der gelassenen Verachtung beschimpfter Königinnen oder unverstandener Genies oder mit gekränkter Überlegenheit auf. Sie weiß — es handelt sich hier um das Wissen, das tief im Menschen verborgen liegt und ihm meistens gar nicht zu Bewußtsein kommt —, sie weiß, daß jede Größe den Spott der Minderwertigen herausfordert oder aber bei den Mittelmäßigen Staunen, Gereiztheit, Neid oder Groll hervorruft. Und macht Belarmina Anstalten, die Flegel anzugreifen, sie, die Ärmste, mit ihrem ewigen Rheumatismus, der es schon gerade schwer genug fällt, hinter ihrer Herrin herzulaufen, dann dreht sich Fräulein Olímpia zur Seite, ganz steif, ganz stolz, und wirft von oben herab einen Blick auf ihre Bedienstete, der soviel besagen soll wie: Verliere gefälligst deine Würde nicht. Ganz gewiß hält Fräulein Olímpia ihre Belarmina für nicht sehr intelligent und reichlich schlecht erzogen. Dessenungeachtet schätzt sie sie hoch; denn sie weiß, wie ergeben sie ihr ist.

Belarmina, die ein schwarzes, vor Alter schon grün gewordenes, wie ein Putzlappen glänzendes Mäntelchen trägt, empfängt den tadelnden Blick, indem sie ihre durchlöcherte Sevilhana über der

Brust zusammenzieht. Belarmina zieht sich übrigens sehr schicklich an — abgesehen allerdings von den Männerschuhen, die sie wie Pantoffeln nachschleift. Ihre Herrin ist nämlich wie eine Freundin zu ihr und läßt es nicht zu, daß sie sich nach Dienstbotenart kleidet.

Natürlich heben Fräulein Olímpias Toiletten nicht nur den sozialen, sondern auch den Altersunterschied hervor. Belarmina ist nämlich so um die siebzig und Fräulein Olímpia noch keine sechzig Jahre alt. So liegen die Dinge. Aber für Fräulein Olímpia ist natürlich seit ihrem fünfundzwanzigsten Lebensjahr kein einziges Jahr mehr vergangen. Wer weiß, ob die Jahre, verliebt in ihre Schönheit, nicht stehengeblieben waren, damals, als sie fünfundzwanzig geworden! Ganz gewiß, bildhübsch war sie gewesen mit ihren rosigen Wangen, auf die sie noch keine Theaterschminke aufzulegen brauchte. Und ihre Haare waren schwarz gewesen, aber natürlich nicht so tiefschwarz wie jetzt, und ihre Formen rund, prächtig und jugendlich, was man heute natürlich nicht mehr ahnen kann. Heute ist Fräulein Olímpia von einer aristokratischen Magerkeit.

»Da seh sich einer die Mumie an!« schreien die, die von solchen Dingen nichts verstehen. Doch fühlt sich Fräulein Olímpia ganz und gar nicht unzufrieden mit ihrer Magerkeit. Schreibt nicht die Mode vor, mager zu sein? Und ist es nicht schließlich ein Zeichen von Vornehmheit? Ihre Schönheit hat sich der Mode angepaßt. Aber was verstehen die geschmacklosen Toren davon?

»Für die Schminke hat sie Geld genug!« kritteln die Nachbarinnen in der Siedlung. Nun, es sind arme Geschöpfe, die das mehr oder weniger vertuschte Elend gehässig und schlecht gemacht hat. Und da sie keine gute Erziehung genießen konnten, wissen sie natürlich nicht, wie man sich zu benehmen hat. Sie reden lauter dummes Zeug, just wie ihnen der Schnabel gewachsen ist. Das loseste Mundwerk hat die Rita, die Frau des Hinkebeins; dann kommen Ana Melgueira, die Schustersfrau, und der Küster Jacintinho, der ganz für sich lebt und diesen Spitznamen angehängt bekam, weil er immer um die Pfaffen herumscharwenzelt, der sein gespartes Geld vergräbt und ein elendes Hundeleben führt; dann die

Senhora Mariquinhas Laureana, eigentlich eine ganz angesehene Witwe, die sich aber groß damit tut, einen Polizisten zum Freund zu haben, und die Beatriz Malandra, deren Kinder von verschiedenen Männern stammen — den eigenen inbegriffen —, und noch mehr solcher Leute, die alle aufzuzählen es sich gar nicht lohnt. Was kann man von denen schon erwarten? Fräulein Olímpia zeigt sich gern großmütig und kauft den Kindern Bonbons. Kann sie es aber einmal nicht, so schreien ihr die Gören nach: »Häßliches Gestell! Vogelscheuche! Mumie!«

Natürlich haben sie diese Ausdrücke den älteren Flegeln abgelauscht. »Für ihre Schminke hat sie Geld!« höhnt die lieblose Nachbarschaft. »Für ihre Schminke und für 'n Portwein.«

Und das entspricht der vollen Wahrheit: Fräulein Olímpia ist ja schließlich eine Richterstochter, und als solche schätzt sie natürlich die angenehmen Dinge des Lebens. Von Zeit zu Zeit, wenn es draußen schon dunkel ist, drückt sich Belarmina an den Häusermauern entlang mit einer Flasche unter dem Umhang, den ihr die Herrin für solche Gelegenheiten leiht. Der Zé-Paulo in der »Popular« hat immer eine angebrochene Flasche Portwein stehen, aus der er Fräulein Olímpia schoppenweise verkauft.

An solchen Abenden essen Fräulein Olímpia und ihre Bedienstete Belarmina getrocknete Trauben, Nüsse und Feigen oder auch wohl Plätzchen und Käse, und sie trinken dann den Wein dazu. Sie knabbern lustig drauflos. Sie tun sich so recht gütlich daran, die beiden.

»Versoffene Weibsbilder!« regt sich die Rita des Hinkebeins auf, die solche Orgien nicht ausstehen kann.

Vergebens drückt sich Belarmina, wenn sie an Ritas Tür vorbei muß, ganz dicht an die Wand und versucht sich im Schatten zu verbergen. Die Rita liegt immer auf der Lauer. Ihr entgeht nun einmal nichts. Von jenem Unglückstag an, da ihr Mann lahm wurde und ihm von seinem Bein nur ein Stumpf blieb, bringt sie nicht mehr das leiseste Verständnis für die Fehltritte und Schwächen ihrer Mitmenschen auf. Ein stattlicher Bursche war er gewesen, ihr Mann. Sie hatte sich regelrecht etwas auf ihn eingebildet. Und gearbeitet hatte er, und geliebt hatte er sie — sie war nämlich auch nicht zu verachten gewesen. Und dann war aus ihm ein Tagedieb geworden. Nichts interessierte ihn mehr, nur in der Taverne lungerte er herum. Und sie, sie muß ihn noch obendrein mit durchbringen, ihn und die drei Gören, die er ihr aufgehalst hatte. Sie kommt den ganzen lieben Tag nicht zur Ruhe, sie muß sich abrackern, saust hierhin und dorthin: anderer Leute Fußböden scheuern, Metalle putzen, Körbe voll Wäsche bügeln, Rumpelkammern aufräumen, Mädchen für alles sein. Und hinterher ihren Mann und den Kindern nachräumen… Was ihre eigene Person betrifft, so ist ihr alles überhaupt schon einerlei geworden. Aber zur Entschädigung dafür liegt sie, wenn sie daheim ist, immer auf der Lauer, damit ihr die Schande und die Niederträchtigkeit der anderen nicht entgehen können! »Versoffene Weibsbilder! Portwein, ja, dafür schmeißen sie 's Geld 'raus! Und fürs Schleckern. Eine wie die andere, gleich und gleich gesellt sich gern…«

Die Senhora Mariquinhas Laureana, die sich so gern zum Fenster herauslehnt, stimmt ihr gewichtig bei: »Ganz recht, ganz recht, Senhora Rita. Die sind beide verdreht, die eine wie die andere. Möge der liebe Gott uns wenigstens bis zur Todesstunde den Verstand nicht verblöden lassen, dann wollen wir ihm wahrhaftig dankbar sein.«

Wer mit der Rita auskommen will und Angst vor ihrer bösen Zunge hat, der stimmt ihr am besten bei. Sogar die Ana Melgueira und die Beatriz Malandra tun das hin und wieder. Und wenn der Jacintinho, dieses elende Klatschmaul, gerade nach Hause kommt, so gibt er mit seiner heiseren Stimme auch noch seine Meinung dazu. Da ihm aber, im Grunde genommen, alle Frauen ein Greuel sind, so murmelt er, während er seine Wohnung betritt, leise vor sich hin: »Mistviecher ihr, solltet euch lieber um euern eigenen Dreck kümmern!« Er weiß nämlich nur zu gut, daß ihre Zungen auch ihn nicht verschonen.

Die Senhora Mariquinhas, die natürlich schon längst spitzgekriegt hat, wie sehr der Hinkebein dem Suff ergeben ist, sagt dann: »Nun ja, Senhora Rita, eine Freude ist das ja gerade nicht, wenn ein Mann sich so gehenläßt. Aber, du liebe Güte, ein Mann ist ein Mann. Und wenn da so einer noch obendrein seinen Kummer hat… Aber eine Frau, das ist doch wohl mehr als ordinär, dafür gibt's einfach keine Entschuldigung.«

Die Senhora Mariquinhas besitzt einen gewählten Wortschatz. Allerdings würde sie keinen Finger rühren für ihre Nachbarn, die sie im Grunde ihres Herzens verachtet.

Dagegen hat die Rita, trotz ihrer spitzen Zunge, dem Fräulein Olímpia schon manchen Dienst erwiesen. Ist sie ihr nicht schon öfters zur Hand gegangen, wenn die Alte von ihrem Rheumatismus befallen und geplagt wurde? Hat sie nicht allen beiden schon geholfen, wenn Fräulein Olímpia Blähungen bekam oder das, was sie ihre Herzkrämpfe nennt?

Fräulein Olímpia, die sich gern erkenntlich zeigt, hatte ihr sogar einmal eine kleine Münze in die Hand drücken wollen. Da war die Rita vom Hinkebein aber aus der Haut gefahren: »Bei Ihnen ist wohl nicht mehr alles richtig im Oberstübchen! Danke schön, ich verdiene mir selbst mein Brot. Halten Sie Ihre Pfennige lieber beisammen, sparen Sie nur ordentlich, schließlich haben Sie doch gar keine Ahnung, was Geldverdienen heißt. Und geben Sie lieber das Portweinsüffeln auf! Ich nehme keine Bettlerpfennige von Leuten, die's noch nötiger haben als ich…«

Mit versteinertem Gesicht und einer gewissen Überheblichkeit hörte sich Fräulein Olímpia dies an. Schließlich sagte sie nur: »Sie haben mich mißverstanden. Das sollte doch kein Almosen sein.«

Wenngleich Fräulein Olímpia sich selbst schminkt und färbt, so ist es doch sie selbst, die sich am meisten davon täuschen läßt. Aus diesem Grunde zieht sie wohl auch am liebsten helle Frühlingskleider an, denn passen die nicht am allerbesten zu ihren frischen Wangen und ihrem schwarzen Haar? So trägt sie denn seit vielen Jahren dieselben teerosenfarbenen, himmelblauen, meergrünen Kleider, deren Farben mit der Zeit allerdings verblaßt sind. Und die Spitzen und Garnituren sind ein wenig verknüllt, hier und da wohl auch schon löchrig…

»Wo die bloß den alten Plunder aufgetrieben hat, das möcht' ich doch mal wissen«, sagt die Rita öfters.

Und die Bauern bleiben auf der Straße stehen: »So eine Vogelscheuche!« — »Das Weibsbild sieht ja aus wie eine Mumie!«

Aber nur Dummköpfe schwätzen so. Fräulein Olímpia vergibt es ihnen denn auch. Sie reden eben, wie sie's verstehen. Der

»Plunder« gehört natürlich ihr und hat auch schon ihrer Mutter und ihrer Tante gehört. Für Fräulein Olímpia war doch die Zeit stehengeblieben, sie konnte sich das vormachen, das und noch vieles andere. So bildet sie sich zum Beispiel ein, daß der alte Flitterkram noch immer so frisch und so gefällig und so modern wie vor dreißig, ja vor sechzig Jahren ist. Was für ein Glück, daß, nachdem der Vater gestorben war und die Mutter ihren ersten Fehltritt begangen hatte, und nach allem, was über sie hereingebrochen war, als die schöne Wohnungseinrichtung und der prächtige Hausrat verpfändet und verschleudert wurden, was für ein Glück, daß ihr wenigstens noch ein paar verschlossene Truhen mit den letzten Resten eines vergangenen Glanzes geblieben waren! War es die Fürsorglichkeit Belarminas, der alten Zofe im elterlichen Hause? Dann hatte man auch die Truhen noch verkauft. Aber glücklicherweise waren die Kleider, die Schuhe, die Hüte, ja sogar die Fächer, die kleinen Capes und die Tierfellchen für den Hals ja schon in Verwahrung genommen — und auch das Gebetbuch, das Fräulein Olímpia noch stets in die Carmo-Kirche begleitet... Wie hätte sich Fräulein Olímpia ohne diese Dinge wohl anständig kleiden sollen? Nun, ein paar von den Sachen mußten allerdings später doch noch verkauft werden, und zwar an die Beatriz Malandra, die mit gebrauchten Kleidungsstücken handelt. Aber Gott sei Dank waren noch genügend Toiletten und Garnituren übriggeblieben.

Belarmina, die selbstverständlich nicht gerade das Pulver erfunden hat, ist nicht immer einverstanden mit der kühnen Aufmachung ihrer Herrin. Die Hüte mit den federlosen Vögeln oder den Blumensträußchen, die eher wie Friedhofskränze aussehen — wäre es nicht vernünftiger, dafür einen kleinen, wenn auch schon etwas abgetragenen Schal oder ein einfaches Umschlagtuch um den Kopf zu schlingen? Und die schiefgetretenen Satinschuhe, die angeschmutzten Garnituren, die allzu hellen Kleider, die doch gar nicht zu jeder Jahreszeit passen, die Spitzenhandschuhe, die Tiere ohne Fell, die aus der Mode gekommenen Kragen und Krägelchen — sollte man das nicht besser alles an einen Trödler verkaufen (die Beatriz Malandra würde es wohl nicht nehmen...)? Na ja, und da das Fräulein doch nun langsam älter würde, wäre es nicht angebrachter, es zöge nun einen ganz einfachen Rock und eine Jacke an, selbst wenn es diese beim Trödler kaufen müßte? So etwas aus Wolle, für den Winter...? Letzten Endes sind ja alle Leute in der Nachbarschaft derselben Ansicht. Das kann der Belarmina, wenngleich sie das Pulver auch nicht erfunden hat, nicht entgehen. Und schließlich hat sie dann ihrer Herrin das alles einmal gesagt.

Zunächst hatte Fräulein Olímpia gar nichts begreifen können. Ein paar Augenblicke später hatte sie noch immer nicht ganz begriffen. Belarmina mußte ganz deutlich werden... Und als sie es dann endlich begriffen hatte, war sie in ein blutiges Hohngelächter ausgebrochen. Wie rasend hatte sie herumgefuchtelt und zum erstenmal davon gesprochen, daß Belarmina von niedrigerer Abkunft sei als sie, daß das eben den großen Unterschied ausmache zwischen ihnen und daß natürlich Belarmina mit dem hergelaufenen, verständnislosen Straßenpack einer Meinung sein müsse. Aber, Gott sei's gedankt, es gab noch feine Herren, die keine Schwierigkeiten hatten, diese ganz einfache Tatsache zu begreifen: Ein Mädchen aus guter Familie, aufgewachsen in der besseren Gesellschaft, ist nicht verpflichtet, schlecht angezogen herumzulaufen, nur weil ihre Familie Pech gehabt und die Freunde der Familie keine Haltung bewiesen haben. Sie, Belarmina, sie Schaf — sie hatte doch wahrhaftig »Schaf« gesagt! — sollte doch nur ihre Augen aufsperren, dann könnte sie schon sehen, wie respektvoll die verständnisvollen, feinen Herren sie grüßten... Daß die armen Nachbarsfrauen solche Einwände erhöben, nun gut, die wußten ja schließlich nicht, wie ihr Leben verlaufen war; die hatten ja auch keine Kinderstube genossen. Aber sie, Belarmina, sie hatte schon bei ihren Eltern gedient und miterlebt, was geschehen war... Bei Gott, von ihr hätte sie soviel Dummheiten nicht erwartet! Auch daß sie jemals so zu ihr sprechen müßte, auch das hätte sie nie geglaubt.

Am Abend hatte sie dann ihre Zustände bekommen. Ganz übel war ihr geworden, und es hatte Tage gedauert, bis die Nerven sich beruhigten. Während dieser Tage hatte sie ihren gewichtigen, überlegenen Ausdruck verloren; mitten auf der Straße hatte sie, zum Gaudium für die Straßenflegel, in einem fort gestikuliert, laut geredet und dabei hoch in die Luft gestarrt. Belarmina hatte tiefe Reue empfunden und befürchtet, ihre Herrin würde für immer »verdreht« bleiben.

Zweifellos hatte sie Fräulein Olímpias schwachen, sehr tief verborgenen wunden Punkt getroffen, wie wir ihn schließlich alle haben, wir mit unseren Träumen und Eigenheiten.

Die überreizte Stimme Fräulein Olímpias hatte die Nachbarn stutzig gemacht, und die Rita des Hinkebeins hatte zu Belarmina gesagt: »Euch ist wohl gestern der Wein nicht bekommen. Ihr habt euch anscheinend in die Haare gekriegt.«

Belarmina, die sich für einen Augenblick auf die Türschwelle gesetzt hatte, antwortete nicht darauf, sondern senkte nur den Kopf und zog die Sevilhana tief ins Gesicht. So klein, so verzagt saß sie da in ihrem schwarzen, schon grün gewordenen Kleid, daß man sie für ein Kind oder ein Stoffbündel hätte halten können. Der Rita entging nicht, daß sie weinte. Sie bekam deshalb Mitleid mit ihr. »Soll ich Ihnen mal etwas sagen? Ich an Ihrer Stelle würde so einer Vogelscheuche überhaupt nicht mehr nachlaufen. Das fehlte gerade noch! Wenn es bei der nicht richtig ist im Oberstübchen, dann gibt's doch genug Irrenanstalten. Und diese Tante da, die euch unterstützt, wie Sie mir ja andauernd erzählen, könnte doch dafür sorgen, daß sie irgendwo untergebracht wird.«

»Ach du liebe Güte, die Ärmste!« murmelte Belarmina. »Die wäre glücklich, wenn sich einer um sie selbst kümmerte.«

»Das ist also auch so eine?« sagte die Rita vom Hinkebein belustigt und zugleich bissig. »Na, eine feine Familie, alles, was recht ist!«

»So war das nicht gemeint«, sagte Belarmina verdrießlich, »ich wollte nur sagen, daß sie nun schon alt ist, noch älter als ich, und daß sie gerade kein Geld im Überfluß hat...«

Sie spähte verstohlen in das Haus hinein, ob ihre Herrin sie auch nicht hören könne. Wegen des Streites gestern hatte Fräulein Olímpia sie ihres Zofendienstes enthoben. Denn schminkte und färbte sich die Herrin auch allein — bei diesem Vorgang durfte Belarmina nicht einmal zugegen sein —, so brauchte sie sie doch beim Anziehen und überhaupt in allen anderen Dingen. Aber nun hatte sie ihre Hilfe abgelehnt, gewiß wurde sie nicht mehr für würdig befunden. Fräulein Olímpia zog sich allein an. Trotz der Zustände, die sie in der Nacht befallen hatten, würde sie ihren gewohnten Spaziergang machen. Und Belarmina befürchtete nur, daß sie ihre Begleitung auch ablehnen und sich allein den Grüßen der »feinen Herren« und der Verblüffung der Provinzler aussetzen würde.

Da sie die Herrin beim Anziehen und außer Hörweite wußte, erleichterte sie ihr Herz ein wenig: »Wissen Sie, was ich so oft denke, Senhora Rita? Warum nimmt Gott uns nicht beide zu sich? Das wäre eine große Gnade. Denn was haben wir schließlich hier noch auszurichten? Aber meine Herrin im Stich lassen, nein, das kommt nicht in Frage! Sie kann doch nicht allein durch die Straßen spazierengehen, mit all den dummen Flegeln hinter sich her! Und überhaupt, wo sollte ich denn hin? Sie ist ja noch kräftig, ich aber bin alt und klapprig und zu nichts mehr nütze. Das einzige, was ich noch kann, ist, den Hund spielen, dafür bin ich gerade noch gut genug... Aber Sie dürfen mir glauben, Senhora Rita, wenn man absieht von ihrer Kleidermanie und der Anmalerei und den Spaziergängen, dann hat sie genausoviel Verstand wie unsereiner. Sie spricht sogar gescheiter als Sie oder ich! Ich wollte nur, Sie könnten sie einmal hören, wenn sie so richtig vernünftig ist...«

Die Rita vom Hinkebein fühlte sich nicht gerade geschmeichelt. Sie schüttelte zweifelnd den Kopf und lächelte spöttisch in sich hinein, was heißen sollte: Na ja, du hast sie eben auch nicht alle beisammen. Aber sie sprach das nicht aus.

Da fuhr Belarmina fort: »Es ist schon so. Nur über ganz gewisse Angelegenheiten darf man nicht mit ihr reden. Wissen Sie, warum das gestern passierte? Weil ich sagte, sie sollte sich bescheidener anziehen... Sie verstehen mich doch recht, ich meine, daß sie sich anziehen sollte wie alle anderen Leute in ihrem Alter, die so arm sind wie sie. Aber das hätte ich nicht sagen dürfen! Ich tu's auch nie wieder, davor soll mich der liebe Gott bewahren! Ich hab's ja immer schon gewußt, daß das Fräulein gewisse Schwächen hat — ich meine, so eine Neigung, herumzulaufen, wie sie das immer tut. Früher fiel das nicht auf, da war sie ja auch noch jung! Und hübsch war sie, Sie dürfen's mir glauben, hübsch war sie! Eine Menge Verehrer hatte sie auch, sie amüsierte sich eben gern... zog immer ein paar davon am Gängelband hinter sich her, wie man so sagt. Deshalb ist auch wohl der Senhor Valdemar nicht mehr wiedergekommen...«

»Der Senhor Valdemar?«

»Ach so, ja, das war ihr Verlobter. Und der hatte es ihr wirklich angetan, aber das glaubte ihr keiner, weil sie sich immer so gern amüsierte! Nun, und ein Starrkopf war sie nun eben auch von jeher... Damals fehlte es ihr an nichts. Kleider, soviel sie nur wollte, Schmuck, Feste, Verehrer aus feinen Kreisen, die sie bloß alle so hinhielt... Sogar ich führte ein schönes Leben. Ich brauchte gar keine richtige Dienstmädchenarbeit zu tun. Wir hatten alles im Überfluß, und die Herrschaften waren wirklich großzügig. Ich glaube sogar, das war überhaupt das Unglück der ganzen Familie. Senhor Valdemar war nicht reich, wenn er auch aus guter Familie kam und einen ganz ansehnlichen Posten bekleidete. Aber woher sollte er das Geld für einen derartigen Luxus nehmen? Oh, ich wußte immer ganz genau, was sich bei uns abspielte.«

»Aha, verstehe! Sie waren so eine Art Laufbursche für das Fräulein.«

»Nun, manchmal, wenn's unbedingt nötig war!... Aber wo war ich stehengeblieben? Ach so: Also Senhor Valdemar ging schließlich nach Afrika, da lebte nämlich ein steinreicher Onkel von ihm. Er wollte da auch reich werden und dann wiederkommen. Unterdessen amüsierte sich das Fräulein tüchtig weiter, tändelte mit den anderen Verehrern, wie das nun einmal so ihre Art war. Aber etwas Unrechtes hat sie nie getan, das kann ich bezeugen. Sie hat sich immer anständig aufgeführt! Wenn das auch zuweilen einen anderen Anschein hatte, weil sie ohne die Verehrer nicht auskommen konnte... Aber ich könnte die Hand ins Feuer legen für sie...«

»Das tun Sie lieber nicht!« riet ihr Rita dreist und spöttisch.

Da aber wurde Belarmina ganz hitzig: »Ich tät's aber doch, weil noch keiner das Fräulein angerührt hat! Sie ist noch genauso, wie sie auf die Welt gekommen ist, so rein, so unberührt...«

Die Rita des Hinkebeins mußte über solch ein Gerede laut lachen. Dann wischte sie sich die Augen mit dem Schürzenzipfel, fuhr mit dem Handrücken über den Mund und, noch immer lachend, entschuldigte sie sich: »Nehmen Sie's mir nicht übel, aber Sie sind nun mal zu komisch.«

»Sie können gut lachen, Senhora Rita«, sagte Belarmina ungehalten, »aber was wahr ist, muß wahr bleiben.« Sie hielt im Reden inne, denn der Küster Jacinto, der Schwätzer, ging vorbei. »Guten Tag, meine Blümchen«, scherzte er mit seiner krächzenden Stimme.

»Guten Tag, Senhor Jacinto.«

Und die Rita fügte noch hinzu: »Sie sehen immer aus wie eine Nelke, Senhor Jacinto.«

»Aber wie eine recht trockene, Röslein.« Und er betrat seine elende Behausung.

»Was wollten Sie doch noch sagen...?« nahm die Rita vom Hinkebein den Faden wieder auf.

»Was wahr ist, muß wahr bleiben, wollte ich sagen. Sie hat sich aufbewahrt für Senhor Valdemar. Sie hätte wahrhaftig den Kopf verlieren können, wo es doch mit der Familie und dem ganzen Haus eine solche Wendung genommen hat... Es gab genügend Männer, die ihr gern ein schönes Leben bereitet hätten. Sie umlauerten mich bloß so mit Aufträgen und Versprechungen. Aber sie wartete auf Senhor Valdemar...«

Belarmina machte eine kurze Pause, um dann der Rita anzuvertrauen: »Ich glaube, sie wartet immer noch...«

»Ach so«, spöttelte die Rita, »deshalb also putzt sie sich so auf. Damit der, wenn er mal wiederkommen sollte, sie gut erhalten vorfindet...«

Belarmina senkte einen Augenblick den Kopf, und es sah aus, als hätte sie gar nichts gehört. Doch dann erwiderte sie plötzlich: »Senhora Rita, Sie machen sich lustig über das Unglück anderer Leute. Aber schließlich hat doch jeder sein Päckchen!«

»Wahrhaftig, das kann man wohl sagen!« Die Rita des Hinkebeins wurde mit einemmal todernst. Sie schwieg eine Weile. Vielleicht grübelte sie über ihr eigenes Leben nach. Dann sagte sie: »Nichts für ungut. Ich rede nur so daher, aber lustig machen über anderer Leute Unglück tu' ich mich nicht. Ich habe gerade genug an meinem eigenen. Darüber weiß ja auch ein jeder Bescheid, aber wissen Sie, verrückt sein ist noch schlimmer. Die Laureana sagt immer: ›Möge der liebe Gott uns wenigstens bis zur Todesstunde den Verstand nicht verblöden lassen!‹ Haben Sie nicht selbst gesagt, die Mutter wäre noch im Alter über die Stränge geschlagen?«

»Das habe ich nur gesagt, weil ich mich doch schließlich auch mal aussprechen muß. Aber erzählen Sie das bloß keinem weiter, das brauchen die Leute nicht zu wissen…«

»Beruhigen Sie sich. Natürlich brauchen die Leute das nicht zu wissen. Was ich nur damit sagen wollte: Der Apfel fällt nicht weit vom Stamm… Und gerade bei der, wo die sich wer weiß was einbildet auf ihre Familie. Unsereinen guckt sie doch gar nicht an…«

»Sie verstehen das nicht. Das sind noch so Allüren von früher, als sie wie eine Prinzessin behandelt wurde… Aber sie verzeiht den Leuten hier manches, das dürfen Sie glauben…«

Das ärgerte die Rita: »Verzeiht? Was hat die uns zu verzeihen? Die ist doch nicht besser als wir! Schließlich sind wir alle gleich. Ich bin ein armer Schlucker, muß meine Kinder ernähren und das Wrack von einem Mann noch obendrein. Aber das dürfen Sie mir glauben, wenn ich auch gerade nicht die Stärkste bin, so tief bin ich doch noch nicht gesunken, daß…«

Sie sprach den Satz nicht zu Ende. Belarminas armes, verbittertes Gesicht hielt sie davon ab. Die Rita des Hinkebeins war nämlich nicht schlecht — sie war unglücklich, und ganz besonders unglücklich, weil sie beinahe ein sauberes und heiteres Leben hätte führen können.

Hätte sie ihren Satz zu Ende gebracht, dann wäre der Wortlaut folgender gewesen: »Wenn ich auch gerade nicht die Stärkste bin, so tief bin ich doch noch nicht gesunken, daß ich mich auf die Straße stelle und bettle.«

Ja, auch das wußte man im Armenviertel! Wenn Fräulein Olímpia ihren rituellen Spaziergang beendet hatte, setzte sie sich auf eine Bank in irgendeiner der öffentlichen Anlagen, im Cordoaria-, Santo-Lázaro- und Carlos-Alberto-Garten, oder unter die Bäume hinter dem Santo-António-Krankenhaus oder aber, und das tat sie noch am liebsten, in ganz abgelegene Gärten, wo wenig Leute vorübergingen. Dort saß sie dann kerzengerade auf dem äußersten Rand der Bank, so majestätisch und ernst wie auf einem Altar. Wahrscheinlich grübelte sie… oder träumte sie? Aber worüber und wovon? Vielleicht dachte sie an die Vergangenheit, vielleicht an eine bessere Zukunft… vielleicht an gar nichts Bestimmtes. Sind unsere Gedanken (falls sie überhaupt so zu nennen sind) nicht oft unbestimmte Musik oder wogender Dunst, die uns in unbekannte Welten irgendwohin, einem unbekannten Ziel entgegentragen…?

Die abgeschabten Fellchen und die kurzen Capes genügten nicht, um Fräulein Olímpia im Winter zu wärmen. Deshalb sagte Belarmina denn auch einmal in ganz vernünftigem Ton: Irgendein Kleidungsstück aus Wolle, ein Schal, und sei es so einer, wie ihn die armen Leute trügen — waren sie denn schließlich nicht auch arme Leute? —, dickere Strümpfe — bestimmt sei das besser für solche Nachmittage, an denen es früh kalt wird, selbst wenn die Sonne noch am Himmel steht. Aber Fräulein Olímpia wußte nun eben mal Vernunft und praktischen Sinn nicht zu schätzen. Sie hatte ihre eigenen Anschauungen und Gründe, die der allgemeine gesunde Menschenverstand nicht begreifen kann. Sie klapperte vor Kälte mit den Zähnen, zitterte am ganzen Körper, ganz besonders an solchen Tagen, wenn die Feuchtigkeit aus den Steinen sickerte, der Wind ins Gesicht schnitt und man durch den Nebel die Hand nicht vor Augen sehen konnte. Und dann natürlich — nun, wie sollte einer da wohl nicht zu Hause einen tüchtigen Schluck Portwein nötig haben?

Nur bei strömendem Regen brachte Fräulein Olímpia das Opfer, daheim zu bleiben, obgleich sich unter dem geerbten Plunder zwei hübsche Schirmchen befanden, die allerdings nicht mehr recht funktionieren wollten.

Wie schön war es dagegen im Sommer! Wie wunderschön! Langsam und friedlich starb der Tag dahin; die Sonne siebte ihren Goldstaub durch die Zweige, über das Gras und die Blumen. Fräulein Olímpia liebte Blumen, besonders die seltensten und schönsten. Gern hätte sie ein Gärtchen besessen, um solche Blumen pflanzen zu können. Aber sie hatte nur drei Begonien in Blumentöpfen, die sie sorgsam hegte und pflegte. Doch sie konnte sich einbilden, daß die Blumen in den Anlagen ihr gehörten. Sie sah sie wachsen, erblühen, in launisch ausgefallenen oder in harmonischen Formen in der Sonne schillern, mit zarten oder mit grellen Farben, und dann sterben. Doch schon schwollen demselben vergänglichen und ruhmreichen Leben neue Knospen zu. Und sie strömten einen Duft aus, den Fräulein Olímpia als einen ihr gespendeten Weihrauch gnädig entgegennahm oder den sie für das Aroma jener vornehmen Welt hielt, in der sie — selbst eine seltene und schöne Blume — bis an ihr Ende hätte leben sollen.

Ja, so schön war es im Sommer! Zumindest war es in manchen öffentlichen Anlagen so schön, wenn sie in den späten Nachmittagsstunden durch ihren Frieden und die leichte Melancholie zum Ausruhen einluden. Der Straßenlärm blieb außerhalb der Gärten oder klang wie aus weiter Ferne. Hier saß man wie auf einer abgeschlossenen Insel der Besinnung. Dieselbe Sonne, die das Gras vergoldete, ließ die Fenster und Dachfensterchen der umliegenden Häuser aufleuchten wie geputzte Silberscheiben... Und immer, wenn der Lärm der Stadt von einer kurzen Stille unterbrochen wurde, spürte man, wie am tiefblauen Himmel die zwitschernden Vogelschwärme vorüberzogen.

Auf den Bänken sitzen alte Träumer, Kranke oder Schwachsinnige, Frauen mit müden, sanften, leidenden Gesichtern, Arbeitslose oder »Philosophen«, und wohl hie und da ein Soldat, der vielleicht auf jemanden wartet, oder ein schlafender Landstreicher; manchmal auch ein Liebespärchen, das sich dicht aneinanderschmiegt und dabei leise kichert.

Das alles läßt Fräulein Olímpia verständnisvoll über sich ergehen, falls sie nicht gerade ganz und gar in ihre eigenen Träume versponnen dasitzt. Sie fühlt sich sogar ganz wohl unter all diesen Gefährten des Zufalls. Wie alle wirklich aristokratischen Naturen erfreut sie sich an den schlichten Menschen, die ihr Zuneigung entgegenbringen. Ohne daß sie ihre Vorrangstellung auch nur für einen Augenblick vergißt, plaudert sie dann und wann mit ihnen, wobei sie aus Taktgefühl Ausdrucksweise und Ansichten denen ihrer Gesprächspartner anpaßt. Das tut sie eigentlich ganz unwillkürlich, sie merkt es gar nicht. Und wenngleich die Leute verständnisinnige Blicke tauschen und sich unmerklich zulächeln, behandeln sie sie doch mit aufrichtiger Achtung, eben solcher Achtung, wie sie aristokratische Naturen einzuflößen pflegen. In den Anlagen hat man sich schon längst an sie gewöhnt. Sie ist den Leuten nichts Außergewöhnliches mehr. Sie sehen in ihr beinahe schon eine normale Person.

Unterdessen aber — und das war es, was die Leute im Armenviertel wußten — entfernte sich Belarmina von ihrer Herrin und suchte die nächstliegenden Straßenecken, Winkel oder Hauseingänge auf. Und während die hereinbrechende Dunkelheit oder die vom Fluß aufsteigenden Nebelschleier ihr Mut einflößten, rief sie den Vorübergehenden jammernd ein paar schüchterne, ungeschickte Worte zu und streckte dabei die Hand für ein Almosen aus. Ihr schwarzes, schon grün gewordenes Jäckchen, ihr verschämter, verängstigter Ausdruck, ihre Unerfahrenheit im Betteln — wer hätte es Belarmina vorausgesagt, daß sie einmal so tief sinken würde! — riefen das Mitgefühl der Leute wach. Manchmal brachte sie eine ganz nette Einnahme heim. Dann konnten Fräulein Olímpia und sie sich Portwein, ein Käsebrot, getrocknete Feigen und ein paar Plätzchen leisten. Glücklich schmausend hockten sie in der am wenigsten feuchten Zimmerecke, und Fräulein Olímpia erzählte und erzählte… erzählte von der Vergangenheit, beschwor mit ihrem Dienstmädchen Welten herauf, die für immer entschwunden waren, wiegte sich in Zukunftsplänen und erträumte Dinge, die wohl gewiß nicht so bald in Erfüllung gehen würden.

Übersetzung: IL

Miguel Torga

DER GROSSE-SEELE

Riba Dal ist Judenland. Vergeblich segnet, vergibt, tauft und lehrt Pater João jahrein, jahraus den Katechismus mit Fragen und Antworten.

»Was ist Gott?«

»Er ist ein allmächtiges Wesen, Schöpfer des Himmels und der Erde.«

Bei der Geschicklichkeit, mit der sie dem Verhör ausweichen, argwöhnt kein Mensch, daß hinter der heiligen Fibel der Pentateuch aufgepflanzt steht, in Blut. Aber er steht. Und auch in der Stunde des Todes, wenn dem Menschen die Thora ebenso gleichgültig ist wie das Evangelium, bevor der Abt kommt und der Reinheit des Lamms die letzten Pinselstriche verleiht und von der sterbenden feigen Zunge die Beichte des dämpfenden Geheimnisses empfängt — des Dämpfers.

Von diesen Dienern Mose beauftragt, die Leiden dieser Welt zu verkürzen und die Ehre des Klosters zu retten, ist seit Menschengedenken der größte der Große-Seele.

Hochgewachsen, finster, hakennasig, lebte er in Destelhado, einer Gasse, wo der galizische Wind noch haust und unermüdlich bläst, das ganze Jahr. Wer ihn, den Vater des Todes, rief, wußte genau, daß er hügelan kämpfen mußte wie ein Schiff in schwerer See.

»Der Teufel hole den Wind!«

Aber was! So sicher wie der Große-Seele in seinem Haus an der Ecke war, immer vor der Kohlenglut, so sicher war der alles hinfortfegende Hauch aus Sanábria.

Schon an der Tür wußte man:

»Onkel Große-Seele! O Onkel Große-Seele!«

»Komm schon…«

Und unverzüglich brachte der Eisengriff seiner Hände und das Gewicht seines Knies dem Sterbenden Beistand.

Er trat ein, durchquerte furchtlos und stumm die Menge, die seit drei Tagen in der Stube ungeduldig auf den letzten Atemzug des Todeskämpfers wartete, ging in die Kammer, schloß die Tür und erschien bald darauf von neuem, im Gesicht den Frieden, nicht geringer als der, den er dem Toten hinterlassen hatte. Die draußen blickten ihn mit Schrecken an und zugleich mit Dankbarkeit. Bisweilen ertönte nach seinem Fortgang die eine oder andere Stimme aus der Tiefe des Gewissens und erhob Einspruch; doch am nächsten Tag geschah es, daß diese selbe Stimme auf der Höhe von Destelhado, die Kraft des Windes überbietend, rief:

»Onkel Große-Seele! O Onkel Große-Seele!«

»Komm schon…«

Und gleich darauf erschien er in der Tür.

Als die Stunde Isaaks kam, war es einer seiner Söhne, Abel, der die Steige erklomm. Der Junge war ganz aufgeregt vom Betrieb zu Hause, der seinen Höhepunkt erreicht hatte, von der seltsamen Stimme, mit der die Mutter ihn Onkel Große-Seele hatte rufen lassen, und vom Dauerwind.

»Nun, was hat denn dein Vater, Sohn?«

Der Kleine blickte angestrengt in das trockene Gesicht des Dämpfers.

»Fieber…«

»Schön, dann wollen wir mal schauen…«

»Und was wird der Onkel Große-Seele mit ihm machen?«

»Ihn anschauen…«

Hangabwärts sprach nur der Wind. In ihm, der heiser war vom vielen Brüllen, einseitig, ausdauernd, fand das Innere beider Ausdruck: der eine, der kleine, nervös, unruhig, zugange mit wirren Vorahnungen, die sich weigerten, ihm aus dem Kopf zu gehen; der andere, der alte, der sein Schicksal, den Tod zu verkürzen, hinnahm, wie ein Fluß seine Bewegung hinnimmt.

Im Hause herrschten die Tränen von der Türschwelle an. Doch der Eintritt des Große-Seele trocknete alles. Hinter seinen langsamen, schweren Schritten durch den Hausflur blieb stumm gewordene Angst zurück und angehaltener Atem.

»Was wird er mit ihm machen, meine Mutter?« fragte Abel, der nicht mehr konnte, als die Kammertür sich geschlossen hatte.

Die Lia antwortete ihrem Sohn mit zwei übers Gesicht rinnenden stummen Tränen.

Drinnen, im schweißgebadeten Bett, schien Isaak ans Ende gelangt zu sein. Weiß, mit zwei tief im Gesicht verlorenen Augen, bedrückt, als erwarte er nur den Befehl, das Segel zu streichen. Er war vor vierzehn Tagen erkrankt. Ein derartiger Fieberanfall, daß der Dr. Samuel den Mut verlor. Er kam, kam wieder und riet schließlich, den Sarg zu bestellen. Da aber der Isaak eine Zeder vom Libanon war, stämmig, in den besten Jahren, plagte ihn nach diesem Fehlurteil das Fieber noch sechs Tage, ohne ihn zu verzehren. Und mit ständig hellwachen kleinen Augen. Er stöhnte, stöhnte, schrumpfte, doch noch immer leuchteten die beiden kohlrabenschwarzen Perlen. Schließlich legte sich ein seltsamer Schatten auf sein Gesicht, und die Frau, die Lia, gab die Hoffnung auf. Noch zwei Tage, und da Dona Rosa in der Stube an die kleine Beichte erinnerte, trat ein Bruder Isaaks, der Daniel, an die Schwägerin heran und ließ so nebenbei den Namen Große-Seele fallen. Die Lia wehrte sich zunächst nach Kräften. Doch die Aussicht darauf, daß Pater João ihr Haus betreten könne, brach ihren Widerstand. Kaum graute der Tag, befahl sie mit einer Stimme, die dem Sohn Angst einflößte, den Dämpfer zu rufen.

Als der Große-Seele eintrat, befand sich der Isaak auf der Höhe einer Schlacht, die man fast stets starren, gestreckten Leibes schlägt. Der Feind war ein Teil seiner selbst, der ihn verderben wollte. Und die andere Hälfte, ein Stück seines edlen, dem Lebenssaft dankbaren Wesens, verteidigte mutig die Reste der Stadtmauer. Die an der Schläfe herunterrinnenden Schweißtropfen und ein beschleunigter Atem waren das einzige Zeichen dieses Krieges. Wer mit reinen Menschenaugen zusah, brauchte nicht mehr, als die Größe und Feierlichkeit der Stunde zu empfinden.

Unglückseligerweise sah Große-Seele davon nichts. Von Natur blind für die Geheimnisse des Lebens, ohne das Erbeben einer einzigen Faser, schritt er wie sonst auf das Bett zu. Seine Rolle war es, nicht zu sehen; sie war, mit den Händen geradewegs auf den Hals loszugehen, das Knie auf den Brustkasten zu stemmen und sich wenige Minuten später zurückzuziehen wie ein Werkzeug, das seine Aufgabe korrekt erfüllt hat.

Noch immer kämpfte Isaak in seiner Burg. Wie ein hastiger Blasebalg blies der Brustkorb Luft ins Ofenloch; zähflüssig, heiß, tätig brach der Schweiß aus dem Vulkan.

Das Haus war eine von gelähmten, verstummten Lebenden bewohnte Gruft — hätte man meinen mögen. Nur in der Kammer war Bewegung und Herzklopfen.

Schweigsam rückte Große-Seele vor. Aber als er mit geöffneten Händen und angezogenem Knie über Isaak herfallen wollte, gebot ihm eine Stimme Einhalt, anders als alle, die er bisher vernommen hatte, und die schien aus dem Jenseits zu kommen und sagte:

»Nein… Noch nicht… noch nicht…«

Wie viele Male schon hatte der Dämpfer das gehört, Verzweiflungsschreie, ungeduldige und angstvolle Rufe, ohne daß sie ihn von seiner geheiligten Sendung abgehalten hätten! Wie viele Male! Diesmal indes traf ihn das Stöhnen wie der Blitz, er wußte nur nicht, in welchem Winkel seines Körpers.

»Nein… Nein… Noch nicht…«

Ein dunkles Tuch, das bislang die Augen des Große-Seele verbunden gehalten hatte, schien aufreißen zu wollen, von oben bis unten. Und der Dämpfer, bangend zwischen dem Dunkel dessen, was die Gewohnheit von ihm forderte, und dem Licht, das hervorströmte, gemahnte an eine plötzlich richtungslose Sturzflut.

»Nein… Noch nicht… Noch nicht…«

Fürchterlich, was sich da abspielte. Zu dem Kampf, den Isaak gegen Mächte aushielt, die man nie genau kannte, kam der Zusammenstoß der beiden Männer, einer, wissend, daß er töten, der andere, wissend, daß er den Tod erleiden würde.

So verharrten sie eine Zeitlang, die Augen ineinandergenagelt, einander messend. Schwer rann der Schweiß über Isaaks Gesicht; heiß schlug das Blut in Große-Seeles Stirnader.

Plötzlich brachte ein Laut, das Kreischen einer Türangel, die Spannung zur Entladung. Kaum war der Lärm verklungen, fiel Große-Seele wie ein schwebendes und mit einemmal befreites Gewicht auf den Sterbenden. Kein Wort fiel. Nur der dumpfe Fall und die gierigen Mörderhände auf der Suche nach Isaaks Hals.

Doch durch die Tür, deren Angeln gekreischt hatten, war jemand eingetreten. Eine Gestalt, die Große-Seele nur hinter sich erraten hatte, stand reglos, aschfahl, und versuchte zu begreifen.

Isaaks übermenschliche Anstrengung, sich dem Würgegriff zu entwinden, und eine sprachlose Gegenwart auf der Schwelle beraubten Große-Seeles Hände und Knie um ihre Kraft. Mochte in ihm auch der Mörder die Oberhand gewonnen haben, das Tier, das den Lebensfaden, den er unterwegs traf, in vollen Zügen trank! Mochte sich auch in seinem Bewußtsein die Gewißheit regen, daß Töten sein Lebenszweck war! Vergebens. Der reine Instinkt fand nicht den Mut, angesichts eines Zeugen mit Händen und Knie zuzustoßen.

Er stand auf. Von der Stirn fielen ihm ähnliche Schweißtropfen wie von der Stirn des mit dem Tod Ringenden. Er wandte sich um. Und ohne den Mut, den verdrehten, bekümmerten Augen des Kleinen zu begegnen, die ihn wie Dolche durchbohrten, verließ er geräuschlos den Raum. Durchschritt die Stube ohne die tragische Größe vergangener Male. Ließ hinter sich das Leben, und das Leben lieh ihm keine Größe.

Als eine Sekunde danach Lia wie ein schuldiges Tier in die Kammer trat, saß der Sohn auf dem Bettrand und hielt die kleine Hand auf des Vaters Stirn. Das Kind hatte das Drama in seiner Tiefe nicht ergründet; doch sein Herz hatte ihn das Händchen dorthin legen lassen, auf die glühende Stirn dessen, der ihm das Leben geschenkt hatte, wie es vorher ihm befohlen hatte, heimlich und besorgt hereinzuschleichen.

Vielleicht war es jetzt die unschuldige Sohneshand, die Isaak von neuem das Blut der Zuversicht durch die Stirn rinnen ließ. Ohne Beichte, zwanzig Tage später, aß er seine Suppe im Licht, als sei nichts geschehen. Und in der Tat: Nichts war für alle Leute der Gegend geschehen, ausgenommen für ihn, für den Sohn und für Große-Seele. Die anderen gingen vom Todeskampf über zum Tod und vom Tod zur Auferstehung, wie man von der Hitze in die Kälte übergeht und von der Kälte von neuem in die Hitze. Nur die drei wußten auf verschiedene Weise, daß ihr Drama düster gewesen war. Isaak hatte die Krallen eines natürlichen Todes gesehen; Große-Seele hatte zum erstenmal in die Finsternis seines Brunnens geblickt; und der Kleine hatte Dinge geahnt, die sein Verstand noch nicht begriff.

Langsam verstrich die Zeit; und mit ihr erlosch im Gedächtnis der Gegend zur Gänze Isaaks Krankheit. Messe und Sabbat.

Doch die drei beugten sich ohne Unterlaß über den See, der das düstere Abbild der Vergangenheit spiegelte. Isaak, zunehmend trauriger, blickte, blickte und sah die Rache; Große-Seele, zunehmend schuldiger, blickte, blickte und sah die Angst; der Kleine, unschuldig, sah nur die Angst des Nicht-Verstehens. Und die drei bildeten eine Art Insel der Verzweiflung im ruhigen Meer der Bevölkerung. Keiner von ihnen sprach mit den andern, außer daß der Sohn den Vater um seinen Segen bat, daß der Vater ihn ihm gab und außer einem zweideutigen, einsilbigen Gruß von Große-Seele, wenn er an Isaak vorüberschritt. Aber sie hielten ein Auge aufeinander, als wolle keiner von ihnen die Stunde versäumen, wo sie vom Himmel ihres Lebens das lastende Gewölk, das ihn bedeckte, für alle Ewigkeit hinwegfegen würden.

Und dieser Augenblick kam.

Große-Seele ging und besuchte die Tochter und die Enkel in Bobadela, als Isaak, der ihm wie ein Spürhund folgte, ihn auf der Landstraße überfiel. Zeugen waren nur Gott und Abel, der, ohne daß der Vater es wahrnahm, ihn seinerseits wie ein Schatten begleitete und die Szene hinter einem Felsblock beobachtete.

»Du sollst nicht töten…«

Doch das stand im Evangelium. In einem anderen Gesetz wußte Große-Seele, wie eng gewisse Wege sind. »Du sollst nicht töten…«

Isaak indes blickte Große-Seele mit den gleichen unbarmherzigen Augen an, die er gesehen hatte, als er ihm ausgeliefert gewesen war.

»Nein… Nein…«

Aber Isaak war der jüngere und stärkere. Und bevor Große-Seele wußte, wie ihm geschah, lag er mit dem Rücken auf dem Boden, und sein Hals schrumpfte in den Händen des anderen, und seine Herzklappen ächzten unter dem unendlichen Gewicht eines Knies.

»Nein… Nein…«

Von seinem Felsstand aus sah der Kleine das gestaute Gesicht von Große-Seele und hörte die Anstrengungen seiner Brust, um den Knebel zu sprengen.

»Nein…«

Todsicher und unerbittlich preßten noch immer die Hände. Und nach einem weiteren Röcheln waren die drei in Frieden. Isaak hatte seine Rache, Große-Seele fühlte keine Angst mehr, und das Kind hatte endlich begriffen.

Übersetzung: CMC

Branquinho da Fonseca

DIE KALTEN HÄNDE

Sie trat durch die Haustür, blickte nach oben und sah drei Personen auf der Treppe, die sich mit leiser Stimme unterhielten. Es waren Schatten: Die Nacht hatte begonnen. Aber aus einer der Türen des ersten Stocks fiel ein matter Lichtschein auf den Flur, und plötzlich schien ihr, daß irgend etwas geschehen sein müsse. Sie stieg hinauf.

»Guten Abend!«

Sie wichen zurück, um sie vorbeigehen zu lassen.

»Guten Abend!«

Es war Dona Clara, die ihr antwortete, und — sie mit ihrer fetten Hand am Arm haltend — flüsterte sie ihr ins Ohr:

»Senhor Pedro ist gestorben.«

Virginia sagte gleichgültig:

»Der Arme, so plötzlich?«

Leicht ermüdet hielt sie einen Augenblick an und sah zur Tür des ersten Stocks, aus der ein gelbliches Licht fiel. Dona Clara sagte mit derselben geheimnisvollen Stimme, sie könne hineingehen.

»Ich?«

»Ja.«

»Wozu?«

Zugleich bemerkte sie die beiden anderen: einen jungen, gutangezogenen Mann und die Näherin Dona Augusta, die im Parterre wohnte und ihr mit scheinheiligem Lächeln, aber ebenso freundlich erklärte:

»Hier kann jeder eintreten.«

»Aber mich interessiert es nicht. Ich kannte ihn ja nicht.«

»Ach, Sie kannten ihn nicht?«

Dona Clara trat mit festen Schritten auf sie zu.

»Sie kannten ihn nicht? Na so was! Sie kannten ihn also nicht? Seit fünf Jahren leben Sie hier…«

»Vom Sehen, ja. Und vom Faschingsball her, da haben Sie recht. Aber ich habe nie mit ihm gesprochen.«

»Das ist etwas anderes... Er war ein schöner Mann. Und so plötzlich!... Er hat sich umgebracht, ich sage Ihnen, er hat sich umgebracht — irgendeine Droge wird ihn erledigt haben. Haben Sie seine Augen gesehen? Herausquellend, weiß wie ein Ei! Das kam von der Todesangst, vom Zerspringen. Das sage ich, obwohl ich nichts weiß...«

»Kann sein«, meinten die anderen.

»Hm, natürlicher Tod war es nicht. Aber pscht!... Nur keinen Wirbel machen...«

Virginia fragte:

»Warum meint ihr das?«

Sie zischelten einander ins Ohr, damit nicht mal die Wände es hörten, obwohl sie nur darauf aus waren, die Nachricht in alle vier Winde auszuposaunen. Aber natürlich blieb's bei der Geheimnistuerei, denn so hatte alles noch größeren Reiz.

»Also sagen Sie doch selbst, ein Mann im besten Alter, reich, dem nichts abging, um den die Frauen sich rissen, wieviel aufgedonnerte Prinzessinnen diese Treppen hochstiegen! Die Huren! Und so ein Mann also...«

»Nur wenn es deshalb war...«, unterbrach sie der Mann, der da herumstand.

»Was?«

»Um die Prinzessinnen loszuwerden! Oder vielleicht haben sie ihn um sein Vermögen gebracht.«

»Das ist es nicht! Man weiß, daß es nicht deswegen war. Ein Freund von ihm war vor zehn Minuten hier, der sagte auch, das wär's nicht. Aber irgend was war ihm verdächtig, o ja!... Also gehen Sie hinein.«

Sie schob Virginia vorwärts, die sich am Türrahmen festhielt und sich sträubte.

»Nein, jetzt nicht.«

Aber schon war sie drinnen. Die anderen folgten ihr, wie vorwärts getrieben von irgendeiner Gewalt. Man kam in einen Vorraum, in dem ein Garderobenständer, ein paar Stühle und eine schwarze, mit Messingnägeln beschlagene Truhe standen. Es war niemand darinnen. Durch die gegenüberliegende Tür sah man in ein großes, mit Sesseln und Sofas möbliertes Zimmer. Links stand eine andere Tür weit offen: Dort lag der Tote auf einem Bett, umgeben von Kerzen. Das Dienstmädchen erschien im Korridor, um zu sehen, wer eben eingetreten war. Da es ihr bekannte Personen waren, ging sie ohne ein Wort zurück und verschwand. Der Verstorbene trug nagelneue Schuhe, einen gutgeschnittenen Frack; Weste und weiße Krawatte waren tadellos. Zu Füßen ein Strauß roter Rosen. Dona Augusta, die ihn schon gesehen hatte, blieb im Vorraum zurück und nutzte die Gelegenheit, mit ihrem Begleiter privat zu sprechen. Inzwischen hatten sich Virginia und Dona Clara dem Bett genähert. Virginia schien nun doch etwas beeindruckt, erbleichte ein wenig und sah mit unruhigem Blick auf den Toten und die Dinge, die ihn umgaben. Im Gegensatz zu Dona Clara, die noch einmal in traurig-versunkener Betrachtung alles überblickte, unzählige Male schon seit dem frühen Morgen — es war Christenpflicht. Mit weinerlicher Stimme klagte sie:

»Der Arme, er war so schön…«

Virginia ging hinaus. Dona Clara folgte ihr und fragte:

»Hat es Ihnen Eindruck gemacht?«

»Nein.«

»Eben… ein Toter ist ein Toter.«

»Also, gute Nacht!«

»Bis gleich. Leisten Sie mir etwas Gesellschaft, damit ich hier nicht die ganze Nacht allein bin.«

»Ich habe nasse Strümpfe und bin erkältet, mich friert.«

»Also ziehen Sie sich um und kommen Sie dann.«

»Will sehen. Ich verspreche nichts. Gute Nacht!«

»Bis gleich.«

Auch Dona Augusta sagte nochmals »Gute Nacht«. Der Mann, mit dem sie sich unterhielt, verbeugte sich schweigend, mit übertriebener Feierlichkeit. Virginia ging über den Flur und stieg die Treppe hinauf. Im Zimmer angekommen, warf sie ihren Hut aufs Bett. Dann stellte sie sich vor den Spiegel und fuhr mit den Händen über ihr Gesicht. Legte Puder auf. Sie lächelte ihrem Spiegelbild zu, so wie man sich freut, etwas Angenehmes zu sehen nach so Traurigem. Sie hatte Mitleid, doch, der Arme! Sie merkte, daß sie plötzlich irgendwie neugierig wurde auf diesen Fall. Warum war es wohl? Die wußten irgend etwas… Sie legte sich aufs Bett und wickelte ein Bonbon aus. Sie fing an zu lutschen und versuchte sich vorzustellen, wie der Fall zu lösen wäre. Er hat sich umgebracht. Und sah irgendwie glücklich aus. Sie gab einer vagen Neugier nach, um von Dona Clara mehr zu hören. Sie sprang auf und spähte durch die Tür. Von unten hörte sie die Stimme der Alten. Sie stieg die Treppe hinunter, um sie zu treffen. Es waren mehr Leute da. Der gewisse Freund war zurückgekommen. Aber noch niemand von der Familie. Die stammte aus dem Algarve, aus Vila Real de Santo António.

Der Freund des Verstorbenen sagte zu dem Dienstmädchen:

»Schließen Sie die Tür. Vielleicht kann die Dame von oben ein wenig herunterkommen.«

Sie standen auf der Treppe und horchten. Dona Clara legte einen Finger an die Nase und war entschlossen, bis zuletzt zuzuhören. Aber er sagte nichts mehr, und das Dienstmädchen antwortete, daß sie oben anfragen würde. Er ging auf die Treppe. Die anderen hatten sich inzwischen weiter nach unten geflüchtet. Virginia verstand das ganze Manöver nicht recht, aber es mußte seinen Grund haben. Sie ließ sich treiben. Er sprach noch weiter zum Dienstmädchen:

»...Abendessen. Ich komme erst morgen zurück — werde sehen. Lassen Sie niemand mehr herein. Gute Nacht!«

»Gute Nacht, Herr Doktor!«

Er schlug den Mantelkragen hoch und ging hinunter. Das Mädchen hatte Dona Clara bereits unten entdeckt und wartete nur, bis der Arzt das Haus verlassen hatte, um sie zu rufen:

»Dona Clara... Kommen Sie, kommen Sie beide!«

Kaum hatte diese das Zimmer betreten, schloß sie schnell die Tür, faltete die Hände über der Brust und rief dramatisch, den Blick nach oben:

»Er wurde erdrosselt!«

»Was? O du heiliger Jesus! Was sagen Sie da?«

»Daß er erdrosselt wurde! Eben hat er es mir gesagt. Ist schon kein Geheimnis mehr. Wer hätte das gedacht!«

Dona Clara erholte sich bald von ihrem ersten Schreck, und zu Virginia gewandt, die hinter ihr stand, rief sie fast triumphierend.

»Hab' ich's nicht gesagt? Hier stimmt was nicht!... Das war eindeutig. Verdächtigt man jemand?«

»Sicher verdächtigen sie jemand... ich selbst freilich weiß nichts. Bin ja fast nie hier. Daß gestern eine Frau hier war — das habe ich wohl gesehen, aber sie ging früh weg. Marques hat sie auf der Treppe gesehen. Aber er kannte sie nicht.«

»Ausgerechnet Marques, der Scheißkerl...«

»Aber die Polizei ist hinter ihr her. Die entkommt ihr nicht! Hier direkt neben uns, und niemand hat sie bemerkt! Meine Beine zittern nur so...«

»Sie waren drinnen und haben nichts gehört, wie kommt das?«

»Also, schlafe ich etwa hier? Ich komme hierher nur zum Aufräumen. Heute morgen, als ich eintrat, war das Unglück schon geschehen — es war ein heilloses Durcheinander. Die Polizei hat inzwischen angeordnet, daß alles aufgeräumt wird. Sie haben fotografiert. Einer der Stühle... Kommen Sie...«

Sie gingen in das Zimmer des Toten. Das Dienstmädchen beschrieb mit vielen Gesten:

»Dort war ein Stuhl umgestürzt. Die Wasserflasche zerbrochen. Die Bettwäsche auf dem Boden verstreut, alles nur auf dieser Seite. Man sah, daß sie gewütet hatten. Sehen Sie die aufgebrochene Schublade dort? Da war das Geld aufbewahrt, nicht daß ich's gewußt hätte, obwohl er immer sagte: ›Dir würde ich all mein Gold anvertrauen.‹ Der Arme! Ein Heiliger war er...«

Sie trocknete eine vorgetäuschte Träne. Einen Moment lang blieben sie alle stumm, den Toten betrachtend, der in seinem eleganten Frack ganz umgänglich wirkte. Wenn sie sich beobachten könnten, wüßten sie, daß sie nur so leise sprachen, weil sie im Unterbewußtsein ihre Zweifel hatten, ob er sie nicht doch höre und sich erheben könnte. Das Dienstmädchen seufzte einmal leicht auf und machte die anderen auf die Hände des Toten aufmerksam:

»Er hatte so schöne Hände.«

Und an sein Bett tretend, sagte sie:

»Kommen Sie doch näher.«

Sie nahm eine Hand des Toten, aber berührte sie kaum. Sie erschauerte und wich zurück, das Gesicht des Toten fixierend. Es kam ihr vor, als ob er sich bewegt hätte. Aber Dona Clara, die begriffen hatte, meinte:

»Der ist schon steif.«

»Natürlich, das ist's wohl.«

Eine gewisse Erleichterung war aus den Worten des alten Mädchens zu spüren. Da sie sich der Reaktion schämte, belog sie sich selbst:

»Macht mir aber überhaupt nichts aus. Als ob man eine Puppe berührte.« Sie merkte, daß sie das erstemal von ihrem Herrn als Puppe sprach, und freute sich über diese Freiheit. »Probieren Sie es auch mal. Probieren Sie's, haben Sie doch keine Angst.«

»Angst? Tot ist tot… Aber ich habe ihn ja auch nie berührt, als er noch lebte; warum sollte ich ihn dann jetzt anfassen?«

»Das stimmt schon… Der Arme… Setzen Sie sich. Ich werde eine Kleinigkeit essen gehen. Habe fast nichts zu Mittag gegessen. Kommen Sie doch auch mit. Der Doktor hat Schinkenbrötchen mitgebracht, damit ich hierbleiben kann. Es sind mehr als ein Dutzend. Kommen Sie doch her.«

»Danke, nein«, sagte Virginia, die nichts wollte. Aber Dona Clara wippte auf ihrem Stuhl — »ich nehme gerne an« — und erhob sich. Beide gingen hinaus.

Virginia blieb sitzen. Doch sie bereute sofort, daß sie nicht mitgegangen war. Aber sie wollte nicht den Eindruck erwecken, Angst zu haben. Sie hatte wirklich keine. Und um sich selbst davon zu überzeugen, sah sie das Gesicht des Toten, mit einer etwas forcierten Ungeniertheit, sehr genau an. Dann drehte sie ihm den Rücken zu, betrachtete sich im Spiegel. Sie dachte: Ich werde sogar diese Bürsten anfassen und diese Schachtel aufmachen. Sie griff nach den Bürsten. Sagte sich, daß sie schon viele Tote gesehen hatte: den Großvater, den Vater, Onkel Franz, Emilia, Bernhard und Senhor Santos… Sie wußte, daß ein Toter wie ein Stein ist. Sie erinnerte sich an die Geschichte, die ihr der Bruder erzählt hatte: Er hatte die Totenwache bei einem Freund gehalten und war schläfrig geworden. Er war allein, die beiden anderen Begleiter schliefen im Zimmer nebenan in den beiden einzigen Sesseln. Es gab keinen anderen Platz, um sich auszustrecken; er schob deshalb den Toten auf die Seite und legte sich neben ihn.

Voller Mitleid betrachtete sie den Toten vor sich. Senhor Pedro… Ist ein Stein… Er war sympathisch, fröhlich. Aber jetzt ist er einfach nichts mehr. Sie dachte: Ich bringe es auch fertig, seine

Hände zu berühren. Sie beugte sich über ihn und sah aus nächster Nähe in sein Gesicht. Aber dann schauderte sie. Entfernte sich. Dann ging sie ums Bett herum. »Ich habe weder vor Geistern noch vor Toten Angst.« Sie blieb auf der anderen Seite stehen und betrachtete seine weißen feinen Hände mit den langen Fingern. »Ich bin auch imstande, seine Hände zu berühren.« Sie ergriff den Rosenstrauß, schwenkte ihn hin und her, völlig mechanisch, ohne zu wissen, was sie tat, und legte ihn schließlich wieder an seinen Platz. Sie dachte an die Hände des Toten. Betrachtete sie wieder. Wie aus Wachs kamen sie ihr vor. Einer Nachtwandlerin gleich, fast ohne es zu wollen, streckte sie den Arm aus und berührte mit der Fingerspitze eine Hand des Leichnams. Sie spürte die Todeskälte, und ein Schauer schüttelte ihren Körper. Instinktiv wich sie zurück. Sie sah auf ihre Fingerspitzen, in denen die Kälte noch anhielt, und fuhr mit den Händen über ihren Rock, als ob sie etwas fortwischen wollte. Aber dann gewann sie ihre Gleichgültigkeit zurück. Ist doch alles nur ein schlechter Scherz gewesen. Sie beschloß, auf ihr Zimmer zu gehen und sich die Hände zu waschen. Ging durch das Vorzimmer, hörte Stimmen in der Küche, wo die anderen beim Essen saßen, und öffnete vorsichtig die Tür, die auf die Treppe führte. Ließ sie halb offenstehen. Eisiger Wind kam von der Straße herauf. Sie rannte nach oben. Füllte das Waschbecken, seifte ihre Finger ein, erneuerte zweimal das Wasser. Rieb die Hände am Handtuch ab. Um nicht allein zu bleiben, verließ sie ihr Zimmer, stieg langsam wieder die Treppe hinunter. Die Tür war noch angelehnt; sie hatten also ihre Abwesenheit nicht bemerkt. So mußte sie keine Erklärungen geben. Sie schloß die Tür und begab sich in die Küche. Die Unterhaltung war angeregt. Als sie eintrat, unterbrachen sie sich.

»Ich habe völlig vergessen, daß Sie da drinnen waren.«

»Ich auch«, fügte die andere hinzu.

Sie nahmen die Unterhaltung wieder auf. Virginia hatte den Eindruck, daß sie schon betrunken waren. Sie rochen nach Branntwein und redeten langsam, mit schwerer Zunge.

»Ist von der Marcelona...«, sagte das Mädchen zu Virginia.

»Was?«

»Wir reden von der Marcelona, diesem Weibsstück von gegenüber...«

»Ach, kenne ich nicht.«

»Die mit dem Kanarienvogel.«

»Wissen Sie, da ich tagsüber nicht da bin...«

»Richtig — von der ist er, stellen Sie sich vor! Na, das ist eine alte Geschichte, hat schon 'nen Bart...«

Dona Clara fügte hinzu:

»Man sagt sogar...« Und sie tuschelte ihr den Rest leise ins Ohr. Noch während sie Virginia eine obszöne Geschichte verpaßte, plapperte die andere vor sich hin:

»Man sagt! Schau dir die an... Man sagt! Man sagt's, und so ist's auch... Was sagt man?... Man sagt, wie's ist!«

Und sie schlug die Hände zusammen, als könne sie es damit beweisen.

Die zwei Alten legten ihre Köpfe auf den Tisch und lachten, lachten wie die Verrückten. Sie waren sternhagelbetrunken. Halb erstickt vor Lachen, versuchten sie weiterzureden, aber die Silben blieben ihnen im Hals stecken. Und sie kreischten mit so schriller Stimme, daß Virginia sie nicht mehr unterscheiden konnte. Ihr wurde schon vom Anblick übel, sie bekam Angst. Der Speichel lief ihnen am Kinn herab. Plötzlich fuhr die eine ihr mit ihrer schmutzigen Hand übers Gesicht.

»Ach, Kind...«

Und die andere wiederholte mühsam:

»Ach, Kindchen...«

Virginia bemühte sich noch zu lächeln. Hipólita zog sie an sich und schrie ihr ins Ohr, wobei sie vor Lachen fast verging:

»Wer ist denn deiner jetzt?«

»Hab' keinen...«

»Wär' eine Schande für die Männer, wenn sie dich noch nicht...«

Aber Dona Clara unterbrach sie:

»Also, und das mit der Marcelona, wie war denn das?«

»Ach ja, die Marcelona... die Marcelona... ich habe von der Nacht erzählt, als sie mich rufen ließ. Sie ließ mich rufen; ob ich einen Januário von der ›Elektrischen‹ kenne... Als ob ich solche Leute kenne! Und so weiter und so... Lauter Pfaffenlatein! Mir reicht's längst! Wenn sie mir hundert Escudos in die Hände drücken… für Geld verkaufe ich dir den Herrgott! Ich schleppe dir den Mann von der Taverne her und weiß nicht einmal, warum so ein Idiot… der würde alle mit Haut und Haaren…«

Virginia tat, als ob sie zuhörte, aber das Gefühl, das ihr in den Fingerspitzen geblieben war, machte sie nervös. Es schien ihr, als ob ihre Hände erstarren würden, die Kälte stieg von den Fingerspitzen in ihre Arme hoch und breitete sich über den ganzen Körper aus. Sie preßte ihre Hände ineinander und erzitterte in einer Art nervösen Krampfs, von dem sie nicht wußte, kam er vom Ekel vor diesen widerlich besoffenen Weibern, oder wirkte der frühere Eindruck noch immer nach. Plötzlich wurde ihr bewußt, daß sie den beiden längst nicht mehr zugehört hatte. Als wäre sie mit verstopften Ohren dagesessen. Aber nun war sie wieder anwesend.

»…und haut ihn, hoppla!… Direkt mit der Kappe in die Fresse…«

Sie erwachte wie aus einem Traum und hörte und sah plötzlich die beiden unförmigen Weiber neben sich. Sie konnte sie einfach nicht mehr ertragen. Sie erhob sich, und die beiden verstummten. Sahen sich überrascht an und begriffen sofort:

»Verdammt noch mal, die Mädchen von heute sind so zimperlich…«

»Na, das ist's wohl nicht. Ich finde es eher komisch…«

»Ich weiß schon, was du komisch findest, soll ich's dir sagen?«

»Entschuldigen Sie, ich bin krank, muß mich schlafen legen.«

»Geh nur, geh… mit der Marcelona… da schau her!«

Sie machte eine obszöne Geste. Virginia ging eilig aus der Küche. Hipólita versuchte aufzustehen, verlor aber das Gleichgewicht und fiel gegen den Tisch, wobei eine Flasche auf den Kachelboden fiel und zersprang. Virginia lief durch die Wohnung, verfolgt von den Schimpfworten, die Hipólita, auf dem Boden liegend und unfähig, sich zu erheben, ihr mit heiser krächzender Stimme nachrief. Als sie über den Vorplatz kam, bannte sie wieder das Licht, das aus dem Zimmer des Toten schien: Da lag er, die Hände über der Brust gefaltet, elegant, unter den hohen Kerzen. Mit einer brüsken Bewegung öffnete sie die Tür zum Hausflur und verschwand im Dunkel der Treppe. Plötzlich war ihr zum Weinen zumute, sie wußte nicht, warum. Beklemmung nahm ihr den Atem, sie wollte seufzen, schreien, irgendwie die Nerven entlasten. Doch das hatte nichts mit den Dingen zu tun, die sie hier erlebte. Sie maß all dem keine Bedeutung bei. Schon vorher lebte sie in einer nervlichen Anspannung, die kaum noch zu ertragen war. Es war ihr frustriertes Leben, verschüttet unter soviel Armseligkeit, von soviel täglichen Notwendigkeiten erdrückt, von der Arbeit, die nichts einbrachte, von ihrem abgetragenen Kleid, von den anderen, die in der Sonne gehen, die Sonne haben! Und sie mußte zusehen, wie das Leben verging. Leben — das müßte heute sein! Und heute ließ man sie nicht. Sie stieg zu ihrem Zimmer hinauf, warf sich übers Bett und schluchzte leise... Der da unten ist tot. Aber er hat gelebt. Wieder empfand sie deutlich in ihren Fingerspitzen dieses Kältegefühl. Es war, als ob sie ihn von neuem berührte. Doch dieses Erinnern brachte ihr Ruhe, eine seltsame Ruhe. Sie setzte sich auf den Bettrand und trocknete ihre Tränen mit einem kleinen Taschentuch. Es schien ihr, als habe man an die Zimmertür geklopft. Sie sah nach, ob die Tür verschlossen war; ja, sie hatte den Riegel vorgeschoben. Diese Besoffenen... Aber es klopfte wirklich an die Tür.

»Wer ist da?«

»Ich.«

Es war Henrique, ihr Verlobter. Er kam oft.

»Was willst du?«

»Gehst du nicht aus?«

»Nein, heute nicht.«

Ihre Stimme klang schmerzlich und abwesend, wie aus der Ferne.

»Mach auf!« forderte er.

Virginia erwachte aus ihrer Verstörtheit.

»Verzeih, ich will eben zu Bett gehen.«

»Aber mach doch auf, ich muß mit dir reden.«

Sie öffnete und blieb in der Tür stehen, ihr Gesicht ins Dunkel gewandt, damit er ihre Tränen nicht sehen konnte. Erstaunt und fragend sah er sie an, nahm ihre Hand. Unwillkürlich dachte sie: Die sind warm.

»Bist du krank?«

»Nein... oder vielleicht doch... Um ehrlich zu sein, ich weiß es nicht genau, glaube aber nicht. Nur mit den Nerven...«

»Mit was?«

»Nichts.«

»Nichts?«

Beklommenes Schweigen entstand. Eine unüberwindliche Schranke schien sich zwischen ihnen aufzurichten. Er fühlte, daß da irgend etwas war, das er erklärt haben wollte. Sie verstand, daß sie ihm Rechenschaft schuldete, ihre Unterhaltung würde sonst zu einem Mißverständnis führen. Aber sie hatte nicht die Kraft zu kämpfen, zu erklären. Trotzdem versuchte sie es:

»Warst du nie traurig, verstimmt, ohne zu wissen, warum?«

»Nein.«

Er wollte seine Festigkeit und Selbstbeherrschung beweisen, sich auf keine krankhaften Empfindlichkeiten einlassen. Sie antwortete ruhig und fast verächtlich:

»Bist glücklich, gesund an Leib und Seele.«

»Es gibt für alles eine Erklärung, wenn wir sie nur suchen und finden wollen. Und du weißt sehr wohl, warum du in diesem Nervenzustand bist. Ich kenne dich nicht erst seit gestern. Oder hast du irgendein Geheimnis?«

Sie sah ihn überrascht und mutlos an.

»Ein Geheimnis?«

»Nun?«

»Komm morgen wieder. Heute nicht, ich kann's dir heute nicht erklären... Frag mich nichts mehr. Morgen erzähle ich dir alles. Alles — und es ist nichts. Aber jetzt kann ich nicht, ich kann nicht mehr! Verzeih... geh...«

Sie versuchte die Tür zu schließen, aber er hielt sie fest. Virginia hatte die Augen voll Tränen. Sie stand im Dunkeln, so daß er sie nicht sehen konnte. Aber sie sah ihn: Unsicherheit, Verzweiflung, Wut waren aus seinem Blick zu lesen und Liebe und Eifersucht. Aber was sollte sie ihm sagen? Wenn es nur die Melancholie ihres Lebens war, der Drang nach Befreiung, der sie nun mit solcher Gewalt überfiel, daß sie keinen Widerstand mehr dagegen aufbrachte — er würde sie nicht verstehen. Warum sollte sie ihn sinnlos leiden lassen oder, ebenso sinnlos, verwirren? Sie würde ihm besser überhaupt nichts sagen, sich einfach zusammennehmen und schweigen. Trotz aller Verständnislosigkeit und obwohl sie sich an ihm brach wie die Wogen am Fels und sich nichts ändern ließe — sie liebte ihn sehr. Und doch war alles so einfach... so leicht zu erklären. Aber nicht heute. Heute war es unmöglich. Es mußte ihm genügen, daß sie krank war oder einen anderen Grund hatte. Sie würde wieder zu schluchzen beginnen oder zu sprechen — sie bedeckte ihr Gesicht mit den Händen.

»Senhor Pedro ist gestorben...«

Aber sie ahnte nicht, wie ihre Worte klangen, denn das war es gar nicht, woran sie dachte. Sie konnte nicht weitersprechen. Er blieb reglos und wartete. Und da sie schweigend verharrte, fragte er leise und erbleichte dabei:

»Welcher Pedro?«

»Er wohnte hier unten im Haus. Ich ging hinunter und war sehr betroffen. Sein Dienstmädchen war betrunken und beschimpfte mich... Morgen werde ich dir alles erzählen, morgen...«

»Warum morgen? Dein Gesicht, deine Tränen erklären alles. Sind so echt, daß jeder dir verzeiht.«

Sie nahm die Hände von den Augen, als ob sie noch an seiner Anspielung zweifelte. Aber plötzlich war ihr klar, was er sagen wollte, und ihre Augen wurden trocken. Entsetzt sah sie ihn an. Er aber wandte ihr den Rücken und ging schnell die Treppe hinunter. Virginia erstarrte, als sie durch das dunkle Loch der Tür ihm nachsah, dem Mann, den sie liebte. Ihre Beine wurden schlaff, sie setzte sich auf den Bettrand. Blieb unbeweglich, unfähig zu denken, nichts als Schwindel und Leere in ihrem Kopf. Ein kalter Wind kam von der Treppe herauf. Unten schlug die Tür. Dann sah sie aus dem Dunkel eine Frau kommen — Dona Clara. Sie kam auf sie zu und legte ihr die Hand auf die Stirn. Aber alles war so fern und nebelhaft. Deutlich hörte sie nur im unteren Stock die Betrunkene, die neben dem Toten zu singen begann.

Übersetzung: FB

Joaquim Paço d'Arcos

DIE GESCHICHTE DES KLEINEN BEAMTEN VENÂNCIO

Das unauffällige, aber deutlich vernehmbare, beharrliche, träge Geräusch war da wie in allen anderen Nächten, in denen er Überstunden machte. In den Dielenbrettern, in der Decke, in der Wandtäfelung, in den mit Büchern vollgepfropften Regalen zerfraßen die Ratten das Skelett des alten Gebäudes und seinen ehrenwerten Inhalt. Tagsüber konnte man sie nicht hören. Die mächtige Stimme der Bürokratie, die das uralte Haus beherrschte, erstickte alle anderen Stimmen und Geräusche. Sogar das Publikum, das an den Schaltern Auskünfte begehrte oder in die Büroräume einzudringen suchte, um dort seine Angelegenheiten erledigen zu lassen, ging respektvoll, schüchtern und mit leiser, unterwürfiger Stimme vor, um die leicht reizbaren Beamten nicht zu verärgern, was ja für die Bittsteller immer unheilvolle Folgen nach sich zog. Während der sogenannten »Dienststunden« herrschte die gebieterische Hoheit, nach deren Entscheidungen die Gesetze entstehen, deren Willkür die Gerechtigkeit ersetzt, deren Nachlässigkeit ein starker Schild ist gegen die gefährlichen Änderungen der sozialen Struktur und der Regierung — diese Hoheit, die die große, weite Bürokratengemeinschaft ausmacht.

Die Gegenwart der Gebieter, das Stimmengewirr, das Knarren von Schritten auf dem altersschwachen Fußboden schüchterte sogar die Ratten ein. Sie wagten nicht, die Aufmerksamkeit derjenigen, die sie sich keinesfalls zum Feinde wünschten, auf ihre verstohlenen und zerstörerischen Manöver zu lenken. Deshalb nutzten sie die kurzen Stunden der menschlichen Tätigkeit aus, um sich eine wohlverdiente Ruhe zu gönnen. Auf diese Weise teilten sich Beamte und Ratten friedlich in die Herrschaft über das verfallene Gebäude. Bis vor kurzem hatten sie noch in verschiedenen Bereichen gewirkt. Aber nun war es so weit gekommen, daß die Ratten dem hellen Tageslicht die Stirn boten und unter den Dielen und Leisten, in die sie geduldig ihre Löcher genagt hatten, hervorkrochen, um den tiefen Schlaf der Akten zu stören und mit der Bürokratie um die Wette Briefbogen, Hefte, Haufen gestempelter Papiere zu verprassen, Dinge, die einem jahrhundertealten Ritus zufolge dort aufgespeichert lagen.

Dieser Mangel an Ehrfurcht vor den beiden Wirkungsbereichen, die bisher Jahr um Jahr von der einen wie der anderen Partei stillschweigend respektiert worden waren, veranlaßte den Minister, auf den Vorschlag des Ministerialdirektors hin einen Ausschuß zu ernennen, dem es oblag, Maßnahmen zu ersinnen, wie man die Beamten zwingen könnte — so lange und so einträglich war der Friede gewesen —, die Nager zu beseitigen. Halbe Nächte brauchte der Staatsmann, um in langwieriger und gewissenhafter Arbeit einen solchen Ausschuß zu organisieren. Als notwendig erwies es sich in erster Linie, das Prestige gewisser Namen mit den tatsächlichen Fähigkeiten der einen und der Emsigkeit der anderen zu verbinden. Auch war es angebracht, die Gelegenheit auszunutzen, gewisse Prominente, die sich aus politischer Unzufriedenheit oder persönlichem Verdruß zurückgezogen hatten, zur Mitarbeit heranzuziehen, und ebenso die Fachleute, die ja von der Sache etwas verstanden und die nun Vorschläge machen sollten, wie man am besten gegen die Nagetiere vorginge. Es handelte sich um eine Methode, die bereits angewandt worden war, und zwar von den verschiedensten internationalen Körperschaften, die im vergangenen Jahrzehnt durch ihre Zusammenarbeit das Antlitz der Welt verändert hatten, indem sie ihr Frieden, Wohlstand und Glück brachten. Außerdem mußte die Empfindlichkeit dieser und jener Mitarbeiter in Betracht gezogen werden: der Fachleute, der Politiker, des Stammpersonals, der unentbehrlichen, dekorativen Persönlichkeiten und derjenigen, die dann tatsächlich das Kommando des eigentlichen Kampfes gegen die unerbittlichen Nagetiere in ihre erfahrenen Hände nehmen würden.

Nach ungefähr dreiwöchigem Hin und Her, als die Liste der Ausschußmitglieder siebenmal als endgültig betrachtet und siebenmal von oben bis unten geändert worden war — nach diesen einundzwanzig Tagen, in denen der Minister fast alle anderen Pflichten aufschob, um sich ausschließlich auf diese heikle, soviel Takt und Menschenkenntnis erfordernde Arbeit zu konzentrieren, konnte der bedeutende Staatsmann endlich dem »Diário do Governo« die Ernennung des Ausschusses für die Vernichtung der nagenden Säugetiere aus der Familie der Muridae, Gattung der Mäuse — wie es in der klugen Regierungsurkunde verzeichnet stand —, mitteilen. Neunundzwanzig Persönlichkeiten, eine immer erlauchter als die andere, bildeten den Ausschuß, dessen Präsident eine der hervorragendsten Zierden der Akademie war. Er hatte sich lange und inständig bitten lassen, bis er endlich beigetreten war, um der Mission, die unbestreitbar von nationaler Bedeutung war, mit seinem einflußreichen Namen Glanz zu verleihen.

Venâncio übermannte bei der Veröffentlichung des Erlasses ein tiefer und durchaus begreiflicher Kummer. Schließlich hatte er als erster auf die Gefahr der Mäuse für das alte Gebäude, das Archiv, das Ministerium, die Institutionen und das ganze Land hingewiesen — er hatte nämlich seinem unmittelbaren Vorgesetzten den Fall anvertraut. Drei oder vier sehr wichtige Akten — eine betraf sogar die Besitzungen der Schwiegermutter des Ministerialdirektors — waren der bedrohlichen Gefräßigkeit der respektlosen Nagetiere zum Opfer gefallen. Der Abteilungsleiter hatte diese Tatsache weitergeleitet, und Stufe um Stufe war die Mitteilung bis zum Ministerrat hinaufgestiegen. Es wurde bereits gesagt, wie Seine Exzellenz darauf reagierte, wie aus seinen gründlichen Überlegungen die Körperschaft entstand, von der anzunehmen war, daß sie uns künftig bestimmt keine Schande machen würde bei der FAO, Unesco, BIT, OIS, in den weiträumigen Amphitheatern, wo die Stimmen der ganzen Welt sich vernehmen lassen und wo alle Probleme unter denselben einheitlichen Gesichtspunkten und mit derselben Standhaftigkeit gelöst werden, wie es bei der Vertilgung der schädlichen und verfressenen Nagetiere der Fall sein sollte.

Als Venâncio erfuhr, daß man einen Ausschuß ins Leben rufen wollte, um einer Gefahr, die er als erster erkannt hatte, zu begegnen, hegte er die berechtigte Hoffnung, zu einer so bedeutenden Arbeitsgruppe gehören zu dürfen.

Ängstlich gab er dieser Hoffnung dem Abteilungsleiter gegenüber Ausdruck.

»Ich sehe keinen Hinderungsgrund«, erwiderte wohlwollend sein unmittelbarer Vorgesetzter. Doch erst nachdem Venâncio ihn sehr dringend darum gebeten hatte, ließ er sich herab, den Fall mit dem Hauptabteilungsleiter zu besprechen.

Der Hauptabteilungsleiter hatte aber keinen Grund, Venâncio auszuzeichnen, denn den Ruhm der stillen Bemühungen dieses Angestellten heimste der Abteilungsleiter ein. »Zum Teufel, was ist das für eine Idee von Ihnen! Aber schön, wenn Ihnen viel daran gelegen ist, kann ich dem Ministerialdirektor den Fall ans Herz legen.«

Doch bedeuteten solche Worte noch längst kein Versprechen. Als sie Venâncio übermittelt wurden, erfaßte er sofort ihre Unbestimmtheit, weswegen er es für angebracht hielt, energische Schritte zu unternehmen und einen Brief zu schreiben, der verhindern sollte, daß die Sache gleich wieder in Vergessenheit geriet.

Er gab sich beim Schreiben des Briefes die allergrößte Mühe und legte all seine Unterwürfigkeit, seine Fähigkeit, zu schmeicheln und sich zu demütigen, und den Wunschtraum eines mit Füßen getretenen Bürokraten hinein. Er erinnerte an seine langen Dienstjahre, erwähnte die unzähligen schweren, drückenden Arbeiten, die ihm von allen Seiten aufgebürdet wurden, machte auf das vollkommene Vertrauen aufmerksam, das man ihm stets entgegengebracht hatte, sowie auf seinen stets bekundeten Respekt, seinen dem öffentlichen Dienst geopferten Jahresurlaub, seine ihm nie vergüteten Überstunden, die Krankheit seiner gebrechlichen und schwer leidenden Frau, die immer ausgebliebenen und systematisch an andere Beamte vergebenen Auszeichnungen, die nie erfolgte Beförderung. Sodann versicherte er den Empfänger des Briefes, seinen verehrten Chef, den unvergleichlichen Beamten, der der Dienststelle Einfluß und Achtung verschafft hatte, seiner persönlichen Ergebenheit, und schließlich, ganz am Ende, trug er bescheiden und schüchtern seine Bitte vor: Er wünschte aufgenommen zu werden in die — wie ihm zu Ohren gekommen war — große Zahl der Ausschußmitglieder. Denn er war es doch gewesen, der auf die Ratten aufmerksam gemacht hatte. Er allein war es, der in den stillen, dem Amt gewidmeten nächtlichen Überstunden ihr finsteres Tun ausgekundschaftet und versucht hatte, mit von ihm selbst hergestellten Stöpseln die Löcher in den Dielen zu verstopfen, um der Zerstörungswut und dem Diebstahl Einhalt zu gebieten.

Der Hauptabteilungsleiter fühlte sich geschmeichelt von der Gerechtigkeit, die sein Untergebener ihm widerfahren ließ, sowie natürlich auch von dem respektvollen Ton des Briefes. Als die Schriftstücke zur Unterschrift vorgelegt wurden, sagte er ganz beiläufig zum Ministerialdirektor: »Ich habe da ein Schreiben von Venâncio bekommen, Sie wissen doch, dem armen Teufel aus der zweiten Abteilung... Stellen Sie sich vor, Exzellenz, er will partout in den Ausschuß aufgenommen werden.«

»Aber was ist das bloß für eine Schnapsidee! Warum sollten wir ihn aufnehmen? Es handelt sich um ein Komitee ausgesuchter Persönlichkeiten... Und was würde der Minister dazu sagen! Nein, soweit können wir es nicht kommen lassen!«

Natürlich hatte der hohe Staatsbeamte gesunden Menschenverstand genug, um Seine Exzellenz, den Minister, mit solch einer unsinnigen Bitte nicht zu belästigen.

Venâncios Frau, der ihre außergewöhnliche Bescheidenheit nach und nach ihre spärlichen Reize geraubt und die eine hartnäckige Krankheit vorzeitig hatte altern lassen, empfand vor dem ungeheuren Fleiß ihres Mannes geradezu heiligen Respekt. In ihren Augen, die ein Ausdruck dumpfer, unterwürfiger Liebe trübte, war Venâncio eine Säule des Staates. Darum teilte sie mit ihm seinen gerechten Schmerz über die unverdiente Ausschließung, in der sie weiter nichts sah als eine der vielen Kränkungen, mit denen man seinen langjährigen ergebenen Dienst belohnt hatte. Trotz ihres eigenen Jammers versuchte sie, Venâncio über diese neue, aber gewiß noch nicht letzte Enttäuschung hinwegzutrösten: »Was hättest du überhaupt davon, wenn du in den Ausschuß gekommen wärst? Wenn sie dir wenigstens Geld dafür gäben... aber bloß der Ehre wegen...«

»Daß ihr Weiber immer mitreden müßt bei Sachen, die ihr nicht versteht!« erwiderte der Subalternbeamte verärgert.

Seine Frau verstand ihn nun einmal nicht, sie war ein kleinlicher Mensch und dachte nur daran, was er verdiente oder nicht verdiente. Als ob es im Leben keine anderen Belohnungen gäbe! Und die Wunde, die ihm die Tatsache schlug, daß er dem vom Minister selbst gebildeten Ausschuß nicht angehörte, schmerzte seine bürokratische Seele immer mehr. Doch die Galle dieser unverdienten Kränkung stieg ihm erst so richtig an jenem Nachmittag hoch, als der Abteilungsleiter ihm sagte, ohne es für nötig zu halten, den Zigarettenstummel aus dem Mund zu nehmen, der auf der Unterlippe klebte: »Im Terreiro do Paço wurde heute der Ausschuß eingesetzt. Ich war dabei. Eine hübsche Zeremonie. Der Minister hat gut gesprochen. Und der Präsident, na, der hat geantwortet, daß einem das Herz im Leibe lachte.«

Venâncio kaufte alle Tageszeitungen, um das Echo des Ereignisses festzustellen. Der »Século« brachte auf der dritten Seite einen Bildbericht vom amtlichen Zeremoniell: Um den Minister herum gruppiert sah man die Elite des Beamtentums, des Geisteslebens, der Fachwelt und der Politik. Darunter stand geschrieben, die neunundzwanzig Ausschußmitglieder seien von allen Seiten beglückwünscht worden.

Ein ehrlicher und berechtigter Neid überkam Venâncio.

Der Ausschuß trat am nächsten Tag zusammen. Schon fehlten einige seiner Mitglieder, weil die vielseitigen Pflichten sie an der Teilnahme hinderten, und da der Präsident zur Kur gefahren war, vertagten die anwesenden stimmberechtigten Mitglieder einhellig die Behandlung des Problems, dessen Dringlichkeit der Minister und Staatsmann in seiner Rede nachdrücklich hervorgehoben hatte, auf das Ende des Sommers.

Venâncio machte weiterhin nächtliche Überstunden in dem alten Gebäude, wo das Ministerium, dessen unzählige Zweigstellen in der ganzen Stadt verstreut lagen, die Archivabteilung eingerichtet hatte. Aber der Mißmut wollte ihn nun nicht mehr verlassen, wenngleich er sich auch weiterhin durch seine schwere Verantwortung dem Staat gegenüber gebunden fühlte. Ohne seine ergebene Nachtarbeit wären die Dienstsachen niemals pünktlich erledigt worden. Und die Staatsmaschine wäre ins Stocken geraten. Welch katastrophale Folgen hätten daraus entstehen können! Aus einem starken staatsbürgerlichen Beamtenpflichtgefühl heraus fuhr er fort, als einziger im Gebäude seine methodische und stille Arbeit über den Nachmittag hinaus bis in die Nacht hinein zu erledigen. Der Abteilungsleiter konnte bei seinem Vorgesetzten prahlen: »Bei mir gibt's keine unbearbeiteten Fälle!« Er versäumte auch nicht,

Venâncio im geheimen zu loben: »Mensch, Sie arbeiten wie ein Pferd. Man wird das noch mal anerkennen...«

Aber daran glaubte Venâncio nicht mehr. Pflichtgefühl und Gewohnheit ketteten ihn an seinen Dienst. Wenn er jedoch den Menschen gegenüber seine alte Haltung beibehielt, so keineswegs gegenüber den Ratten. Er klagte sie niemals wieder an. Er stellte auch keine Korkstöpsel mehr her, die noch das einzige, wenn auch schwache Hindernis für die zerstörerische Invasion gewesen waren.

Als der warme Sommer kam, verspürten die Mitglieder der Familie der Muridae, Gattung der Mäuse — wie es so schön in dem denkwürdigen Blatt geschrieben stand, einem Blatt, das sich niemals irrt, weil es sich »Diário do Governo« nennt —, verspürten also die sympathischen Tierchen ein Bedürfnis nach frischer Luft und wurden deshalb waghalsiger. In stillen Stunden kamen sie offen zum Vorschein und spazierten auf den Möbeln, den Borden und den Archivregalen herum.

Venâncio, dem von seinen Vorgesetzten keine Gerechtigkeit widerfahren war, konnte nun nicht umhin, den bescheidenen Nagetieren für ihr Taktgefühl dankbar zu sein. Es kam sogar so weit, daß er für zwei zottige, ältliche, umständliche, geduldige Ratten, die weniger gefräßig waren, weil sie schon alles in dieser Welt erreicht und verdaut hatten, besondere Zuneigung zu hegen begann. Genau wie er schienen auch sie Säulen des Staates zu sein, und vielleicht war es dieselbe Überzeugung, die sie einander nähergebracht hatte.

Für diese beiden sympathischen Freundinnen brachte Venâncio an den Sommerabenden kleine, in einer alten Karamellendose aufgehobene Delikatessen mit: Brotreste, dünne Käsescheibchen, zarte Wurstendchen. Das war sein kostbarstes Geheimnis, und hinter dem Rücken seiner Frau hob er diese kleinen Mahlzeiten auf, deren Austeilung ihm so zur Gewohnheit wurde wie seine methodische Arbeit, wie die Beamtenpflicht, die er so gewissenhaft erfüllte.

Das Drama begann, als der Ministerialdirektor als gutes Familienmitglied seiner Schwiegermutter in ihren Angelegenheiten, deren Nutznießung später einmal seine Frau haben sollte, helfen mußte. Er verlangte die Akte über die Besitzungen der ehrwürdigen Dame.

Hochbetrieb im Ministerium! Man suchte von oben bis unten alles durch: Säle, Amtsräume, Abstellräume und Archive. »Vielleicht liegt es bei der Prokuratur«, meinte der Abteilungsleiter mit einer löblichen, selbstverständlichen Furcht vor Verantwortung.

Nein, in den Büchern war kein Abschluß des Verfahrens registriert. Und so suchte und suchte man unermüdlich weiter.

Schließlich übertrug man Venâncio die undankbare Aufgabe, dem Vorgesetzten die Reste der Akte, die der Ministerialdirektor durchsehen wollte, herbeizuschaffen. Es war ein Haufen zernagter, unleserlicher, für jeglichen Zweck unbrauchbarer Papiere. Der Ministerialdirektor wurde fast blind vor Wut, als ihm der Hauptabteilungsleiter den ekelhaften Packen vorlegte.

»Das Werk der Ratten? Ja, was hat denn der Ausschuß getan? Welche Maßnahmen und Vorkehrungen hat er getroffen?«

Der seit fast einem Jahr ernannte Ausschuß war nie mehr zusammengetreten. Die Krankheit des Präsidenten und die unzähligen Verpflichtungen der Mitglieder hatten ihn verhindert, sich der übernommenen Aufgabe anzunehmen. Im übrigen hatte ja der Präsident das alles dem Minister einmal am Telefon erklärt.

Der Ministerialdirektor wagte nicht, gegen den Ausschuß vorzugehen, weil die Elite des Landes so stark darin vertreten war. Doch leitete er geschickt eine strenge Untersuchung ein. Diese hatte schwere Folgen für Venâncio, denn die Putzfrau bezeugte, daß sie verschiedene Nahrungsreste an Stellen gefunden hatte, wo man sie nur absichtlich hingelegt haben konnte, um die Nagetiere anzulocken. Und da Venâncio als einziger Beamter nächtliche Überstunden machte, konnte nur er ohne kompromittierende Zeugen solche Heldentat vollbracht haben.

Von einem eigens dazu bestimmten Beamten ins Verhör genommen, brachte Venâncio weder die Entschlossenheit noch den Mut auf, den Indizien, die sich gegen ihn häuften, Widerstand zu leisten. In Gegenwart des strengen Untersuchungsbeamten, des Vertreters eines Staates, an dessen geheiligtem Eigentum er, Venâncio, sich vergriffen hatte, legte er schließlich ein klägliches Geständnis ab.

Der Ministerialdirektor, dem die Schwiegermutter das Leben zur Hölle machte, da sie ihm die Schuld für die Zerstörung der Dokumente gab, übermittelte Seiner Exzellenz dem Minister das Resultat des Verhörs. Und der große Staatsmann, der niemals zögerte, wenn es um Pflichterfüllung oder Gerechtigkeit ging, zeigte sich unerbittlich, ganz wie sein Gewissen es ihm vorschrieb. Venâncio hatte sich vergangen an der Sicherheit des Staates, er hatte nie wiedergutzumachende Schäden verursacht, und deshalb wurde er aus dem Staatsdienst entlassen. Eine einzige Stimme wurde laut, die es für eine genügende Strafe hielt, ihn zwangsmäßig in den Ruhestand zu versetzen. Aber Seine Exzellenz gab nicht nach und verurteilte ihn zu einer regelrechten Entlassung, denn er meinte, daß das Land bis oben hin voll von Nagetieren sei.

Zwei Jahre später löste sich der zur Bekämpfung der scheußlichen Tiere ernannte Ausschuß auf. Der Präsident empfing ein Lob, denn wenngleich die Umstände es ihm nicht erlaubt hatten, sich mit aller Kraft für die Sache einzusetzen, so müssen doch große Persönlichkeiten ausgezeichnet werden, und es ist wichtig, auf sie hinzuweisen, zum Wohle des Vaterlandes und der Nachkommenschaft. Durch die Würdigung solcher Vorbilder gewinnt die Geschichte der Menschheit unsterblichen Ruhm.

Übersetzung: IL

Soeiro Pereira Gomes

VERLORENE ZUFLUCHT

Ohne den Koffer abzustellen, wartete er auf die Straßenbahn. Nun war das Ende der Arbeitsphase abzusehen, der gewagtesten, gefährlichsten. Wie erleichtert er sein würde, sobald er zu Hause war!

Er schwitzte, war müde und durstig; dennoch suchte er eine leutselige Miene aufzusetzen, als wolle er den an der Haltestelle Wartenden zurufen: »Schöner Morgen, was? Machen Sie sich nichts aus meinem Koffer… Ist nur Wäsche drin und federleicht.« Natürlich bemerkten die Leute, daß sie einen weiteren Konkurrenten auf der Jagd nach freien Sitzplätzen hatten, achteten aber nicht weiter auf den schmächtigen, schlecht gekleideten jungen Mann, dessen Augen unstet unter seinem ins Gesicht gezogenen Hut flackerten.

Als die Elektrische hielt, wollte Abel mit seinem Koffer in der Hand einsteigen, fühlte sich aber außerstande und hievte ihn auf die Plattform hinauf. Hilfsbereit eilten zwei Herren herbei. Dankend hob er die Hand zum Hut und erzitterte innerlich, als er die Galgengesichter erblickte, die ihn baten:

»Er stört überhaupt nicht. Stellen Sie Ihren Koffer ruhig hierher.«

Die Stimme klang vorsätzlich süßlich. »Besten Dank«, sagte Abel und schob sich in die Ecke der Bank ganz in der Nähe der Tür, während er sich bemühte, sein gefälliges Aussehen beizubehalten. Ruhe, Ruhe, ich bin ja kein Hase in seiner Grube. Und die Männer dort, wenn auch unsympathisch, sind sicher harmlos. Warum denn gleich jemanden verdächtigen, der einem nur helfen will?

Ruhiger geworden, zündete er sich eine Zigarette an. Und nachdem er die Entfernung berechnet hatte, die ihn von seiner Tür trennte, ließ er den Blick über die Fahrgäste gleiten. Das Mädchen da mit der Stupsnase — ganz lustig… Sein Versuch, sich von seinen Besorgnissen frei zu machen, fruchtete nicht. Dort hinten standen die beiden Männer und schienen ihn anzustarren. Teufel noch mal! Er hätte schwören mögen, daß er sie in diesem Augenblick bei einem verständnisinnigen Blickwechsel mit einem vorn sitzenden Fahrgast überrascht hatte. Die Sache wurde brenzlig.

Er erwog, an der nächsten Haltestelle auszusteigen, denn die Polizeihunde bis zu seinem Haus auf den Fersen zu haben wäre verheerend. Jedoch, hier auszusteigen, zwischen Mauerwerk und freiem Gelände... Wohin sollte er sich wenden, wenn man ihn bemerkte mit seinem großen Koffer in der Hand, von dem die beiden Männer wußten, daß er schwer war? Und wenn er den Koffer stehen ließ und floh... Alles, nur das nicht. Fliehen war Selbstverrat — es galt, bis zum Schluß die letzte »Chance« wahrzunehmen, wie die Freunde sagten. Und den Koffer aufzugeben, ohne Widerstand zu leisten, hieß die verraten, die ihm vertrauten: seine Kampfgenossen, seine Partei.

Die Elektrische näherte sich der Endstation... Sie hielt. Abel zeigte beim Aussteigen keine Hast. Packte seinen Koffer, und aufrecht, gelassen, als sei er nicht schwer und verursache ihm keinerlei Beschwerden, überholte er die beiden Männer, die ihm unterwegs zu zögern schienen. Nach einer Weile drehte er sich um, wie um einen Schnürsenkel festzubinden, und sah, daß der Fahrgast, der auf der Vorderbank gesessen und ein Zeichen gemacht hatte, ihm folgte. Abel beschleunigte den Schritt, bog um die erste Ecke, trat beherzt in eine Tür und stieg die Stufen bis zum ersten Stock hinauf. Keuchend blieb er stehen. Durch das Oberlicht der Haustür sah er den anderen vorbeigehen, mit vorgestrecktem Kopf, witternd.

»Suchen Sie jemanden?« fragte eine Frau, die beim Schrubben des ersten Treppenabsatzes innehielt.

»Ja — das heißt: wohnt hier nicht Senhor...?« (Er nannte einen beliebigen Namen.)

»Nein, hier nicht. Ich kenne alle Hausbewohner. Aber lassen Sie mich mal sehen. Dort rechts...«

»Danke, guten Tag«, unterbrach Abel, stieg die Treppe hinunter, spähte auf die verlassene Straße hinaus und, wiederum um die Ecke biegend, ging er behenden Schritts auf das Haus zu.

Als er sein Zimmer, seine Zuflucht betrat, warf er sich befriedigt aufs Bett. Wieder einmal entkommen! Trotz der schlaflosen Nacht war er nicht müde; nur die Füße schmerzten ihn und waren sicherlich voller Blasen unter den am Fleisch klebenden Socken. Nach drei Monaten mit dieser Arbeit — das Propagandamaterial abholen und verteilen — hatten seine Füße noch keine Schwielen, wie die der anderen Kameraden, die viele Kilometer durchhielten… Jawohl! Tatsächlich! Vor drei Monaten war er untergetaucht. Neunzig Tage Kampf, immer auf der Flucht vor den faschistischen Häschern, in einem fremden, wenn auch freundlichen Heim untergekommen, in dieser engen Kammer, die seine ganze Welt der Erholung, des Studiums und mitunter des Träumens ausmachte. Dieses niedrige Zimmer mit seinen stockfleckigen Wänden war ihm lieb mit seinem matratzenlosen Eisenbett auf der einen Seite, einem rohen Tisch auf der anderen, seinem Koffer und einem Fenster, das auf die Hinterhöfe ging, aber in der Ferne sah man ein Stück Fluß.

Abends, wenn die Sonne einen Spiegelschein auf die schmutzigen oder zerbrochenen Scheiben der Hinterhäuser warf, zur Stunde, wenn die Hausbewohner auf dem Heimweg von der Arbeit die Straßen verstopften, lehnte sich Abel aus dem Fenster und teilte das fröhliche oder traurige Leben seiner Nachbarn. Die Männer in Hemdsärmeln verschafften sich Abwechslung beim Reparieren alter Hühnerställe, oder sie begossen eifrig ein kraftloses Mispelbäumchen, das nie Früchte tragen würde, während die Frauen den Tisch auf der schmalen Veranda deckten, wenn das Wetter gut war, und die kleinen Jungen wie hungrige Spatzen hüpften.

Sie hatten ihn gern, die Gassenjungen. Von weitem zeigten sie ihm ihr armseliges Spielzeug, befeuerten ihn mit Küssen und imaginären Flintenschüssen; und er antwortete mit Grimassen, über die sie sich schieflachen wollten. Nichts brachte ihn nachts so sehr zur Verzweiflung wie das von giftigem Gekeife übertönte schrille Weinen eines Kinds. Dann trat er ans Fenster und versuchte zu erraten, was hinter der Dunkelheit vor sich ging. Einmal fuhr er sogar eine Nachbarin an, die Luizinha schlug, ein blondes kleines Mädchen, das seiner jüngeren Schwester glich.

»Warum schlagen Sie das Kind? Vielleicht tut ihm was weh, und deshalb strampelt es so. Lassen Sie es doch in Ruhe!«

Er hatte barsch gesprochen, und die Frau zeterte los:

»Wer sind Sie überhaupt, daß Sie mir Vorschriften machen wollen? So ein Laffe! Kehren Sie gefälligst vor der eigenen Tür!«

Wer war er? . . . Genaugenommen: Niemand. Sein Leben war wie das aller Proletarier seines Landes, aller, die nach Brot und Gerechtigkeit hungerten, es war aber auch das Leben dieser verzweifelten Frau, warum, wußte er nicht. Elend… das war es. Aber eines Tages… eines Morgens mit strahlender Sonne… Ja, mit Sonne…

Die Türklingel weckte ihn jäh aus dem Schlaf. Zweimal kurz und einmal lang… Hatte er sich nicht getäuscht? Er spähte durch die Luke und öffnete.

»Ah, du bist's! Hast mich erschreckt, weißt du?«

»Hast du das Material schon ausgesondert?« fragte der andere ängstlich.

»Noch nicht. Kaum war ich da, bin ich eingeschlafen…«

»Dann pack deinen Koffer und hau ab. Das Viertel steht unter Polizeibewachung. Miete dir woanders eine Bleibe, weit weg. Schau dir die Zeitungsannoncen an. Der verantwortliche Kamerad hat gesagt, du sollst ihn um sechzehn Uhr treffen und das Material aus der Provinz im Handkoffer mitbringen. Das Lokal weißt du. Im Notfall morgen früh um acht Uhr. Verstanden?«

Ganz benommen hatte Abel sich im Bett aufgesetzt. Er hatte die augenblickliche Situation noch nicht mit seinem Erlebnis in der Elektrischen in Verbindung gebracht. Er erhob Einwände.

»Zuerst muß ich mir die Füße waschen… Sieh, wie ich aussehe! Dann die Wäsche packen und meine Sachen… Dazu brauche ich noch eine Weile.«

»Laß deine Füße, Kamerad. Die Polizei macht die Runde! Was hast du schon groß zu packen? Nichts.«

»Hast recht«, murmelte Abel und sandte einen Abschiedsblick erst durch die Kammer und dann über die Häuserfronten des Hinterhofes, wo Luizinha sich tummelte.

Der Kamerad schnürte ihm seine Siebensachen zusammen, während er seinen Hausfreunden, die noch bei der Arbeit waren, einen Zettel schrieb. Beim Fortgehen sagte der andere:

»Wir haben die Marschrichtung noch nicht vereinbart. Wie denkst du zu gehen?«

»Durchs Dunkle Tal, das ist besser«, sagte Abel. Der Freund stimmte zu.

»Viel Glück. Und halt dich stramm!«

Abel drückte ihm fest die Hand und machte sich, dann und wann zurückblickend, schnurstracks zum Hohlweg des Tals auf.

Das Dunkle Tal war ein schmales Gelände zwischen zwei Hängen, dessen harte, gräuliche Erde nur die Pächter eines Kleinguts am Rande des Hohlwegs zu bebauen wagten, solange die Stadt sich nicht an den Hängen hinabzog. Das Tal war ein Schuttabladeplatz, auch einer für jene, welche die Bürger mit Fußtritten fortstießen: Straßenverkäufer, die den Morgen mit ihrem Geschrei störten; Dirnen ohne Ausweis und Bettelmusikanten der dunklen Gassen, Lumpensammler, die den Straßenkötern den Inhalt der Müllkästen streitig machten; und schließlich Kinder — die Waisen der Stadt, die Kinder von Niemand —; sie alle hausten in Holz- und Blechhütten oder unter Segelfetzen, aufgespannt zwischen altersschwachen Olivenbäumen.

Diesmal achtete Abel nicht auf den im Herzen der Stadt gelegenen Sumpf des Elends. Er wollte schleunigst eine Zuflucht finden, wollte ausruhen. Nachdem er den Anzeigenteil einer Zeitung überflogen hatte, klopfte er schließlich an die Tür des gewählten Hauses.

»Ist hier ein Zimmer zu vermieten?«

»Bitte einzutreten.«

Das Zimmer war düster und hatte nur eine auf den Hinterhof gehende Luke. Fort war das Stückchen Fluß, die Nähe des befreundeten Ehepaares, Luizinhas Lachen! Immerhin schien die Wirtin freundlich.

»Die Miete macht zweihundert Escudos«, sagte sie.

»So teuer!«

Die Frau rechtfertigte sich mit dem »Schwarzmarkt« und einer Monatsrente, die nicht einmal für eine Wochenkost reichte. (Sie war die Witwe eines Staatsbeamten.) Abel zögerte. Doch der Koffer wog wie Blei, und seine Füße taten weh... Er blieb.

Dann, auf dem Bett ausgestreckt, dachte er, er müsse einen neuen Koffer kaufen, jedoch mit einem verschließbaren Rückenteil, in dem er die Flugblätter verwahren konnte, denn für diesen gab es nicht einmal einen Schlüssel. Und wenn die Wirtin in seiner Abwesenheit den Koffer durchwühlte? Vielleicht tat sie es nicht.

Sie sah nicht aus wie eine Schnüffeltante. Jedenfalls durfte er sich nicht aufhalten.

So ging er aus, auf der Suche nach einem Koffergeschäft. Als er kurz darauf zurückkehrte, kam die Wirtin mit verstörtem Gesicht auf ihn zu.

»Verzeihung, Sie haben mir noch nicht gesagt, woher Sie sind und was Sie tun. Sind Sie Angestellter?«

»Ich bin Stadtverkäufer«, antwortete Abel und nannte den Namen eines Dorfes als seinen Heimatort. »Ich verfasse auch Schriften...«

»Ah, ja«, erwiderte die Frau und machte eine Pause, dann fügte sie hinzu: »Verzeihen Sie, aber ich muß wissen, mit wem ich's zu tun habe. Mein Leben ist schon schwer genug.«

Der junge Mann gab sich alle Mühe, ihr Vertrauen zu erwecken, ahnte aber, daß bereits etwas Nichtwiedergutzumachendes geschehen war. Er trat zu seinem Koffer und sah, daß er berührt worden war. Ein Fluch entfuhr seinen Lippen. Zum erstenmal an diesem Tag fühlte er sich entmutigt, von den Ereignissen bezwungen, und Tränen traten in seine Augen.

Kurze Zeit stand er so, still, mit hängendem Kopf. Vor ihm sprachen die aufgereihten Flugblätter von dem durch den Faschismus unterdrückten Volk und von dem in Gefahr schwebenden Vaterland; sie sagten ihm, es gelte zu kämpfen und zu siegen. Augenblicke lang sah er die von der Nachtarbeit trüben Augen der Kameraden in der Geheimdruckerei; er sah ihre fiebrigen Hände beim Setzen der Artikel. Und hörte — er hätte schwören können, daß er es gehört hatte — das Gemurmel von Tausenden von Stimmen, die forderten und riefen:

— Vorwärts! Vorwärts!

Dann faßte er Mut. Sagte der Wirtin, er würde gegen Abend wiederkommen, war jedoch bereits entschlossen, nicht zurückzukehren. Und wieder sah er sich der Ungewißheit, einen Zufluchtsort zu finden, und den Gefahren der Straße ausgesetzt. Als er an den Treffpunkt gelangte, sah er nicht den verantwortlichen Kameraden. Zu spät! Er suchte sich die letzten Zimmerangebote heraus, und wieder hieß es treppauf, treppab, an die Geländer geklammert, den Koffer schleppend. Endlich glaubte er ein sicheres, gastliches

Zimmer gefunden zu haben. Aus einem Radio im Hinterhof tönten die melodischen Akkorde eines Liedes, das er irgendwo gehört hatte, wo, wußte er nicht. Seine Nerven spannten sich. Doch als er den Koffer und seinen Hut verstauen wollte, warf die Wirtin hin:

»Heute müssen Sie ohne Zimmerschlüssel auskommen.«

»Das macht nichts.«

»Wenn Sie aber wollen, kann ich ihn im Gefängnis abholen.«

Er schnitt eine entsetzte Grimasse, und die Wirtin erklärte:

»Der Zimmerherr, der hier gewohnt hat, ist gestern aus politischen Gründen verhaftet worden.«

Abel war wie versteinert. Er brauchte einige Momente, bis er sagen konnte, ohne sich zu verraten: »Wenn es Ihnen recht ist, bitte ich Sie, mir das Zimmer bis heute abend zu reservieren. Ich muß nämlich noch meinen Musterkoffer im Geschäft abliefern. Ich bin Stadtverkäufer…«

»Ja, ist mir recht.«

Abel rannte die Treppen hinunter. Unmöglich, daß das Haus nicht bewacht war! In diesem Augenblick lief es ihm kalt über den Rücken. Auf dem Treppenabsatz drückte sich eine verdächtige Gestalt ins Halbdunkel. Er bemerkte, daß es ein untersetzter Mann mit heruntergeschlagener Hutkrempe war, der ihm folgte, kaum hatte er die Schwelle der Haustür überschritten. Er beschleunigte den Schritt, bemüht, sich in dem Gewimmel der Fußgänger davonzustehlen. Es war die Stunde, in der das Volk, von der Arbeit zurückströmend, durch die Straßen trieb und wogte. Viele Leute trugen Pakete und Handkoffer, doch keiner schleppte einen so großen wie Abel, der damit unbemerkt zu entkommen suchte.

Der Mann kam hinterhergeschlichen, dicht an die Mauern geklebt wie eine Eidechse. Er sah ihn mit raschem Seitenblick, wenn er tat, als betrachte er die Schaufenster; er spürte im Rücken die Kälte seiner Gegenwart. Bog um die erste Ecke und setzte sich in Trab. Er mußte die nächste Querstraße erreichen, bevor der Polizeispitzel von neuem auftauchte. Doch als er zurückspähte, war es nicht mehr ein Mann, sondern zwei, vielleicht mehrere, die ihn zu verfolgen schienen. Einer von ihnen war untersetzt, mit heruntergeschlagener Hutkrempe…

Schon rann ihm der Schweiß übers Gesicht; die Schuhe preßten seine Füße wie Zangen; ein spitzer Schmerz stach ihn in die Hüften. Mit der Entschlossenheit seines ganzen Willens biß er die Zähne zusammen. Ich werde den Koffer nicht loslassen. Ich muß die Flugblätter abliefern, die meine Kameraden mir anvertraut haben.

Er ging, so schnell er konnte, lief eine andere Straße hinunter, bog um eine neue Ecke. Immer verfolgt von ein paar verdächtigen Gestalten, die ihn von ferne hartnäckig aufs Korn genommen hatten. Ein Straßenjunge schrie neben ihm, ein Zeitungsverkäufer, und Abel zuckte zusammen. Dann schnauzte ihn eine Frau an, die er angerempelt hatte. »Scher dich, Saufbold!« hörte er sie hinter ihm herrufen. Doch die Beleidigung ging unter in seiner fixen Idee: Ich werde den Koffer nicht loslassen! Er verspürte das Verlangen, seinen Feinden und der ganzen Stadt die Herausforderung entgegenzuschreien: Ich hab' keine Angst, Kanaillen! Bluthunde! Kommt nur, einer nach dem anderen! Dabei lief er mühsam weiter, während der Koffer gegen sein Bein schlug und der Schweiß ihn durchnäßte.

Dann prallten plötzlich die Scheinwerfer eines Autos auf ihn. Abel stand geblendet. Die Polizei? War er umzingelt? Er hatte noch nicht bemerkt, daß die Nacht auf die Stadt gesunken war und Tausende von Lichtern aufleuchteten. Ihm ging es nur um eines: die schleichenden Schatten, die ihn überallhin verfolgten, abzuschütteln; jene argwöhnischen Augen, die ihn von oben bis unten musterten und ihm eine Schlinge um den Hals legten. Die weite, ausgedehnte Stadt, die kein Ende zu nehmen schien! Und keine Tür öffnete sich ihm! Ach, könnte er sich doch in ein dunkles Versteck schleppen…

Jetzt lief er durch ein paar schlechtbeleuchtete, fast verlassene Gassen. Plötzlich verlor er den Halt und bemerkte, daß er über unebenes Gelände rollte. Stand auf und blickte umher. Die trübe Helligkeit vieler ferner Lichter ließ ihn die Umrisse des Dunklen Tals unterscheiden, das in Schatten und Stille getaucht lag. So stand er etliche Zeit, gespannt lauschend. Langsam schwand seine Angst. Seine Füße fühlte er schon nicht mehr! Schlimmer war ein beißender Schmerz im Magen! Wie lange hatte er nicht mehr gegessen?

Er schmiegte den Jackenkragen an den Hals, benutzte den Koffer als Kopfkissen. Was scherte ihn der Hunger? Er würde die Flugblätter zur Notstunde abliefern, er würde seine Aufgabe erfüllen. Und eines Tages… eines strahlenden Morgens… ja, strahlend von Sonne… Ah!

Übersetzung: CMC

Alves Redol

DIE NELKE

Im Hinterhof hat man mich bestimmt für betrunken gehalten, weil ich solch einen Radau machte wegen der Nelke in der Dose. Aber ich hatte an jenem Nachmittag nur ein einziges Glas Wein im »Geschorenen Hund« getrunken. Und ein Glas wirft wohl keinen um. Überhaupt, ich trinke und rede nicht gern. Wenn ich mich an den Tagen, da ich keine Arbeit habe, in die Taverne setze und mich auf ein Schwätzchen einlasse, so nur, um die Zeit totzuschlagen. Nicht, daß ich den Tropfen verachte, aber was wahr ist, muß wahr bleiben: Ganz selten bin ich so nüchtern gewesen wie an jenem Tag. Manchmal denke ich allerdings, einfache Nelken wären soviel Aufhebens gar nicht wert…

Nun, ich warf jedenfalls die Kinder aus der Bude heraus, und das Weib verprügelte ich mit einer Wut, als ob mich der Teufel ritte. »Na, hören Sie mal, so verprügelt man doch keine Frau!« sagte nachher der Kommissar auf der Wache. Ich hatte ihr nämlich das ganze Gesicht schwarz gehauen.

Schon als ich noch ein kleiner Junge war, lehrte man mich, daß man eine Frau nicht schlagen dürfe, nicht einmal mit einer Blume. Und just wegen einer Nelke in einer Butterdose gab es den Krach im Hinterhof. Und sie, sie hat sich auf und davon gemacht. Leid tut's mir nur um die Kinder; sie fehlen mir direkt. Ich habe sie wahrhaftig liebgehabt, wenn auch nur eins davon mein eigenes ist. Man gewöhnt sich an Kinder, man unterscheidet mit der Zeit gar nicht mehr, ob man sie selbst in die Welt gesetzt hat oder nicht. Jedenfalls mir geht das so. Nach ihr sehne ich mich kein bißchen. Leid tut sie mir auch nicht. Schließlich hat sie mir ja mein Leben verpfuscht.

Es fing an, als sie eines Tages bei uns im Dorf erschien. Sie roch sozusagen nach Stadt, und deshalb interessierte sie mich… Dummejungenmanier… Na, und auf dem Fest verschwanden wir dann im Tannengehölz, und da passierte es… Kann man denn gegen sein Schicksal angehen?

Ich war sehr stolz auf mich, das muß ich sagen. Immerhin war sie nicht wie alle Mädchen, und ich erregte Aufsehen mit ihr. Ich will mich gewiß nicht hervortun, aber damals konnte ich bestimmt soviel Mädchen haben, wie ich nur wollte. Ein Faulpelz war ich auch nicht gerade, meine Alte besaß ein Stückchen Land... kurzum, ich galt als eine gute Partie.

Eines Abends, wir saßen beim Essen, sagte meine Mutter zu mir: »Maurício, hör, was ich dir sage! Frauen, die einmal in Lissabon gelebt haben, taugen nicht mehr für einen Mann wie dich. Die können sich an uns einfache Leute nicht mehr gewöhnen, die bringen die Männer nur auf Abwege. Amüsier dich ruhig, schließlich bist du im richtigen Alter dazu, aber laß dich nur nicht einfangen!«

Ich ließ mich aber einfangen. Und sie redete immerzu von der Stadt. Sie könne mir bestimmt Arbeit verschaffen: als Handlanger auf irgendeinem Bau oder in einer Fabrik oder bei der Straßenbahn... Sie machte mich rein närrisch mit ihrem Geschwätz. Und so packte ich denn eines Nachmittags, als meine Mutter eben fort war, um den kleinen Acker zu begießen, meine Siebensachen zusammen, stahl noch Geld aus der Truhe und lief schnell davon, um den Autobus nicht zu verpassen, der ziemlich weit von unserem Haus entfernt auf der Landstraße fährt. Sie war schon am Tag vorher abgereist, der bösen Zungen wegen, und ich hatte ihr schwören müssen, daß ich schon am nächsten Tag bei ihr wäre. Nun, eins verdanke ich ihr jedenfalls: Was ich über die Welt weiß, hat sie mir beigebracht. Verdammt noch mal, ungerecht will ich schließlich nicht sein.

Zunächst verlief alles wunderbar, sogar als sie mir ihre Kinder vorführte, die allerdings der Sache nicht recht trauen wollten. Aber ich setzte alles daran, sie zu gewinnen, und ich habe sie tatsächlich immer gern gehabt. Sie mich übrigens auch. Deswegen vermisse ich sie so.

Das Schlimmste war, daß mir der ganze Hinterhof mit der Zeit auf die Nerven ging. Platz war überhaupt kaum da, wir klebten nur so aufeinander. Na, und der Lärm, man konnte rein verrückt davon werden. Und manchmal redete ich mir sogar ein, daß man mir die Luft zum Atmen nicht gönnte. Die Sonne war nicht dieselbe Sonne wie bei uns auf dem Land. Auch roch es nicht nach Feld und Tannen. Ich hatte manchmal das Gefühl, ich brauchte bloß meine Arme zu heben, um sofort in Gefahr zu kommen, die ganze Gesellschaft zu verhauen. Und hätte ich einmal solch einen Schrei ausgestoßen, wie wir das im Dorf taten, so hätten die mich für wahnsinnig gehalten.

All mein Pech aufzuzählen lohnt sich nicht; das ist nun mal so im Leben, daß man vielerlei Pech hat. Ich habe im Grunde auch etwas dabei gelernt, das kann ich nicht leugnen. Aber trotzdem hatte ich immer Heimweh nach unseren Feldern und Bergen und sogar nach unserer einfachen Art. Den Sonntag verbrachte ich nun damit, mit einem ganzen Trupp zum Fußballspiel zu ziehen, ein Gläschen zu trinken… Ich sagte ihr übrigens nie, daß ich mich grämte; warum sollte ich ihr schließlich weh tun? Überhaupt rede ich nicht gern. Als wäre es gerade eben gewesen, so genau erinnere ich mich noch an alles. Der Meister hatte eine Reihe Arbeiter entlassen, und ich war bei den ersten gewesen. Das brachte mich zuerst ganz durcheinander. Verflucht noch mal, was hab' ich für ein Pech! ging es mir durch den Kopf. Aber ich beruhigte mich ziemlich schnell. Ich kaufte nämlich für ein paar Kröten die Dose im Laden von Artur.

Als ich nach Hause kam, fragte sie mich: »Wozu ist das Dings da gut?«

»Du wirst's schon früh genug sehen.«

Auf mein Ehrenwort, ich bildete mir ein, sie würde sich freuen. In aller Herrgottsfrühe stahl ich mich in den Pfarrgarten und klaute gute, gedüngte Erde. Schon allein der Geruch davon tat mir besser als alles andere. Dann kaufte ich mir den Samen, tat ihn in die Erde, als ob ich einen richtigen Schatz verwahrte, so einen aus den alten Zeiten der Franzosen. Ich kam sogar früher als sonst nach Hause und machte mich daran, die Erde zu begießen; ich wollte sehen, wenn ein Stengelchen herauskäme. Die Kinder drängten sich an mich heran, wir kamen uns innerlich so richtig nah. Mein António war beinahe zwei Jahre alt. Mein Gott, wie die Zeit vergeht! Und dabei ist mir zumute, als wäre ich erst gestern aus dem Dorf ausgezogen.

Manchmal stritten wir uns beide. Sie schrie dann immer am meisten, weil ich ja sowieso nicht gern rede.

»Nimm dich zusammen«, sagte ich dann wohl, »nebenan kann man doch alles hören.«

Aber sie schrie immer dieselbe Litanei weiter, ein richtiger Leierkasten. Man hätte meinen können, daß sie jedes einzelne Wort bis aufs letzte Krümchen im Munde zerkauen wollte. Daß ich mein Heil von der Partei erwartete und daß sie weiß Gott keine Lust hätte, sich für einen Tagedieb abzurackern…

Ich ein Tagedieb, wo ich doch noch nie irgendeine Arbeit gescheut hatte! Alle Meister, für die ich gearbeitet habe, können das bestätigen. Daß ich mich zuerst schämte, um Arbeit zu betteln, nun, das ist schließlich verständlich. Bei uns im Dorf war ja das alles ganz anders. Da kamen die Leute zu mir und holten mich zur Arbeit, oder ich ging auf den Arbeitsmarkt; aber jemanden anzubetteln, das hatte ich nicht nötig gehabt. Doch auch damit fand ich mich letzten Endes ab. Wie aber sollte ich ihr klarmachen, daß ich über diese Dinge nicht gern sprechen mochte? So fing sie denn an, unverschämt zu werden. Wegen jeder Kleinigkeit legte sie los. Ich zuckte dann bloß mit den Achseln und machte mich daran, für meine Dose im Hof die sonnigsten Fleckchen auszusuchen.

Nicht selten bemerkte ich ihren spöttischen Blick, oder wie sie den Kopf schüttelte, wenn ich so für meine Nelke sorgte. Besonders wenn sie so den Kopf schüttelte, ging in meinem Innern etwas vor, das man nicht erklären, sondern eben nur spüren kann. Sogar meine Hände fingen dann an zu zittern. Und ich wurde wütend auf sie, weil sie nicht verstehen wollte, was in mir vorging, nämlich daß die Dose mit der Pflanze mir ein kleines Stück von meinem einstigen und nun verlorenen Leben ersetzte.

Als jedoch die erste Nelke aufblühte, vergaß ich meinen ganzen Kummer. Ja, ich hätte beinahe geweint vor lauter Freude. Ich rief die Kinder und den Stuckarbeiter Jerónimo und die Nachbarn… Alle kamen sofort und bewunderten meine Nelke. Nur sie, sie kam nicht. Von weitem lachte sie mit ihren boshaften kleinen Augen über mich und die Blume. Daß sie über mich lachte, hätte ich noch gelten lassen, aber über die Blume, die doch ein Stück meines vergangenen Lebens war, das konnte ich ihr nicht verzeihen. Und schon damals hätte ich sie am liebsten gleich verhauen.

»Eine lila Blume mit weißen Punkten«, sagte mein Sohn und quietschte vor Freude.

»Eine spanische Nelke«, sagte die Frau vom Pendurinhas.

»Wenn sie rot wäre, könnte sie in den Benfica-Fußballklub aufgenommen werden...«

Da lachten natürlich alle.

Etwas ganz Neues war im Hinterhof vor sich gegangen, etwas, das gar nichts zu tun hatte mit dem üblichen Lärm und den Streitereien. Aber sie, sie stand vollkommen gleichgültig da. Ihre Augen blickten so spöttisch und so durchtrieben drein, als beleidigte sie die Blume. Ich versuchte, mich darüber hinwegzusetzen. Ich war so froh, weil ich immerzu daran denken mußte, daß bald viele Nelken blühen würden und unser Hinterhof dann nicht mehr so dreckig und so düster wäre.

»Ob sie wohl alle dieselbe Farbe haben?«

»Hoffentlich nicht!«

Und ich dachte an alle Farben meines Feldes und an die Felder meiner Freunde, die ich nie wieder gesehen hatte. Und an das Feld meiner Mutter, die sich gewiß schmerzlich nach mir sehnte, denn ich war schließlich ihr Einziger. Weinen hätte ich mögen und allein sein mit meiner Blume. Und ich blieb auch endlich allein mit ihr, denn die Kinder fingen wieder an, mit ihrem Lumpenball zu spielen, und die Männer setzten sich wieder in ihre Zimmer oder in die Taverne; nur die Frauen blieben vor den Türen, wo sie sich kämmten und miteinander schwatzten.

So blieb ich denn eine lange Weile bei meiner Nelke, ganz still, und sehnte mich nach einem Häuschen mit einem Blumengarten, den ich pflegen konnte. Violett war die Nelke, mit weißen Tupfen... Ich hätte sie gern angefaßt, aber ich fürchtete, sie zu zerbrechen. Aber sie gehörte mir, mir allein. Und die Erde roch wie unsere Erde im Dorf, wenn es regnet. Der Geruch drang mir ins Herz und rief in mir alles wach, was ich doch eigentlich hatte vergessen wollen.

Da sagte sie plötzlich: »Na, dann bleib du man für den Rest deines Lebens da hocken, und ich rackere mich ab für dich.«

Ich blickte auf. Ich konnte gar nicht begreifen, daß sie es war, die das gesagt hatte. Dann stellte ich die Dose in das Drahtgestell neben die Tür und sagte leise fluchend, ich schlüge ihr am liebsten den Kopf ein.

Als sie nicht aufhörte zu keifen, ging ich in den »Geschorenen Hund«. Ich aß eine Kleinigkeit und trank ein Gläschen, nur eins, mein Wort darauf. Nachher wollten sie alle wissen, ich wäre voll gewesen bis oben hin, aber das ist eine Lüge. Ich geriet ja nur so in Wut, weil ich sah, daß die Dose und die verstreute Erde auf dem Boden lagen und die Nelke geknickt war.

Ich stieß die Tür auf, ging stracks auf die Pritsche los und zog die Frau am Arm hoch. »Wer hat das getan?«

Sie grinste nur und drehte sich auf die andere Seite. Das ging denn doch zu weit. Ich warf mich über sie, suchte ihr Gesicht, und als ich es zu fassen bekam, schlug ich zu. In einem fort schlug ich zu, ich wußte selbst nicht wohin, ich schlug eben nur aus Leibeskräften.

Die Kinder begannen zu schreien, und ich warf sie allesamt vor die Tür. Die Nachbarn wachten auf, die Polizei kam, und ich befand mich plötzlich auf der Wache.

»Na, hören Sie mal, so verprügelt man doch keine Frau!« sagte der Kommissar.

Aber was wußte der davon! Gewiß hätte auch er nur gelacht, wenn ich ihm gesagt hätte, daß ich die violette Nelke brauchte, daß sie im Augenblick das einzige war, was das Leben mir noch Schönes gab, das einzige, was mir das Leben überhaupt noch erträglich machte.

Ganz gewiß, er hätte nur gelacht. Deswegen sagte ich es ihm auch nicht.

Zwei Tage lang lochten sie mich ein, aber das zog ich dem Reden vor — es gibt Dinge, die man tief in seinem Herzen verschließen muß.

Und sie? Sie machte sich auf und davon, und die Kinder nahm sie mit. Die fehlen mir nun, wenn auch bloß eins davon richtig mir gehört. Man gewöhnt sich an Kinder... Na gut. Schluß damit. Daß mir nur keiner mehr von ihr spricht, nichts will ich wissen von ihr, sie hat mir mein Leben verpfuscht.

Nur zurück in mein Dorf möchte ich noch. Aber erst, wenn ich mir ein neues Hemd leisten kann, will ich mich dort sehen lassen. Die Leute und meine Mutter sollen nicht denken, ich wäre in Lissabon ganz und gar auf den Hund gekommen.

Wer weiß, vielleicht wäre alles anders geworden, hätte sie mir nur die Nelke nicht kaputt gemacht... Aber es tut mir nicht leid, daß ich ihr das Gesicht zerschlagen habe. Bestimmt hat es mir weher getan, meine Nelke zu verlieren, als ihr die schwarzen Flecken weh getan haben, die ich ihr beigebracht habe in jener Nacht.

Übersetzung: IL

Manuel da Fonseca

MARIA ALTINHA

Jedes Jahr ziehen Frauen, die unten im Süden, am Meer leben, durch das Gebirge und verteilen sich über die Ebene, um als Jäterinnen in den Reispflanzungen zu arbeiten. Sie kommen mit fröhlichen Liedern und munteren Gesprächen, und die Dorfleute versammeln sich auf den Plätzen, um sie vorüberziehen zu sehen zu den Landgütern. Und an den ersten Tagen, zur Abendstunde, hält der Aufseher die freundlichsten Worte bereit für die Arbeiterinnen vom Meer, die bei Sonnenuntergang, wenn das endlose Zirpen der Grillen und Heimchen sich in der Ferne verliert, gebückt inmitten der Ähren oder tief in den Sümpfen stehen. Und dann singen die Frauen noch ihre frischen und fröhlichen Lieder.

Die um das Feuer herumsitzenden Landarbeiter und Tagelöhner bringen ihre schwerfälligen Stimmen zum Schweigen und hören dem Gesang zu. Sie blicken dabei unentwegt in die Nacht hinein und denken an den Meeresstrand, von wo die Frauen gekommen sind, deren südliche Lieder glitzern wie das Wasser und lebendig sind wie die Wellen. Und das Gelächter der Frauen ist so munter wie ein von der Sonne bestrahlter, aus einem Felsen springender Wasserstrahl, und sie erfüllen die trostlose Ebene mit lauter Meeresfrische.

Deshalb versammeln sich die Dorfleute auf den Plätzen, um sie vorüberziehen zu sehen, und deshalb hören ihnen die Landarbeiter und Tagelöhner nach Feierabend, wenn die Sonne sich in lauter Sternen über die Erde ergießt, in tiefem Schweigen zu.

Maria Altinha zog zum erstenmal aus ihrem Dorf hinaus, und die lange Reise war ihr etwas ganz Neues.

Zurück blieben die Berge, die Mandelbäume, die von Mauern eingefaßten Wege, die Gärten mit der lockeren Erde und den fruchtbeladenen Bäumen. Und die Apfelsinenhaine und die weißen Häuschen und die an den Abhängen krächzenden Wasserräder. Und auch das einschläfernde Rauschen und der Geruch des blauen Meeres, den der Wind bis an ihr Fenster trug. Und die Mutter, die vor der Haustür Körbchen aus Palmenzweigen flocht — Körbchen, die von den kleinen Geschwistern in den Dörfern zum Kauf angeboten wurden —, alles, alles blieb zurück, so weit zurück... Und nun dies offene, flache und staubige Land, in dem hier und da hohe Eichen wuchsen, das aber immer flach, wüst und öde war.

Aber was kam es schon darauf an? Mit dem Geld, das ihr die neue Arbeit einbringt, wird sie zurückkehren in ihr Dorf, und wenn der kalte Winter kommt, werden die Mutter und die Geschwister nicht Hunger leiden. Wenn sie heimkehrt, wird die Mutter sie weinend umarmen, und sie, sie wird laut lachen vor Freude und ihr Kattunbeutelchen voller Geld vorzeigen. Und am stillen Abend, wenn der Regen auf das Dach prasselt und der Wind um das Haus heult, wird sie ihnen erzählen von diesem Lande; die Brüder werden sie mit leuchtenden Augen ansehen und Fragen stellen und verwundert ihre Antworten hören.

Und dann fallen gewiß dem Kleinsten vor lauter Müdigkeit die Augen zu, sein Kopf sinkt auf ihren Schoß, und gleich darauf geschieht dasselbe mit dem anderen Bruder. Nur der Älteste hört noch trotzig zu, bis ihm, ganz gegen seinen Willen, die Lider schwer werden und sich über seinen Augen schließen. Sie und die Mutter bringen die Kinder zu Bett. Und Regen und Wind können ihnen keine Angst einjagen, wenn sie nur ab und zu eine Gelegenheitsarbeit finden, denn das gesparte Geld, das sie aus der Ebene mitgebracht hat, wird den ganzen Winter reichen und dem Hunger den Eintritt verwehren.

Deshalb war ihre Stimme so klar und voller Heiterkeit, wenn sie sang, und die Landarbeiter hörten ihr zu, bis sie der Schlaf übermannte.

Nachdem Valdanin sein hartes Stück Brot hinuntergeschlungen hatte, schlich er sich bis an das Haus neben dem Speicher, wo die Frauen schliefen. Die erloschene Zigarette im Mund, mit riesigen Zähnen unter dem Schnurrbart, die Arme auf den Knien, blieb er dort sitzen, blickte Maria Altinha an und lächelte ihr zu.

Es wurde gesungen, gelacht — die Frauen aus dem Süden trugen in den ersten Tagen den Sieg über die Männer der Ebene davon. Doch dann veränderte sich langsam alles. Der Gesang der

Männer klang schleppend durch die Hohlwege, und die Stimmen der Frauen fingen an zu welken. Sie alle litten körperlich unter der schweren Arbeit, die sie von morgens bis abends in der brennenden Sonne verrichten mußten. Die heiße Luft der Ebene hatte die Frische, die mit den Frauen vom Meer gekommen war, ausgetrocknet. Nur traurige Lieder klangen noch durch die stille Nacht.

Und Valdanin schöpfte tief Atem, legte den Kopf weit zurück, heftete die Augen auf Maria Altinha, als ob er nur für sie allein singe, wenngleich seine Stimme aufging in dem gleichmäßigen Chor der anderen Tagelöhnerstimmen. Und doch! Valdanin sang für sie, und wenn er sie jetzt erblickte, lächelte er nicht nur leise und zeigte dabei seine Riesenzähne unter dem Schnurrbart, er erkühnte sich auch zu sagen: »Maria Altinha, ich muß mal einen Abend mit dir sprechen…«

Aber das Mädchen antwortete ihm nicht, und Valdanin wickelte sich in seine Decke ein und sagte sich, daß man in solch einem Fall keine Zeit mit Geschwätz verlieren dürfe, sondern besser ein Paar starke Arme um Maria Altinhas Hüften legte. Und der Gedanke erregte seinen Körper so sehr, daß er ohnmächtig zu werden meinte. Er zog die Decke bis zum Kinn, und langsam schlossen sich seine gen Himmel gerichteten Augen. Nur Maria Altinha lebte noch einen Augenblick lang in seinen Sinnen. Dann schlief er ein. Er schlief die ganze Nacht durch, ohne Alpdrücken und ohne Träume. Doch am Morgen wachte er mit schmerzendem Körper auf und wand und krümmte sich verzweifelt in seinem ruhelosen Verlangen. Halb betäubt noch zog er mit den Tagelöhnern in die Wiesengründe. Und erst das kalte Sumpfwasser, das an ihren Beinen emporstieg, weckte ihn und sie alle miteinander richtig auf.

Man hätte sie für Sträflinge halten können.

Der niedrige Himmel begrenzte rings den verfinsterten Horizont. Hügel und kahle Gipfel, hier und da ein zusammengeschrumpfter einsamer Korkbaum mit gekrümmten Ästen. Inmitten der Wiesengründe bis an die Schenkel im Schlamm versunkene Beine, gebeugte Rücken, alle in einer Reihe, und die Frauen steckten die Arme ins Wasser und wühlten auf dem Grund herum. Hier und da ein Mann… Vom Augenblick an, wo die aufgehende

Sonne die feuchten Schleier der Dämmerung zerriß, um dann wie Feuer auf die Erde niederzubrennen, bis zu dem Augenblick, da sie wieder unterging, wateten die Frauen, die Röcke zwischen den Beinen aufgeschürzt und die Ärmel aufgestreift, in den Sümpfen herum und jäteten Reis.

Die Moskitos summten und strichen über das lehmige Wasser, ein ätzender Geruch brannte in den Nasenlöchern der Arbeitenden und schien in alle Poren ihrer Haut einzudringen. Wenn die Hände in die Tiefe griffen, bildeten sich kleine dichte Wellenlinien rings um die Arme, Luftblasen gurgelten auf und zerplatzten an der Oberfläche, und der Geruch unter ihren Nasen verstärkte sich. Denn die Gesichter streiften beinahe den Schlamm, und wenn die Frauen einen Schritt nach vorn taten, tropfte es aus den Haarsträhnen, die ihnen in die Stirn hingen. Und sie strichen das Haar zurück und kratzten mit verschrumpften Fingern an den Moskitostichen. Der Aufseher, der im Graben stand, hatte einen harten Blick und teilte seine Befehle aus. Hier und da ein Mann... Die Sonne brannte unaufhörlich auf die Rücken nieder, der Horizont verfinsterte sich immer mehr.

Man hätte sie für Sträflinge halten können.

Und an einem Abend voll von Traurigkeit, als man über die Felder hin nichts weiter hörte als das Zirpen der Grillen und Heimchen, überfiel Maria Altinha das erste Fieber. Zehn Tage lang ging sie nicht in den Sumpf. Zehn Tage lang lag sie allein, vor Kälte zitternd, in Schweiß gebadet, auf ihrem Sack, in ihre Decke eingehüllt, in einer Abstellecke des Hauses. Der Fuhrmann kam aus dem Dorf und brachte ein Kästchen voller weißer Kapseln, doch Maria Altinha konnte nicht zum Reisjäten gehen...

Eines Tages aber machte sie sich mit den anderen auf, und gelb vor Fieber stellte sie sich in die Reispflanzung. Wenn ihr die Zähne zu klappern anfingen, stieg sie aus dem Wasser und legte sich, am ganzen Körper zitternd, auf die Erde. Das war verlorene Arbeitszeit, der Aufseher notierte es mit einem Strich auf dem Papier.

Und als der Sonnabend kam, zeigte es sich, daß die Woche für sie nur drei Tage gehabt hatte.

Eines Nachmittags verließ Valdanin das Feld lange vor Sonnenuntergang. Er könne nicht mehr arbeiten, ein Schmerz quäle ihn. Der Aufseher ließ ihn mit bösem Gesicht gehen und vermerkte es mit einem Strich auf dem Papier.

Valdanin humpelte auf den sogenannten »Berg« zu. Doch kaum hatte er den Abhang hinter sich, gab er das Humpeln auf und beschleunigte seine Schritte.

Dunkle Gewitterwolken bedeckten den Himmel. Eine laue Brise umwehte die Arbeitenden im Reisfeld, kalter Schweiß ließ sie erschauern.

Valdanin lief den »Berg« hinab. Die Männer und Frauen, die gebückt im Reisfeld standen und mit den Händen auf dem Grund des Wassers wühlten, blieben immer weiter hinter ihm zurück.

Man hätte sie für Sträflinge halten können.

Maria Altinha lag auf dem Sack, und es sah aus, als ob sie schliefe. An diesem Tag war sie nicht aufgestanden, um zur Arbeit zu gehen. Ein Zittern hatte sie plötzlich überfallen, und ganz allein hinter dem »Berg« kämpfte sie dagegen an, indem sie versuchte, die Zähne zusammenzubeißen, und die Finger in ihr Kleid krallte. Todeskälte zog durch ihre Glieder, ihre Zähne begannen zu klappern, und ein ersticktes Stöhnen drang aus ihrer Brust. Vergebens versuchte ihr angespannter Körper, der wilden Zuckungen Herr zu werden. Und so allein war sie: weit in der Ferne ihr Heim, weit in der Ferne ihre Mutter! ...Dann ließ die Kälte langsam nach und mit ihr das Zittern. Sie war erschöpft, wie zerbrochen, in ihrem Kopf pochte es, als ob wilde Flammen in ihm loderten. Und dann breitete sich Hitze über sie aus. Der Schweiß wurde zu einer schleimigen Flüssigkeit, die ihren ganzen Körper überflutete. Schwere Träume, ein lautes Geräusch, das sich näherte und wieder entfernte, einmal durchdringend, unerträglich, einmal sanft, schmeichelnd, einschläfernd. Sie sprach und gestikulierte dabei, sie weinte und lachte. Die weit geöffneten Augen versuchten etwas zu sehen, aber in der Dunkelheit vermochten sie nur formlose Dinge wahrzunehmen, die schnell und sinnverwirrend vorüberhuschten. Das Geräusch wuchs und wuchs, bis es wie ein Donnern in ihrem Kopf zerbarst. Und dann verlor es sich langsam in einem fernen Säuseln.

Die Hitze ließ nun auch nach, die schweren Träume erloschen. Zurück blieben nur die Schweißtropfen und ein kraftloser Körper. Jetzt schien Maria Altinha eingeschlafen zu sein.

Sie hörte kaum die behutsamen Schritte, die sich ihr näherten, und die Stimme, die ihr etwas ins Ohr flüsterte. Hände streichelten ihr Haar, ihr Gesicht und ihre Brüste. Riesenhände. Alles war ganz unbestimmt und einlullend — wie ein Traum. Und dann plötzlich ein scharfer Schmerz — es war, als zerreiße ein Dolchstich ihren Leib.

Maria Altinha schrie auf, aber grobe Lippen preßten sich in brutaler Begierde auf ihren Mund.

Jetzt kennen die Leute aus den Dörfern die Frauen nicht wieder, die von ihrer Lohnarbeit in den Reisfeldern zurückkehren und am Kirchplatz vorüberziehen, gen Süden. Sie sind nun ausgetrocknet und gelb, als seien sie ganz alt geworden, sie sprechen nicht und sie lächeln nicht, und die Kopftücher umrahmen ihre leblosen Gesichter.

Und jenes Mädchen, das so gerne sang und lachte, da geht es hin, welk, stumm wie ein Schatten. Aber in seinem Innern überstürzen sich die bitteren Gedanken… Der Winter kommt mit Regen und Wind, und der Hunger kommt in die arme Hütte… Und der kleine Bruder hustet die ganze Nacht, und die Mutter hört nicht auf zu weinen, und ich kann ihnen nicht helfen… Und die anderen Frauen denken wohl dasselbe; so still und eingefallen sind ihre Gesichter unter den Kopftüchern, daß man sie kaum wahrnimmt.

Deshalb gehen die Leute aus den Dörfern enttäuscht vom Kirchplatz fort und sagen von den Frauen, die aus dem Süden vom Meer kommen: »Jedes Jahr dasselbe. Wenn sie einziehen, singen sie, wenn sie fortziehen, weinen sie…«

Übersetzung: IL

Ilse Losa

EINE GESCHICHTE OHNE ÜBERRASCHUNGEN

Ah! Nicht durch den dicken dunklen Vorhang
zu kommen, der mich umringt!
Ins Sonnenlicht zu gelangen,
ins frische Wasser!
Die Blumen zu berühren, die es auf der Welt gibt!
MARIA KEIL *(»Alptraum«)*

Nach elfjähriger Verlobungszeit und bereits ins achtunddreißigste Jahr gehend, ehelichte Aristóteles Cunha Coelho da Costa — kurz nachdem er zum Bürochef des Hauses Santos Pinto e Ramos aufgerückt war — Maria Cândida Nascimento Lima Rocha, Tochter des Senhor Manuel Lima Rocha, seines Zeichens Staatsbeamter, und der Senhora Dona Maria da Encarnação. Dieses auf lange Sicht geplante Ereignis war von Jahr zu Jahr verschoben worden, weil Aristóteles nach seinen eigenen Worten es nie eilig gehabt hatte und überstürzte Eheschließungen für ebenso unangebracht wie unklug hielt, Ehen, in die sich neuerdings gewisse kopflose Grünschnäbel stürzten, ohne Ehrgeiz und ohne genügende Willenskraft, um sich zunächst einmal im Leben durchzusetzen und eine anständige Stellung zu erringen, die einem Manne erlaubt, ein paar Ersparnisse zu machen und sein Häuschen zu bauen. Solch ungestüme, ungeduldige Jugendliche ließen ihren Bräuten nicht einmal die Zeit, ihre Aussteuer gebührend vorzubereiten. Und dann wunderten sie sich, wenn es Enttäuschungen gab: viel zu enge Wohnungen, der Holzwurm, der die billigen Kiefernmöbel zernagte, zuwenig Bettwäsche, Gulasch statt Rindsbraten, kurzum: Wenn ein Mann heiratet, will er seine Bequemlichkeit, seine Ruhe und obendrein nahrhafte Kost. Um sich gewisse Seitensprünge zu leisten (Aristóteles drückte sich stets taktvoll aus), lohnte es sich nicht, daß man den Kopf verlor und einen übereilten Schritt tat, der gut überlegt sein wollte, denn an Weiblichkeit fehlte es ja nicht, Gott sei Dank. Und ein ehrbares Mädchen litt bekanntlich keinen

Schaden, wenn es ein paar Jährchen wartete, im Gegenteil: Eingewiegt in die süßen Aussichten und Träume einer künftigen Ehefrau erblühte es, brach es auf wie eine Rosenknospe, reifte es und hörte auf, eine grüne Frucht zu sein.

Der Priester sprach allen aus dem Herzen. Er erinnerte das Brautpaar an seine heiligen Pflichten: Der Ehemann hatte der arbeitsame, gütige, aber energische Beschützer, die Ehefrau hatte stets sanft zu sein, stets heiter, haushälterisch, verständig und gehorsam.

Maria Cândida, gefaßt neben Aristóteles kniend und den ihr nur allzu bekannten Worten mit halbem Ohr lauschend, durchlebte von neuem ihre erste Verlobungszeit, eine grausam entschwundene Zeit, in der sie ein blutjunges Ding mit samtweicher Haut und verwunderten Augen, in welcher der Kahlkopf neben ihr, seit wenigen Augenblicken ihr Ehemann, ein schlanker, frischer Jüngling gewesen war und die Welt ein ewiger Frühling, mithin eine Zeit, in der das Wort Ehe für sie köstliche, berauschende, betörende Liebe bedeutet hatte. Damals hatte sie noch nichts geahnt von dem langen, ermüdenden, angstvollen, so hochtrabend Verlobungszeit genannten Weg, auf dem ihre Träume einer nach dem anderen starben, um schließlich erschöpft, enttäuscht, wiewohl erleichtert anzukommen wie ein müder Wanderer, der nach langem Marsch auf öden Landstraßen das Almosen einer Herberge empfängt.

Als sie durchs Kirchportal ins Freie trat, fühlte sie fast wollüstig die stierenden Blicke der Gaffer auf ihrem weißen Kleid aus Seide und Spitzen, und während sie die Stufen zum Auto hinunterschritt, wobei die Patenkinder ihre Schleppe trugen, verwandelte sie sich für rasche Augenblicke in eine junge, prachtvolle, glückliche Königin, die sich hochherzig dem Volk zeigt, ihr zur Seite der junge Prinzgemahl, um den sie ein ganzes Königreich beneidet, ein bezaubernder, verliebter Jüngling und kein schwerfälliges, pomadiges und pedantisches Etwas.

An dem Hochzeitsschmaus hätten nicht einmal die anspruchsvollsten Gäste etwas auszusetzen gehabt. Seit Wochen hatte Senhora Dona Maria da Encarnação ein Heer von Zofen, Köchinnen und Küchenmädchen in Atem gehalten, um die Hochzeit ihrer Tochter zu einem glanzvollen, vielbesprochenen Fest zu machen, ein ehrgeiziges Unternehmen, das ihren Mann ein Gutteil seiner mühsam ersparten und auf seinem Bankkonto deponierten Rücklagen gekostet hatte. Nichts fehlte auf der langen, mit Tischleinen von der Insel Madeira bedeckten, in der Mitte mit rosafarbenen Nelken geschmückten Tafel: Puter — übrigens von schmackhaftem, schneeweißem Fleisch und knuspriger Haut; Langusten mit und ohne Mayonnaise, Kroketten, Fleisch-, Krabben- und Fischpasteten; Appetitschnittchen mit Gänseleber, Schinken, Sardellenpaste und Serra-Käse; aufgeschnittener Schweine- und Kalbsbraten, Rauchfleisch, Roll- und Lachsschinken; Käse, echter Holländer in kleinen Dreiecken, aufgespießt von zellophanbewimpelten Zahnstochern; Eierspeisen in allen Formen und Färbungen, Eierfäden, in geflochtenen Silberkörbchen präsentiert; Kokosmakrönchen in aufsehenerregenden Farben; Butterplätzchen und Meringen mit Schlagsahne von der Konditorei *Parnass;* Pralinen, Karamelbonbons, Drops in Kristallschälchen, Torten, hohe, niedrige, runde und viereckige, außerdem eine fünfstöckige, mit Puderzucker bestäubt und mit einem Brautpärchen gekrönt. Es würde kein Ende nehmen, wollte man all die Senhora Dona Maria da Encarnaçãos Phantasie und Feuereifer entsprungenen Herrlichkeiten aufzählen. Die Hühnerbouillon wurde in feinen Porzellantassen von Dienstmädchen in weißen Häubchen gereicht, und es gab Champagner, Ananasbowle und für diätpflichtige Damen Vidago-Sprudel und harmlose Teeaufgüsse.

Dona Maria da Encarnação kannte den Appetit ihrer Gäste: Alle stürzten sich auf die Tafel, und geraume Minuten hindurch hörte man nur das Geräusch malmender Kiefer und das Klappern von Geschirr. Dann übernahmen die Herren, unter ihnen Brautvater und Trauzeuge, die Aufgabe, Reden zu halten; und wie bei allen Hochzeiten, fehlte es auch hier nicht an Tränen. Anschließend versammelte sich die Gesellschaft vollzählig unter dem Mispelbaum zum obligaten Hochzeitsbild. Kunstgerecht drapierte Senhora Dona Maria da Encarnação das Brautkleid ihrer Tochter, und die Patenkinder postierten sich, kerzengerade wie zwei auf Draht gezogene Puppen, links und rechts von der Schleppe. Der Fotograf war nicht so rasch zufriedenzustellen; zwar steckte er den Kopf unter das schwarze Tuch, kam aber gleich wieder zum Vorschein, trat auf die Gruppe zu und rückte die Stellung dieses oder jenes Hochzeitsgastes zurecht; besonders aber die Patenkinder, die vor lauter Strammheit die Fähigkeit zu lächeln verloren zu haben schienen, machten ihm zu schaffen.

Draußen war es kalt, man schrieb den Monat Januar, und kaum hatte der Fotograf geknipst, eilten die Abgebildeten, dicht aneinander gedrängt, ins Haus zurück, um über dieses und jenes zu parlieren, in der Hauptsache jedoch über Dienstbotenfragen, während die Herren im Salon Grüppchen bildeten und manche für weibliche Ohren unpassende Anekdoten zum besten gaben.

Das Brautpaar bedankte sich nochmals für die siebzehn silbernen Teller und all die anderen Geschenke; dann zog es sich um. Anschließend fuhr es ins Berghotel, wo Senhor Lima Rocha, Maria Cândidas Vater, eine Woche vorher telefonisch ein Doppelzimmer mit Blick auf die Stadt bestellt hatte.

In der *Halle* des Hotels füllten sie die Anmeldescheine aus, und da sie seit neun Jahren auf diesen Augenblick vorbereitet waren, zeigten sie keinerlei Befangenheit. Der *Groom* brachte die Gepäckstücke aufs Zimmer, und Maria Cândida ging mit hinauf, um sie zu öffnen und einiges Nachtzeug auszupacken. Dann machten sie einen Gang durch den Park, wo Kamelien blühten, weiße, rote und rosafarbene. Obgleich um diese Zeit im ganzen Land die Kamelien blühten, brachen Aristóteles und Maria Cândida in die Rufe aus: »Wie wundervoll! Wie unglaublich schön!« Andächtig lauschten sie der eintönigen Melodie des Glockenspiels und gerieten beim Sonnenuntergang in Rührung. Sie spendeten auch reichliche Almosen den zerlumpten Kerlen, deren Anblick die Wirkung des gutgepflegten Parks beeinträchtigte, und nahmen schließlich ihren Platz an der Tafel des Speisesaals ein. Vom Abendessen ist nichts Aufregendes zu berichten; es entsprach dem Menü jedes anderen gleichrangigen Hotels: gutgeseihte Gemüsesuppe, Fischfilet mit Kopfsalat, Kalbsbraten mit Kartoffeln und Karotten, die einen wie die anderen zu kirschgroßen, faden Bällchen reduziert, Flammeri-Pudding und Obst des Jahres: Orangen, Mandarinen, Äpfel. Dann bestellte Aristóteles für sich einen schwarzen Kaffee und für Maria Cândida einen Milchkaffee.

Schließlich wünschten sie den Kellnern höflich gute Nacht, durchschritten die Glastür und stiegen zu ihrem Zimmer mit

Stadtblick hinauf, wo auf dem breiten Doppelbett bereits das blaßrosaseidene Nachthemd mit Einsatz aus Brüsseler Spitzen und der nagelneue blaurotgestreifte Pyjama auf sie warteten.

Am nächsten Morgen wurde ihnen das Frühstück im Bett serviert. Es war ein phantasieloses, erzgewöhnliches Frühstück: zwei Tassen Milchkaffee, trostlose und so gummiweiche Brötchen, daß sie nicht krachen wollten, dazu zwei Kügelchen Butter.

Nach dem Einzug in ihr Haus, das nach einem wohlüberlegten, von Aristóteles persönlich gezeichneten Plan gebaut und von der Firma *Herkunft* möbliert worden war, schmückten sie die Etageren und Büfetts des Eßzimmers mit den siebzehn silbernen Tellern und nahmen einen Teil von Maria Cândidas Aussteuer, Ergebnis langjähriger Handarbeit, in Gebrauch.

Samstags gingen sie ins Kino, an den übrigen Abenden der Woche verfügte Aristóteles sich in sein Stammcafé, dasselbe, das er zur Mittagszeit und nach sechs Uhr abends aufsuchte, um Billard zu spielen, die schwerwiegenden Aufgaben der Kreuzworträtsel und der Fußballpokalspiele zu lösen und manche, für Damenohren unpassende Anekdote anzuhören. Diese Abende, insgesamt sechs in der Woche, verbrachte Maria Cândida im Bett sitzend, während ihr Radio auf den Staatssender eingestellt war und sie Spitzen oder Spitzchen strickte oder häkelte, die sie zu den anderen legte, den Gefährtinnen des langen Wanderwegs, der ihre Verlobungszeit gewesen war. Bisweilen, an Sonntagnachmittagen, wenn Aristóteles nichts Wichtigeres zu tun hatte und es nicht regnete oder nicht sehr kalt war, schlenderten sie untergehakt durch die Stadt und besahen Schaufenster, tranken anschließend ein Täßchen Kaffee, doch nicht in Aristóteles' Stammcafé, weil es ihm widerstrebte, seine Frau den Freunden vorzustellen. An Sonntagen, an denen sie nicht ausgingen, bekam Maria Cândida nachmittags Besuch von ihrer Mutter oder Schwiegermutter oder gar von beiden zusammen, oder sie verweilte allein und blickte aus dem Fenster. Bei solchen Gelegenheiten blieb ihr Blick häufig auf einem Zypressenbaum haften, der in der Ferne schwarz und traurig gegen den Himmel aufragte. Diese einsame Zypresse war ihre Schwester und die Schwester so vieler anderer Frauen, die wie sie diesseits einer dicken dunklen Mauer lebten — und dahinter zitterte ein anderes lichtdurchflutetes Leben, in dem die Träume nicht nacheinander zerfielen.

Jedes Jahr im Monat August mieteten sie gemeinsam mit den Schwiegereltern ein Häuschen an einem nördlichen Strand, ein Häuschen übrigens, in dem die alten Rocha Lima bereits seit dem ersten Jahr ihrer Ehe die Ferien verbrachten.

Neun Monate nach dem Tag, an dem der Sonnenuntergang und das Glockengeläut der Bergkirche Aristóteles und Maria Cândida in Rührung versetzt hatten, wurde ihnen ein Knabe geboren. Sie legten ihn in ihre mit blaubebänderten Musselinvorhängen ausgestattete Wiege. Er sollte Alcibíades heißen, und zwar aus zwei triftigen Gründen: erstens, weil der Name Alcibíades mit A anfing wie Aristóteles, und zweitens, weil die Familie Coelho da Costa einen wahren Abscheu vor gewöhnlichen Namen verspürte. Zu jener Zeit blühten die Dahlien und die Chrysanthemen, und sehnsuchtstrunken aß man Trauben aus Alicante, die letzten Trauben des Jahres.

Aristóteles wünschte die Zukunft des kleinen Alcibíades sicherzustellen und hatte daher eine lange Unterredung mit seinen Chefs. Diese wären ihm gerne behilflich gewesen, weil Aristóteles seine Pflichten stets zuverlässig und pünktlich erfüllte und jederzeit und vor allem anderen die Interessen seiner Firma wahrzunehmen wußte. Doch eine Verpflichtung zu übernehmen und dem kleinen Alcibíades schon jetzt eine Stellung für später zuzusagen, das war ihnen leider unmöglich. Die Geschäfte gingen schlecht, Aristóteles war ja genau im Bilde, und sie wußten nicht einmal, wie viele Jahre das Unternehmen überhaupt noch zu halten sein würde.

Diese Nachricht löste in dem alten Coelho da Costa, Alcibíades' Großvater, große Bestürzung aus und veranlaßte ihn, seinem Herzen über die Unbeständigkeit der heutigen Tage und die Beständigkeit seiner eigenen Zeit, über die Treulosigkeit und den Undank der heutigen Firmenchefs und die Treue und Dankbarkeit derer vergangener Tage Luft zu machen.

Somit haben Aristóteles und Maria Cândida keinerlei Sicherheit, was die Zukunft ihres kleinen Alcibíades betrifft. Und wer weiß, vielleicht hält die Zukunft für sie, die so Vorsichtigen, eine Überraschung bereit, die ich, unbedeutende Berichterstatterin dieser Geschichte ohne Überraschungen, nicht vorauszusehen vermag.

Übersetzung: CMC

Vergílio Ferreira

DAS HUHN

Meine Mutter und meine Tante fuhren auf den Markt. Meine Mutter mit meinem Vater und meine Tante mit meinem Onkel. Doch alle zusammen. Im normalen Bus. Auf dem Markt kauften sie vieles ein, und dann sah meine Mutter ein Huhn und sagte:

»Schau, das komische Huhn.«

Und sie kaufte es. Es hockte, als lege es Eier oder brüte sie aus. Es war braun an den Flügeln, weniger braun am Hals, und Kamm und Schnabel hatten die Farbe eines Schnabels und eines Kamms. Auf dem Rücken war es ringsum ausgeschnitten, für einen Deckel, damit man Sachen hineinlegen konnte, denn es war ein Huhn aus Tonerde. Meine Tante, die weitergegangen war, kam und sah zu; meine Mutter war beim Zahlen, nachdem sie gehandelt hatte. Und fragte, was es kosten solle. Die Frau sagte, zwanzig Mil Réis, meine Tante zeterte, das sei reiner Diebstahl, und die Frau verkaufte ihr ein anderes gleiches um sieben Mil und fünfhundert. Jetzt war meine Mutter nicht mehr einverstanden, da sie doch gefeilscht, den Preis aber nur auf zwölf und zweihundert heruntergedrückt hatte. Die Frau sagte:

»Es geht nur weg, weil's das letzte war, Senhora.«

Meine Tante verglich die beiden Hühner, die gleich waren, und fand, das meiner Mutter sei anders.

»Es ging nur weg, weil es teurer war«, sagte meine Mutter mit dem Spott, der ihr zu Gebote stand.

Hier hob meine Tante wieder die Stimme. Sah man denn nicht, daß sie verschieden waren? Sah man nicht, daß der Schnabel viel schöner war? Und der Schwanz?

»Läßt sich so ein Schwanz überhaupt vergleichen?«

Ähnliches sagte sie und noch mehr, während sich bereits Leute näherten, so daß meine Mutter der Predigt ein Ende setzte, da sie Donnerwetter nicht ausstehen konnte:

»Wenn dir das besser gefällt, so nimm's halt, Frauenzimmer.«

Genau das wollte sie hören. Und schon tauschte sie ihr Huhn aus, sagte aber noch:

»Ich sag' dir aber noch mal, daß meines aus härterem Ton ist, man braucht nur draufzuklopfen (sie klopfte darauf), um zu sehen, daß es fester ist.«

»Dann behalt es eben«, sagte meine Mutter.

»Nein, nein. Ich hab' nichts übrig für Gaunereien. Getauscht ist getauscht.«

Mein Onkel stand dabei, sagte aber nichts, weil meine Tante alles für ihn sagte, denn sobald er eine eigene Meinung von sich gab, fraß ihn meine Tante auf. Auch mein Vater war dabei, sagte aber auch nichts, weil er fand, das sei Sache der Frauen. Nach beendeten Einkäufen fuhr meine Mutter sofort mit meinem Vater heim im Wagen von António Beschneider, der ein Schwein verkauft hatte. Aber meine Tante blieb noch mit meinem Onkel da, weil sie Dona Aurélia besuchen mußten, die eine wichtige Persönlichkeit war und einen Besuch verdiente, damit auch sie ein wenig wichtig wurden. Da sie also dablieben und erst im normalen Bus zurückfahren wollten, bat meine Tante meine Mutter, ihr Huhn mitzunehmen, um es nicht bis zur Rückfahrt überall mitschleppen zu müssen. So sagte sie denn:

»Du könntest mir das Huhn mitnehmen, damit ich nicht den ganzen Tag damit herumziehen muß, bis wir heimfahren.«

Meine Mutter nahm also die beiden Hühner im Wagen von António Beschneider mit, und meine Tante blieb da. Und als sie gegen Abend vom Markt zurückkam, holte sie ihres ab. Meine Mutter hatte es gleich zur Hand, eingepackt und alles, wie meine Tante es ihr überlassen hatte, und gab es ihr. Aber meine Tante blickte das Huhn meiner Mutter an, das bereits auf dem Büfett stand, und, schon zum Gehen gewandt, konnte sie es sich nicht verkneifen zu sagen:

»Du hast die Hühner vertauscht.«

Sagte es mit dem Rücken zu ihr, aber mit Festigkeit wie jemand, der mit dem Kopf durch die Wand will. Meine Mutter hob entsetzt die Hände.

»Gelobt sei der heiligste Name Jesu! Ich soll das Huhn berührt haben! Und dein Huhn soll nicht genauso sein, wie du es mir übergeben hast! Schau doch das gefaltete Papier an. Schau den Knoten der Schnur an.«

Die beiden waren allein und konnten sich Luft machen.

»Du hast's vertauscht, hast's vertauscht. Aber behalt das Huhn, ich werd' deshalb nicht ärmer.«

Meine Mutter, voll von christlichem Verstehen und Abscheu gegen Donnerwetter, dachte noch daran, alles wieder rückgängig zu machen. Doch das ging bereits über Christi Vorsehung hinaus, und sie stampfte mit dem Fuß auf.

»Schön, ich behalte es, wenn du nicht tauschen willst. Dir gefällt auch nur, was anderen gehört.«

Und nun gab es kein Halten mehr. Meine Tante zog in einem Sturmwind ab, rannte keifend die Treppen hinunter, so daß meine Mutter ans Fenster laufen mußte, um ihr noch etliches nachrufen zu können. Meine Tante ging schreiend die Gasse entlang, blieb dann und wann stehen, drehte sich um und brüllte zu meiner Mutter herauf, die am Fenster stand und es ihr nach Kräften heimzahlte. Bis die Gasse zu Ende war und meine Mutter das Fenster schloß.

Und nun begann mein Vater, als er meiner Tante begegnete und mein Vater sie fragte, was es gegeben habe, und sie ihm sagte, was es gegeben habe, und sie meine Mutter eine Lügnerin schimpfte. Jetzt sagte mein Vater:

»Eine Lügnerin bist du.«

Und er begann, ihr für seine Behauptung Beweise zu liefern, die er fraglos seit langem gesammelt hatte, denn er verhaspelte sich nicht:

»Eine Lügnerin bist du und bist immer eine gewesen. Schon als du die Geschichte vom Kornett erzählt hast, hast du behauptet, daß…«

»Ein Lügner bist du genauso wie deine Frau. Deine Frau hat nämlich einmal in der Bäckerei gesagt…«

Und sie gingen in der Zeit zurück auf der Suche nach beiderseitigen Lügen. Sie waren bereits bei ihrer Kindheit angelangt, als mein Onkel erschien. Meine Tante übergab ihm das Wort, und er begann. Aber da es jetzt eine Sache unter Männern war, ballte mein Onkel die Fäuste und sagte:

»Ich schlag' dich tot, ich schlag' dich tot!«

Mein Vater, der vermutlich schon müde war, wurde still in Erwartung, daß er ihn totschlüge. Und da er still war, machte mein Onkel ein paar Schritte rückwärts, bedeckte die Augen mit einem Arm und sagte von neuem:

»Geh mir aus den Augen, sonst schlag' ich dich tot!«

Währenddessen blickte er um sich in Erwartung, daß man ihn festhielte. Und als er sich ausrechnete, daß alles auf dem Posten wäre, um ihn festzuhalten, hob er von neuem die Fäuste und ging auf meinen Vater los. Schließlich hielten sie ihn fest, und mein Onkel begann zu strampeln, um sich frei zu machen und meinen Vater totzuschlagen. Und so zerrten sie ihn weg, während mein Onkel sich umdrehte und fuchtelnd drohte.

Jetzt war es an der Zeit, daß sich Parteien bildeten wie immer, wenn es einen Vorwand gibt, daß Parteien sich bilden. Dabei kamen alter Haß, Neid, Eifersucht an die Oberfläche und forderten Abrechnung. Am darauffolgenden Sonntag kam es mit Hilfe des Weins sogar zu Messerstechereien. Der Kornett lag mit Catrelha seit Jahrhunderten im Streit wegen einer Bewässerungsfrage und nutzte sie aus. So teilten sich die Parteien in Gruppen für Catrelha und für Kornett. Und jetzt unterstellte der Bóia, der den Beschneider seit einer Geschichte um ein schlecht beschnittenes Schwein nicht ausstehen konnte, in der Taverne, möglicherweise seien die Hühner von ihm vertauscht worden, der meinen Onkel seit einer Geschichte wegen der Hausmeierei des Märtyrers Sankt Sebastian nicht ausstehen konnte. Der Carapanta hörte es und sagte es weiter. Am nächsten Sonntag, fuselselig, forderte der Beschneider Genugtuung. Nun wurde eine Kirmes veranstaltet, deren Bilanz drei Messerstich-, zwei Prügelverletzte und ein mit einer Jagdflinte Umgebrachter waren. Fortan stand das gesamte Dorf auf dem Kriegsfuß. Die Hälfte der Einwohnerschaft wanderte ins Kittchen, aber nach zahllosen Verhören kam nichts heraus als das, was bereits bekannt war, und das heißt: wer verletzt war und wer tot war. So daß sich die Bevölkerung durch die Befreiung der Gefangenen wiederherstellte. Und damit begann alles von neuem. Am darauffolgenden Sonntag verbesserte sich die Bilanz durch zwei Tote und zwanzig Verwundete. Es kam die Landgendarmerie und nahm die Hälfte der Bevölkerung mit und dazu das eine oder andere Element der ersten Hälfte. Doch da die Untersuchungen nichts Besseres erbrachten, kehrte alles nach Hause zurück, zumal da die Hälfte, die in Freiheit geblieben war, die Arbeit fortsetzte — übrigens mit einer wenig glänzenden Bilanz von fünf Verletzten und einem Sterbenden. Nachdem die Hälften ausgetauscht waren und die erfolglosen Untersuchungen wieder begannen, trat einer auf, der dafür war, daß alles ins Kittchen gesteckt werde. Aber da waren die Alten zu bedenken und die Kinder, die der anderen bedurften und vielleicht unschuldig waren, so daß alles von neuem freigelassen wurde. Nun aber war das Dorf an Sonntagen vom Polizeiaufgebot buchstäblich verstopft. Anfangs war das von Nutzen, weil es bei Streitereien nicht über einen Wortwechsel hinausging. Bis einmal ein anonymer Steinwurf einen Polizisten mitten am Kopf traf und es unverzüglich zu einem ungeheuren Krawall kam mit Geschrei, davonrennenden Leuten und Knallerei in die Luft. Und da in einem bestimmten Augenblick die Steinschmeißerei von neuem einsetzte, begann auch die Schießerei wieder, doch tiefer. Diesmal war die Bilanz schlankweg aktiv: fünf Tote und zwanzig Verwundete. Und da die Schlacht weitertobte, starben etliche Einwohner, die nicht warten konnten, bis alles vorüber war, eines natürlichen Todes. Und da in dem Kampf mit der Behörde Pausen eintraten, nutzten einige Bewohner die Gelegenheit, Überfälliges miteinander abzurechnen.

Da die Feldgendarmerie sich auf einer bestimmten Höhe als ungenügend erwies, rückte Militär an. Zuerst Infanterie, sodann Kavallerie und zuletzt Artillerie. Nachdem die Bevölkerung auf die Hälfte reduziert war, wurden auch die Häuser, vielleicht weil sie überflüssig geworden waren, auf die Hälfte reduziert. Und als schließlich die Reihen der Kämpfenden sich lichteten und unvermuteter Feigheit zum Opfer fielen, hörte der Kampf auf. Und als der Kampf beendet war, begann von neuem der Frieden. In meiner persönlichen Bilanz stellte ich den Tod meines Onkels mit drei Messerstichen an einer Gassenecke fest sowie den natürlichen Tod meines Vaters, der übrigens gleich nach seiner im Krawall erfüllten Sendung in den Ruhestand getreten war. Und einige Jahre nach Friedensschluß starb meine Mutter.

Da ich der einzige Erbe war, trat ich den Besitz meines Eigentums an. Zu diesem Behuf hielt ich es für das Notwendigste, den Plunder, mit dem meine Mutter das Haus verziert hatte, wegzuräumen. Vor allem die Heiligen der gesamten himmlischen Hierarchie, denn ich bin Atheist. Die waren nämlich als Drucke vorhanden, in Form von Steingut, von Metall. In Rahmen aufgehängt, unter Glasglocken prangend, mit oder ohne Lämpchen. Und in Meßbüchern auf jeder zweiten Seite einer. Nachdem der Heiligenrummel in Scherben lag, packte ich den Rest an. Insbesondere reizten mich die Väschen, die überall überhandgenommen hatten, und ein Haufen Steingutschwalben, die im Besuchssalon an die Wand genagelt waren. Damit war ich beschäftigt, als meine Tante kam. Sie war bei der Beerdigung meiner Mutter gewesen und kam nun angelaufen, um mir ihr Beileid auszusprechen, und umarmte mich heulend, noch bevor ich Zeit fand, mich entsprechend darauf einzustellen. Als sie eintrat, war ich dabei, sauberzumachen, und sie setzte sich zerknirscht und sagte:

»Hör zu, Sohn, was sein muß, muß sein, und nur Gott weiß, wie ich geweint und für deine Mutter gebetet habe.«

Sie verstummte. Da ich nichts einzuwenden hatte, sagte ich auch nichts. Und meine Tante, die Stille nutzend, sagte:

»Ach…«

Ich blieb stumm, weil ich keinen Grund zum Sprechen sah. Doch etwas in mir war gewappnet für das, was kommen sollte, denn als es kam, war ich nicht verwundert. Und was kam, war dies:

»Hör, mein Sohn.«

Ich lüge. Vorher sagte meine Tante noch:

»Ach…«

Und erst jetzt, ja:

»Hör zu, Sohn, ich wollte dich um etwas bitten. Du weißt doch, wie die Sache mit dem Huhn war. Deine Mutter, die in Gott ruhen…«

Ich unterbrach:

»Willst du das Huhn? Nimm es mit.«

Zuerst kam ein Zornesblitz.

»Ich will es nicht! Ich will nicht, was dir gehört! Ich will nur, was mir gehört!«

Und sie wurde sanft, senkte die Stimme.

»Ich möchte nur, daß du es mir austauschst. Hier bringe ich dieses…«

Und sie zog es aus einem Henkelkorb und stellte es neben das andere aufs Büfett. Ich lächelte.

»Nimm beide mit.«

»Ich will nicht, was dir gehört!« sagte sie von neuem, die Stimme erhebend.

Auch ich lächelte von neuem.

»Dann laß das hier und nimm das andere mit.«

Sie dankte, bereits besänftigt, mit gesenktem, tugendhaftem Blick. Ich hob den Deckel des Huhns — es war voll von Bildchen, Garnspulen, Nähnadeln, Stoffmustern. Ich begann, all das herauszuholen. Plötzlich preßte meine Tante die Hand auf den Bauch und hob ein Paar notleidende Augen zu mir auf.

»Hinten im Gang«, sagte ich. »Sieh nach, ob Papier da ist.«

Sie ging, und ich räumte weiter aus. Auf dem Grund des Huhns lag ein Druck der heiligen Barbara. Ich fand das witzig und ließ ihn liegen. Sollte meine Mutter die Heilige dort hineingelegt haben, weil diese auf Donnerwetter spezialisiert ist? Ich ließ sie liegen. Meine Tante kehrte zurück, ausgesöhnter mit dem Leben. Ich wollte im Hinterzimmer Papier zum Einpacken holen, doch sie unterbrach mich:

»Ist nicht notwendig.«

Denn kaum hatte ich den Rücken gewandt, hatte sie auch schon das Huhn gepackt und in ihren Korb gesteckt. Sie umarmte mich und weinte. Ich verstand nicht warum — sie weinte. Ich brachte sie zur Tür und kehrte ins Wohnzimmer zurück. Dann machte ich mich mit verstärktem Zorn hammerschwingend an das Huhn. Die Scherben flogen nach allen Seiten, schon war kein Huhn mehr zu sehen, dennoch hämmerte ich weiter. Bis ich endlich einhielt. Und erst jetzt sah ich: Zwischen dem ringsum verstreuten Plunder, ja mitten unter den Trümmern lag der Druck der heiligen Barbara.

Übersetzung: CMC

Jorge de Sena

SUPER FLUMINA BABYLONIS

Das Ersteigen der engen, dunklen, steilen Treppe mit ihren hohen ausgetretenen Stufen war für den nach Hause Kehrenden stets eine Qual. Sich mühsam im Gleichgewicht haltend, halb an die Wand gelehnt, deren Kalk längst abgebröckelt war, und eine der Krücken auf die äußerste Ecke der nächsthöheren Stufe stützend, stieg er behutsam aufwärts, zornig keuchend über die Langsamkeit. All die Inbrunst, gewonnen im Gespräch mit den Fratres von São Domingo, deren Vorträge er regelmäßig besuchte und mit denen er anschließend plauderte, verflog während des Heimwegs gegen Abend, und er erholte sich nur mühevoll, wenn er nach der Abendsuppe auf dem niederen Fensterbänkchen ausruhte, während seine alte Mutter ihre endlosen häuslichen Obliegenheiten fortführte, begleitet von Gesprächsanfängen, auf die er mit einem Lächeln, mit zerstreuten Einsilbigkeiten oder trockenen Sätzen antwortete, mit denen er jedoch eher sich selbst entgegnete als ihr. Bisweilen bestand sie mit der Wiederholung einer Bemerkung auf einer Erwiderung seinerseits. Doch auch dieses Beharren bedeutete keine echte Mitteilung: Sie wollte nur ihren Kummer über den gealterten, kranken Sohn, den das Leben zerstört hatte, und ihr Gewissen beruhigen mit ein paar Worten, die sie an ihn richtete, und damit eine Unterhaltung vortäuschen, die ihn nicht auf gefährliche Weise einsamen Gedanken auslieferte, in die sich bekanntlich der *Feind* mit Vorliebe einschleicht. Er freilich hatte keine Angst vor den Gedanken, sondern nur vor den immer größer werdenden Hohlräumen, die sich zwischen seine Gedanken schoben. Wenn sie mit ihm sprach, besonders aber wenn sie in ihn drang, brauchte er sich nicht von den gehörten Worten zerstreuen zu lassen: Denn entweder tat sich im unterbrochenen Fluß der dahinströmenden Gedanken ein düsterer Abgrund auf, ein dunkler Strudel, in dem Vers- und Bildfetzen schwebten, und tief darunter eine kleine erleuchtete Tür oder ein Glas auf seltsamen Gewässern, in denen merkwürdige Wesen schwammen, und dieses glich einem auf ihn gerichteten Auge, das blinzelte oder zuckte, er wußte es nicht genau, doch vielleicht war es kein Auge, sondern etwas meerhaft Durchscheinendes wie das Widerspiel von Wellen im Mondschein. Die kleine Tür, die ihm ein Schwindelgefühl verursachte, war nicht immer sichtbar. Meistens war nur der Brunnen da, über den er sich beugte, begierig darauf, daß das Türchen aufging, und erschauernd über die ihm entströmende Kälte. Schloß er die Augen, drückte er sie fest zu, so gelang es ihm, diese Visionen oder diese stets gleichbleibende Vision zu verscheuchen, von der ihm wachend träumte. Denn er haßte Träume. Denken, Sinnen, Erinnern, Imaginieren, selbst Mutmaßen, wie alles in einem triumphierenden Leben und in einer anderen Welt hätte sein können, das war kein Traum, das war die Gewißheit, daß er existierte, daß die Dinge sich seinem Willen bequemten, daß ihre Ordnung und die der Welt ein Zwiespalt war, den er geistig gestaltete. Wenn er schlief, so träumte er nie. Nicht Träume waren das, was er dann sah, sondern die Fortführung der gleichen Macht und der gleichen Gewißheit oder aber Versuchung des Teufels, wie die Patres sagten. Doch diese Versuchungen kannte er gut. Es waren keine Versuchungen seiner Seele, da Gott ihn nie dem Verderben überantworten würde, es sei denn in jenem seltsamen Strudel, in den ER nicht einzudringen schien. Wieso Versuchungen? War es eine Versuchung, eine Frau, die ihm entglitten war, in den Armen zu halten? War es eine Versuchung, schlafend einen mächtigen, unerreichbaren Feind zu töten? War es eine Versuchung, sich glücklich zu sehen in einem Palast, reich, geachtet, umgeben von Dienern und Bewunderern, dazu ein mit Leckerbissen und Weinen reichgedeckter Tisch, gesund und kräftig beim Waffenspiel oder bei einer auf der Straße aufgelesenen schönen Geliebten und jeden Tag bei einer anderen? War es eine Versuchung, sich am Hof zu sehen mit einem prächtigen Samtwams und einem kostbaren Spitzenkragen, das Lob Gleichgestellter anhörend und das jüngst verfaßte Gedicht vorlesend oder vortragend? Das waren keine Versuchungen, nein, sondern mitfühlende Tröstungen seiner Seele, die Entschädigung für das, was ihm entgangen war, die Fülle, die er nie erfahren hatte, die Sättigung, die ihm nie genügt hatte, die Eroberung, die nie die seine hatte sein können. Sünde ist es, von der Zukunft zu träumen:

eine Frau zu begehren, die man in diesem Augenblick sah, mit Wut zu wünschen, was anderen gewährt war, wie etwas uns Geraubtes, wütend fremdes Glück zu beneiden, das ohne Schamgefühl und ohne Achtung für unser Elend vor unseren gebannt starrenden Augen tanzt. Doch sich glücklich vorzustellen in der Vergangenheit mit dem, was diese flüchtig durcheilt und was nie dem Ausmaß seines Hungers entsprochen hat, war keine Versuchung, war keine Sünde, ja es war vielmehr sein einziger Reichtum, sein einziger Beweggrund, den Tod zu erwarten, liebesdürr wie er war, ausgezehrt von Begeisterung, nicht mehr ans Vaterland glaubend, der Freude des Verseschmiedens entfremdet. Jetzt hatten seine Verse ihn verlassen. Sie hatten sich aufgelöst wie Zucker im ununterbrochenen Gedankenfluß, aus dem sie einst, plötzlich, aufgetaucht waren wie Stücke glühenden Eisens, die sich eines ans andere zum Gedicht zusammenfügten. Er hatte nicht die geringste Sehnsucht nach ihnen. Er hatte sie nie für sich selber geschrieben. Für die anderen, ja. Damit sie ihn hörten, damit sie ihn bewunderten, damit sie ihn verstünden, damit sie sähen, wie alles im Leben einen genauen Sinn besaß, den nur er zu finden fähig war, eine Architektur, die ohne ihn keine Schönheit besessen hätte, welche, nur als Idee existierend, erst von dem gedacht wird, der ihrer würdig ist.

Er stieß die Tür auf und trat ein. Gegen ihre Gewohnheit kam ihm seine Mutter nicht entgegen, auch hörte er im Haus keinerlei Geräusch. Er schloß die Tür hinter sich, ging zum Tisch und setzte sich, die Krücken anlehnend, auf den Stuhl. Sich setzen war eine Erleichterung für seine Ermüdung und zugleich eine neue Qual. Doch die so ungewohnte Abwesenheit der Mutter verringerte die Qual des Sich-Setzens, des Zurechtrückens der geschwollenen, schmerzenden Geschlechtsteile, eine Handlung, die er vor ihr stets mit unendlicher Beschämung ausführen mußte, weshalb er es sich auch nie bequem machte, wenn er die Augen der kleinen Alten auf sich fühlte, entsetzt über die Ungeheuerlichkeit der Strafen, die dem vorbehalten sind, der sich den Sünden des Fleisches überläßt, ohne sich rein zu halten, wie er auf die Welt kam. Sie, die, wenn ihr Mann von einer Reise heimkehrte, sich nur von ihm küssen ließ, wenn sie sich versichert hatte, daß er lange Monate hindurch in keinem einzigen Hafen an Land gegangen war… Seufzend lächelte er vor sich hin. Auf seiner ersten Reise, die ihn nach Indien führen sollte, hatte er beim Einschiffen, noch verseucht von den langen Orgiennächten, mit denen er sich für so lange Zeit in Gesellschaft von Himmel und Meer und Männern zu wappnen gedachte… Er bekreuzigte sich. Diese Erinnerungen waren Versuchungen des Fleisches. Und darin lag der Unterschied zur Dichtung, die er im Leben geschrieben hatte. Etliche Male hatte er in Wirklichkeit geschrieben, um zu erfahren, was er dachte. Andere Male hingegen hatte er geschrieben, um tatsächlich zu besitzen, so wie er als junger Mann den Liebesakt ohne Pause wiederholt hatte, nicht weil er begehrt hätte, sondern um besser zu fühlen, daß er besaß, um die Gewißheit zu haben, daß er selbst die Dirne besaß, die er während des ersten Males bereits vergessen hatte. Jetzt aber, derart gebrochen und kraftlos, schien ihm alles, was er dachte, würde er es niederschreiben, jener Dichtung anzugehören, die sich gegen den Heiligen Geist versündigte und die keine Gabe war, kein Geschenk seines Körpers an einen Körper, in den er eintrat, sondern Raub, Geiz, eine Art und Weise, den Nächsten zu verschlingen. Und nun schien ihm auch ungewiß, ob er all das Hervorgebrachte mit Selbstverleugnung geschrieben hatte, zumal er immer nach fremder Anerkennung gegiert hatte, nach Triumph, nach Ruhm, nach Preisen, und zwar so heftig, daß er sich mit dem gezwungenen Lächeln der Ignoranten, denen er seine Gedichte vorlas, begnügte.

Er hob die Augen zum Fenster. Im gegenüberliegenden Haus sah er den Kalfaterer am Tisch, der ihn über seinen dampfenden Napf hinweg freundlich beobachtete. Er nickte ihm zu, und der andere beschrieb eine weite Gebärde mit der Hand, die im Angebot seiner Suppe gipfelte. Er antwortete mit einer Art von Abschiedsgeste und wandte den Blick ab. An die Veranda hatten sich die beiden Kinder gelehnt; er brauchte nicht hinzusehen, um es zu wissen. Er hatte Kinder nie leiden können, er hatte nie daran gedacht, eine Familie zu gründen, um eigene zu besitzen. Vielleicht war deshalb ein Teil oder das Ganze seiner Dichtung wie jene Kinder geraten, die wir nicht haben wollten und die sich später von uns trennen, eine Trennung ahnend, die wir bereuen, die aber dennoch eine bereute Trennung ist. Für ihn war die Liebe Fleisch und

Geist gewesen, so sehr Fleisch, daß dabei kein Geist anwesend sein konnte, und so sehr Geist, daß nicht einmal alles Tag und Nacht gebrauchte Fleisch der Welt genügte, um ihn zu befriedigen. Sogar der Überdruß, der ihn bisweilen für lange Zeit von fleischlicher Berührung fernhielt, war eine unbefriedigte Glut, die sich schwebend und bedrohlich beherrschte, in Erwartung des Vergessens, daß das Fleisch immer gleich war und die Gebärden der Liebe so wenige, daß er sie bereits auswendig wußte. Doch dann, wenn er sie übte, war es immer wieder wie beim erstenmal eine Überraschung, neugierige Ungewißheit, scheue Befürchtung, süße Unsicherheit, jugendliches Staunen, neue Freude, rasende Verzaubeung; es war wie bei der ersten Initiation, doch ohne die Ratlosigkeit und die Enttäuschung darüber, daß die Liebe nicht mehr ist als das, wenn die Tugend der Liebe nicht darin beruht, mehr zu sein, als was sie ist, sondern in dem Vergnügen beruht, eben das nicht zu sein.

Wieder hob er die Augen zur gegenüberliegenden Veranda. Die Kinder waren nicht mehr da, und der über seinen Napf gebeugte Mann löffelte seine Suppe. Über das Geheimnis der Fleischwerdung hatte heute der Frater sehr gut gesprochen und beredt ihren Sinn erläutert. Doch einer Erläuterung der Fleischwerdung bedurfte er nicht. Wer mit dem Fleisch und mit dem Gedanken geliebt hatte wie er, wer von der Liebe geschrieben hatte wie er und wer nie Kinder geliebt hatte wie er, der besaß von der Fleischwerdung eine Erfahrung, über die der Frater nicht verfügte. Und wer, weil just alles in ihm Fleisch geworden war, ohne Fleisch zu werden, ihm sein eigenes Fleisch verzehrt und ihn als den scheußlichen Fetzen zurückgelassen hatte, der er jetzt war, wer wußte besser, was Fleischwerdung war? Oder zumindest so viel, wie ein Mensch wissen kann? Sich schwanger zu wissen mit einem Gedicht, sich von einem nur geahnten Blitz befruchtet zu wissen und ein Mensch zu sein — das ist das Größte, was man wissen kann. Es weiß nicht die Frau, die ein Kind zur Welt bringt, weil es ihre Aufgabe ist, zur Welt zu bringen, und manchmal, ohne geliebt zu haben. Es weiß nicht der Mann, der sich Kinder wünscht, weil er sie ohne Liebe zeugen kann. Aber der Dichter, der die Liebe bis zur Zerstörung des Fleisches getrieben und sogar Gedichte geschrieben hat, wo doch der Geist die Poesie gering achtet, der ja, der weiß, was Fleischwerdung ist. Weiß es indessen nur. Doch erlebt hat er die Fleischwerdung nicht, die Fleischwerdung hat ihn erlebt. Das ist das große Geheimnis, nicht das andere. Und es ist der große Unterschied zwischen einem Gott, der Fleisch geworden ist, und dem Menschen, in dem sich die Fleischwerdung darstellt. Ein Unterschied, der letzten Endes eine Komödie ist oder als Komödie angesehen werden kann, weil jeder Mensch, dem dies widerfährt, Amphitryon ist, ein Ehemann, hintergangen von dem in ihm wohnenden Jupiter.

Er sah vor sich die erleuchtete Bühne und die Verse deklamierenden Figuren. Die Tür knarrte, und dahinter tönten kleine Schritte. Die brüchige, spitze Stimme begann ihre verstimmte Deklamation.

»Heute war Pater Manuel hier und hat dich gesucht, und ich habe ihm gesagt, daß heute der Tag ist, an dem du ins Kloster São Domingo gehst, und er sagte, er habe nicht daran gedacht, und ich fragte, wann er wiederkäme, und er hat geantwortet, er müsse dich etwas über dein Buch fragen, es sei aber nicht eilig, er würde einen anderen Tag wiederkommen, du könntest ihn aber auch morgen oder übermorgen aufsuchen. Was will er denn mit deinem Buch, daß er dich immer Sachen fragen muß? Also ein Buch wie das, in dem nichts von Gott dem Herrn steht und von unserer heiligen Religion, mußt du denn immer erklären, was dies ist, und das und dein Leben erzählen, als ob er dein Evangelist sei? Die Allerheiligste Jungfrau verzeih mir, aber das kommt mir vor wie eine große Sünde. Und anderen Leuten sein Leben erzählen ist eine Sünde der Hoffart. Sein Leben erzählt man dem Beichtvater, und man übt Buße, die er einem für unsere bösen Worte und Werke auferlegt, und damit fertig. Und in der Todesstunde erzählt man, was man noch erinnert oder mittlerweile getan hat, und der Pater erteilt die Absolution, wenn wir tugendhaft waren und fromm und unsere Pflichten gegenüber Gott und seiner Kirche nie vernachlässigt haben.

Ach, und dann ist auch der Diener des Herrn Rui Dias hier gewesen im Auftrage dieses Herrn, der doch dein großer Freund ist, und hat nach den Gedichten gefragt über den König David — Gott möge ihn haben! —, die er bei dir bestellt hat. Ich habe gesagt, daß sie noch nicht fertig sind, daß du sie aber bald fertigstellen wirst; du hättest viel gearbeitet und sogar beim Pater Manuel studiert, damit die heiligen Worte alle richtig an Ort und Stelle stehen. Und er hat gesagt, daß sein Herr sehr böse auf dich ist, denn er hat die Bestellung vor vielen Monaten erteilt, und du hast nichts getan, wo er dir einen Teil der Arbeit vorausbezahlt hat. Ich habe gesagt, es sei wahr, er habe schon bezahlt, aber daß bei diesen Dingen vorauszuzahlen ist, wie wenn man dem Schneider den Stoff gibt, weil der Schneider kein Wams machen kann ohne Stoff und du nicht schreiben kannst, ohne zu essen. Und ich habe ihm gesagt, daß dein Ruhegehalt aussteht und daß man dich nicht bezahlt, und daß ich von der Güte seines Herrn und seinem großen Einfluß im Palast erhoffe, daß das Ruhegehalt pünktlich bezahlt wird, denn du hättest es von Seiner Hoheit verdient für die vielen Dienste deines Vaters, dem Gott Ruhe schenken möge, und auch für deine Dienste, weil du eben ein Junge ohne Verstand gewesen seist und kein Glück im Leben gehabt hättest, auch seist du ein Mensch gewesen, der Bücher geschrieben hat, und wüßtest viele göttliche und menschliche Dinge, wie der Herr Pater Manuel mir gesagt und Frei Bartolomäus in der Lizenz geschrieben hat, die er dir gab…«

»Frei Bartolomäus hat nur gesagt, ich wüßte viel von menschlichen Dingen.«

»Eben. Denn göttliche Dinge hättest du lernen können, wenn du tüchtig studiert hättest und vernünftig gewesen wärst, und dann könntest du heute Bischof sein und mehr als beide zusammen. Aber statt dessen hast du dich mit üblen Weibern herumgetrieben und in übler Gesellschaft, und jetzt siehst du, wie weit du gekommen bist, und statt daß du ihnen Lizenzen erteilst, mußt du sie darum bitten. Wären sie nicht deine Freunde und lägst du ihnen nicht dauernd in den Ohren und zeigtest du nicht, wie sehr du das böse Leben, das du geführt hast, bereust, sie würden sie dir nicht geben, denn das mit den Fratres… die Mutter Gottes möge mir verzeihen, wenn jemand mich hört. Dein Vater hat über sie gelacht und gesagt, daß sie samt und sonders Strolche sind, die nur essen und die Frauen anderer haben wollen. Abrenuntio, drum hat Gott ihn mit dem fürchterlichen Tod bestraft, so daß er nicht mal ein christliches Begräbnis bekommen hat. Aber du könntest den Herrn Herzog oder den Senhor Dom Manuel aufsuchen und sie daran erinnern, daß dein Ruhegehalt aussteht, denn sie erreichen alles, weil sie große Herren sind und Vettern des Königs. Ich habe ausgehen müssen, um unsere Gevatterin Joaquina zu besuchen, die wieder ihre Schmerzen hat, und da ist niemand, der sie pflegt, aber ich habe ihr gleich gesagt, ich könne nicht lange bleiben, weil heute dein Tag ist, wo du nach São Domingo gehst, um die Seele zu heiligen, was du bitter nötig hast, aber du würdest früh zurückkommen, und dann wärst du hungrig und wolltest dein Abendessen und würdest böse, wenn ich nicht zu Hause bin, wenn du kämst, um dir deine Suppe zu geben, und sie hat geantwortet, du seist doch kein Kind mehr, das an der Brust der Mutter weint, und ich habe ihr gesagt, daß du nie an der Brust deiner Mutter geweint hast, und das ist die Wahrheit, weil ich dir zu trinken gegeben habe, sobald du den Mund zum Schreien aufgemacht hast. Aber daß du nie nach Milch geschrien hast, das ist die Wahrheit, denn du hast nur nachher geweint, weil ich zuwenig Milch hatte und eine Amme holen mußte, da dein Vater wollte, du solltest von einer Amme aufgezogen werden, weil es nicht zu unserem Stand paßte, daß du an der Brust einer Senhora wie ich aufgezogen würdest, Gemahlin eines Mannes wie er, und alles Leute von Stand. Aber der Stand, den wir hatten, war nur das, was er sich verdiente, und nur Gott weiß, wie ich gelebt habe, nachdem dein Vater ausfiel und du dich in den Ländern von Heiden und Ungläubigen herumtriebst, all die Zeit, und ich nicht wußte, ob du am Leben warst oder tot, und ich nur wußte, wann die Armadas ankamen und wann ein Bekannter dabei war, der mir Nachricht von dir brachte und mir sagte, du seist dahin oder dorthin gereist und befändest dich sonstwo, weil für mich alle diese Indien ein und dasselbe sind und die Namen der Länder alle des Teufels sind — Kruzifix! —, die nur Verfluchte verstehen. Oft dachte ich, du würdest mir schreiben, aber du hast nie geschrieben, und viele Leute haben mir gesagt, daß du dort für andere die Briefe schriebst, denn gut schreiben hast du immer können, seit du ganz klein warst, und für die hast du hübsche Sachen zu Papier gebracht, aber nie für mich. Und ich habe zur heiligen Anna gebetet und zu unserer Lieben Frau und habe manches Mal die Heiligen gewechselt, damit keiner müde wird mich anzuhören, weil ich immer Angst gehabt habe, du könntest in den Kriegen umkommen und im Schiffbruch oder an den Krankheiten, die es dort gibt, und wenn ich dachte, daß ich bisweilen für dein gutes Geschick beten könnte und daß meine Gebete schließlich dazu dienen könnten, dir die Tage im Fegefeuer für deine Sünden und dein leichtfertiges Leben zu verkürzen, und der Leib, den ich zur Welt gebracht habe, von den Fischen oder den Heiden gefressen würde, ohne christliches Begräbnis wie dein armer Vater, den Gott haben möge, und ich es erst so viel später erfuhr. Und die Gevatterin Joaquina hat mir diese Pastete mitgegeben, die ich dir hier bringe, sie ist aus einem Huhn gemacht, das die Nachbarin ihr geschenkt hat, oder auch nur aus einem halben Huhn, und sie hat mir gesagt, sie habe noch ein anderes, schickt dir aber dieses, denn sie möchte, daß du ihr ein Versgebet an den heiligen Crispin schickst, dem sie innig zugetan ist, und ich habe gesagt, du würdest es schreiben, wenn du die Pastete gegessen hast.«

»Die Pastete esse ich, aber Verse an Heilige mache ich nicht.«

»Mein Gott, wenn dich jemand hört und denkt, daß du nicht an die Heiligen glaubst! Die Heilige Inquisition, die uns von der Schlechtigkeit und Bosheit der Feinde unseres Glaubens befreit hat, befiehlt, daß man an die Heiligen glaubt, und ich weiß wohl, daß du nicht glaubst, dich ihnen nie empfiehlst, und zwar durch die Sünde der Hoffart, nach dem, was mir Pater Manuel gesagt hat, als ich ihm von meinem Kummer sprach, daß du nicht an die Heiligen glaubst, und er hat mir geantwortet, daß dir die Heiligen zu gering sind und du dich nur mit Gott unserem Herrn begnügst. Es hat mich geradezu geschaudert, wenn ich an die Gefahr dachte, keinen Heiligen zu haben, der einen beschützt. Wären nicht der Herr Herzog und der Senhor Dom Manuel und der Senhor Rui Dias und andere solche Senhores, ich möchte sehen, wovon du leben würdest, denn sonst wüßte der König nichts von deiner Existenz. Gott verzeih' mir, aber es ist nicht so, daß Gott nichts von dir weiß, weil er von uns allen weiß und ein alliebender Vater ist, der den Blick nicht von uns läßt. Aber er thront in seiner himmlischen Majestät und hat alle Hände voll zu tun, die Welt zu regieren, und nie hat einer einen Streitfall ohne Anwalt gewonnen. Mich läßt die Senhora Santa Anna nie im Stich, ich weiß nicht, was aus mir würde und aus dir ohne sie. Denn diese Pastete ist ein Wunder von ihr. Als ich ausging, um die Gevatterin Joaquina zu besuchen, sagte ich zu mir, die Senhora Santa Anna möge bewirken, daß ich nicht mit leeren Händen nach Hause komme und daß ich irgendeinen Leckerbissen für meinen Sohn mitbringe, und ich habe sogar um eine Hühnerpastete gebetet, was das Sicherste war, weil die Gevatterin Joaquina immer Hühnerpastete hat. Ich habe aber der Senhora Santa Anna nicht gelobt, daß du tun wirst, worum die Gevatterin dich bitten würde, denn ich kenne dich ja, und daß man bei dir mit rein gar nichts rechnen kann außer mit Pastetenessen. Darum macht's nichts, daß du die Verse an den heiligen Crispin nicht machst, weil es kein Gelübde von mir ist. Die Gevatterin hat gesagt, wenn du wolltest, könntest du sie machen, weil alle Welt sagt, du seist ein guter Schwätzer und könntest aus dem Stegreif Verse machen, die man von dir verlangt. Ich habe geantwortet, das sei früher so gewesen, ja, aber jetzt habest du einen sehr guten Auftrag, der viel einbringt, vom Senhor Rui Dias, der uns die Ehre macht, dein Freund zu sein, die Psalmen des Königs David, den Gott haben möge, in Versen zu reimen, daß du aber nichts schriebest, so daß sogar heute sein Diener hier gewesen sei, um wegen der Vorauszahlung vorstellig zu werden. Und nun schläfst du und hörst nicht, was ich sage. Iß deine Suppe, solange sie heiß ist, und dann die Pastete, die so gut schmeckt, wenn sie der gleicht, die meine Gevatterin hatte. Ich habe schon bei ihr zu Abend gegessen, außerdem vergeht mir der Appetit, wenn ich dich in diesem Zustand sehe, ein so starker und so schmucker junger Mann, wie du einer warst, so daß es kein Mädchen gab, das sich nicht nach dir umdrehte, und kein Mann, der sich nicht vor Neid auf die Lippen biß. Und wenn die Sonne in deinem Haar spielte, sagte ich zu mir: Mein Sohn ist wie ein König mit seiner Krone auf dem Haupt oder, Gott verzeih' mir, wie ein großer Heiliger in seiner goldenen Pracht am Prozessionstag. Und ich sah dir nach, als du die Straße entlanggingst, so eitel, daß du dich nicht mal umdrehtest, die Hand am Degenknauf, und deine Schritte so fest; mein Gott, es schien, als gehörte die Erde dir ganz allein. Aus diesen und anderen Gründen hat all dein Unglück angefangen, mit Händel und Streitereien, und deine Übeltat, unseliger als alle anderen, war die, daß du den Mann an

Fronleichnam erstachst, den schamlosen Halunken, der dich ins Unglück gestürzt und dich dazu gebracht hat, nach Indien zu segeln und der in Sünde zu sterben verdient hätte. Gott verzeih' mir, wenn ich jetzt sündige. Es ist schon so dunkel, daß ich die Lampe anzünden werde. Aber das Licht ist ausgegangen, und ich werde zur Nachbarin hinuntergehen und sie um Licht bitten. Gott unser Herr habe Mitleid mit mir, mit dem alten müden Weib, das einen männlichen Sohn hat und nun selber die Treppe hinuntersteigen muß, um Feuer zu holen, an dem es in unserem Hause fehlt.«

Er öffnete die Augen ins Dunkel und ins Stillschweigen hinein. Er kannte die Winkel des Raums so gut, daß es ihm war, als sehe er die Truhe und den Gebetsschrein mit den aufgesteckten Zweiglein, die aufgehängten Heiligenbildchen, das Bord mit den hochgestellten Tellern, das Matratzenlager in der Ecke, darauf er schlief, die Tür zum Alkoven seiner Mutter und die Küchentür. Er sah alles mit der gleichen Sicherheit und der gleichen Genauigkeit, mit der er Gamas Schiff auf dem Meer hatte segeln sehen, dort unten, gesichtet vom Empyreum aus, mit der er die weinende Venus in Jupiters Armen, mit der er Adamastor gesehen hatte, dichtem Gewölk entsteigend, mit der er Veloso den Berg hatte hinabeilen sehen. Aber warum hatte er nur Borges erstochen? Damit sein Leben eine andere Richtung, damit es die Richtung des Verhängnisses annähme, damit Indien ihm durch seinen Stern aufgezwungen werde, damit sein Stern existierte? Meine Irrtümer, schlimmes Geschick, glühende Liebe verschworen sich zu meinem Verderben, die Irrtümer und das Schicksal nahmen überhand, genügte für mich doch die Liebe allein. Verderben. Allein die Liebe. So wie die Poesie falsch ist und wahr. So wie sie aussagt, indem sie nicht sagt, und sie nicht sagend sagt. Wie wir nichts wissen von unserer Seele, bevor wir sie beschreiben, und wie wir von ihr nichts wissen, nachdem wir geschrieben haben. Man sucht das Verderben wie der Mensch, der sich auszieht, um im Meer zu baden, wie Leander den Hellespont durchquerte. Und die Liebe würde allein genügen wie der Augenblick, in dem man alles vergißt, in dem alles schwindet, alles verdunstet in der Hitze, die aufglüht und nur einen Augenblick dauert, aber einen Augenblick, in dem die Zeit sich aufhebt, sich zum Raum versteinert und zur Form und aller wahre Raum blitzschnell flüchtet und durch die Zeiten rast, bis er die Zeit ist, die sich aufgehoben hat. Nur damit, denn das ist ein Bild der höchsten Liebe, die jenseits von Zeit und Raum existiert, jenseits der Sphären, jenseits jenes schrecklichen Brunnens. Jenseits oder diesseits? Und wenn diese Liebe nicht mehr wäre als ein Bild, eine letzte Essenz seines eigenen Lebens?

Seltsam, in der Stille und im Fluß der Gedanken tat sich der Brunnen auf, ungeahnt und durchscheinend in seiner schwarzen Tiefe, darin die winzigen Formen schwammen, und eine stieg auf, auf und gewann Farbe und Miene einer furchterregenden Meduse. Die Tür knarrte, und unsichere Helligkeit ließ die Gegenstände auftauchen wie flache schattenlose Formen im schwachen Licht. Leicht klangen die kleinen Schritte.

»Die Nachbarin sagt, bevor du heimkamst, ich aber schon fort war, ist auch jener Doktor gekommen, der dich um die Poesien für den Senhor bat, der keinen christlichen Namen hat, den Senhor Dom Leonis. Heute ist alle Welt hergekommen, man hätte meinen mögen, der Jüngste Tag sei angebrochen. Und da er auf die Reise gehen will, hat er sehr bedauert, dich nicht angetroffen zu haben, und läßt dir viele Grüße bestellen und hofft sehr, daß es dir gesundheitlich bald besser geht, und sie hat geantwortet, du seist tatsächlich ziemlich am Ende, worauf er geantwortet hat, du würdest nie am Ende sein, weil du ein großer Dichter bist, einer der größten, die es je auf der Welt gegeben hat, so etwas... Ich habe nicht begriffen, was er meinte. Und sie hat laut gelacht und ihm gesagt, der Senhor Pater Manuel sage das gleiche, aber das seien nichts als freundliche Worte, denn Poesie hat noch nie jemandem etwas eingebracht. Zwar haben sie dir das Ruhegehalt gewährt, aber das war wegen des gedruckten Buches und für die vielen Dienste, die dein Vater in seinem armen Leben dem König geleistet hat, und du auch. Und er hat geantwortet, so sei es immer, der Ruhm käme erst sehr spät, und die Preise, wenn sie gegeben würden, kämen nie für das, wofür man sie am meisten verdient hätte. Ich finde, das heißt nicht an die unendliche Güte Gottes unseres Herrn glauben, es ist auch nicht sehr ehrerbietig Seiner Hoheit gegenüber, die dir das Ruhegehalt gewährt hat. Worauf es ankommt, ist, daß du zum Palast gehst und vorstellig wirst, daß man dich nicht zur Zeit und

Stunde bezahlt, denn ich bin zu müde, um mich dorthin zu schleppen, und immer fragt man mich, warum du nicht gehst, und neulich hat der Schatzmeister mir sogar gesagt, das sei alles erfundenes Zeug, du gingst nicht, weil du gestorben seist, und ich, sofern ich das Geld in Empfang zu nehmen wünschte, müsse beim König die Erneuerung des Ruhegehalts in meinem Namen beantragen. Du gehst aber nicht, weil du an der Sünde der Hoffart krankst und weil du nicht willst, daß man dich sieht, wie du auf Krücken um die Zahlung dessen bittest, was man dir schuldet. Ich bin müde und will mich hinlegen, denn ich kann nicht mehr. Hab acht mit der Lampe, verbrauche nicht zuviel Öl, denn es ist fast zu Ende, du weißt wohl, welche Angst ich vor Bränden habe, du kannst nämlich leicht am Tisch einschlafen, das wäre nicht das erstemal, das Licht könnte deine Papiere in Brand stecken und das Haus obendrein. Gott helfe uns, und die heilige Barbara beschütze uns. Wenn der Diener des Senhor Rui Dias wiederkommt, was soll ich ihm sagen? Du brauchst mir nicht zu antworten, du schläfst ja schon am Tisch ein. Vorsicht mit der Lampe...«

Er blickte auf das zarte Gefunkel der Lampe mit ihrer Aureole rings um den glühenden Mittelpunkt. Sollte der Diener von Rui Dias auftauchen oder er selber, er würde sagen, in anderen Zeiten sei er ein junger Mann gewesen, satt und verliebt und hochgeschätzt und beliebt und überhäuft mit Gunstbezeugungen und Gnaden von Freunden und Damen, was die poetische Glut nur noch vermehrte, nun aber verspürte er weder Freude noch Befriedigung an irgend etwas... Es würden 365 Verse sein, genauso viele wie Tage im Jahr, wie ein Kreuzweg des Lebens, 73 Fünfzeiler wie...

Getrieben von einer Angst, die ihm den Atem nahm, einer Benommenheit, die den winzigen Lichtschein der Lampe vervielfachte, stand er auf. Lehnte sich kurz an den Tisch und schleppte sich ans andere Ende und ließ sich auf die Strohmatratze fallen. Wühlte in ihr und zog aus einer Ecke etliche Bogen Papier heraus, das kleine Tintenfaß mit der in seinem Ring steckenden Feder, die er seit seiner ersten Einschiffung dergestalt zu verwahren gewohnt war. Auf den Knien, während er in ihnen und in den Geschlechtsteilen wütende, stechende Schmerzen spürte, so daß er auf die

Zähne beißen mußte, rutschte er zum Tisch, legte das Mitgebrachte darauf und erhob sich. So blieb er einen Moment stehen, mit geschlossenen Augen, keuchend. Und schon strudelten die Worte in ihm, vermengt mit den anderen, unnützen, toten der Übersetzung, die er versucht hatte. Sie waren wie ein Schüttelfrost, der den Schaudernden durchtobte, kurze Zeit zögerte und sich in kleinen Zonen der Haut sammelte. Über den Tisch, auf den er sich stützte, gebeugt, zog er den Stuhl näher und sank darauf zusammen. Er fühlte kalten Schweiß über die Stirn rinnen, und als er das Tintenfaß öffnete, sah er Perlen auf seinen Handrücken schimmern. Eine Woge der Freude durchströmte ihn in drängenden Stößen. Die Augen brannten ihm von Tränen. Alles war fehlgeschlagen, alles, selbst die Poesie hatte ihn verlassen, voller Furcht vor seinen durchdringenden Augen, die in die Tiefe der Dinge sahen. Es war der Brunnen, darin die Formen schwammen. Doch er war ein großer Dichter und verwandelte alles, was er berührte, in Poesie, selbst das Elend, selbst die Bitternis, selbst die Flucht der Poesie. Am ganzen Körper bebend, doch mit fester Hand begann er zu schreiben… An den Flüssen, die von Babylon nach Zion ziehen, fand ich mich sitzend… Er strich aus, verzweifelt. Und begann von neuem. An Babylons Flüssen ich weinend saß, Zions Gedenken ich kummervoll las, was ich dort erlebt, war ohne Maß…

Und dann schrieb er weiter, die ganze Nacht.

Übersetzung: CMC

Sophia de Mello Breyner Andresen

DIE REISE

Die Straße führte durch Felder, und manchmal sah man in der Ferne die Berge. Es war Anfang September, und der Morgen breitete sich in Licht und Fülle strahlend über die Erde. Alles schien zu brennen.

Im Wagen, den sie fuhren, sagte die Frau zu ihrem Mann:

»Das ist die Mitte unseres Lebens.«

Vor den Fenstern schien die Welt zurückzufliehen. Häuser, Brücken, Berge, die Dörfer und Bäume und die Fluren flohen und lösten sich auf. Es war, als ob die Straße selbst sie verschlänge. Sie kamen an eine Kreuzung, kurvten nach rechts und fuhren weiter.

»Wir müssen gleich ankommen«, sagte der Mann.

Und sie fuhren weiter.

Bäume, Felder, Häuser, Brücken, Berge, Flüsse flohen, glitten zurück.

Die Frau sah sich beunruhigt um und sagte:

»Wir müssen uns geirrt haben, den falschen Weg genommen.«

»Das muß an der Kreuzung gewesen sein«, sagte der Mann und stoppte den Wagen. »Wir sind nach Westen abgebogen. Hätten nach Osten fahren sollen. Jetzt müssen wir bis zur Kreuzung zurück.«

Die Frau wandte den Kopf und sah, daß die Sonne schon in den Mittag stieg und wie die Dinge langsam ihre Schatten verloren. Sah auch, daß der Tau an den Gräsern längs der Straße schon zu trocknen begann.

»Also los«, sagte sie.

Der Mann drehte und fuhr den Wagen zurück.

Die Frau schloß ermüdet ein bißchen die Augen, lehnte den Kopf an den Sitz zurück und versuchte sich den Ort vorzustellen, an den sie fuhren. Ein Ort, an dem sie nie gewesen war. Sie kannten auch niemanden, der je dort gewesen wäre. Wußten den Namen nur von der Landkarte. Ein wundervoller Ort, hieß es.

Sie stellte sich ein Haus vor, friedlich, still und weiß. Von Rosen umgeben. Sie dachte: Der Garten wird groß und grün und voller Flüstern sein. Irgendwer hatte ihr gesagt, ein kleiner Bach flösse hindurch, klar, durchsichtig und glänzend. Auf dem Grund seines Wassers könne man Sand und die kleinen geschliffenen Steine erkennen. An den Ufern wüchsen zarte, mit Klee vermischte Gräser. Bäume mit runder Krone und voller Früchte stünden im Grünen.

»Sobald wir ankommen«, sagte sie, »baden wir im Fluß.«

»Baden wir im Fluß und ruhen uns dann auf dem Rasen aus«, sagte der Mann, die Augen auf die Straße geheftet.

Und sie hatte Verlangen nach kaltem, klarem Wasser um ihre Schultern, stellte sich den Rasen vor, auf dem sie beide nebeneinander liegen würden im Schatten der Blätter und Früchte. Hier würden sie bleiben, hier hätten sie Zeit, die Dinge zu betrachten, hier wäre Zeit, das Leben wahrzunehmen. Hier könnten sie den Duft der Rosen einatmen, hier wäre alles Dauer und Gegenwart. Hier gäbe es Schweigen und nur das helle Plätschern des Flüßchens, Schweigen, um die schweren ernsten und reinen Worte des Friedens und der Freude zu sagen. Nichts würde hier fehlen. Freude wäre einfach Dasein.

Felder, Pinienwälder, Berge und Flüsse flohen zurück.

»Wir müssen gleich an die Kreuzung kommen«, sagte der Mann.

Und sie fuhren weiter.

Flüsse, Felder, Pinienwälder, Brücken — eine weitere halbe Stunde.

»Wir sollten eigentlich schon an der Kreuzung sein«, sagte der Mann.

»Sicher haben wir uns im Weg geirrt«, sagte die Frau.

»Wir können uns nicht geirrt haben«, sagte der Mann, »denn es gab keinen anderen Weg.«

Und sie fuhren weiter.

»Wir müßten längst an der Kreuzung sein«, sagte der Mann.

»Was sollen wir nur tun?« fragte die Frau.

»Weiterfahren.«

»Aber wir werden uns verirren.«

»Ich sehe keinen anderen Weg«, sagte der Mann.

Und sie fuhren weiter.

Sie kamen an Flüssen, Feldern, Pinienwäldern, Brücken vorbei, ließen sie zurück, die Landschaft wurde fremd.

»Wir verirren uns immer mehr«, sagte die Frau.

»Weißt du vielleicht einen anderen Weg?« fragte der Mann und hielt den Wagen an.

Linker Hand war ein leeres, ebenes Feld. Rechts ein bewaldeter Hügel.

»Steigen wir den Hügel hinauf«, sagte der Mann. »Von dort kann man alle Wege im Umkreis übersehen.«

Sie stiegen den Hügel hinauf — aber keine Straße war zu entdecken. Schließlich sahen sie einen Bauern, der seinen Garten umgrub. Sie liefen auf ihn zu, um ihn zu fragen, wie man zur Kreuzung käme.

»Weiß ich«, sagte der Bauer, »immer den Weg da drüben entlang.«

»Könntest du uns dahin begleiten?«

»Kann ich, aber erst muß ich mit dem Gießen fertig werden. Dauert nicht lange.«

»Wir warten«, sagte der Mann.

»Ich habe Durst«, sagte die Frau.

»Dort drüben hinter den Felsen gibt's eine Quelle«, sagte der Bauer. »Geht hin und trinkt euch satt, bis ich mit dem Gießen fertig bin.«

Sie gingen in die Richtung, in die der Bauer sie gewiesen hatte, und fanden hinter dem Felsen den Quell.

Der Quell fiel von oben über die Steine herab, klar und funkelnd wie ein Schwert.

Hier tranken sie, das Wasser umsprühte ihnen Gesicht und Haar. Sie labten sich an seiner Frische, vergaßen die Müdigkeit, den verlorenen Weg, die ganze Fahrt.

Die Frau setzte sich auf einen moosbewachsenen Stein, der Mann neben sie. Und so blieben sie, Hände haltend, reglos und schweigend.

Ein Vogel kam herab, nahe beim Quell, und der Mann sagte:

»Wir müssen gehen.«

Sie standen auf, gingen den Weg zurück und suchten den Bauern. Aber als sie zum Feld kamen, war kein Bauer mehr da. Sie sahen das Wasser in den Furchen rinnen, sahen Petersilie und Pfefferminz in Eintracht wachsen. Aber den Bauern sahen sie nicht.

»Der wollte eben nicht warten«, sagte der Mann.

»Warum hat er uns angelogen?«

»Vielleicht wollte er nicht gerade lügen. Vielleicht konnte er einfach nicht warten. Oder vielleicht hatte er uns vergessen.«

»Und jetzt?« fragte die Frau.

»Jetzt gehen wir zum Wagen zurück, in der Richtung, die er uns vorhin gewiesen hat.«

Sie stiegen den Hügel hinab in Richtung zum Wagen, aber als sie auf die Straße kamen, war der Wagen verschwunden.

»Wir müssen uns geirrt haben. Hätten die andere Richtung nehmen sollen.«

»Oder jemand hat den Wagen gestohlen.«

»Wo ist nur der Bauer geblieben?«

»Vielleicht sucht er uns bei der Quelle.«

»Wir müssen irgend jemanden finden«, sagte die Frau.

»Gehen wir zur Quelle zurück. Sicher glaubte der Bauer, uns dort zu treffen.«

Und sie machten sich wieder auf den Weg.

Sie stiegen hügelauf und -ab, überquerten das Feld. Es roch nach Pfefferminz und feuchter Erde. Aber sie fanden den Quell jenseits der Felsen nicht mehr.

»Es war nicht hier«, sagte der Mann.

»Doch, es war hier«, sagte die Frau. »Es war hier. Ich habe Angst. Gehen wir schnell zur Straße zurück.« Sie gingen zur Straße zurück und suchten den Wagen.

»Was sollen wir nur tun?« fragte die Frau.

»Irgendwer muß ja vorbeikommen«, sagte der Mann. Sie gingen die Straße entlang. Die Sonne stieg höher.

»Ich bin müde«, sagte die Frau.

»Wenn wir ›dort‹ ankommen, wirst du dich ausruhen, auf dem Rasen dich ausstrecken, im Schatten der Bäume und Früchte.«

»Laß uns so schnell wie möglich den Weg finden«, sagte die Frau. Zwischen den Pinienwäldern in der Ferne tauchte ein Haus auf. »Laß uns dorthin gehen, vielleicht gibt's da wen, der uns den Weg zeigen kann.«

Sie klopften an die Haustür. Niemand antwortete. Sie horchten, glaubten Stimmen zu hören. Sie klopften nochmals. Niemand antwortete. Sie warteten. Klopften wieder, in Abständen, kräftig, beharrlich, laut. Die Schläge dröhnten, niemand antwortete.

Da stemmte der Mann seine Schulter gegen die Tür und sprengte sie. Aber das Haus war leer.

Es war ein kleines Bauernhaus. Nackte Wände, auf denen die Narben des Lebens zu lesen waren. Es bestand aus einer Küche und zwei Räumen. Auf einem Vorsprung der gekalkten Wand stand ein Heiligenbild, und vor ihm brannte die Öllampe. Daneben ein Blumenstrauß, wie sie zu Ostern gesegnet werden.

Niemand war in der Küche, niemand in den Zimmern. Auch im Hinterhof, wo die Wäsche flatternd an der Leine hing — niemand. Im Ofen war noch Glut, und auf dem Tisch standen Brot und Wein.

»Ich bin hungrig«, sagte die Frau.

Sie setzten sich und aßen.

»Und jetzt?« fragte die Frau.

»Machen wir uns auf den Weg und suchen weiter«, sagte der Mann.

Sie durchquerten den Wald — aber die Straße war verschwunden.

»Ich habe Angst«, sagte die Frau. »Immer mehr Angst. Alles verschwindet.«

»Wir sind doch zusammen«, sagte der Mann.

»Aber was fangen wir an ohne die Straße?«

»Gehen wir zum Haus zurück«, sagte der Mann, »und dort warten wir, bis die Leute zurückkommen, uns den Weg zeigen und uns helfen.«

Und wieder durchquerten sie den Pinienwald. Aber wo das Haus gestanden hatte, war jetzt nur eine kleine Lichtung, ein paar verstreute Steine.

Beide waren sprachlos. Die Frau ließ sich zu Boden fallen, und zwischen den Steinen liegend schluchzte sie, das Gesicht zur Erde gewandt.

»Gehen wir«, sagte der Mann.

»Wohin?« fragte sie.

»Wir müssen einen Weg finden.«

»Wozu? Alles, was wir fanden, haben wir verloren.«

Der Mann kniete sich neben sie und wischte ihr die Tränen und die Erde vom Gesicht.

Dann hob er sie auf, und beide gingen weiter. Sie durchquerten den Pinienwald und kamen zu einem Feld.

Aber ein Weg war nicht zu sehen.

Mitten auf diesem Feld stand ein Apfelbaum, voll von roten runden und glänzenden Früchten.

»Wie herrlich!« sagte die Frau.

Sie pflückte einen Apfel für sich und einen anderen für den Mann. Dann setzten sich beide ins Gras unter den schattigen Baum, und das feste, saftige Fleisch des Apfels krachte zwischen ihren Zähnen. Noch war der Nachmittag strahlend. An den dunklen rauhen Stamm gelehnt, ruhten sie schweigend und horchten auf das leichte Beben der Erde unter der Sonne.

Dann sagte der Mann:

»Gehen wir.«

Sie standen auf und gingen weiter.

Fast am Ende, bei der Hecke angekommen, die ein Feld vom anderen trennte, schrie die Frau auf.

»Wir hätten ein paar Äpfel mitnehmen sollen. Wo sind wir denn und wie lange werden wir noch gehen müssen, bis wir wieder etwas zu essen finden?«

»Du hast recht«, sagte der Mann.

Und sie kehrten um und gingen zum Apfelbaum zurück, der saftig in der Mitte des Feldes stand.

Doch als sie zum Apfelbaum kamen, sahen sie, daß aus seinen Zweigen alle Früchte verschwunden waren.

»Jemand ist vorbeigekommen, den wir nicht sahen, und der hat alle Äpfel mitgenommen«, sagte der Mann.

»Ach«, sagte die Frau, »so schnell! So schnell verschwindet alles! Wir finden es; da ist es. Aber wenn wir zurückkommen, ist alles verschwunden. Und wir wissen nicht, wer fortnimmt und zerstört.«

Sie ließen die Köpfe hängen und setzten schweigend ihren Weg fort. Durchquerten ein Feld nach dem anderen, aber sie trafen niemand, der sie hätte führen oder ihnen Antwort geben können. Bei einer Hecke sahen sie einen Korkeimer und einen Tonkrug stehen.

Die Frau hob den Deckel des Eimers und schaute hinein.

»Die sind leer«, sagte sie.

»Wo kann nur der Eigentümer sein?«

Sie schauten sich um, aber da war niemand. Sie riefen, niemand antwortete.

»Vielleicht ist er jenseits der Hecke«, sagte die Frau.

Sie setzten über die Hecke, aber auch auf der anderen Seite — keine Menschenseele. Nichts als ein schmales Rinnsal, das fast versteckt zwischen Klee und Brunnenkresse dahinlief. Sie knieten nieder und wuschen sich Hände und Gesicht. Die Frau trank aus der Muschel ihrer Hände und bot auch dem Mann zu trinken.

»Hätten wir nur den Krug mitgebracht«, sagte sie, »dann könnten wir Wasser mitnehmen.«

»Und im Eimer Früchte. Laß uns den Krug und den Eimer holen.«

Sie stiegen über die Hecke zurück.

Aber der Krug war zerbrochen und der Eimer zernagt.

»Wer hat ihn zerbrochen?«

»Vielleicht der Wind oder irgendein Tier.«

»Wer hat ihn angenagt?«

»Die Ratten, die Schlangen, die Maulwürfe, die wilden Hunde.«

»Zerbrochen und zernagt, sie taugen nichts mehr.«

»Laß uns schnell weitergehen«, sagte die Frau.

Es war schon spät am Nachmittag, als sie zu einem großen Wald kamen, an dessen Rand ein schmaler Pfad begann.

»Folgen wir diesem Pfad, dann werden wir auf Menschen treffen. Pfade sind von Menschen angelegt. Pfade legt man an, um zu Menschen zu gelangen.«

Und sie gingen in den Wald hinein. Eichen, Kastanien, Linden und Buchen, Zedern und Pinien verzweigten sich ineinander. Streifen schrägen Lichts liefen die Stämme herab, grüngolden war die Luft.

»So ein schöner Wald!« rief die Frau.

»So ein schöner Wald!« rief der Mann.

Hie und da knackte ein trockener Zweig, ein Tannenzapfen fiel. Man hörte den Wind durch die Wipfel streichen. Hörte das Lied verborgener Vögel. Vernahm das Schweigen der Moose, der Erde.

Benommen von Duft und Schönheit und Musik des Waldes gingen Mann und Frau ihren Pfad.

Da hörten sie von fern das Echo einer schlagenden Axt. Sie gingen diesem Ton nach.

»Von dort kommt er«, sagte die Frau.

Und vom Pfad abweichend, bogen sie nach rechts. Sie trafen einen Holzfäller, der hackte Holz.

»Wir haben uns verirrt«, sagte der Mann, »wir suchen den Weg, der zur Hauptstraße führt.«

»Geht nur den Pfad geradeaus«, sagte der Holzfäller, »und ihr kommt auf die Hauptstraße.«

»Vielen Dank«, sagte der Mann.

Und die beiden gingen zurück. Aber den Pfad fanden sie nicht mehr.

»Wie kamen wir nur von ihm ab?« sagte die Frau.

»Laß uns den Holzfäller bitten, daß er uns führt«, sagte der Mann.

Sie gingen zur Stelle zurück, an der sie den Holzfäller gesprochen hatten. Aber sie fanden nur das gehackte Holz. Der Holzfäller war verschwunden.

»Er ist fortgegangen«, sagte die Frau.

»Er kann nicht weit sein. Rufen wir ihn!«

Sie riefen wieder und wieder, aber nichts, keine Stimme, kein menschlicher Laut antwortete ihnen. Nichts war zu hören als der Gesang der Vögel, das Bersten der trockenen Zweige, Wind in den Bäumen.

»Schweig still und horch«, sagte der Mann. »Er kann noch nicht weit sein, vielleicht können wir noch seine Schritte hören.«

Und sie schwiegen und horchten. Aber nichts ließ sich vernehmen als das Rauschen des Waldes.

»Ich weiß eine bessere Art zu horchen«, sagte die Frau.

Sie kniete nieder und legte zuerst das eine, dann das andere Ohr an die Erde. Aber nichts war zu hören als das pochende Schweigen der Erde.

»Ich höre nur die Erde«, sagte sie.

»Laß uns weitergehen«, sagte der Mann.

Und sie gingen weiter. Sie fanden eine Hecke, die war voll von Brombeeren.

»Wie herrlich die sind!« sagte die Frau.

Der Mann pflückte eine Handvoll Brombeeren und bot sie der Frau an. Sie aß davon und sagte noch einmal:

»Wie herrlich sie sind!«

Lachend machten sie sich über die Brombeeren her, und als sie eine große Menge beisammen hatten, setzten sie sich auf den Boden, um weiterzuessen. Das schräge Abendlicht fiel durchs Gebüsch und entflammte sich am Grün der Gräser. Als sie fertig waren, sagte der Mann:

»Wir müssen weiter, müssen die Straße finden und den Ort, den wir suchen.«

»Wie sollen wir diesen Ort finden, wenn wir nicht mal wissen, wo wir sind?«

»Wir müssen ihn finden«, sagte der Mann.

Sie standen auf und gingen weiter.

»Augenblick«, sagte die Frau. »Ich will noch Brombeeren mitnehmen.«

Sie löste den Knoten ihres Halstuches, nahm es ab und breitete es auf dem Boden aus. Beide fingen sie wieder an Brombeeren zu pflücken und häuften eine ganze Pyramide davon auf ihr Tuch. Dann banden sie die vier Zipfel des Tuches zusammen.

»Gehen wir«, sagte der Mann und nahm das Tuch zwischen seine Finger.

Wieder folgten sie ihrem Weg, gingen Hand in Hand durch die grüngoldene Luft.

»Wie herrlich hier alles ist!« sagte die Frau.

»Ja«, sagte der Mann. »Aber noch haben wir die Straße nicht wiedergefunden.

Die Frau jedoch warf den Kopf zurück und atmete tief den Duft der Erde und der Bäume ein. Sie hob die Hand in die Luft, und auf ihre Fingerspitzen setzte sich ein Schmetterling.

»Ach«, sagte sie, »so verloren wir auch sind, ich finde das alles wunderbar. Auch wenn ich nicht weiß, ob ich je ankommen werde, habe ich doch Lust, zu lachen und von der Schönheit des Lebens zu singen. Auch auf diesem Weg, von dem ich nicht weiß, wohin er uns führen wird, sind die Bäume stark und grün, als ob eine tiefe Gewißheit sie nährte. Selbst hier erkennt uns das Licht und erhellt unsere Gesichter. Ich bin voller Angst und bin doch fröhlich.«

»Die Luft und das Licht«, sagte der Mann, »sind gut und schön. Hätten wir uns nicht verirrt, wäre dies ein herrlicher Ausflug. Aber Licht und Luft können uns nicht den Weg weisen.«

Sie hörten einen leisen kristallenen Ton und gelangten nach wenigen Schritten an einen Fluß.

Es war ein kleiner, schmaler und klarer Fluß, an dessen Ufern wilde rosa und weiße Blumen wuchsen.

Der Mann und die Frau beugten sich zur Erde und tranken in tiefen Zügen vom Wasser.

»Kristallklares Wasser!« sagte die Frau. »Laß uns baden gehen.«

Sie zogen sich aus und sprangen ins Wasser.

Lachend, dann wieder schweigend, schwammen sie lange Zeit. Sie tauchten mit offenen Augen bis auf den Grund zu den kleinen glänzenden Steinen, durchquerten die schwebende grüne, durchsichtige Welt des Wassers. Glitzernde Forellen glitten leicht an ihren Leibern entlang.

Dann streckten sie sich auf dem Rasen im goldenen Schatten des Uferwaldes aus. Das Gesicht der Frau hob sich von den Blüten ab.

»Hier ist es fast wie auf dem Land, zu dem wir unterwegs sind«, sagte sie.

»Ja«, sagte der Mann. »Aber hier sind wir nur vorübergehend.«

Und beide standen auf und zogen sich an.

»Gehen wir?« fragte er.

»Warte einen Augenblick«, sagte sie. »Erst will ich noch ein paar Blumen mitnehmen.«

Sie kniete sich nieder und begann einen Strauß zu pflücken. Der Mann beobachtete, wie sie die Blumen mit den Wurzeln ausriß, und fragte:

»Warum nimmst du denn die ganzen Wurzeln mit?«

»Weil ich sie auf das Land pflanzen will, zu dem wir fahren. Wer weiß, ob es dort so schöne Blumen gibt wie hier«, antwortete die Frau.

Und sie gingen weiter.

Es begann schon Abend zu werden.

»Ich habe Hunger«, sagte die Frau.

»Wir haben ja noch Brombeeren«, sagte der Mann.

Er breitete das Tuch auf den Boden und löste die Knoten. Aber das Tuch war leer.

Sie schwiegen eine Weile. Dann sagte der Mann:

»Sicher waren die Zipfel des Tuches schlecht geknotet, und die Beeren rollten heraus, während wir gingen. Eine nach der anderen. Ich spürte nicht mal, daß sie weniger wurden.«

»Ich habe Hunger«, sagte die Frau.

»Gehen wir weiter«, sagte der Mann.

In der Ferne zwischen den Bäumen sahen sie eine rote Lichtung.

»Das ist die untergehende Sonne!« rief die Frau. »Schon geht die Sonne unter!«

»Laß uns schneller gehen«, sagte der Mann. »Es wird schon Nacht, und noch haben wir den Weg nicht gefunden.«

Und sie rannten fast.

Aus dem Schatten der Dämmerung kamen plötzlich Stimmen.

»Menschen!« rief der Mann. »Wir sind gerettet!«

»Gerettet?« fragte die Frau.

Und wieder hörten sie Stimmen.

»Sie sind dort drüben«, sagte die Frau und deutete nach links.

»Nein, dort!« sagte der Mann und deutete nach rechts. Aber je mehr sie liefen, desto entfernter klangen die Stimmen.

»Die sind schneller als wir«, klagte die Frau.

»Aber«, sagte der Mann, »wenn es uns wenigstens gelingt, die Richtung zu halten, in die sie gingen, sind wir gerettet.«

Und so liefen sie weiter, horchend und eilend, während die Schatten der Dämmerung wuchsen. Bis keine Stimmen mehr zu hören waren und die Nacht einfiel, schwer und finster.

Der Mond war noch nicht erschienen. Auf allen Seiten gab es Bewegung, Nachtgeräusch und Flüstern, meinten sie Gestalten, Stimmen zu erkennen. Aber da waren nur Bäume, knackende Zweige, Säuseln in den Blättern, Finsternis.

»Sind wir verloren?« fragte die Frau.

»Wir wissen's nicht«, sagte der Mann.

Schweigend, Hand in Hand, aneinandergelehnt gingen sie langsam weiter, bis sie schließlich merkten, daß sie an den Rand des Waldes gelangt waren.

Voller Hoffnung drängten sie in die Lichtung hinaus, aber kaum hatten sie das letzte Gestrüpp verlassen, tat sich vor ihnen ein Abgrund auf.

Sie beugten sich vor, lauschten. Doch im Licht der Sterne sahen sie vor sich nichts als tiefe Finsternis.

»Ein Abgrund«, sagte der Mann. »Das Land dort drüben ist durch ihn von uns getrennt. Nun können wir keinen Schritt mehr tun.« »Schau!« rief die Frau.

Sie deutete auf einen schmalen Pfad, der direkt am Abgrund entlangführte. Links ein steiniger Abhang, rechts das Nichts.

»Gehen wir«, sagte der Mann.

»Ich habe Angst«, sagte die Frau.

»Wir sind doch beieinander«, erwiderte der Mann, »fürchte dich nicht.«

Und sie folgten dem Pfad.

Der Mann ging voraus, und die Frau hinter ihm hielt sich mit der Linken am Gesträuch fest, mit der Rechten stützte sie sich auf die Schulter des Mannes.

Sie gingen schweigend unterm dunklen Glanz der Sterne und maßen jede Geste, jeden Schritt.

Aber plötzlich schwankte der Körper des Mannes, kleine Steine kamen ins Rollen.

»Halt mich fest!«

Aber schon entglitt seine Schulter ihrer Hand. Und die Frau schrie:

»Klammere dich an die Erde!«

Aber keine Stimme antwortete ihr mehr. Im großen dumpfen Schweigen war nichts zu hören als das Rollen der Steine.

Sie war allein, von Grauen geschüttelt, an den Boden geklammert, vor ihr die Leere.

»Antworte!« schrie sie über den Abgrund. Fern wiederholte das Echo ihrer Stimme:

»Antworte!«

Zur Erde gestreckt, ihre Hände in Erde grabend, fuhr sie fort zu schreien, wie im Traum verloren. Plötzlich hielt sie inne und murmelte:

»Ich muß ihn suchen gehen.«

Sie kroch den Pfad entlang, tastete mit den Händen den Boden nach einer Stelle ab, von der aus sie hinuntersteigen und den Mann suchen könne. Aber sie fand keine. Da versuchte sie es durch den Absturz selber. An Gräsern und Wurzeln sich haltend, ließ sie sich hinuntergleiten. Aber ihre Füße fanden keinen Halt mehr, der Stein fiel senkrecht ab — eine nackte, glatte Felswand.

Ich muß auf den Pfad zurück. Weiter oben eine andere Stelle finden, dachte die Frau.

Und an Gräsern und Wurzeln sich klammernd, hievte sie sich auf den Pfad zurück.

Aber der Pfad war verschwunden. Ihr blieb nichts als ein schmaler Rand, auf dem sie kaum noch stehen konnte. Ausweglos.

Hier verhielt sie sich, einen Fuß vor dem anderen, mit der rechten Hälfte ihres Körpers an den Stein gepreßt, die linke angeweht vom kalten, rauhen Atem der Tiefe. Sie fühlte, wie die Gräser und Wurzeln, an die sie sich klammerte, langsam unter dem Gewicht ihres Körpers nachgaben. Sie verstand, daß nun sie es war, die hinabstürzen würde. Sah, als die Wurzeln losbrachen, daß nun nichts mehr da war, woran sie sich klammern könnte, nicht mal an sich selber. Denn jetzt war sie selbst es, die sich verlieren würde.

Sie begriff, daß ihr nur wenige Augenblicke noch blieben.

Da wandte sie ihr Gesicht über den Abgrund hinweg. Versuchte, die Finsternis zu durchdringen. Aber außer der Finsternis war nichts.

Sie jedoch dachte:

Auf der anderen Seite des Abgrunds *muß* jemand sein.

Und sie begann zu rufen.

Übersetzung: FB

Fernando Namora

PICKNICK

Ich mag das *Picknick* gern und gehe manchmal hin. Ich weiß nicht, ob ihr das *Picknick* kennt: Es ist ein witziges Restaurant am Rossio. Man tritt ein, und gleich hinter der Bar sind Stufen, eine Art Nischen und beflissene Kellner, die einen vergessen und einem Zeit lassen, die durch die lauschige Atmosphäre gebotene Intimität auszukosten. Wie gesagt, es gefällt mir, selbst wenn so viel Betrieb herrscht, daß sich nicht einmal mehr die Kellner durch die die Theke belagernden Gäste schlängeln können; selbst zu solchen Stunden schafft das eine vertraute, verschwiegene Atmosphäre. Die kleinen Tische verstecken sich in den besagten Nischen, und dort kann man den Kopf zurücklehnen und sich einbilden, die Menschen seien uns nah und wir seien ihnen nah.

Ihr werdet gleich sehen, wie ich anfing, das *Picknick* zu schätzen. Doch schon vorher gefiel mir der Rossio, gleich, ob tags oder abends. Mag der Verkehr auf dem Platz noch so verwirren mit seinen Straßenbahnen, Autos, Reklameschildern, Ausrufern, den Gaffern — Steine, an die wir stoßen — sowie den in alle Richtungen rennenden Leuten, auf dem Rückweg von oder auf dem Weg zu einem Verkehrsunfall: Wer zur Mitte des Platzes gelangt und sich dem Gesprüh der Neptune aussetzt, findet dort eine stille Oase, deren Licht sanft ist und einschläfernd und wo man jenen namenlosen, unvergleichlichen Balsam — den Frieden — aus den Händen der Menge empfängt.

Macht euch nichts aus der Art, wie ich von den Dingen rede. Ich nehme sie auf, wie sie kommen, bald hier, bald da, und erst später, wenn ich sie verdaue, ordne ich sie. Man sagt von mir, ich hätte einen Vogel. Oder mehrere… Ich heiße Cristina und weiß nicht, wie man sich frisiert, wie man mit Menschen umgeht, wie man liebenswürdig ist und sie für sich einnimmt. Daher meiden sie mich. Deshalb oder vor allem, weil ich denke und sage, was in den Augen der anderen töricht ist. Mein Vater — der mich auch nicht mag oder sich meiner Eigenart schämt — sagt zum Beispiel zu mir:

Du mußt mir heute einen Brief auf Deutsch schreiben. Sei um zehn bei mir im Büro. — Um zehn kann ich nicht, Vater. Ich bin erst um halb elf frei. — Zehn Uhr, Cristina. Er geht sparsam um mit den Worten, aber was er sagt, ist unumstößlich. Man weiß, daß man gehorchen muß. So tue ich alles, damit ich um zehn Uhr da bin. Diesmal ist es mir fast gelungen. Es war wenige Minuten nach zehn. Eine winzige Verspätung, die kaum auffällt. Das stellte ich gleich beim Eintreffen fest, als ich auf die verchromte Uhr schaute, die über dem Schreibtisch von Senhor Sousa, dem Buchhalter, hängt (die anderen Angestellten nennen ihn respektlos oder liebevoll »Onkel Sousa«). Doch mein Vater hatte zehn Uhr gesagt. Jetzt wollte er den Brief nicht mehr.

Wegen solcher Dinge gehe ich zu meinem Vater ins Büro: um Briefe zu schreiben. Vielleicht auch nur, um festzustellen, ob Onkel Sousas flüchtiges, furchtbares Lächeln bedeutet, daß er mich leiden kann oder nur Mitleid mit mir hat. Und wenn Kunden hereinkommen, begrüße ich sie liebenswürdig. Alle Unbekannten sind für mich eine erneute Hoffnung auf die Menschen. Sie indes antworten nicht auf meinen Gruß und noch weniger auf meine Liebenswürdigkeit. Sie brummen nur. Sie sind Kunden. Sie brauchen niemanden zu begrüßen. Sie haben Wagen vor der Tür stehen, rote und rassige oder elfenbeinfarbene, mit chromschimmernden Motorhauben, die auf sie warten. Vielleicht wartet auch ein Chauffeur auf sie. Oder ihre Frauen. Oder all das zusammen. Ein *Das,* welches den Gruß und die unmittelbare Höflichkeit einer Unbekannten übersieht. Sie fahren in den Ferien ins Ausland mit ihren Chauffeuren und ihren Frauen. Paris. Ah, Paris! Was hast du in Paris gesehen? Die Folies-Bergères. Die Galeries Rivoli. Was für Seiden! Was für Parfüms! Überhaupt Parfüms! Die, welche geschmuggelt oder legal hereinkommen, sind grobe Fälschungen. Sie fahren nach Paris, die Kunden meines Vaters. Und dort kaufen sie Berge von Sachen ein. Und wenn sie ins Büro kommen, bin ich eine so unbedeutende Cristina, daß sie mich nicht sehen, mich nicht hören und nichts auf meinen Wunsch geben, mich mit den Menschen rückhaltlos auszusprechen.

Auch ich möchte nach Paris. Einfach so! Und dort Metro fahren, durch die Straßen und Parks schlendern und mich mit jedem einlassen, der mich anspricht. Metro! Sonst noch was? Das ist was für Midinetten! Aber ich scherze nicht: Ich würde gerne mit der Metro fahren. Wenn ich nur ihr Geld hätte! Nicht um Parfüms und Kleider zu kaufen und zum Friseur zu gehen; nein, Geld, um alles zu kaufen, was ich mir wünsche, aus meinem Loch herauszukommen und all meinen gestauten Begierden freien Lauf zu lassen, bald unter dieser, bald unter jener Sonne und immer eine neue Sonne zu wählen. Mein Geld wäre für so viele Dinge gut zu gebrauchen! Für Dinge, die sie nicht kennen.

Denn die Kunden, wenn ich sie begrüße, blicken mich an, mustern mich wie ein Wundertier oder wie einen Gegenstand und fragen meinen Vater: *Senhor Alves, ist das Ihre Tochter? — Ja,* gesteht mein Vater mit der Miene eines, der sein Vergehen nicht verbergen kann. Und sie machen: *Oh...*

Ein *Oh,* das alles sagt.

Vielleicht scheint es euch, daß nichts von all dem mit dem *Picknick* zu tun hat. Doch, Leute. Man liebt das *Picknick* nicht umsonst so, wie ich es liebe. Dazu bedarf es wichtiger Gründe für eine Reihe von Dingen. Menschen, Eltern, Kunden und all die anderen sowie Geschehnisse, die diese vergeuden oder verfälschen.

Beginnen wir bei den Eltern. Meine Mutter wollte nie Kinder haben. Ich weiß es genau. Vielleicht haßt sie nicht mich, Cristina, sondern nur die Tochter, die sie bekam (ich war nach langer unfruchtbarer Ehe ihr erstes Kind) und die sie auf Wunsch meiner Großmutter Cristina taufte. Sie hat für mich nie die geringste Zärtlichkeit empfunden, nicht einmal jene nachsichtige, instinktive Zuneigung, die man einem Kind entgegenbringt. Oder ich täusche mich, und ihre Abneigung gilt tatsächlich Cristina, die häßlich ist. Vor Zeiten, vor Jahren, meine Geschwister waren noch nicht geboren, sagte sie zu mir: *Du bist nicht meine Tochter. Du bist das Kind einer Schwarzen.* Ich lief zum Spiegel und sah mich mit dieser dunklen Hautfarbe, mit den dicken Lippen, dem Kraushaar, das einer Bürste gleicht. Aber schwarz sah ich mich nicht. Nein und noch mal nein. Ich lief zur Großmutter, die meinen Namen gewählt hatte und mir manchmal mit welkem Lächeln bestätigt, daß ich hübsch bin: *Großmutter, bin ich das Kind einer Schwarzen? — Jerum, mein Täubchen, was sind das für Ideen? — Sag mir's,*

Großmutter, ich will es wissen! — Was willst du wissen, Dummerchen? Deine Mutter ist weiß, dein Vater ist weiß. Fast blond. Und du bist auch weiß. Und ich, ich glaubte ihr in solchen Momenten und lächelte, nicht wie die Großmutter, die verlegen lächelte, sondern wie ein Engel, dem man heimlich einen Leckerbissen zusteckt. (Gäbe man den Engeln eine Tüte Mandeln, sie würden alle lächeln, und wären ihre Prozessionen noch so langweilig; denn wie können Prozessionen, die an Trauerzüge erinnern, ohne Mandeln erträglich sein?)

Aber ich glaubte es nur kurze Zeit — solange die Leckerei anhielt. Jahre hindurch fragte ich jene Cristina, die sich in den Ecken versteckte: Bist du wirklich ihr Kind? Oder bist du schwarz? Und wenn man den anderen kleinen Mädchen Angst machen wollte und ihnen mit den armen Negern drohte, schien es mir, als spräche man von mir, als sei ich das Schreckgespenst. Noch heute fühle ich mich als Bastard, nicht wegen meiner schwärzlichen Hautfarbe, nicht wegen meines Haars, nicht wegen meiner Lippen, sondern wegen vieler anderer Dinge.

Bisweilen bin ich in meinem Zimmer und höre sie. (Ich spreche von meiner Mutter.) Sie unterhält sich im Treppenhaus mit einer Nachbarin. Beklagt sich über mich. Die Dingsda ist ein prachtvolles Mädchen. Sie strickt, kann kochen, ist lebenslustig, füllt das Haus mit Leben. Sie wird heiraten. Hat zehn Jahre auf ihren Verlobten gewartet. Sie wird eine vorbildliche Ehefrau sein, so wie sie eine brave Tochter war, alle finden sie so sympathisch. Sie wird auch vorbildliche Kinder haben. Alles vorbildlich. Nur ich nicht, versteht sich. Das sagt meine Mutter. Ich bin blöde, zerstreut, schüchtern, ein Tier, das seine Fühler nicht aus seinem Gehäuse streckt. Ich bin schlecht, eigensinnig, jähzornig.

Ich höre sie, und plötzlich trete ich aus meinem Zimmer heraus und stehe vor ihnen. Die Nachbarin hat die ganze Zeit kein Wort gesagt, und als sie mich sieht, dreht sie noch mal den Schlüssel in ihrem Schweigen um. Weder sie noch irgendeine andere sagen das geringste, wenn meine Mutter sich bei ihnen über mich beschwert.

Bei anderen Gelegenheiten sucht meine Mutter nicht erst Nachbarinnen auf, um ihr Gift zu verspritzen; sie verspritzt es vor mir: *Du taugst nichts. Du wirst nie einen Mann bekommen, Kinder, ein Haus. Niemand will dich.*

Ach, gräßlich. Ich höre das, als renne mir einer ein Eisen in den Leib. Gerade weil ich das alles mir so sehnlich wünsche! Einen Mann, Kinder, ein Haus, alles! Es kann nicht wahr sein, was sie sagt. Mein Gott, es kann nicht wahr sein!

Mein Vater ist fast ebenso schlimm. Ob er gut ist oder schlecht, habe ich nie ergründen können. Bei seinen Freunden spart er nicht mit Worten, mit Gesten, mit der Sprache. Nur mir gegenüber ist er kurz angebunden. *Du bist um zehn im Büro!* Und keine Minute später. Für ihn sind wir eine Last. Obgleich er alle Junggesellenfreiheiten als selbstverständlich beansprucht, sind wir für ihn ganz offensichtlich unliebsame Gäste, die sich ihm aufgedrängt haben und dableiben, ohne vom Tag der Abreise zu reden. Daher oder aus anderen unerfindlichen Gründen habe ich zu Hause nie ein Fest erlebt. Nicht mal zu Weihnachten oder zu anderen Gelegenheiten, welche man aus Freude am Feiern begeht. Daher habe ich bis heute nie ein Geschenk bekommen. Nicht einmal an meinem Geburtstag. Aber ich mache Geschenke, weil ich Freude daran habe. Sooft ich eine Gelegenheit finde, schenke ich meinem Vater eine Kleinigkeit (ich liebe ihn trotz allem!): *Gefällt es dir, Vater? Hättest du lieber etwas anderes?* Er zuckt mit den Achseln. Wir sind die Gäste, die ihre Koffer ungefragt in einem Winkel abgestellt haben. Meine Anhänglichkeit ist ihm gleichgültig; alles, was von mir kommt, ist ihm gleichgültig. Wie schön wäre es, mein Gott, wenn ich mich täuschte! (Ich spreche von Gott und glaube nicht mehr an Ihn. Selbst in meinen mystischen Anwandlungen wende ich mich an Ihn wie jemand, der gegen eine Tür rennt, die er verschlossen weiß, und ich ertappe mich dabei, wie ich mit den Fäusten dagegenhämmere, bis sie blutig sind, mach auf, mach auf, nur um mich zu geißeln.)

Doch eines Tages gingen wir auf ein Fest, an Silvester. Im Haus von Freunden meines Vater. Alle Leute waren fröhlich, von einer leichtfertigen Fröhlichkeit, aber klar wie eine Glocke in der Schneeluft und drangvoll und leicht wie das Röcheln in der Kehle eines Erdrosselten. Alle hatten einander viel zu sagen. Ich fühlte mich schlecht, aussätzig, unerwünscht. Und ein Freund sagte zu meinem Vater: *Was hat deine Tochter? Ein merkwürdiges Mädchen!* Später sprach er mich selber an, am unteren Tischende: *Was hat denn unsere Cristina? Sie spricht nicht, sie tanzt nicht, sie amüsiert sich nicht wie die anderen Mädchen ihres Alters!* Ich lächelte blöd. (Ich weiß, ich sehe immer blöd aus, wenn ich unvermutet angesprochen werde.) *Wollen Sie denn nicht tanzen?* Ich schüttelte den Kopf, noch immer lächelnd. *Aber Sie werden tanzen!* Und er rief seinen Sohn, der in einer scherzenden Gruppe stand, und forderte: *Alfredo, tanz mal mit Cristina.* Der junge Mann kratzte sich an der Nase und kam mit bleischweren Schritten auf Cristina zu. Als er wenige Meter von mir entfernt stand, schrie ich: *Ich will nicht, ich will nicht tanzen.* Alle Leuten drehten sich verwundert und vorwurfsvoll nach mir um. Aber niemand sah ihn an und sein Gesicht eines Seehunds, der nur aus dem Wasser springen muß, um einen Stichling zu schnappen.

Dann vergaßen sie mich. Doch ich vergaß sie nicht. Ich beobachtete sie. Sie tauschten weiterhin Liebenswürdigkeiten aus. Und boten einander ihre Freundschaft an, Gefälligkeiten, ein Glas Wein. Und sie tanzten und sie schrien und waren alle vortreffliche Leute. Nein, das waren sie nicht. Jetzt besinne ich mich auf sie, einen nach dem anderen, an diesem Tischchen im *Picknick,* von wo ich euch schreibe, und bin sicher, daß sie nicht vortrefflich waren. Sie fühlten nichts von dem, was sie sagten. Sie waren unanständig, grausam und zynisch. Jetzt weiß ich es. Sie bedrängten einander mit Aufmerksamkeit, um ihren Egoismus zu vertuschen, um die Sympathie anderer zu erkaufen und besonders um sich mächtiger zu fühlen als jene, die sie entgegennahmen. Und wenn sie lachten, lachten sie roh. Wie sollte ich mir dort nicht überflüssig vorkommen, befangen und unerwünscht, wenn ich die anderen ohne Vorbehalt lieben, wirklich lieben und geliebt werden wollte, wenn ich die Dinge, die sie sagten, nicht sagen und nicht lachen und nicht denken konnte wie sie? Einer von meines Vaters Freunden prahlte: *Ja, ein Kabriolett. Fabelhaft, im Sommer in einem Kabriolett zu fahren.* Ich hingegen dachte nicht an Sommerferien, nicht an Autos, nicht an schöne Dinge. Es war Winter, und ich dachte an den Mann, der an diesem frostigen Morgen Kastanien an einer Ecke meines Stadtviertels feilbot, während er hin und her trippelte und sich die Hände rieb, um das stockende Blut in Bewegung zu bringen. Ich dachte an ihn und seine Familie, sofern er eine hatte, an sein Frösteln und an den nebelverhangenen Himmel und an andere traurige Erinnerungen. *Geben Sie mir für fünf Tostões Kastanien. Aber keine faulen!* Wie konnte der Mann erraten, ob die Kastanien faul waren?

So also ist eure Cristina. Macht euch nichts draus. Geschichten kommen mir in den Sinn, Personen, unzusammenhängende Fakten, und aus dem Belanglosesten mache ich einen Knäuel, der in keine Tasche paßt. So ist meine Welt. Und ich rolle mich darin ein, erfinde Gestalten und Gespräche, aus denen mich niemand vertreiben kann. Die Dame zum Beispiel, die eben hereingekommen ist. Sie gleicht einem Papagei. Weniger wegen der Stimme als wegen allem übrigen. Jede ihrer Gebärden ist ein Geschüttel gelber Federn. Sie kam ins *Picknick* mit einer Freundin, dazu mit einem naseweisen Jungen und einem kleinen Mädchen, das nicht weiß, wo es seine Hände und Augen lassen soll. Das kleine Mädchen ist das Dienstmädchen. Das Dienstmädchen des naseweisen Jungen. Und sogleich sagte der Papagei, der den Kellner der betreffenden Tischreihen mit Beschlag belegte, mit weithin vernehmlicher, wiewohl näselnder Stimme, sie wolle dem kleinen Dienstmädchen, diesem zehnjährigen Häufchen Elend, ein Paar Schuhe kaufen. Wie köstlich! Dienstmädchen mit zehn Jahren! Ein Schoßhündchen mehr im Haus. Jetzt spule ich mein Knäuel ab. Das kleine Dienstmädchen ist fügsam. Denn wenn es das nicht ist, ruft man seine Tante (alle zehnjährigen Dienstmädchen haben eine Tante) und warnt sie: *Sehen Sie doch, wie sie widerspricht. Sehen Sie doch, wie unerzogen sie ist.* Und die Tante bettelt: *Verzeihung, meine Senhora. Sie ist noch ein Kind und eben noch undankbar. Doch ich werde sie zurechtbiegen, das werde ich! Entschuldigen Sie bitte noch dieses Mal, meine Senhora!*

Der Papagei (das heißt: die Dame) entschuldigt. Und das kleine Dienstmädchen wird in eine Uniform gesteckt, in einen blauen Kittel mit Spitzenkragen und -manschetten. Die Dienstuniform. Sie ist ins Haus des Papageis gekommen, um die jungen Herren zu betreuen, als Spielzeug und Zerstreuung für die jungen Herren. Ist gekommen, um von den jungen Herren gestichelt und gekränkt zu werden. Und das immer mit vergnügtem Gesicht. Denn sonst ist sie ein Trotzkopf, ein Hammel, und man zieht ihr die Uniform aus und droht ihr mit Hinauswurf.

Zehn Jahre, wie köstlich! Es hat aber nie ein Spielzeug besessen. Drum geht es ins Kinderzimmer und spielt mit einer Puppe. Laß die Puppe liegen! Die Spielsachen gehören mir. Mama hat sie mir geschenkt. Und das Häufchen Elend gehorcht, um sich später wie eine Übeltäterin zurückzuschleichen. Doch wieder erwischt der junge Herr es im Kinderzimmer mit einer Puppe. *Maria!* (Diesmal ruft er ein anderes, durch lange Jahre der Sklaverei abgerichtetes Dienstmädchen.) *Maria, die Josefa nimmt mir mein Spielzeug weg. Ich will das nicht! Ich lasse es nicht.* Der junge Herr quengelt und greint. Und die Maria, treuer Wachhund, empört sich: *Josefa, was fällt dir ein, das Spielzeug des jungen Herrn anzurühren! Wenn deine Tante kommt, werde ich ihr was erzählen. Dann fliegst du raus!* Und das Häufchen Elend wird seine Uniform verlieren und alles übrige. Was ist das übrige?

Doch wieder einmal renkt die Tante die Dinge ein und bettelt bei der Dame um Großmut. Wie großmütig sie ist, die Dame! Darum soll auch die Josefa im Sommer mit den jungen Herren ans Meer. Sie sind ja gleichaltrig, wie köstlich, oder noch jünger. Sie könnten auch mit ihr spielen, wenn die Josefa nicht die Uniform trüge, die in der heißen Jahreszeit weiß sein muß. Sie spielen nicht mit ihr. Sie sticheln sie nur, puffen sie, halten sie von allem fern, was sie sehen, betasten und ausprobieren möchte. Die jungen Herren ziehen sich aus, springen in die Wellen. Wie schön, die Wellen! Die Josefa hat nie das Meer gesehen. Daher möchte sie auch baden, kreischen, im Schaum untertauchen, der an Schneewasser erinnert! Aber das darf nicht sein. Das Meer gehört den jungen Herren. Alles gehört den jungen Herren.

Und nun, da der Papagei reichlich geredet, die Flügel geschüttelt, seine Stücke Kuchen verzehrt und das Lokal verlassen hat, ist die Geschichte aus. Doch noch immer denke ich an Josefa, vielleicht weil auch ich die Spielsachen anbete, die ich nie besessen habe. Ich habe euch schon gesagt, daß niemand mir bis heute ein Geschenk gemacht hat. Kein Spielzeug. Darum schenke ich es auch so gerne den anderen, deshalb bete ich Spielzeug an. Ich verzehre mich vor den Schaufenstern beim Anstarren von Autos,

Puppen, Hampelmännern und vor allem von elektrischen Eisenbahnen. Hätte ich doch eine elektrische Eisenbahn! — Die Stunden, die ich zu Hause in meinem Zimmer verbringe, lesend, schreibend, nichts tuend, wie eine in ihrem Haus erfrorene Schnecke, in eine Decke eingerollt, ein Buch auf den Knien — ich bin sicher, sie wären völlig anders, wenn man mir eine elektrische Eisenbahn schenkte. Fragt nicht, warum.

Das ist der Grund, weshalb ich im *Picknick* gelandet bin. Es war vor Monaten, an Weihnachten. Am Vorabend, alle waren schon ganz aufgeregt, war ich in die Bar der Firma hinuntergegangen, in der ich arbeite (ein Großunternehmen mit Fabriken, Geschäften, einem Schwarm von Angestellten und folglich auch einer Kantine und einer Bar, wo man Süßigkeiten kaufen kann, Zigaretten, Strümpfe und Kleinigkeiten); ich ging also in die Bar, sagte ich, und auf den Regalen lagen Weihnachtsspielsachen. Darunter ein Hampelmann. Ich bat die Verkäuferin, sie möge ihn mir zeigen, und ich stellte ihn auf die Theke. Wenn man den Hampelmann an einer bestimmten Stelle auf den Rücken drückte, machte er einen Purzelbaum nach dem anderen, verrenkte sich, hob und senkte die Arme, während sein karminroter Mund, so dick wie meiner, aus Angst ganz lächerlich zitterte. Ich ließ meinen Kaffee kalt werden, so geistesabwesend war ich, daß ich in meinem Zimmer zu sein glaubte, befreit von Fremden, und mit meinem Hampelmann spielte. Der Abteilungsleiter kam und zog mich auf: *Kaum zu glauben! In Ihrem Alter noch Gefallen zu finden an so einer Kinderei!* Ich war wütend und drückte wie verrückt auf den Zauberknopf, und schon schlug der Hampelmann neue Purzelbäume, und zwar so rasch und so heftig, daß die Feder sprang. Plötzlich blieb der Hampelmann mit eingeknicktem Rücken liegen, ein Arm hing schlapp und tot herab. *Sehen Sie, was dabei herauskommt, wenn man wie die Kinder spielt!*

Ah, wie ich den Abteilungsleiter haßte! Ich hasse ihn noch heute. Nie habe ich so gehaßt. Am Weihnachtsabend ging ich ins *Picknick* und suchte meine Welt der Hampelmänner und der elektrischen Eisenbahnen.

Doch bevor ich erzähle, wie sich das zutrug, und da ich bereits von meiner Anstellung gesprochen habe, muß ich folgendes erläutern: Mein Vater will mich nicht im Büro haben, er schämt sich meiner Nachlässigkeiten und meines blöden Aussehens. Er schämt sich meiner. Daher hat er mir die Stellung in dem Großunternehmen besorgt. Ich arbeite im Archiv. Kundenkartei, Bildkartei, Lieferantenkartei, Rohstoffkartei. Karteikarten, Karteikarten. In meinem Kopf gibt es nur noch katalogisierte Unterlagen. An bestimmten Tagen brauche ich nur irgend etwas anzuschauen, und schon stelle ich mir die Bäume, die Katzen, die Stimmen klassiert, karteimäßig erfaßt vor. Und ich wehre mich gegen diese Deformation, während ich zum Rossio gehe, den Blick hebe und mich selber davon überzeuge, daß der Wind, die Tauben, das so stille und weite Licht und meine Freude, sie frei zu sehen, nicht in die alphabetisch geordneten Karteikarten der Firma passen, in der ich arbeite.

Die hohen Herren kommen in meine Abteilung und bitten mich um Karteikarten. Ich weiß, was sie wollen. Ich weiß alles, errate ihre Wünsche, sobald sie die Schwelle überschreiten. Hier drinnen bin ich eine hellwache, flinke Angestellte. Doch wenn ich diese Hellsicht in Arbeit umsetzen soll, in Tätigkeit, weiß ich nicht, was geschieht: Ich bringe alles durcheinander. Man bittet mich um die einfachste Auskunft, und schon ist Cristina ratlos, hilflos, unsicher. Mein Chef (fünfundzwanzigjährige ununterbrochene Dienstzeit, ohne eine Grippe) wirft mir immer wieder vor, ich vertausche die Karten, ich schiele wohl. Ob das wahr ist, mein Gott? Tatsächlich bittet man mich um eine Aufstellung über die in den Karteien notierten Artikel, und ich verstehe nicht mal ihre Frage. Ich habe einfach Angst vor ihnen. Ich habe Angst vor den Menschen, Angst, daß sie mich nicht mögen. Und wenn ich auf der Maschine eine Lagerliste tippen will und sie meine Verlegenheit merken, nehmen sie mir schließlich die Karteikarten aus der Hand. Sie verzichten lieber auf meine Hilfe. Und so komme ich mir beim nächsten Mal noch ungeschickter vor.

So ist das, ich weiß nicht, was mit ihnen und mir los ist. Und doch bin ich sicher, daß alles anders sein könnte, daß wir einander vertrauen könnten, daß alles frisch und leicht sein könnte wie das Gespräch der Neptune, wenn ich den Rossio überquere, um mich ins *Picknick* zu flüchten.

Wo ich davon spreche: Als ich vor kurzem vom Kai von Sodré

hier vorüberkam und an der Omnibushaltestelle wartete, fuhr ein forscher Typ in einem Auto an mir vorbei. Sah mich und hielt. *Warten Sie auf jemand? Wollen Sie mitfahren?* Schrecklich, schrecklich. Die Männer sind so widerlich! Er hätte ebensogut sagen können: *Es ist ein schöner Tag. Ich würde gerne mit jemand reden. Mit Ihnen, zum Beispiel.* Vielleicht wäre ich dann mitgefahren.

Denn ich bin ein Mädchen wie die anderen. Es wäre schön, einen Freund zu haben, einen Verlobten, der sich ein bißchen für mich interessierte! Doch wie, wenn ich die Menschen nur streife und sie mich nur streifen und wir dann, ich und sie, wie widerborstige Stachelschweine sind! Vor wenigen Tagen ging ich nachmittags ins Kino und sah mir irgendeinen Film an. Eine Tragödie, beteuerte die Reklame. Ein Drama. Neben mich setzte sich ein junger Mann in Uniform, ein Seekadett oder dergleichen. Nach seinem Auftreten hätte er ein Admiral sein können. Todschick. Plötzlich bemerkte er mich, und jetzt starrte er mich an, starrte. Ich wurde langsam nervös. Sein Blick war eine rotglühende Feuerzunge auf meiner Haut. Ich brauchte mich nicht zu überzeugen, daß er den Film vergaß und nur noch mich anblickte, bis ich seinen Blick erwiderte. Nun ertappte ich mich, wie ich verstohlen meine Bluse zurechtzupfte, meine Lippen einsaugte, damit sie nicht so aufgeworfen wirkten, und mich ärgerte, weil meine Augen im Dunkeln nicht den grünlichen Schimmer hatten, um den meine Kolleginnen mich beneideten. Dennoch war ich wild darauf, daß er mich ansah. Wild darauf — und berauscht! Es war wunderbar. Sicherlich scherzte er nur, sah mich vermutlich an, weil ich allein war, weil ich die Beine übereinandergeschlagen hatte und die Brust herausstreckte (mein Busen ist das einzig Vorteilhafte an mir), und endlich, weil die Männer jede Frau anziehend finden, die ihnen ansprechbar erscheint. Und jede alleinstehende Frau ist stets ansprechbar. Nun begann ich zu lachen. Eine Dame vor mir, anscheinend sehr beeindruckt von dem Schicksal der Schauspieler, drehte sich ungehalten nach mir um, als ich zum zweitenmal lachte. Und in der Pause, weil ich von neuem lachte, als ich sah, daß mein Admiral den Bummel durch das Vestibül verschmähte, nur um mir weiter den Hof zu machen, fuhr mich die Dame an: *Es ist unan-*

ständig, ins Kino zu gehen und über ernste Dinge zu lachen! Sie hatte recht. Mein Lachen und die Blicke des Admirals waren ernste Dinge. Besonders die Blicke. So wichtig für mich und zugleich so komisch!

Jetzt müßte, wer weiß, der Admiral neben mir im *Picknick* sitzen — hätte ich, zu schwach, um mich verhöhnen zu lassen, nicht fluchtartig den Saal verlassen und ihm keine Zeit gegeben, um mir nachzusteigen. Cristina mißtraut eben allen, und sie glaubt, daß Admiräle sie nur aus Spott anstarren.

Nur aus Spott. Denn ist es nicht das, was meine Mutter und mein Vater mich andauernd merken lassen? Sie warnen mich — nicht aus Liebe, sondern aus Geringschätzung. Sie, sie.

Ich habe Angst vor ihnen. Vor ihnen und vor allen. Vor dem Abteilungsleiter, vor den Arbeitskollegen, vor den Admirälen. Seit einiger Zeit, wenn ich meinen Vater oder meine Mutter bei Tisch mit einem Messer in der Hand sehe, glaube ich fast, sie wollen mich verletzen, morden. Ich muß wahnsinnig geworden sein. Und von ferne kommen Erinnerungen, die ich vergessen glaubte, die in meinen Augen gar nicht mir passiert sind, sondern einer meiner Fabelgestalten. So erinnere ich mich an einen ellenlangen Flur, der um so länger ist, je mehr ich an ihn denke. Am anderen Ende stürzt meine Mutter mit einem Messer auf mich zu. Warum? Was habe ich ihr getan? Sicherlich bin ich ungehorsam gewesen, ungehorsam, wie es alle Kinder manchmal sind. Wie ist es nur möglich, daß sie mich verletzen, mich morden wollte, mich, ihr Kind, ihre Tochter? Meine Mutter gesteht in gewissen Stunden mit merkwürdiger Schwermut, die mir das Herz abschnürt, daß sie jähzornig ist. Und sie scheint sich, während sie es ausspricht, demütig entschuldigen oder verdammen zu wollen. All das ist so kompliziert!

Noch andere Erinnerungen drängen sich mir auf. Das Lyzeum, das Jahr, in dem ich durchfiel. Ich kam nach Hause und sagte es ihnen seelenruhig. *Die Prüfung ist schlecht verlaufen. Verzeiht mir.* Verzeihen? Was sie mir alles an den Kopf warfen, wie sie mich beschimpften! Die Kinder anderer Leute fallen nicht durch. Sie sind intelligent und fleißig. Sie beleidigten mich so, quälten mich so, daß ich sterben wollte. Zunächst kam mir der Gedanke, mich in den Teich eines unserem Haus gegenübergelegenen Parks zu stürzen. Aber ins Wasser zu gehen, das fiel mir schwer. Dann dachte ich an einen fahrenden Zug. Es wäre leicht, sich auf die Schienen zu legen und zu warten. Ich würde nichts merken. Darum lief ich sofort zu der von Estoril kommenden Eisenbahnlinie. Man konnte leicht über den Drahtzaun steigen, der die Schienen von der Strandstraße trennte. Ich brauchte nicht weit zu gehen, um auf einen Zug zu stoßen. Ich trat durch eine geöffnete Bahnschranke und lief neben dem Strang entlang, denn es ging mir gegen den Strich, regungslos zu warten und vielleicht aus Feigheit einem Anfall von Zaudern oder Angst zu erliegen. Wenn ich ging, fühlte ich mich mutiger. Ich würde das Warten nicht merken. Da kam er, der Zug. Er kam, eilig und fröhlich wie einer, der zu einer Kirchweih geht. Fröhlich wie ein Mensch. Sie sind hübsch, diese Züge. Sie stoßen keinen Rauch aus. Sauber, ausgelassen, metallen gleichen sie einem Fabelspielzeug und rennen wie Kinder. Da kommt er, Cristina, er ist schon ganz nahe. Ich ließ ihn kommen und ließ ihn fahren. Er kam blitzschnell. Der Gedanke entsetzte mich, er könnte mich in seiner Sorglosigkeit so plötzlich töten — und ich könnte ihm sterbend seine Fröhlichkeit töten.

So ist's. Ich muß ins *Picknick,* wenn ich eine vertraute, warme Atmosphäre spüren will. Hier brauche ich mich nicht in meine Decke zu wickeln. Die Kellner kennen mich schon, lächeln mir zu, und ich lächle zurück, und wenn einer jener Papageien hereinkommt wie vorhin, tauschen wir einen kurzen Verschwörerblick. Obgleich es ein Kellerlokal ist und tagsüber viel geraucht wird — Zigarettenqualm, Stimmengewirr, Ausdünstungen vieler Menschen —, kann ich hier atmen. Noch nie habe ich im *Picknick* den Knebel gefühlt, der mir die Kehle zuschnürt. Dieser undeutlich-verworrene Lärm, der letzten Endes kein Lärm ist, tut mir gut. Zu Hause nicht. Das Schweigen meines Zuhause! Ich stecke die Hand hinein wie in einen Teig, der Form hat, Geruch, Ausmaße, der sich wie ein Schwamm ausdrücken läßt. Niemand kann mich und meine Eigenart mögen. Ich weiß. Ich strenge mich auch an, zu sein wie die anderen. Ich will sogar sein wie die anderen. Ins Kino gehen, weil ein Film mit Gregory Peck läuft, weil der Schauspieler ein

Beau ist, die Musik süß wie eine Makrone, mich an die Theke lehnen und anderen Beaus nachschauen und meine Freundin davon überzeugen, daß Cary Grant schließlich doch viel toller ist als der Peck. Illusionen. Zu Hause gibt es so was nicht. Ich gehe allein ins Kino und gehe allein nach Hause. Und nehme den billigsten Platz. Und wähle Filme, die mir Wahres erzählen, Dinge des Lebens, echte, hoffnungslose, oder in denen die Hoffnung eine geballte Faust ist gegen die Gegenwart. Und doch möchte ich wie die anderen sein. Ich werde nicht müde, es zu sagen. Ich möchte es von ganzem Herzen. Ich möchte auch in eine Elektrische steigen und den Mut aufbringen, dem Schaffner einen guten Tag zu wünschen und ihn um eine Fahrkarte zu bitten.

Mit diesen Narrheiten bin ich im *Picknick* gelandet. Es war der Weihnachtstag. Zu Hause gab es kein Weihnachten, wie ihr bereits wißt. Ich beschloß daher, es auf den Straßen zu suchen. In den Schaufenstern, in den Lichtern, im Getriebe, das die Menschen wie in einem Ameisenhaufen durcheinanderwirbelt, das, das Gewitter ahnend, alles eilends in die Scheuer häuft, bevor der Regenguß ihnen den Eingang versperrt. Genau das taten die Menschen. In nervöser Hast trugen sie Weihnachten nach Hause. Und ließen mir nichts übrig. Es war schon spät, und die Straßen leerten sich. Die Straßen waren öde. In diesem Augenblick war die Öde außer mir und in mir. Jetzt, ich weiß nicht warum, ging ich ins *Picknick.* Stechpalmenzweige an den Wänden und auf den Tischchen. Die Beeren so rot und die Blätter so grün! Wie in den Häusern, wo Weihnachten gefeiert wurde. Und dort war mein Weihnachten. Ich lernte das *Picknick* lieben, nur weil dort an jenem Tag die Stechpalmzweige der Häuser zu sehen waren, in denen gefeiert wurde. Ich aß im *Picknick* zu Abend, blickte auf die Stechpalmzweige, streichelte sie, und die Kellner wünschten mir fröhliche Weihnachten. Am nächsten Tag ging ich wieder hin. Und am Tage darauf. Bis die roten Beeren verschwunden waren. Mittlerweile habe ich mich an die Leute gewöhnt und fühle hier mein tägliches Weihnachten. Die Stammkunden sind meine Familie. Keiner von ihnen hat mir bis zum heutigen Tag gesagt, das Leben habe mich links liegen gelassen.

Übersetzung: CMC

Ruben A.

BRANCA

Dona Branca lebte in Porto. Manchmal litt sie an Zuständen — harmlosen allerdings. Die waren ihr in den letzten Jahren zur Gewohnheit geworden. Sie kamen über sie, wenn sie nachmittags schlechter Laune war. Sie versank in ihnen, veränderte sich, wandelte sich in den anderen Farben, von denen sie sich übermannen ließ. Sie wand sich dann in blauroten, schlagflüssigen Tönen, beherrschte sich nicht und schimpfte und tobte, bis alles dem Boden gleichgemacht war. Für die Dienstmädchen war in solchen Augenblicken das Leben mit D. Branca düster. Sie schufteten für Brot und atmeten erst wieder Helle, wenn D. Branca schlief. Mit ihren grauen Haaren bot sie im Schlaf das Bild einer Taube.

Nach den Anfällen war D. Branca wachsbleich und sah aus, als wollte sie gleich in die Geisterbahn des Todes steigen.

Schauplatz von Geburt, Leben und Zuständen von D. Branca war die Rua Cedofeita, die feinste Straße in Porto. Cedofeita ist eine Straße, in die die Sonne aus purer Gefälligkeit scheint. Die Fensterbretter an den ersten Stockwerken der Häuser erreicht sie noch; von da abwärts ist es dunkel, und im Sommer fühlt sich die Straße frisch und kühl in dem beständigen Schatten. D. Branca hatte mit den Eltern im 19. und mit der übrigen Familie im 20. Jahrhundert gelebt, immer im gleichen Haus. Und immer aus den gleichen Läden bezog sie Kaffee, Reis, Kartoffeln und alle anderen dringend erforderlichen Banalitäten.

Über die Vergangenheit von D. Branca weiß man nichts. Witwe? Alte Jungfer? Von irgendwelchen Nachkommen ist nichts bekannt, aber eine Liebschaft, die hatte sie damals — mit dem Neffen von nebenan, dem Studenten an der Universität von Coimbra. Daß sie bunte Erfahrungen hinter sich hatte, daran war kein Zweifel. Bewegungen hatte sie wie jemand, der mit Farben umzugehen weiß. Und wenn sie schrie, klang auch ihre Stimme nicht wie die einer unbeschlafenen Jungfrau. Sie hatte Abenteuer hinter sich. Vierzig Jahre mochte das her sein, und sicher hatte sie's mit einem

Republikaner gehabt. Das war damals etwas Neues, und D. Branca hatte Lust verspürt, einen republikanischen Studenten zu verkosten. Das war farbiger, lebhafter, er war ein brodelndes Element mit seinen fortschrittlichen Ideen.

Wenn D. Branca sich ans Fenster setzte und vorbeigehen sah, wer da kam, erinnerte sie sich an die unschuldige Zeit ihrer Kindheit. Wie eine Lilie oder Schnee, in dem sich die scharfkantigen Erinnerungen abdrücken — niemand hatte von ihrem Abenteuer etwas gemerkt, aber D. Branca konnte nicht ihr Leben lang dieselbe Farbe bewahren — es ist so schwer, etwas ganz weiß zu halten! Immer tropft irgend etwas drauf, oder es bildet sich ein Schmutzfleck, oder es färbt sich irgendwie anders, und das offenbare Weiß des Weißen wird verdeckt.

D. Branca hatte Verwandte — sie war schließlich nicht anders als andere Leute. Manche aus der Familie waren nett, andere weniger. Sie mischte sie und kümmerte sich nicht um ihre Farbe.

Der Anbeter von Klein Branca war ein Mann, der Anstalten traf, in die Ingenieurwissenschaft einzudringen. Dazu geschworener Republikaner mit sehr weitgespannten Idealen. Er kam und schwärmte sie von weitem an, ging nicht mal bis ans Tor, schickte auch keine verräterischen Briefchen. Nein. Er, ein feiner junger Herr aus Lissabon, wollte nur mit der zarten, sauberen Schönheit von D. Branca tändeln. Sie, fast vergehend, tröstete sich mit den verschwommenen, fernen Blicken des schwarz gekleideten Studenten — »capa« und »batina«, Gehrock und Cape, tauchten ihn in eine Trauerfarbe, die die zarte kleine Branca sehr bekümmerte.

Auf der Promenade sahen sie sich an Spätnachmittagen und grüßten sich in der blauen Luft gegenseitigen Respekts. Er zog den Hut, und sie öffnete ihren Sonnenschirm — und sonst geschah nichts weiter.

Monate nach diesem Wandeln auf öffentlichen Pfaden hatte sich anscheinend das Wunder der Urzeugung an D. Branca vollzogen: Ihre Farben waren blasser, ein Nimbus umgab ihre Gestalt. Das Schwarz des republikanischen Studenten hatte so auf das Weiß gewirkt, daß der Film im Fotoapparat positiv wurde. So etwa in neun Monaten würde das Bild entwickelt sein. Zu schön, wenn man bedenkt, daß trotz aller Färbungssymptome sich nichts ereignen würde. Es waren nur die Zuckungen des Regenbogens, die in das Weiß gedrungen waren.

D. Branca kümmerte sich um nichts mehr. Sie sah den Anwärter auf den Ingenieurtitel noch ein paarmal, und als der Sommer kam, verließ sie mit der Familie die Stadt Porto und fuhr nach Fafe.

Fafe ist ein Ort, den man weder im Reiseführer noch mit impressionistischer Malerei beschreiben kann. Fafe — Ort der Tragödie, die schon Camilo* besingt. Der legendäre, hochherzige Straßenräuber trieb sein Wesen in der Gegend. In Fafe sind immer Banden, die dem kleinkarierten Unteren Minho Kraft und Größe geben. Fafe hat seinen Jahrmarktsplatz und ein halbes Dutzend Läden, wo montags und donnerstags die Versorgung des Ortshandels vor sich geht. Die Einwohner von Fafe sind fromm — der Gegenbeweis steht noch aus —, und nichts beschäftigt sie so sehr wie die Predigt des Pastors. Fafe ist ein liberaler Ort, wo ganze Familien noch umeinander freien und die Hochzeit für nach Ostern festsetzen, wenn die Kirschen anfangen sich zu färben und die Pfirsiche schon ganz 'raus sind. Fafe hockt auf einem kleinen Hügel und sieht mißtrauisch hinunter auf andere, unwichtige Orte in der Ebene von Famalicão. Von Fafe bis Guimarães, von Fafe nach Trofa und von Trofa nach Fafe — überall die gleiche Entfernung. Fafe ist bekannt für sein behütetes Klima, wo Männer Frauen hinter Schloß und Riegel halten, bis sie an den Mann und aus dem Hause kommen.

In Fafe fühlte sich D. Branca im bukolischen Käfig des portugiesischen Landlebens. Ganz in Weiß gekleidet, lebte sie glücklich mit einem Kind, das sie telepathisch empfangen hatte. Die Familie merkte nichts, und sie machte sich jeden Monat bereit, die Geburt des in »capa« und »batina« gehüllten Kindes zu feiern.

Der anbrechende Morgen bedeckte die höchsten Weinberge mit leichtem Nebel — und das Weiß des Tales verschmolz mit den Glockentürmen von zwei oder drei in der Weite des Blicks verlorenen Kapellen. Das Weiß vermischte sich mit dem Grün der Pinienwälder und vermengte sich mit dem gleichen Grün der Maisfelder. Die Tage gingen keusch auf, jungfräulich, weiß und rein wie frommer Glaube. In der Höhe ein blauer Himmel mit dem Wunsch,

* Camilo Castelo Branco (1825—1890), romantischer Schriftsteller.

gleich früh um sechs am Horizont zu wandern. D. Branca träumte von dem Kind und fühlte sich in einem fortgeschrittenen Stadium der Gebärtätigkeit. Sie setzte sich in Positur mit dem Baby, die Wiege neben sich, und gedachte der Zeit der fernwirkenden Übertragung, im Winter in der Rua Cedofeita. D. Branca litt, wurde bleich und rosig. Die Beklemmungen, die der Taugenichts ihr zu brüten gegeben hatte, ließ sie ungeklärt. Sie verdarb — ein ohne Beischlaf gefallenes Mädchen — und nähte und stickte in Erwartung der Geburt des Kindes. In Fafe ahnte niemand, was sich da drinnen abspielte — das Dorf lebte im Rhythmus seiner Märkte — zwei im Monat —, und das übrige verblieb für die Geschichte menschlicher Tragödien. Alles spielte sich natürlich ab, ohne irgendwelchen behördlichen oder sportlichen Einspruch. Wenn D. Branca frühmorgens hinausblickte ins Tal, weinte sie, weil sie nicht in den Glückstopf gegriffen und Zwillinge bekommen hatte. D. Branca erhob schon Anspruch auf den Plural.

Die Briefe des künftigen Ingenieurs waren im melancholischen Ton eines Romantikers im Klimakterium geschrieben und dienten der Post als Unterrichtsstoff; ab und zu ließ diese ein Schreiben verschwinden und las im Kreise der Lieben die Geschichten aus Tausendundeiner Nacht vor. Pläne füllten die Zeilen, die D. Branca erhielt — beim Lesen der Briefe wogte ihre Bluse, sie wühlten sie auf, nachdem das Geheimnis des hochsommerlichen Erlebnisses ihrer Intimität gelüftet war. D. Brancas Jungfräulichkeit blieb unberührt bis zur Ankunft des Sohnes, der von außen nahte. Niemand in der Familie verstand ihr Fühlen, und nicht einmal der übermäßige Genuß von Milch, die D. Branca trank, zeugte von irgendeinem Verdacht der örtlichen Behörde.

Am Tag, an dem die Gemeinde ihr Fest feierte, und im Beisein einer geringen Zahl von Privatpersonen wurde ein Kind in der Einzahl geboren. D. Branca hatte gerade diesen Tag ausgesucht, um allen Ernstes Scherz zu treiben und um der Welt zu zeigen, daß sie auch imstande war, einen Gegenstand »andante« nach außen zu befördern. Das Kind wurde in »capa« und »batina« geboren, wie das bei seiner akademischen Abkunft nicht anders zu erwarten war. Es trug Stiefel mit Schnürsenkeln zur Schonung des Ballens und hatte einen dichten schwarzen Schnurrbart, wie ihn Witwer tragen.

D. Branca verzehrte das Kind mit den Blicken und war hingerissen von seiner Vollkommenheit. Unterm Arm trug es sogar eine Mappe mit Bleistift, Gummi und einem Kollegheft. Es war die originalgetreue Liliputausgabe des Ingenieurs aus Porto. Eine Verwechslung war völlig ausgeschlossen, es war sein Kind und das der Mutter.

Der Kleine mochte Fafe nicht gleich. Er konnte sich an das Leben im Ort nicht gewöhnen und hatte zunächst auch Schwierigkeiten, seinen Verdauungsapparat zum Funktionieren zu bringen. Er ging zwar jeden Tag mit D. Branca aus, aber er fühlte sich neben ihr wie ein schwarzer Punkt. Der Kleine war zum Gähnen geboren, zum Kaffeehaussitzen, zur Bedeutungslosigkeit, und nun kam man ihm hier gleich mit Feldern, Weiden und anderen bukolischen Momenten. Das ging doch nicht, das war ein Mißbrauch seiner städtischen Veranlagung.

D. Brancas Familie genoß die Ferien in vollen Zügen: Sie veranstaltete Eselsritte nach Trofa und von Trofa nach Fafe und Picknicks mit den Almoendras auf dem Gut »Dos Louros«, wo ein seiner Beine nicht ganz mächtiger Papagei immer sagte: »'s is heiß, 's is heiß! Versteckt euch nicht, versteckt euch nicht!«

»Undankbar und indiskret, dieser Kerl«, sagte die Älteste von den Almoendras, die nie einen Studenten gehabt hatte, aber ewig Trauer trug, mit der Absicht, abends vielleicht verwechselt zu werden. Die armen Almoendras — immer warteten sie auf den Sommer und auf den Jahrmarkt; möglicherweise sah sie doch einer an und nahm sie nach kurzem Feilschen mit. Sie waren wie menschliche Kühe im Naturzustand, um den Kunden Mühe zu sparen. Wenn eine heiratete, würden sie alle mit ihr ziehen zwecks Eingehen einer Trigamie. Auf dem Gut »Dos Louros« fühlte sich D. Branca immer sehr wohl, und Arm in Arm mit der jüngsten der Almoendras erzählte sie ihr die Geschichte des Kindes, das ihr am Tage vorher geboren worden war. Da sank das Mariechen Almoendra in Ohnmacht und fiel auf die Seite. Ein chirurgischer Eingriff erwies sich als überflüssig. Da lag sie also, und D. Branca war erschrocken und wußte sich das Hinsinken von Mariechen nicht zu erklären. »Ach Gott, die Ärmste! Fächelt! Macht ihr den Gürtel auf!« — »'s is heiß, 's is heiß.« — »Die Herren, bitte ziehen

Sie sich zurück.« — »Ein Glas Wasser!« D. Branca hielt das Mariechen auf dem Schoß und erzählte ihm die wunderschöne Geschichte von dem Studenten in »capa« und »batina«, den sie am Vortag bekommen hatte. Er war wirklich vollkommen mit seinem Offiziersschnurrbart und Gamaschen über den Stiefeln, die ihm zu Gesicht standen — einfach zum Verlieben.

D. Branca bewahrte ihn im Schrank auf, um keinen Verdacht aufkommen zu lassen. Wie im Delirium phantasierte Maria Almoendra auf dem Schoß von D. Branca und sagte bloß immer: »Gestern hab' ich ein Kind bekommen.« Und der Papagei wiederholte: »'s is heiß. Versteckt euch nicht!« Und die zwei anderen Almoendras machten das Kreuzzeichen über der Schwester und sagten: »Gott steh uns bei! Der Himmel möge sie zu sich nehmen, ehe die neun Monate um sind! Wer mag wohl der Lump sein? Ein Kind — gestern! Wie kann das passiert sein? Schwester, erinnerst du dich an nichts?« — »Es ist mit einem Offiziersschnurrbart auf die Welt gekommen und trug Gamaschen unter ›capa‹ und ›batina‹. Ach, Maria, mit wem ist es denn passiert?« Und Maria Almoendra gähnte undeutliche Worte, die die Schwestern als »Apotheker« deuteten. Das kommende Unheil war der Sohn vom Apotheker. Und das, wo sie sich solche Mühe gegeben hatten, keusch zu bleiben. D. Branca fächelte mit der Brise und lehnte sich gegen eine der berühmten Zedern auf dem Gut »Dos Louros«.

Am nächsten Tag ließ D. Branca ihr Kind im Schrank und ging zu den Almoendras ins Dorfzentrum, gegenüber von der Apotheke, um das Mariechen zu besuchen, das am Tage vorher geohnmachtet hatte. Das alte Dienstmädchen kam D. Branca die Tür aufmachen, und gleich flüsterte sie ihr zu, daß das Mariechen eine gute Nacht verbracht hätte und daß die Schwestern nicht zur Ruhe kämen, immer hin und her, alles wegen der Nerven.

Das Haus der Almoendras im Zentrum von Fafe ist wie das Haus von alten Jungfern in jedem anderen Provinznest. Die Fenster immer geschlossen, um den sexuellen Mief nicht zu vertreiben. Gardinen von oben bis unten mit gestärkten Falten, wegen der Späherei nach drüben zur Apotheke und anderen Gängern auf dem Bürgersteig. Und das alte Dienstmädchen, das an der Familie hing und noch aus der Zeit war, wo die lieben Eltern lebten. Sonst ist nichts Bemerkenswertes zu erwähnen zu Bild und Beschreibung des »Platzes der Republik«, außer der Büste von Dr. Almoendra, den wie ein Spinnennetz angeordneten Linden und den Bänken für arme Leute und den Laternen, deren Glocken aussahen wie weiße Rüben.

D. Branca nahm den weißen Tüllhut ab, und, in herrliche echte Seide gehüllt, begab sie sich hinauf in den ersten Stock zum Zimmer von Mariechen Almoendra.

»Na, wie geht's? Gestern haben Sie uns einen Schrecken eingejagt! Das Phantasieren! Und schließlich wußten Sie nicht mehr recht, was Sie mir gesagt haben!«

»Da irren Sie sich. Ganz genau erinnere ich mich. Es ist wahr. Das bleibt aber ganz unter uns. D. Branca, wissen Sie, daß ich — mir nichts, dir nichts — einen Sohn bekommen habe? Die Schwestern wissen nichts davon, denn ich habe ihn gleich heute in die Schule geschickt. Gut angezogen, mit ›capa‹ und ›batina‹ und mit Gamaschen. Er hat sogar einen wunderschönen Schnurrbart. Er soll Artillerieoffizier werden, das ist mein Wunsch. Er sieht so gut aus, ein so hübscher Junge. Er hat schwarzes Haar und ist immer vergnügt.«

In diesem Augenblick begriff D. Branca, welch ungeheure Energieladung sie in Richtung Mariechen Almoendra abgeschossen hatte. Sie hätte nur gern gewußt, wie er ins Haus gekommen war, ohne daß die Schwestern etwas merkten. Und wo aß er?

»Ach, nachmittags ist er in der Schule, und abends, wenn er nach Hause kommt, geht er gleich ins Schlafzimmer.«

D. Branca fühlte sich zurückgesetzt. Sie war nicht mehr interessant mit ihrem Söhnchen im Schrank. Der Arme! Aber er konnte doch auch in die Schule gehen und abends nach Hause kommen, direkt ins Schlafzimmer. Wirklich, sie war doch zu grausam mit ihm verfahren. Immer eingesperrt, an ihrem Rockzipfel hängend, überhaupt keine Bildung, ein Analphabet, ja, das hatte sie aus ihm gemacht, mit Eselsohren würde er in den Augen der Welt erscheinen. Mariechen Almoendra hatte ganz recht daran getan, den Analphabetismus zu bekämpfen. Das war sogar eine patriotische Tat. So im Bett sah Mariechen aus wie eine Blume im Topf. Die Schwestern zermarterten sich den Kopf, was wohl der Schwester so schlecht bekommen sein konnte. So einfaches Essen wie bei ihnen im Haus gab's im ganzen Norden nicht. Eine Abführkur hatte sie gleich im Frühjahr gemacht, und jetzt war erst wieder im Herbst eine fällig, sicher mit einer kleineren Dosis Natriumsulfat. Aber vielleicht hatte sie zuviel Sonne abbekommen auf dem Jahrmarktsplatz, vielleicht kam daher die fixe Idee von dem Kind, das sie geboren haben wollte. Die Schwestern ließen in der Nachbarschaft nichts davon verlauten. Sie sagten nur, die Schwester hätte eine schwere Darmkolik gehabt von dem unreifen Obst. »Das ist gar nicht bekömmlich, immer unreifes Obst zu essen; und wo die Schwester sowieso immer mit der Verdauung zu tun hat, da wird's nur noch schlimmer.«

Der Kleine spielte in der Schule, denn alle hatten Ferien, und er brauchte nicht zu lernen. Er verbrachte seine Zeit mit dem Durchblättern der wichtigsten Werbezeitschriften und dem Ausschneiden von Autos für seine Sammlung. Er konnte nicht verstehen, warum die Mutter ihm nicht erlaubte, zu Hause zu spielen. Er wollte mal die Patin fragen, die D. Branca, warum sie ihn so eingesperrt hielten, jetzt im Sommer. Der Junge und die Tanten Almoendra waren sehr mißtrauisch: der Junge, weil er all die Vorsichtsmaßnahmen nicht verstand, und die Tanten, weil sie den Neffen noch nicht zu Gesicht bekommen hatten. Aber gleichzeitig schien ihnen die Krankheit der Schwester verdächtig. Um ganz sicherzugehen, daß nachts kein Kater zur Schwester ins Zimmer schlüpfen konnte, wechselten sich die Schwestern ab: Eine schlief immer auf dem Sofa, um gleich bei der Hand zu sein, wenn irgend etwas los war.

In Fafe ging das Leben wieder seinen gewohnten Gang, es war neutral, geschlossen, nichts Interessantes, wenn man davon absieht, daß die Kühe im Preis stiegen und die Fracht für Weinfässer billiger geworden war. Im Dorf roch es modrig vor Hitze, und die Ferien von D. Branca würden mit dem Monat September zu Ende gehen. Die unterhaltsamen Picknicks auf dem Gut »Dos Louros«, wo »'s heiß is, heiß is«, waren unter dem Zwang höherer Gewalt aufgegeben worden. Wirklich, Mariechen Almoendra brauchte lange, um sich zu erholen. Der Schock, einen fast erwachsenen Sohn zu bekommen, ließ sie nicht kalt. Sie hatte ein schweres Trauma erlitten; richtig verstehen konnte das eigentlich nur

D. Branca. Die anderen konnten nur ihre bösen Zungen laufen lassen. Sie waren fest entschlossen, ihr die Würmer aus der Nase zu ziehen. Klatschsucht, Provinzklatsch, den man dem Pastor zutrug, um sich über häusliche Intrigen zu beklagen. Also, daß bei dem Mariechen etwas nicht in Ordnung war, darüber waren sich alle einig, selbst als die Schwestern den Arzt rufen ließen — den Dr. Santos Lopes —, Chirurg und Zahnarzt, der, mit dem Stethoskop in der Hand, nichts Besonderes feststellen konnte. Die Brüste etwas geschwollen — das kam wohl von der Jahreszeit. »'s is heiß, 's is heiß!« — »Nein, kein Abführmittel; Ruhe und ein paar Tabletten gegen Ohnmachten. Nächste Woche kann sie schon aufstehen — die Sonne ist ja sehr stark, die Tage sind so hell; dem ist nicht jeder gewachsen. Stellen Sie sich vor: Gestern bin ich auch zu D. Branca gerufen worden — genau derselbe Zustand wie bei D. Mariechen. Die gleichen Symptome, die gleichen Beschwerden, Übelkeit — und alles nach einem Picknick. Aber D. Branca hat sich schnell wieder erholt. Sie hat ja nie mit der Verdauung zu tun, da kommt alles rasch in Ordnung. Hören Sie, D. Mariechen: Sie müssen sich ablenken. Das kommt alles von den Nerven, und ein bißchen Luftwechsel wäre auch wichtig. Sie sollten nach Porto fahren und mehr unter Menschen gehen.«

Kein Zweifel, der Arzt war ein braver Mann; er gab seine Verordnungen nach den Regeln der Kunst, ohne sich lange mit der Diagnose aufzuhalten. Die Schwestern waren ganz glücklich, und der Sohn von Mariechen Almoendra durfte den ganzen September über im Salon spielen. Mit einem leicht herablassenden Lächeln holte D. Branca ihren Sohn aus dem Schrank und erlaubte ihm, einen Nachmittag bei seinem Freund Almoendra zu verbringen.

Die Zwillinge spielten den ganzen Nachmittag, lachten, tollten, vesperten in der Teeküche, verschmierten sich und wurden wirklich Freunde. Abends, beim Schlafengehen, betete jeder für den anderen und bat das Jesuskind, es solle sie immer zusammen spielen lassen. Das Jesuskind sagte »Ja«, und daß es sogar leichter ginge, wenn der Sohn von Mariechen Almoendra im Winter nach Porto käme.

Als der erste Regen fiel, zog D. Branca sich mit der Familie nach Porto zurück. Im Oktober begann die Schule, und ihr Sohn sollte gleich hin, sollte möglichst nicht viele Schultage versäumen. Vor der Abreise hatte sie mit Mariechen Almoendra verabredet, sie wollten sich in Porto treffen und einander Gesellschaft leisten; sie vereinbarten, Mariechen solle den Ingenieur aus Lissabon kennenlernen, von dem ihr D. Branca soviel erzählt hatte. Und es wurde auch beschlossen, daß Mariechens Sohn ein paar Tage mit dem Sohn von D. Branca verbringen solle, denn sie waren unzertrennliche Freunde geworden.

Die ersten Herbsttage in Porto erinnern an Putzfrauen, die erst einmal alles schmutzig machen, viel schmutziger, als es vorher war, und dann erst anfangen, sauberzumachen. Porto mit all seinem Grau wird dunkel, und das Weiß des Sommers wird langsam immer weiter aufgelöst, bis es sich in kleine Erinnerungen auf dem Granit der Häuser verwandelt. Diesen Winter war D. Branca glücklich, denn der Ingenieur würde in diesem alljährlichen Reinemachen, wo alles ins Wasser fällt, Ingenieur werden. Und dann würde auch Mariechen Almoendra eine Zeitlang bei ihr wohnen. Wie schön das werden würde! Die beiden Kinderchen des Ingenieurs würden im Garten spielen, und sie würden mit ihm gegen Abend im Stadtpark spazierengehen und am Sonntag nach der Messe. Und dann gab es ja auch den Kristallpalast mit seiner Berg- und Talbahn und dem Karussell für Bräute. Sie würden Karten und Brettspiele spielen, und wenn an einem Sonntag das Wetter schön wäre, würden sie nach Foz fahren ans Meer. D. Branca bereitete alles für die Ankunft von Mariechen bis ins letzte Detail vor, wie sich das für ein Ereignis von solcher Wichtigkeit gebührt. Die örtlichen Behörden wurden benachrichtigt, und die wenigen vorhandenen Fotografen wurden in einer Reihe aufgestellt, um die hübscheste der Almoendras zu empfangen. Die Familie von D. Branca hatte eine Staatskutsche zugestanden, um die Besitzerin des Gutes »Dos Louros« spazierenzufahren.

Die Ankunft von D. Mariechen in der Rua Cedofeita war ein Ereignis im Hause von D. Branca, die ihr neues wollenes Übergangskleid anzog und dem Söhnchen »capa« und »batina« auszog, um sie gegen eine Matrosenuniform zu vertauschen. Alles war sehr vornehm gekleidet.

Der Ingenieur kam nicht. Für die Familie war das ein großer

Schock. Seit Ende des Semesters hatte sie den Ingenieur nicht mehr gesehen. Er hatte Briefe geschrieben, aber jetzt herrschte tödliches Schweigen. Niemand wußte, wo er sich aufhielt. D. Branca war niedergeschlagen, und als Mariechen die Nachricht erhielt, verfiel sie ganz in Trauer. Die beiden, die ihm so hübsche Kinder geschenkt hatten, fühlten sich jetzt dahinsiechen, und sie hatten keinerlei Stütze in ihrem Elend. Die Kinder spielten und dachten gar nicht an den Vater, aber sie wurden immer kleiner, mit bloßem Auge konnte man sie bald nicht mehr sehen. Das ging so fort, bis eines schönen Tages die beiden aus Ärger darüber, daß sie keinen Vater zur Hand hatten, ganz und gar verschwanden. D. Mariechen Almoendra kleidete sich wieder schwarz und kehrte zurück nach Fafe in ihr Haus; sie wartete auf die Picknicks im Sommer auf dem Gut »Dos Louros«. Vielleicht würde sie nächstes Jahr wieder ein Kind bekommen.

D. Branca verblühte in Wohltätigkeit. Sie dachte an die Zeiten des Ingenieurs; vor lauter Sehnsucht zerseufzte sie eine Korsettstange. Im Lauf der Jahre wurde D. Branca immer reiner, immer brummiger und schlechter gelaunt, ihre Zustände stellten sich immer häufiger ein.

Die schneebedeckten Berge zogen sich hin, so weit die Blicke reichten — Unberührtheit war in der Landschaft, in der die Pinien von alten Gletschern herabhingen — die Sonne schien prall auf den Schnee, und der Widerschein löste sich in einem vielfachen Regenbogen auf. Hier und da erinnerten die Fußstapfen von Bergsteigern an die Höhenwelt auf der Suche nach dem Horizont, den die Augen ertasten konnten. D. Branca schlief in Leinenlaken ein und dachte an ihr schneeweißes, fleckenloses Nachthemd. Sie war fast vereist, fast von anderer Farbe.

Übersetzung: JA

Natália Nunes

DIE GRÜNE MÜCKE

Zwar wußte sie nicht wie, doch es stand fest, daß der Kleine es in der hintersten Schrankecke entdeckt hatte. Und als er erschien und es ihr in seinen Händchen zeigte, errötete die Mutter wie an dem Tag, an dem sie es für immer versteckt hatte.

Für immer vielleicht nicht. Es war nicht einmal mit diesem Gedanken gewesen, daß sie es überstürzt im Schrank verborgen hatte in dem Augenblick, als das Dienstmädchen eintrat, um eine Kundin anzumelden. Noch viele Male später hatte sie sich an die grüne Mücke erinnert. Sie hatte nur nicht mehr den Mut aufgebracht, sie aus ihrem Versteck, aus ihrem Geheimniswinkel hervorzuholen. Sie hatte es auch nie fertiggebracht, sie zu zerstören, im Gegenteil. Sie fühlte eine Art stillverschwiegener Freude, zu wissen, daß sie dort zu ihrer Verfügung lag, daß sie vorhanden war…

Mit der Zeit jedoch vergaß sie sie. Seit Jahren schon kreuzte die Erinnerung an sie nicht mehr ihren Sinn.

»Mama, schau, wie schön! Schenkst du mir die grüne Mücke, ja?«

Ihr auf dem Fußboden kauernder Sohn versuchte die Drähte der Flügel geradezubiegen, den zerdrückten Tüll zu entfalten, und während seine Händchen sich daran zu schaffen machten, entwischten fette seidige Motten dem Leib der grünen Mücke und liefen über den Boden, auf der Suche nach einem neuen Unterschlupf…

Es war, als entfalte sich auch in der Seele der Frau etwas und wachse und suche eine weite, ausgreifende, vollkommene Form anzunehmen, doch sehr bald schrumpfte es von neuem, zog sich zusammen und rollte sich unversehens auf zu einem Knäuel aus Schamgefühl und Bitterkeit…

An einem Nachmittag, als sie ein Stück Moirée mit kupferfarbenen Schattierungen nahm, erinnerte sie sich an die Mücke, die eines Tages auf dem Dach des Hauses über der Fensterbank gesessen hatte. Was sie Außergewöhnliches an der Mücke gefunden hatte, war zunächst ihre grünrote Farbe gewesen, und sodann, was sie tat, als sie die Flügel öffnete! Sie öffnete sie, und sie schienen mit allen Farben des Regenbogens bemalt! Sie öffnete sie, und sie begann vor ihr einen Tanz aus magnetischen Wirbeln, bald ruhig und statisch, bald schwindelerregend, betörend…

Denn an jenem Nachmittag — sie war schon verheiratet und schon Hutmacherin und hatte schon ihren ersten Sohn bekommen — brauchte sie nur die schillernde Seide anzuschauen, um sich sofort in ihre Jugend zurückversetzt zu fühlen. Wieder kam die Wärme der aufs Dach scheinenden Sonne, das Mückengesumm, das würzige Aroma der Petersilie in dem Holzkistchen, die weißen und die gelben Falter — Blumen, die Flügel hatten! —, die winzigen Ameisen — Besitzerinnen von unter den Dachziegeln versteckten Häusern — und das Blau des Himmels und das Silber des Flusses… und die grüne Mücke, die in einem Geloder schillernder Lichter tanzte… Und damit das vollkommene Glücksgefühl, am Leben zu sein, das sie in jener Stunde empfand, die schwindelerregende Offenbarung einer ungeahnten Schönheit, die ihr die grüne Mücke schenkte, und endlich der Drang, den sie verspürte, sich hinauszuschwingen durchs Fenster und über dem Dach zu kreisen und zu flattern, zu wirbeln und aufzufliegen wie die Falter, die grüne Mücke und das Glitzern des Flusses dort unten…

Doch das war schon so lange her! Zwölf Jahre! Sie hatte tatsächlich diese Stunde der Phantasie erlebt, an einem Nachmittag der Erinnerungen… Und wiederum hatte sie diesmal den gleichen Drang verspürt, den Körper durch den Raum zu schwingen, in rhythmischen, harmonischen Bewegungen! Freilich war sie mittlerweile eine ans häusliche Leben gebundene Frau geworden, und daher war dergleichen ganz unschicklich… Konnte sie so mir nichts dir nichts durch die Zimmer tanzen, gehüllt in Tüll und Seide, aus denen sie ihre Hüte machte!

Später griff sie dann doch aus plötzlicher Begeisterung zu den duftigen Geweben und begann, der Mücke Gestalt zu verleihen, der wundersamen grünen Mücke, Botin einer Schönheit, die sie von ferne rief und sie aufforderte, die Arme auszustrecken, die Schritte in rhythmische Bewegungen zu versetzen, mit der Seele zu entschweben…

Und nun fragte ihr Sohn, ob er mit der grünen Mücke spielen dürfe…

»Nein, Carlinhos, die ist nicht zum Spielen da.«

»Dann ist es also kein Spielzeug, Mamachen?«

Was sollte sie dem Kind antworten? Traf es aber nicht doch zu, daß das Ding eine Art Spielzeug in ihrem Leben gewesen war? Daß es in ihrem Dasein einer bescheidenen, ziemlich ungebildeten Frau nur eine Spielerei war, ein Anlaß zu verborgenen, berauschenden Träumen, jener Drang, auf dem Dach zu tanzen, und daß die grüne Mücke sie daran erinnerte? Sie wußte nur, daß sie viele Hüte gemacht hatte, ohne gerne Hüte zu machen. Schon in ihrem dreizehnten Jahr — das Alter, in dem sie die grüne Mücke gesehen — hatten ihre Eltern, ihre armen Eltern sie zu einer Putzmacherin in die Lehre gegeben. Dann, mit zwanzig, hatte sie einen Verkäufer geheiratet, der zum Geschäftsführer eines Stoffladens aufgerückt war. Und als ihre Kinder kamen, eines nach dem anderen, gab sie sogar ihre Hüte auf! Das Leben war so eintönig, so schal, stockend und farblos! Und so konfus! Warum hatte sie schließlich die grüne Mücke gemacht? Warum hatte sie den beschwingten Wunsch verspürt, auf dem Dach zu tanzen? Vor allem anderen war das Leben seltsam, voller Rätsel, die nicht einmal die Lebenden zu entschleiern vermochten…

Und in ihrem Leben war etwas, was sie nicht verstand… Etwas, was in jenem Augenblick, in dem ihr Sohn den Leib der grünen Mücke anblickte und in seinen Händchen drehte, in ihr unermeßliche Beschämung über sich selbst auslöste und das schwermütig-bittere Verlangen zu weinen…

Übersetzung: CMC

Carlos de Oliveira

DIE FLUCHT

1

Zwei Worte, um an diesen Oktobermorgen zu erinnern: Entmutigung, Entzauberung. Ich wähle sie mit Bedacht, wage indes nicht, sie ohne eine letzte Prüfung niederzuschreiben: Bedeutung, Tonfall, Silben, Umriß, Anpassung an die Umstände und an die (stets flüchtige) Stilstrenge, die mich sogar jetzt beschäftigt.

Ich prüfe das erste Wort und übernehme es am Ende einer Zigarette. Zigarette, wahres Maß der Zeit, wenn ich schreibe. Für andere ist es die Tasse Kaffee, das Glas Whisky, das Gläschen Brandy, das Glas Wasser mit Tee und so weiter. Oder bei den echten Professionellen sogar die Stunde der Uhr, schlicht und einfach.

Das zweite Wort verbraucht mehr Zigaretten. Entzauberung, warum? Was erhoffte ich von dieser Zuflucht, dieser Rückkehr (ob einer kurzen oder langen, werden nur die sagen können, die mich suchen)? Hier habe ich meine Kindheit verbracht. Ich kenne schon die unsichere Farbe, das ins Violett gewandelte Weiß, das in Grau gewandelte Violett des Schnees, der ans Fenster schlägt. Und das Gewicht der Stille in den Deckenbalken, die atembeklemmende Feuchtigkeit, das schwierige Licht. Mitte Oktober, vor dem Sommer von Sankt Martin, und später im Winter, vor den Februarregen, sind die verhangenen Morgen häufig. Sie kommen vom Meer, von den Lagunen, dringen auf ihrem undurchsichtigen, langsamen Marsch ein in Kiefernwälder, Dörfer, Dünen. Ich hatte nichts anderes erwartet. Folglich besitzen die Enttäuschungen in der Dürre meines Lebens einen besonderen Mechanismus, unabhängig von der Erinnerung, der Erfahrung, außerhalb der wahren Enttäuschung, die zum Beispiel darin besteht, fade zu finden, was vermutlich gesalzen ist. Man stelle sich einen Grützbeutel der Sensibilität vor, einen tückischen Kurzschluß, der sich aus dem Eigenen nährt. Man beachte, daß die Entzauberung in allem dem vorhergegangenen Schema gehorcht: Das Wort Enttäuschung ist eine Variante, nur verwendet aus rhythmischen, silbischen Gründen, ähnlich denen, die zu Anfang die Wörter Entmutigung, Entzauberung miteinander verbanden, nicht zu reden von der Ähnlichkeit des Entwurfs, des Schriftbilds beider, so wichtig bei einer vokabulären Anziehung, daß ich es als Motor ansehen kann, der diesen Text in Bewegung setzte. In gewisser Weise erinnert der Akt des Schreibens an die alte Kantilene: Aus Affe machte ich Viole, aus Viole machte ich Farin.

Das Zimmer liegt im ersten Stock. Aus Ungeduld, oder weil ich friere, oder wegen beidem durcheile ich es mit großen Schritten und schlage dabei mit den Gummisohlen kräftig auf den Fußboden, der so oft mit Schmierseife geschrubbt worden ist, daß die Kieferndielen die Tönung alten Zedernholzes angenommen haben. Sehr weiße Wände aus verputztem Stein. Der Schrank aus Eiche. Der Stuhl mit Strohsitz, der Tisch zum Schreiben: vier hohe Beine, unten durch ein Kreuz verbunden, die Tischplatte vergoldet, die Wasserflasche auf der alten Stickerei. In den Ecken der Zimmerdecke fast erloschene Kreuzblumen aus Stuck. Das Eisenbett, das auf einem kupfernen Dreifuß stehende Waschbecken. Endlich die Wärme (oder Kälte?) der von Hand zu Hand übergegangenen Dinge in den Hausfluren der Familie. Eine gewaltige Zeitspanne verbraucht, um Hölzer zu bewahren, geschmiedetes Metall, von den Vätern den Söhnen, von den Söhnen den Enkeln überliefert. Der Fluß der Erbschaften, der Möbel, Werkstätten, Ländereien, bemüht, einem unermüdlichen Gespenst von Niederkünften irgendeinen Sinn zu verleihen. Welchen Sinn? Ich begreife es nicht recht. Dann, ohne Kinder, bleibt der Fluß in mir stehen, der Faden der Spinne reißt ab. Ich reihe mich nicht ein in diese Anordnung von Fakten, von Menschen, in das Räderwerk, das die Geburt überschreitet und den Tod eines jeden einzelnen, besser: Ich beende sie. Um was zu beginnen?

Irgendwo schlägt eine Tür. Ich höre sie wie eine Warnung, eine Vorahnung. Aufgewühlt von den ungleichen Schichten unterschiedlicher Dichte verdunkelt der Nebel und bedroht bereits das Zimmer, seine innere Deutlichkeit. Laß ihn! Eine Bedrohung mehr oder minder ist mir egal. Sie suchen mich weiterhin, würden mich bis ans Ende der Welt weitersuchen, wenn es ihnen notwendig erschiene, und obgleich sie nicht wissen, daß ich einige Jahre hier verbracht habe, werden sie diesen Unterschlupf entdecken. Ich habe es niemandem verraten, nicht einmal Gelnaa. Habe nur getan, was ein Tier in Gefahr tut, bin in meinen Bau geflohen, ohne nachzudenken, aus einem einfachen Reflex des Selbstschutzes. Aber ich weiß, daß sie auftauchen werden, wie sie dort auftauchen würden, wo immer ich mich befände. Waffe, Witterung, die so abstrakt, so außerhalb des individuellen Bewußtseins liegt, daß sie jene unbarmherzig macht.

Ich bin in der Tat allein. Obgleich du existierst, Gelnaa, verwerfe ich zur Gänze die Vergangenheit, die Gegenwart, die Zukunft und schreibe die beiden Wörter Entmutigung, Entzauberung, die ich so gründlich erwogen habe. Wozu eigentlich, wenn ich heute keine anderen habe?

2

Der Nebel umkreist noch das Haus. Das nenne ich kompakte Einsamkeit. Auf mich selbst zurückgeworfen, getrennt von der Außenwelt, im Zimmer, in der Raumkapsel (das gleiche Schweigen, die gleiche scheinbare Unbeweglichkeit), werde ich dichter.

Gedanken und Empfindungen dringen nach innen, überschneiden sich, verschmelzen nach und nach zu einem einzigen Stoff, an dem sich schwerlich etwas unterscheiden läßt, was nicht ein teigiges, dichtes Gefühl der Einsamkeit wäre. Ein vollgesogener Schwamm.

Ich lege mich aufs Eisenbett, mit der brennenden Zigarette, und lasse die Zeit verstreichen. Neue Entzauberung. In der Kapsel ist die Zeit unwägbar. Wenigstens scheint es so. Wenn sie lastet und verstreicht, merke ich es nicht. Draußen Dämmerlicht vom Morgen bis zur Nacht. Farbvariationen im Nebeltreiben. Wenige. Sie wiederholen sich, schaffen gleichfalls Eintönigkeit, vielleicht mit mehr Schattierungen als die innere, auf jeden Fall so ärmliche, so ermüdende, daß ich die Augen schließe.

Ich rauche; dann stehe ich auf; beginne wieder zu schreiben. Es ist noch etwas Unversehrtes in mir: das Gedächtnis. Ich weiß warum. Eine andere Form der Einsamkeit, fremd dem sattgesogenen

Schwamm und der spärlichen Kapselluft, sie gehört nicht diesem Augenblick, sie ist sozusagen nicht hier. Es handelt sich, schätze ich, um die bevölkerte Einsamkeit in der Vergangenheit, und wenngleich sie eines aktuellen Bezugspunktes bedarf, existiert sie nicht in ihr und benutzt sie nur als Oberfläche, in der sie sich bricht. Ja, ich verweigere die Gegenwart, die Zukunft. Bei der Vergangenheit fällt es schwerer.

3

Erinnerung, Sterne. Selbst an den Regen- oder Nebeltagen. Das Planetarium war gut dafür. (Auch für einige Begegnungen.) Es behagte mir, nachmittags, als Vorwegnahme, den unsichtbaren Nachthimmel zu haben, daher ging ich häufig hin. Genau wie Gelnaa sagte:

»Dein Spielzeug, deine elektrische Eisenbahn.«

In der Mitte des Amphitheaters das Projektionsgerät, dessen Profil mich an Atomreaktoren erinnerte (warum, wenn ich nie einen gesehen habe?). Der Überraschungskasten, die Laterna magica. Rings um ihn die Reihen niederer Polstersessel, in denen ich beliebig versinken konnte, und hinter den Sesseln in einem geschlossenen Kreis der Horizont, die in schwarzes Holz geschnittene Stadtsilhouette. Vom Kreis an die Kugel, die Kuppel, und in ihrem höchsten Punkt der Himmelspol, Norden oder Süden, je nach der Projektion des Augenblicks.

Scheinbar ist der Himmel immer gleich und wirr. Der Beobachter aber, der den Atlas auswendig kennt und den anderen darüberlegt, den mit den mythologischen Figuren, die ihn bevölkern von den chaldäischen Hirten oder von noch Früherem an, mit Tieren, Göttern, Träumen, die in der Phantasie der Welt den Namen ändern, die Form und das Zeichen, holt den alten Schrecken ein, nimmt an ihm teil, erarbeitet seine poetische Metaphysik und wird dessen nicht müde.

Der künstliche Himmel des Planetariums, die elektrische Eisenbahn, von der Gelnaa sprach, pocht in einem vom wirklichen Himmel verschiedenen Rhythmus, und im Gegensatz zu dem, was mit anderen Spielzeugen geschieht, ist seine Geschwindigkeit größer. (Auch können gewisse Größenverhältnisse zwischen den Gestirnen nicht berücksichtigt werden.) Ein Tag dauert beispielsweise vierundzwanzig Sekunden, folglich verblüfft in dem konzentrierten Weltall, das so rasch vom Licht zur Finsternis übergeht, die Bewegung der Sterne, Sternbilder, Nebelflecke. Blitzartig. Eine noch stärkere Beschleunigung ergibt einen Himmel von leuchtenden fortlaufenden Streifen (aus denen Halbkreise stürzen), der das Blau des Hintergrunds fast aufhebt, ein bloßes Abwechseln von Strichen zwischen Streifen. In diesem zweifarbigen Regenbogen fallender, paralleler, umfangreicher Sterne entsteht dann und wann eine feurige Explosion, wenn wir das Bild eines Kometen darauf projizieren, dessen Marschrichtung von uns aus ins Unendliche weist. Er entzündet sich stockend in seinem gasförmigen, länglichen Teil, während er die die Streifen begrenzenden blauen Striche durchstößt und so die Erschaffung neuer Sterne am bewegten Himmel vortäuscht. Schwindelgefühl. Ein fast unerträgliches Spiel, das zerfließt, sobald die Geschwindigkeit verringert und der Tag verlangsamt wird.

Der wirkliche Himmel hat keinen Südpol, richtiger, er besitzt keinen hinreichend sichtbaren Stern von der gleichen Größe des Polarsterns auf der gegenüberliegenden Halbkugel, der ihn absteckt. Der künstliche Himmel offenbart deutlich diesen wolkenumgebenen eisenblauen Schacht. Die Magalhães-Wolken und andere, vielleicht näher am Absturz gelegene, schweben dort und machen den Eindruck, als widerstünden sie einem dunklen Ruf, in die Tiefe zu tauchen.

Ich kenne (in der Himmelsgeographie) keine so verwirrende Zone wie den gierigen Schlund des Südpols, wo schon von fern jedweder Stern verschwindet, verschlungen. Müßte er doch ein Hauptpunkt der ganzen Architektur sein und ist nur eine Verwerfung. Oder er bedeutet genau das, den unvollkommenen Tempel. Um nicht das Gegenteil zu schreiben: allzu vollkommen, mit einer beklemmenden Falltür über dem Nichts.

An dem Nachmittag, an dem ich floh, hatte ich eine Verabredung im Planetarium getroffen, sie scheiterte jedoch im letzten Augenblick. Ich ging hinaus und erkannte sie sofort in dem höchstens halben Hundert der Zuschauer. Wie vereinbart ging ich nach der Vorstellung in der Halle auf sie zu, als ich sah, wie sie eine Sekunde zögerte, tat, als kenne sie mich nicht, kehrtmachte und langsam die Treppe hinunterstieg. Sie hat in diesem Augenblick entdeckt, daß sie verfolgt wird, dachte ich. Und ich irrte nicht. Sie hatten bis zum Schluß gewartet, hatten sie die Halle durchschreiten und zum Ausgang gehen sehen, dann erst umzingelten sie sie. Die vier. Zwischen ihnen ging sie weg. Grauer Regenmantel, halbhohe Stiefel, Regenschirm über dem Arm, unauffällig wie so viele Leute. Nur das violette Kopftuch fiel vielleicht auf.

4

Häuser, Bäume, Sand tauchen noch unentschlossen auf, tauchen jedoch aus dem Nebel, der sich von Stunde zu Stunde lichtet. Der Wind schiebt ihn vorwärts, lüftet ihn da und dort, zerbläst ihn. Die Raumkapsel findet endlich nahe Bezugspunkte, beginnt die Landung. Ich fühle die Abnahme des inneren Drucks, fühle, wie der Schwamm sich leert, das Blut durch den ganzen Körper fließt. Ich erwache aus einem Winterschlaf.

Am späteren Nachmittag sieht man die andere Seite des Platzes. Akazien, Eukalyptus, beliebig gepflanzt. Große Wurzeln treten an die Oberfläche, tauchen unter die Kapelle aus dem Siebzehnten. Wie dick sie geworden sind. Gestürzte Stämme? Knochen in ihrem sandigen Weiß, das der Seewind bloßlegt? Er peitscht gegen die Nebelwand, zerreißt sie. Händevoll Kieselgur prallen mit Hagelgeräusch gegen die Scheiben. Ich weiß nicht, wie lange die bereits erschütterten Kapellenmauern den Wurzeln widerstehen werden. Wie sie gewachsen sind.

5

Man stellte den Tisch (den Tisch mit vergoldeter Platte) in die Fensternische, man setzte ihn auf den Stuhl, legte das Kissen auf den Strohsitz, um ihn größer zu machen, und sagte zu ihm:

»Hier hast du das Heft, die Buntstifte. In einer Stunde legst du dich wieder hin.«

Er zeichnete.

Zuerst das Tier, hier unten in die rechte Ecke.

Du bist das rote Tier; grünes Schnäuzchen, orangefarbene Flecken.

Und die Pfoten?

Weiß, jedoch umrandet, sonst sieht man sie nicht.

Werde ich so gut?

Natürlich. Vielleicht malst du dich noch mal ab, weiter weg von der Sonne, oben auf der Seite. Und anders, gelb.

Glaubst du, daß sie mich töten werden?

Ich glaube, ja; es fällt mir schwer, es zu sagen, aber es ist wahr; sie werden dich töten, dich in Stücke schneiden, dich essen; es sei denn, du zerkratzest sie tüchtig und zwingst sie zum Fliehen.

Mach mir größere Krallen.

Gut, blaue oder schwarze?

Ist gleich.

Dann die Sonne in der linken Ecke. Rosafarben, sehr wenig Licht.

Warum?

Damit sie das Tier nicht sehen.

Die Sterne glänzender als ich? Mitten auf der Seite?

Und größer. Verzeih, Sonne, aber ich mag dich nicht. Der indigoblaue Himmel rings um sie; so brennen sie besser.

Wir brennen. Danke.

Über dem Himmel die Bäume; mit den Beinen in der Luft, stumm. Sie gehen nicht, sprechen nicht. Die Äste von der gleichen Farbe wie die Sonnenstrahlen; jeder hellrote Zickzackstrich ist halb Ast, halb Licht und fesselt die Bäume an die Sonne (daher gehen sie nicht); bemalte ich sie stärker, würde ich sie anzünden.

Sand rings um die Wurzeln.

Kleine Sterne?

Ja, Sandkörner, ja. Um die Wurzeln zu erleuchten.

Das Versprochene ist pflichtschuldig; drum wieder das Tier; getarnt, gelb.

Lösch mich dort unten aus.

Wie? Der Gummi faßt nicht die Buntstifte.

Dann versteck mich hier zwischen zwei Sternen.

Es sind nicht eigentlich Sterne, sondern Sandkörner; dann zeichne ich eben noch zwei dazu, riesige; vielleicht kommen dabei echte Sterne heraus.

Sie sind herausgekommen.

Wir kommen heraus, obgleich du uns unter die Erde steckst.

Schützt das Tier, versteckt es.

Mit diesem Glanz?

Dann weg mit dem Glanz. Dann bedeckt man es mit Braun.

Tu das nicht.

Er zögert noch, als man ihn von neuem ins Bett holt.

6

Die Häuser modern. Jetzt sehe ich sie ziemlich gut. Keine Spur von Nebel; der Wind hat ihn ins Labyrinth der Kiefernwälder getrieben. Ruhe, Klarheit. Die Berührung mit dem salzgetränkten Brodem hat die Dinge lackiert, aber der Salzrückstand zerfrißt sie unter dem Lack. Er ist in die Rinde der Bäume gedrungen, in die Ziegel, in die Spalten der Dachplatten. Sanftes Gefunkel, eine Art Tod. Der Schwamm der Mauern saugt die Meerelemente auf, bedient sich ihrer, um leichter den Kiessand zu untergraben, den Stein, den Kalk. In ihrer falschen Pracht modern die Häuser. Wenn der Sommer wiederkehrt, dampfen sie. Es ist der Rest der Feuchtigkeit, die sich zurückzieht (um später wiederzukehren: Regen, Nebel) und die Bauten kleiig macht. Staub fällt von den Häusern wie der Holzwurm aus Bohlen kranken Holzes. Sie sind vermodert.

Und die Pilze? Tief in den Steinbrüchen, in der Obhut der Grotten ertönt fast ein Gemurmel aus Fruchtfleisch, das sich spannt und birst. Es entstehen die großen Parasole. Der Stengel, der Stiel, von knochigem Aussehen, saugt das Wasser aus dem zersetzten Erdboden (Pflanzen, Abfälle), und ein Parasol schwillt auf dem Gefüge radialer Fasern, das aus Draht konstruiert scheint. Man möchte meinen, er selbst (der Parasol) trinke die gesättigte Luft. Diese Gefräßigkeit erzeugt lebende Gelatine, härtet sie ein wenig, gibt ihr hie und da den metallischen Geschmack von Gift und durchdringt sie, rundet sie.

Sie erreichen in dunkleren Ecken eineinhalb Meter Höhe und bleichen wie Milchkristalle oder Stein in Mikrogehölzen. Aneinandergelehnt, helfen sie sich gegenseitig, die schweren Köpfe zu tragen. Sie sind so zäh, daß sie sogar in Häusern gedeihen, in dunklen Kammern, in geschlossenen Schränken. Für das bloße Auge so gut wie unsichtbar, doch gegenwärtig, bedrohlich. Irgendein meteorologischer Wechsel, der ein halbes Dutzend fortlaufende Sommer vernichtet, würde sie mit Sicherheit dazu bringen, alles zu überfallen, Baumhöhe zu erreichen. Und ich frage: Was würde geschehen, wenn beispielsweise der lange Winter ihren Stoffwechsel veränderte und sie zu Tieren machte?

7

Eine Fieberbrücke. Beschleunigtes Herz: neunzig, fünfundneunzig Schläge pro Minute. Es schlägt. Stunden, Monate, Jahre. Was für eine Besessenheit. Und die meine. Dieses weiche Ding, das pocht, während ich schlafe, lese, schreibe, liebe, trinke. Immer. Ich lege mich hin, stehe auf und lege mich wieder hin, dem Eigensinn, dem Willen eines blutgetränkten Muskels ausgeliefert. Der Zufall genannt werden müßte. Weder vermag ich ihn zu vergessen, noch läßt er es zu. Er macht sich bemerkbar, ruft. Extra-Systolen, Schläge im Sonnengeflecht. Du rauchst zuviel; geh nicht über zehn Zigaretten pro Tag hinaus; das reicht. Wie kommt es, daß er nicht stehenbleibt, Doktor? Er muß einmal stehenbleiben; doch vorläufig funktioniert er; sei beruhigt.

Beunruhigt, ja. Aber beruhigt… Er schlägt weiter. Ich höre seine Schläge. Ich erinnere mich, woher weiß ich nicht, an geheimnisvolle Schritte in einer Grotte.

8

Es ist Nacht geworden. Der Himmel so rein. Das folgt auf derartiges Nebeltreiben. Die Tür hat sich beruhigt. Endlich interessieren mich auch die Gegenwart, die Zukunft. Ich verwerfe sie nicht,

Gelnaa. Ich verwerfe nichts. Ich warte. Die kompakte Einsamkeit ist verschwunden. Angesichts der Sterne wird sie diffus, das heißt erträglich. Sie verliert ihre innere Konsistenz, entweicht mir (nicht ganz natürlich), zerfließt in der Welt. Ich atme wieder.

Die große Maschine arbeitet. Tiere, versteckt zwischen Sternen; Stier, Löwe, Widder und so weiter; mit goldenen Flanken. Eine kindliche Zeichnung. Ich denke, das alles kann ohne mein Wissen gestorben sein. Der — acht Lichtjahre entfernt — nächstgelegene Stern ist Sirius (nicht zu reden vom Alpha des Kentauren, unsichtbar an der nördlichen Halbkugel). Wenn er jetzt platzt, werde ich ihn erst nach acht Jahren nicht mehr sehen. Andere nach hundert, tausend, einer Million, Billionen Jahren. Das ergibt keinen Sinn. Ich verliere mich in Berechnungen.

Der wirkliche Himmel ist vielleicht unwirklich. Nichts bürgt mir dafür, daß ich nicht ein totes Weltall betrachte, eine Wüste. Vielleicht ist die Maschine tatsächlich stehengeblieben. Aber sie arbeitet noch in meinen Augen. Sie webt in ihnen ihre eigene Harmonie. In acht Jahren werde ich an die Katastrophe oder an die Ermüdung denken, welcher der Arzt den klinischen Namen Angst gibt. Dann werde ich versuchen, den Schein von der Wirklichkeit zu trennen, sofern es sich lohnt.

Übersetzung: CMC

Agustina Bessa Luís

EINE FISCHPARTIE

Ich weiß nicht, wie Vieira heute aussieht, aber damals war es noch ein Fischerdorf, wo unter den Holzveranden die Esel standen — sie waren nicht angebunden — und wo auf einem sonderbaren Markt zwei oder drei Fischerfrauen saßen, über ihr Leben nachgrübelten und dabei eine Handvoll rote Pilritobeeren oder weiße Camarinhafrüchte zum Verkauf anboten. Die Dünen waren hoch, und die Camarinhabüsche mit ihrem bitteren, harten Grün schützten sie wie eine Brustwehr. Die Mündung des Lisflusses fächerte sich in Rinnen, die den Strand durchpflügten. Am Morgen dampfte rosa Duft auf. Ochsengespanne zogen die Fischnetze an Land, und die Boote wurden, auf Pinienbrettern gleitend, zu Wasser gebracht. Fast aggressiv war die kalte Sanftmut des Ortes und der Leute. Es gab nur eine elende Pension mit muffigen Strohmatratzen. Die Wirtin pflegte, ehrlich neugierig, das Gepäck ihrer Gäste zu durchstöbern, und wenn diese es in weiser Voraussicht abgeschlossen hatten, schmollte sie mit ihren Siebzig wie ein kleines Kind. Sie fand, das beweise Mißtrauen, und schloß daraus, daß sie schlechte Zahler wären. Ich weiß nicht, ob sie recht hatte.

Kein vernünftiger Mensch mietete sich im Dorf ein. Aber ein Professor für Negersprachen, der seinen Wagen vermummte, als wolle er ihn vor Schnupfen und indiskreten Blicken schützen, ließ sich im Ort nieder. Durch seinen Beruf als Lehrer für Balantasprachen hatte sich bei ihm ein ästhetischer Afrikanismus entwickelt; er präsentierte sich im Safaristil mit kurzen Hosen und Baumwollstrümpfen. Ich glaube, er trug einen Tropenhelm und einen Feldstecher, aber fest behaupten möchte ich es nicht. Er war einer von den Leuten, die sich, auf Grund ihres ungewöhnlichen Berufs, selbst zu Exzentrikern und zu etwas wie Marsbewohnern stempeln. Aber durch das Gefühl des Anders-Seins werden sie mitteilsam und bereit, den übrigen Vertretern der Spezies Mensch hilfreich beizustehen. Er bewegte sich überall mit der größten Ungezwungenheit, duzte die Köchin und kochte gelegentlich selbst ein besonderes Gericht mit »Piri-piri« und »Surui«-Mehl. Die Frau sah ihn wohlwollend, aber dabei doch etwas ängstlich an. Er war ein Tartarin der Negerstämme — und er wußte es.

Aber wir selbst waren am Strand. Wenn wir aufwachten, rief uns schon vom Fuß der Treppe her das Meer, das atmete wie jemand mit einem Emphysem. Die Kinder aßen grüne Pfirsiche und trocknen Fisch. Auf den Schilfrohrrosten lagen Sardellen zum Dörren. Plötzlich hörte man ein Motorboot; die Reichen kamen den Fluß herunter mit ihrer sportlichen Besatzung und untersuchten das Wasser an der Mündung. Sie kehrten gleich zurück und brachten manchmal einen ungeschlachten, grünäugigen Freund mit, der Netze auslegen und auf dem Fluß ein Boot steuern konnte.

Auf Fischfang ging man im September. Für gewöhnlich an einem nebligen, kühlen Morgen. Die Methode war einfach: nichts als eine aus Pfählen gebaute Reuse, in der so viele Fische zurückgehalten wurden, wie man für eine »caldeirada« brauchte. Aber manchmal waren es nicht genug, oder der Fisch kam zu spät, und dann holte man welchen aus S. Pedro de Muel oder sogar aus Buarcos; grünschuppige Fische mit hellem Bauch oder Seeaal, der aussieht wie der Rumpf eines Ertrunkenen, Forellenstör und Hummer, alles mit einer Handvoll Ingwer und in der Soße eingeweichtem Schwarzbrot. Manchmal nieselte es, und der Fluß bedeckte sich mit einer siebartig durchlöcherten, tiefschwarzen Haut. Die Gäste liefen ans Ufer. Von weitem sah das aus, als ob ein Unglück geschehen wäre, wie wenn ein Boot kentert und man nicht weiß, ob man zugreifen oder Hilfe holen soll. Nur der Professor für Negersprachen rührte sich nicht, äußerte sich weiter und gab außerordentlich vernünftige Ratschläge. Im Ort war er der Vertreter des Fortschritts gegenüber den mythischen Kräften der Bräuche, die schon zum Ritus geworden waren, zum ehrlichen Kampf gegen das Schicksal, Bräuche, denen man Ehrfurcht schuldig war. Man brachte das Boot sicher nicht aus Unwissenheit auf so schwierige Art zu Wasser; die Männer schleppten es beinahe und warteten darauf, daß eine günstige Welle es ins offene Meer hinaustragen würde. Lange Morgenstunden verloren sie im Gespräch mit dem sich weigernden Meer. Zehn-, zwanzigmal wurde das Boot wieder zurückgeworfen an den Strand; die Männer versuchten es wieder, mutig und wehrlos, heilige Furcht im tapferen Herzen. Der Professor fand, mit etwas Technik zur Hilfe, einer einfachen Vorrichtung, einer Kleinigkeit, könnte man die Arbeit erleichtern und bessere Ergebnisse erzielen. Stumm wuchs eine eisige Stimmung gegen ihn auf. Ahnungslos, ganz gefangengenommen von seiner erzieherischen Intelligenz, bemerkte der Professor die abweisende Haltung der Leute nicht, die er als seine Schüler ansah. Ruderer mit muskulösen Armen und dunklen Venen unter der Haut, junge Männer mit salzwassergewellten Haaren, die alten Frauen in ihren vom langen Tragen am Saum ausgefransten Röcken, sie blickten ihn kalt an. Wenn er in ihre Nähe kam, hielten sie in der Arbeit inne, ob sie nun gerade Netze flickten oder ein Argusauge an den Bug eines Bootes malten. Sie waren weder Narren noch Weise; sie wollten die enge Bindung an die Dinge ihrer Welt nicht zerstören, die Dinge, denen sie alles verdankten, was sie waren: das Volk der Trauer, das Brot der Freiheit.

Am Morgen, an dem gefischt werden sollte, erschien der Professor in einem Mantel aus besonderem Stoff, der wind- und wasserdicht war. Die Kapuze, die hinten herunterhing, ließ das Kunststoffutter sehen, das dünn und unzerreißbar war. An diesem Tage gab er besonders ausführliche und genaue Ratschläge; die Meinungen, die er äußerte, waren niederdrückend. Er fand die Methoden des Fischfangs unglaublich primitiv. Wenn alle Leute zurückwichen wie die Möwen, die ihre großen Flügel über dem Kopf ausbreiten — die Tücher waren die Flügel —, dann blieb er draußen und steuerte ein kleines Gummiboot. Die Strömung riß ihn fort, auf die Pfahlreuse zu, und der starke Wind trieb ihn mit erschreckender Geschwindigkeit über das Wasser. Der Fisch tauchte in die Tiefe.

»Was hat er denn vor?« fragte einer der Gäste, der zurückgekommen war, um auf eine Unbekannte zu warten, mit der er ein Gespräch anknüpfen wollte. Er sah im Gras ein Buch; es war das Tagebuch des Professors, und er schlug es auf. »Die gescheiterten Völker sind es, die überleben«, las er. Er schloß das Buch. In diesem Augenblick näherte sich der Professor der Pfahlreuse; schweigend sahen ihm die Fischer vom Ufer aus zu. Als es von der Strömung gegen die spitzen Holzpfähle geschleudert wurde, zerriß das Boot wie Papier.

»Heiliger Gott!« sagte die Unbekannte. Sie begann zu schluchzen, ohne eigentlich begriffen zu haben, was geschah. Der Gast rückte mit einer Art Widerwillen von ihr ab; ein gewaltsamer Tod ist kein geeignetes Medium für Liebesleute. Den Professor holte man aus dem Netz, zusammen mit ein paar kleinen Fischen und Abfällen.

»Mit dem Fischen war es dieses Jahr nichts Rechtes«, sagten die Reichen. Dafür war die »caldeirada« um so besser. Es war Seebarsch drin und Merlan und ein paar Stücke halbrohes, fein knirschendes Hummerfleisch. Man trank den Kaffee unter der Laube, die vor dem Wind schützte; und die Kinder liefen wie Katzen unter den Tischen durch und verschütteten die Weinreste. Ich weiß nicht, durch welche öde Wüste wir zurückgingen, aber mir schien die Natur versöhnt, und das Schweigen des Meeres war großartig und grün. Der Professor war schon vergessen. Am nächsten Morgen sprachen die Frauen nicht von ihm auf ihrem armseligen Markt; sie sprachen von einem Huhn, das ein Wagen überfahren hatte, und von den Einkäufen, die sie im Laden anschreiben ließen. Ein unnatürlicher Laden; da lagen Bündel von Kerzen, die die Fliegen tätowiert hatten; was für Handel wurde da getrieben mit Zeit und Seelen! »Nein, davon lebe ich nicht, davon sterbe ich«, sagte uns einmal der Besitzer schicksalsergeben, halbgebildet, bitter wie Lauge. Seine Leidenschaft war es, mit dem Ruin der anderen Geschäfte zu machen, als ob er mit Versprechen handelte.

»Du kannst nicht zahlen, ich schwöre darauf; bis ans Ende deiner Tage wirst du mir das nicht bezahlen können.«

»Dann nehme ich es nicht, dann esse ich nicht.«

»Mitnehmen, das kannst du, essen kannst du. Aber bilde dir nicht ein, daß du imstande bist, zu zahlen, denn das bist du nicht.«

So war es abgemacht. Wahnwitzige oder Weise, wie soll man das wissen? Um unser unruhiges Herz zu trösten, ließen wir unsere Augen auf der imaginären Horizontlinie ruhen und lebten.

Übersetzung: JA

Urbano Tavares Rodrigues

DER FALSCHE FORSCHER

»Es interessiert Sie also herauszufinden, warum einer dies oder jenes tut... Sehr wohl, mein Herr. Mir gefallen Leute, die nachdenken. Und Sie denken nach. Denken sogar zuviel, das sehe ich schon. So daß Sie sich womöglich häufiger täuschen als einer, der nicht nachdenkt. Was? Das glauben Sie nicht? Na schön, vielleicht mache ich die Sache zu kompliziert... Ah! Sie geben es also zu... Eben: Worauf's ankommt, ist, daß die Dinge getan werden. Finden Sie nicht? Daß man was tut, gleichgültig was. Das Warum erforscht man hinterher, es ergibt sich, oder man findet es nie... Was schließlich, wenn's richtig zugeht, aufs gleiche hinausläuft! Gehen wir da einig?

Der Herr... Erlauben Sie mir, daß ich Sie mit Sie anrede? Wir dürften ziemlich gleichaltrig sein. Vierzig? Schön, ich bin etwas jünger, nur verbrauchter, aber wenn schon. Zwar nicht vom Trinken. Ich trinke, ja, aber mäßig, mit Maß und Ziel. Werd' Ihnen sogar etwas beichten: Ich komme nicht wegen des Trinkens her, sondern wegen der neutralen Atmosphäre dieser Bar. Hier ist nirgendwo. Das fängt schon beim Namen an, der nichts bedeutet. Oslo Bar. Wir sind nicht in Oslo. Ich sehe hier nichts, was von nah oder fern norwegisch aussieht.

Wenn Sie darauf bestehen... Schön, noch einen Whisky. Und wie ich sagte: Unsere Handlungen...

Nein, nein, so ist es auch nicht. Alles systematisch entwerten gilt nicht. Der Herr, das heißt: Sie, will ich sagen, sind jünger als ich. Auch ich habe meine Vorbehalte gegen Güte, gegen Großmut... Und wie! Schon weil ich mich kenne... Und dennoch... Ist es Ihnen nicht schon passiert, daß Sie großmütig waren? Ich meine nicht vollkommen großmütig, sondern... relativ. Sehen Sie, mein Freund: Ich werde Ihnen einen Fall erzählen, den ich erlebt habe. Erzählt sich in zwei Worten. Aber... haben Sie noch nie die Wollust der Güte empfunden?

Sagen Sie nicht ja und nicht nein... Ich sehe, daß Sie ironisch sind. Das tut gut. Die Ironie ist das höchste Vorgebirge… Aber wie gesagt: Wenn mich die Wut des Guten überfällt — und die überfällt mich zeitweise —, bekomme ich Antennen, scheint mir; dann reichen die Hände nicht aus, linkerhand, rechterhand, alle brauchen uns. Bei Licht besehen ist es immer das gleiche: Die Unglücklichen sind in der Überzahl… Hier zum Beispiel! Und da draußen, in der ganzen Stadt…

Hören Sie, am selben Tag, ohne Übertreibung… Und ich bin im Durchschnitt keineswegs ein Altruist. Lachen Sie ruhig, mein Lieber. Auch ich lache. Über all das. Und auch über mich.

Es begann am Vormittag. Es ist etwa drei Wochen her, um Ostern herum. Ich hatte meinen Kaffee getrunken, dazu einen ›Eclair‹. Wie immer einen ›Eclair‹ zum Frühstück. Es heißt, Creme sei schlecht für die Leber, aber ich habe mich nie darum geschert. Bin auch nicht zuckerkrank. Dann, da es ein schöner Tag war, trank ich ein Gläschen alten Branntwein, zu Ehren der Natur, des Frühlings. Ich weiß nicht, ob Sie mich verstehen. Natürlich verstehen Sie das. Und als ich aus dem Milchladen kam, was sehe ich? Einen Lausebengel von neun oder zehn Jahren, wenn er das schon war, mit einem riesigen Paket unter dem Arm, fast größer als er selber, der verblüfft und erstaunt ins Schaufenster starrte, in dem eine gewaltige Torte, schneeweiß mit Schokoladeschnörkeln, ganz langsam kreiste.

›Möchtest wohl die Torte probieren?‹ fragte ich. Er gab nichts von sich. War ein sonderbares Tierchen, arm und stolz, und arbeitete schon in dieser Stadt… ›Hör zu‹, sagte ich befangen — ehrlich: befangener als er —, ›hier, nimm die hundert Escudos‹. Er streckte nicht einmal die Hand aus. Ich mußte ihn bitten, mit gezwungenem Lächeln: ›Wenn dir's nichts ausmacht…‹ Ich setzte eine würdige Miene auf. Doch dann dachte ich: Hundert Escudos, die merk' ich kaum — obgleich ich mein Brot verdiene. Muß Reue gewesen sein. Jedenfalls steckte ich die Hand in die Brieftasche, zog einen zweiten Hunderter hervor und zwang ihn, ihn anzunehmen, fast mit mürrischem Blick. Ich stellte keine weitere Frage. Ich wollte keine erkauften Antworten. Verstehen Sie? Er konnte schon nicht mehr mein Freund sein. Ich weiß nicht mal, ob er João José hieß oder José João…

Noch einen Whisky? Dieser ist meiner.

Nehmen Sie doch die Würfel hier weg, Mann. Was soll ich damit? Dieser Kellner geht einem auf die Nerven. Heute haben wir was Besseres zu tun als zu pokern, nicht?

Lassen Sie, ich habe Feuer. Schön, nehme ich an. Ich rauche sonst nur *Drei Zwanziger*. Gewohnheitssache. Aber eine *Chester* zur Abwechslung, warum nicht?

Am gleichen Tag — dieses Händereiben egalweg ist eine andere Angewohnheit, die ich loswerden müßte —, als ich aus dem Büro ging (ich weiß nicht, ob ich Ihnen schon gesagt habe, daß ich in einem Vertreterbüro arbeite, daß ich meine Arbeitszeit aber selbst bestimme, der Chef ist mein Onkel, ich verkaufe auch hin und wieder Autos, wenn ich Kies brauche, habe ich auch das Zeug zum Zigeuner, natürlich nur sozusagen...), also als ich aus dem Büro kam, fiel mir ein, daß ich telefonieren mußte, und um da oben nicht von neuem umhergescheucht zu werden, der Teufel soll sie holen, ging ich zu einer Telefonzelle, zu der an der Ecke Duque de Loulé. Dabei verlor ich langsam die Geduld, weil die Kleine dort drinnen redete und redete. Und da sie nicht aufhörte zu reden, blickte ich sie an, statt mich aufzuregen, und lächelte ihr zu. Sie streckte mir die Zunge heraus. Also ernstlich böse, allem Anschein nach. Vielleicht auch nicht...

Sie war tatsächlich erregt — das merkte ich hinterher —, aber nicht eigentlich meinetwegen; sie war es wegen des Mannes, mit dem sie sprach. Mit ihrem Freund. Oder mit ihrem Liebhaber. Einmal begann sie sogar zu weinen... Ein ulkiges Mädchen. Groß. So groß wie Sie. Schön, ein Meter fünfundsiebzig war sie vielleicht nicht. Aber gut und gern ein Meter siebzig. Sie hätte als nordisch durchgehen können, wäre der Ausdruck nicht zugleich bösartig und roh und ein Kennwort für die Weiber hierzulande. Außerdem war sie sehr ärmlich gekleidet. All das tat mir leid. Sie so unglücklich und verschmäht zu sehen und dabei so charmant und blendend gewachsen in ihren Lumpen... Sie sagte, sie arbeite in einer Schneiderwerkstatt. Sie hatte soeben mit ›ihm‹ gebrochen, weil sie erfahren hatte, daß er verheiratet war. Schurken gibt es! Jawohl, bei einem werde ich sauer: wenn gelogen wird. Ich tröstete sie, so gut ich konnte. Hätte ich gewollt... Wäre nicht schwergefallen in so einer Situation. Wäre aber eine Schuftigkeit gewesen, oder nicht? Sie in einer derartigen Verfassung auszunutzen…

Ich lud sie zum Mittagessen ein. Ihr Kerl war Automechaniker. Einer von der brutalen Sorte, ein Schinder. Aber die Kleine mochte ihn. Trotzdem wurde sie langsam weich. Meine Art hatte es ihr angetan, mein Popelinhemd. Mein Perlmuttfeuerzeug. Sie starrte es mit so viel kindlicher Gier an, daß ich's ihr gab. Sie wollte es zuerst gar nicht glauben…

Wissen Sie, wohin ich sie zum Essen nahm? Zur ›Quinta‹, Freund, oben über Santa Justa, wo man den Fluß sieht, mit den Barcelos-Hähnen und all der schicken Aufmachung, die ihr noch mehr zusagte als die Languste…

Unbekümmert und seelenruhig trat ich mit ihr ein.

Nein, kein Mensch legte sich mit mir an. Trotzdem war es ein heroisches Mittagessen. Alle Leute tuschelten über uns… Unser braves Ländchen!

Ein paar Oliven?

Auch ich ziehe Mandeln vor. Und Puffmais. Aber den haben sie hier nicht.

Und dann? Schön… Dann führte ich sie ins Kino. Wir sahen… ›Der Hügel der Sehnsucht‹. Ich ließ meinen Dienst sausen. Aber ich bin ja mein eigener Herr, in der Beziehung kann ich über meine Zeit verfügen. Hinterher ging ich mit ihr ins *Haus der Strümpfe* und kaufte ihr eine Bluse. Die hatte sie nämlich dringend nötig. Sie sah gleich ganz anders aus. Ein Busen!… Hätten Sie sehen sollen!

Auf diese Art zieht man eine Frau mit zweihundert Escudos an. Sofern sie das Wesentliche besitzt. Einem hübschen Körper steht alles gut, nicht wahr? Aber berührt habe ich sie nicht. Habe ihr nur den Arm gegeben, und das schon fast beim Abschied. Ich war fast so bewegt wie sie. Oder noch mehr. Ich fand aber, ich dürfe sie nicht anrühren. Ich hätte damit eine schöne Geste beschmutzt.

Findet das mein Freund nicht?

Vielleicht haben Sie auch recht… Vielleicht hat sie mich nicht so empfunden, so ganz menschlich. Vielleicht muß man seine Sympathie animalisch übermitteln, durch die Haut. Schlicht und einfach. Ohne nachzudenken.

Jedenfalls stand sie am nächsten Tag um drei Uhr nachmittags auf dem Terreiro do Paço und wartete auf mich. Wir wollten mit der Fähre nach Cacilhas fahren; das war vereinbart. Warum? Warum fiel mir der Fluß ein? Ich weiß nicht. Wasser ist für mich der greifbarste Ausdruck der Reinheit. Und daran wollte ich mich berauschen: an Reinheit. Am Blau. An der schon starken Sonne, die einen noch nicht lähmt wie im Sommer und einen irgendwie reinwäscht von allen Makeln, von außen und von innen.

Aber schauen Sie, wie es so geht, letzten Endes bin ich nicht gefahren. Ich stand und belauerte sie. Um zu sehen, was sie tat. Wie sie reagierte. Vor allem hatte ich Angst, den Reizen des Nachmittags zu erliegen. Ich weiß nicht, ob Sie schon beobachtet haben, wie leicht es fällt, sich mit Hilfe der Natur gehenzulassen. Ein Mann und eine Frau: Wenn die Hände sich zufällig nähern, sagt sogar die Sonne, daß alles richtig ist. Das haben Sie natürlich selber zur Genüge erlebt. Irgendwie ist es ein Ruf des Körpers, des Lichts, der Salzluft… Der Teufel hat's gesehen! Man nähert sich halb, und dann… ein harmloses Streicheln der Haare. Die Finger werden leicht wie Falter. Vorläufig noch ohne jeden Hintergedanken… Aber… Die Stimme wird sanfter. Ergriffenheit packt uns… Vorderhand ist alles konfus. Und in bester Absicht. Und nun dachte ich darüber nach, daß diese Erfahrungen, sobald man sie zusammenzählt, nur bewußter werden und sich daher nicht mehr mit derselben Unschuld wiederholen lassen. Und die Kleine hatte noch viel Jungfräulichkeit zu verschenken. Sollte ich aus ihr einen Aprilzeitvertreib machen? Nein. Ehrlich nein. Sie verdiente Besseres. Darum versteckte ich mich hinter der Telefonzelle vor der Station Süd und Südost (die Telefonzellen spielen eine große Rolle in dieser Geschichte), und als sie kam, beobachtete ich sie.

Sie schien fröhlich. Und ungeduldig. Schaute alle zwei Minuten auf die Uhr. Und noch immer ließ ich mich nicht blicken. Ich war drauf und dran… Aber ich beherrschte mich. Ein Mann. Bis die Fähre abfuhr. Das Unglückskind wartete auf die nächste. Schließlich wurde sie nervös, zuckte mit den Achseln. Und war so enttäuscht! Ich brachte sie um ihren Nachmittag voller Sonne und Einfalt! Sie schaute zum letztenmal auf die Uhr (es war bereits vier Uhr vorbei), ihr Sonntag war verdorben. Und ging fort, trostlos.

Und nur wegen dem ersten besten Unbekannten, werden Sie

sagen. Vielleicht… Noch ein Schuft, wie der aus der Autowerkstatt. Wenn dieser Unbekannte aber genau ihre andere Hälfte wäre, der Mensch, der imstande war, sich ihr ganz zu geben und sie glücklich zu machen?

Ich weiß nicht… Ich weiß nur, daß ich allein in die nächste Fähre nach Cacilhas stieg. Nun wollte ich mich an den Ausflug erinnern, den wir nicht gemeinsam unternommen hatten…

Und jetzt kommt der dritte Fall, den ich Ihnen erzählen möchte. Denn es gibt keine zwei ohne die drei, und wenn die Romanze an unsere Tür klopft, hält sie nicht mehr an, und wir beginnen einen Fortsetzungsroman ›unter dem Strich‹ zu erleben. Ob das Leben nicht ein Stapel Fortsetzungsromane ist, ein jeder in seiner eigenen Farbe?

Und damit sind wir beim fünften Whisky. Beim fünften oder sechsten? Was tut's!

Dieser Fall läßt sich in zwei Worten erzählen. Ich fuhr im Heck, leicht melancholisch, und auf allem, was so voller Sonne war, auf der Burg, auf dem Dom, ja auf der Schaumspur des Schiffs sah ich den Widerschein des Scheiterns… Das Kielwasser der Cacilhas-Fähre war schäumendes Glas. Und plötzlich — diese Dinge scheinen unglaublich, wenn man sie nicht erlebt hat — fiel ein Mann in meiner nächsten Nähe ins Wasser. ›Rettet ihn, er kann nicht schwimmen!‹ brüllte ein Weiblein, das mit ihm fuhr. Hinter ihm herzuspringen war lebensgefährlich wegen der Flügel der Schraube. Ich weiß nicht, wie mir geschah… Selbstlosigkeit? Die Bitterkeit, die in mir war? Ein fast instinktiver Antrieb des Mitgefühls? Kopfüber stürzte ich mich hinein. Und kriegte ihn zu fassen. Versetzte ihm einen Schlag gegen das Kinn, damit er sich nicht wehren und mich nicht in die Tiefe ziehen konnte.

Sie glauben mir nicht? Sie finden, all das ist zuviel Handlung? So hören Sie: Es ist alles passiert. Ich schwöre es bei allem, was mir am heiligsten ist! Was mir am heiligsten ist? Wie dem auch sei, es ist passiert, ob Sie's glauben oder nicht. Es ist nur leicht entstellt. Weil ich übertrieben habe, natürlich habe ich übertrieben. Aber ich werde Buße leisten. Ich werde Ihnen die ganze Wahrheit erzählen, ohne ein Komma zuviel oder zuwenig. Ohne Verzierung.

Machen Sie sich nichts daraus, mein Freund, beurteilen Sie

mich nicht falsch. Das ist nur überschäumende Phantasie. Ich schäme mich fast schon. Aber was denn! Schamgefühl nach dem fünften Whisky ist fast schon unanständig, finden Sie nicht? Sie hatten ja selber schon den Verdacht, daß nicht alles stimmte.

Ich bin nicht betrunken, nein. Nur ein bißchen aufgekratzt, ein ganz klein wenig. Aber das belebt mich. Und macht mich wacher. Ich werde sogar noch einen trinken. Jetzt brauche ich es.

Aber nein, nichts von Wodka! Das kann doch nicht Ihr Ernst sein... In diesem psychologischen Augenblick ist mir Gemisch zuwider. Denn dann verstehe ich mich überhaupt nicht mehr. Wenn ich mit Whisky anfange, ende ich auch mit Whisky.

Um zum Anfang zurückzukehren: Es waren keine hundert Escudos, die ich dem Straßenjungen gegeben hatte. Und schon gar nicht zweihundert. Es waren fünf Escudos. Zwar streckte ich noch die Hand in die Brieftasche in der Absicht, ihm einen Hunderterschein zu geben. Aber dann fiel mir ein, daß ich nur noch neunhundert bis zum Ende des Monats übrig hatte. Und ich mußte noch das Benzin für den Wagen bezahlen, ich schuldete eine Rechnung beim Schneider (schön, der war gewohnt zu warten), es konnte mir sogar am Geld fürs Kino fehlen. Kleinlich, nicht wahr? Und nun kann ich bei aller Aufrichtigkeit nicht garantieren, ob es das war, was mich daran hinderte, ihm die hundert Escudos zu geben, oder ob es das Schamgefühl über meine Freigebigkeit war. Ich kam mir nämlich vor wie ein Sankt Nikolaus wider Willen. Und der Dreikäsehoch half auch gar nicht. Wortkarg, ein tragisches, forschendes Gesichtchen und bereits gezeichnet, gefurcht. Es schien, als beurteile er mich, als errate er mich...

Und damit hat sich's. Nun mein kleines Nähmädchen. Ob ich sie vernascht habe? Natürlich habe ich sie vernascht, jawohl, mein Herr. Wie ein Mastschwein. Als ich sie zum Mittagessen einlud, waren meine Absichten noch rein. Übrigens tat ich alles, was ich Ihnen erzählt habe, zumindest in der Phantasie, hundertmal. Ob diese Gesten weniger mir gehören als die, welche ich jetzt beichte? Ich weiß nicht...

Im Taxi besann ich mich anders. Sie war vielleicht nicht so hübsch, wie ich sie gemalt habe. Trotzdem drehten sich die Don Juans des Stadtviertels nach ihr um. Sie hatte einen hohen Hals wie ein Modigliani, und das gab ihr auf den ersten Blick etwas von einer Giraffe. Oder mit gutem Willen etwas von einer Gazelle. Und doch war das in der Intimität des Taxis ein zusätzlicher Reiz. Wenn ein Gerüttel ihre Knie entblößte, die sehr rund waren, obgleich sie so schlank war, fiel meine Hand ganz zufällig — ich schwöre, daß es Zufall war — ihr in den Schoß. Ich zog sie nicht zurück, auch sie schob sie nicht fort. Als ich fühlte, wie meine Finger sich widerstandslos in die Seide der Knie eingruben, beugte ich mich vor und gab dem Chauffeur eine andere Adresse…

Dann kamen zwei Stunden Tränen und Küsse in einem Stundenzimmer. Ich dichte nichts zusammen. Tränen und Küsse. Genauso war es. Eine Tochter der Wirtin öffnete in einem gegebenen Augenblick die Tür, die ich aus Vergeßlichkeit nicht abgeschlossen hatte, und fand uns im Adams- und Evaskostüm. Und sie lachte. Völlig zwanglos. Auch beherrschte sie vollkommen die Kunst der erotischen Exerzitien. Jawohl. Der Automechaniker, der bei der Weltausstellung in Brüssel gearbeitet hatte, war ein guter Lehrer gewesen. Trotzdem, als sie mich am Kinn faßte, um mein Gesicht festzuhalten und ungehindert in meine Augen tauchen zu können, flößte sie mir fast Furcht ein, weil die Frage, die ich meinerseits in ihren Augen las, schon Liebe war. ›Was willst du von mir?‹ Ich hätte ihr nicht antworten können: ›Genau das.‹ Übrigens war es nicht nur das, was ich von ihr erwartete, zumal da ich ihr das lückenlose Geständnis über ihren Liebesroman mit dem Mechaniker aus der Nase zog. Doch dann sagte sie auf Seite soundsoviel: ›Laß man!‹ Ich war schon dabei, an des anderen Stelle zu treten. Auch das verursachte mir Vergnügen. Darin fühle ich mich auch am schuldigsten. Darin, als ich bereits die Nase voll hatte, vor ihr die Komödie des Schmachtens, des Zartgefühls, der Zärtlichkeit gespielt zu haben, nur um den anderen auszustechen. Nein, ich bin nicht selbstgerecht. Denn meine Sanftmut war trotz der sexuellen Übersättigung nicht geheuchelt. Sie bestand vermutlich aus fünfzig Prozent Mitgefühl und weiteren fünfzig Prozent Selbstgefälligkeit. Vielleicht auch aus viel mehr menschlicher Sympathie, als ich selber vermutete…

Sie sehen, wie man sich täuscht. Wie man unmerklich dem Irrtum verfällt, wenn man die Vergangenheit nacherfinden will. Und was spielt da ein Gran Irrtum für eine Rolle!

Nachher benahm ich mich schlecht. Nachher. Denn ich führte sie nicht, wie ich es gewünscht hatte, zum Mittagessen in die ›Quinta‹ aus, sondern fast klammheimlich in eine dreckige Kneipe, in einer Querstraße der Unterstadt, um nicht irgendeinem Bekannten in die Arme zu laufen. Und auch dort fand ich keine Ruhe. Ihr völlig zerschlissener Rock, die Laufmaschen in ihren Strümpfen, die schon verblichene Bluse aus billigem Baumwollstoff waren nicht gerade eine Empfehlung. Jetzt finde ich es nicht mehr. Aber damals machte mich der elende, kaum glaubliche Aufzug völlig fertig. Insbesondere weil ich sie bereits über hatte. Widerwärtig, nicht? Im Zimmer, nackt, war sie ein strammes junges Ding, etwas hager zwar, aber köstlich und von ungeahnter Sauberkeit. Dort, im Restaurant, in ihrem alten verknautschten Zeug, schlecht frisiert, weckte sie alle meine menschliche Achtung. Die ich natürlich habe. Wer hat sie nicht? Diese Art oder das Gegenteil. Jawohl, denn es gibt bürgerliche Achtung und antibürgerliche.

Noch einen Whisky, bitte, um diese trübe Erinnerung herunterzuspülen.

Während des ganzen Mittagessens betete sie mich an. Das werden Sie nicht verstehen, versteht sich, auch ich nicht, wenn ich in den Spiegel schaue. Früher einmal… Schön, wie dem auch sei, wahr ist, daß sie über mich in Verzückung geriet, über meine Wimpern à la Robert Taylor, wie sie mir sagte, über meine Krawatte, über meine Hände, und zwar so sehr, daß sie kaum aß. ›Du bist ein Herr Doktor.‹ Was ich nicht bin, denn ich habe mein Studium nicht beendet: Das Büro meines Onkels wartete auf mich. Aber für sie war ich einer. Ein Herr Doktor! Soviel hündische Ergebenheit bei einem Mädchen, das sich anfangs so unbändig gezeigt hatte, ging mir langsam auf die Nerven. Was hatte ich schließlich dafür getan?

Mir war nicht wohl zumute, ich kann's nicht erklären. Ich mußte loskommen. So log ich, ich müsse ins Büro zurück, mein Chef sei unausstehlich, was Pünktlichkeit angehe, stellen Sie sich vor… Sie erwiderte nichts, war aber schon betrübt, enttäuscht. Alles war so schnell gegangen! Sie senkte den Kopf; sie nahm es hin. Sie würde nicht in die Schneiderwerkstatt gehen, sie hatte sich am Vortag krank gemeldet. Ihre Nerven waren zum Zerreißen gespannt. Ich merkte, daß dies wirklich ein entscheidender Augenblick in ihrem Leben hätte sein können. Aber ich wollte, ich konnte nicht in ihr Leben treten. Ich empfand keine Liebe für sie. Ich hatte sie gerade erst kennengelernt. Es gab keine geistige Verwandtschaft, keine Gemeinsamkeiten zwischen uns und konnte auch keine geben... Doch gleichzeitig stieg mir ein Gewissensbiß in die Kehle... Alle Gesten tragen Verantwortung in sich. Warum hatte ich sie nur berührt?

Ich gab ihr die Telefonnummer des Büros. Sie solle am nächsten Vormittag anrufen. Auch sie bat mich, die ihre zu notieren, das heißt, die vom Laden nebenan, die würden sie rufen lassen. Sie wohnte, seit sie nach Lissabon gekommen war, in einem vierten Stock ohne Aufzug, in der Wohnung von scheinheiligen Leuten, einer wahren Pest. Sie hielt's nicht mehr aus, die Ärmste. Sie kannte jene zur Genüge, den Senhor Contente (Familienvater) und seine drei Töchter, Faultiere, die vornehm taten und sie tanzen ließen.

Ich hatte mit all dem ja nichts zu tun, überdies quälte mich diese infrabürgerliche Welt, in die ich nie eingedrungen war, das heißt, diese Welt von gleich zu gleich, also die einzige Art und Weise, andere zu verstehen, mithin diese Welt des Hungers, des Geschreis und Geheuls, ich gestehe es, quälte mich. Ich gebe zu, jawohl, daß ich falsch verbunden bin. Ich gebe es zu, aber ich sage, wie es ist. Das ist's, was ich fühlte.

Dann, bekümmert, sie so mir nichts dir nichts mitten auf der Straße stehen zu lassen, beschloß ich, sie müsse ins Kino gehen. ›Aber ich will nicht, ich habe keine Lust.‹ Doch ich ließ nicht locker, ich bat um eine Zeitung, um das Programm sehen zu können, und überredete sie. Ich führte sie zum *Politeama,* ich weiß es noch genau. An den Film, der gerade lief, erinnere ich mich nicht mehr. Zumal ich ihn nicht gesehen habe!

Ich gab ihr zwanzig Escudos, sie solle sich eine Karte kaufen. Und damit verpatzte ich alles. Ich vermute es jedenfalls. Geld beschmutzt alles. Schlimm, daß es nicht ohne geht. Dabei fehlt nichts so sehr wie das verfluchte Geld!

So war es also, ganz gewiß...

Die Bluse? Ach ja... die Bluse. Hatte sie bereits vergessen.

Mangel an Whisky, mein Freund. Schenken Sie ein, schenken Sie ein. Jetzt nehme ich kein Wasser mehr dazu, nur Eis.

Gegen Abend dachte ich wieder an sie. Mit vager Sehnsucht. Einer lächelnden Sehnsucht. Der Gedanke behagte mir, daß sie am nächsten Tag anrufen würde. Es würde mir Ärger einbringen, Verdruß… Das war ziemlich sicher. Aber vielleicht lohnte es. Ich beschloß, mich mit ihr zu verabreden. Gleich nach der Bürozeit.

Die Fetzen, die sie am Leib trug… Sehen Sie? Sehen Sie schon was? War es meinetwegen oder ihretwegen, daß ich die Bluse gekauft hatte? Entscheiden Sie! Bestimmen Sie! Ich selbst weiß es nicht. Um mich mit ihr auf der Straße zeigen zu können, werden Sie sagen. Und damit haben Sie fraglos recht. Ich versichere Ihnen aber, daß es auch ihretwegen war. Ich kaufte ihr die Bluse aus tiefem Mitleid. Ich durchlebte tausendmal die überschäumende Freude dieses Geschenks… das nie in ihre Hände gelangte.

Das ist wahr: nie. Sie werden sehen, wie. Am selben Abend fand ein Fest statt im Hause Peres Coutinho, Sie kennen sie sicherlich. Natürlich, wir kennen uns alle, nicht wahr? Der Hausball war gegen sechs Uhr früh zu Ende. Ich bleibe immer bis zum Schluß, warum weiß ich nicht. Der Whisky muß daran schuld sein. Ich fange beim Schwatz an (ich tanze wenig), ein Schluck, ein zweiter, und schon höre ich nicht mehr auf. Mitunter komme ich auf zehn oder elf. Aber das ist selten. Im übrigen fängt so ein Fest erst richtig an, wenn die Masken fallen, finden Sie nicht?

Diesmal zog ich mit den letzten Bummlern ab, schon nicht mehr so fest auf den Füßen. Ein Tag ist nicht alle Tage. Da war ein Jungchen, Typ *Teddy-Boy,* der ›säuberte‹ die Whiskygläser, auf die Ju mit Lippenstift unsere Initialen gemalt hatte, und ließ auch ein paar silberne Löffel mitgehen, die der Augapfel der Dona Lucília waren. Ein verheerender Abend. Tolle Sache. Sie waren nicht da? Nein, Sie waren nicht da. Wir hauten auf die Pauke und trieben's so weit, daß eine Kleine deshalb ein Röhrchen Tabletten schluckte. Gottlob ist sie daran nicht gestorben. Ihrem Liebhaber, der verheiratet war wie der Automechaniker, fiel es nämlich ein, auf kindische Weise ehrlich zu sein (haben Sie schon mal darüber nachgedacht, daß die Aufrichtigkeit in gewissen Augenblicken grausam und schädlich sein kann). Hören Sie sich das an. Man fragte ihn, wen er von einem Turm hinunterstoßen würde, wenn er zwischen seinem Sohn und einer geliebten Frau zu wählen habe. Idiotische Frage, ohne jeden Zweifel. Aber er nahm sie ernst. Und erklärte eigensinnig, er würde sich nie und unter keinen Umständen von seinem Sohn trennen.

Nach all dem legte ich mich gegen sieben zu Bett, schlief bis eins, und als ich ins Büro kam, hatte sie bereits angerufen. Ich dachte, sie würde es wohl am nächsten Vormittag wieder versuchen. Doch vorsichtshalber wählte ich die Nummer ihres Nachbarhauses. Ich hatte noch nicht die Hausnummer genannt. Hatte aber wenig Glück. Sie hätten was anderes zu tun — antwortete mir ein cholerischer Hengst —, als die kleine Lourença zu rufen. Mit einem Wort: Man wünschte mich zum Teufel. Ich wartete noch ein paar Tage. Nichts. Hinzugehen, dazu hatte ich nicht den Mut, das heißt, mich ihr auf diese Weise zu nähern behagte mir nicht. Verstehen Sie? Als ich mich endlich dazu durchrang, arbeitete sie bereits nicht mehr in der Schneiderei. Was war aus ihr geworden? Was weiß ich. Womöglich hat sie sich mit ihrem Autoschlosser ausgesöhnt. Manchmal, wenn ich einer großen schlanken Frau begegne, weder blond noch braun, also vom gleichen Typ, gibt es mir einen Stich ins Herz, und ich mache sogar kehrt, um ihr Gesicht zu sehen und festzustellen, daß sie es nicht ist. Ich stelle mir sie sogar als Prostituierte vor. Oder als Bettlerin. Aber ihre Berufung war… war, nur glücklich zu sein.

Warten Sie. Nein, wenn die Geschichte Sie interessiert, lassen Sie mich ausreden. Ah! Na schön, ich warte, machen Sie zuerst Ihren Anruf.

Besetzt? Natürlich, die Telefone von Lissabon sind immer besetzt. Wenn sie nicht kaputt sind. Ich übrigens hämmere dann stets auf sie ein. Ich weiß wohl, daß das nichts nutzt. Aber es erleichtert.

Also… Wo war ich stehengeblieben? Ah! Die Bluse, jawohl. Wissen Sie, wo die schließlich landete? Ich gab sie einer Spanierin, die sie gar nicht nötig hatte. Aber was sollte ich mit dem Ding noch anfangen?

Die Spanierin… ich komme auf sie zu sprechen, weil sie mit dem dritten Fall zu tun hat, von dem ich Ihnen erzählt habe: dem mit der Lebensrettung. Jawohl, es hat sich tatsächlich eine Lebensrettung ereignet. Ehrenwort. Es ging nur alles ganz anders zu… Angefangen bei der Örtlichkeit, und das war ganz prosaisch ein Schwimmbecken.

Es klingt kaum glaubhaft, daß jemand in einem Schwimmbekken ertrinken kann. Doch hören Sie: Der Kerl strampelte ganz schön. Um ein Haar.

Noch einen Whisky? Gerne, mein Lieber. Inzwischen habe ich sie nicht mehr gezählt. So ist mir's lieber: Nichts hindert mich jetzt, weiterzutrinken.

Ich war also mit der Spanierin zum Schwimmen gegangen. Eine Spanierin aus einem Kabarett. Ja, ganz bescheiden. Wer von uns hat nicht schon mal so eine Spanierin gehabt? War aber eine Wucht. Ich werde sie Ihnen mal zeigen. Mittlerweile hat sie bereits einen anderen Besitzer.

Es mochte etwa drei Uhr sein, wir waren gerade angekommen, es war nur ein Kerl im Wasser. Schwamm recht gut. Und das machte mich sogar neidisch. Und plötzlich sehe ich ihn absacken. Hab's nicht gleich kapiert. Sah aus, als mache er Spaß. Ging unter, lotrecht, die Hände noch über Wasser, unter, unter in das grüne Wasser (der Grund des Beckens war grün). Nur die Hände fuchtelten. Jetzt begriff ich: Das war eine Kongestion. Denn wenn er so gut schwamm, gab es keine andere Erklärung. Und ich, mein Lieber, ich rührte mich nicht. Ich war buchstäblich gelähmt. Ich dachte: Wenn er eine Kongestion gehabt hat, kann auch ich, der gerade eine Paella gegessen hat… Mich ins Wasser zu stürzen wäre heller Wahnsinn gewesen. Es muß eine Sekunde gewesen sein, nicht mehr, aber meine Unentschlossenheit innen dauerte ein Jahrhundert.

Bis sie schrie, die Spanierin. Jetzt sprang ich hinein. Es muß an einem Fädchen gehangen haben. Es ging ums Ganze. Ich muß ihn im allerletzten Moment zu fassen gekriegt haben. Und warum — frage ich mich selber —, warum habe ich ihn gerettet? Um die Spanierin zu beeindrucken? Nein. Um die strenge Pflicht menschlichen Gemeinschaftsgefühls zu erfüllen? Aber hätte ich ihn auch gerettet, wenn ich allein da gewesen wäre? Ich weiß nicht. Sie schrie, und der Schrei wirkte in mir wie ein Kommando. Gesegnete Spanierin! Doch auch wegen des Schreis kann ich's nicht sagen.

Vielleicht hätte ich mich auch ins Wasser gestürzt, wenn sie nicht geschrien hätte. Das ist sehr wahrscheinlich. Aber reine Vermutung. Und schon von dem Wunsch beseelt, daß es so gewesen wäre. Ich glaube, ihr Schrei war so was wie eine Art soziales Urteil. Verstehen Sie?

Ich sehe, Sie verstehen. Denn ohne das hätte ich Ihnen das alles gar nicht erzählt. Verzeihung! Sie zweifeln noch? Aber woran zweifeln Sie? Nein, jetzt haben Sie keinen Grund mehr zum Zweifeln. Ich habe Ihnen doch die Tatsachen auseinandergesetzt und die Warums, soweit ich mich an sie erinnern kann. Der Whisky hat unter anderem die große Tugend, die Bilder zu erhellen und zu vervielfältigen. Darum werde ich Ihnen die Sache berichten: die Spanierin… Ja, denn der Rest, die Geschichte mit der Rettung, ist alles Wahrheit, Pünktchen für Pünktchen. Die Spanierin war keine Spanierin. Das heißt, sie hat in meinem Leben existiert, das hat sie, ich habe sie nur ein bißchen umplaciert. Der Whisky ist schuld daran…

Die, die mit mir zum Schwimmen ging, war eine Volksschullehrerin. Aber eine Intellektuelle! Ich werde Ihnen erzählen, wie ich Sie kennenlernte…

Sie wollen es nicht wissen? Sagen Sie das nicht. Seien Sie mein Freund. Ich erzähle das alles doch nur mit der Absicht, den Dingen einen Sinn zu verleihen und mich selbst zu verstehen. Natürlich lüge ich, weil ich lüge. Aber sind der Herr denn so sicher, daß er immer die Wahrheit spricht, selbst wenn er glaubt, die Wahrheit zu sprechen?

Darum hören Sie! Nehmen Sie noch einen Whisky mit mir. Den zahle ich, wenn Sie gestatten. Schauen Sie, ich war den Tränen nahe, und jetzt möchte ich schon wieder loslachen. Das Leben ist eine Farce. Es verdient all diese Hochachtung gar nicht…

Schuldgefühl, ich? Ja, soweit mußten Sie zwangsläufig kommen. Natürlich habe ich das. Ich mache seit jeher alles falsch. Und bring's nicht fertig, mich zu bessern, mit mir ins reine zu kommen. Verstehen Sie?

Sie wollen sagen, die Gesellschaft sei schuld daran, die Gesellschaft mache alles falsch?

Schön, aber dann bin ich eine traurige Frucht dieses Irrtums; und das ist ein schwacher Trost…

Wie soll ich denn mein Leben in Ordnung bringen? Wie all die Bilder, die durch mich hindurchtreiben wie die Köpfe einer Hydra?«

Übersetzung: CMC

Fernanda Botelho

HEISSES BETT, KÜHLER RASEN... ODER DIE UNKEUSCHHEIT

Marília stöhnte. Meine Augen fühlten die Hitze, und als sie sich öffneten, war alles ein Sprühen staubigen Lichts, das sich durch die Ritzen der Rolläden ergoß. Ich wandte das Gesicht ab und wiegte meinen Körper, meinen schönen Körper. Meine Füße berührten (ich wußte, sie würden berühren!) den kitzelnden Flaum, jenen, immer den gleichen (ich wußte, er war karamelfarben — ein bleiches Karamel), den wolligen, kitzelnden Flaum des karamelfarbenen Teppichs. Meine Füße berührten (ich wußte, sie würden berühren!) und wurden noch heißer von der bereits verbreiteten Hitze, von dem bereits wogenden Licht, dem Dunst, dem Staub, der Hitze, dem Licht — alles in meinem Körper, in meinem schönen Körper, alles im kitzelnden Flaum des karamelfarbenen Teppichs. Wieder stöhnte Marília, und erst jetzt fühlte ich, daß ich erwachte. Es war höchst unangenehm. Will sagen: Es war sehr unangenehm zu fühlen, daß ich erwachte. Dann erinnerte ich mich, und es wurde besser. Ich erinnerte mich und drehte den Kopf rückwärts nach der anderen Seite: Er war nicht mehr da. Seine nackten Beine, rauh und heiß wie der karamelfarbene Teppich (aber nicht wie der karamelfarbene Teppich)... Waren sie rauh? Sie waren heiß und wollig, das Fleisch heiß, das Haar wollig — jedoch keineswegs wie der karamelfarbene Teppich. Sie waren besser. Sie waren lang. Sie sind lang, heiß, wollig. Sie umschließen die meinen, umschließen mich ganz. Sind Männerbeine. Er beugt sich vor, und ich fühle, wie sein Bart mich streift, meine Schulter streift, hier, genau hier... Und im Gesicht, am Kinn, am Hals, hier, genau hier, seine Lippen an meinem Ohr, seine Hand auf meiner Hüfte...

Noch immer stöhnte Marília. Ärgerlich stand ich auf und ging hinüber. Immer stöhnte sie, jeden Morgen. Immer das gleiche Stöhnen. Die Zimmertür dröhnte, und noch vor der Stille hörte ich das Brummen (war es ein Brummen?), Marílias gewohntes Brummen.

Der Kaffee duftete. Ich schwitzte, aber es machte mir Spaß, das Aufgießen des dampfenden Kaffees durch den Beutel in die Kaffeekanne, der Dunst des Kaffees. Darauf das Eingießen der Milch, strömend, geschmeidig und weiß, weiß und langsam, in die Frühstückstassen. Der Dunst zerstob, und ich sagte: »Komm. Alles fertig.« Marília Morgenrock erschien, voll von gewaltigen blauen und gelben Blumen. Sie gleichen riesigen, einen Sumpf überflatternden Faltern. Das Feld ringsum ist Rasen, weicher grüner Rasen, und ich liege auf dem Rasen. »Hallo!« sagte sie. »Mit wem hast du gesprochen?« Und lachte. Es machte mir nicht viel aus, daß sie lachte, ich bin es gewohnt. Es war nur die Art, wie sie das »Hallo« aussprach und dann eine Schnute zog, als sie *wem* sagte. Mit *wem* hast du gesprochen? Ich griff nach dem Lappen und tupfte die Schweinerei auf, die auf dem Spülstein schwamm, braun und dunstig wie die Hölle. Marília spie mir ein »Saustück« ins Gesicht, und schon sah ich nicht mehr die gewaltigen blauen und gelben Blumen. Und lag auf dem Rasen, mich in der Sonne rekelnd, den schwitzenden Körper wälzend, meinen schönen Körper, auf der Kühle…

Dann kam der Kleine, Marílias Neffe, nicht meiner, nur ihr Neffe. Sein Pyjama war zerknautscht, und er rieb sich das rechte Auge. Marília zog ein Taschentuch aus einer gelben Blume und putzte ihm die Nase. Er wehrte sich leicht, aber dann gab er nach. Marília sagte zu ihm: »Geh und iß.« Die schlaffe Haut ihres langen Arms streifte meine Nase, und die Butter verschwand vor meinen Blicken. Er war ganz verschmiert: der Mund, die Nasenspitze, die Hand, die noch immer das rechte Auge rieb. Und wie immer greinte er und bekleckste alles, was er anfaßte. Marília sagte: »Ich schick' dich heim zu deinem Vater, paß bloß auf.« Doch er brüllte nur noch mehr und bekleckste alles, was er anfaßte. Marília sprach noch einmal, dann verstummte sie und blickte durch die Fenster hinaus, dorthin, wo ein Stück freies Gelände lag. Sie hörte nicht auf zu essen: zwei Frühstückstassen Kaffee, dick bebutterter Toast und kleine Happen Schinken, die sie vom Stück abschnitt. Sie blickte nicht auf das freie Gelände, sie blickte nur durch die Scheiben. Schnitt einen kleinen Happen Schinken ab und blickte wieder. Ich hingegen blicke auf das freie Gelände, manchmal gehe ich sogar hinüber, nur um zu schauen. Ich sehe gern und habe sogar schon gesehen. Dort ist Rasen, ein Stückchen Rasen, wir legen uns in den Rasen, wälzen uns im Rasen. Ich sehe ihn kaum im Mondschein, fühle ihn aber, fühle uns. Marília holte das Fläschchen mit ihrer Arznei, schluckte zwei Schwänzchen, zwei grüne Schwänzchen. Heller als Moos, als der Rasen und rund, glatt, geschmeidig. Die anderen Schwänzchen sind anders: lachsfarben, flach.

Durch den Raum trieb Heißwasserdampf. Marília schrubbte sich im Badezimmer. Sie schloß nie die Tür. Ich spürte dem Dampf nach, saugte ihn ein mit dem Gesicht, mit den Armen, mit der Haut, atmete die prickelnde, sanfte Hitze des Wasserdampfes ein, eine weiche Liebkosung. Dann zerfloß er. Will sagen: Er hüllte mich ein und verflüchtigte sich. Wie flüssige Arme, riesige, oder lange, heiße Beine in der Hitze des Betts oder in der Kühle des Rasens.

Der Kleine begann zu brüllen, von neuem zu brüllen. Und Marília: »Zu Hause bei deinem Vater hättest du's gut. Brauchtest dich nicht zu waschen, man würde dich laufen lassen, oder?« Der Kleine brüllte nur noch lauter und schluchzte zwischenhinein. Jetzt lief das Wasser aus dem Hahn, nicht mehr aus der Dusche. Wasser, klatschend wie Ohrfeigen. Der Kleine spie jedesmal einen Mundvoll Wasser und brüllte von neuem. Marília lachte.

Mittlerweile hatte sich der Dunst verflüchtigt, und ich verließ den Raum. Schmiegte mich ins Bett, um die Hitze seines neben mir liegenden Ichs neu zu erfinden, mein Gesicht auf dem Kopfkissen, das er bei Tagesanbruch verlassen hatte, als Marília gestöhnt hatte. Ein solches Gewirr unserer Körper, sein Arom und das meine, gegenseitig so aufgesogen, daß meine Brust sich mit Atem füllte und ich mich allen Freiheiten überließ. Will sagen: Ich wollte mich ihnen überlassen, als von ferne Marílias Stimme mir »Wiedersehn« zurief, als die Tür zuschlug und es mir den Atem verschlug. Ich mußte erst wieder zu Atem kommen, so unangenehm war das gewesen, Marílias Stimme, die zuschlagende Tür und der maulende Kleine — jedesmal das übliche Maulen des Kleinen, wenn Marília ihn hinter sich herzerrt. Einmal ging ich mit. Marília zerrte den Kleinen hinter sich her. Er hingegen wollte andauernd stehenbleiben. Marília sagte: »Es ist an der Zeit, Lausebengel!« Und zerrte ihn weiter. Er maulte und lief mit, am Ende von Marílias feistem

Arm, einem Arm, feist wie ein riesenhaftes Geschlechtsorgan. Die Lehrerin stand vor der Tür der Schule und sprach mit irgendwelchen Leuten. Marília ging auf sie zu und begrüßte sie. »Meine Schwägerin!« Sie deutete auf mich. »Schwester meines Mannes, Gott hab' ihn selig.« Dona Dália machte »Ah!«, senkte den Kopf und blickte dann Marília an. Blickte Marília an, warf mir einen raschen Blick zu und blickte wiederum Marília an. Dann zwinkerte sie ihr zu (ich sah es), zwinkerte ihr ganz leicht zu, nickte ihr ganz leicht zu (ich sah es) und lächelte. Ich sah es. Ich ging nie mehr mit.

Als der Mann vom Kramladen klingelte, hatte ich bereits meine Liste mit Bestellungen gemacht. Tat aber so, als hätte ich sie noch nicht gemacht. Ich war noch im Morgenrock, meinem Morgenrock aus weicher, schmiegsamer, wehender Seide… Er war kaum übereinandergeschlagen. Ich senkte die Augen und sah sofort den Ansatz meiner Brüste. Öffnete die Tür und war überrascht, ihn zu sehen, den Mann vom Kramladen. Dann ließ ich den Griff los und schlug den Morgenrock übereinander. Er lächelte, ein geheimnisvolles Lächeln. Er war unrasiert, ich sah es. Es war aber nur ein bläulicher kompakter Schimmer, der den feuchten Glanz seines Gesichts unterbrach, brünett und verschwitzt und glatt. Wie die Seide meines Morgenrocks. Er stellte seinen Korb ab und lehnte die Arme in die ganze Breite des Türrahmens. Wie ein schönes Kruzifix. Ich wäre am liebsten niedergekniet. Der Staubmantel füllte sich mit Luft, und sein Körper verbarg sich hinter der Luft, die den Staubmantel füllte. Ich atmete seinen Schweiß ein, und der war scharf, aufsässig, überwältigend. Dann schob er ein Bein vor. »Etwas für heute, Senhora?« Es war ein schlankes Bein, ein fester Schenkel. Seine Hose war eng. Aber ich sah nicht genau hin. Ich ging in die Küche, lernte die Liste auswendig und kehrte zur Tür zurück. Ich sagte auf: »Ein Kilo Zwiebeln.« Er zog ein Heft und einen Bleistift aus der Hosentasche und schrieb »Ein Kilo Zwiebeln«, schrieb es langsam, in Schönschrift. Ich dachte an weitere Dinge, die ich brauchte. Er hatte den Staubmantel aufgeknöpft, um Heft und Bleistift hervorzuholen. Seine Hose war tatsächlich eng, und alles war Muskel, die Brust trat heraus, die kantigen Schultern… Gewalttätigkeit brach aus der engen Hose, die Bluejeans saßen prall auf der Hüfte. Zehn Tostões Pfeffer. Seine Hand schrieb »Pfeffer«. Sie war knochig. Stark und knochig. Haar wuchs auf seinem Unterarm, wolliges Haar, feucht von Schweiß. Sproß auch auf den Händen und entkeimte den Fingern: ein Büschelchen an jedem Fingeransatz, ein weiches schwarzes Büschelchen. Schatten auf einer Männerhand. Ich dachte noch mal nach und sagte, er solle Stockfisch aufschreiben, Stockfisch vom besten. Er konnte nichts versprechen, sagte, er wolle mal sehen. Sagte noch mehr, und ich zählte noch mehr auf, und er sagte noch mehr. Ich atmete sein Arom ein und seine Stimme. Seine Stimme war heiser. Dann fiel mir auf, wie golden seine Kehle war, glatt und golden. Bronze. Und der Glanz im Blick… So jung, wie es sich gehört!

Wieder stellte ich den Heizkörper an. Marília hatte ihren Morgenrock im Badezimmer gelassen, hinter dic Tür gehängt. Die Falter flatterten über mich hin, und seine Hände glitten vom Rasen auf meine Schenkel. Es waren Hände mit einem Büschelchen Haare an jedem Fingeransatz. Innen weich. Dunst umfing uns, trennte uns von allem, ein Mantel bedeckte uns auf dem feuchten, erhitzten Rasen. Ich schloß die Augen: nur fühlen und mich ergeben. Mich seinen Händen ergeben, seinen Lippen, seiner Haut an meiner Haut. Sein schöner Körper an meinem schönen Körper. Mein runder und geschmeidiger Körper.

Marília kam kurz nach Mittag. Sie und der Kleine. Der Kleine am Ende ihres feisten Arms, hinterhergezerrt, hängend. Sie nahm ihm die Mütze ab und sagte: »Heute ging mir's hundeelend. Zum Glück hatte ich meine Tropfen mitgenommen. Der Chef hat mir sofort eine Krankenschwester rufen und mir eine Spritze geben lassen. Zum Glück. Ich war so ziemlich weg. Zum Glück.« Sie verschlang das Hammelragout und blickte durch die Fensterscheiben. Ich hatte ein gutes Hammelragout gemacht. Ich gehe gerne zur Metzgerei. Der Metzgermeister ist groß und stark. Er hat immer die Ärmel hochgekrempelt und den Hemdkragen aufgeknöpft. Doch vor allem zählen die Arme — hochrote, strickartige Stränge. Seine Stimme donnert, tut aber nicht weh. Es ist so, als schlüge sie uns auf die Brust und halle in uns wider. Ich habe ihn nie außerhalb des Ladentisches gesehen. Seine Hände sind mächtig. Er weitet die Brust, und die Hände packen die Fleischstücke (ganze! Ganze, gewaltige Fleischstücke!), und dann ist es wie ein Körper, der Gnade zweier Hände ausgeliefert, zwei Hände, die einen Körper pressen. Dann geben die Hände den Körper frei, werfen ihn auf den Block — seine siegreichen, besitzgierigen, mächtigen Hände.

Der Kleine wollte kein Hammelragout mehr, aber Marília bestand darauf: »Was auf dem Teller ist, wird gegessen. Hättest du weniger gewollt, du hättest es vorher sagen müssen. Nun mußt du es aufessen.« Bestrich ein Stückchen Brot mit Butter, führte es zum Munde, stützte die feisten Arme auf den Tisch und blickte durch die Fenster, blickte hinaus. Blickte aber nie auf das freie Gelände. Der Kleine maulte, aber sie sagte keinen Ton mehr. Blickte ihn auch nicht an. Blickte nur hinaus, durch die Scheiben, die auf dem Tisch zerfließenden Brüste zwischen die feisten Arme gezwängt. Und sie kaute Butterbrot. Ich stellte Käse und Trauben auf den Tisch. Sie aß Käse mit Brot. Der Kleine aß Trauben. Die Trauben waren wunderschön, prall und saftig. Rochen nach Sonne. Die Obstfrau hatte mir Orangen gezeigt, kugelrunde, dünnschalige. Goldene, runde Orangen lagen verstreut auf dem kühlen grünen und feuchten Rasen. Auf dem Rasen liegend griffen wir nach einer Orange und schlürften sie aus. Um unseren Durst zu stillen und unseren Schweiß zu erfrischen. Wir schlürften. Leckten. Ich bot ihm meine Orange an und empfing aus seinen Händen die Orange, die er geschlürft hatte...

»An was denkst du?« fragte Marília. Und lachte. Es macht mir nicht viel aus, wenn sie lacht, ich bin's gewohnt. Nur die Art, wie sie jenes »was« betonte (an *was* denkst du?), irritierte mich. Verärgert stand ich auf. Aß meine schöne Weintraube nicht zu Ende, die süßen, weichen, prallen Trauben wie kleine Sonnen, die mir meinen Körper baden, meinen schönen, weichen und runden Körper.

»Mistkerl!« schrie Marília. Der Kleine brüllte. Marílias Stimme stöhnte hinterher: »...Und dabei fühle ich mich so hundeelend! Der Lausebengel!« Die Schublade ging auf (ich hörte es), und sie atmete tief, einmal, mehrmals. Stöhnte, als werde sie erdrosselt. Kam in mein Zimmer und wollte wissen, wo die Schwänzchen waren. Die flachen, die lachsfarbenen. Sie sah mich nicht gern im Bett liegen. Begann eine Litanei, mit der sie durch den Flur in die Küche schlurfte. Dann lief das Wasser aus dem Hahn, und erst jetzt verstummte sie. Desgleichen der Kleine. Doch ich war bereits aufgestanden, denn es war ihre Zeit fortzugehen, und ich wollte das Geschirr spülen. Das Wasser war sehr heiß, Dunst hüllte mich ein. Ein Mantel für uns beide, uns beide unter einer Weinlaube, man brauchte nur den Arm auszustrecken und Trauben zu pflücken. Wir schlürften die Trauben, wir schlürften die Sonne, wir schlürften uns…

Das Buch hatte einen bunten Umschlag, ihr Kleid war rot, sein Sweater dunkelblau, ihr Haar gelb, seines schwarz… Sie hat tropische Lippen, sie bilden ein blutrotes Rund, und seine Augen glitten von den gelben Haaren und blieben auf dem blutroten Rund haften, angesaugt von dem Rund, dem saugenden Rund wie jene fleischfressenden Pflanzen, die Mücken verspeisen, oder jene Schlangen, die Kaninchen verschlingen. Seine Mücken werden vom Mund der Schlange verschlungen… *Rafael faßte Marga um die Taille und zog sie an sich. Sie wußte nicht, wie sie sich der Umarmung entwinden sollte, weil alle Fasern ihres keuschen Körpers bei der Berührung mit dem Mann erzitterten, und das Blut ihrer Adern siedete in der Fülle jener Liebe, die sie einander in die Arme trieb. Rafael suchte ihre halbgeöffneten Lippen und preßte auf sie einen Kuß, der all seine Leidenschaft offenbarte für die Frau, die ihn zu bezwingen gewußt hatte. Dann, im Taumel des unersättlichen Begehrens, wurden seine Lippen heftiger, und endlich wußte Marga, daß sie aus einer Siegerin eine Besiegte geworden war. Besiegt durch die Liebe.*

Ich hörte die Klingel und ging hinaus. Aber ich wußte bereits Bescheid. Er trat ein und blickte wie gewohnt schweigsam um sich. Ich nickte Ja, und beruhigt zog er den Anorak aus. Zog immer den Anorak aus (oder die Jacke oder was er sonst trug), gleich im Eingang, immer. Dann, nach wie vor schweigsam (so war er, schweigsam und düster. Düster der ganze Mann, der ganze Mann eine Düsternis voller Düsternisse, die Augenbrauen düster, die Brust düster, die Beine düster…), nach wie vor schweigsam und düster, packte er mich am Arm und zerrte mich hinter sich her. So war er immer: die Male seiner Finger auf meinem Arm, die Male seiner Zähne auf meinem Hals. Er machte erst halt, als er die Tür hinter sich zugeschlagen und mich von oben bis unten angesehen hatte, mit seinen düsteren Augen, nun mit Blitzen, düsteren und blitzenden, mit weißen fletschenden Zähnen, mit Schädelknochen, welche die Gesichtshaut zu sprengen, mit Krallen, die meinen Körper zu zerreißen drohten… So war es immer: Meine Hände suchten seine Düsternisse, und er, düster, suchte mich ganz, und ich zwischen seinen Krallen, gefesselt an seine Düsternisse.

Wir hörten auf, als wir die Wohnungstür hörten: einen ins Schloß gleitenden Schlüssel, das aufschnappende Schloß. Seine Hand schleppte sich an die Oberfläche und fiel zurück aufs Leintuch, leblos auf dem Weiß, nicht mehr düster, jene Düsternis nicht mehr düster, leblos auf dem Weiß, nicht mehr düster. Die Tür dröhnte im Türrahmen. So verharrte er und lauschte auf Marílias Schritte, die näher kamen. Auch ich verharrte so.

Ich höre: Marílias Schritte, Marílias Stöhnen, Marílias Schritte (näher), Marílias Atem, Marílias Schritte (deutlich, hinter der Wand), ein Stöhnen, Marílias Schritte (noch näher)… Marília stöhnt und streckt den Arm aus (ich weiß, sie hat den Arm gehoben). Der Türknopf dreht sich und stöhnt in Marílias Hand. Marília schiebt das Gesicht vor und schaut. Wir schauen, fest und leblos, auf Marílias Augen. Sie keuchte: »Heute mußte ich… früher gehen. Ich hielt's nicht mehr aus. Fühle mich hundeelend. Der Chef hat mich… nach Hause… geschickt… Ein Glück. Ich hielt's nicht mehr aus.« Sie drehte sich noch mal um, keuchte noch mal: »Sieh zu, daß du aufstehst… du mußt den Buben abholen. Ich hatte keine Kraft mehr… hinzugehen. Sei so gut und eil dich… und hör auf mit der… unanständigen Faulenzerei… Wo's soviel… zu tun gibt.«

Die Nacht war dunkel, und der Kleine zerschmiß ein Glas. Marília blickte durch die Scheiben und sagte keinen Ton. Lachte auch nicht. Ich sammelte die Scherben auf, und Marília atmete tief, einmal, mehrmals — sagte aber nichts. Dann blickte sie wieder durch die Scheiben. Die Nacht war dunkel. Marília trug kein Stückchen Ärmel, sie war ganz Arme, die auf beiden Seiten herabflossen, weich wie Milch. Das Stückchen Rasen dort auf dem freien Gelände war eine Kühle, ich bin jedoch sicher, daß Marília nicht an das Stückchen Rasen dachte. Sie hatte ihren Ausschnitt geöffnet, und ihre Brust schien ihr aus dem Mund springen zu wollen. Blickte hinüber, dachte aber an nichts, dessen bin ich sicher. Sie dachte nie. Der Kleine machte »Uh-uh«, duckte sich und verschwand mit ein paar Sätzen im Flur. Marílias Brust schien zu springen, und so stand sie, halb benommen, die schwammige Hand auf der Brust. Dann stand sie auf und schleppte sich bis in den Flur.

Ich liebe Hitze und kühlen Rasen. Das heiße Wasser lief ins Spülbecken. Dunst umgab uns. Er hatte gepfiffen, und ich war zu ihm gelaufen. Der Rasen war wirklich kühl. Er roch nach Orangen und Schweiß. Wir wälzten uns auf dem Rasen, bis wir nach Rasen rochen. Ich glaubte Marília nach mir rufen zu hören und hielt die Teller still. Es war ein Flüstern oder ein Stöhnen. Ich wischte mir die Hände ab und ging hin. Sie lag hingegossen im Bett, halb tot und ohne atmen zu können. Ich gab ihr ihre Tropfen und machte eine Spritze fertig. Ich öffnete ihren Hemdausschnitt und tat alles, was zu tun war. Sie merkte es nicht mal, sie war wie ein lebloses Ding, hingegossen, wie ausgegossene Milch.

Marília stöhnte. Meine Augen fühlten die Hitze, und als sie sich öffneten, war alles ein Sprühen staubigen Lichts, das sich durch die Ritzen der Rolläden ergoß. Marília hatte gestöhnt, er war nicht mehr da. Seine langen Beine, seine behaarten Beine, seine düsteren Beine waren nicht mehr da. Seine Füße berührten (ich wußte, sie würden berühren!) den kitzelnden Flaum, jenen, immer denselben kitzelnden Flaum des karamelfarbenen verblichenen Teppichs. Ich hatte noch Orangengeschmack im Mund und an den Händen die Hitze von Düsternissen. Marília stöhnte noch immer. Sie stöhnte immer, jeden Morgen. Immer das gleiche Stöhnen.

Das war unangenehm, weil der Kleine noch immer an meinen Rockzipfeln hing. Er schien ein Hund, der seinen Knochen bewacht, und Marília tat nichts, als mich wegen diesem und jenem zu rufen, wegen allem und wegen nichts: ob ich schon ihren Chef angerufen hätte, ob der Kleine schon gegessen hätte, was Dona Dália gesagt hätte, warum ich so lange an der Haustür gestanden hätte… Wirklich lästig!

Sie stand erst zum Tee auf. Dann kam Dona Rosarinho. Sie schien ein Papagei. Sie gaben sich Küsse und setzten sich aufs Sofa, während ich die Fruchtsäfte einschenkte. Marília sagte, sie habe ohnehin Glück gehabt, weil es Samstag war und sie dadurch nur einen Vormittag gefehlt habe. Unterbrach sich oft, seufzte oft, und Dona Rosarinho schien ein Papagei. Ich wollte nicht dabeisein, weil sie nur von Marílias Krankheit sprachen, von Marílias Chef, von Dona Rosarinhos Nachbarinnen... »Erinnern Sie sich noch, Dona Marília, an die klapperdürre Dame, die eine Zeitlang im dritten links wohnte?« Marília sagte ja. »Artur, Gott hab' ihn selig, war noch am Leben. Was waren das für laute Leute. Wir hörten es bis zu uns hinunter. Bis in die Nacht hinein. Artur dachte sogar daran, sich zu beschweren. Aber das waren keine Leute, bei denen eine Reklamation gefruchtet hätte. Sie machten sich nichts draus.« Ich wünschte mich weit fort, besonders als es begann: Artur, Gott hab' ihn selig, hin, Artur, Gott hab' ihn selig, her... Ich mag Artur nicht und mag auch Tote nicht. Ich sagte, ich müsse mal kurz, und stand auf. Dona Rosarinho warf mir vielleicht einen Blick zu! Das war unangenehm. Ihr Blick wanderte mir nach, dessen bin ich sicher. Ich machte ein paar Schritte im Flur, dann machte ich kehrt. Machte ganz langsam kehrt. Dona Rosarinho murmelte irgend etwas, ich hörte es, Marília sagte (ich hörte es): »Jetzt ist es besser geworden. *Darin* ist es besser geworden mit ihr. Im Kopf nicht, aber *darin* ist es besser geworden. Zum Glück. Ohne Artur, wie sollte ich da mit ihr fertig werden? Wissen Sie noch? Wie sie mit uns allen umsprang. Sogar der Krämerlehrling fiel auf sie herein! Erinnern Sie sich noch an ihn, Dona Rosarinho — ein Schwerenöter, wie er im Buch steht, wissen Sie noch? Was ich und Artur, Gott hab' ihn selig, was Artur und ich mit ihr durchgemacht haben, heiliger Gott! Möge es an unseren Sünden abgezogen werden! Was für eine Affenschande! *Darin* ist es besser geworden mit ihr, soweit ich weiß. Aber sagen Sie mir eines: Wer wird jetzt nach ihr sehen? Sie hat schon allerhand Jahre auf dem Buckel (vergessen Sie nicht, daß sie älter ist als ich), und haben Sie übrigens gesehen, wie häßlich sie geworden ist? Sie sah ja mal ganz gut aus, das mußte man ihr lassen! Aber jetzt...«

Ich hörte es. Marília kam und legte sich wieder ins Bett, weil sie weder den Kleinen zu holen noch sonst etwas zu tun brauchte. Sie zumindest brauchte es nicht. Der Kleine würde erst am kommenden Tag wiederkommen, sein Vater würde ihn bringen. Marília legte sich ins Bett. Ich sagte, ich müßte noch zum Kramladen, weil ich ein paar Sachen vergessen hatte, worauf sie mich eigenartig ansah. Das gefiel mir nicht. Sie sagte nichts, schaute nur. Bat mich, das Fenster aufzumachen, ganz auf, sperrangelweit auf. Sie streckte die Arme von sich, spreizte die Beine und blieb so liegen — ganz ausgestreckt, ganz gespreizt, auf dem Bett.

Ich machte ein paar Schritte durch die Wohnung. Die Nacht versprach heiß zu werden. Schon lagen auf dem freien Gelände die ersten Schatten. Ich dachte an den Kramladen und den Mann vom Kramladen — an seine engen Hosen, seine festen Schenkel. Ich verspürte Lust, hinüberzugehen, schleunigst, nur um sein brünettes, verschwitztes Gesicht zu sehen. Wir würden aufs freie Gelände hinausgehen. Der Rasen ist kühl. Seine Gewalttätigkeit verschlingt mich, seine Schenkel erdrücken mich…

Ich renne zur Tür. Schweiß rinnt an mir herunter, und es juckt mich da, wo er rinnt. Ich greife nach der Einkaufstasche und renne zur Tür. Dann höre ich es, Marílias Stimme schien mich zu rufen. Es war ein Flüstern oder ein Stöhnen. Ich ließ die Tasche los und kehrte um. Will sagen: Ich kehrte nicht wirklich um. Ich blieb im Flur auf halbem Weg zwischen Küchen- und Schlafzimmertür stehen. Dann kehrte ich um, ergriff die Tasche und ging hinaus.

Er schwitzte. Die halbe Stadt stand im Laden, und der Chef ließ ihm keine ruhige Minute. Sein feuchtes Hemd klebte am Leib, es war fast durchsichtig. Er trug keinen Staubmantel. Ich sprach ihn an. Verlangte Kartoffeln, und er trat auf die Straße, um sie aus dem Sack zu klauben. Die halbe Stadt stand im Laden, kam, ging, drängelte. Ich wurde hin und her geschubst und eingekeilt zwischen die halbe Stadt und den Sack, und seine Schenkel streiften mich bei den Bewegungen, die er machte, um die Kartoffeln auszusuchen und sie auf die Waagschale zu werfen. Ich fühlte sein hartes, erhitztes Fleisch, und ich weitete mich ganz, als breite sich in mir blitzschnell ein Feuer aus. Ich sah alles trüb, in vielen Farben. Fast fiel ich auf ihn. Ich wäre auch gefallen, doch mittlerweile hatte er sich mit der kartoffelgefüllten Waagschale aufgerichtet und hielt mich fest — seine Hand an meinem Arm, dicht an der rechten Brust.

Langsam ging ich auf Marílias Schlafzimmertür zu. Ich hörte

nichts. Legte mich nackt aufs Bett, mein nackter Körper, mein schöner Körper, rund und weich, nackt auf dem kühlen Rasen.

Meine Augen fühlten die Hitze (Marília hatte nicht gestöhnt), und als sie sich öffneten, war alles ein Sprühen staubigen Lichts, das sich durch die Ritzen des Rolladens ergoß. Marília stöhnte nicht. Ich streckte mich und drehte mich um nach ihm, schweigsam und düster, seine Hände wie Krallen, seine Zähne wie Messer. Marília stöhnte nicht. Gut war das, das Gemisch aus Licht und Schatten, seine Hände wie Krallen, seine Zähne wie Messer.

Dann stand ich auf und ging in Marílias Zimmer. Die Sonne lag voll auf ihr. Es schien mir richtig, den Rolladen herunterzulassen, aber ich berührte sie nicht, schloß ihr weder den Mund noch sonst was. Ging in mein Zimmer zurück, nur um meinen Schlafrock überzuwerfen, und rief dann gleich den Arzt an.

Übersetzung: CMC

David Mourão-Ferreira

DIE LIEBENDEN

Im Kamin brennt ein flackerndes Feuer aus trockenen Wurzeln. Die Bewegung deines Körpers in meinen Händen wird dem Rhythmus der Flammen zum Vorbild. Sicher überrascht dich selber der Tanz, den er hervorruft, das Kaleidoskop der Figuren, die er entwirft, die wechselnden Formen, die du veränderst und vervielfachst, auslöschst und neu beginnst.

Noch keine halbe Stunde ist's her, daß ich an deine Tür klopfte. Es war ein großartiger Einfall, der beste, den ich haben konnte. Als ich sah, daß alles verloren war, daß die anderen umzingelt waren, daß die Revolte elend mißlungen, hatte ich nur den einen Gedanken, das Revier der Kaserne zu verlassen und mich so schnell wie möglich in Sicherheit zu bringen; es war sinnlos, den vergeblichen Helden zu spielen. Aber die Verstärkung der Wache, die inzwischen eingetroffen war, hatte schon fast alle Ausgänge gesperrt. Selbst im Schutz der Nacht war es keineswegs einfach, das andere Ende der Stadt zu erreichen. Trotz allem, ich hatte Glück: Erst ganz in der Nähe hier hielt eine Patrouille mich an. Ich stellte mich dumm, fing an zu rennen — und stolperte, fiel hin und stand wieder auf, während die Kugeln mir um die Ohren pfiffen. Einen Moment lang war ich dabei aufzugeben: als ich das zweite Mal fiel. Ich dachte schon, eine Kugel hätte mich getroffen und dies wäre mein letzter Augenblick. Aber da fiel mir ein, daß du hier wohntest, und das gab mir Kräfte, weiterzumachen.

Wie geschah's nur, daß wir so schnell nackt vor dem Feuer lagen? So viele Monate hatten wir uns nicht gesehen! Ich dachte nicht mal, dich je wiederzusehen. Deine Schrecken schienen die letzten Wochen unseres Zusammenseins völlig vergiftet zu haben. Wahrscheinlich hatte ich selbst schuld: Es war unbedacht, dich von der Verschwörung wissen zu lassen, in die ich mich eingelassen hatte. Aber du solltest es wissen, solltest wissen, daß ich mich vor allem deinetwegen entschlossen habe, mitzumachen; es ging darum, die Menschen deiner Rasse befreien zu helfen, die Rasse deiner Mutter.

Inzwischen scheinst du verstanden zu haben. Du warst wunderbar: Hast überhaupt nichts gefragt, mußt aber alles erraten haben. Sobald du mich kommen sahst, verdreckt und lehmbeschmiert, hast du mich gleich hierhergeführt, die Lichter gelöscht, den Kamin angezündet — und schon lagen wir einander in den Armen, einer im anderen verloren, als ob nichts anderes mehr auf der Welt existierte.

Seltsam und fast ungeheuerlich — aber es existiert wirklich nichts mehr. Es kümmert mich weder das Schicksal meiner Kameraden, noch bedrückt mich, daß ich aufgehört habe, an sie zu denken. Was alles in den anderen Kasernen passiert sein mag, in den anderen Städten, im übrigen Territorium — was geht mich das jetzt noch an? Plötzlich scheint mir, als ob das Fieber der letzten Stunden, die Beklemmung der letzten Monate alle Bedeutung verloren hätten. Ganz nah und alles überwältigend bist nur noch du.

Wieder sind es deine Gebärden, die mich damals in Freds Bungalow so faszinierten. Wieder hast du die gleiche Art, dich zu entziehen und hinzugeben, läßt mir im Mund die gleiche Herbe von Orchideen, verbranntem Sandelholz und salzigem Nebel zurück. Jetzt ziehst du mich an dich, langsam an deinen Körper heran, in einer rhythmischen Bewegung, die dich niemand gelehrt hat, beginnst von neuem, immer mit der gleichen Kadenz, die du selbst nie wahrnehmen wirst. Wieder schaue ich dir in die Augen, berühre leise deinen leicht gekräuselten Mund. Das Meer beginnt um deine Hüften zu sprühen und faßt in wenigen Minuten eine vieltausendjährige traumhafte Entwicklung zusammen: Fisch wird zu Stein, verwandelt in Sand, was Fisch war, und sättigt seine Wassermassen mit immer neuem Staub… Zugleich jagen am nächtlichen Himmel Horden magnetischer Wolken vorüber, zwischen entferntesten Sternen kommt es zu flüchtiger Berührung, und Vögel sterben in den Sümpfen des Mondes unterm Licht, das unsere Erde ihm sendet. Ich weiß nicht, fängst du an zu stöhnen, oder ist's das Holz, das lauter knistert? Lichter, Lichter! Lichter, in der Finsternis schwebend… Das Firmament birgt sich in deinen Eingeweiden. Der Kolben des Windes beschleunigt deinen Rhythmus jetzt. Dein letztes Stöhnen kannst du nicht mehr beherrschen; aus Angst, zum Schrei zu werden, erlischt es in der Kurve meiner Achsel.

Deine Schwestern schlafen sicher im oberen Stock. Gut, daß du nicht geschrien hast; sie dürfen nicht aufwachen. Für wie lange kannst du mich hier verstecken? Bestimmt hat mich niemand hereinkommen sehen, niemand wird glauben, daß ich hier bin.

Das also ist dein Haus! Viel größer, als ich dachte, aber auch viel einfacher, als das Erbe, das ihr erhalten habt, vermuten ließe. Wie merkwürdig das Schicksal gewisser Vermögen in diesen Zonen doch ist! Wie ist schließlich das Gold, das man aus eurer Rasse gepreßt hat, auf euch zurückgefallen! Vergiß nicht, was ich dir schon immer sagte: Durch dein Blut bleibst du solidarisch mit der Rasse der Unterdrückten, laß dich nicht durch dein Geld zur Rasse der Unterdrücker treiben. Zögere nicht, deinen Vater zu verleugnen.

Wie merkwürdig dieses Gefühl, in deinem Haus zu sein! Das alles mußte also geschehen, damit ich endlich hier eintreten konnte! Siehst du, wie einfach es war, wie es überhaupt keine Schwierigkeiten gab? Als hättest du mich erwartet — kaum klopfte ich an die Tür, schon hast du geöffnet. Wahrscheinlich hast du die Schießerei gehört — und sicher sogleich verstanden.

Deine Ängste haben sich verflüchtigt; sowohl die, die du meinetwegen ausgestanden hast, als auch die anderen, die dich um deiner Schwestern willen versklavten. Ich weiß, du bist zwar die Jüngste, aber doch kein Kind mehr. Wenn du auf sie hören würdest, verwandelten sie dich auch in eine solche trockene, verbitterte Liane, verkrampftes Nervenbündel, ein Spiegelbild ihrer selbst. Ich stelle mit Freuden fest, daß du angefangen hast zu reagieren, daß du anfängst, dich zu befreien.

Weißt du, daß du sogar physisch dabei gewonnen hast? Du ahnst nicht, wie gut dir diese beginnende Reife steht… Endlich scheinst du auf deinen Körper stolz zu sein, auf deinen heißen Mulattencharme, den halbdunklen Ton deiner Haut, die großen und üppigen, mächtigen Medaillons, die die Spitzen deiner Brüste umranden. Und schließlich scheinst du vor allem das Wichtigste zu verstehen: daß keine der Europäerinnen, die hier leben, sich mit dir vergleichen kann.

»Fred, mein Alter, du mußt mir wieder deinen Bungalow am Strand leihen… Nein, mein Lieber, versuch es nicht zu erraten! Es ist keine vom Diplomatischen Corps, keine Geliebte eines Bankiers, auch keine Generalstochter — eine Art Aschenbrödel…« Und man hört immer nur das Meer. Ich weiß noch nicht, ob du auftauchen wirst oder ob dir in letzter Minute etwas dazwischenkommen wird. Die Flut steigt. Sollten es schon die Hochfluten des Äquinoktiums sein? Wenn du wenigstens kämst! Nicht spät kämst! Vor Jahren sind während der Hochfluten schon andere Bungalows vollständig zerstört worden. Wenn du erst da bist, kümmert's mich wenig, ob das passierte — wichtig ist nur, daß du kommst. Da siehst du, wie aufgeregt ich dich erwarte: Kaum kenne ich dich noch, und schon bist du die einzige Frau, mit der ich sterben möchte. Aber die Minuten vergehen, und die Flut steigt immer höher, und die Brandung kommt immer näher. Und der Wind schleudert Sandkörner gegen das Fenster, Schaumflocken und kleine Steine, die wie Kugeln aufschlagen!

Hals und Brust in Schweiß gebadet, wache ich auf. Wie lange ich wohl geschlafen habe? Höchstens fünf Minuten. Du hast mich also auf dem großen Sofa vorm Fenster allein gelassen, sicher nur, damit ich bequemer schlafen könnte. Früher, in Freds Bungalow, bliebst du manchmal eingerollt auf der Matte liegen und wartetest auf mein Erwachen. Aber hier liegt keine Matte auf dem Boden, nur grobe einheimische Teppiche symmetrisch ums Sofa herumgelegt. Ich stehe auf und gehe im Salon herum. Nehme an, du bist in dein Zimmer gegangen oder ins Bad.

Der große Salon, fast rund angelegt, hat zwei gegenüberliegende abgeflachte Pole: Einen bildet der Kamin, den anderen die Tür, durch die ich vom Vestibül her eintrat. Die Wände sind weiß, und die Decke, ebenfalls weiß, leicht gekrümmt, scheint vergeblich eine Wölbung zu erstreben. Es liegt etwas Aufreizendes im Kontrast zwischen soviel Weiß und den gewichtigen Farbtönen der Teppiche und der Sofadecke, dem rußigen Granit des Kamins, dem dunkel gewachsten Holz der wenigen Möbel — zwei Truhen, zwei Tische, ein halbes Dutzend Stühle stehen hier wie zufällig verankert.

Auf einem der Tische ein altes Radio, der andere dient einem zweiarmigen eisernen Kandelaber als Standort. Ich habe nun schon zum drittenmal die Runde im Salon gemacht, und du erscheinst nicht. Mir fällt schließlich auf, daß es hier überhaupt kein Fenster gibt. Allmählich komme ich mir lächerlich vor, so nackt hier herumzulaufen. Plötzlich bleibe ich stehen, weil ein Geräusch mich aufhorchen läßt. Kein Zweifel, es kam vom oberen Stock. Ein Telefonanruf. Jemand im oberen Stock hat eben den Hörer aufgelegt.

Um diese Stunde? Wer kann wohl um diese Stunde angerufen haben? Solltest du...? Nein, nein, das kann nicht sein. Aber ich muß hier 'raus, muß wissen, wo du bist, muß dich suchen. Meine Kleider, wo sind meine Kleider? Ich finde sie nicht. Aber ich bin sicher, ich hatte sie auf dieser Truhe gelassen. Und die Pistole? Jetzt erinnere ich mich, ich hatte die Pistole, als ich mich auszog, unauffällig auf den Tisch dort neben den Kandelaber gelegt. Auch die Pistole ist verschwunden.

Das ist mehr als Zufall. Aber ich kann nicht glauben, daß du mich verraten, mein Versteck preisgegeben hast. Mit einem Ruck reiße ich die Decke vom Sofa, hänge sie mir um, lasse einen Arm frei. Ich greife nach dem Leuchter, stelle ihn wieder hin, um zuerst die Stearinkerzen eine nach der anderen an der Glut des Kaminfeuers anzuzünden. Dann gehe ich auf den Hausflur zu, klammere mit der einen Hand die Sofadecke um mich fest, mit der anderen halte ich diese gespenstische Fackel aus vier Lichtern hoch.

Der Hausflur hat noch zwei Türen: Eine von ihnen geht auf die Straße. Sie ist abgesperrt und außerdem mit einem komplizierten System von Schlössern und Riegeln versehen. Ich renne auf die andere zu, die Gott sei Dank halb offensteht. Stoße sie mit der Schulter auf und sehe, daß sie auf einen schmalen Treppenabsatz führt, mit einer weiteren Tür, die ebenfalls verschlossen ist (wahrscheinlich führt sie zum oberen Stock), und links einer steinernen Treppe, über die es in den Keller gehen muß. Am Ende einer anderen Stiege treffe ich wieder auf eine Tür, diesmal eine eiserne, die aber ohne weiteres dem Druck meiner Schulter nachgibt.

Auch der Raum, den ich jetzt betrete, ist rund und von gleichen Proportionen wie das Kaminzimmer; nur steht an Stelle des Kamins eine Vitrine, und statt des Sofas sehe ich eine Falltür, auf deren beiden Seiten zwei riesige drehbare Gestelle. In der Vitrine hängt über einem Bügel die Uniform eines Offiziers: Es ist die Uniform, die ich hätte anziehen sollen, falls die Revolte gelungen wäre.

Aber nicht das erstaunt mich am meisten. Von außen ans Fenster geklebt, wie um die Uniform einzurahmen, reihen sich zwei breite Streifen von Zeitungsausschnitten über die ganze Länge des Vitrinenglases. Genauer gesagt Notizen, die mich betreffen. Notizen aus jüngster Zeit, der Lokalpresse entnommen, fast alle über meine harmlosen sportlichen Leistungen während der letzten zwei Jahre in dieser Tropenzone. Sie scheinen freilich sehr eilig hingeklebt. Kaum berühre ich sie mit dem Armleuchter ein wenig, so fallen sie ab und mir vor die Füße. Doch dabei legen sie andere Ausschnitte frei, die von innen angeklebt wurden — und diese sind unvergleichlich kompromittierender: Notizen, die noch in Europa erschienen waren, einige schon angegilbt von der Zeit, Notizen, die meine wahre Identität verraten, mein wahres Gesicht (ich weiß schon nicht mehr, welches das wahre ist), jedenfalls zeigen sie mein Gesicht vor der Operation, der ich mich unterzog. Nachrichten über meine Beförderung, Ernennungen, dienstliche Aufträge — und die ganze lange Geschichte des mißlungenen »Putsches der Neunzehn«, hauptsächlich was meinen Fall betrifft: das Gefängnis, den Prozeß, die Flucht und Verurteilung *in absentia*.

Ich gehe auf eines der Regale zu. Stelle den Leuchter auf den Boden, um die dicken Bände zu inspizieren, die es enthält. Bemerke schließlich, daß es sich um kompakte Fotoalben handelt. Schon im ersten, das ich aufschlage, entdecke ich beim schnellen Durchblättern eine Serie von Ereignissen aus meinem Leben, von denen ich mir nicht träumen ließe, daß sie je aufgenommen wurden. Hier bin ich in der Klinik von Dr. Warsz kurz nach der plastischen Operation; erst jetzt bemerke ich, wie auffallend ähnlich dir diese brünette Krankenschwester (ägyptisch? persisch? türkisch?) sieht. Hier bin ich an einem Strand, an den ich mich nicht erinnern kann, und beobachte zwei junge Mädchen, die im Sand schon nahe an der Wasserlinie auf dem Rücken liegen; sie scheinen Zwillinge zu sein, so ähnlich sind ihre Gestalten. Wie ein Ebenbild von dir, derart stimmt die Zeichnung ihrer Schultern mit deiner Schulter überein. Wie der Umriß ihrer Hüften dem Umriß der deinen entspricht, der Glanz deiner Schenkel langsam verblaßt — wie auf den deinen —, bis zum leisen Zittern deiner schlanken Beine, deiner Fesseln, die zarter als deine Handgelenke sind. Und hier bin ich schon in deiner Stadt — kurz nach meiner Ankunft, Monate, ehe ich dich kennenlernte — und sehe der rituellen Verbrennung einer Schlange zu; und du bist es, zwischen deinen Schwestern eingezwängt, die nur zwei oder drei Meter von mir entfernt in der ersten Reihe steht.

Ich fühle, wie absurd es ist und wie unwiederbringlich die Minuten vergehen, die ich mit diesem Album verbringe. Ich stelle es auf das Regal zurück, greife aber sofort nach einem anderen vom selben Brett, so gierig bin ich nach diesen Bildern, so unfähig, der Vernunft zu gehorchen. Und schon blättere ich den zweiten Band durch, obwohl ich bereits auf den ersten Seiten nicht mehr fähig bin, die Formen genauer auseinanderzuhalten. Bist du es? Bin ich's? Dieses verwirrende Ineinander von Armen und Beinen, von Hüften und Schenkeln, Schultern und Brüsten, Knien, Mündern, Haaren und Haut, von Körpermalen... Da und dort erkenne ich deine Augen. Erkenne als Hintergrund die Sofadecke aus Freds Bungalow. Wie war es nur möglich, daß das alles fotografiert wurde? Und dazu noch aus solcher Nähe, als ob sich eine unsichtbare Kamera in unsere Schultern — deine oder meine — oder in die Poren unserer Haut eingebaut hätte. Oder lag's über unseren Köpfen, kam's kriechend von unseren Füßen herauf? Nie kam mir in den Sinn, daß wir so untrennbar wären, so zu einem Wesen verschmolzen.

Und plötzlich ändert sich der Inhalt des Albums. Jetzt sind es Fotos von Gegenständen, Winkeln, Landschaften, ohne irgendeine menschliche Gegenwart: Steine, Flaschen, Muscheln, das Geflecht einer Matte, ein Aschenbecher auf dem Boden, der Rücken eines Buchs, eine Wand, ein Dach, ein Fenstersims, Dünen unterm Regen, Dünen unter der Sonne, verstreutes Gebüsch, Kakteen, Lianen, Mangobäume, Sand, Sand, Sand, Wellen um ein Riff, platzende Wogen, Wogen und Wogen im Gegenlicht, sukzessive Phasen von brechenden Strahlenbündeln der Sonne beim Aufprall auf das Wasser! Und ich empfinde unsere Gegenwart weit intensiver in diesen unpersönlichen Bildern als in jenen, die uns körperlich enthalten. Und erkenne, daß unser Bestes, ohne daß es uns bewußt wurde, im gemeinsam Erlebten vorhielt. Vor allem fühle ich uns jetzt vereinter denn je.

Ich muß dich finden, wiederfinden. Aber ohne die Augen zu wenden, begreife ich blitzartig: Die eiserne Tür, durch die ich hereinkam, hat sich geschlossen; ich kann nicht mehr zurück, nicht mehr hinauf, der einzige Ausgang ist diese Falltür — klaffend und unbeweglich, mit ihrer höhnischen Grimasse des Geheimnisvollen, das in allen Spalten des Bodens lauert. Ein trüber Lichtschimmer kommt von dort unten herauf, laue Nachtschwaden, die mich locken und zugleich erschauern lassen. Ich weiß dabei, es gibt keinen anderen Ausweg. Vielleicht gerade deshalb bin ich plötzlich nicht mehr eilig.

Langsam umgehe ich die Falltür, wende mich dem anderen Regal zu. Alben und wieder Alben! Auf beiden Hunderte von Alben; Tausende, Millionen von Fotografien müssen sie enthalten. Ich nehme ganz zufällig ein anderes vom obersten Brett, setze mich auf den Boden, durchblättere es. Die ersten Seiten scheinen einem Traktat über Geburtshilfe entnommen zu sein: Seiten über Seiten von den Stadien einer Geburt und dann Fotos und wieder Fotos eines Neugeborenen. Der Schauder eines Verdachts läßt mich bis in die Knochen erstarren. Beim schnellen Überblättern einiger Seiten bestätigt sich mein Verdacht, und jetzt habe ich nicht den geringsten Zweifel: Es ist eine Fotoreportage meiner eigenen Geburt. Ich erkenne mich jetzt wieder, zwei oder drei Monate alt, aus einer Serie, wie sie ganz ähnlich im Haus meiner Eltern existierte. Und eine weitere mir wohlbekannte Folge zeigt mich auf dem Schoß meiner Mutter. Nur war ein gemeiner Trick dabei: Meine Mutter trägt auf allen diesen Fotos deine Züge, dein junges, beunruhigendes Mulattengesicht!

Welch teuflischer Mystifikation bin ich zum Opfer gefallen? Und warum? Wozu? Und welche Rolle spielst du dabei?

Ich will das Album auf den Platz zurückstellen, von dem ich es nahm. Aber die freie Stelle ist besetzt: Am selben Ort steht jetzt ein anderes Album, das sich von den übrigen durch den viel reicheren, härteren und glänzenden Rücken unterscheidet. Ich bin sicher, daß es vorher nicht hier gestanden hat. Und kaum hebe ich den Arm, um es herauszunehmen — schon fällt es mir langsam von selbst in die Hand, als ob meine Hand es anzöge oder irgendeine Feder es von hinten anstoßen würde. Erst im letzten Moment, als es fast vom Regal rutscht, entschließe ich mich, es aufzufangen. Da liegt es offen vor meinen Augen. Aber ich kann kaum glauben, was ich sehe: Es sind die allerneuesten, erschreckend eindeutigen Fotos, alle aus dieser letzten Nacht.

Im Wagen — versteckt im hohen Gras und ohne Licht — warten wir weiter auf das Signal. Yokabu am Steuer mit den brennenden Augen im schwarzen Gesicht ist der einzige unter uns, der die Ruhe zu bewahren scheint. Ich sitze neben ihm, halte den Empfänger ans Ohr, derart angespannt, daß sich mir alle Gesichtsmuskeln verzerren, und David und Freds Neffe auf dem Rücksitz beugen sich vor und sind genauso verkrampft.

Da laufen David und ich schon auf die Kaserne zu, nachdem wir die anderen im Wagen zurückgelassen haben. Jetzt taucht eine dritte Gestalt auf: der Verbindungsmann der »Gruppe Delta«; er wird uns über das Geschehene berichten, wird uns die letzten Illusionen nehmen, während Mutlosigkeit und Verzweiflung deutlich aus unseren Gesichtern zu lesen sind und uns für Sekunden völlig lähmen. Aber hier ziehe ich schon los und kundschafte das Terrain nördlich der Hecke aus, ob von dort etwa die Möglichkeit eines Durchbruchs bestünde. Dann kehre ich dorthin zurück, wo der Wagen geblieben sein müßte. Und hier der Ausdruck meiner Angst und Bestürzung darüber, daß ich ihn nicht mehr finden kann, daß ich niemanden mehr antreffe, mich nicht mehr mit den Meinen verbünden kann.

Das hier ist zweifellos die Hauptstraße, die zur Stadt führt; sie ist bereits von zwei Lastwagen und einigen *jeeps* blockiert. Aber der Weg durch den Urwald, der sich zum Meer hin windet, ist noch frei; die Vegetation ringsum ist bald so hoch, daß ich es mir leisten kann, aufrecht zu gehen, bald so niedrig, daß ich nur kriechend vorwärts komme. Plötzlich sehe ich in der Ferne die Lichter der ersten Behausungen. Zwischen ihnen liegt der Ort, an dem ich ankam, nur die krummen Gassen des alten Hafens sind erkennbar an ihren verlassenen, halb verfallenen Baracken, entleerten Teerfässern und Mauerresten, die rechts der Friedhof begrenzt. Auf der anderen Seite der längst unterbrochene Straßenbau der künftigen Ringavenida. Die vorläufig nur angedeutete Straßenplanung endet ausgerechnet hier zwischen Gräben, Plätzen und Schutthaufen.

Mein Anzug ist zerfetzt und voller Dreck. Ich stehe mit dem Gesicht zur Mauer, eng an die Wand gepreßt, den Hals etwas nach links gedreht, in abwartender Haltung, als ob von dort ein verdächtiges Geräusch hörbar wäre. Das folgende Bild scheint aus größerer Entfernung aufgenommen, in der rechten Ecke der Fotografie stehe ich noch mal in gleicher Position, nur verkleinert, während von gegenüber aus einem *jeep* vier behelmte Kerle mit Maschinenpistolen steigen.

Ich renne. Ein Durcheinander von Aufnahmen meiner Flucht. Auf einigen erscheine ich im Großformat, als ob einer ein Teleobjektiv benutzt hätte, andere im Weitwinkel, auf denen auch die Gestalten meiner Verfolger zu erkennen sind. Ich stolpere, falle, schleppe mich mühsam weiter. Stehe wieder auf. Schon renne ich von neuem. Schon falle ich wieder, mit dem Gesicht zur Erde, die Arme ausgestreckt: Dies ist das letzte Foto des Albums.

Ich schaue zum Regal hinüber und sehe, daß inzwischen auf dem obersten Brett ein weiteres Album den Platz des Bandes einnimmt, den ich noch in der Hand halte. Ich fühle im voraus, daß ich nur den Arm ausstrecken muß, und es wird mir entgegenfallen. Aber nicht mal das ist nötig; ich brauche es nur etwas genauer zu fixieren, schon fängt es an, sich aus den anderen Bänden herauszulösen und fällt mit einem dumpfen Aufprall mir vor die Füße.

Ich knie nieder und beuge mich über die offenen Blätter in Erwartung neuer Aufschlüsse. Doch im Gegensatz zu allen anderen ist dieses noch unberührt, kein einziges Foto auf seine Seiten geklebt. Vor allem erregt meine Neugier, auf welche Weise diese und das vorige hier auftauchten, die Art, wie sie mir entgegenfielen. Und ich entdecke plötzlich, daß sowohl das eine wie das andere Regal an metallischen Zylindern befestigt ist, die ans Dach anschließen, sicherlich mit dem oberen Stock verbunden sind, womöglich von dort aus gelenkt werden. Jetzt beginnen sie sich ganz langsam zu drehen — dann schneller, immer schneller! Und die Regale fangen an zu kreisen, herumzuwirbeln… Die Geschwindigkeit nimmt so rasend zu, daß bereits einige Alben auf den Boden geschleudert, gegen die Wände katapultiert werden, während andere sich schon auflösen, zerreißen und zerfetzen, ehe sie noch von den Brettern stürzen. Bei diesem Rhythmus, der von Sekunde zu

Sekunde sich steigert, wird sicher kein einziges seinen Platz behalten.

Ich verkrieche mich in eine Ecke, um mich vor diesem ungewöhnlichen Bombardement zu retten. Fange an zu glauben, daß ich in dieser seltsamen Überschwemmung so vieler Bilder meines Lebens umkommen werde. Am merkwürdigsten ist, daß ich keine Angst habe. Ich könnte nicht erklären, warum, aber es scheint mir sogar irgendwie gerecht. Vor allem ist mir kalt, furchtbar kalt. Ich wickle mich schlotternd immer enger in die Sofadecke ein. Die beiden kreisenden Regale, in gigantische Ventilatoren verwandelt, haben die Temperatur ins Unerträgliche absinken lassen. Und die Blätter, die in alle Richtungen davonwirbeln, summen und pfeifen, zerreißen und sich zerreiben, scheinen diese Kälte mit ihrem Klagechor noch zu verstärken.

Unerklärlicherweise bleibt die Ecke, in die ich mich verkroch, weiterhin von der launischen Furie der Projektile verschont. Das Vitrinenfenster ist soeben unterm direkten Aufprall von zwei oder drei Alben zersprungen, und der Leuchter, von einem anderen Band getroffen, wurde heftig durch die Gegend geschleudert und verstreute dabei ringsum seine weißen Finger mit den langen Nägeln der vier Lichter. Zwei Kerzen verlöschten sofort. Eine der übrigen rollte brennend auf die Vitrine zu, vom Feuer der anderen brennt schon ein Haufen Albumblätter unterm linken Regal. Und jetzt brennt auch die Uniform.

Man möchte meinen, daß alles vorher mit einer brennbaren Flüssigkeit getränkt worden wäre, so schnell breiten sich die beiden Feuer aus. Dafür hat das Kreisen der Regale abgenommen. Auf die eben noch herrschende eisige Kälte folgt eine Woge erstickender Hitze. Noch ein paar Minuten, und die Atmosphäre wird unerträglich. Jetzt steht das linke Regal still, vom Boden bis an die Decke in eine einzige Fackel verwandelt. Ich muß die Falltür auf der anderen Seite erreichen: So schnell es mir gelingt, krieche ich durch Trümmer und Rauchschwaden, ziehe die Decke dabei fest um die Schultern. Doch jetzt fällt ein Funke auf den Zipfel des improvisierten Mantels, und schon steht er in Flammen. Der einzige Ausweg: ihn dem Feuer zu lassen. Vollkommen nackt stürze ich zur Falltür und lasse mich über eine Strickleiter hinuntergleiten.

Ich habe den Eindruck, als ob ich in den Laderaum eines Schiffes gefallen wäre. In einer Ecke über einem großen Haufen aufgerollter Seile verteilt eine Lampe ihr fahles Licht, das nicht mal die Ecken des Raumes beleuchtet. Alles erscheint unwirklich, die düsteren abgerundeten Wände verjüngen sich dem Hintergrund zu, als bildeten sie den inneren Rumpf eines Schiffes. Es riecht nach Stall, nach der Kaserne, nach einem Lebensmittellager; nach Weinkeller, nach Ölpresse; nach Kirche, nach Macht, nach Bahnhofshalle, nach dem Tunnel der Untergrundbahn. Es riecht nach allen Orten der Welt, die Leben speichern, das bereits zu verwesen beginnt. Trotz Laterne und Seilen scheint all dies völlig verlassen.

Ich gehe durch eine Art Korridor, der den riesigen Raum nach hinten in zwei Hälften teilt. Unmöglich, das Dach zu sehen, sogar die Falltür, durch die ich einstieg, kann ich nicht mehr entdecken. Und im selben Augenblick, ohne zu wissen warum, kommt mir der Verdacht, daß ich mit dem Kopf nach unten über das Deck eines Schiffes gehe, hoch oben in der Wölbung einer Kathedrale. Den Boden kann ich jetzt nicht mehr sehen, und diese steinernen Wände, die vor kurzem noch wie aus Eisen schienen, statt sich zu verengen, öffnen sich nun immer mehr der Tiefe zu. Ob ich mich noch lange halten kann? Oder werde ich gleich abstürzen? Dummheit! Es ist nur ein Schwindelanfall, der glücklicherweise nicht lange anhält. Schon erkenne ich ein paar Meter vor mir einen Bogen — ein Ausgang!

Jetzt befinde ich mich in einem niedrigen Gang — man könnte eher Tunnel sagen —, dessen Boden und Wände vollkommen der Decke gleichen, glatte Oberflächen aus gewachstem Holz, die, fast nicht zu spüren, wie in sanfter Kurve durch eine kreisende Bewegung herabgleiten… Langsam beschleunigt sich diese Bewegung, wird betonter, enger um eine unsichtbare Achse kreisend. Wie lange noch wird es auf dieser Spirale abwärts gehen? Wann habe ich die Fahrt begonnen? Wieder wird mir schwindlig, eine andere Art Schwindel. Mit geschlossenen Augen lasse ich mich fallen, die rechte Schulter an der Wand entlangstreifend, linke Hand vor dem Gesicht, fühle ich mit den Füßen einen Abgrund, der immer größer wird, als ob ich mich um mich selbst drehen würde, mich überstürzend, ein Wirbel, nichts als Ekel, ein Krampf, ein Sturz.

Plötzlich fühlen meine Füße flachen, ebenen Boden, ich löse die Schulter von der stürzenden Wand. Irgend etwas hindert mich am Fallen. Oder vielleicht fiel ich und stehe jetzt. Eine Zeitlang halte ich die Augen noch geschlossen. Als ich mich endlich entschließe, sie zu öffnen, bin ich wieder im Kaminzimmer.

Erst jetzt fällt mir auf, daß du einen Kamin im Haus hast. Keinem Menschen sonst würde das bei diesem Klima hier einfallen. Doch da ist er, der Kamin, mitten im Salon. Mit dem Rücken zur Eingangstür übersehe ich mit einem Blick den ganzen Raum, wird mir alles wieder bekannt: die dunklen Möbel, die weißen Wände, das Sofa, die zwei Tische, die beiden Truhen…

Da ist ja auch meine Wäsche auf einer der Truhen! Und die Sofadecke, vollkommen zerknittert, so wie sie unsere Körper zurückließen. Und da ist auch die Pistole auf einem der Tische. Und der eiserne Leuchter mit seinen vier unberührten Kerzen. Muß ich also von vorn beginnen, dich aufs neue suchen?

Doch die Pistole wurde benutzt; der Lauf ist noch warm; zwei Kugeln fehlen im Magazin. Die Kapseln liegen auf dem Boden. Und erst jetzt sehe ich voll Schrecken da vorn deinen Körper zwischen Kamin und Sofa liegen.

Woher kommt diese Musik? Ach ja, das Radio. Hast du es angestellt während meiner Abwesenheit? Oder hat die Musik eben erst angefangen? Es ist ein Satz aus einer Kirchenmusik. Eine Kantate? Ein Oratorium? Was es auch sein mag, ich weiß, daß du tot bist und daß die beiden Kugeln in deinem Körper stecken. Auf dem Rücken, mit offenen Augen, die Arme ausgebreitet, den Mund halb geöffnet, fließen zwei Fäden Blut deinen Hals herab, umzirkeln die Hügel deiner Brüste.

Ich knie neben dir. Jetzt begreife ich, daß man die Farbe des Ebenholzes mit der Farbe deines Haares vergleicht, den Bernstein mit der Farbe deiner Haut. Ich sage »Bernstein«, um zu sehen, ob ich dich wecke, und sage »Ebenholz«, um zu sehen, ob ich dich rühren kann. Schau' auf deine Lippen: Sag' »Erdbeere«. Schau' auf deine Brüste: Sag' »Nacht«, »Rad der Nacht« zu jeder. Schau' auf deinen Schoß und sag' noch einmal »Nacht«.

Die Kirchenmusik im Radio ist inzwischen verklungen. Jetzt

hört man die Stimme eines Sprechers, der einen offiziellen Bericht liest. Die Revolte ist niedergeschlagen. Völlige Ruhe im ganzen Gebiet. Die verantwortlichen Anführer sind festgenommen, mit Ausnahme von einem, den man abschießen mußte, als er auf der Flucht die Stadt zu erreichen suchte.

Und endlich lege ich mich an deine Seite. An deine Seite oder in dich hinein.

Übersetzung: FB

Maria Judite de Carvalho

VERANDA MIT BLUMEN

Die kleine Alte bückte sich leicht nach rechts und ließ die dunkle, zittrige, faltige Hand mit den gerieften Nägeln über das gesträubte Fell des Katers gleiten. Er gab ein kurzes Schnurren genießerischen oder auch nur gelangweilten Danks von sich, und sie lächelte leicht. Sie war ein Geschöpf, welches das Alter langsam gemacht hatte und womöglich auch gleichgültig gegen ihre Umwelt, mit Ausnahme einiger sehr weniger und für die meisten Menschen nichtiger Dinge, die indes für sie trotz allem wichtig, noch wichtig waren: der Kater, die Hitze der Sonne oder der Wärmflasche, die Tasse Tee am Nachmittag, die Spitze, die sie manchmal klöppelte, die Blumen auf der Veranda... Alles an ihr schien von großer Langsamkeit geprägt oder auch von einem völligen Mangel an Begeisterungsfähigkeit oder selbst an Willenskraft. Sie hatte Zeit, immer hatte sie Zeit, nichts war eilig. Wenn sich mit dem runzligen Gesicht ihre bereits entfärbten Lippen vermengten, die ja schon runzlig waren, bevor sie zu lächeln begannen, hatte sie bereits Zeit verbraucht, das Lächeln zu bedenken, es zu entwerfen, es endlich zu zeichnen. Man hätte meinen mögen, all das geschah, ohne daß sie es überhaupt ahnte, wußte. Und dann schwand es ebenso langsam und ganz allmählich aus ihrem Gesicht. Die Zeit war riesengroß und floh nicht. Die Zeit flieht nie, nur in der Angst der Menschen. Und schon fürchtete die kleine Alte nichts mehr. Was sollte sie fürchten? Den Tod? Die Flut hatte doch alle Taue zernagt. Keines hielt sie mehr fest. Daher trieb sie seit Jahren auf jenem dritten Stock eines verfallenen Hauses dahin, in dem sie mit einem fast ebenso alten Dienstmädchen und einem Kater wohnte. Und jeden Morgen erwachte sie näher. Näher woran? Sie wußte es nicht.

Sie saß in einem Sessel mit zartgedrechselten, in Kugeln endenden Beinen. Den Fußboden bedeckte der von so vielen Schritten verblichene, verbrauchte Teppich, der aus mehr Sackleinen bestand als aus Wolle. Eine Säule, ein Topf Begonien in einem gesprungenen, vergilbten Cache-pot aus Steingut und in einer Ecke ein altes Klavier mit einem Porträt darauf: sie vor zwanzig Jahren, die volle Brust blähte die weiße Bluse mit Stehkragen, blondes Haar umrahmte das pausbäckige, zufriedene Gesicht. Ein Sonnenstrahl kam von der Veranda, durchdrang die Netzvorhänge, die sie gemacht hatte und in denen zwei Cupidos spielten, breitete sich kariert über den Boden (da und dort waren die Schattenflecken der Stickerei zu sehen) und landete auf dem Satinkissen, auf dem der Kater von neuem entschlummert war — ob er überhaupt aufgewacht war? —, neben der Wärmflasche und den von Rheumatismus gewaltig geschwollenen Füßen der Herrin. Eine große bläuliche Mücke prallte hinter den Vorhängen gegen die unsichtbare, aber so leuchtende Wand, sie wehrte sich, rutschte mit taumelnden metallenen Flügeln an der Scheibe herunter, und der Kater spitzte interessiert die kleinen grauen Ohren. Die Alte sagte mit sanfter, langsamer, ein wenig zittriger Stimme:

»Na was denn, Katerchen, was denn... Es lohnt doch nicht. Es ist nur eine Mücke... eine einfache Mücke... Sei ganz still, ganz still...«

Dann verstummte das Geräusch. Sicherlich hatte sich das Insekt, nachdem es über den Fußboden geflirrt war, auf einem Möbelstück oder auf der dunklen Blumentapete der Wände niedergelassen. Und wieder versank alles in Stille.

Die trauertragende Frau mit ihren geschwollenen Augen, die auf dem Stuhlrand, genau auf dem Rand saß, als schicke auch sie sich an aufzufliegen, fühlte sich vergessen und hustete leicht, weil sie die Gewißheit hatte, daß, wenn sie das Schweigen bräche und ohne Ankündigung zu sprechen begänne, jene auffahren würde. Daher hustete sie. Ein kurzes, trockenes, völlig unechtes Hüsteln. Die kleine Alte hob den Kopf und sagte, langsam blinzelnd:

»Sie sind ja noch da... Ich hatte es vergessen, wie ist so was nur möglich? Ich hatte es ganz vergessen. Mein armer Kopf... Ich hatte gedacht... Verzeihen Sie, ja? So was!«

Die Besucherin öffnete ihre Handtasche und zog ein Taschentuch hervor, das sie rasch an die Augen hob. Sie solle nicht mehr daran denken, solle sich deshalb keine Sorgen machen. Das war doch ganz natürlich, schließlich und endlich. Ihr selber, und sie war ja noch jünger, war das auch schon passiert...

»Aber strengen Sie sich bitte an und versuchen Sie sich zu erinnern. Das ist so wichtig für mich, es ist, wie soll ich sagen, so... lebensnotwendig!«

Sie hatte mit Sanftmut zu sprechen begonnen, hatte die Stimme in der Luft schleppen lassen, ein wenig schmachtend wie ein Kind, das um ein Stück Kuchen bettelt, doch nun straffte sich ihre Stimme und wurde rauh, als fordere sie etwas, was ihr zustand, etwas, was ihr gehörte und weswegen sie gekommen war. Die kleine Alte indessen sagte, ohne förmlich zu werden, als ließe der Tonfall der Besucherin sie völlig kalt, als habe sie ihn überhaupt nicht wahrgenommen:

»Ich erinnere mich nicht. In meinem Alter ist das schwierig, wissen Sie? Nächsten Monat werde ich fünfundachtzig... Oder sechsundachtzig? Ich habe nie ein gutes Gedächtnis gehabt, nicht mal als junges Ding, wieviel weniger dann heute... Und dennoch...«

»Und dennoch?«

Fast wäre sie vom Stuhl aufgestanden. Die kleine Alte würde sich erinnern, der Schleier würde zerreißen, und das Licht würde erscheinen. Das Licht? Für sie würde es kein Licht mehr geben. Nie mehr. Die Dämmerung oder die schwarze Nacht war alles, was sie erwarten konnte. Aber die kleine Alte war am Rand eines Abgrunds voller Wolken stehengeblieben und konnte keinen Schritt weitertun.

»Ja, und doch ist da etwas«, sagte sie endlich. »Irgend etwas, was für Sie vielleicht wichtig ist und was mich damals beeindruckte. Wären Sie gleich gekommen, ich hätte mich bestimmt darauf besonnen. Aber jetzt, nach gut vierzehn Tagen... glaube ich, daß es... dahin ist. Ich bin fünfundachtzig, wissen Sie?«

»Nein, das kann nicht sein. Ich kam, sobald ich konnte, ich bin krank gewesen. Ich war...«

Es konnte nicht sein, es war unmöglich. Die Frau hatte alles gesehen, sie hatte es ihr doch selber gesagt, als sie sie eintreten sah. »Sie sind doch die Dame vom Haus gegenüber, nicht wahr? Die Mutter des kleinen Mädchens? Ich habe alles gesehen, ich stand ja am Fenster...« Alles hatte sie gesehen. Sie war die einzige Zuschauerin bei dem Unfall gewesen. Bei dem Unfall? Die Straße war eng, die beiden Häuser standen einander genau gegenüber, beide wohnten sie im dritten Stock. Nur war ihres ein Neubau mit Aufzug und dieses eine alte, teils unbewohnte Ruine mit weißen Zetteln an den gesprungenen Fensterscheiben, die nur auf den Tod der kleinen Alten wartete, um abgerissen zu werden. Die Mutter des augenblicklichen Besitzers war mit ihr befreundet gewesen und hatte ihr versprochen, man würde sie nicht auf die Straße setzen, solange sie am Leben sei. Alle wußten es, die gesamte Nachbarschaft war im Bilde. Niemand hatte das Kind mehr gesehen, nur sie, die zu jener Stunde auf der Veranda stand und ihre Blumen begoß. Die anderen hatten sich darauf beschränkt, die ausgerenkte Gliederpuppe zu betrachten, die auf die Straße gestürzt war.

»Es ist dahin«, wiederholte die kleine Alte seelenruhig. »Dahin und weit zurück, am Ende eines ganz weißen Weges, an den ich mich überhaupt nicht mehr erinnern kann.«

»Sie müssen sich aber daran erinnern. Hören Sie, haben Sie es nicht vielleicht Ihrem Dienstmädchen erzählt?«

Die kleine Alte schüttelte den Kopf, und nun fiel der Besucherin ihr weißes, schon schütteres und sorgfältig über den rosafarbenen Schädel gekämmtes Haar auf. O nein, sie hatte ihr nichts erzählt. Sie war so taub, aber so taub, das arme Geschöpf — »dabei ist sie jünger als ich, hören Sie, sie ist ja bloß siebzig« —, daß sie alle Anweisungen für sie aufschrieb. Sie konnte nicht schreien, das hatte sie nie gekonnt. Und jetzt weniger denn je…

»Sie sind aber sicher…«

»Das schon, absolut sicher. Weder ihr noch jemand anderem. Seit fast einem Monat bekomme ich keinen Besuch mehr. Es ist kalt, nicht wahr? Meine Freundinnen — die wenigen, die mir verblieben sind — sind auch nicht mehr jung…«

Die Frau trat auf den Sessel zu, in dem die kleine Alte von neuem selbstvergessen lächelte.

»Senhora Dona, verzeihen Sie mir, wie ist noch Ihr Name?«

»Ich heiße Cristina. Cristina Rita, zu Diensten.«

»Senhora Dona Cristina, ich werde Ihnen alles erzählen, und Gott weiß, Gott weiß, was es mich kostet.«

»Aber es interessiert mich nicht, meine Senhora, es interessiert mich überhaupt nicht. Ich lebe in meiner Wohnung, ich kenne wenig Leute. Die mir befreundeten Damen, die mich besuchen, um mich zu unterhalten, wie sie sagen, um mir Gesellschaft zu leisten, ermüden mich nur. Mit fünfundachtzig Jahren. Wenn ich es könnte, ich würde Ihnen alles sagen, was Sie wünschen, glauben Sie mir. Ich kann es aber einfach nicht. Ich mag noch so sehr die Erinnerungen aus dem Brunnen heraufziehen wollen, sie kommen nicht an die Oberfläche. Sie sind versunken, tief drunten. Wozu wollen Sie mir schwierige Dinge erzählen? Was haben Sie davon? Das arme Kind ist tot, und alles andere interessiert nicht mehr.«

Die Frau richtete sich auf ihrem Stuhl auf, seufzte.

»Sie haben mein Kind fallen sehen…, nicht wahr? Sie haben zu ihm hinübergeschaut, oder nicht? Sie haben gesehen…, wie es sich hinunterstürzte?«

Und sie weinte.

»Na, na…« Die Stimme der kleinen Alten klang besänftigend, beschwichtigend. »Sie müssen sich beruhigen. Was können Sie denn noch tun? Es war ein Engel, jetzt ist es im Himmel.«

»Es war einer. Es muß dort sein. Wenn es einen Himmel gibt, muß es dort sein.« Das waren barsche, zornige Worte. »Wäre es nicht ein Engel gewesen, es wäre zu dieser Stunde noch am Leben.«

»Aber wer sagt Ihnen denn, daß es kein Unfall war, daß es sich nicht herausgebeugt hat und einfach gefallen ist? Ich weiß es nicht, erinnere mich nicht, es kann aber doch so gewesen sein.«

»Und wer sagt mir, daß es nicht das andere gewesen ist, das, was ich befürchte? Ich habe das Kind nicht erzogen, wie ich sollte, habe es einen Engel sein lassen, und das hat in diesem Leben keinen Sinn. Es ist nicht für Engel geschaffen, das Leben. Die Luft ist ungesund, wir müssen hier drinnen eine gute Dosis Mikroben haben, um gegen die da draußen kämpfen zu können. Die kleine Gina war ohne Schutz. Und ich war ganz schrecklich unvorsichtig.«

»Fassen Sie Mut. Nun ist's zu spät, nicht wahr?«

»Ist es? Sie haben recht, natürlich ist's zu spät.«

Nachdenklich verstummte sie einen langen Augenblick. Dann sprach sie wieder, diesmal sehr rasch.

»Ich hatte nur sie, ich schwöre, daß ich nur sie hatte, für sie lebte ich, für sie arbeitete ich. Ich bin Witwe seit vier Jahren. Und bin fünfunddreißig Jahre alt. An jenem Nachmittag kam eine mir befreundete Person ins Haus, ein Mann. Ich dachte, Gininha sei ausgegangen; es fiel mir nicht auf, daß es ein freier Tag war, denn schon morgens hatte sie keinen Unterricht gehabt. In einem bestimmten Augenblick hörten wir einen dumpfen Knall, als hätte eine riesige Hand auf einen Tisch geschlagen und Stille gefordert. Dann ein Schrei, viele Schreie auf einmal. Ich rannte ans Fenster und sah sie. Sah sie, verstehen Sie?«

Sie bedeckte das Gesicht mit den Händen, Augenblicke lang blieb sie stumm, ohne sprechen zu können. Die kleine Alte sagte:

»Das muß furchtbar gewesen sein für Sie.«

»Es war furchtbar. Sie war meine einzige Tochter und war elf Jahre alt. Er bedeutete mir nichts oder sehr wenig. Ich wollte ihn nie mehr sehen, nie mehr will ich ihn sehen. Sie war elf Jahre alt, meine Senhora. Sie wußte nichts vom Leben, nichts. Und ich war stolz darauf, stellen Sie sich das vor...«

Die kleine Alte zog die weißen Brauen hoch.

»Da war irgendeine Einzelheit, ich weiß, daß da so was war. Aber was?«

»Ein Ausdruck des Entsetzens vielleicht? Tränen? War sie vielleicht bleich wie eine Tote? Sie wurde so, wenn sie einen heftigen Schock bekam. Sie war ein so nervöses, sensibles Kind. Vielleicht sahen Sie sie auf die Straße hinunterspringen oder sich langsam hinausbeugen... Ob sie vielleicht etwas entdeckt hatte, was sie interessierte, diese Gaukler, die mitunter durch die Straßen ziehen und Kunststücke auf einem Teppich machen?« fragte sie mit plötzlichem Drängen. »In jenem Augenblick achtete ich auf nichts anderes... Ich sah nur Sie, ich glaube, ich sah Sie, bevor ich hinunterblickte. Sie hatten noch die Gießkanne in der Hand. Denken Sie nach, ob Sie sich nicht erinnern können...«

»Sie war ein bißchen, als sei sie meine Enkelin, verstehen Sie, eine Enkelin, die ich nur vom Sehen kannte. Sie lächelte mir immer zu, und auch ich lächelte ihr zu...«

Die Frau stand jetzt, streckte ihr die kalte Hand entgegen. Sie solle sich nicht bemühen, sie wußte, wo die Tür war.

»Aber versprechen Sie mir, daß Sie sich Notizen machen, sobald Sie sich an etwas erinnern, ja? Und wenn Sie mir erlauben, sofern ich Sie nicht belästige, komme ich morgen wieder.«

»Kommen Sie wieder, sooft Sie wollen, meine Senhora. Ich gehe nie aus. Aber ich glaube, es ist alles dahin.«

Die Wohnungstür schlug leicht zu, und die kleine Alte zuckte zusammen. Die blaue Mücke summte wieder, schlug gegen die Scheibe, dann rutschte sie daran herunter. Der Kater streckte sich, schielte mißgelaunt nach dem Insekt, schloß von neuem die gelben Augen. Auch die kleine Alte schloß die ihren, der Kopf sank ihr auf die Brust, und sie schlummerte ein.

Übersetzung: CMC

Herberto Helder

THEOREM

El-Rei Dom Pedro, der Grausame, steht am Fenster über dem Platz, den das Denkmal des Marquês Sá da Bandeira beherrscht. Dieser irre, unschuldige und brutale König gefällt mir. Sie haben mich auf die Knie gezwungen, die Hände auf den Rücken gebunden, doch ich hebe ein wenig den Kopf, drehe den Hals nach links und sehe das wüste, melancholische Gesicht meines armen Herrn. Unterhalb des Fensters, an dem er steht, gibt es ein zweites im manuelinischen Stil, eine Reliquie, ein kostbares steinernes Werk, das der Zeit widersteht. Dom Pedro wirft einen zerstreuten Blick über den von Soldaten abgeschlossenen Platz. Sieht die monströse Seminarkirche mit ihren überladenen Erkern und Glasfenstern, sieht die Tauben auf Armen und Kopf des Marquês und mich zwischen einigen seiner Männer knien. Der König betrachtet mich mit Wohlwollen. Ich wurde verurteilt, weil ich der Mörder einer seiner Favoritinnen war: Dona Inês. Irgend jemand wollte mich verteidigen. Sagte, ich sei ein Patriot. Einer, der das Reich vor dem spanischen Einfluß retten wollte. Unsinn. Das Reich interessiert mich nicht. Ich tötete sie, um die Liebe des Königs zu retten. Dom Pedro weiß das. Wieder schaue ich zum Fenster hinauf, an dem er lehnt. Er macht einen Scherz. Alles lacht.

»Bereitet mir diesen Hasen zu, ich habe Hunger.«

Der König spielt auf meinen Namen an. Mein Name ist Hase.

Was hat dieser Mann für unser Werk getan! Er trug den Leichnam der Geliebten auf dem Rücken des Volkes von einem Ende unseres Landes zum anderen, und Fackeln und Feuergesang begleiteten ihn. Es war ein schreckliches Schauspiel, doch Städte und Dörfer genossen es.

Irgendwer befiehlt mir, aufzustehen und meinem Herrn zu danken. Ich richte mich auf, genau dem Gebäude gegenüber. Zu ebener Erde sehe ich das Schild des Barbiers, sehe den Barbier selbst; mit seinem roten Schnurrbart kommt er an die Tür, um sich an meiner Qual zu weiden. Ich sehe das manuelinische Fenster und den König eingemauert zwischen den Blöcken der Nachbargebäude.

»Herr, ich danke Dir für meinen Tod. Und schenke Dir den Tod der Dona Inês. Er war notwendig, um Deine Liebe zu retten.«

»Ausgezeichnet«, antwortet der König. »Reißt ihm, von rückwärts, das Herz aus dem Leib und bringt es mir!«

Wieder knie ich mich hin und sehe breit vor mir die Füße des Henkers. Ich unterscheide die Stimmen des Volkes, seine simple Erregung. Sie suchen eine Stelle auf meinem Rücken, um den Dolch hineinzustoßen. Ich zittere vor Kälte. Es ist der Dolch, der ins Fleisch drang und einige Rippen zerschnitt. Ein Schlag durchschüttert meinen Leib, und ich erkenne mein Herz in den Händen des Henkers. Ein Page des Königs hält das gehämmerte Silbertablett mit den dampfenden Herzen darauf über meinem Kopf. Die Menge schreit und applaudiert, nur das Gesicht des Königs ist traurig. Doch zugleich zeigt es tief innen ein geheimes Licht des Triumphes. Ich begreife, wie all das ineinandergreift, wie sich notwendig die Dinge vollenden müssen. Oh, ich habe keine Angst. Ich weiß, ich werde zur Hölle fahren, denn mein Land ist katholisch, und ich bin ein Mörder. Ich tötete aus Liebe zur Liebe, und das ist vom Geist des Bösen. Auch der König und die Geliebte sind höllische Kreaturen. Nur Dona Constança, die Gemahlin des Königs, ist himmlisch, Kunststück bei dieser Harmlosigkeit, dieser Dummheit, dieser Demut allen Beleidigungen gegenüber. Ich verachte die Königin.

Der Page steigt die Stufen hinauf, mit dem Tablett, auf dem mein Herz liegt, eine blutige, dampfende Molluske. Dom Pedro dreht sich um. Das Tablett wird auf dem Fensterbrett sichtbar. Sanft lächelt der König über mein Herz, hebt es in der Rechten hoch, zeigt es dem Volk, und das Blut rinnt ihm zwischen den Fingern über das Handgelenk. Man hört Beifall. Wir sind ein barbarisches und reines Volk, und es ist eine große Verantwortung, einem solchen Volk vorzustehen. Glücklicherweise ist unser König seiner Aufgabe gewachsen, er versteht unsere dunkle, fromme, der Erde gehörige Seele. Wir sind auch ein glaubenseifriges Volk. Wir glauben an den Krieg, an die Gerechtigkeit, an die Grausamkeit, an die Liebe, an die Ewigkeit. Wir sind alle Narren.

Ich fiel mit der rechten Gesichtshälfte auf das Trottoir, und wenn ich die Augen wende, kann ich ein Stück des sehr blauen Himmels über den Dächern sehen. Eine Taube fliegt am manuelinischen Fenster vorbei. Der Ton einer Autohupe schwebt poetisch durch die Luft. Es ist Junianfang. Noch haben wir Frühling. Die Erde schwillt von Säften. Die Erde ist ewig. In meiner Umgebung macht man obszöne Bemerkungen. Jemand schlägt vor, mir den Penis abzuschneiden. Ein Junge fragt den König, ob sie es tun dürften, doch der lehnt ab.

»Nur das Herz«, sagt er und hebt das Herz nochmals hoch. Dann beißt er wütend hinein. Die Menge deliriert, läßt ihn hochleben, beschimpft mich Mörder, Hund und verschreibt meine Seele dem Teufel. Ich wollte, ich könnte mich bei meinem Volk, dem barbarischen, reinen, für seine guten, wütenden Worte bedanken.

Ein dünnes blutiges Rinnsal fließt am Kinn des Königs herab, seine Kiefer bewegen sich ein wenig. Der König ißt mein Herz. Der Barbier mit dem blonden Schnurrbart hat seinen Laden verlassen und sich in seiner weißen Schürze mitten auf den Platz gestellt. Er sieht zu, wie Dom Pedro mein Herz verzehrt, mein Herz, voll von Einsicht der Liebe und von Sinnes für die Ewigkeit. Ungerührt nur ist der Marquês Sá da Bandeira, grün geblieben und kolonial, auf seinem Piedestal aus Granit. Die Tauben umfliegen ihn, setzen sich auf seinen Kopf und seine Schultern und scheißen auf ihn. Nachdem Dom Pedro der Menge noch einiges über Verbrechen und Gerechtigkeit gesagt hat, zieht er sich zurück. Das Volk klatscht ihm noch einmal Beifall, dann zerstreut es sich. Auch die Soldaten gehen, und ich bleibe allein und begegne der herannahenden Nacht. Diese Nacht gehört uns, dem König und mir. Wir werden meditieren. Wir sind beide Weise, auf Kosten unserer Verbrechen und der gemeinsamen Liebe zur Ewigkeit. Der König wird schlaflos in seinem Zimmer liegen, wissend, daß er für immer mein Opfer lieben muß. Vielleicht erschöpft sich seine Inspiration nicht daran, vielleicht wird er immer grausamer und inspirierter. Sein Körper wird von der Kraft des inneren Feuers schmelzen, und seine Leidenschaft wird immer grenzenloser und reiner. Auch ich werde wachsen in meinem Tod, ich werde weiterwachsen im König, der mein Herz gegessen hat. Dona Inês hat unsere Seelen übernommen. Sie verläßt den Leib und wird zur Quelle, zur Flamme. Allmählich tritt sie in die Legende der Städte ein. Nichts ist so unbestechlich wie ihr Tod. Den Schmelztiegel der Hölle werden wir drei in Lauterkeit bestehen. Das Volk nur wird uns als Nahrung empfangen — von Generation zu Generation. Keiner braucht Mitleid zu haben. Und Gott hat hier nichts zu suchen.

Übersetzung: FB

Maria Gabriela Llansol

DIE UMZINGELTEN KÖRPER

Das Haus war drei Meter lang. Estevão hatte es am Vorabend vermessen, von der Stelle an, wo Isaac auf einem leeren Sack schlief, wobei ihm der Kopf zurück- und der Mund zufiel, bis zur anderen Wand auf der Höhe, wo die Decken Pedros und Catarinas Körper mit fiktiver Einsamkeit bedeckten.

»Vor diesen Decken sind Mäuse nicht zu unterscheiden«, hatte Natália gesagt.

Dann hatte Estevão die Breite gemessen, zwei Meter, an deren Ende das mit Brettern und Balken zugenagelte Fenster aufragte, im zerfallenden Licht des Halbdunkels.

»Stark ein Quadratmeter pro Person«, hatte Estevão gefolgert.

Unter den Decken spürte Catarina, wie ihr Kopf auf Pedros ein- und ausatmender Brust sich hob und senkte, dazu spürte sie Hunger, der ihr auf den Magen schlug, nach totem Fleisch und zugleich nach lebendem Vieh.

»Wir sind jetzt hundertundneunzig Tage hier«, sagte Pedro. »Die Tiere sind tot.«

»Nun sterben wir.«

»Noch vor kurzem, als wir uns umarmten, mußten wir am Leben sein. Auch morgen werden wir am Leben sein.«

»Ja. Um uns zu umarmen.«

Estevão saß wie gewohnt — eine Gewohnheit seit zweihundertunddreiundvierzig Tagen — auf einer trommelähnlichen Bank und blickte auf das Fenster, in dem das Licht sich in den Brettern verfing und die Bretter sich im Licht verfingen.

An einem Montag hatten sie ihn in den Innenhof geführt. Sein Hund saß unter dem Apfelbaum (dem einzigen Baum), an einen Strick gebunden, der seinen Hals umschlang und an seinem weißen Leib bis zum äußersten Ende der Pfoten entlanglief wie der Strick eines Mönchsgewands.

»Ich werde ihn töten«, hatte der Wärter Mirtos gesagt.

Der Hund zog an dem Strick. Auf der Erde lagen ein paar Blüten. Er trat darauf und wirbelte sie bisweilen hoch. Dann stiegen die Blüten den Zweigen entgegen, von denen sie gefallen waren. Estevão hatte Übelkeit empfunden wie die Blüte eines menschlichen Apfelbaums. Dann hatte der Wärter Mirtos geschossen, und der Hund war reglos liegengeblieben, parallel zu dem Strick.

»Warum erlauben wir, daß sie sich lieben, unter unseren Decken, sozusagen vor unseren Augen?«

Natálias Schal hatte ein Loch, das jede Nacht größer wurde, denn sie hatte mit der Zeit einen Finger hindurchgebohrt und drehte ihn in dem farblosen Gewebe.

Zwei Tage später hatte ein Wärter auch sie zu einem Gang im Hof geholt. Hatte gesagt, sie solle gleichmäßige Schritte machen, nicht stehenbleiben, es sei denn unter dem Apfelbaum. Sie hatte um einen Spaten gebeten, um Estevãos Hund zu begraben, auf dessen Körper die feucht gewordenen Blütenblätter wie Mücken klebten. Über ihm hatte der Baum seine Blütezeit abgedient.

Der Innenhof grenzte in den vier Himmelsrichtungen an niedrige Häuser und Mauern. Hier und dort, zumal vor dem Haus, das sie auf sechs nichtswürdigen Quadratmetern zusammenpferchte, schauten im Pflaster unregelmäßige, sinnlose Mulden staubiger Erde hervor.

»Wo?« fragte der Wärter.

»Irgendwo, wo Erde ist, um einen Toten zu begraben«, antwortete Natália.

»Einen toten Hund.«

Isaac stellte die Füße auf das vierte Brett, von der Wand aus gerechnet, auf ein Brett mit vereinzelten Ästen, die, von oben verkleinert gesehen, abgesägten Stämmen glichen.

»Und zwar vor der Nacht«, gab er Natália zurück.

Bis zum fünfundzwanzigsten Abend hielt er die Hand in der rechten Hosentasche, einem weichen Dreieck, dessen Gewicht er nicht auf dem Bein spürte, und drückte die Gladiolenzwiebel, die man ihm beim Durchsuchen zufällig nicht abgenommen hatte. Dann war er im Hof umhergegangen, verfolgt von einem Wärter, zwar nicht von dem, der Estevãos Hund getötet hatte, sowie von der fixen Idee, er müsse die Erde der vor dem zugenagelten Fenster liegenden Mulde aufschürfen, und wäre es mit den Fingern, um die

Zwiebel zu verscharren. Er hatte das Loch mit der Spitze seines am wenigsten zerrissenen Schuhs aufgekratzt. Die Erde war dicht über den Boden gesprungen und hatte etliche Steine bedeckt, die sie von anderer Erde trennen würde, sofern nicht der Wind sie in eine unvorhergesehene Richtung trieb.

Jetzt wartete Isaac, daß die verborgene Gladiole keime, er saß im Schatten der Mauer unter dem Fenster, dessen Karos das Licht vorübergehend zerschnitt, weil seine Strahlen sich gleich darauf im Hausinnern trafen und sich nebeneinanderlegten.

Er ahnte undeutlich, daß keine Zeit über sie hinfloß, nur die, welche das Wachstum der im Staub des Hofes begrabenen schuppigen Zwiebel verhinderte, die natürliche Liebe Pedros und Catarinas und die Wiederholung des Augenblicks, in dem der Wärter Mirtos das Essen brachte und den Abfalleimer holte.

Der Eimer war der Schandfleck des Hauses, versteckt im Schutz eines halben Fasses, das noch immer Weingeruch verströmte. Estevão deckte ihn stets mit einem leeren Getreidesack zu.

»Er hat mir meinen Hund getötet.«

Natália stand auf und blieb vor der gegenüberliegenden Wand stehen. Sie ritzte mit ihren langgewachsenen Fingernägeln darüber. Spitze Töne durchstießen die Stille.

»Ich wollte ihn begraben, konnte es aber nicht. Sie haben die Erde in kleine Vierecke geteilt und in jedes einen Stein gesteckt.«

»Hör auf damit«, sagte Pedro, um die Stille zu befreien, in der er eine stärkere Wirklichkeit, Catarinas Körper, betastete. Ein Falter flog durch eine Spalte im Fenster herein. Landete auf dem entblößten Handrücken Catarinas, die sah, daß er klein war und grau wie die Decken.

Catarina war die erste der fünf, die im Hof spazierenging. Gequält von dem Gedanken, man könne sie von Pedro trennen, war sie hinausgetreten, nicht begreifend, warum man ihr befahl, auf den aufrecht stehenden Steinen zu gehen, die ihre fast bloßen Füße marterten, statt sie in einem gesonderten Haus einzusperren. Ein glaskalter Windhauch fuhr ihr übers Gesicht, riß ihren Rock rückwärts und ließ ihr Haar winken. Gras sproß zwischen den Pflastersteinen, zaghaft und verbrannt vom Frost. Dann umschwirrte ein Insekt ihren Kopf. Der Wärter Mirtos gab ihr ein Zeichen, und sie ging ins Haus zurück. Blickte in die Ecke, wo ihr Zelt lag, zwei dunkle Decken mit helleren Flickstellen, die Flügel eines erlahmten Falters. Draußen hörte man die Stiefel der Soldaten ihren Sieg auf den rissigen Boden hämmern.

Es war stickig unter den zerschlissenen Decken, menschlicher Geruch hing an ihnen, verhaltener Atem und Schweiß. Pedro öffnete die Augen, und, unter die Umrisse des Gewebes geduckt, ließ er ab von Catarinas Körper. Setzte sich auf. Die Decke glitt von seiner Brust herunter. Entblößte einen Fleck und einen Riß am Ärmel des Nachthemds. Auch die anderen blieben sitzen, botanische Gattungen, die zwischen den Blättern eines Herbariums trockneten.

Er war im Hof spazierengegangen, bald nordwärts, bald südwärts, bald ostwärts, bald westwärts, weil der Spielraum beschränkt war und er unablässig die Richtung wechseln mußte. Die von sechs Quadratmetern betäubten nutzlosen Beine wurden ihm schwer. Man hatte beschlossen, im Haus sollten alle außer einem sechsmal am Tag mit angezogenen Beinen dicht an der Wand sitzen, während jener im längsten Teil auf und ab ging. Immer marschierte der Wärter hinter ihm, das Bajonett so dicht in seinem Rücken, daß er, sofern er plötzlich stehenblieb, ihn mit der sonnenspiegelnden, messerscharfen Spitze ritzte.

Der Wärter Mirtos öffnete die Tür, stellte einen Behälter mit Essen auf den Boden und nahm den Abfalleimer mit. Sie setzten sich ringsum. Augenblicke lang wich der Hunger vor dem wogenhaft aufsteigenden Gestank der Übelkeit. In der Flüssigkeit schwammen Kartoffelschnitzel. Natália dachte an die Kartoffeln, die sie geschält und die ihr Mann geerntet hatte in dem Garten, wo er getötet worden war; sie waren fast immer erdig gewesen, und ihre Hände hatten nach Erde gerochen. Die Schalen waren auf den Teller gefallen, kastanienfarbenes Geringel, das sich hin und wieder unterbrach.

Sie teilte die Suppe aus, zwei Schöpflöffel für jeden Emailteller mit rostgerieftem Rand.

»Die Zwiebel gibt nichts her«, sagte Isaac.

»Immer die gleiche Schweinerei«, fügte Pedro hinzu (das Fett löste Ekel in ihm aus, der in den anderen widerhallte, und noch stärker in der Zelle). Schon waren die Decken und darunter Catarinas Körper kein auf dem Fußboden ankerndes Boot mehr.

Alle fünf legten sich dicht an den Wänden auf den Boden, voller Angst vor der Oase der Stille, die bald die Grenzen des Hofes verwischen würde. Natália erinnerte sich an ihr Zwiegespräch mit ihrem toten Mann beim Zubettgehen:

»Morgen früh um fünf. Weck mich zehn Minuten vorher, damit ich Zeit habe, das Bett zu genießen.«

»Und wenn ich nicht wach bin?«

»Du wachst schon auf.« (Männer waren Egoisten.)

»Genieße das Bett vor dem Einschlafen.«

»Du läßt mich ja nicht.« (Das Gegenteil war der Fall, aber er gefiel sich in dieser Behauptung.)

Natália erwachte aus ihren Gedanken. Es schmerzten ihre Druckstellen am Rücken, hervorgerufen von den harten Brettern und blau wie der Himmel einer Papierkrippe. Ihre Finger waren ausgedörrt in der Nacht, durchjagt von Zeitlosigkeit, die von der Weihnacht nur den Stallgeruch besaß. Sie fühlte den Fall der Schneeflocken voraus, Myriaden sechseckiger Kristalle, die sich in den kahlen Apfelzweigen erhängten.

Pedro und Catarina atmeten ohne Erwartung, die Decken ließen ihre Münder frei.

»Die Zwiebel stirbt mir ab«, sagte Isaac.

Im Hof häufte sich wahrscheinlich jetzt der Schnee auf dem Pflaster und deckte die ausgetrockneten Mulden mit Sternen. Isaac stand auf und spähte durch die Bretterritzen des Fensters. Unsichtbar unter der kasteiten Finsternis, hing ihm die Decke von den Schultern. Die Wärter stampften den Schnee mit dem Gewicht ihrer ausschreitenden Stiefel. Natália stöhnte. Estevão streckte die Hand aus und berührte sie am Ellbogen. Natália wich ihm aus, bis ihr Körper an die Wand stieß. Estevão gab es auf, sie trösten zu wollen. Er fühlte, wie die Flocken fielen und den aufgekommenen Wind besänftigten. Der Himmel verfiel in seinem ruhenden Schnee und erstarb in den Lachen, in denen Überreste und Unrat plätscherten.

Wieder legte sich Isaac nieder, schweigsam, sein Körper verkrümmt wie ein Embryo nach vollendeter Zeit.

Im Morgengrauen öffnete der Wärter Mirtos die Tür. Die fünf setzten sich auf, in angstdurchschüttelter Verwunderung.

»Nur ein kleiner Spaziergang«, sagte Mirtos. »Für Natália.«

Natália packte ihren Schal und hüllte sich hinein. Die Fransen, spärlich und schmierig, fielen über ihre Knie.

»Sieh nach der Gladiole.«

Der Morgen, schon tot vor der Geburt, erstand in der Dauer gewohnter Stille.

Sie saßen und lauschten Natálias Schritten, Schritte fast nackter Füße auf dem schmerzenden Pflaster. Plötzlich fiel mancherlei Licht, ergoß sich durch die Fensterritzen, geweckt von sämtlichen eingeschalteten Scheinwerfern.

»Das machen sie immer«, klagte Catarina.

Sie rieb sich die von der schlaflosen Nacht verbrauchten Augen und betrachtete Estevão, Isaac, Pedro — neben ihr —, und sogar Natálias Abwesenheit.

Das Gedächtnis allein vermochte sie daran zu erinnern, warum ihre Armut von zweihundertundvierundzwanzig Tagen ihr nur erlaubt hatte, die Decke in der Zelle zurückzulassen, die wie die der anderen mit Asche eingerieben schien.

»Könnte ich doch Licht sehen«, sagte Pedro.

»Und es fühlen«, fügte Estevão hinzu. Doch dann dachte er, es sei nicht angenehm, es mit frostgeschwollenen Zehen und Fingern zu fühlen.

Ein Wärter kam und brachte Natália nicht mit. Catarina, Estevão, Pedro und Isaac, die auf dem Boden kauerten, als wollten sie keinen neuen Tag beginnen, hoben die Köpfe, um sein Gesicht mustern zu können (auf Höhe ihrer Augen starrten seine Stiefelschäfte, darin der grünliche Stoff seiner von geschmolzenem Schnee nassen Hosen).

Er warf einen Schal unter sie. Der Schal fiel neben Estevãos Knie, eine seiner Fransen breitete sich über Catarinas Bein, die unter ihrer geteilten Decke auftauchte.

»Sie wollte fliehen, und ich habe sie getötet«, sagte der Wärter.

Isaac machte eine wörtliche Übersetzung, bei der sich seine Stimme verkrampfte.

Catarina zog die Decke über den Kopf. Und begann zu weinen,

eine Hand preßte sie auf den Mund und wandte den Körper ab von Pedro, um auch ihre Sinne zu bedecken. Der Wärter ging hinaus. Hinter seiner linken Schulter deutete die Klinge des Bajonetts auf die Decke, auf deren äußerem Teil der im wäßrigen Schnee versunkene Himmel ruhte.

»Verflucht seist du in der Stadt und verflucht seist du auf dem Feld, bei deinem Eingang und deinem Ausgang. Baue ein Haus und bewohne es nicht. Pflanze einen Weinberg und ernte nicht!« schrie Isaac, die Bannflüche seines Gesetzes wiederholend.

»Lähmungserscheinungen durch sechs Quadratmeter«, sagte Estevão.

Pedro griff nach dem Schal und entfaltete ihn. Mehrere gleiche Blumen mit vier kreuzförmigen gelben Blütenblättern, doch so klein, daß sie in einen Ring gepaßt hätten, waren an der Wolle haftengeblieben. Sie deckte ein schneeiges Leichentuch, das sich bald in Wasser verwandeln und sie befreien würde. Durch ihre auf der Erscheinung ruhenden Augen vereint, wohnten sie der Verschmelzung ihrer Teilchen bei.

Gegen Abend holte Mirtos den Abfalleimer. Auf dem Gewebe des Schals war das Wasser getrocknet, und die Blumen begannen zu welken.

Übersetzung: CMC

Maria Velho da Costa

NACHTWACHE

»Wenn deine Strahlen sich von der Erde entfernen
und dein Weg ist unterbrochen
und du lehnst dich zur Ruhe an den Horizont,
dann überfällt Finsternis die Erde
wie die entschlafenen Toten in ihren Gräbern
wie die Toten mit verschleiertem Gesicht
die dem Raub der Opfergaben beiwohnen
wie die Toten, die nicht mehr essen.

Alsdann verlassen die Raubkatzen ihre Höhlen
Schlangen verweilen reglos im Gefängnis des Schlafs
die Strahlen sind Finsternis
und still ist die Erde
denn er, der alle Dinge erschuf
ruht aus an seinem Horizont.«

Amenophis IV, *Sonnengesang*

Die Bäume glitten schnell vorbei, lautlos und gleich vorüber, und gleich darauf andere im Licht der Scheinwerfer. Weit vorn und immer nah und gleich daran vorbei war vollkommen stille Schwärze, so sichtbares Nichts, daß es Angst machte, denn vieles von dort her aus den verdorrten Weiten konnte über sie herfallen, von dort aus den niedrigen Bäumen. Es war heiß im Wagen, und das schnelle Schaukeln machte müde. Er aber beobachtete mit seiner Krausnase aufgeweckt das Gesicht des Vaters, das gut zu erkennen war, dunkelgrau, allmählich gelb, und das immer ernst blieb, wenn das Gebrause der aus der entgegengesetzten Richtung kommenden Autos anschwoll und gleich darauf nachließ und man erleichtert war, wenn es dicht an ihnen vorbeigerast war. Die Lampen, zwei nahende, blindmachende Punkte, ohne indes mehr als Dunkelheit zu zeigen, so daß man die Augen schließen mußte, wurden manchmal nicht abgeblendet, was doch Vorschrift war, und der Vater sagte: »Idiot«, und er, betont und mit tieferer Stimme, die noch ganz die Klangfarbe seiner Mutter hatte, wiederholte:

»Der Typ ist ein Idiot«, und drehte sich nach hinten um und versprach, daß er den abstechen würde, und sah seinen Vater wieder an und ordnete, genau wie dieser, still seine kleinen Gesichtszüge, und dann blickte er wieder geradeaus in die eilende Dunkelheit. Weißer Strich nach weißem Strich und sie immer auf derselben Seite und das Dröhnen in den schweren Stiefeln, auf dem bebenden Boden, im ganzen Körper.

Die bunte Strecke der Straße, wo es so viel zu fragen gegeben hatte, lag längst hinter ihnen, die Leuchtreklamen auf ihren von der Dunkelheit verschluckten Gerüsten, die riesigen roten Wörter, die über den Rand und darüber hinaus blau verschwammen. Plappernd und aufmerksam war er auf dem Vordersitz hin- und hergerückt, voller Freude, an der Seite seines Vaters die Reklamen auf den Gebäudedächern zu sehen, die riesigen vornehmen Tassen, aus denen ein ruckender Strahl Glitzerpunkte floß, die hochaufgerichteten schwierigen Wörter ohne Bilder, die Plastikschilder mit gewaltigen Flugzeugen, mit Farben bemalt, die, wie er schon wußte, für nachts waren, und die traurig wurden, sowie das Licht der Scheinwerfer sie verließ.

Die Tankstellen waren, bevor die große Nacht begann, voller Männer, beschäftigt mit verschiedenen Aufgaben, mit ihren klirrenden Einfüllrohren, ihrem heißen Benzingeruch, den Aufschriften, daß Feuer gefährlich ist, den schmutzigen Lappen, die die breite Scheibe putzten, ganz nah vor dem Gesicht hier auf dem Vordersitz neben seinem Vater, der zufrieden schien, und nach so vielen Dingen war zu fragen und die Stirn zu runzeln und die Augen eng zu machen, so viele andere Dinge noch auf dem Sitz mit dem Vater, der hier eher antwortete als sonst.

Aber jetzt, das so bekannte und nur beneidete Lenkrad, daß es sich viel später, aber nur beim Spielen lohnte, daran zu denken, und ebenso sehr an das Sich-nach-vorne-Setzen und den Wagen ohne eins dieser durchsichtigen Geheimnisse, wenn man sie nur ein bißchen verstand, auf den Ausflügen tags mit der Familie zwischen ihm und seinem Vater, jetzt, da sein Vater zu denken schien, und für das so weite Dunkel ringsherum, genauso wie für das weite Dunkel um sein Bett, jetzt gab es schon keine Wörter mehr ohne Scham, jetzt zauderte er zwischen dem Wunsch, sich in die Wiege des Sitzes zu kuscheln, und der Bedeutsamkeit, Reisegefährte an der Seite seines Vaters zu sein, mit dem so fest verschlossenen Mund, und das Gesicht ferngerückt und ernst und grau.

Die verschiedenen Zifferblätter und Kreise bewegten ihre Zeiger, überladen mit Nummern und rennenden Nadeln. Vorbei die Zeit, da er zerstreut und begierig ein wenig wissen wollte, warum dies, warum das. Doch das interessierte ihn schon nicht mehr, obwohl es geheim blieb und nachts ein bißchen gruselig, das dumpfe Röhren der Ventile und Zylinder, die rauf- und runterkletterten, die metallischen schnellen Arme unter der endgültig zerknallten Motorhaube, die er mit hastiger Miene auf und zuzumachen verstand, mit der Miene eines Erwachsenen. Die Wagen mit ihren Lichterblitzen und schnellen Windstößen jagten vorbei, und es war niemand da, mit dem man über bekannte Automarken reden konnte, Ratespiel und schnelles Erkennen, alle zappelig auf den Hintersitzen, lauter klare Doppelvokale und die Achtung und Verachtung für die Spielzeuge der Eltern, die einen Luxus, die anderen weniger aufregend, so viele Farben und Formen. »Ein ziemlich mieser Morris. Mann, so ein klasse Mercedes. Ein Taunus. Ein Opel. Ein DKW von den neuen.«

Nie war er mit dem Vater allein gewesen, ganz stumm und beide auf langer Fahrt in tiefer Nacht. Unruhig versank er bald im Sitz, setzte sich bald auf eins seiner Beine, kratzte an seinen wenigen neuen Schrammen, änderte seine Haltung, wenn sein eingeschlafener Schenkel dumpf kribbelte. Die wenigen Häuser schienen Konstruktionen aus grauem Papier zu sein, die auf einer fürchterlich finsteren Handfläche standen. Die Nadel neben ihm fiel fast auf Hundert, aber es gab nichts zu sagen, denn sie ließen keinen einzigen Fries sommersprossiger Gesichter hinter sich, die spielend und streitend da aus dem Fenster eines anderes Autos kreischten, sie fuhren nicht in der Hitze und dem Gedränge der Familie zwischen Hüten, Strickjacken und Tüten mit Brot und Schinken, im Vertrauen auf das leise Lachen des Vaters über seine Triumphschreie, im Vertrauen darauf, daß sie mit der Billigung des Vaters gegen die belustigte, halb gespielte Mißbilligung der Mutter rechnen konnten. Was wäre eigentlich, wenn hier vorn und immer weiter vorn, aus der tiefen Höhle der Finsternis, auf die der Vater die Augen geheftet hielt, ein Baumstamm aus dem Wald auftauchte, und das Auto würde an ihm zerschellen und ganz schlapp und schleimig werden wie ein aus Gemeinheit merkwürdig schnell zertrampeltes Insekt, und es würde Breiiges aus ihm herauskommen, aus seinem und aus dem Körper des Vaters?

Wie riesig schien er, und er selbst so viel kleiner, der Vater so ernst und aschgrau und so selbstvergessen, als würde er schreiben oder sei, ohne das Buch anzusehen, erstarrt, und die Mutter würde leise sagen, daß er still spielen solle, aber das war lang her. Woran denken die Erwachsenen, wenn sie wie weit entfernt sind und sich nicht bewegen und dann mit einem traurigen Seufzer aus voller Brust zurückkehren? Auch ihm waren die Augen schon stehengeblieben, und dann galt es rasch einzuschlafen und sich nicht daran zu erinnern, ob es das Denken an Dinge oder ein schnelles Abenteuer gewesen war. Gerade das war durch Fragen verhindert worden, oder durch ein Auflachen, aber den Erwachsenen stellte niemand Fragen, und sie schauten nicht und wünschten ringsherum nur Ruhe und Flüstern, wie im Zimmer der Großmutter voller Kerzen. Und weiter vorn, da konnte ein losgelassener Baumstamm dick wie eine Schulmauer sein, und er konnte nicht, ohne sich zu schämen, seinen Vater fragen, was für Dinge in der Dunkelheit der Straße möglich waren.

»Vater, waren die Ägypter gut?«

Er hielt den Mund ein bißchen offen, und seine beiden großen neuen Zähne bremsten den Hauch seines kurzen Atems. Die Augen gebannt, erinnerte er sich Wort für Wort an die Pyramiden und an die steineklopfenden abgezehrten Männer, die schwitzend und schwarz die Steine von weither schleppten, in diesem Land der großen Hitze. Ausgesetzt dort in der Luft, lag mit seinem bewegungslosen Schweif das riesengroße angenagte Menschtier weit weg auf dem Strand ohne Meer und bewachte die Könige dort, die schliefen, ohne zu verfaulen, ganz dicht nebeneinander und die Arme auf der Brust gekreuzt unter langen Streifen aus weißem Stoff. Und auf der anderen Seite des dunklen Wassers, wie der Weg, den das Auto mit seinem Licht beleuchtete und dann wieder verdunkelte, warteten deren Götter auf uns, die keine Freunde sein konnten, denn sie hatten Hundeköpfe und Vogelköpfe und waren Fleischfresser. Und alles war so lang her, daß der Vater sagte, er könnte sich nicht besinnen, aber er, der sie nicht erdachte, sah sie vor sich und war allein mit königlichen Riesen, von denen der Vater sagte, das wäre keine erfundene Geschichte. Seine Angst war nicht die vor Hexen und brüllenden Drachen, von denen er aus Erzählungen gehört hatte, mit geschlossenem Mund schon vor Müdigkeit fröstelnd, es war die Angst vor der Not lebendiger Männer, die wahrhaftig in der hohlen Brust des Steins zurückgeblieben waren, das Gesicht ausgestreckt im Tuch, um lang erhalten zu bleiben. Und die, die beim Steineklopfen und Steineschleppen gestorben waren, wo gingen sie hin, wenn sie keinen Himmel hatten, wie der Vater sagte:

»Vater, gab es damals Schwerter?«

»Ja.«

»Und warum haben die, die gestorben sind und keine Pyramide hatten, nicht gekämpft?«

»Sie hatten keinen Hauptmann.«

Der Vater schien zufrieden, daß er das schwerwiegend und traurig gesagt hatte, er schien ihm sagen zu wollen, daß er woanders spielen solle. Voller Ehrfurcht und auch ein bißchen getröstet, weil ein Vater für ihn eine weitausgedehnte Sandlandschaft geschaffen hatte und einen breiten Fluß mit vielen Gemüsegärten und ein Heer ohne Hauptmann, Dinge, um sie später zu verstehen und zu gebrauchen wie ein neues Spielzeug, und wegen allem anderen noch, was der Vater gesagt hatte, die Seitengänge innen in den Konstruktionen, und der Fluß der Toten, der in die Waage aus Gold mündete, und die Götter, mehr als einer und wie Tiere, waren Dinge der Nacht ohne Form weit vor dem Auto, Dinge dieses dunklen und einsamen Lochs in seinem kleinen Leben , Abschnitte, die nicht mitteilbar waren, und sich dem Kummer beimischten, allein aufzuwachsen, voller Ehrfurcht schwieg er besänftigt und bewegte Heere, wie alle anderen, nur aus dunkelbraunen und fast nackten Männern.

Die Katze kam geschmeidig aus der Straßenböschung geschlichen, neugierig und zugleich nachdenklich, erschrocken über die Flut von Licht, die sie zudecken sollte. Ihre Augen leuchteten weiß auf und dem Jungen wurde schwarz vor Augen, während er schrill schrie: »Vater, schau, die Katze.«

Der Wagen fuhr quietschend zur Seite, wo er sein Rückgrat ganz steif machte und die Handflächen an der Fensterscheibe, ein kleiner Aufprall, wie wenn ein aus der Einöde geworfener Kiesel auf dem Metall neben dem Scheinwerfer geklungen hätte. Und der Vater kam zu sich, tauchte aus der Ferne, in der er sich befunden hatte, wieder auf, verminderte mit den Füßen die Geschwindigkeit, schüttelte den Kopf und sagte, indem er weiterfuhr: »So ein Mist, Sohn, armes Tier.« Und er nach hinten gewandt, auf dem Sitz knieend, mit einem Ruck an die Seiten der Lehne festgeklammert, die sich in den Falten seiner Hände kalt anfühlten, im Hohlraum des Wagens erstarrt, durch das enge Fenster der Verlockungen abgetrennt von seinen Geschwistern und von den anderen sonntäglichen Autos und Jungen, schrie er: »Halt an, Vater, halt an«, in größtem Schmerz und seine Stimme so sehr im Tonfall seiner Mutter, daß der Vater nicht mehr auf die Landstraße achtete, sondern seinen Sohn ansah und scharf wendend die Landstraße zurückfuhr bis dorthin, wo die Katze lag. Sie fuhren nur wenige Meter weit zurück, und die spitzen spärlichen Bäume und die Luft über dieser Strecke waren nun nicht mehr bedrohlich, entließen keine Ungeheuer mehr aus Kindergeschichten, oder fremde Leute aus der wirklichen Geschichte.

Der langsam zurückfahrende Vater schien zu erwarten, daß er sagte, wann sie anhalten sollten. Er fuhr nicht schnell und sah ihn immer wieder von der Seite an und sagte, das Auto sei sehr schwer, schwer genug, daß Katzen sofort tot wären. Und er winkte nein, sagte, es sei ein Stück weiter, wo die Luft so gut roch, und wandte nicht das Gesicht. Die Hand schon am Türgriff, während der Vater auf dem Sitz in Schweiß geriet, den Kopf beugte und mit der Zigarette auf das Lenkrad klopfte, war in ihm nur der Drang, zu der auf der anderen Straßenseite liegengelassenen Tierleiche zu rennen, den Blick immer abgewandt vom Vater, sagte er, daß es für Katzen sehr sehr schwer sei zu sterben, und dabei schlug er fest gegen die Tür.

Er rannte zum ersten Mal voller Vorsicht und Ernst. Er hüpfte nicht von einem Fuß auf den anderen, wie beim Aussuchen der schwarzen Steinlinien, die auf dem weißen Pflaster des Gehsteigs vor ihrem Haus Muster bildeten, noch keuchte er schwitzend, blind vor Hitze zwischen dem Ball und den anderen. Er mußte bei der Katze ankommen, bevor jemand anders kam und sie zermalmte, solange sie schlief und die er jetzt auf eine Weise schlafen sah, die tröstlich wirkte und aus der Landstraße scheinbar ein frisches weiches Bett machte. Sie lag ausgestreckt mit runden eingezogenen Pfoten, den Kopf ein wenig nach hinten, und erinnerte ihn an eine schöne müde Dame, die ausruhte. Er hatte die Zähne noch zusammengebissen, so wie er vom Vater weggelaufen war und wettete, daß er die Katze sein Leben lang behalten würde. Niemand war zu sehen, nur das auf der anderen Seite stehende dunkle Auto, das leise schnarrte und stampfte und auf ihn wartete. Er hockte sich auf seine schmutzigen Stiefel. Da war kein Blut, nur ein unangenehmer Geruch und ein bißchen Flüssigkeit zwischen den Schenkeln aus weißem Fell. Dann sah er das Auge der Katze aus der Nähe und hielt ganz still, und der Vater hupte leise. Das Auge der Katze war nicht glatt. Diesen Glanz von tiefen kleinen Brunnen in den runden Augen von Kaninchen und von Hunden hatte sie, die Katze, nicht, dieses Leuchten stillen Wassers war zerstochen, ohne Kraft und trüb. So waren auf dem Küchentisch in der Nähe von der kochendheißen Schüssel und den roten Händen etwas unterhalb seiner Nase die eingeweichten stillen Augen der gehäuteten Tiere, die später gegessen wurden. Aber das Auto war mit ihr auf dieser Seite zusammengestoßen, und die Katze mit ihrem wie schlafenden Körper, als ruhte sie auf der Straße aus, weil sie sehr schwach war, hatte ein schmerzerfülltes Auge, und deswegen war es auch so häßlich und sie machte es nicht zu. Er hob sie hoch und die Kälte der Landstraße, die Kälte dessen, der sich etwas vormachen will, ließ ein wenig nach, denn ganz genauso, erinnerte er sich, war das Gewicht der anderen halb eingeschlafenen Katzen, die er hochgehoben hatte. Weich, lauwarm geborgen an seiner Brust, das Hinterteilchen, der Schwanz und die Baumelpfoten schlenkerten und fanden keinen Platz in seinen Armen. Diese hier war vielleicht groß wie ein echter Hund und schwer. Er würde sie sein ganzes Leben lang behalten und sie in sein Zimmer setzen, aber nicht so faulpelzig wie auf der Straße, neben sein Bett, auf die Pfoten, den

Schwanz still, und auf den Kopf würde er ihr ein großes Taschentuch legen, und dann würde sie aussehen wie zwischen Mensch und Tier, und dann konnte er ohne Angst schlafen. »Vater«, sagte er, ohne ihn anzusehen, »schau, meine Katze«.

Er bewachte den Schlaf der Katze, die eingerollt auf seinem Schoß lag, mit eingezogenen Pfoten, den hängenden Kopf in der Beuge seines Armes. Sanft ergab er sich darein, sie wie eine Puppe zu halten, für die man Milch in einer kleinen abgewetzten Plastiknuckelflasche wärmt. Er schloß ihr vorsichtig die Augen mit der Kuppe seines Schreibfingers voll verwaschener Tinte, aber das eine, das von dem Aufprall, berührte er nicht, das verletzte, das behandelt werden mußte. Es reichte ihm zu wissen, daß der Vater die Augenbrauen so eng zusammengezogen hatte, daß sie wie eine einzige schwarze Furche wirkten und es wunderte ihn nicht, daß er zaghaft war.

Er wußte, daß der Vater ihm mit seiner beklommenen Miene die äußerste ihm mögliche Bitte um Vergebung vortrug, etwa so, wie wenn er sich übertrieben ärgerte und er die beiden im Schlafzimmer leise streiten hörte und der Vater still herauskam und die Mutter ihm zulächelte, ihm, der draußen wartete. Immer gab es dann ein neues Murmelspiel oder eine ungelöste Schulaufgabe, die als Linderung diente und Verheißung und Wiederherstellung der väterlichen Befehlsgewalt. Immer erzählte der Vater ihm dann am nächsten Tag schamvoll eine Geschichte über Erwachsene, die Hand auf seiner Schulter, eine eindeutige Auszeichnung für seine Stellung als erstgeborener Sohn. Aber heute wußte er nicht, welche Art von Schuld der Vater hatte, der mit dem Auto so schnell ausgewichen war, er drückte bloß die Katze an sich und sein Groll ließ nicht nach, nicht einmal die Beunruhigung, seinen Vater niedergeschlagen zu sehen, und das einzige, was ihm jetzt noch dringlich und notwendig schien, war, daß das an ihn gekuschelte Bündel seine Wärme nicht verlor. Er wickelte die Pfoten in das flaumweiche Tuch, das er entschlossen aus dem verbotenen Fach nahm, in dem der Vater die Landkarte und die Handschuhe aufbewahrte, denn er hatte den furchtbaren Verdacht, daß der Vater vom Tod sprechen würde wegen der Flüssigkeit, die langsam aus der Nase der Katze und ihm auf die Hose und die Schenkel rann. Er drehte zärtlich ihren Kopf herum und in seiner Angst kam es ihm vor, als ob das Tier ihn wieder weich zurückfallen ließ in die ursprüngliche Lage und als ob das eingeschnittene Auge mal übertrieben dick war, mal ein schmaler Spalt und ihn beobachten würde.

Ach, wenn der Vater doch nicht hüstelnd fragen würde, wie es der Katze gehe und er nicht zu antworten hätte, daß es ihr gut gehe. Als wenn er nicht wüßte, daß es ihm auferlegt war, im Zweifel das wiederherzustellen, was sein Vater durch das Rasen mit seiner machtvollen Maschine auf der Straße zerstört hatte. Wenn er doch glauben könnte, genauso wie der Vater ihm nach verflossener Nacht fraglos sagen würde, daß diese nicht die einzige Katze auf der Welt sei. Aber jetzt wußte er nur mit all der Kraft seines Mitleids für das dahinsiechende Tier, daß die ganze herrliche Anziehungskraft, seinem Vater folgen zu wollen, ihre Kehrseite darin hatte, zaudernde anmutige Geschöpfe auf der Straße zu zerquetschen, er wußte nur, daß der Vater auf der Seite der Kraft stand, auf der Seite der einbalsamierten Pharaonen mit ihrer Sicherheit, ewig zu leben. Zum ersten Mal, während er die Katze wie ein kleines im Keller eingesperrtes Mädchen wiegte, befand er sich im Widerspruch zu seiner Stellung als staunender und respektvoller Erbe. Dies war die Stellung seiner Mutter, die ihn mit mächtigem Stolz erfüllte, während er die Katze noch fester drückte, die Pfoten aber ausließ, aus Angst, sie könnten kalt werden, den Kopf tief gesenkt, bis ihn der gestreckte Nacken schmerzte, das Kinn auf der Brust und der heiße Atem, den er so tief wie möglich aus sich heraussog und langanhaltend auf das graue Bündel hauchte, das wie ein schlaffer Fellbausch seinen Armen zu entweichen drohte, bei jeder Erschütterung.

Der Vater schnaufte etwas am klemmenden Schloß des Tors, das mit dem gewalttätigen Knarren morschen gesprungenen Holzes aufflog. Beim Gehen derselbe Rhythmus wie sein Vater ein Stückchen vor ihm, der knirschende Kies, der unter seinen zu großen Stiefeln nachgab. Einer seiner Schnürsenkel war lose, so daß der freie Fuß vorsichtig lief, die Mutter hielt solche lockeren Stiefel immer für gefährlich, und die Vorstellung versetzte ihn in

Schrecken , er könnte mit dem schweren Kopf der Katze auf den spitzen kleinen Steinen am Boden des Innenhofs hinschlagen. Das grüne Schilfrohr, nur schwarze Grannen jetzt vor der unstet gesprenkelten Helligkeit des Himmels, die langen Blätter verschlungen im leichten Wind, und der Efeu zitterte an seinen Rändern leuchtend auf, als sei die ganze Hausfassade bevölkert von tausend Insektenaugen.

Die Mauer und das Haus, gleichermaßen sanft erregt, schienen in das süße Sprudeln fließenden Wassers getaucht oder in den Rieselregen am Fenster, den er melancholisch beobachtete, in seinem Zimmer, wo er in den Winterferien spielte. Während der Fahrt hatte er sich so sehr nach dem Haus gesehnt, Segelschiff, beladen mit dem Duft dörrenden Obstes auf Tabletts entlang der Schränke, in denen man sich verstecken konnte, nach dem erlaubten Schmutz und den Schuhschachteln mit den manchmal vergessenen Mauereidechsen oder den Seidentierchen, entledigt ihrer schwarzen Eier, wie versengte Stecknadelköpfe, zur Osterzeit.

Augenblicke lang und wie jemand, der ausruht von einer kaum begonnenen Arbeit, verlor er sich in der unterbrochenen Schinderei, seltene Glühwürmchen in fortgeschrittener Nacht zu fangen. Er vergaß den Schritt des Vaters, das Gewicht der Katze, die anfängliche Entfernung zwischen ihm und dem Haus sorgloser, bewachter Abenteuer und fortdauernder Entdeckung.

Wie vieles wäre noch möglich mit einem Glas voller Glühwürmchen am Anfang einer neuen Nacht. Wie das Haus dastand. Aber der Vater schritt forsch wie ein Hauptmann mit Marschbefehl, und er, aufgerüttelt durch diese kurze Befürchtung, wiegte erneut die kleine, kaum noch warme Last und nahm wieder das Aussehen eigensinnigen und ärgerlichen Glaubens an. Er mußte seinen Vater, der so vieles konnte, davor retten, ein Wachtier der Pharaonen umzubringen, als ob das ohne Bedeutung sei. Gnadenlos mußte man sich vor dem schrecklichen Verlust der Wichtigkeit des Vaters retten.

Der Hund zerrte an seinen Ketten, gewöhnt, sie bei jeder Rückkehr loszuwerden, bellte heiser und laut, und sein zotteliger Schwanz zischelte schon ganz nah durch die Luft. Schon streichelte der Vater das dicke Fellkissen seines Kopfes und ging eilig weiter, mit einer Eile, die er beherrscht wußte von seinem Unmut und der Hoffnung, im Haus die Katze, die so kalt war, wieder zum Leben zu erwecken, so kalt war die Nacht. Aber er blieb neben dem Hund stehen, ohne die Arme nach ihm auszustrecken, ohne sich im Kies die Knie aufzuschürfen und ihn zu umarmen und das Gesicht in seine vor Freude bebenden Fellsträhnen zu versenken. Aber plötzlich stutzte der Hund mitten in seinen staubaufwirbelnden nächtlichen Schaukeltänzen, und man hörte die Kette nicht mehr hohl gegen das Holz der geräumigen Hundehütte klirren, in die sie an heißen Nachmittagen, wenn die Mutter schlief, beide hineinpaßten.

So verharrten sie, der Hund erstarrt und ohne zu knurren witterte nur kurz, und er blieb stehen, vor sich die Katze in Reichweite des großen behaarten Körpers, zwei innehaltende Gestalten mit stockenden Herzen. Der Hund senkte die Schnauze, die er zu seinen Armen und dann zu seinen Augen erhoben hatte, leckte die Schramme über seinem Stiefel, die, an der er nicht sehr vorsichtig gekratzt hatte, und den schweren Schwanz zischen seinen dicken Pfoten, trottete er zu seinem künstlichen Fuchsbau und warf sich schnaufend aufs trockene Stroh. »Schau, meine Katze«, sagte er noch, bückte sich und hielt die Arme ein bißchen von sich entfernt, aber der Hund seufzte tief auf, den Kopf zwischen den Pfoten am Eingang der Hundehütte und schien ihn zu meiden, als wäre er bestraft worden oder als sei er traurig wie ein alter Hund.

Indessen quietschte die große Tür und der riesige Schlüssel krachte im Schloß, das nicht jeden Tag geöffnet wurde, und der Vater sagte ihm, daß Hunde lebendige Katzen immer anknurren.

Wie hoch dort oben war in der Küche die Decke mit den schwarzen Querbalken! In der düsteren Höhlung der großen Steinbecken hallte ein dicker Wassertropfen. Der ausgetretene Fußboden schwankte in weiten Wellen, wenn die Kerzen flackerten, und in den Augen der Katze bewegten sich die Gegenstände mit dem Lichtschein. Um zu sehen, daß das so war, mußte man das Gesicht nah an die weichen Borsten halten, man sah, daß sie zitterten. Die Hände fuhren hin und her auf der Suche nach der verborgenen Wunde dieses Unglücks, denn weder die Katze noch ihr Schwanz, der bei Katzen niemals krank ist, noch der Schwanz, diese kleine weiche eitle Schlange, waren aufgewacht. Auf dem staubigen Steinfußboden kniend, bei den von der Decke gefallenen Spinnweben, die voller umgarnter Beute waren, versuchte er mit aller Kraft, bis ihn die aufgerissenen Augen schmerzten, ein sich regendes Haar zu entdecken, ein Zucken des schmalen Schnäuzchens. Er veränderte die Lage ihres welligen Bauchs, legte ihr die Pfoten aufeinander und putzte sie mit dem Taschentuch. »Katze mach was, komm Katze, komm.« Und er glaubte in Gedanken daran, daß Glauben Berge versetzt, er glaubte, daß sein mit seinem gequälten, gespannten Körper verbundener Wille eins sei mit dem Leben der Katze, und daß es genüge, alles nur Menschenmögliche zu tun. Und so versuchte er, das Mögliche nach Kräften zu steigern. Er griff sie an der Brust, und obgleich ihr der Kopf sofort herunterhing und ihre Pfoten abrutschten, massierte er sie, denn niemand stirbt, wenn man das Herz lehrt, zu gehen und wiederzukommen. Er hauchte ihr kräftig in die Schnauze mit den feinen Zähnen, denn niemand stirbt, solang er noch Luft bekommt. Seine zuerst erschrockene, aber sogleich standhafte Wut wuchs, begleitet von den langsam auf den Stein fallenden Tropfen bei jedem Knarren des Bodens, das, wie ihm schien, von seinem Vater herrührte, der kam, um nach der Katze zu sehen. Er bohrte ihr die kurzen Fingernägel in die Ohren, drehte die Finger, die sich mit ihrem dünnen puderfeinen Haar bedeckten, mit zufälligen Hautstückchen, in ihren Rücken, sogar in das starre Fleisch der kalten harten Pfoten. Er war dem Weinen nahe vor lauter Liebe, kämpfte gegen ihren Schlaf an, allein mit brennenden Augen, aufrecht stehend, außer Atem, und sah sie an, sah sie an.

Es war schließlich der Spiegel, den der Vater aus dem Schlafzimmer holte. Ein schwerer, sorgsam verwahrter Spiegel, etwas fast Unbekanntes, an den er sich nur in der Hand der Mutter erinnerte, wie sie ihn hochhob, damit man darin den anderen Spiegel sähe und in ihm, wie man sich von hinten sah, wie er sie sehen würde, wenn sie sich zum Ausgehen anschickte, und nach dem Kuß nur die Farbe des Kleides zurückblieb und zugleich das Haar mit dem Gesicht verschwand. Der Vater hatte gesagt, daß tote Tiere einen Spiegel nicht trüben können. Beim Hund war es nicht sicher, doch wenn der Spiegel nicht beschlug, wenn keine Wolke flach und flüchtig auf ihm erschien, dann sei die Katze gestorben. Und man wisse nicht, ob gleich, oder auf seinem Schoß. Deswegen hielt er den Spiegel so weit weg, so weit weg war alles auf der anderen Seite der Küche, wo die Dunkelheit nicht zitterte. Deswegen hatte er den Spiegel so weit entfernt von der Küche verstaut.

Er hielt ihn vor die Katze und wischte ihn dann ab, weil er ihn in seiner Angst mit seinem heißen Mund so angehaucht hatte, daß man die stumme Katze nicht mehr sah, die dort aus ihm auftauchte. Er streckte den Arm aus und verharrte eine lange Weile so. Und er dachte darüber nach, daß er noch nie so spät schlafengegangen war. Er mußte wohl wichtig sein und die Katze weniger, daß sein Vater, der sich nicht um die Katze kümmerte, ihn so lang aufbleiben ließ, wie er wollte, und auf ihn wartete. Der Vater kam ihm nicht übermächtig vor, sondern traurig und großzügig, weil er ihn schlafengehen ließ, wann er wollte. Wie ein bedrohter Mensch, der dort hinten auf ihn wartete. Ihn schmerzte schon der Arm vom Gewicht des Spiegels. Er war der Geschichten müde, die der Vater ihm erzählt hatte und der Dinge, aus denen er Gleiches zu Gleichem machte, wie die zwei Teile einer durchgeschnittenen Raupe. Woher kam diese unerschütterliche Kampfeslust heute, diese Wut wie ein Lichtstrahl?

Es war an der Zeit aufzugeben, oder vielleicht noch zu früh, in Katzen mehr zu sehen als Tiere, es war Zeit, um Wut und Genugtuung zu erleben, die nicht durch Dinge und Tiere gesteuert wurden, sondern durch deren Inneres, durch deren Geschichte und durch die Fäden, die sie von anderen Fluren mitbrachten, von Sandflächen ohne Meer. Noch war es sein Recht, die weißen und stillen Männer in den Leintüchern, auf dem Weg zur gerechten Waage weit fortzuschicken, die dunklen und befehlsgewohnten Männer ohne freundlichen Hauptmann, die Katzen, die alles bewachen, was nie stirbt. Sein Recht auf die ruhige, von ihm geachtete Hand des Vaters. Sein Recht zu übersehen, daß man stirbt und daß man nicht alles vermag.

Es galt jedoch, in den Dienst der Schatten zurückzukehren, die befragen und die nicht verschlingen, die immer antworten, die der leuchtenden Gegenwart.

Er legte den vollkommen blanken Spiegel auf den Boden und betrachtete die schon häßliche und ganz steife Katze. Er wollte sie nicht mehr sehen, nur zugedeckt mit Steinen, die spitz zu einer Pyramide zusammenliefen. Mit seinem herunterhängenden Kopf des Kinderschlafs, der Abwesenheiten löscht, und mit geheimnisvoller Stimme schleppte er seine Füße durch die verlassene Küche und sagte: »Mutter, Mutter, wir haben auf der Straße eine Katze getötet.«

Übersetzung: ChMC

Jorge Reis

SO ERZÄHLTE SCHEHERAZADE

Es mochte auf Mitternacht gehen, als der Gefangene ein Lebenszeichen von sich gab: seinem Mund entrang sich ein leidvolles Grunzen, er hob die Brauen und weitete den Brustkorb, um zu sich zu kommen. Stumpf, kaum der Lähmung entronnen, in der er seit dem Nachmittag gefangen lag, gewahrte er nicht, daß seine Glieder leblos waren, und er knurrte abermals mühsam zwischen den Zähnen. Doch schon wurde er wieder unbeweglich: neugierig tastete er sich ab, und während sein Gesicht sich schmerzhaft verzerrte, öffnete er die Lider, um sogleich die vom Kerzenlicht geblendeten Augen zu verdrehen! Sein Kinn sank herab, und den Kopf schüttelnd, um den Schlaf zu verscheuchen, warf er einen Blick ins Dunkel, das der von einem Blechrohr umhüllte Docht, zwei Handbreit von ihm entfernt, nicht zu durchdringen vermochte. Er sah, daß er an einen auf den Fußboden genagelten Stuhl mit Stricken festgebunden war, und ahnte, daß jemand im undurchdringlichen Dunkel seinen Anblick genoß. Er entließ ein finsteres Kichern:

»Was zum Teufel ist das für eine Scheiße?! Wer ist der Hurenbock, der sich auf meine Kosten amüsieren will?!«

Von keiner Wand hallte das Echo seiner Stimme wider, und wer sein von Niedertracht und Groll genährtes Leben kannte, hätte sich sagen müssen, daß jener Mann nie solchen Haß in seinem Gesicht gezeigt hatte: unter den Lidbögen blitzten seine Augen, seine Stirn war mit klebrigem Schweiß bedeckt, er preßte die Zähne aufeinander, als wolle er die Drosseladern sprengen und die Muskeln seines Brustkorbs: Er war ein Skorpion in einem Feuerkreis.

Als seine Kräfte versagten, kam sehr langsam eine Stimme näher und, wie ihm schien, aus der hintersten Ecke des Raums:

»Manuel Cavaco Gouveia. Gebürtig aus Valongo, Porto. Zweiundsechzig Jahre alt. Geschieden. Ohne Beruf.«

Ruckartig hatte er den Kopf gehoben, er wandte den Blick in die Richtung des schwachen Lichtscheins, der zur Abschottung diente, er knurrte höhnisch und wartete.

»Legionär und Mitglied der PIDE seit dem 12. Mai 1943; zwei Jahre später, am 27. Oktober 1945, zum Inspektor befördert.«

»Sohn einer Höllenhure!« schrie er, während er sich in rasender Wut verrenkte. »Was ist das für ein Drecksalat?! Ich habe keinen Beruf und soll zur gleichen Zeit Inspektor der PIDE gewesen sein, Sie Scheißhalunke?!«

»Einen Beruf übt nicht aus, wer seinen Lebensunterhalt in einer *Vereinigung von Schergen* verdient«, bemerkte jemand hinter ihm in gleichgültigem Tonfall.

Er merkte, daß sein Blut gerann, und daß der, welcher ihn, den Wehrlosen, verhöhnte, sein Leben bis ins Kleinste durchschnüffelt hatte und ihn zu richten gedachte. Er stammelte, er habe sich immer als *Staatsbeamter* betrachtet... er habe nichts anderes getan als höherem Befehl gehorcht... und er fügte hinzu, als stellte er damit seine Unschuld lückenlos unter Beweis:

»Dergestalt, daß ich meine Altersrente ganz normal beziehe.«

»Wir sind im Bilde«, verkündete die STIMME trocken. »Sie sind also Inspektor der PIDE seit 1945 und zwangsläufig der DGS bis zum 25. April 1974... Um sich der Ihnen vorgesehenen Strafe zu entziehen, wie es alle Mitglieder dieser finsteren Körperschaft taten, suchten Sie Asyl in Spanien, während Sie gleichzeitig an den von MIRN und ELP eingeleiteten antipatriotischen Operationen teilnahmen, die dazu bestimmt waren, den schönsten TRAUM totzutrampeln und zu zerstören, der jemals in diesem unheilvollen Land ersonnen wurde.«

Und schon unterbrach der Gefesselte die Stimme und stieß ein Wutgeheul aus:

»Kommunist von einem Hurenbock! Ich scheiße auf deine Träume, und wenn du Mumm in den Knochen hast, komm her, damit ich deine Schnauze ansehen kann!« Da kein Einwand laut wurde, spuckte er verächtlich auf den Fußboden. »Feige Sauban-de!«

»Im Jahre 1977 kehrten Sie zurück und ließen sich in Lissabon nieder, mit allen Sicherheiten ausgestattet und beschützt. Im Augenblick warten Sie einem Ihnen gemachten Versprechen zufolge darauf, daß Sie wieder eingestellt werden, zwar nicht in Ihrer früheren Stellung, da Sie die Altersgrenze überschritten haben, jedoch als Berater der neuen Politischen Polizei, der Ihre Erfahrung eines nahezu halben Jahrhunderts als »Kommunistenjäger« zwangsläufig wertvoll sein wird, angesichts der beträchtlichen Anzahl und des Ranges künftiger Opfer. Vor dem 25. April wurden wir verprügelt, gefoltert, zu Jahren und Jahren Zuchthaus verurteilt, nur weil wir uns weigerten, einen Parteigänger anzuzeigen, einen Genossen zu verraten… einen Freund… Dieser Widerstand war unsere Kraft… und er war unser Stolz. Daher beklagen wir mit Tränen in den Augen diejenigen, die trotz ihrer moralischen Redlichkeit und der Festigkeit ihrer politischen Grundsätze sich in die Niedertracht des Verrats zerren ließen — nur weil sie körperlich nicht eurer Grausamkeit zu widerstehen vermochten. Die PIDE, eure Bande, war — und wird es womöglich wieder sein — eine *Fabrik zur Vernichtung des Menschen.* Die neuen *Pides* und ihre entsprechenden Chefs werden daher in ihrer terroristischen Handlungsweise weiter gehen müssen, weil sie, da sie nicht über den Vorwand verfügen, Namen politischer Gegner zu erlangen, jene kaltblütig zu erniedrigen und zu ermorden verdammt sind, denen wir, selbst hier, die FACKEL der echten FREIHEIT anvertraut haben. Ja, liebe Freunde, alte und neue Kameraden des antifaschistischen Kampfs, bei der bereits im Dunkel arbeitenden politischen Polizei werden die kommenden pidesken Verbrechen nur deshalb nicht völlig willkürlich sein, weil ihr einziges Endziel die Verteidigung der Interessen einer Handvoll Bevorrechtigter sein wird. Wie immer, nicht wahr? Diesmal freilich handelt es sich um Vorrechte von Leuten, die, ich wiederhole, den GROSSARTIGEN TRAUM mit Füßen getreten haben, der etwa zwei Jahre lang unser unglückliches Vaterland von einem Ende zum anderen mitgerissen hat.«

Cavaco Gouveia hatte den Kopf auf die Brust sinken lassen, da er vor allem dem schwachen Stimmengewirr lauschte, das er aus dem Halbdunkel aufzufangen versuchte: Wieviele Ankläger mochten es sein? Wer war der Typ, der dort wie ein Schulmeister aufgepflanzt stand?… Und er suchte in seinem Gedächtnis nach der Klangfarbe, der Ausdrucksweise, dem bedächtigen Tonfall, in dem die STIMME sich ausdrückte…

Verbrecher wäre nach den Begriffen des Gesetzbuchs und in

Übereinstimmung mit dem Geist der Verfassung derjenige, der irgendeine politische Polizei förderte (oder an ihr mittel- oder unmittelbar mitwirkte) — selbst wenn er den *unverbrüchlichen Geist der Duldsamkeit* und die *mögliche Vergangenheit eines... unbefleckten... Demokraten* an den Tag legte... Gab es doch in ganz Europa kein gedemütigteres Volk als das portugiesische, das weit mehr als vierhundert Jahre unter dem *Staatsterror* schmachtete. — Und die STIMME betonte mit Festigkeit:

»Es ist an der Zeit, daß diese finstere *Vergangenheit* ein für alle Mal verschwindet! Manuel Cavaco Gouveia: Du hast dich in vierzig Jahren nicht geändert. Als Schmarotzerrüpel in Portos Gäßchen hast du rasch den Weg gewählt, der dir am geeignetsten schien, durchs Leben zu segeln: du hast als Spion begonnen und hast frohlockt, als man dich offiziell zum Lakaien und zur Stütze des Faschismus ernannte. Als *Geheimpolizist,* als *Inspektor* — hast du dich als *Monstrum* entpuppt. Ebenso in der *Rua do Heroísmo* von Porto wie in der *Rua António Maria Cardoso* von Lissabon.«

Nun reckte und straffte sich der Gefangene und schrie wutschäumend:

»Hätte einer gewußt, daß die Schafsgesichter von Militärs schließlich die Regierung stürzen würden, du und alle Hurensöhne, die *hierherum* im dunklen Versteck hocken, könnten sicher sein, daß das *Monstrum* euch alle Knochen im Leib zerschlagen hätte! Glaubt ihr, ihr könntet mir Angst einjagen?!«

»Wer wäre in diesem Land imstande und könnte dem... Herrn Inspektor Cavaco Gouveia Angst einjagen?«... murmelte aus der Ecke eine spöttische Stimme — »War es nicht er, der auf die Fassade des Verwaltungsgebäudes der *Legion* von Porto mit eineinhalb handbreitgroßen Buchstaben malen ließ: ›Hier herrscht keine Angst!?‹...«

»Herr Inspektor Cavaco Gouveia!« meckerte der *Pide* und verschluckte einige unbezähmbare kurze Lachanfälle. »Geh zur Hure, die dich geworfen hat, Mensch!« Und fügte mit zornsprühenden Augen hinzu: »Wenn's mit rechten Dingen zugeht, bist du einer von denen, die angekrochen kämen und mit gefalteten Händen betteln würden, man möge sie nicht umbringen... sie würden alles sagen, was ich wissen wollte... ›Herr Inspektor Cavaco Gouveia!‹... Ich weiß nicht, wer ihr seid, aber wenn ihr mir in die Fänge geraten seid, so habt ihr vermutlich alles ausgepackt! Und ob — denn nur sehr wenige haben nicht alles ausgepackt, was sie wußten, und sogar das, was sie nicht wußten!«

»Hundsfott!« bebte eine Stimme und brachte ihn zum Verstummen. »Eben *weil wir nichts ausgespuckt haben,* bist du nicht imstande zu erkennen, wer mit dir spricht! Im übrigen, Dutzendknallprotz, bist du nicht hier, um dich zu verteidigen, wie wir nicht hier sind, um dich zu verurteilen... denn du bist längst verurteilt.«

»Was ist das dann für ein Gericht?«...

»Das ist überhaupt kein Gericht, Herr Inspektor Cavaco Gouveia...«

Es handelte sich allerhöchstens um *ein einfaches Treffen ...* Wozu? Damit er und die ganze Bande von Sexualkrüppeln — Kloakenmüll und vorbestraftes Gesindel — nicht weiterhin Portugal in einen Schweinestall verwandeln könnten. Wenn viele der Umstehenden glücklicherweise nicht die Folterkammern der PIDE kennengelernt hatten und auch nicht die Zellen von Caxias und Peniche, so waren dennoch alle Antifaschisten, die Jahre um Jahre gekämpft und für Freiheit und soziale Gerechtigkeit gestimmt hatten. Und die Stimme fügte hinzu: »Wenn dieses *Treffen* dir seltsam vorkommt, unerklärlich, so weil um den 25. April herum du und deine Verbrecherkumpane den Schutz machtgeiler Halunken genossen, die das verbürgte Wort mißachteten, die sich weiß Gott wem verpflichteten, damit die PIDE, Unterdrückungswerkzeug des *Estado Novo,* nicht von einem zuständigen Gericht verurteilt würde und folglich auf *bessere Tage* warten könnte... Und darum bist du hier. Wie auch alle die hierher kommen werden, deren Hiersein wir beschlossen haben — selbst jene, die in der Gegend verbreiten, daß es in Portugal letzten Endes gar keinen Faschismus gegeben habe... da ja der *Salazarismus* lediglich eine portugiesische Sonderart des Regierens gewesen war, die nichts mit den weltweit verurteilten faschistischen Regimes gemein hatte...«

»Dazu kommt«, mahnte eine Stimme in einem anderen Winkel des Raumes, »daß Individuen, die sich als Intellektuelle aufspielen, an dieser Kampagne des Weißwaschens einer Sekte von Straßenräubern beteiligt sind!... Wobei zu erwähnen ist, daß viele von ihnen nicht mehr tun, als damit ihre Befindlichkeit von Renegaten zu rechtfertigen…«

»Also, Manuel Cavaco Gouveia«, warf die vorher ertönte Stimme ein, »für uns, die wir das Leiden und die Kämpfe unseres Volkes zur Genüge kennen, darf die *Geschichte Portugals* kein Buch mit herausgerissenen Seiten sein: es genügen schon jene, die von der düsteren Institution sprechen, aus deren Eingeweiden alle die PIDES unserer Vergangenheit hervorgegangen sind: ich spreche von der *Heiligen Inquisition.* Wenn wir ins Licht träten oder nur das Blechrohr höben, das vor deiner Nase steht, könntest du in unserer Mitte die Anwesenheit von jungen Menschen feststellen, die nicht die Schrecken der *schwarzen Nacht* kennengelernt haben, in die der Salazarismus das Land stürzte: Männer und Frauen von morgen sind hier genau deshalb versammelt, um zu vermeiden, daß die *Erinnerung des Volkes,* dem sie angehören, von wem auch immer verfälscht wird.«

»Und du bist der erste Schinderknecht, den sie in Fleisch und Blut zu Gesicht bekommen«, enthüllte die HAUPTSTIMME. »Du wirst nicht der einzige sein, da jeder von euch den Lohn erhalten wird, den er verdient.«

Nach und nach hatte sich die Großspurigkeit von Cavaco Gouveia erschöpft, der aschfahl verhohlene Blicke umherwarf im Versuch, ein Gesicht oder gar eine Gestalt zu entdecken. Ach, wie inbrünstig haßte er all die schönredenden Typen mit ihren gepreßten Stimmen von Priestern oder Richtern! Er brummte eine dumpfe Frage:

»Was habt ihr mit mir vor?«

»Jedes Ding zu seiner Zeit. Wir haben dich wegen Verbrechen angeklagt, Verbrechen, die Geheimpolizisten und Inspektoren der PIDE begangen haben, damit ein halbes Dutzend Bevorrechteter auf großem Fuß nach französischer Art leben konnte — vom Schweiß, von der Muskelkraft, vom fleißig erworbenen Wissen der großen Mehrheit der Männer und Frauen dieses Landes. Nun weißt du genau so gut wie wir, daß es kein Verbrechen ohne Opfer gibt… wie es kein Opfer ohne Henker gibt.«

Der da sprach, holte tief Luft, um im gleichen bedächtigen Tonfall fortzufahren.

»Natürlich würde ich mir nicht den Mund beschmutzen, indem ich die Henker der PIDE und die übrige Faschistenbande beim Namen nenne. Es wäre nutzlos.« Immerhin, weil junge Leute unter ihnen waren, hatten er und seine dort versammelten Parteigänger beschlossen, daß es zu diesem Zweck ratsam wäre, *ihrer Toten* zu gedenken — nicht aller, denn die Reihe der Märtyrer wäre zu lang, aber wenigstens derer, die ihnen als Leuchtturm und Vorbild für die echten Freiheitskämpfer dienen können. Und er verkündete mit erhobener Stimme:

»Bento Gonçalves... Ferreira Soares... Ferreira Marquês...«

»Alfredo Dinis...« erinnerte eine andere Stimme.

»Militão Ribeiro... José Moreira... Catarina Eufémia...«

»Dias Coelho...«

»Humberto Delgado...«

Der Verurteilte hatte die Augen starr auf die Kerze gerichtet, deren flackernder Lichtschein Todesschatten auf die Falten und Schrunden seines Gesichts malte. Er zuckte zusammen, als er vernahm:

»Manuel Cavaco Gouveia: viele von denen, die von dir und deinen Kumpanen verprügelt und gefoltert worden sind — schwörten! Auf die Zähne beißend, um nicht zu schreien, um ihre Kräfte beisammen zu halten, die ihnen unter dem blindwütigen Vorgehen der Häscher oder durch die tagelange *Standbild* genannte Folter hervorgerufenen Halluzinationen zu schwinden drohten — schworen! Schworen, sie würden weiterkämpfen, damit ein *25. April* anbräche, der als Tag der *Nationalen Befreiung* offensichtlich euer *Tag des Gerichts* sein würde.«

»Wir schworen«, ertönte eine Stimme, »Vor unserem Gewissen, denn die Folterknechte, denen wir unterworfen wurden, waren nicht nur ungerecht, sondern auch unmenschlich.«

»Wir schworen im Andenken an die Genossen, welche der Faschismus uns raubte.«

»Wir schworen bei unseren Müttern, Frauen und Kindern, die in diesem Elendsland allein zurückgelassen worden waren.«

Und schon erschallte laut die ERSTE STIMME:

»Jahre um Jahre wart ihr, Henkersknechte der PIDE, für die politischen Gefangenen *die sichtbare Vergegenwärtigung des To-*

des... unseres Märtyrertodes... Sippschaft von Seelenkrüppeln!... Ja, Cavaco Gouveia, indem der Faschismus euch die Aufgabe übertrug, uns zu verfolgen, uns zu foltern, uns zu morden, lieferte er uns einer Saubande von Seelenkrüppeln aus!«

»Seelenkrüppel bist du, Sohn eines himmelschreienden Hahnreis!« unterbrach der andere mit Indianergeheul.

»Dreckfetzen!« donnerte eine Frauenstimme, vor der seine teuflische Fratze unversehens erstarrte. »Dreckfetzen und Abschaum!... Du erinnerst dich sicher nicht an mich, Cavaco Gouveia... drum wirst du nicht mehr wissen, was du mir angetan hast in jenem verfluchten dritten Stock der *Rua António Maria Cardoso*...«

Sekunden tiefsten Schweigens vergingen, bevor die Stimme sich von neuem schmerzvoll vernehmen ließ: »Weil deine Kollegen mich »hübsch« fanden, hast du mich geohrfeigt... hast wie ein Besessener mit Fäusten auf mich eingehämmert, als wärst du der Teufel in Person... Ich hätte mir nie vorgestellt, daß ein menschliches Wesen zu solcher Bestialität fähig wäre... Cavaco Gouveia: abgesehen von einem Verbrecher bis du auch ein perverser Irrer... Was hatte ich dir Böses angetan?... Aber damit nicht genug...« fuhr sie nach einigen Augenblicken fort wie jemand, der in schmerzhafter Asche rührt: »Als du zusammen mit Seixas und Rego mich zum Putzlumpen zerfetzt sahst, hast du mir die Kleider vom Leib gerissen, hast mich auf den Fußboden geschmissen... *und hast mich geschändet*... hast mich mißbraucht, während die anderen ruchlosen Hunde mich unter Aufbietung all ihrer Kräfte an Armen und Beinen festhielten...«

»Ich glaube, das wär's für den Augenblick«, unterbrach die ERSTE STIMME. »So seltsam Ihnen das vorkommen mag, Herr Inspektor Manuel Cavaco Gouveia, wir werden Sie *in die Freiheit entlassen*. Ja, ja, in die *Freiheit*, da, wie festgestellt, erst *morgen* Ihr *Gerichtstag* sein wird. Drum kehren Sie seelenruhig in die Gesellschaft Ihrer Kollegen und Freunde zurück.«

Die Verwunderung des Gefangenen war von kurzer Dauer, denn schon ertönte die Frauenstimme wieder:

»Du hast mich mit *Todeskeimen* verseucht, Halunke! Folglich werde ich dein *Tod* sein. Und damit du mich in vollem Umfang zu

Gesicht bekommst, vereinbare ich mit dir *ein Treffen für morgen um Mitternacht.* Ich wiederhole: *Morgen um Mitternacht.* Bereite dich also vor, denn die Stunde hat geschlagen, dir die Seele aus dem Leib zu reißen!

Schon löste sich jemand aus der Finsternis, stürzte auf ihn los und verschloß ihm Nase und Mund mit einem chloroformgetränkten Wattebausch.

Die Sonne stand im Zenit, als er sich bewußt wurde, daß er auf einem Bett aus Kiefernnadeln und Moos lag, unter dem Astwerk von Zedern, Eukalyptus und Wildpinien. Es duftete köstlich nach Erdboden, Harz, Waldblumen, Meer... Betäubt schlug er die Augen auf und vermochte schließlich die Arme zu bewegen; er sah sich frei! Begierig atmete er zwei- oder dreimal tief, um sein Gehirn zu lüften, und während er seinen massigen Leib herumwarf, um sich an flechtenvergilbtem Geröll hochzustemmen, fiel ihm eine um seinen Hals hängende Visitenkarte auf. Er brauchte einige Sekunden, um zu sich zu kommen. Er suchte in seiner Erinnerung nach der Erklärung für seine Anwesenheit in jenem Waldgrund voller Früchte und Heidekraut — und so gelang es ihm, Einzelheit um Einzelheit, Fetzen um Fetzen die durchlebte Nacht und den von ihr empfangenen Schrecken zusammenzuflicken. Er befragte sich über die Dauer seiner Haft und seiner Betäubung... Ach, Herr des Himmels, wie herrlich ist das Leben in der Sonne, in der frischen Luft, ohne Fesseln! Und betört füllte er wieder die Lungen mit dem Aroma des Seetangs. Als er aufstand, lachte er, prustete er albern in seiner leicht hysterischen Art, so daß er sich an einen Baum lehnen mußte — und ließ Krokodilstränen über sein Gesicht rinnen. Ach, wie viele Jahre hatte er nicht so herzhaft gelacht! Hatte er überhaupt je in solchem Hochgefühl herausgelacht?... Und überschäumend vor Glück hielt er die Augen auf die Erde geheftet, wie gebannt von dem betriebsamen Wanderweg eines Ameisenvolkes... Wie viele Jahre war er sich nicht mehr allein gegenübergestanden, um die Schleusen der Seele öffnen zu können!... Er trocknete sich das Gesicht, und trotz der Erlebnisse der vergangenen Nacht fühlte er sich auf wundersame Weise glücklich!

Angesichts des üppigen Pflanzenreichs vermutete er, daß er sich in einem abgelegenen Winkel des Sintra-Gebirges befand, und während er einen gleichgültigen Blick auf die Visitenkarte warf, die unter seinem Mantelaufschlag hervorschaute, runzelte er die Stirn: »Vergiß nicht unser *Treffen um Punkt Mitternacht.* Tod.« Sein Gesichtsausdruck veränderte sich: Sollte das heißen, daß der »Spaß« tatsächlich weitergehen sollte? Daß man ihn nie mehr in Frieden lassen würde?! Mit einemmal fühlte er sich beobachtet, belauert — und keuchend, querwaldein, Büsche beiseiteschiebend, Baumstämmen ausweichend, rannte er nach Kräften los, auf der kopflosen Suche nach einem Weg, einer Straße. Gleich darauf breitete sich vor ihm in der Tiefe die Herrlichkeit des Ozeans aus, auf den die Sonne Spiegelbahnen schillernden Lichts warf. Denn wenn vor kurzem sein Panzer eines Aufschneiders in Stücke gegangen war, so erlitt der Blödian plötzlich einen Anfall von Erschlaffung, und er blieb stehen, mit tränenblinden Augen. Welch ein Wunder!... Und welcher Gegensatz zu der Finsternis und der zähflüssigen Stille, in der er versunken gelegen hatte!... Er straffte sich, schnaubend.

Der Lausekerl, der auf den Einfall mit der Kerze gekommen war, verdiente Beifall: jener bleiche Lichtschein, der durch ein rohes Behelfsloch im Blechrohr sickerte, hatte nicht nur sein Gesicht den fremden Blicken preisgegeben, sondern ihn zugleich daran gehindert, das Geringste wahrzunehmen. Eine geniale Entdeckung! Aber, Allerheiligstes Altarssakrament, traf es wirklich zu, daß er sich in *vorläufiger Freiheit* befand, daß er *mit dem Tod ein Treffen vereinbart hatte,* der seine Seele abholen würde?!... Eine Sache ohne Sinn und Verstand, fraglos einem jener *Horrorfilme* entsprungen, die im »Salon Flohkino« oder im »Lichtspielhaus« am Rossio-Platz abrollten!... Er bekam einen Schlag: er führte die Hand zur Hosentasche, und als er darin seine Pistole vermißte, lief ihm ein Angstschauder über den Rücken. Augenblicke lang fühlte er sich wehrlos, verlassen, ausgeliefert... Wo davon die Rede war: Wem ausgeliefert? Schon verkrampften sich seine Kiefer, und er straffte den Rumpf: Er war zwar zweiundsechzig Jahre alt, fühlte sich aber Gott sei Dank weder alt noch bezwungen... und wehe dem Schweinekerl, der ihm in die Fänge geriet! *Schweinekerl!* Aber welcher Schweinekerl? Wen konnte er anklagen mit todsicherer Sicherheit, wenn er keine einzige Gestalt und noch viel weniger ein Gesicht hatte erkennen können? Er begriff es nicht: sie hatten ihn wegen aller Verbrechen beschuldigt, hatten ihn mit dem Tode bedroht… und hatten ihn schließlich in die Freiheit entlassen!… So konnte nur wahnsinniges Pack handeln! Außerdem haben sie für ihn ein Treffen mit dem Tode vereinbart… Eine echte Geschichte für kindliche Gemüter… »Wir töten dich nicht jetzt gleich, denn heute ist nicht der Tag deines Gerichts: wir töten dich morgen… drum vergiß nicht, daß…« Hatte man je eine größere Eselei mitangehört? Sie hätten ihm genausogut sagen können, er solle sich um einen Sarg kümmern, um Blumen, um Kränze… warum denn nicht? Als würde er, falls dieses ganze Allotria *ernst* war, aus eigenem Antrieb bei einem *Treffen* erscheinen, bei dem man ihm das Leben zu nehmen gedachte? Wo davon die Rede war: Was für einen Ort hatte die Frau für das Mitternachts-Treffen genannt? Er holte die Visitenkarte aus der Tasche und wurde von Lachen geschüttelt: von Ortsangabe keine Rede. Ach, die Saubande hatte ihn ganz schön aufgezogen: man bestimmt ihm die Stunde — *Punkt Mitternacht* — und vergißt die Hauptsache: Wo! Als sei er, Cavaco Gouveia, ein Hexenmeister oder Hellseher!… Doch schon erstarrte sein Gesicht: Und wenn die vergessene Angabe Absicht war, um ihm damit zu bedeuten, daß er an irgendeinem von ihm gewohnheitsgemäß aufgesuchten Punkt Lissabons getötet werden könne? Jene Typen hatten gezeigt, daß sie seine Gewohnheiten sehr genau kannten, die Schritte, die er unternahm, die Freunde, die er sah, wo er wohnte… Das war's: es handelte sich um ein Katz-und-Maus-Spiel… das um Mitternacht seinen Schlußpunkt erreichen sollte. Kraftlos, ängstliche Blicke umherwerfend, beschloß er, in Richtung Guincho zu gehen, um dort einen fahrplanmäßigen Verkehrsomnibus nach Cascais zu besteigen.

Um vier Uhr dreißig, nachdem er Lissabon von einem Ende zum anderen durcheilt hatte, teils im Taxi, teils zu Fuß, um sich möglicher Überwachung zu entziehen, klopfte er an die Tür seines früheren Kollegen José Farinha de Seixas im Stadtteil Restelo.

»Was gibt's, Mensch?« fragte der Hausherr befremdet und ließ ihn eintreten. »Was ziehst du für einen Rüssel? Geht's dir nicht gut?«

Er schleppte die Füße bis zu einem Sessel im Eßzimmer, an dessen Wand zwischen Nippes und Fotografien ein Widmungsfoto von Oliveira Salazar in einem Chromsilberrahmen prangte, und ließ sich hineinfallen, wobei er seinem Freund ein fassungsloses Gesicht zuwandte.

»Wir sind geliefert, Mensch!... Die Saukerle haben mich geschnappt... Die Antifaschisten... Die Kommunisten... haben uns in ihren Fängen.«

»Was für ein Salat ist das nun wieder?! Die Affen sollen mich beißen, wenn...«

Der Verurteilte unterbrach ihn, um ihm in großen Zügen von der durchlebten Nacht zu berichten, von der düsteren Sitzung bei Kerzenlicht, von den ihm entgegengeschleuderten Drohungen. Er murmelte:

»Bei mir haben sie angefangen, Zé, aber nach dem, was sie behaupten, wird keiner von uns ungeschoren durchkommen...«

Seixas brach in schallendes Gelächter aus: Hatte er nicht sofort begriffen, daß das Ganze nur ein übler Scherz der Saubande sein könne, um ihn aus dem Konzept zu bringen? Und selbstsicher warf er ein:

»Hör zu, Mann, laß dir keinen Bären aufbinden und schicke die Hengste zur Scheißhölle: Die haben dich ganz schön aufgezogen, und nichts anderes!... Und so was erzählst du mir, eine Kanone bist du!...«

Gouveia hielt ihm die Visitenkarte vor die Augen:

»Und das hier? Wie bitte? Glaubst du, selbst wenn es ein Lügengespinst ist, ich bleibe mit übergeschlagenen Beinen zu Hause hocken und warte darauf, daß sie mir um Mitternacht auf die Bude rücken?«

»Wer soll dir *auf die Bude rücken?*«

Was wußte er! Er war lediglich zu ihm herausgekommen, Zé, um ihn zu warnen, und damit die Belegschaft Gewehr bei Fuß stand. Aufstehend schloß er:

»Was mich betrifft, so weiß ich, was ich zu tun habe.«

»Du bist immer ein Starrkopf gewesen, verdammt noch mal! Oder du wirst langsam alt... Hör mal, Manuel: ist das wirklich Scheißangst oder was?«

Sollte es angehen, daß der *große*, der *berühmte* Cavaco Gouveia sich vor einem Sauhaufen von Schwulsäcken oder Heimkehrern in die Hosen schiß! Sah er denn nicht, daß er von einer Bande, die sich einen Spaß erlauben wollte, auf den Arm genommen wurde? Er schloß:

»Ach Manuel, wir werden uns totlachen, wenn sie dir verraten, daß man mit dir nichts als Schabernack im Sinne hatte!« Und da der Verurteilte auf die Tür zuging: »Wohin gehst du?«

»Ich habe keine Ahnung… und hoffentlich verhält es sich alles genau so, wie du sagst. Hör zu, wenn ich mich grundlos ins Boxhorn jagen lasse, umso besser für mich… und somit auch für dich und die anderen… Hast du nie gehört, daß nur der Schlaukopf alt wird? Daher treffe ich meine Vorkehrungen und damit hat sich's… Wenn es nur ein Spaß ist, wird sich das bald herausstellen. Auf jeden Fall bleibe ich heute Nacht nicht in Lissabon… und… irgend etwas sagt mir, daß es wieder einmal an der Zeit für mich ist, ins Ausland abzuzischen…«

Seixas, der trotz seines furchterregenden Aussehens eines Maurentöters nach dem *25. April* angstvolle Monate durchstanden hatte, ließ sich langsam beeindrucken. Er wollte wissen:

»Hast du niemanden erkennen können?…«

»Ich weiß nicht mal, wo ich war… Was ich dir sagen kann, ist dies: so wenige waren es nicht, außerdem waren es Leute etwa unseres Alters. Zumindest die, welche Sätze ausschissen… Es war anscheinend auch junges Gemüse darunter.«

»Aber wie haben sie dich denn geschnappt, Mensch?«

»Weiß ich nicht«, brummte Cavaco Gouveia, dessen Augen Funken sprühten. »Aber wenn ich mir den Kopf zermartere, bin ich ziemlich sicher, daß mir im *Café Ideal* an der Avenida irgend etwas in den Kaffee getan wurde, den ich dort, wie du weißt, nach dem Mittagessen immer trinke… Ich weiß noch, daß mir mein Scheißkaffee irgendwie komisch schmeckte… Nach dem, was der Alte, der mich bediente, sagte, ist der Junge hinter der Theke offenbar ein unerfahrener Neuling gewesen… der an jenem Tag nur gekommen war, um einen grippekranken Vetter zu vertreten.«

»Du brauchst mir nicht mehr zu erzählen: das war der Hundesohn, der dir das Gebräu in den Kaffee gemischt hat! Morgen gehe ich dort hin und schau mir den Spunt an, ganz unauffällig!«

»Ich schwöre dir, daß der Halunke, wenn ich aus der Scheißpatsche herauskomme, den Tag verwünschen soll, an dem er geboren wurde!...Ich erinnere mich, daß ich Augenblicke danach etwas spürte, das mir im Körper hochkam, das mir langsam die Luft benahm... Ich raffte mich mühsam hoch, fast kraftlos in den Beinen, und kaum hatte ich den Fuß auf die Straße gesetzt... kam ein Weibsstück... jawohl Mensch, ich sehe es noch genau vor mir, kam ein schwarzgekleidetes Weibsbild auf mich zu und reichte mir den Arm, um mich zu stützen...«

Mit feuchten Augen blickte er den anderen an. »Meinst du, daß unsere Bande mich so hochnehmen wollte, Zé?« Und schon: »Warne die junge Mannschaft, und du, Mensch... Gewehr bei Fuß, nimm dich in acht... Wir können stolz darauf sein, unsere Pflicht erfüllt zu haben; folglich haben wir ein Anrecht auf ein geruhsames Alter!...«

»Das wird ein schönes Schlamassel geben, ein Rette-sich-wer-kann!...«

»Und du, armer Tropf! Mach's wie ich, Mensch: kneife aus, bevor's zu spät ist, bis die Flut wiederkehrt.«

Und langsamen Schrittes, während der andere verlegen die Haustür schloß, begann er die Avenida in Richtung Tejo hinunterzugehen. Als er eine Telefonzelle erblickte, zögerte er einen Augenblick wie jemand, der das Für und Wider erwägt, bevor er eine wichtige Entscheidung trifft, und während er mit entschlossener Miene die Kabinentür hinter sich schloß, hob er den Hörer hoch, schob eine Münze in den Schlitz, wählte eine Nummer und wartete.

»Ja bitte«, antwortete eine Stimme am anderen Ende der Leitung.

»Habe ich die Ehre, mit Herrn Dr. Mendes Guedes zu sprechen? Schönen guten Abend, Herr Doktor. Hier spricht Cavaco Gouveia. Ja, ja, persönlich. Klar, die Jahre gehen vorüber, doch noch kürzlich, ich weiß nicht, ob Sie es bemerkt haben, sind wir aneinander vorbeigegangen... Ich verstehe: Herr Doktor, Sie sehen so viele Gesichter und haben an *wichtigere* Menschen zu denken... Ich habe aber die Begegnung nie vergessen, und genau deshalb wage ich, Sie um einen großen Gefallen zu bitten. Nein, Herr Doktor, hören

Sie, hängen Sie nicht auf, sagen Sie nicht nein: Haben Sie nie sagen hören, daß man Freunde für Notfälle hat?! Ich weiß, Herr Doktor, ich weiß aber auch, daß Sie sich kaum rühmen können, je einen ergebeneren Freund gekannt zu haben... einen besseren *Freund* als mich. Nein, durchs Telefon ist das nicht angebracht. Vielleicht könnten wir uns in Kürze treffen, so gegen sechs Uhr dreißig zum Beispiel, in der Estrela-Kirche?... Ja, ja, gleichviel: vor dem Taufbecken oder vor dem Hauptaltar. Spielt keine Rolle, Herr Doktor: ich warte so lange wie erforderlich. Ich bitte Sie nur um eines: lassen Sie mich nicht im Stich.«

Etwa eine Stunde später betrat der Arzt Mendes Guedes die in Zwielicht getauchte Basilika. Geräuschlos, mit behutsamen Schritten, um das halbe Dutzend Gläubige nicht zu stören, die dort ein geflüstertes Zwiegespräch mit Gott führten, schritt er auf die von dem anderen bezeichnete Stelle zu. Cavaco Gouveia reckte sich, winkte ihm scheu und räumte ihm einen Platz auf der Bank ein:

»Herr Doktor, tausend Dank, daß Sie gekommen sind. Ich will mich kurz fassen. Im Namen unserer alten Freundschaft... bitte ich Sie inständig, mich bis morgen zu verstecken.«

Der praktische Arzt wandte ihm ein überraschtes Gesicht zu: Daß er ihn verstecke?... Na so was? Und wofür zum Kuckuck?!

»Sprechen Sie leise, Herr Doktor... Hier ist weder der Ort noch der Augenblick, Ihnen die Sache bis ins Kleinste zu erzählen. Ich sage Ihnen nur dies: Heute nacht werde ich mit dem Tode bedroht« — und da Mendes Guedes ihn verblüfft anstarrte: »Jawohl, Herr Doktor, die Sache ist zu verwickelt, um sie Ihnen in dieser Sekunde zu erklären... Alles, worum ich Sie bitte, ist, daß Sie mir irgendwo Unterschlupf gewähren, eine Nacht lang... damit Ihre alten Freunde mich nicht finden.«

»Meine alten Freunde?« warf der Arzt gekränkt ein. »Wenn das ein Scherz sein soll, so ist es für mich ein sehr übler Scherz, Herr Inspektor Cavaco Gouveia!«

»Es handelt sich um eine Abrechnung«, erklärte der andere, die Stimme dämpfend, »zwischen der Hundebande, mit der Sie, Herr Doktor, in den Zeiten des jugendlichen *MUD* und den Jungs von der PIDE konspirierten. Man will uns liquidieren, einen um den anderen, nach dem, was man mir sagte. Da ihnen nie in den Kopf gehen wird, daß Sie, Herr Doktor, der Mensch sein könnten, der mir hilft, habe ich daran gedacht, Sie zu belästigen... umso mehr... umsomehr, als unsere Lebenswege sich eines Nachts, in etlichen bestimmten Nächten, in der *Rua António Maria Cardoso* gekreuzt haben...« Und da er bemerkte, daß der andere, plötzlich verwirrt, sich nervös die Hände rieb: »Wissen Sie noch, Herr Doktor? Bislang hat nie jemand den geringsten Verdacht gehegt... Erkennen Sie doch an, daß Verschwiegenheit wie die meine unbezahlbar ist...«

»Was wünschen Sie von mir?!«

»Ich sagte es bereits: daß Sie mich bis morgen verstecken oder ein, zwei Tage, bis ich Portugal verlassen kann... Vorderhand kann ich nicht in Lissabon bleiben. Nein, Herr Doktor, ich scherze nicht und bin auch nicht wahnsinnig geworden, glauben Sie mir! Und wissen Sie, warum ich es so eilig habe? Weil *der Tod mir für heute um Mitternacht ein Treffen anberaumt hat.* Nein, Herr Doktor, lachen Sie nicht, denn dazu ist der Fall nicht geeignet. Natürlich glaubt dergleichen niemand auf den ersten Blick. Ich bin der erste, dies anzuerkennen, aber wahr ist, daß ich allein lebe, und nicht einmal im Haus eines früheren Kollegen würde ich mich sorglos fühlen: ich weiß nämlich nicht, wer mir an den Kragen will, Herr Doktor... Daher habe ich an Sie gedacht, da Sie ja offiziell nicht zu meinen Beziehungen und Freundschaften gehören...«

»Und wenn ich Ihnen erwiderte, daß ich nicht in einen derartigen Schlamassel hineingezogen werden will? Unter uns, finden Sie nicht, daß Sie an die falsche Tür geklopft haben? Stellen Sie sich vor, ich gehe von hier aus direkt zu meinen Freunden und erzähle ihnen, wo Sie sich versteckt haben?«

Der andere warf ihm einen wütenden Blick zu:

»Nein, mein *Kleiner,* denn ich brauche nur die Stimme zu erheben und zu erzählen, was sich vor dreißig Jahren zwischen uns abgespielt hat, damit Ihr Ruf eines ehrenhaften Menschen den Bach hinunter fließt! Nein, auf eine derartige Dummheit werden Sie sich nicht einlassen.« Und er fügte hinzu: »Sie mögen mir glauben: bevor ich Sie anrief, habe ich all das bis ins Kleinste durchdacht.«

»Also: in meinem Hause geht das natürlich nicht!...« seufzte der Arzt niedergeschmettert. »In der Praxis noch viel weniger... Wo dann?... Nur im Landhaus, wenn überhaupt... Aber das Haus ist praktisch verwahrlost!...«

»Wo liegt es?«

»Am Ausgang von Vila Franca, landeinwärts. Es ist ein altes Haus... allerdings still gelegen. Jedenfalls, Herr Inspektor, ist das alles, was ich Ihnen bieten kann.«

Und schon drückte der andere seine Hand in den seinen und hätte sie zu den Lippen geführt, wenn der Arzt sie ihm nicht angewidert entrissen hätte.

»Ich denke, das Beste wird sein, ich hole Sie hier ab, nachdem ich meine letzten Patienten empfangen habe. Ist elf Uhr, Herr Inspektor, zu spät für Sie?«

»Ich hätte mir nie vorzustellen gewagt, daß Sie, Herr Doktor, mich eines Tages aus irgendeiner Klemme retten würden, und viel weniger noch, daß Sie mir helfen würden, mein Leben zu retten!« rief der Flüchtling entspannt aus, nachdem Mendes Guedes auf der Autobahn die Brückengebühr entrichtet hatte. Und nach wenigen Augenblicken: »Traurig, zu altern, finden Sie nicht, Herr Doktor? Wir hören auf, dieselben zu sein... Reiche Zeiten haben wir in unserer Jugend erlebt!... Ich will Ihnen etwas gestehen und gebe Ihnen mein Ehrenwort, daß ich hier, neben Ihnen, nicht vor Scham erröte: Ich habe nie größeres Verlangen gespürt, mit... mit jemandem zu *schlafen* als mit Ihnen.«

»Lassen Sie doch die Albernheiten, Mann!« spottete der Arzt derb und schoß ihm einen ungehaltenen Blick zu. »Finden Sie nicht, daß Sie alt genug sind, um Verstand anzunehmen?«

Doch der andere umfing ihn mit einem schmachtenden Blick und murmelte, es sei schrecklich, sich in eine Leidenschaft für jemanden hineinzusteigern... besonders, wenn man in einer Situation wie der seinen steckte... Er hatte geglaubt, wahnsinnig zu werden!... Daher habe er ihn immer zu sich gerufen... nur um ihn vor sich zu sehen, nur um ihn anzuhimmeln... Und die anderen glaubten, er verhöre ihn nur!... Er lächelte:

»Und Sie, Herr Doktor, obgleich blutjung, begriffen das Spiel und merkten, worauf ich hinauswollte...«

»Da Sie mich immer zum Verhör riefen, entdeckte ich, daß ich Sie in die Hände bekäme und daß Sie, falls notwendig, *von meinem Henker zu meinem Opfer würden*... Jawohl, Herr Inspektor Cavaco Gouveia: stellen Sie sich vor, was Ihre Vorgesetzten und Kollegen gesagt hätten, sie alle Mordsbeischläfer genau wie Sie, wenn sie Ihre *tiefinnerste Wahrheit* erfahren hätten! Was wäre aus Ihrer nach höchsten Posten gierenden Laufbahn geworden?!...« Und gleich darauf, den Tonfall verändernd: »Aber was für eine Unterhaltung haben Sie da angefangen! Wir wollen den Gesprächsstoff wechseln und all das ein für alle Mal vergessen! Einverstanden?«

Der andere hatte ihn mit verschlossener, trauriger Miene ausreden lassen. Was er soeben gehört hatte, überraschte ihn nicht sonderlich, denn zu seinem großen Kummer war der Arzt — zu jener Zeit Medizinstudent — nie der *Partner* gewesen, der seine Neigung, seine *abartige Veranlagung* forderte, wie er ihm einmal gesagt hatte... Als sie die Autobahn verließen und links abbogen, bekannte er:

»Jedenfalls, Herr Doktor, danke ich Ihnen, daß Sie darüber zu niemandem gesprochen haben... Freilich, Sie haben der Politik bald darauf den Rücken gekehrt... Und haben sehr recht daran getan: Sehen Sie, in welchem Zustand sich unser Land befindet?!...«

»Wir sind da«, verkündete der Arzt, ohne auf das Gesagte einzugehen. »Sie sehen, an so einem Ort würde nicht mal der Teufel Sie aufspüren können.«

Sie stiegen aus, schritten an einer Mauer entlang, die unter Trauben mondbeschienener Kletterpflanzen einzustürzen drohte, und vor einer Tür läutete der Arzt die Glocke.

»Wer ist da?« fragte eine Männerstimme, die aus einem Innenhof zu tönen schien.

»Mach auf, Clemente, ich bin's!«

Vor ihnen wurde die Gestalt eines hochgewachsenen Burschen in Hemdsärmeln sichtbar, der zurücktrat, um sie eintreten zu lassen:

»Guten Abend, Patenonkel. Meine Mutter ist schon im Bett, aber wenn Sie wünschen, daß ich sie rufe...«

»Nein, störe sie nicht. Dieser alte Freund von mir übernachtet heute hier, und möglicherweise auch morgen. Drum tut bitte das

Notwendige...« Und während sie die Treppe zum ersten Stock erstiegen, sagte er:

»Und wenn du jetzt, Clemente, ohne daß ich dich als Diener mißbrauchen will, uns etwas zu trinken bringen könntest? Für mich wie üblich ein Gläschen Portwein. Und für Sie, Cavaco Gouveia? Einen Whisky, nicht wahr?«

Der andere war an der Tür zu einem Wohnzimmer stehengeblieben und ließ mit hängendem Kinn die Augen über die getäfelte Zimmerdecke, über die mit Kacheln verkleideten Wände in den verschiedensten Blautönen, über den Flügel gleiten... er murmelte:

»Aber das ist ja ein Palast, Doktor!«

»In Ruinen... Jedenfalls praktisch in Ruinen, denn der Junge, der uns aufgemacht hat, und seine Mutter tun ihr Mögliches, um das Haus in erträglichem Zustand zu bewahren. Setzen Sie sich, Gouveia, machen Sie es sich bequem, Sie müssen erschöpft sein, und wie man so schön sagt: Fühlen Sie sich wie zu Hause.« Und da Clemente, ein kräftiger Fünfundzwanziger, mit einem Tablett mit Flaschen und Gläsern erschien, erhob er die Stimme: »Wissen Sie, wann dieses Herrenhaus gebaut wurde? 1736. 1736!... Es ist sicherlich das am schönsten entworfene Herrenhaus im ganzen Unteren Ribatejo, schöner noch als der Palast des Grafen von Farrobo... Bedienen Sie sich, Mann, machen Sie *um Gottes willen* keine Umstände! Nur, heutzutage ein Haus wie dieses zu restaurieren!... Wie schmeckt er Ihnen? Ich garantiere Ihnen, in Lissabon müssen Sie heute weit laufen, bis Sie einen *Scotch* wie diesen auftreiben... bis Sie einen guten Lieferanten finden...«

»In der Tat!...« lobte der andere und ließ die Zunge gegen den Gaumen schnalzen. »Und was wird so ein Fläschchen kosten?...«

Der Arzt lächelte stolz und setzte eine geheimnisvolle Miene auf:

»Kein Wort darüber! Trinken Sie, genießen Sie. Also hier habe ich meine Kindheit verlebt.« Und mit plötzlich verdüstertem Gesichtsausdruck: »Wenn Sie den Glanz dieses Salons gesehen hätten!... Als alter Republikaner wurde mein Vater, denn er paßte nicht zur *Situation*, Opfer der schurkischsten Verfolgungen... Nein, das war nicht in Ihrer Zeit, ich spreche von den Jahren zwischen 1930 und 1940...

Damals, um den Auflagen und Repressalien des Salazarismus gerecht zu werden, sah er sich gezwungen, sich von allem zu trennen und zu verkaufen, was seinen Stolz als Kunstsammler ausmachte: Möbelstücke, Porzellan, Tafelsilber, Ölbilder, Wandbehänge… Los, Mann, trinken Sie, tun Sie sich keinen Zwang an. Machen Sie es wie ich! Und da ich von Wandbehängen rede, schauen Sie sich dieses Stück an, nehmen Sie es in Augenschein…« Sie standen auf und blieben vor einem gestickten Gewebe mit geometrischen Figuren stehen, zwischen denen sich eine Blumengirlande schlang, die einen großen Teil der Wand bedeckte. »Es ist das einzige, was uns verblieben ist… Was für ein Wunderwerk, nicht! Haben Sie schon einmal eine harmonischere Farbkombination gesehen? Wissen Sie, wieviele Contos die Gulbenkian-Stiftung meiner Mutter dafür geboten hat? Ich sage es Ihnen nicht, damit Sie mich nicht einen Lügner nennen. Ein Vermögen!«

»Und haben Sie es nicht verkauft? Sie überlassen es gewissermaßen seinem Schicksal… bis es Ihnen einer wegstiehlt!…«

»Das wäre ein Verbrechen, Cavaco Gouveia, umso mehr, als es in Portugal nicht viele Wandbehänge aus Samarkand gibt. Aber vor allem wäre es ein Verbrechen gegen meine Kindheit…«

Und zu seinem Sessel zurückkehrend, rief er gerührt aus:

»Samarkand! Ein Name, bei dem ich von meinem siebten, achten Lebensjahr zu träumen beginne, als mein Vater mir eine Geschichte aus *Tausend-und-eine-Nacht* erzählte… Haben Sie einmal *Tausend-und-eine-Nacht* gelesen, Cavaco Gouveia? Wollen Sie mehr Eis? Wenn ich Sie nicht langweile, hören Sie: »Es war einmal ein Großwesir aus Bagdad, der die gesamte Bevölkerung in Furcht und Schrecken hielt: als Premierminister des Kalifen beutete er nicht nur die Arbeiter aus — Bauern und Handwerker —, sondern schändete auch deren Frauen und Töchter: er war, was man einen blutrünstigen und herzlosen Menschen nennt…

Eines schönen Tages durchwanderte er die Straßen der Stadt auf der Jagd nach einem Opfer, an dem er seine Grausamkeit auslassen könnte, als eine von Kopf bis Fuß schwarz gekleidete Frau vor ihm stand: »Ich bin der Tod« — so stellte sie sich ihm vor. »Für die Verbrechen, die du dank deiner Stellung als Großwesir begangen hast: heute, Punkt Mitternacht, komme ich und hole deine Seele!«

Cavaco Gouveia, dessen Augen plötzlich blutunterlaufen waren, hatte sich den Kragen aufgeknöpft, und sich mühsam auf den Flügel stützend, nörgelte er stammelnd:

»Was zum Teufel!… ist das denn… für eine Geschichte?«

»Bekümmert, kopflos rannte der Mann zum Palast, um dem Kalifen die Drohung der Parze mitzuteilen, und dachte, daß es in diesem Falle unglückseligerweise nur einen Ausweg gäbe: zu fliehen, ohne Zeitverlust aus Bagdad zu fliehen, um sich dem entsetzlichen Treffen zu entziehen, das der Tod ihm anberaumt hatte! Gesagt, getan: ohne den Ort zu enthüllen, an dem er sich zu verstecken gedachte, sattelte er das schnellste und zäheste Rennpferd des Gestüts und galoppierte außer sich vor Angst mit verhängten Zügeln in Richtung Samarkand…«

»Und dann, Patenonkel?« wollte Clemente wissen, der sich ins helle Licht vor den einstigen Inspektor der PIDE aufgepflanzt hatte, der bei dessen Anblick die Augen noch mehr verdrehte und krummbeinig zurückwich, als habe er in seinem Trancezustand den im Umgang mit Kaffeemaschinen unbewanderten Thekenkellner erkannt, der ihn im *Café Ideal* an der Avenida bedient hatte.

»Und dann?« wiederholte der Arzt mit seinen auf den Inspektor gerichteten Augen, der, die Handflächen auf Bauch und Brust gelegt, drauf und dran war, sich durch Brüllen Luft zu schaffen, als suche er darin Kühlung für das Feuer, das der Whisky in seinem ganzen Körper entfacht hatte. Und dann… »Gegen Abend ging der Kalif in den Garten, um sich Kühlung zu verschaffen… An der Biegung einer Hecke stand er seinerseits plötzlich vor der Parze. Und brach in Lachen aus: ›Du hast die Sucht, lustig zu sein, Tod. Drum wisse, daß in diesem Augenblick mein Großwesir dabei ist, dir Sand in die Augen zu streuen!… Ja, ja, riesengroßer Tölpel, du magst ihn noch so verbiestert in ganz Bagdad suchen, du wirst ihn nicht finden. Glaub, was ich dir sage: Du magst noch so angestrengt nach ihm umherschnüffeln, du wirst nicht die Augen auf ihn heften!‹ ›Königlicher Herr‹, erwiderte ihm der Tod und zog ein breites Lächeln, ›ich weiß sehr genau, daß ich ihn in Bagdad nicht treffen werde, umso mehr, als wir das nicht vereinbart haben… Höre, Harun-al-Raschid: wenn dein Großwesir mit verhängten Zügeln auf dieser Landstraße dahinsprengt, so genau deshalb, damit er nicht das Treffen versäumt, das ich für ihn anberaumt habe… in *Samarkand!*‹«

Cavaco Gouveia dürfte die Geschichte nicht zu Ende gehört haben, die Scheherazade in jener Nacht dem Sultan Scharier erzählte: winselndes Gebell ausstoßend, war er zu Füßen des Sohnes niedergestürzt, mit schon erloschenen Augen, in lauwarmem Erbrochenen geifernd und Gott weiß was für unverständliche Laute knurrend!…

»Komm rein, Deolinda«, rief der Arzt, »hier hast du ihn.«

Und vielleicht erkannte der Folterknecht durch den Nebel, der seinen Blick trübte, undeutlich die Stimme, die ihm vierundzwanzig Stunden zuvor jenes verhängnisvolle Treffen anberaumt hatte.

»Ohne darauf zu achten, was du tatest, als du mich foltertest, wie du so viele Unschuldige gefoltert hast, hast du mit mir den liebevollsten der Söhne gezeugt… Und weißt du warum, du Lumpenhund? Damit an diesem deinem *Gerichtstag* er selbst dein *wahrer Tod* sein würde.« Und ohne die Stimme zu erheben: »Die Dosis Digitalis, die mein Clemente dir zu trinken gab, hätte ausgereicht, zwei Brigaden der PIDE in die Tiefen der Hölle zu stoßen!«

In einem allerletzten Geröchel erstarrt, hörte der Mann schon nicht mehr. Mittlerweile hatte der Arzt eine Telefonnummer in Lissabon gewählt:

»Zé Diogo, wie spät ist es auf deiner Uhr? Mitternacht und fünf Minuten? Ich habe nämlich das Vergnügen, dir mitzuteilen, daß der Großwesir zur vorbestimmten Stunde in Samarkand eingetroffen ist. Teile das den Freunden dort mit… Natürlich, in dieser Stunde wird die *Rattenbande* bereits unterwegs sein, um alle Löcher zu durchschnüffeln… Wo wir von Löchern reden: wir haben viel zu tun. Nein, Zé Diogo: wenn jemand eine Glückwunschumarmung verdient, so ist es Clemente: war nicht er es, der, um *»unsere kartesianischen Zweifel«* und *»unseren mehr-oder-minder hartgesottenen Rationalismus«*, wie er sagt, zu überwinden, uns dauernd in den Ohren lag und uns einredete »Wer nicht wagt, gewinnt nicht«? Hör zu, da ihr dort auf mich wartet, trinkt ein paar *anständige* Whiskies und werft einen Blick in *Tausend-und-eine-Nacht*; ihr werdet sehen, es gibt arabische Geschichten, schärfer geschliffen als Krummsäbel…«

Etwa eine halbe Stunde später ruhte Manuel Cavaco Gouveias Leiche in einem ausgehobenen Grab unter dem Steinfußboden, der einst zur Hauskapelle des alten Herrenhauses gehört hatte — sieben Handbreit unter der Stelle, an der am Vorabend auf einer schwarzbezogenen Kiste eine rohe Talgkerze geflackert hatte.

Übersetzung: CMC

PIDE: berüchtigte Geheimpolizei unter Salazar
DGS: Nachfolgeorganisation der PIDE ab 1969
MIRN und *ELP:* paramilitärische Einheiten für die Rückkehr zur Diktatur
Estado Novo: »Neuer Staat«, so nannte sich die Salazar-Diktatur
MUD: Jugendorganisation des Salazar-Regimes.
Contos: 1000 Escudos, portugiesische Währung

Maria Isabel Barreno

DAS BEISPIEL UND DAS HAUS

Er machte einen Stuhl. Nein, er machte ihn nicht: er gebar einen Stuhl. Auch das nicht, ganz offensichtlich: im eigentlichen Sinne gebären nur Mütter ihre Söhne und Töchter.

Er idealisierte einen Stuhl, zeichnete ihn und beauftragte jemanden, ihn herzustellen. So verliefen die Dinge.

Der Stuhl war schön, stark. Bequem für den, der sich darauf setzte; Behaglichkeit in jeder Ecke, in die er gestellt würde. Der Stuhl wurde viel beklatscht. Gerühmt. Gekauft. Er erhielt Aufträge für Hunderte von Stühlen desselben Modells. Er stellte auf eigene Rechnung zwei Handwerker ein und kaufte eine Maschine. Der Stuhl lag entworfen vor, ein für alle Mal. Der Stuhl wurde von den Handwerkern und der Maschine produziert und reproduziert. Unser Mann brauchte nicht mehr zu tun als die Bestellungen entgegenzunehmen, telephonisch Holz und das übrige Material zu bestellen; lächelnd Kunden zu empfangen, die Arbeit unter den Handwerkern zu verteilen und am Ende der Woche abzurechnen. Es hatte Mühe gekostet — er »war von unten gekommen« und hatte mehrere Berufe in seinem Leben ausgeübt, war Milchmann, Drucker, Versicherungsvertreter gewesen. Doch schließlich hatte er sich durchgesetzt: er verdiente Geld, genügend Geld, sein Leben war gesichert.

Mittlerweile bekam er Einladungen zu Rundtischgesprächen über Stühle; zu Vorträgen, Symposien und Seminaren. Bei diesen Anlässen sprach er, antwortete er. Auf Fragen, Herausforderungen, Einwände. Als Ergebnis all dieser Vorträge und Unterredungen verfügte er zunehmend über mehr Meinungen über die verschiedenartigsten Themen: über Stühle, über Tische und Türen, Schränke, Korb- und Metallmöbel, über Häuser, über Straßen, sowie über den Preis der Artikel, und die künstlerische Gestaltung, und über Kulturpolitik, und über Politik im allgemeinen.

Etwa auf der Hälfte der obigen Liste, vielleicht als er bereits über Häuser sprach, begann er mehr als nur Fragen zu erhalten:

Herausforderungen, Einwände, wie bereits berichtet. Jemand sagte, er habe einen besseren Stuhl erfunden als er. Er beschuldigte diesen Erfinder des schlecht getarnten Plagiats; dieser beschuldigte ihn der Unfähigkeit. Parteien bildeten sich. Und nagelneue Theorien über die Ergonomie des Stuhls. Doch diese Gegner waren natürlich — sagte er lächelnd — eine neidische Minderheit. Eine Elite.

Er war sehr beliebt. Als er anfing, über Kulturpolitik zu sprechen, bestritt er bereits ein Dauerprogramm beim Fernsehen. Es nannte sich »Perspektiven des Sitzens in den menschlichen Gesellschaften«; darin sprach er über Throne, über Katheder, über Sessel und Schemel. Er sprach mit dem vielsagenden Lächeln eines Dem-Schlaukopf-genügt-ein-halbes-Wort, er hatte Erfolg beim Publikum, das sich hochintelligent vorkam, wenn es ihm zuhörte. Er sprach mit weltumfassender Stimme, mit den Händen machte er Bewegungen, die eine vollständige, vollgültige Bürgerschaft meinten — schlicht: den Weltbürger. »Unglücklicherweise gibt es in unserem Land eine üble nationale Gewohnheit…« Die Zuhörer fühlten sich mit ihren täglichen Klagen verstanden: mehr wollten sie nicht.

Schließlich gründete er das *Institut des Stuhls* — mit der Begründung, in allen entwickelten Ländern gäbe es ähnliche Institute; auf diese Weise beschaffte er Geldmittel — und kaufte ein Stadtpalais. Als Sitz des Instituts.

Eines Tages nahm er an einer Versammlung teil, als ein Mädchen — vielleicht eine Sekretärin — eintrat. Sie flüsterte ihm etwas ins Ohr, und sofort stand er auf, ging hinter dem jungen Mädchen hinaus und ließ alle Anwesenden sprachlos zurück. Sprachlos saßen sie um einen Tisch: dort lief eine Versammlung ab (oder an), bei der er den Vorsitz führte.

Rasch durchschritt sie mehrere Gänge und Nebenräume, bis sie schließlich durch die frühere Küche — jetzt Photokopie-Archiv — kam und den Hinterhof betrat, in dem ein wurmzerfressener, sterbender Zitronenbaum stand.

»Schauen Sie«, schrie sie, »das ist Ihre Schuld. Dieses Haus hat mir gehört...«

»Arbeiten Sie hier?«

»Natürlich nicht. Hier war ein Garten, und kein Hinterhof...«

»Wie sind Sie hereingekommen?«

»Ich nahm ein Bündel maschinengeschriebener Blätter in die eine Hand, einen Kugelschreiber in die andere, und trat mit entschlossener Miene ein. Niemand beachtete mich, Sie wissen, wie das läuft.«

Nun war es an unserem Weltbürger, gleichfalls sprachlos zu sein.

»Ein Garten mit Obstbäumen, Blumen und Gemüse«, fuhr sie fort. »Durch Ihre Schuld ist alles verkommen...«

Er riß sich zusammen und konnte endlich sprechen:

»Und Sie hatten die Unverschämtheit, mich aus einem Spitzengespräch herauszureißen und mir zu sagen, es handle sich um einen Fall von Leben und Tod...?!«

»Ist es nicht so? Schauen Sie doch!« Und sie deutete mit tragischer Miene auf den sterbenskranken Zitronenbaum. »Warum setzen Sie sich nicht hier auf ein Bänkchen oder auf einen Stuhl, wenn Ihnen das lieber ist, und pflegen diesen Zitronenbaum, das einzig Lebendige in dieser Umgebung, statt da drinnen über Dinge zu reden, von denen Sie nichts verstehen?«

Er dachte an seine proletarische Herkunft, jetzt hinter teuren Anzügen versteckt, einem Brillantring und einem öligen Tonfall. Er fand ihre Anspielungen unangebracht. Er war beleidigt.

»Wovon ich nichts verstehe, wie bitte? Sie sind eins von diesen hochnäsigen jungen Dingern, die sich Wunder wie vornehm vorkommen und glauben, Leute aus dem Volk verstünden nichts von Politik, wie?!«

»Ich finde, daß Leute, die aus dem Volk stammen und ins Bürgertum aufzusteigen versuchen, von nichts die geringste Ahnung haben.«

Er fand, daß sie unbestreitbar politische Unbefangenheit besaß, freimütiges, wagemutiges Feuer in ihrer Art vorzugehen. Er verliebte sich sofort in sie. Sie diskutierten, diskutierten, bis sie heirateten.

Er fand seine Struktur — die im Grunde aus Wörtern und politischen Spielereien bestand — unhaltbar und beschloß, sich sicherer im Leben anzusiedeln. Er entwarf noch ein paar Stühle — Ableger des ersten Modells, in dem er seine Fähigkeiten erschöpft zu haben schien — und andere, ziemlich mittelmäßige Möbelstücke. Aber er verkaufte alles ausgezeichnet — im Schatten seines überwältigenden Ruhms und seiner Beliebtheit. Aus zwei Handwerkern und einer Maschine wurden sieben Handwerker und drei Maschinen, und so weiter und so fort, bis er eine Fabrik besaß. Er wurde steinreich. Er war in der Tat ein Beispiel.

Sie überredete ihn, andere modernere, dem *Institut des Stuhls* angemessenere Einrichtungen zu erwerben. Er erhielt zusätzliche Unterstützungsgelder und tat es. Sie überredete ihn gleichfalls, dem *Institut des Stuhls* das Stadtpalais zum persönlichen Gebrauch abzukaufen. Da er gleichzeitig Verkäufer und Käufer war, tätigte er dabei ein gutes Geschäft.

Sie restaurierten das Palais und zogen ein. Die Jahre vergingen, und sie wurden einander natürlich leid.

Eines Tages — es war immer tagsüber, wenn ihm die wichtigsten Dinge zustießen — betrat er das kleine Büro seiner Frau — sie hatte ein kleines Büro — und sah sie auf der Maschine schreiben. Indiskret beugte er sich über ihre Schulter und las:

»Das Beispiel heiratete das Haus.«*

Er sagte:

»Haus?«

Sie antwortete:

»Beispiel.«

»Und so heirateten sie.«

Er unterbrach schreiend:

»Du bist vollkommen entfremdet! Hältst du dich für eine Schriftstellerin? Das sind völlig, völlig sinnlose Spielereien!«

Sie entgegnete mit unendlicher Geduld, der Geduld eines Menschen, der mit einem Hohlkopf spricht:

»Das ist die Geschichte unserer Ehe.«

Er schrie noch lauter:

»Das ist die Geschichte unserer Ehe.«

Sie seufzte. Er beantragte die Scheidung.

---

* unübertragbares Wortspiel: caso = Beispiel, Fall; casa = Haus; casar = heiraten.

Er führte seine Geschäfte erfolgreich und blühend weiter. Die Menschen wurden es müde, ihm zuzuhören — andere Personen, andere Beispiele traten auf, wie das immer geschieht. Er verlor sein Fernsehprogramm. Trotzdem bewahrte er sich seine Voraussicht: er hatte sich kleine Vorteile in einer politischen Partei ergattert, er hatte sich einige Vorteile in einer Regierung gesichert, und aus diesen Vorteilen wurde er Verwaltungsdirektor eines staatlichen Unternehmens. Er behielt seine Fabrik. Er hatte sich aus dem öffentlichen Leben zurückgezogen, bis auf ein paar Ansprachen bei öffentlichen Banketts, und er war reich.

Es gelang ihm, trotz der Vermögensteilung anläßlich seiner Scheidung sein Stadtpalais zu behalten. Der Hinterhof wurde wieder ein schöner Garten mit Gemüse und Blumen — und in der Mitte der wiedererstandene Zitronenbaum.

Diese Geschichte hat keinerlei Moral.

Übersetzung: CMC

Hélia Correia

DAS VERSCHWINDEN EINES BUCHHALTERS

Was die Familie und die Freunde von Américo Pedrinha unsäglich betrübt hat, ist die Tatsache, daß sie nicht mehr mit der Achtung, der Großherzigkeit und der Scheu von ihm sprechen können, wie es in diesem Land bei der Erwähnung von Toten üblich ist.

Denn obwohl er erklärt hat, daß er sterben werde und sie es sich gutgehen lassen sollten, vermochte niemand — weder die Polizei durch Steckbriefe, noch Detektive mit schmierigen Haaren, die mit Hilfe von rohen Einsilbigkeiten den vollkommenen Mißerfolg ihrer Nachforschungen offenbarten — vermochte niemand, ich wiederhole, die angstvolle Ungewißheit derer zu beantworten, die, um in Frieden Schlaf und Sicherheit wiederfinden zu können, das Schicksal, wenn auch nicht der Seele, so doch wenigstens des Körpers von Américo Pedrinha erfahren wollten.

Nach Erbschaftsangelegenheiten hatte sich seine Frau, Dona Aida, bereits in einer jener Zwischenzeiten erkundigt, in denen die Abrechnung mit dem Leben wie ein Gießbach in seiner unaufhaltsamen Strömung die sehnsüchtigen Erinnerungen und ihre asketischen Wünsche entführt. Es sind geringe Glücksgüter: ein Kleingut auf dem Land, bleicher, trockener, unter Kieselsteinen zerbröckelnder Boden, Echsen und Gestrüpp. Die Pedrinhas, verwöhnt vom Lissaboner Leben, von einem mit Wasser, Strom und Aerosol ausgestatteten Haus, fuhren oft monatelang, jahrelang nicht aufs Land. Zu seiner Zeit sprach Américo — er war ein rundbäuchiger Genießer — von seinem »Besitz« wie von einer Anlage, deren Unterhalt weder Kosten noch Mühe erforderte.

»Das Ding, versteht ihr« — erklärte er kauend — »liegt mitten im Pinienwald. Luft, soviel ihr wollt. Das bringt Gesundheit. Das Meer, keine zwei Schritte entfernt. Mit dem Wagen. Und wer hat heutzutage keinen Wagen?«

Er erwartete einfach, daß die Dörfer sich ausbreiteten. Daß das Bauen von Appartementhäusern mit Schwimmbecken, mit künstlichen Seen, mit Turnsälen, mit eleganten jungen Mädchen, die

Schäferhunde mit Maulkörben spazieren führten, bis in den Norden gelangte, bis auf sein Grundstück, umgetauscht gegen bar, ganz einfach, reine Formalität, eine galante Angelegenheit, mit Beglaubigung, mit Notaren, grünen Kelchen voll überquellendem gutem, französischem Wein.

Dieses schönen Traumes hatte sich Dona Aida bemächtigt und ihn, versteht sich, ausgeschmückt mit Seide, mit feinsten verderblichsten weiblichen Genüssen. Und sogar die Kinder — ein feierlicher Junge mit dem Schnabel und der Schnarrstimme eines Militärs, und ein Mädchen mit dem Leidensblick einer, die verzweifelt gegen die üppige Masse von Taille und Hüften ankämpft — planten, mit dem Verkauf des Gütchens all ihre Hoffnungen zu erfüllen, das Ende der Qualen, die sonntags ihre von düsteren Begierden verkrampften und schweißbedeckten Gesichter entstellten, während sie durch die Einkaufszentren der großen Avenidas schlenderten.

Bevor »das« dem Vater widerfahren war, empfanden die beiden Jugendlichen für ihn nicht mehr als gereizte, störrische Liebe. Américo Pedrinha war kahl und untersetzt, er entließ sogar auf öffentlichen Plätzen lärmende Lachsalven unter Schenkelklopfen, er rülpste überheblich mitten im Verdauungsvorgang. Das heißt, er vermittelte kein Bild, das dem Stolz seiner Nachkommenschaft dienlich sein konnte. Als er verschwand, begannen seine Kinder ihren Freunden zu erzählen, der Vater sei übers Meer gefahren. Es gab in der Familie etliche Seefahrer, die, ohne es zu wollen, Anlaß zu solcher Dichtung boten.

Sie schmieden jetzt noch an Halsketten und gefälschten Postkarten, die sie so barsch wie teilnahmslos herzeigen, während sie von Inseln sprechen, auf denen die Frauen vor dem dreißigsten Lebensjahr alt sind. So befindet sich Américo Pedrinha für etwa zehn junge Leute, die sie kennen, auf Reisen, entschwindet nach und nach aus den Erinnerungen und den Erkundigungen eines jeden; er schrumpft und verliert seine Gesichtszüge, wird Schattenriß, Gespenst und schließlich ein Nichts. Schwerlich hält sich ein Reisender in den Gedanken seiner Mitmenschen Tag für Tag am Leben.

Nachdem sie ihrer Aussage zufolge ein Vermögen für Nachforschungen aller Art ausgegeben hatte, um eine Spur von ihrem Gatten zu entdecken, fand sich Dona Aida damit ab, ihr altes Leben wieder aufzunehmen mit der Entschlossenheit und Weisheit, mit der sie in zwanzig Jahren Ehe ihr Haus ohne einen Schatten Staub und ohne einen je vollen Korb mit schmutziger Wäsche in Ordnung gehalten hatte. Mit ihren Nachbarinnen erörterte sie lange Zeit die heikle Frage, ob sie Trauer tragen solle oder nicht. Da es in jenem ersten Jahr Mode war, Schwarz zu tragen, nutzte ihre Tochter die Gelegenheit, ihre Kleider zu färben. Verstohlen beäugte sie ihre Mutter und kaute auf unerschöpflichen Pastillen, die ihr rinderähnliche Abstraktionen aufs Gesicht malten.Aber Dona Aida, die für Türkisblau schwärmte, stimmte für die Ratschläge der alten Felisberta, deren unverschämter Katholizismus sie zu einer gefürchteten Person machte und ihr das Recht auf das letzte Wort in Sachen Sitten und Gebräuche einräumte:

»Legen Sie keine Trauer an, meine liebe Freundin. Es möchte denn Gott und den bösen Zungen dieser Welt scheinen, daß Sie es eilig haben, sich für eine Witwe zu halten.«

Aida Pedrinha gewöhnte sich demnach an das Leben einer geschiedenen Frau: streng, zornwütig, gierig auf Schutz, jedoch frei von den unerbittlichen Vorschriften des Todes. Die Schwäger hatten Himmel und Erde in Bewegung gesetzt, um ihr ein anständiges Ruhegeld zu beschaffen. Und Aida, die im Umgang mit den Fischfrauen List und Schläue gelernt hatte, begriff, daß jene sich mit diesem halbamtlichen Vormundschaftsmittel nur der schicksalhaften Auszahlung eines Monatsgeldes erwehrten.

Nun ließ sie ihre Schwäger ihren kleinlichen, unumwundenen Haß fühlen, allbereit und zudringlich wie vergiftete Luft. Es war Haß, den sie abends, nachdem alle Hilfsmittel der Ablenkung erschöpft waren, für Américo Pedrinha empfand: auf dem Grunde ihres Innersten, jenseits von Herz und Eingeweiden, wohin die Kräfte des Gewissens nicht mehr gelangten, hegte sie den Verdacht, daß der Mann sich von irgendeinem Mädchen mit gespreizten Beinen den Kopf hatte verdrehen lassen und also alles auf gut Glück aufgegeben hatte, um ihr würdelos und sabbernd nachzulaufen. Dergleichen erfuhr man in Groschenheften, illustrierten Schundromanen und Fernsehserien. Auch traf es zu, daß sie am

Ende immer heimkehrten, ausgemergelt, weinerlich, sehr wahrscheinlich ohne Knöpfe an den Hemden. Die leidgeprüften Ehefrauen verziehen. Und alles fand seinen eingedickten süßen Schluß, bläulich verschimmelt wie Kompott.

Dona Aida wurde rührselig, sie weinte, sie empfand die Bitternis ihrer Jugend, brutal vergeudet an einen Mann, der schnarchte und sauren Hautgeruch ausströmte. In der letzten Zeit freilich, oder genauer gedacht, seit vielen Jahren schon, hatte Américo seelenruhig neben ihr geschlafen, unterbrochen von seltenen flüchtigen Männlichkeitswallungen, kaum aufgereizt von der Fülle ihrer Brüste und dem großrundigen Hintern seiner Frau.

Die Freunde schworen Stein und Bein, daß sie nichts von Liebesabenteuern wußten. Er hatte flegelhafte Sätze gesagt, versteht sich, Anekdoten, die er mit lüstern-triefenden Augen erzählte, während ihm das Fett seines Eier- und Bohnengerichts vom Kinn troff. Dabei scheute er sich nicht, die Hände reibend, die Nüstern in der Luft, betrunken, unbefangen wie ein Räuber, einem Paar hübscher Beine nachzulaufen, die dahinschaukelten, dazu geschaffen, weniger zu gehen als einen Mann ins Verderben zu locken. Aber Abenteuer, richtige Abenteuer, Nacktheit an Nacktheit auf fremdem Leintuch, das nicht; auch verfügte Américo Pedrinha nicht über Geld oder Zeit, oder die Hilfsmittel, die grausame Einbildungskraft von Verführern. Er hatte an Appetit und an schwankenden Launen gewonnen, was er an erotischen Gaben eingebüßt hatte.

Auch wenn er noch keinen Wagen besaß — eine Tatsache, die häufige Unverdaulichkeiten am Abendessenstisch hervorrief — und er zu wiederholten Malen das Leben verwünschte, wenn er sich mit seiner Frau nicht über den Fernsehkanal einigen konnte, so war Américo Pedrinha doch ein glücklicher Mensch, und niemand nährte den geringsten Zweifel im Hinblick auf solches Glück.

Am Morgen jenes Tages, an dem er verschwand (so weiß der Kollege zu berichten, mit dem er immer die gleiche Straßenbahnstrecke zurücklegte), wirkte Américo reichlich mürrisch, etwas bleich hinter seiner brünetten Gesichtshaut und starrte dumpf durch die Fensterscheiben, die dicke Wassertropfen vom Vorabend aufwiesen.

»Alpträume. Schlimme Nächte«, hatte er erklärt.

Im Büro ließ man ihn in Frieden. Seine Mißgelauntheiten eines Extrovertierten waren finster, knurrig, donnernd, jedoch völlig erträglich und vor allem von kurzer Dauer. Außerdem war der alte Raum, in dem dann und wann Rattenkreischen zu hören war, in kleine Glas- und Aluminiumabteile unterteilt, was, während dies jedem Mitarbeiter das Aussehen eines durch Ersticken grüngewordenen Fischs verlieh, Rücksichtnahme auf verwickelte Seelenzustände erlaubte: von den Liebesbeklemmungen Odettes, der Chefsekretärin, die sich unablässig in Plänkeleien mit faulen blonden Bürschchen einließ, bis zum erbrochenen Brot des Senhor Carlos, der Brotrinden aß, um Geld für die Abzahlung dreier Etagenwohnungen zu sparen.

Auf diese Weise achtete niemand besonders auf die düsteren Stimmungsumschwünge von Américo Pedrinha. Obwohl es selten vorkam, durchlitt er mitunter neurotische Vormittage, das heißt, die Natur strafte auf diese Weise epikuräische Abendmahlzeiten mit Schweinsfüßen und Kichererbsen.

Als die Kollegen den kleinen Platz in Richtung auf ihre Stammkneipe überquerten und sich wunderten, seine Schritte nicht zu hören, blickten sie sich um und sahen ihn im schillernden Licht einiger blühender Lindenbäume verschwinden. Er ging langsam, niedergeschlagen dahin, doch selbstbewußt wie die Insichgekehrten. Er drehte sich um und winkte mit einem Lächeln:

»Laßt es euch gutgehen. Ich werde sterben. Ich bin es leid«, sagte er. Und bog um die Ecke.

»Besoffen«, befanden die Freunde.

Wie oft war ihnen diese Szene, die sie damals als belanglos, wenngleich zu solcher Tagesstunde als ziemlich unbehaglich empfunden hatten, wie oft hatten sie diese Szene geschildert und sie ganze Abende als Gesprächsstoff ausgeschlachtet; wie oft war sie der Familie, der Polizei, Neugierigen erzählt worden; wie oft war sie auseinandergenommen, umgedreht und aus so vielen Blickwinkeln begutachtet worden, daß sie den einzigen Sinn verfehlte, den sie noch haben konnte: ein betrunkenes Männlein, trauervoll, das in der Mittagspause einfach allein bleiben wollte...

Doch niemand sah Américo Pedrinha wieder. Denn sicher ist,

daß die Lage im Büro nicht berühmt war, so wissen die Kollegen anzumerken. Von einem Augenblick auf den anderen kann es dicht gemacht werden. Doch das ist die allgemeine üble Lage im ganzen Land, seht bloß, ob sich alle an sein Wort »Laßt es euch gut gehen« erinnern und daran, daß er ihnen den Rücken kehrte? Überdies läuft die Zeit weiter, und das Büro ist noch nicht geschlossen worden.

Da ist noch Arnaldinhos Darstellung, ein Rentner, der auf seiner Veranda Mispelsträucher züchtet und gelegentlich ins Kino des Stadtteils geht, um die scheußlichen Stunden der Dämmerung herumzubringen. Er behauptet, er sei neben Américo Pedrinha gesessen, als sie sich einen Film über Indios und Gebirge anschauten, und er habe beobachtet, daß Américo beim Verlassen des Kinos weiß und verschwitzt aussah, halb blind, wie vom Blitz einer Erleuchtung geblendet. Es war, wie Arnaldinho jedem erklärte, der es hören wollte, ein Film, der erzählte, wie die Indios den Tod nahen fühlen und, mit etwas Verpflegung und ihrem Umhang ausgerüstet, sich ins hohe, ewig raunende Nebelland zurückziehen, hinter dem sich immerjunge Weidegründe verbergen mit ihren Flüssen voller kristallklarem Wasser und ihren Pferden.

Arnaldinhos Darstellung wurde nicht in Betracht gezogen: niemand wußte etwas mit ihr anzufangen. Von Américo Pedrinha kam nicht der leiseste Hinweis; weder sein Körper, noch seine Seele sind bis heute aufgetaucht.

Übersetzung: CMC

Maria Teresa Horta

LÍDIA

Zuerst war es eine Art Gefühl auf Schultern und Hals.

Ein Brennen.

Etwas wie eine Brandwunde auf der Haut.

Sie versuchte es im Schlafzimmerspiegel zu sehen: nackt von der Taille aufwärts, verdrehte sie sich ein wenig. Sie glaubte auf jedem Schulterblatt eine winzige rote Stelle zu entdecken. Sie holte den runden Spiegel mit dem ringsum ziselierten silbernen Griff, konnte aber aus der Nähe nichts Genaueres feststellen.

Wieder führte sie die Finger zum Rücken und betastete ihn. Sie fuhr hin und her, um zu sehen, ob sie eine Schwellung entdecken konnte, aber sie fand nichts; rein gar nichts.

Sie zog ihre dünnste Bluse an, mit den Knöpfen vorn, die fast durchsichtig war, und, frisch und leicht, vergaß sie für den Rest des Tages fast ganz jenes Gefühl, jenes Hautjucken.

Gegen Abend, als es dunkelte, kam das Brennen wieder: sanft und grundlos störend. Lídia wußte schließlich nicht mehr, was sie fühlte. Und als ihr Mann zum Abendessen nach Hause kam, fand er die Wohnung dunkel und kalt vor. Wie leer im undurchlässigen Dunkel der Zimmer.

Er rief: »Lídia!«, aber sie antwortete nicht, sondern lag mit dem Gesicht nach unten auf der Überdecke ihres Bettes.

Sie schlief nicht. Aber betäubt, benommen, als habe sie getrunken, antwortete sie nicht sofort.

Tatsächlich hatte Lídia großen Durst.

»Hast du Fieber?« fragte ihr Mann beunruhigt. Sie nickte ein Ja, möglicherweise habe sie Fieber, ja.

Aber von ihrem Gefühl auf dem Rücken sprach sie nicht: eine Art Brennen auf beiden Seiten des Rückens, genau auf gleicher Höhe. Eine Art Brand.

Ein leichter Schmerz?

Eine Art innerliches Kratzen.

Sie bekam Angst. Ohne genau begreifen zu wollen, warum sie Angst hatte. Und sie dachte an ihre Mutter.

Die Mutter hatte Blut gespuckt, als sie selbst noch sehr klein war.

Man hatte sie die Finger zum Mund führen, und man hatte diese blutig herauskommen sehen, während sie hustete, ohne aufhören zu können. In namenloser Verzweiflung.

Man hatte sie an einem Arm unter dem Ellbogen gefaßt und ihn nicht mehr losgelassen, bis der Blutsturz nach und nach aufhörte, auf geräuschlos mißverständliche Weise.

Der Großvater, der Arzt war, bettete die Mutter auf einen niedrigen, breiten Sessel im Eßzimmer, er gab ihr eine Tablette und ein Glas mit eisgekühltem Wasser. Er legte ihr eine Wärmflasche auf die Füße und setzte sich steif auf einen Stuhl vor ihr und wartete.

Er war sehr weiß und schweigsam, so als belausche er das leise Pfeifen, das aus dem Mund der Mutter kam, jenes unablässige Gebrodel im Brustkorb ihrer Mutter, wenn sie hustete und eine Leinenserviette zum Mund führte, die immer grell rotgefleckt wieder zum Vorschein kam. Mutter lehnte den Kopf hinten an die gepolsterte Lehne des Sessels und versuchte mit geschlossenen Augen, des kleinen Blutstroms Herr zu werden, der aus ihrem Körper heraufdrängte und ihre verschlossenen bleichen Lippen benetzte, die dadurch ihre Umrisse verloren.

Lídia erinnerte sich an ihre Mutter und bekam es auf unerklärliche Weise mit der Angst, als sie an jene kleinen Stellen dachte, die sie beim Blick in den Spiegel auf ihrem Rücken entdeckt zu haben glaubte.

Symmetrische Stellen.

Völlig symmetrische: auf jedem Schulterblatt eine winzige Stelle Schmerz, der jetzt auf der Armhaut herabzugleiten begann.

Ein Ameisenhaufen, das war es. Auf der Außenseite der Arme, ein Ameisenhaufen, der den Hals ihres Mannes umschlang, welcher, noch mit dem Mantel bekleidet, in dem er von der Straße eingetreten war, sich über ihr Bett beugte.

»Deine Arme sind so heiß«, sagte er verwundert, während er sie auf den Mund küßte. Aber sie wich ihm aus, denn die Berührung mit seinem Körper war ihr unerträglich.

Ekelhaft.

Sie fühlte, daß sie erstickte; die geschlossenen Fenster der Wohnung kamen ihr Augenblicke lang vor wie Gitter.

Lídia wich aus, hüllte sich in die Spitzendecke des Bettes und sagte leise, als verlöre sie alle Kraft:

»Ich ersticke.«

Sie stand nicht auf, um das Abendessen zuzubereiten.

Sie schlummerte eine Zeitlang, bevor ihr Mann sich auszukleiden begann, um zu Bett zu gehen. Doch als er sich neben sie legte, schrie sie auf. Ein schriller, modulierter Schrei.

Mitten im Morgengrauen erwachte Lídia, entsetzt.

»Es war ein Traum«, dachte sie; merkte aber sofort, daß sie ihre Arme nicht wirklich fühlte. Sie waren so leicht, daß sie sie kaum fühlte.

In lauen Schweiß gebadet, der ihr aus den Achselhöhlen rann und nach getrockneten Kräutern, nach Stroh roch, setzte sie sich im Bett auf.

Schweiß, der ihr das Haar an den Hals klebte, rann ihr übers Gesicht und an der Taille herunter. Auch über die Schamteile: kleine Schweißperlen liefen die Beine hinab, die sie mit zitternden Fingerspitzen langsam abwischte.

Schwankend stand sie auf und, über das Klosett gebeugt, erbrach sie eine gelbliche, schmutzige, übelriechende Flüssigkeit.

Dann, als sie den Mund unter dem Hahn des Waschbeckens ausspülte, erblickte sie sich wieder im Spiegel und musterte ihre Augen: sie waren entrückt, von fahlem Blau, zerrissen, wie sie sie nicht kannte. Verwirrt betrachtete sie sich erneut und erkannte sich in dem gespiegelten Gesicht nicht wieder: langgezogen und aschfahl, stark hervorstehende Backenknochen, die Augen weit auseinanderstehend und farblos.

Sie drehte den Hahn ganz auf, ließ das Wasser laufen und tauchte das Gesicht ein, ohne jedoch dieses Fieber besänftigen zu können.

Jenes Zittern, jene Flamme, die ihren Körper ganz durchglühte.

So verharrte sie geraume Zeit, ratlos, ohne zu begreifen, was mit ihr vorging.

Sie fühlte sich verzweifelt, allein.
In einen Winkel der Badewanne gekauert.

»Komisch«, sagte ihr Mann, als er am Morgen aufstand, »es riecht hier nach dem Fluß.« Und er hob den Kopf etwas und sah umher.

Lídia zog sich unter ihrer Decke zusammen, ihre Pulse schlugen, und sie spürte wieder auf dem Rücken, am Hals, auf den Schultern jenes seltsame, spitze Prickeln.

Sie zog sich noch mehr zusammen, die geschlossenen Knie fast bis zum Mund hochgezogen, und spürte ihre eingeschlafenen Arme. Richtiger: ihre abwesenden Arme.

»Du siehst seltsam aus«, sagte ihr Mann und blieb an ihrem Bett stehen, um sich von ihr zu verabschieden. Lídia zog sich noch enger zusammen, stumm. Und ohne sie zu küssen, fragte er zerstreut, warum sie nachmittags nicht zum Arzt gehen wolle. Lídia nickte ein Ja mit dem Kopf und schloß rasch die Augen, bemüht, sich seinem forschenden, erschreckend nahen Blick zu entziehen, als wolle er sie von einem Augenblick auf den anderen packen.

Sie wußte jetzt, daß sie seine Berührung nicht ertragen könnte, und tat, als wäre sie wieder eingeschlafen. Doch als sie ihn das Haus verlassen und die Haustür zuschlagen hörte, sprang sie mit einem Satz aus dem Bett und blieb, zitternd wie Espenlaub, mitten im Zimmer stehen.

Sie hatte das Gleichgewicht verloren.

Sie streckte die Arme halb aus, jene weite Bewegung, die sie vor Wochen aus Lebenslust gemacht hatte, und schon berührten ihre Fußsohlen den Boden ganz und gaben ihr das Gleichgewicht zurück.

Sie trat vor den großen Kleiderschrankspiegel und, indem sie sich umdrehte, versuchte sie sie wieder zu sehen. Da waren die Flecken, größer sogar, zwei kleine rosafarbene, dicke Kreise. Zuerst betastete sie den einen, dann den anderen, und konnte beide so gut streicheln, daß sie das Brennen ein klein wenig linderte.

Jenes Jucken.

Jenes schlummernde Jucken.

So verbrachte Lídia praktisch den Rest des Tages zwischen Bett und Spiegel. Bald vor Durst, bald vor Hunger vergehend, dann wieder am Ersticken, bei aufgerissenem Fenster, durch das die ganze stickige Sommerhitze hereinströmte, die sie in lähmenden Schweiß badete, die das Fieber ihres am Fußboden kauernden Körpers in Brandhitze verwandelte. Am ersten Tag vermochte sie noch ein Gläschen Milch zu trinken, doch gleich darauf erbrach sie sich, schäumend. Eher Geifer, saurer Schleim, der ihre ausgetrockneten Lippen rissig machte. Danach nahm sie in Abständen nur noch Wasser in kleinen Schlucken zu sich und reckte dabei den Hals, der zunehmend schlanker wurde, und ihre Knochen unter ihrer leicht rosagetönten, immer rauheren Haut stachen hervor, je mehr sie an Gewicht verlor.

Ihr Mann ging ihr aus dem Wege, zuerst erschreckt, und dann angewidert. Er bestand darauf, den Arzt kommen zu lassen, und als dieser sie sah, diagnostizierte er eine nervöse Depression und verschrieb ihr Tabletten, die er in der Apotheke holte und die Lídia einzunehmen vorgab, nur um sie auszuspucken, sobald er ihr den Rücken kehrte.

Am zweiten Abend sagte sie ihrem Mann, sie wolle nicht, daß er neben ihr schlafe; aber auch er wollte nicht bei ihr bleiben, so entsetzt war er über ihr entstelltes Gesicht, so sehr peinigte ihn der Schweiß, der ihren Körper badete, und so legte er sich im Wohnzimmer schlafen und sagte laut und verwundert: »Sonderbar, es riecht sonderbar im Haus.« — Es roch nach Wiese, nach trockenem Gras und zwischen Steinen und Disteln rinnendem Wasser, das wußte Lídia von Anfang an, als sie die ersten fiebrigen Schweißausbrüche auf ihrem nackt schlotternden, auf dem Bett liegenden Körper trocknete.

In der dritten Nacht erwachte sie wieder im Morgengrauen zusammengekauert vor der von ihrer Mutter ererbten schwarzen Mahagonikommode. Die Kommode aus dem großväterlichen Haus, die an der Ecke zum großen Schlafzimmer gestanden hatte, am Ende des Gangs, wohin die Angst sie trieb, als sie klein war, auf Zehenspitzen, während der Mittagsruhe, wenn in den Ferienmonaten alle schliefen.

In der dritten Nacht erwachte sie wieder im Morgengrauen und schlug sich mit etwas herum, was sie für einen Alptraum hielt. Das Jucken auf dem Rücken hatte zugenommen, und ihre Arme fühlten sich wieder an wie eingeschlafen und schwerelos. Mit zitternden Fingern fuhr sie darüber und fühlte zum ersten Mal, daß auf ihrer Haut eine Art Flaum wuchs, bis zu den Schultern, ein rauher und zugleich weicher Flaum. Sie torkelte aus dem Bett, schaltete das Licht an und betrachtete sich lange, während ihr Herz unregelmäßig pochte und sie ihren glatten, geschmeidigen Körper betrachtete, über den sie ihre Finger gleiten ließ.

Nur sehr leicht.

Am nächsten Morgen fand ihr Mann sie im Fieberschlaf nahe beim Fenster liegen. Als die zu dieser Stunde schon von der Hitze entzündete Morgenbrise sie streifte. Ihr Haar, so blond, daß es in den Augen schmerzte, lag über den Spannteppich gebreitet.

Erschrocken sah er die Magerkeit ihres entkleideten Körpers zu seinen Füßen. Die Schönheit des entkleideten Körpers zu seinen Füßen.

Langsam beugte er sich über sie und näherte seinen Mund ihren Brüsten, die er leicht küßte, und dabei atmete er den süßlichen Geruch, den der schlafende Frauenkörper verströmte, halbgeöffnete Lippen und ihr brandheißer, saurer Atem.

Er beugte sich über sie und berührte die gereckten Warzen ihrer ruhenden Brüste mit den Fingerspitzen. Sofort erwachte sie und entwich seinen Armen mit jenem schrillen modulierten Schrei, der ihr schon zur Gewohnheit geworden war.

»Ich tue dir nicht weh«, sagte er leise, erhob sich und blickte sie entsetzt an, mit dem Wunsch, sie irgendwie zu beruhigen.

Und er trat zur Zimmertür zurück.

Jetzt sah er in einer Zimmerecke den Kot.

Und flüchtete angeekelt.

Als er durchs Wohnzimmer ging, bemerkte er, daß sie die Wohnung völlig vernachlässigt hatte: der Staub häufte sich auf den Möbeln, auf dem Spannteppich. Nur die Aschenbecher waren seltsamerweise geleert. Erst in diesem Augenblick fiel ihm auf, daß Lídia nicht mehr geraucht hatte.

Sie hatte sogar aufgehört zu essen: die Milch, das Brot, die Eier, die er alle Tage mitbrachte, alles lag in der Küche, unberührt.

Bevor er ging, goß er sich einen starken Kaffee auf, den er würgend trank, wegen des süßlichen Geruchs, der die ganze Wohnung zu durchströmen begann. Ein Geruch nach stehendem Wasser.

Oder eher nach Tier.

Auf dem Marmorküchentisch lag die Frucht: aufgebrochen, zerquetscht, mit sichtbaren Kernen.

Angenagt?

Ratlos, wie er sich all das erklären sollte, stand er da. Verwirrt. Mit einem Ekelgefühl, das ihm wider Willen unerträglich wurde und ihn ins Freie trieb.

Gegen Abend würde er den Arzt wieder aufsuchen — so beschloß er.

Lídia war wahnsinnig geworden, er wußte, sie war wahnsinnig geworden.

Auf der Fensterbank sitzend, die Knie bis zum Mund hochgezogen, erbebte Lídia, als sie die Haustür zuschlagen hörte, nachdem er zwischen Küche und Wohnzimmer auf und abgewandert war.

Sie hörte ihn noch mit dem Arzt telephonieren und eine Verabredung treffen und witterte Gefahr.

Lídia witterte die Gefahr.

An jenem Tag fühlte sie sich besser — das Fieber war nicht wiedergekehrt, aber die Nacht war qualvoll und schrecklich gewesen.

Erst gegen Morgen war sie eingeschlafen, stundenlang hatte sie das immer stärker werdende Jucken auf dem Rücken zu beruhigen versucht.

Im runden Badezimmerspiegel sah sie, daß die Flecken auf den Schultern mächtig angewachsen waren: sie waren jetzt zwei breite, riesige Kreise von tiefem leuchtenden Rosa.

Runzlig.

Fasziniert streichelte und streichelte sie sich wieder, mit über der Brust gekreuzten Armen, die den Oberkörper umschlangen, während ihre Hände die Schulterblätter betasteten und jenes sanfte, jetzt fast angenehme Jucken zu löschen versuchten.

Sie beugte sich über das Waschbecken, um Wasser aus dem Hahn zu trinken. Sie verschmähte das Wasserglas: sie neigte den Rumpf, empfing im Mund das Wasser und schluckte es dann mit aufgerichtetem Kopf und leise wogendem Hals.

Schon war der Morgen angebrochen, als sie sich unter dem weit aufstehenden Fenster niederlegte, und die Morgenfrische über ihren Körper glitt und auf der Haut den letzten Schweiß des nachlassenden Fiebers trocknete.

Und die Betäubung nahm zu und schläferte sie schließlich ein.

Und ließ sie alles ringsum vergessen.

Selbst ihren eigenen Körper.

Die Angst, die sie gelegentlich noch bedrängte und jenes Nebelfeld durchbrach, jenes nebelverhangene, wirre, trübe Weltall, das sie seit einiger Zeit bewohnte.

Es war das letzte Mal, daß sie liegend schlief.

»Sie spricht auch nicht mehr«, erklärte der Ehemann dem Arzt, als er diesen gegen Abend in seiner Sprechstunde aufsuchte.

Und er erzählte von den Exkrementen, von den umgestoßenen Gegenständen, von der zerquetschten Frucht auf dem Küchentisch, von den seltsamen schrillen Lauten, die aus dem Schlafzimmer zu ihm drangen.

Von dem Tiergeruch, der die Wohnung füllte.

»Sie zieht sich auch nicht mehr an«, erinnerte er sich.

Lídia wußte, daß sie sich beeilen, aufhören mußte mit diesem Rennen gegen Schmerz und Angst, die täglich abnahmen. Die sich verflüchtigten, je tiefer sie im Schattenreich versank, Tag auf Tag.

Stundenlang strich sie über ihren Körper mit den Fingerspitzen, fuhr mit der Zunge über die Arme, über die Knie, über ihre Handgelenke.

Anfang des Monats hatte ihre Menstruation eingesetzt: sie hatte sie frei über die Schenkel, über die Beine rinnen lassen, lebhaftes Rubinrot. Unter der Dusche masturbierte sie bis zur Erschöpfung.

Das Wasser zu ihren Füßen war perlmutterfarben, rosig und blutrot. Danach streichelte sie sich wieder vor dem Schlafzimmerspiegel, langsam, öffnete halb die Schamlippen und sah den kleinen geschwollenen Kitzler, steif und feucht.

Sie wußte, daß ihr wenige Tage verblieben, aufmerksam erlebte sie die kurzen noch auftauchenden Augenblicke der Hellsicht, die Geräusche und die Veränderungen ringsum.

Alles übrige war ihr gleichgültig. Oder besser: ihre übrige Zeit verlor sich gestaltlos und wütend.

Lídia erinnerte sich nicht, jemals so gierig gewesen zu sein. Daß sie an irgendeinem Tag solche Begierde verspürt hätte.

Sie rannte in Deckung hinter ihr Bett, wenn ihr Mann die Tür einen Spalt öffnete und in das Dunkel spähte, in dem sie Schutz suchte.

Am Ende jenes Nachmittags brachte ihr Mann den Arzt mit.

Beide versuchten, sie zu packen. Aber sie kreischte, biß. Kratzte; spreizte die Fingernägel gegen die Augen beider, die erschreckt zurückwichen.

Entsetzt.

»Sie muß interniert werden«, sagte der Arzt.

In jener Nacht träumte Lídia von Bäumen.

Zum ersten Mal träumte sie von den Bäumen und von dem riesigen blauen Himmelsraum vor ihr.

Sie spürte die frische Luft, die sich ihr eröffnete, um sie zu empfangen: ein lauer, einschmeichelnder Wind, der über ihren behenden, beweglichen Körper glitt.

Zum ersten Mal träumte Lídia von den Bäumen. Sie atmete ihren Geruch ein und sammelte zwischen den weichen Grashalmen Baumsamen von der Erde.

Zum ersten Mal in jener Nacht träumte Lídia von den Bäumen, sie stillte ihren Durst am Bach und ihren Hunger im Wald, während sie den Saft der Früchte und Blumen durch die Kehle rinnen ließ.

Sie erwachte früh, stieg am Kopfende, wo sie gekauert hatte, aus dem Bett und trat ans weit geöffnete Fenster.

Sie sah hinaus, aufmerksam. Aber sie sah nur die riesigen Gebäude ringsum, sogar bis in die Ferne, und durch die Zwischenräume einen Fetzen Himmel dort oben, über den schweigsam die Schiffe segelten.

Sie lehnte das Gesicht an die Scheibe. Ihr so blondes Haar, das in den Augen schmerzte, fiel über ihren Rücken.

In jener Nacht träumte Lídia von Rosen: fleischroten, ziegelroten, blutroten. Von Teerosen, bleichen mit fast durchsichtigen Blütenblättern. Von rosafarbenen, kleineren Rosen, an die sie sich auf Großvaters Landgut erinnerte, nahe der Mauer, die hinter dem Haus war, nahe bei dem vorüberfließenden Fluß.

In jener Nacht erlangte Lídia ihr Gedächtnis wieder. Mit sehr langsamen Bewegungen wanderte sie durch die dunkle Wohnung, ohne an Möbel zu stoßen, um Gegenstände zu berühren, zu betasten, das Geschirr, die Umrisse der Möbel.

Sie erlangte ihr Gedächtnis wieder.

Sie begriff, daß sie sich beeilen mußte und lehnte sich ans Fenster in Erwartung des zwischen den riesigen Gebäuden vor ihr anbrechenden Morgens.

Und sie dachte an jene Fotografie, auf der sie inmitten blauer Hortensien stand und dem Vater und der Mutter zulächelte. Denn in jener Nacht hatte Lídia von der Insel geträumt, auf der sie als Kind gelebt hatte, vom düsteren Meer ringsherum, von der unter ihren Füßen bebenden Erde, ein, zwei, drei Mal am Tag... Und die Hortensien in tiefer Farbigkeit.

Wie die Augen der Mutter. Haßerfüllt?

Blau, von der Farbe der Inselhortensien — Wege um Wege, überflutet von Hortensien, die salzigen Nebelfelder verzehrend, das Eisen des Wassers.

Wie die Augen der Mutter.

Lídia blieb dort lange Zeit. Sie hörte ihren Mann drinnen aufstehen. Dann gewahrte sie, daß er sie durch einen Türspalt beobachtet hatte. Gleich darauf hörte sie sein Telephongespräch mit dem Arzt.

Als er das Haus verließ, betrat sie das Wohnzimmer, die Küche, das Arbeitszimmer, lange wanderte sie durch die ganze Wohnung.

Dann kehrte sie ins Schlafzimmer zurück und wartete.

Gegen Mittag erhob sich ein heißer Wind: ein letztlich schwerer, zäher Hauch, der kaum die Zweige der Bäume in Unruhe versetzte.

Die Vorhänge von Lídias Schlafzimmer bewegten sich leise, aber dann kamen sie zur Ruhe. Sie erzitterte, empfand leichtes Schwindelgefühl, erzitterte, rührte sich aber nicht vom Fleck und betrachtete sich und das Zimmer im großen schweren Kleiderschrankspiegel in der Ecke. Lange strich sie mit den Fingernägeln über den Rücken, die Arme über der Brust gekreuzt, die Hände nach hinten geworfen, die schlanken Finger ausgestreckt, die langen Fingernägel wurden ihr durch die Bewegung weich.

Hätten sich ihre durch die schmalen kindlichen Handgelenke unterbrochenen Hände nicht bewegt, man hätte gemeint, sie schliefe.

Nun widmete sie ihre Zeit dem Warten, aufmerksam überwachte sie alle Geräusche. Sie wußte noch, wie Weinen war, sie vermochte sich indes nicht mehr weinend vorzustellen. Denn Lídia hatte für immer die Fähigkeit zu weinen verloren. Dennoch entstand ein Schluchzen in ihrer Brust, auf selber Höhe mit ihrem Herz. Aber ihre Augen blieben trocken, ohne jede Farbe, ausgestattet mit jenem scharfen Glitzern von Glas, das man aus der Entfernung mit Tränen hätte verwechseln können.

Lídia hatte das Gedächtnis wiedererlangt; nicht aber das Weinen. Nicht das Weinen.

Sie kauerte nieder, Hände und Füße auf dem Fußboden, als sie ihren Mann den Schlüssel in die Haustür stecken hörte. Sie wich in die Nähe des offenen Fensters zurück.

Ihre Augen waren auf den mit rosa und grünen Blümchen bemalten weißen Porzellanknauf geheftet.

Er zögerte eine Weile, bevor er die Krankenwärter eintreten ließ. Im Wohnzimmer bemerkte er an den umgestoßenen Gegenständen, daß sie hier gewesen war, am zerbrochenen Glas der handgefärbten Fotografie: die Hortensien so blau wie ihre Augen, das rote eng taillierte Strickmäntelchen, die vom einsamen Spiel im Hof aufgescheuerten mageren Knie, die Zöpfe und der noch immer honigfarbene Mittelscheitel.

Und der Geruch.

Er erkannte an dem Geruch nach feuchter Erde, nach Stroh und Bach, daß Lídia hier gewesen war.

Nach hitzetrockenem Gras.

Auch nach Tiergeruch.

Langsam hob er die Hand an den Türknauf des Schlafzimmers und drehte ihn um.

Lídia sah den Türknauf kreisen.

Mit einem Hüftschwung sprang sie auf das Fensterbrett und blickte noch immer ins Zimmer, spähte noch immer ins Halbdunkel des Schlafzimmers. Kauernd. Ihr Haar hing vorn herunter, lose, über die Schultern herab.

Sie sah den Türknauf kreisen und die Tür so langsam aufgehen, daß sie zunächst weiterhin geschlossen schien.

Zuerst bemerkte sie ihn, dann die beiden Männer, in hinten geknöpften weißen Kitteln. Die drei standen auf der Türschwelle und blickten sie an, ohne eine Gebärde. Ohne ein Wort. Sie standen nur, allzu reglos, um wirklich zu sein. Erst nach geraumer Zeit machte ihr Mann den ersten Schritt auf sie zu.

Lídia ließ ihn nach und nach auf sich zukommen: wachsam. Angstvoll. Leise Füße, ein Schritt um den anderen. Gemessene Schritte. Listiger Blick.

Wie auf der Jagd.

Und in dem Augenblick, als er zum Sprung ansetzte, um sie zu packen, stürzte sie sich aus dem Fenster.

Sie breitete die Schwingen aus. Glitzernd in der Nachmittagssonne.

Und flog.

Übersetzung: CMC

Maria Ondina Braga

DIE TOCHTER DES TEUFELS

Es war einmal eine Königin, die die größte aller Schmach zu ertragen hatte: sie war unfruchtbar. Eine fromme Königin, erschöpft von der Anstrengung, den Himmel zahllose Male vergeblich um seine Gunst angefleht zu haben: *Hier steht die Sklavin des Herrn!...* Hartnäckig, glühend nahm sie ihre Zuflucht zu den himmlischen Mittlern: zur Heiligen Rita von Cássia, Anwältin nicht möglicher Dinge. Zu der Heiligen Margarida von Antiochia, Märtyrerin. Eine Heilige, die von der geweihten Hostie (oder dem Mond?) empfangen hatte, die Augen weiß vor mystischer Verzückung. Sie betete, büßte, fastete, spendete Almosen, entzündete Votivkerzen, die Königin, und trocken ihr Leib. Mittlerweile vergingen die Jahre. Der König war betagt und im Lastermeer des Regierens versunken. Und das Königshaus ohne Nachkommen. Und der Stamm am Ende. Unsere Liebe Frau vom Ó. Andachten, gesungene Messen, Responsorien, Opfergaben. Und wieder die Heilige Rita von Cássia, die Heilige Margarida von Antiochia. Und ein Heiliger aus den Arabien (Heiliger oder Zauberer?), durch dessen Vermittlung die Königin von Saba sich Salomon genähert hatte: *Denn von den Lippen der fremden Frau tropft Honig/ und ihr Mund ist weicher als Olivenöl...* Grafen, Herzöge, Edelleute umgaben sie zu jeder Stunde und warteten ihr auf. Aber... und die Ehre Seiner Majestät? Und die christliche Demut?

So von Winter bis Frühling, von Frühling bis Winter. Der erste Schnee in den Brunnen. Die ersten Falten im Gesicht. Als sie sich bei einer bestimmten Gelegenheit im polierten Silbertablett, das eine Dienerin ihr mit einem Glas Wasser reichte, gespiegelt sah, bemerkte sie eine Warze unter ihrem Kinn. Der Schlaf floh sie. Und wenn sie einschlief, träumte sie von Engeln, die sie auf weißen kalten Wolken wiegten wie auf den Steinplatten eines Totenhauses. Engel in Kniehosen, mit nackten Armen, frisiert wie junge Mädchen: dieselben, die in der Hauskapelle das Allerheiligste bewachten? Schön und kastriert wie die Eunuchen des Palastes. Sie erwachte eisig und horchte auf die Schläge ihres Herzens aus Furcht, schon tot zu sein.

Und so Jahr auf Jahr. Jahreszeit auf Jahreszeit.

Bis sie, die Königin, eines Nachmittags die Kirche betrat und entgegen ihrer Gewohnheit aufrecht und erhaben daherschritt, im Profil mochte man sie mit der Löwin des königlichen Wappens vergleichen. Zuversichtlich, daß sie endlich ein Heilmittel, irgendeine Rettung entdecken werde. Ihr Stolz war angestachelt durch den Spott des Volkes: eine Frau, unfruchtbar wie Brachland! Und sie begann in Nischen zu stöbern, in Reliquienschreinen, Medaillen, Bannern, sie, die Königin schritt von der Säulenhalle zum Kreuzgang, besuchte den Chor, die Sakristei, Kapelle auf Kapelle. Unter einem Seitenaltar ruhte der unversehrte Leib des Bischofs Sankt Clemens: ohne jede Milde für sie, wegen der Last ihrer Sünden, der ruhmreiche Bischof. Ebenso wenig jener Christus, der, wiewohl aus Wachs, wunderbarerweise mehreren Bränden entgangen war: im Garten von Gethsemane gewonnenes Bienenwachs der Überlieferung zufolge. Auch nicht das Fußmaß der Allerheiligsten Maria, aus Oblatenpapier geschnitten, das sie während eines Dreizehntagegebets im Busen getragen hatte. Keine dieser Reliquien. Auch keine Ordenszeichen. Keine Skapuliere. Jetzt blätterte sie in heiligen Büchern, entzifferte Pergamente. Nichts. Und da geschah es, daß sie wahrhaftig im Zwielicht dem Teufel gegenüberstand. Wie sie ihn nie bemerkt hatte. Jesu Heiliger Name? Da stand der Teufel überall, den geweihten Bildern, den himmlischen Wesen ebenbürtig. Der siebenköpfige Teufelsdrachen im Zweikampf mit dem Erzengel Michael, mit dem Heiligen Georg, Fürst aus Kappadokien: der Teufel des Jüngsten Gerichts, der Sense, auf dem Altar der Seelen; die geflügelte Schlange der Erbsünde im Kirchenfenster des verlorenen Paradieses; und eine Reihe von Teufelchen, klein wie Kapuzineraffen, welche auf den Wandgemälden die Jungfrauen zu verführen trachteten. Der Teufel. Die Bedeutung des Teufels. Wer wollte sagen: Der Teufel? Augenblicke lang sammelte sie sich, die Königin: und warum nicht der Teufel? Eine Minute des Zauderns. Dann, den Nacken zurückgeworfen, gesenkte Lider, nach Atem ringend, das Echo ihrer Stimme im Kirchenschiff: Oh, du Engel der Finsternis, gewähre mir die Gnade, die Gott mir verweigert hat! Aufgewühlt ihr Gebet: Oh Finsterer!... Dunkle Nacht. Zwei glühende Kohlen, die Augen des Teufels, das gefletschte Wolfsmaul, die gespaltene Zunge, Eberklauen. Oh, du Verfluchter!...

Sie zog sich in den Palast zurück, die Königin, ebenso ergriffen von Entzücken wie von Raserei. Hitze, glühende Hitze, obgleich es schon Mitte September war. Das Aroma reifer Trauben. Das Knacken des Weizenstrohs im Südwind. Der König weilte auf der Hochjagd: das Stampfen der Pferde, Hundegebell, Falkenschreie. Sie kleidete sich in Rot, die Königin, wie in der Hochzeitsnacht, legte sich nieder in ihr breites Bett, fiel in tiefen Schlaf, träumte einen seltsamen Traum. Einen Traum, in dem ihr Herr auf einem großen Fest ihr die Stirn band: auf dem Krönungsfest? Aber die schlecht aufgesetzte Krone rutschte ihr über die Schultern herab, glitt zum Gürtel hinunter, bezwang ihre Hüften. Und in dieser Fessel zappelte sie. Überdem wurde die Welt in ihren Grundfesten erschüttert, ein Erdbeben, ein Vulkan zu ihren Füßen. Und der König, der sich plötzlich in die Luft erhoben hatte, schrumpfte, erlosch wie eine Sternschnuppe. Die Königin, allein? Nein, nicht allein, denn das Fest ging weiter, trotz der Katastrophe. Und sie befreit. Die Krone zerbrochen. Befreit, aber auch voller Verwirrung. Sie erwachte schweißgebadet. Sie hatte gesündigt. Hatte eine Todsünde begangen. *Denn das Ende der Ehebrecherin ist bitterer als der Absinth / und scharf wie das zweischneidige Schwert...* Zitternd blickte sie sich im Toilettenspiegel an und fand sich jünger und schöner. Ehebruch? Wieso Ehebruch? Sie schüttelte ihr Haar, als wollte sie damit die letzten Bedenken verscheuchen. Übrigens, wer durfte von sich sagen: Ich bin rein, ich bin sauber? Der Morgen brach an. Wieder holte die Erregung des Vorabends sie ein. Ihre Brüste standen steif und ihr trockener Mutterschoß grünte wieder.

An jenem Tag schenkte der König, der ein besonders kostbares Exemplar des Spiegelrehbocks erlegt hatte, ihr das Geweih.

Ein Monat verging. Seine Majestät kehrte von der Hochjagd zurück. Die Königin ließ ihre Flechten kräuseln, ließ ihr Gesicht bemalen, ließ ein Bankett auftragen.

Edikte wurden in Städten und Dörfern erlassen: der Thronerbe würde geboren werden.

Das Kind, das zur Welt kam, war ein Mädchen, ein kräftiges, lebhaftes Mädchen, eine Haut aus schwarzem Gold, das Haar von der Farbe flammender Fackeln, Augen wie eine Zisterne und wie der Blitz. Eine Exotin, atemberaubende Schönheit. Wie sollte das Kind heißen? Die Königin wählte den Namen: Rahiva. Denn es war das Ergebnis einer beharrlichen, lang ertragenen Wartewut. Denn sie hatte allen Zorn, alle Leidenschaft einbringen müssen, um zu rächen, zu sein, zu siegen. Rahiva, ein Name, der bedeuten sollte: rasender Liebeshunger, aber auch Widerspruch und Wunder.

Rahiva, die gesundem Menschenverstand zufolge verfrüht auf die Welt gekommen war, wuchs prächtig heran, wie das Gras unter feuchter Tropensonne. Mit zehn Jahren bereits hatte sie die schwierigen Lehren des Herrschens erlernt. Sie züchtete so gut wie oder besser als der Vater die bösen Blumen des Ehrgeizes und der Tyrannei. Und sie genoß die Fähigkeit, an verschiedenen Orten gleichzeitig zu sein. Und sie schmiedete Ränke, sie schmeichelte, sie verriet.

Der alte, immer mehr abmagernde und mickrige Monarch erkannte sich ganz und gar in der Prinzessin Rahiva wieder und nährte hochtrabende Pläne für sie. Allerdings stach von Zeit zu Zeit ein Stachel sein dickfelliges, schwaches Löschpapiergewissen: er mußte sich zu jener Zeit gelegentlich fragen, ob er wirklich Rahivas Erzeuger war. Die Prinzessin war zu Herbstbeginn gezeugt worden, als er nachts in einem Zelt aus Pelzen tief im Gehege schlief und nur an Pfeile dachte und an Blut, wie im Krieg. Doch die Schönheit, die Wachheit, die Frühreife Rahivas schläferten solche Bedenken schließlich ein. Sie war ganz sicher seine Tochter, sie hatte seine guten Seiten geerbt, seine Absonderlichkeiten, seine Schlauheit. Und er machte sich Gedanken über die Beschaffung eines ihr würdigen Bräutigams.

Am Tag, an dem der König seine Tochter über den Gang der Verhandlungen unterrichtete, bestellte sie, die sich früher als gewöhnlich zurückzog, ein Paar Eisenschuhe. Eisenschuhe? Wozu

Eisenschuhe? Niemand begriff, aber auch niemand versuchte, ihr diesen Wunsch auszutreiben. Der Schmied beeilte sich, die hochhackigen Frauenschuhe auf dem funkensprühenden Amboß herzustellen und legte alle Sorgfalt ins Werk, die er sonst für die Hufe der königlichen Fuchsstute anwandte. Rahiva begab sich in ihre Gemächer, entließ die Kammerjungfern, legte ihre Kleider ab, zog die schweren Schuhe an und verschwand. Und so jede darauffolgende Nacht. Tags widmete sich die Prinzessin den Obliegenheiten des Hofs, sie besprach sich mit den Politikern, unterschrieb im Namen des Vaters genießerisch Haftbefehle und Todesurteile, ritt aus, schmückte sich, glänzte. In der Stille der Nacht jedoch zog sie sich nackt aus, schlüpfte in die Eisenschuhe und verschwand — durchs Fenster? Durch das Türschloß? Jede Nacht weihte sie ein neues Paar ein. Der Schmied, gebeugt über das Stück Eisen und die Glut. Der König, ärgerlich und angespannt. Die Hofdamen beschwerten sich über den Gestank von verbranntem Schwefel. Noch vor Anbruch des Morgens schlief ihre Hoheit fest wie ein Kind, und am Eingang zum Vorzimmer lagen zwei Stücke verglühtes und abgenutztes Eisen.

Inzwischen hatte Rahiva die Wände ihres Schlafzimmers mit feuerfarbener Seide verkleiden lassen, und ihre Schönheit aus schwarzem Gold war betörend. Die Fürsten, die von weither angereist um ihre Hand anhielten — die ihrer körperlichen Reize wie ihrer frühreifen, staatsmännischen Gaben wegen berühmt gewordene Rahiva lehnte die so fürstlichen Anwärter ab, einen nach dem anderen. Am Hof gingen ausgefallene Gerüchte und die phantastischsten Geschichten um. Trotzdem wußte nur die Königin, die Königin allein mit gesträubtem Haar, daß Rahiva sich jede Nacht in die Hölle stürzte, um mit den Teufeln zu tanzen und Orgien zu feiern. Der Beweis: die hochhackigen, wieder verbrannten und verbrauchten Eisenschuhe, der erstickende Schwefelgeruch.

Wenn sich der Schlaf verflüchtigt hat, schleppt sich der König zu Unstunden durch die Galerien des Palastes, sein Körper tief gebückt, er seufzend, in Sinnen versunken. Was für ein Schicksal hat die Prinzessin befallen? Was für ein Geheimnis? Welcher Fluch? Er beruft seine Ratgeber, den Beichtvater. Sie hecken einen geheimen Plan aus: einen bis ins Morgengrauen ausgedehnten Ball, verriegelte Portale, Rahiva tanzt mit dem Sohn des Obersten Stadtrichters. Unmöglich, den Tanzschritt zu unterbrechen, einen so edlen Tänzer im Stich zu lassen, sich auszuziehen, die eleganten Wildlederschuhe mit den plumpen Eisenschuhen zu vertauschen. Und sollte sie sich doch davonmachen, eine ganze Schwadron würde hinter ihr dreinhetzen. Ihre Kavaliere flogen mit der Geschwindigkeit von Zyklonen.

Gesagt, getan.

Am Ballabend tanzt Rahiva mit den jungen Vertretern der Adelsblüte, gefällig lauscht sie den Reimen der Barden und den Liedern der Minnesänger, sie lächelt, plaudert, stellt sich zur Schau. Bis der galante Sohn des Stadtrichters sie um ein Menuett bittet. Bis Mitternacht fehlt eine Viertelstunde. Auf seinem goldenen Sessel, sich den grauen Bart streichend, läßt der König kein Auge von ihr. Zwölf Schläge erschallen. Über das Gesicht der Prinzessin huscht eine Wolke, die sich rasch verdichtet zu einem Gewitterhimmel. Nun geschieht etwas so Unmerkliches und Schreckliches, daß später niemand wagen wird, daran zu erinnern, und wenn jemand sich daran erinnert, dann wird er sich bekreuzigen. Ein Wirbeln. Vor den Spiegelwänden scheinen die Gestalten verkehrt herum an Lüstern und am Kreuzgewölbe aufgehängt. Paare fahren erschrocken auseinander. Aufruhr. Ein Windstoß löscht die Lichter aus. Eine Sache von Minuten, wenn überhaupt. Und in diesem Durcheinander, wo ist die Prinzessin? Wo ist die Prinzessin?, donnert der König. Niemand achtet seiner. Die Edelleute streiten sich über das Austauschen der Bräute. Uneinige Damen. In der Einfriedung stehen die einen gegen die anderen, die Kavaliere wie vom Wahnsinn ereilt, zerbrochene Waffen, das unheilvolle Wiehern der Streitrösser.

Der Herrscher bricht zusammen. Nekromanten, Zauberer, Astrologen mißverstehen sich bei der Befragung der alten Bücher und der Gestirne. Der Sohn des Stadtrichters schwört, Rahiva befinde sich im Saal, weil er ihre Kleider für sie selbst hält. Nicht einmal die Turmwächter haben bemerkt, daß die Prinzessin das Schloß verlassen hat.

Schließlich, neben ihr liegend, fragt der König die Königin, vor Argwohn und schlecht beherrschter Wut stammelnd, wie sie ein

Kind wie dieses zur Welt bringen konnte. Von ihm nicht, weil er zu der Zeit nicht anwesend war. Er bezähmt seine Stimme. Er zwingt sich zur Beherrschung. Anfänglich hatte er seinen brünettesten und schlanksten Knappen in Verdacht. Er verurteilte ihn zum Schafott, als er ihm bei der Zeremonie des Handkusses die Krone schief aufsetzte.

Die Königin, stumm, mundtot vor Angst auf dem Batistlaken. Auch der König verstummt, den Blick zum Betthimmel erhoben. Offensichtlich verfolgen seine Gedanken jetzt eine andere Richtung. Wenn Prinzessin Rahiva sich ganz anders benimmt als die übrigen Geschöpfe, wird sie dann nicht das Kind von dort oben haben? Tief religiös, die Königin, und immer in der Kirche. Liebschaften mit den Heiligen? Mit den Engeln? Mit den Cherubinen, die die Lichter im Sakramentshäuschen tragen? Der anmutige, tapfere Erzengel Sankt Michael?

Ruhiger geworden findet seine Majestät die Sprache wieder. Ist er nicht der Herr und Gebieter seiner Gattin? Hat er nicht Anrecht darauf, alles zu wissen? Die Königin mag ruhig sein, er wird keine Rechenschaft von ihr erbitten. Eine so schöne und begabte Prinzessin, etwas auf der Welt so Seltenes. Er ist stolz auf Rahiva. Doch kaum hat das Mädchen die Geschlechtsreife erlangt, fordert sie jeden Abend ein Paar Eisenschuhe und flieht aus dem Palast an einen von niemandem vermuteten Ort. Was soll das heißen? Was für ein Geheimnis steckt dahinter? »Los, antworte, gib mir eine Erklärung!« Er spricht abgehackt, fast brüllend, aufrecht im Bett sitzend, mit wirrem Haar, schlotternd, gebrechlich.

Gut... es war ein Engel, ja, aber nicht die Cherubinen, auch nicht Sankt Michael, erwiderte die Königin. Beide geschlechtslos: Jünglingskniehosen, Haartracht und Schultern einer Dame.

Was für ein Engel dann?

Ein schwarzer, behaart, mit Kohleaugen.

Mit Flügeln?

Ja, mit Flügeln. Gezackte Flügel, Membrane, fledermausviolett.

Der König sinkt in die Kissen, der Ohnmacht nahe.

Dieser Engel... dieser Engel... befindet er sich in der Kirche?

Ja, in der Kirche, in den Altaraufsätzen, auf den Wandgemälden. Nie zuvor hatte sie sich auf ihn berufen. Der einzige jedoch, der ihre Bitte nach Befruchtung erfüllt hatte. Mit geschlossenen Lidern, die Königin, als würde sie geküßt, geliebt. Raserei und Wonne nehmen sie erneut gefangen. Duftend und warm die Trauben im Gezweig des Innenhofs. Hundegebell. An jenem Tag beschenkte Eure Majestät mich mit dem Geweih eines Spiegelrehbocks. Sie spricht langsam, wollüstig. Der schwarze Engel hatte auch ein Geweih. »Zu den Heiligen, zu den Engeln flehte ich auf Knien, in Demut und Ehrerbietung; diesem befahl ich, hochmütig und voller Zuversicht. Und ich muß Ihnen sagen, mein Gebieter, daß ich mich nie so sehr getröstet fühlte.«

Der König schnauft, als erdrücke ihn ein gewaltiges Gewicht. Sie ist die Tochter des Teufels! Sie ist eine Tochter des Teufels!

Ein Wirbelsturm fegt durch den Palast von einem Ende zum anderen. Die Eisenschuhe hallen auf den Bodenfliesen wider, das Königslager erzittert vom pochenden Blut des abgemagerten mickrigen Königs: »Eine Tochter des Teufels! Sie ist die Tochter des Teufels!« Der Teufel in den goldenen Thronsessel geflegelt, aus dem Diamantenkelch trinkend, Staatsgeheimnisse verratend, Ränke schmiedend, wühlend, kopulierend. Der Teufel, die Taille der Königin umschlingend, sie erhebend, sie im Triumph über die Wege der Erde tragend. Das Volk in dichtgedrängten Reihen dem Teufel zujubelnd. Der ungeheure Teufel die Königin schwängernd. Sie sich in Raserei windend, im Fieber den Teufel zu gebären. Der Teufel strahlend wie ein Gestirn am falschen Firmament des Königshofs. Er selbst den Teufel vergötternd!... Als gesetzmäßiger und ruchloser Erbe der Macht springt ihm der Teufel an die Gurgel. Seine Seele wehrt sich verloren in den Krallen des Teufels.

Frohlocken in der Stadt. Man erzählt sich, in der Stunde, da der Monarch seinen Geist aufgab, war ein Krachen zu hören, und aus den Gemächern der Prinzessin Rahiva sah man Rauch aufsteigen, während die Königin in die Kirche stürzte.

Im Vorhof der Kirche Schlangen, Affen, wüste Tiere, tobend. Drinnen zerschundene Wandgemälde, zersplitterte Kirchenfenster, und das Schlimmste: der Erzengel Sankt Michael durchbohrt mit der Lanze den Hals einer Frau.

Übersetzung: CMC

Almeida Faria

DIE SPAZIERGÄNGE DES EINSAMEN TRÄUMERS

Auf einer meiner einsamen Reisen saß ich eines Nachts friedlich in der New Yorker Untergrundbahn mitten in einer Gruppe von Punks in exotischer Aufmachung, die Gesichter an verschiedenen Stellen von Sicherheitsnadeln durchbohrt, das Haar gelb, lila, rosa, grün und organge gefärbt, alle wirkten traurig, bedrückt und stumm. Sie beachteten mich nicht, ich zeigte mich von ihrem schweigsamen Schauspiel nicht beeindruckt, aber als sie an einer Station downtown ausstiegen, fiel mir auf, daß einer von ihnen allein mit mir in dem ziemlich beunruhigenden Abteil zurückblieb, dessen Wände völlig mit mehr oder minder obszönen Graffiti bedeckt waren, ein paar Sätze waren witzig, die meisten nur wüst. Zu dieser späten Stunde wagen sich selten Leute in die Untergrundbahn, wo Überfälle, Vergewaltigungen und Schrecken fast an der Tagesordnung sind, kleinere Übel im Vergleich zum einen oder anderen Mord zwischendurch. Es kann dennoch vorkommen, daß man die ganze Nacht in einem solchen Zug herumfährt, ohne belästigt zu werden. Als ich meinen Nachbarn genauer betrachtete, sah ich, daß er einem Hund ähnelte, obwohl er wie ein Mensch aufrecht dasaß in Frack und Zylinder, nur lächerlich in seinem feierlichen Aufzug, weil er keine Hose und an den Füßen cremefarbene Socken ohne Schuhe trug, während er ganz gelassen und gesammelt im *New Yorker* las, ohne mich anzuschauen und unbesorgt, daß ich ihn für außergewöhnlich halten könne. Ich war fasziniert von seiner Haltung eines Gentleman, in einer Epoche, in der diese Gattung der Vergangenheit angehört, fehl am Platz in einer schmutzigen Untergrundbahn, deren Stammgast er zu sein schien und in der er es sich bequem machte, als sei er zu Hause. Meine Neugierde fand keinen besseren Vorwand, als nach der Zeit zu fragen, worauf er eine Taschenuhr hervorzog, die an einer goldenen Kette an einem Westenknopf hing, und mir mitteilte, es sei dreißig Minuten nach Mitternacht. sein starker Akzent veranlaßte mich, mit geheucheltem Interesse zu fragen, ob er Franzose sei.

»Das war ich in der Tat«, antwortete er kurz. Und warum er seine Nationalität verloren habe? »Ich war Franzose in einem anderen Leben, jetzt bin ich staatenlos«, und uninteressiert an einer Unterhaltung wandte er sich unbeirrt wieder seiner Lektüre zu. Ich aber wollte die Gelegenheit nicht versäumen, ihn zu befragen, was er mit »in einem anderen Leben« meinte. »In einem anderen Leben bedeutet genau das, oder wissen Sie nicht, daß wir uns nach unserem Tod in Übereinstimmung mit unserer wahren Natur in Tiere verwandeln?« Ich wußte es nicht, das heißt, ich kannte mich in der Mythologie aus, ich erinnerte mich, daß Hekuba, Hektors Mutter, in eine Hündin verwandelt worden war, daß die Hölle von Zerberus bewacht wurde, einem Hund mit fünfzig oder auch nur drei Köpfen, dessen Schwanz die Form einer Schlange hatte, daß Anubis, der Totengott, ebenso Hund wie Schakal sein konnte, ich war bereit anzuerkennen, daß Mythen Metaphern anderer Wirklichkeiten sind, die im Grunde verborgene Wahrheiten aussprechen, nicht aber, daß ich mich post mortem mit einem Schuppenpanzer bedeckt oder im Federkleid wiederfinden sollte, als Tiefseefisch oder philosophische Eule. Ohne mir zugehört zu haben, fuhr er fort:

»Das dürfen die Lebenden nicht erfahren, die übrigens schon andere Leben gelebt haben, auch wenn sie bei ihrer Geburt nichts mehr davon wissen; es gibt im Jenseits riesige Gebäude, höchst bürokratisierte Arbeitsämter, angefüllt mit Namensregistern und Archiven über verfügbare Leben; leider ist die Auswahl begrenzt, die guten Berufe sind sehr gefragt, und es heißt, daß es nicht an Klüngeleien fehlt, daß Engel und Erzengel Provisionen einstreichen, für die gewisse Heilige nicht unempfänglich sind; kurz: die Willkür dieser Welt ist dort subtiler, aber deshalb nicht weniger korrupt: ich könnte in diesem Augenblick ein ungebildeter brutaler Kerl sein, ein Sportsnarr, ein demagogischer Politiker, Möglichkeiten, die mir nicht zusagen; und da mich bis heute keines dieser Angebote befriedigt hat, ziehe ich es vor, bessere Gezeiten abzuwarten; vorläufig kehre ich erst in zehn Jahren dorthin zurück, denn es geht mir nicht einmal schlecht, wo ich mich befinde, jeden Monat erkundige ich mich am Auskunftsschalter, ob wieder bemerkenswerte Personen, die frischen Wind bringen, angekommen sind, ich versuche meine Tätigkeit durch den Umgang mit intelligenten Zeitgenossen aufrechtzuerhalten, besonders mit Künstlern und allerhand Abenteurern, Professoren mißtraue ich, mit denen habe ich verheerende Erfahrungen gemacht; und im übrigen beklage ich mich nicht, versuche friedlich zu sein, passiv, der Meditation hingegeben und der Lektüre der großen Humoristen.«

Wie um seine Worte zu unterstreichen, widmete er sich wieder seinem bei einer Chronik von Jane Kramer aufgeschlagenen *New Yorker.* Ich fühlte, daß ich ihn in Ruhe lesen lassen mußte, was mir gestattete, seinen hin und her schaukelnden Kopf zu beobachten, geschüttelt vom Rhythmus des Zuges, der, ohne anzuhalten, durch die ausgestorbenen Haltestellen raste. Schienengeräusche, kreischende Bremsen vor den Kurven, die auf den Lidern lastende Müdigkeit, die Angst, hier einzuschlafen und im Jenseits zu erwachen, all das trug zu meinem Entschluß bei, ihn zu fragen: Würden Sie mir ausführlich erzählen, wie die Dinge sich auf der Ebene der unterirdischen Welt vollziehen, wenn es Ihnen nicht zu anstrengend ist. »Anstrengend schon, aber wenn Sie mir versprechen, mich nicht dauernd mit überflüssigen Fragen zu unterbrechen, kann ich es Ihnen erzählen.«

Ich versprach, und er erzählte:

»Ich bin in Paris geboren, als einer der fünf Söhne, die Jean Jacques Rousseau in die Drehlade des öffentlichen Findelhauses legte, ich wurde von einem Bauernpaar aus einem Kirchspiel der Umgebung aufgenommen, gütige, bescheidene Leute, die mich aufzogen, wie Gott es gab; mit fünf Jahren erwies ich mich als frühreif, weil mir ein altes lateinisches Exemplar von Lukrez in die Hände fiel, das dem an der Schwindsucht verstorbenen und nie ersetzten Dorfpfarrer gehört hatte; er war im Hause meiner Adoptiveltern gestorben und hatte ihnen dieses verbotene Buch hinterlassen, das er statt des Breviers las; so lernte ich Latein und die Natur lieben, deren ›unehelicher Sohn‹ ich war, eine Liebe, die später als Ersatz für die fleischliche Mutter gedeutet wurde; wenn ich das deutsche Wort ›Ersatz‹ gebrauche, so weil ich kurz darauf in die deutsche Sprache eingeweiht wurde, dank eines Wissenschaftlers namens Wundt. Ein Mann, der von meiner Sprachbegabung gehört hatte und diese mit experimentellen Methoden zu untersuchen gedachte; ermächtigt, mich nach Deutschland mitzunehmen, begann er sich sogleich mit mir in der Sprache von Leibniz zu unterhalten, die von Homophonien wimmelt, weshalb ich anfangs seinen Namen mit Hund verwechselte, was vielleicht ein Hinweis auf mein augenblickliches Leben ist; doch bei meinen anfänglichen Verwirrungen blieb es nicht: zunächst warf ich auch den berühmten Namen Wundt mit Wunde und Wunder durcheinander, was mir ein Vorzeichen für die Doppeldeutigkeit unserer Beziehungen mit der Wissenschaft zu sein schien, zugleich Wunde und Wunder, Wundertat und Leiden; mein Mentor gedachte nicht nur, meine Gaben für seine Berichte und Versuche zu nutzen, sondern einen Wissenschaftler aus mir zu machen, was mir weniger behagte; ich begeisterte mich für die Betrachtung der Dinge, nicht auf ihre schlichte Beobachtung mit umstrittenen, sogenannten wissenschaftlichen Zielen; es machte mir Vergnügen, die Dinge auf instinktive, »tierhafte« Art zu betrachten, ein Eigenschaftswort, das für mich nichts Abfälliges an sich hat; die Wissenschaft ist ehrenwert, interessiert mich aber nicht.«

In diesem Augenblick sah er auf die Uhr und sprang erschreckt mit einem Satz auf: »Die Zeit ist schnell vergangen, wie im ersten Leben, ich muß gehen, weil ich mich nicht dem Sonnenlicht aussetzen darf.« Ich warf ein, in die U-Bahn dringe kein einziger Sonnenstrahl: »Das meint ihr, bevor ihr sterbt und bevor ihr die unendlichen Schattierungen des Lichts wahrnehmt; wenn Sie sterben, werden Sie das begreifen: jetzt wünsche ich Ihnen einen guten Tag, ich hoffe, wir sehen uns hier oder anderswo wieder.« Und er stieg an der nächsten Haltestelle aus.

Verdutzt blieb ich in diesem nun unheimlichen Wagen sitzen und hatte plötzlich Angst. Ich glaubte zu träumen, immerhin bewiesen die Zugbremsen, daß hier die lärmende und gefährliche Wirklichkeit des grauenden Morgens herrschte. Zwei Stationen später konnte ich die U-Bahn verlassen und zum *Chelsea* gehen, einem Hotel, das ich gewählt hatte, weil es beunruhigend und billig war, weil der Kassierer hinter Eisengittern saß wie in manchen Banken und weil die Zimmer vier Vorhängeschlösser hatten. Seit Fitzgerald dort gewohnt und Warhol hier »Chelsea Girls« gefilmt hatte, wurde diese Bohème-Spelunke sogar bei der Unterwelt beliebt, so daß man mitten im Lift ausgeraubt werden konnte. Jedesmal schwöre ich mir, nicht dorthin zurückzukehren, aber der frisson veranlaßt mich, einmal getane Gelübde nicht einzuhalten.

Ich verschlief den ganzen Vormittag und einen guten Teil des Nachmittags, entschlossen, abends eine neue Begegnung mit meinem tot-lebendigen Gesprächspartner zu suchen, den um seinen Namen und sonstige Auskünfte über die Unterwelten zu bitten ich versäumt hatte. Ich weiß zum Beispiel nicht, was meine innerste Natur ist, und wenn sie sich in einem künftigen Leben nicht auf ein Tier reduzieren läßt, gibt es dann eine Möglichkeit, mich in irgendein imaginäres Tier zu verwandeln?

Nach dem Aufstehen und einer Katzenwäsche, ich rasierte mich nicht einmal, ging ich zu Fuß die Fifth Avenue hinauf, um vollends aufzuwachen, betrat die spanische Buchhandlung auf der Suche nach dem »Manual de Zoología Fantástica«, das ich zwei Jahrzehnte zuvor anläßlich einer außergewöhnlichen Begebenheit gelesen hatte: auf derselben Avenue hatte ich an einem sonnigen Märztag einen großen Herrn mit weißem Haar und sehr heller Haut gesehen, eindrucksvoll, makellos gekleidet, mit Spazierstock, sicher blind, denn er stützte sich auf den Arm einer noch jungen Frau und sah mit leerem Blick ins Weite; ich erkannte ihn nach Fotografien sofort, es war Borges.

Aus Schüchternheit wagte ich nicht, ihn anzusprechen, doch kaum waren sie in der Menge verschwunden, bemerkte ich die kleine spanische Buchhandlung, was mir als ein Zeichen erschien, und beschloß, ein beliebiges Buch von Borges zu kaufen. Mein Blick fiel auf sein »Handbuch«, das er mit Margarita Guerrero, wahrscheinlich seine Blindenführerin von vorhin, herausgegeben hatte. Ich las das Buch nachts in einem anderen Zimmer des *Chelsea*-Hotels mit weniger Türschlössern. Zwanzig Jahre später betrat ich nun dieselbe Buchhandlung und bat um das gleiche Buch, das ich in eine Bar mitnahm auf der Suche nach dem imaginären Tier, das zu mir passen würde. Ich entdeckte keines, zahlte mein Getränk und aß in einer Snack-Bar der Avenida of the Americas zu Abend, in der Nähe des Central Park, in dem ich gerne spazieren ging. Eben das tat ich nach einem leichten Mahl, obwohl es zu jener Jahreszeit früh dunkel wurde und diese Gegend nachts nicht gerade die sicherste ist. Wie gesagt, ich liebe Risiken über alles und bewege mich grundsätzlich in der Erwartung, in die ewigen Jagdgründe einzugehen. Ich wanderte lange durch den Park, bis ich nicht mehr wußte, wo ich war und müde wurde, worauf ich mich auf eine Holzbank neben einer Straßenlaterne setzte, um meine Lektüre mit dem unwohlen Gefühl zu wiederholen, den Inhalt vergessen und nur einige Zeichnungen im Gedächtnis behalten zu haben. In das Buch vertieft, bemerkte ich nicht das Herannahen eines jungen Mädchens, das sich neben mich setzte, ohne daß ich sie fragen hörte, ob ich nichts dagegen hätte. Im Gegenteil, hätte ich geantwortet, was der Anfang einer Unterhaltung gewesen wäre. So mußte ich ein Thema erfinden. Warum nicht Phantastische Zoologie? Glauben Sie an Vampire? »Ich bin nie einem begegnet, antwortete sie, es sei denn, Sie sind der erste.« Sofort lief das Zwiegespräch wie am Schnürchen, und in Kürze eröffneten wir das Kapitel der Küsse, Liebkosungen und anderer Berührungen, wo nicht Zärtlichkeiten, unterbrochen durch die Ankunft einer Bande herumgammelnder Halbstarker, die Unterhaltungsmusik aus einem Kofferradio hörten, ohne Rücksicht auf die Stille einsamer Träumer, eintönige Rockmusik mit immergleichen, phantasielosen Texten, gegen die man nach den Gesichtern der Rowdies zu urteilen lieber keinen Einspruch erhob. Bald darauf stellten sie übrigens das Radio leiser, um einen älteren Zeitgenossen anzuhören, so etwas wie einen Bandenchef, Guru, geistigen Führer, zurückhaltend in Gebärden und Worten, ohne Übertreibungen oder theatralische Possen, der mich an einen vor Jahren nach einem Abendessen verlorengegangenen Freund erinnerte: wir hatten das Restaurant verlassen, und er überquerte auf dem Zebrastreifen eine dunkle Straße, während ich das Schaufenster einer beleuchteten Buchhandlung betrachtete, die einzige Lichtquelle in jener Straße; als ich mich umdrehte und ihn auf dem gegenüberliegenden Gehsteig suchte, sah ich niemanden. Ich rannte unsinnigerweise weiter, kehrte zur Buchhandlung zurück, wo das Schaufenster jetzt erloschen war, so daß vollkommene Finsternis herrschte, und rannte in die entgegengesetzte Richtung, verzweifelt darüber, ihn nicht mehr zu finden, wütend über die Bücher, die ihm sicher zum Verhängnis geworden waren, weil sie auch immer das meine gewesen waren.

Diese unpassende Erinnerung wurde durch die Kraft der brünstigen Mondstrahlen unterbrochen, die mir gestatteten, meine bescheidenen erotischen Annäherungen durch Umarmungen zu steigern, imstande, den dialektischen Sprung von der Potenz zum Akt zu vollziehen, um Aristoteles' Ausdruck im buchstäblichen Sinn zu gebrauchen. Ich achtete nicht auf den Sermon des Redners, der, nach der Aufmerksamkeit der Zuhörer zu schließen, fesselnd sein mußte, und drang zum kritischen Augenblick vor, dem die Unbekannte, Widerstand vortäuschend, zustimmte, während sie sanfte Seufzer ausstieß zu dem Zweck, meine Erregung zu steigern, worauf ich die Augen schloß, um besser zu sehen, und als ich sie wieder aufschlug, bemerkte ich, daß aus der Tiefe der Allee der petit Rousseau oder kleine Wundt nahte, der vielleicht gar nicht so hieß. Ich tat, als hätte ich nichts bemerkt, um die Umzingelung der schwachen, fast eingenommenen Festung zu vollenden, wobei ich zwischen der Suche nach einer weniger unbequemen Stellung auf der Holzlattenbank oder dem Überwechseln aufs Gras, einer weicheren Materie, schwankte. Indessen entfloh die Halbverführte, auf ihren Vogelfüßen hüpfend, die der lange Rock verbarg. War sie eine schreckhafte Verführerin und ich am Ende der Verführte? Ich bekam einen Wutanfall auf den ausgemerkelten Sonderling mit Zylinderhut und trauriger Schnauze und Hängeohren, die auf den Kragen seines mit Schwalbenschwänzen versehenen Gewandes fielen, das kaum seinen Hängebauch und seinen leicht vorstehenden Hintern bedeckte, dessen kastanienbraunes Fell zur Farbe seiner Socken paßte; aber der Sohn von Jean-Jacques kam in Begleitung, unter dem Arm trug er ein Frühgeburtshundemonstrum, dessen Robbenschwanz mich ihn im Geist Meerkalb nennen hieß und dessen vorwitzige Nase an einem abscheulichen, undefinierbaren Wesen roch, einem Wesen mit phallischem Hals und einem mit scharfen Fangzähnen bewehrten Eichelkopf, Mini-Armen und verkümmerten Händen, die einen Taktstock oder Paukenschwengel hielten, und das so gekrümmt war, als erzähle es eine Anekdote, über die es sich vor mühsam beherrschtem Lachen ad infinitum bog. Die Musikbesessenen gingen auseinander, während das Trio mit übertriebenen Ehrenbezeugungen näherkam, mein Gefährte vom Vorabend stellte die Geschöpfe als seine jüngeren Brüder vor, von denen einer schon als amphibischer Fötus verblichen und der andere, der Golfhosen und -stiefel trug aus der Zeit unserer Großeltern, in der Pubertät gestorben war während einer durch sein hochagressives Temperament ausgelösten Schlägerei, daher seine im Leben jenseits des Grabes geschärften Zähne. Ich begrüßte die Neuankömmlinge und beherrschte meinen durch den klebrigen Händedruck des Jünglings ausgelösten Ekel, den ich Orchesterdirigenten taufen will und der mich zu einer erhöhten Stelle des Parks einlud, einem Plateau (er sprach nur Französisch), auf dem laut Bestätigungen von Archäologen einst Opferhandlungen durchgeführt worden waren, und wo vor Generationen, bevor die Weißen die Indianer ausgeplündert und ihnen alles geraubt hatten, diese auf Pilgerzügen die Seelen der Geopferten in Nächten unheilvoller Sternveränderungen angerufen hatten — häßliche, unförmige, durch jahrhundertelanges Unglück mißgestaltete Seelen. Seine Rede war langatmig, und ich unterhielt mich währenddessen damit, den trübe aufsteigenden Nebel zu betrachten: Gibt es also Seelen? fragte ich, um nicht einzuschlafen und da ich merkte, daß er zum Plaudern aufgelegt war. »Natürlich«, versicherte er, »sie sind das, was die Wissenschaftler als Antimaterie bezeichnen und was sich in einer Nebelkammer enthüllt; wenn die Nacht nebelig ist, sind die Bedingungen günstig, um die Seelen zu erblicken, die nichts mit uns gemein haben, denn wir sind Reinkarnationen von Körpern, und Seelen entstehen dank schlecht durchgeführter Wanderungen ohne Rast noch Ruh, es sind somit Seelen in Verdammnis.«

Neugierig und überzeugt folgte ich ihnen durch den stockdunklen Teil des Parks, der zu der Lichtung führte, wo die hochgelegene Stelle lag. Ich darf nicht beschreiben, was ich dort erlebte, noch gelänge dies meiner schwachen Kunst. Wenn wir nicht wissen, woraus die dionysischen Mysterien bestehen, wozu und mit welchem Recht dann offenbaren, was nicht weitergesagt werden soll? Ich werde erzählen, wozu man mich befugt hat, daß dort nämlich eine Erinnye zu der Zeit begraben wurde, als Europa und Amerika noch verbunden waren, bevor Atlantis unterging; und jetzt wartete ein mir mimetisch gleicher Golem auf meine Ankunft am Grab der Furie, um mir von Angesicht zu Angesicht zu begegnen, mir vorauszusagen, daß eines Tages ein zweiter Doppelgänger mich im

Leben ersetzen wird und daß ich mich nach dort einschiffen müsse, wo mich niemand sieht und niemand meiner mehr gedenken wird. Schon bald oder erst später? Angst begann an meinen Eingeweiden zu nagen und biß ein Loch in meinen Magen, einen Hohlraum, als lasse der Tod sich darin häuslich nieder. Ein Schwindelgefühl der Gefahr überfiel mich, die Anziehungskraft des Doppelgängers, der irgendwo existiert und das ist, was ich nie sein werde noch war, der geduldig durch irgendeine Stadt auf oder außerhalb der Landkarte umherschweift und in seinem Koffer die Last der Katastrophen mit sich führt, die jeden Augenblick über mich hereinbrechen können und die ich vorausfühle, die Bedrohung der Wolken vor ihrer Entladung, angesichts des unerschütterlichen Triumvirats meiner Parzen, die wahrscheinlich gewöhnt sind an die unheilgesättigten Geheimnisse und an die uns erwartenden planetarischen Opferfeste.

Ich streckte die Arme aus, um den Golem mit den toten Augen zu erreichen, glanzloses Glas oder Kunststoff, hinfällige Materie, er aber löste sich in Nebel auf. Und meine rechte Hand griff eine einem Homunkulus ähnliche Wurzel, die matte, tierhafte Schreie ausstieß. »Das ist die Madragore«, erklärte mein Führer, »sie wird Sie vor Abgründen schützen, solange Sie sie nicht verlieren, mehr weiß ich nicht.« Das schwache Mondlicht gestattete mir nicht, sie zu erkennen, nur das Quieken der menschlichen Riesenratte bewiesen mir, daß sie lebte: Wieviele Jahre lebt sie? »Dreiunddreißig Jahre, drei Monate, drei Wochen und drei Tage, sofern sie bewacht und ihr Versteck nicht entdeckt wird«, erläuterte mir der Führer. Und wenn sie entdeckt wird? »Ich rate Ihnen, daß das nicht geschieht.«

Ich steckte sie in die Hosentasche, aus der ihre von meinem Geschlechtsteil gedämpften leisen Schreie nicht mehr zu hören waren: Wann darf ich endlich schlafen? fragte ich. »In Kürze«, sagte einer von ihnen, fraglos der Orchesterdirigent, denn die Mißgeburt schien stumm und der Hundemensch schwieg seit langem. Es war mir lästig, in der Tasche jenen Übergang von Pflanze zu Tier zu tragen, geboren aus dem über die Erde verschütteten und von Leah als Aphrodisiakum verwendeten Sperma. Es gibt Menschen, die verrückt werden beim Anhören ihrer Stimme, ihren Wehklagen, für die es keine Hilfe gibt. Es gibt Leute, die durch ihre

Einwirkungen verwandelt werden, wie Circe Odysseus' Matrosen verwandelte und Apuleius' Lucius zum Esel wurde. Was wird mein Los sein?

Nach langem, für uns lästigen Schweigen wandte sich das Schnauzgesicht des ältesten Sohnes des Philosophen zum Mond und reckte sich ihm entgegen, als wollte er ihn erreichen, langgezogenes Heulen drang aus seiner Kehle, angstvoll wich ich zurück, weiteres Heulen folgte, Kälte durchschauerte mein Inneres und kreiste durch meine Eingeweide, ohne an die Oberfläche zu gelangen, ohne bis an die Haut zu dringen. Aber fliehen, das tat ich nicht, die Liebe zum Wissen bezwang alle Bedenken, ich wollte die heulende Melodie hören. »Ich bin kein Werwolf«, beruhigte mich der Hundemensch, »aber in Nächten wie dieser muß ich schreien, meine Wut hören, weil ich zu diesem Dasein verdammt bin, zu grenzenloser Gleichgültigkeit, weil ich weiß, daß für mich alles ohne Sinn ist und endlose Einsamkeit.«

Der brüderliche Orchesterdirigent verharrte in Schweigen, sein Gesicht von der Farbe rohen Fleisches war totenbleich geworden. Bis zum Sonnenaufgang fehlte wenig, Schlaf lastete auf meinen Augen, ich muß stehend eingeschlafen sein und erinnere nur, daß ich am nächsten Morgen von meinem literarischen Agenten geweckt wurde, der mich um zwölf Uhr zu einem mit einem Verleger vereinbarten Mittagessen abholen wollte. Erschöpft und schlaftrunken begann ich schließlich, in einem Restaurant wach zu werden, am Tisch mit Tom, dem Verleger und Brodsky, dem exilierten sowjetischen Dichter, den ich in Rio kennengelernt hatte.

Überrascht stellte ich fest, daß der Verleger mir fast aufs Haar glich, er hätte ich sein können, wäre ich in einem anderen Land geboren worden und hätte ich ein anderes Leben gewählt. Tom lächelte über die Ähnlichkeit, Joe Brodsky machte eine seiner ironischen und hintergründigen Bemerkungen, der Verleger fand das nicht komisch, und zwischen uns entstand eine unbezähmbare Antipathie, die uns das Mittagessen verdarb. Sollte das mein erfolgreicher Doppelgänger sein? Der von der Prophezeiung im Park Angekündigte?

Ich war so verstört, daß ich mich vor dem Ende des Mittagessens verabschiedete, was den Verleger beleidigte und den slawischen Dichter schockiert haben dürfte. Ziellos wanderte ich durch Avenues, ging bis zur Canal Street, schlenderte durch das Village, kehrte bei Einbruch der Nacht ins Hotel zurück. Ich legte mich ins Bett, schloß die Augen, hörte Lärm, sah den Erstgeborenen des Verfassers von Émile, der in einer Zimmerecke saß und mich mit seiner unerschütterlichen Miene begrüßte, mit Glubschmandelaugen und einem von Häßlichkeiten strotzenden Gesicht. Er fragte mich, ob ich tätowiert werden wolle, ich fand den Vorschlag so ungewöhnlich, daß ich zusagte, denn damit hätte ich einen Beweis dafür, daß unsere erhebenden, eher orphischen als sokratischen Zwiegespräche keine Erfindungen gewesen waren. »Ich werde einige Hieroglyphen auf Ihren linken Arm zeichnen, die Ihnen auf dieser westlichen Insel Manhattan als Amulett dienen werden oder auf der Insel des Dr. Moreau«, und er zog ein Klappmesser hervor, mit dem er, ohne es zu desinfizieren, obwohl es frisch aus dem Totenreich kam, meinem linken Arm unbekümmert zwei geschickte Schnitte zufügte. Diese sanfte Gewalttätigkeit überraschte mich, aber ich wollte keine Schwäche zeigen und ließ ihn fortfahren, bat ihn jedoch, dabei seine in der vorvergangenen Nacht unterbrochene Geschichte weiterzuerzählen. Er ließ sich nicht lange bitten:

»Wir waren bei meiner saison chez Wundt stehengeblieben, dessen Erstgeborener berühmt werden sollte, obwohl längst nicht so berühmt wie mein damals noch unbekannter Erzeuger. Ohne ihn herabmindern zu wollen, war ich viel brillanter als der zweite und künftig berühmte Wundt, der desto unausstehlicher wurde, je weiter meine frühreifen Begabungen uns voneinander trennten und sich seine Feindseligkeiten zu leichtfertig heraufbeschworenen Zwistigkeiten steigerten, die mich zutiefst verblüfften; warum zum Teufel sollte ich Opfer jener Agressivität werden, teils von meiner verfluchten Isolation hervorgerufen und diese wiederum verursacht durch mein verschlossenes Temperament? Wenn die Natur gütig war, wie meine ersten sozialen Eltern glaubten, ungebildete und gesunde Bauersleute, warum machte sie mich dann ihnen und meinem Spielgefährten gegenüber zum Fremden? Als die Heiligen Bücher diese Art von Erbsünde, die Lust am Denken, ersannen, Hindernis für das Glücklich- und Unwissendsein, waren sie dann berechtigt, den für mich so wünschenswerten Baum der Erkenntnis zu verbieten? Mehr aus Wißbegier denn aus Frömmigkeit stürzte ich mich auf das Alte Testament mit Epinal-Bilderbogen: Vertreibung aus dem irdischen Paradies, die Arche Noah, die monogame Tierpaare in militärischer Marschordnung bestiegen, ein für eine so riesige Tierschar viel zu kleines Schiffchen; die Strafe der Sintflut bekräftigte, was die Andersgearteten erwartet, die gegen die Regel des Maßes, der gleichförmigen Mittelmäßigkeit verstoßen; was das Neue Testament betrifft, so wurde der Hauptheld, der kleine Jesus Christus, der gewitzter ist als die Weisen, in den kitschigen Holzschnitten zu einem Galan, dazu bestimmt, die Träume von Frauen zu nähren, die gebannt sind von seinem in der Mitte gescheitelten Lockenkopf, von seinem beim Barbier gestutzten mystischen Bart, von seiner kunstvoll geschneiderten nahtlosen Tunika; verglich ich mich mit ihm, fühlte ich mich ihm unterlegen, und so wuchs ich von Selbstzweifeln zernagt heran, während der kleine Wundt immer zufrieden mit sich war, Urteile hervorrülpste, vollgestopft mit Gewißheiten, angemessen in seinen Meinungen und überzeugend mit seinen mittelmäßigen Beweisgründen, sicher zu gefallen; und er gefiel; im Alter von dreizehn Jahren erfaßte mich eine fatale Leidenschaft zu einem Teenager, der seinerseits Wundt Junior vorzog; aus wahrhaft hündischer Treue mißlang es mir, nicht an sie zu denken, was mich erst zu Lustlosigkeit trieb, dann zu Niedergeschlagenheit und endlich zu Selbstmordbesessenheit; als ich *Orlando Furioso* auf Italienisch las, setzte ich Wundt mit Medroso gleich, dem Maurenprinzen, den Angelica liebte, die ich, Orlando, vergeblich liebte, bis ich Zuflucht im Wahnsinn fand; an ihrem, Angelicas Geburtstag, ging ich in das Wundtsche Laboratorium und trank von jenem Doldengewächs, das Sokrates um die Ecke brachte und der in meinem Fall ausgereicht hätte, eine Familie auszulöschen; es war nicht schwierig, noch bekam ich Schwindelanfälle, als ich in den Tunnel der Vorhölle stürzte, in deren Finsternis ich auf einen Teich stieß, aus dem ich trank, auf allen Vieren, denn plötzlich war mein Durst so sinnenverwirrend, daß ich nicht mehr aufrecht gehen konnte; in dem von hohem Flammengeflacker erleuchteten roten Wasserspiegel sah ich mit Entsetzen mein neues Gesicht, den neuen Körper; gleich darauf gesellte sich mein Bruder zu mir, den ich Ihnen gestern vorstellte, und erklärte mir, wer wir sind und wie die Unterwelten funktionieren. Es war uns erlaubt, jede Nacht aus freiem Willen an die Oberfläche zurückzukehren oder zum wahren Leben, sofern wir einen Freiplatz entdeckten; im Limbus befanden sich die, welche im noch grünen Alter die Sichel niedergemäht hatte, die, welche nicht einmal geboren worden waren, die bei ihrer Geburt Gestorbenen, die am Taufbecken nicht Gereinigten; kaum hatte ich Kenntnis von meinen Ursprüngen bekommen, beschloß ich, l'outre-tombe française zu durchqueren, um den Spuren meines echten Vaters nachzugehen, an den ich indes nie das Wort richtete, weil ich ihm nicht verzeihen konnte, was er uns angetan; ich folgte seiner Fährte durch Salons und Boudoirs, insgeheim nahm ich an den Abendgesellschaften von Madame de Warens teil, seiner zweiten Mama und ersten Geliebten in Charmettes, Vorhauteinleitung einer Reihe von verwickelten Beziehungen zu Frauen, deren Schützling und Beschützer er war, wie Madame d'Epinay gestand, eine andere seiner Bettpatinnen, mit der er in Montmorency zusammenlebte; ich verbrachte einen angenehmen Abend im Palais des Marquis von Girardin in Ermonville, wo mein Vater Ruhe fand, um über die Regierungen des zu jener Zeit unregierbaren Polen zu schreiben und über die Ungleichheiten zwischen den Völkern, die Kriege vom Zaun brechen, die Gefühle des Scheiterns und des Hasses auslösen, die unheilbaren Neid verursachen; dies machte ihn in den Augen der Aristokratie der Subversion und in denen der Literaten der Reaktion verdächtig, die an ihm den Rückfall in die sogenannte Naturreligion, die Umkehrung der sogenannten bürgerlichen Werte, kritisierten; ich wohnte endlosen ideologischen Diskussionen und so nutzlosen theologischen Debatten bei, daß ich mich in meinen Vorhöllentagen, um die Dinge besser zu verstehen, dem Studium der Geschichte zu widmen beschloß, ich interessierte mich für das Leben der Gescheiterten, das niemand gern studiert, oder für das, was bei den Siegreichen Niederlage war; möchten Sie Beispiele? Der große Rousseau hielt sich für einen genialen Komponisten, seine Musik taugt nichts, indem er aber schrieb, hat er sich auf den Weg zur Unsterblichkeit eingeschifft; und doch verdankt er der Musik den Kern seiner auf den Gesetzen des Herzens und nicht auf denen des Diskurses fußenden Ästhetik; doch es ist nicht leicht, mit dem Herzen in der Hand zu leben, in welchem Sinn man auch die idiomatische Wendung versteht, sei es als Empfindsamkeit, sei es als Aufrichtigkeit, denn in dem, was er Herz nennt, nimmt die unleugbare Wahrheit Wohnung, nie übertroffen, wiewohl unterdrückbar, begraben unter so viel böser Lüge; oder ziehen Sie ein Beispiel fern von den Künsten vor? Nehmen wir die Politik, vielleicht Sir Walter Raleigh, der, nachdem er den Orinoco hinaufgefahren war, um El Dorado zu suchen, nach seiner Rückkehr dem schwachen und bankrotten König gegenübertrat, mit leeren Händen, überdies verantwortlich für den Tod der Spanier, mit denen die britische Krone Frieden schließen wollte; wäre er reich zurückgekehrt, sie hätten ihm alles verziehen; sein Scheitern war für ihn verhängnisvoll.«

Eine Unterbrechung seiner Erzählung nutzend, betrachtete ich meine fertiggestellte Tätowierung. Ich fragte, ob ich aufstehen könne, und wusch sie, da mich die Haut schmerzte, als hätte ich Fieber, meine Armmuskeln juckten wie von Bremsen gestochen. Vor dem Spiegel lenkte mich mein schlechtes Aussehen davon ab, über die Unterhaltung mit dem Tätowierer nachzudenken. Hatten die Machtbereiche des Spaziergangs und des Traums mich in die Sackgasse dieses verdächtigen Hotels geführt, in dessen Gängen es von Kakerlaken wimmelte? Währenddessen sprach er weiter und nannte Gründe für seine Wahl von Manhattan als idealen Ort für nächtliche Spaziergänge, weil es das neue Athen sei, »finden Sie nicht?«

Ich kenne Athen nicht, erwiderte ich im Badezimmer und öffnete den Wasserhahn. Das Wasser floß durch die rostigen Röhren rauschend ins Becken und übertönte die Antwort. Oder es erfolgte keine Antwort; als ich ins Zimmer zurückkehrte, war mein Tätowierer verschwunden, mein in das Handtuch gewickelter Arm blutete, ich war wütend über mich selbst, ich hatte weder Watte noch Alkohol, eine Blutvergiftung war mir sicher. Ich wartete darauf, daß die Blutung zum Stillstand käme, ich zog das Hemd an und ging hinaus, auf der Suche nach einer Apotheke, einer Drogerie oder eines Tag und Nacht geöffneten Supermarkts. Es war weder Tag noch Nacht, die Luft roch nach Meer, ein Flugzeug kam aus der Richtung des John F. Kennedy- oder des La Guardia-Flughafens, ich fühlte mich hier wohl, mußte aber abreisen, ich brachte die Daten durcheinander, die Grenzen zwischen Fakten und Phantasie wurden unbestimmt, ungenau, verschoben sich durch den Widerstreit zwischen Wirklichem und Möglichem, Sichtbarem und Unsichtbarem. Rechtfertigt mein Wunsch, mich an Alltägliches zu halten, die Leugnung anderer Zonen, wo Schatten herrscht? Was sagt der Mund des Schattens? Daß ich der Generalprobe des Weltenendes beigewohnt habe? Macht nichts, es gibt noch mehr Welten. War mein jetziger Aufenthalt in New York eine Einweihung in ich weiß nicht welchen Ritus gewesen, hatte mich dabei ein Vergil geführt? Oder ein Zerberus, nicht nur mit drei Köpfen, sondern mit drei verschiedenen Körpern, als Wächter vor Plutos Toren? Und dennoch hatte dieser wohlerzogene Hundemensch nichts von einem Zerberus. Und die Fabelwesen des Parks und das schreckenerregende Orakel, welches das bevorstehende Erscheinen des Doppelgängers ankündigte, diktiert vom Golem aus toter Materie und nicht aus verbranntem Holz? Sollte er dieser Verleger sein, geschäftstüchtiger moderner Merkur ohne Flügel am Kopf und an den Füßen? Nichts weiß ich, aber mit meiner tätowierten Botschaft am Arm kann ich sterben, ohne mich auf den undurchdringlichen Pfaden des Jenseits zu verirren.

Ich ging bis in die Nähe der Wall Street, die über der Hölle thront mit ihren in fünf Kontinente führenden Verzweigungen. Ich kenne den Ort des Paradieses nicht, ich werde meinen düsteren Freund zu befragen suchen, sofern er wieder auftauchen sollte. Ich stelle mir vor, daß es sich im Äther befindet, Gott direkt unterstellt und den glücklichen Andersartigen vorbehalten, eine Schutzengelzuflucht in kristallenen, durchsichtigen, sterilen Wachtürmen, in die man nur mit einem von hohen Funktionären der Himmelspartei ausgestellten Visum Zutritt erlangt.

In einer Drogerie an der Ecke fand ich Heftpflaster, das ich unverzüglich auflegte. Hoffentlich läßt mein schwermütiger Geschichtenerzähler mich nicht in der letzten Nacht im Stich, der vierten Nacht eines Träumers, der außer dieser Stadt keine Geliebte hat. Hoffentlich gewährt mir mein Doppelgänger eine längere Frist und kommt nicht zu früh. Und wenn er kommt? Ein Augenblick der Wahrheit genügt fürs ganze Leben, und ich muß den meinen wohl erlebt haben. Das Leben ist ein Xerox; du bist nur eine Kopie. Ich erinnere jetzt, daß ich in der Nacht im Park, als ich schlafwandlerisch nach Hause ging, an einem Audio-Videoladen vorbeikam und stehenblieb, als ich auf einem der Fernsehschirme als feedback sah, was mein Leben gewesen war, und auf einem anderen als Videofilm das, was es hätte sein können. Zwischen beiden war die Entfernung unendlich groß.

Übersetzung: CMC

Lidia Jorge

DIE ZEUGIN

Susette von der Seite, Susette von vorn, Susette mit feuchtem, entrückten Blick, verloren in der fernen Ferne einer erloschenen Erinnerung. Susette von vorn, Susette von der Seite, und plötzlich streckte Susette die Arme aus, jäh errötend, eine riesige Begegnungsumarmung, wie eine kraftvolle Krebsschere, ein überraschend liebevoller Spinnensprung um den Hals, und die stummen Wörter, Gesicht an Gesicht, verklammert in der Tiefe jenes Erkennens. Hallo, hallo. Susette weiß, Susette rot, Susette durchs ganze Haus tippelnd, Susette stehend, Susette sitzend, wer hätte das gedacht, wer hätte das gedacht. Ich bin's, Susette. Du bist's, welche Überraschung, mir fehlen die Worte. Weißt du, daß ich verheiratet bin, ich habe Sandro geheiratet, einen ragazzo italiano, vor knapp fünf Jahren. Noch immer zittert Susette, noch immer lacht sie, aber schon in sich hinein, was ist aus all den anderen geworden, Susette mit einer Träne im kastanienfarbenen Auge, von der Farbe der Mastixbäume, weinerlich und sanft, auch kaum wiederhergestellt. Hallo, Susette.

Schön, bei uns ist alles beim Alten, strahlende Sonne, Vollmondnächte im Januar, die Grillen zirpen die ganze Nacht, wenn es regnet, wimmelt es von Pfützen, dann kommt der Wind und trocknet sie, Wolken ziehen, Vögel kommen geflogen, die vier Jahreszeiten. Jetzt werden auch entlang der Landstraße mehrstöckige Häuser gebaut. Und die Leute ändern sich, ändern sich mit der Zeit ein bißchen. Susette sitzend, Susette zuhörend, Susette mit der einen Hand am Mund, als wolle sie nach etwas rufen, ein Anflug von Kummer im Gesicht, Susette aber auch lachend und sie zeigt ihre blanken Zähne. Dann ließ Susette von allem das Nötigste wissen, daß Sandro nicht da sei, er sei mit den Kindern einkaufen gegangen, du wirst sie zu Gesicht bekommen. Es sind zwei, sagte Susette mit ausgestreckten Fingern, um auf die Geschöpfe hinzuweisen, und zog ein in Reichweite liegendes Fotoalbum heran, in dem man, als sie es mit dem Finger aufblätterte, ihre Sonntagsliebschaft verfolgen konnte, die Verlobungsfeier in einer Bar mit Kerzen und Glückwunschkarten. Das ist mein Ehemann. Susette lachend, Susette erzählt Einzelheiten, Susette überglücklich. Sie konnte es noch immer kaum glauben und mußte sofort nach dem Teich fragen, ob dort noch immer ihre Tanten Wäsche wuschen. Natürlich tun sie das. Ja, sie tragen die Wäsche auf dem Kopf, wringen sie auf den Steinen aus, hängen sie zum Trocknen in die Bäume. Und Susette weint, Susette hält die Hände vor die Augen, bedeckt sie mit dem Taschentuch, Susette ist traurig, traurig, ihre Stimme bricht ab wie die der Grillen. Wenn der September zu Ende geht und man nicht genau weiß, ob noch Zeit ist weiterzumachen oder mit dem Singen aufzuhören. So ist das, Susette. Wir waren noch so klein, und es war im April oder im Mai, vielleicht April, denn der Weizen auf den Feldern war noch nicht reif, er stand aber schon ziemlich hoch, und seine Ähren waren gestreckt wie Hälse, so daß wir uns zwischen ihnen verstecken konnten. Von den Hunden, die auf den Feldwegen vorbeikamen, sahen wir nur die wedelnden Schwanzspitzen. Auch das Bellen. Du hast völlig recht. Susette zeigte jetzt ihre Küche, dann den Herd, die blitzende Arbeitsplatte, in dessen Spiegel man sich das Haar kämmen konnte. Und das Fensterbrett, schau. Das Fensterbrett. Es war ein handbreites Bord, das mit der Fensterscheibe einfach abschloß, aber auf ihm standen nebeneinander vier rote irdene Töpfe, in denen Begonien mit wirren, lichtsuchenden Blättern wuchsen. Wenn man hinunter in die Tiefe schaute, schwand aus dem Blickfeld, wer heraustrat und hineinging, als stünden wir auf den Zinnen eines aschfarbenen Traums. Aber ich bin hier und denke an meine Tanten, die so einsam an ihrem Teich stehen und die Unterröcke walken. Sie müssen ziemlich gebeugt sein. Sie sind es, sie sind es, tragen das Kinn zur Erde geneigt, und wenn sie ihre Wäschebündel auf die Hochebene ihres Rückens laden, zittert der Stock, auf den sie sich stützen, wie ein Schilfrohr. Jetzt zeigt Susette die in ihrer Küche eingebaute Maschine, die ihr das Geschirr spülte.

Doch in jener Zeit hieß das Mittagessen noch Abendessen, und Susette war die einzige, die keinen Korb trug. Susette trug dafür in der schmutzfarbenen Kinderschürzentasche ein Stück Brot mit Schmalz, lernte das ABC, das wir schon halb durchgenommen hatten, in Schönschrift, und obgleich sie schwer an der Rückständigkeit zu tragen hatte, — schaffe ich's oder schaffe ich's nicht —, vergaß sie zudem noch ihre erste Pflicht. Denn gleich links, wenn man hereinkam, hing über der schwarzen Tafel ein Christus mit ausgebreiteten Armen und verklammerten Füßen, hängendem Kopf und zeigte seine Dornen, ohne sich zu rühren. Steif und tot. Jesus, meine lieben Kinder. Und außerdem war auf beiden Seiten dieser Kreuzigung seine Ikone. Es waren zwei Bilderrahmen voll von Ernst und Regelmäßigkeit, Susette, du erinnerst dich doch so gut wie ich. Zwei. Eine gleich neben dem Eintretenden hatte den leeren Blick eines Fischs, vom elektrischen Schlag getötet und in der Tiefe eines magischen Aquariums lebendig. Und auf der anderen Seite, in der weiten Helligkeit des Fensters, zeigte das Bildnis einen dichten, borstigen, zotteligen Schnurrbart, und in eine Husarenjacke gehüllt, Susette, unbeweglich, mit hohen Schulterstücken. Wie die Federbüsche stattlicher Pferde. Aber beide waren, du sollst sie tragen, Susette, von der Farbe des Anstands, die das Kastanienbraun den Dokumenten der Kindheit verleiht. War es so oder nicht? Auch waren sie an Strängen aufgehängt, aber das wußte niemand, denn der Nagel hielt sie so, daß sie vornübergeneigt hingen, und kein Menschenauge konnte die Rückseite dieser starken Geneigtheit über der Nacktheit des Hauses erkennen, wo wir auf Bänken von der Farbe der Haustür saßen. Damals war Susette noch klein und stand vorn, stand seitlich, Susette, ließ die Klinke schnappen, die Glasscheibe zitterte im Fensterrahmen, sie drehte sich, lachte, blickte umher, und ein Haufen Scherben fiel ihr unmittelbar auf den Hut. Susette wurde gefragt. Was tut man, Susette, wenn man zur Tür hereinkommt? Ich nehme den Hut ab, meine Senhora, und bekreuzige mich mit dieser Hand. Susette barfuß, Susette mit der Kinderschürze, heruntergezogen von einem Stück Brot in der Tasche, Susette hinter allen im Hintergrund sitzend, sie leckt sich mit ihrer roten Zunge, damit ihr der Buchstabe schön rund gelingt, Susette ohne einen Tintenflecken. Vale da Vaca, den soundsovielten Neunzehnhundertundsovielfünfzig. Und nun saß Susette und war gesprächig. Zwei Kinder haben wir und die heißen Donald und Margaret, wäre da nicht die Erinnerung an meine Tanten, wir wären so glücklich.

Aber beim Mittagessen, das man damals Abendessen nannte, war es. Susette schien es eilig zu haben und setzte sich ins Klo, als gehe ihr Stundenplan der körperlichen Bedürfnisse rückwärts, und sie kam erst wieder heraus, wenn man im Kreis tanzte und gemeinsam sang. Was treibt denn Susette dort drinnen? Genau, bis eines Tages einer auf den Rücken eines anderen kletterte und man entdeckte, daß Susette auf dem Klodeckel saß und ihr Brot knabberte. Die Aufregung über diese Entdeckung war so groß, daß Susette stolpernd herauskam, ohne zu wissen, wohin mit ihren Augen, und damit der Auftritt vollständig sei, schleuderte sie sich mit geballten Fäusten gegen die Mauern des Innenhofs. Geht weg, die Kleine hat sogar Schaum vor dem Mund. Doch jetzt lief Susette auf und ab, man sah, wie sie den Tisch festlich deckte und gefaltete Tücher aus der Tiefe der Schublade hervorholte. In diesem Augenblick betrübt mich nur die Erinnerung an meine Tanten. Sandro muß gleich kommen. Erzähl doch, wie du Sandro kennengelernt hast.

Sie erzählt, denn es muß im April oder Mai gewesen sein, denn die Kornfelder zeigten noch nicht das Goldgelb des Strohs. Eines Nachmittags auf dem Rückweg stürmten die Jungs nach vorne und warfen die Kittel in die Luft und waren so fröhlich, daß sie an ein Versteck zu denken schienen. Oder einen anderen heimlichen Gedanken hegten, etwa an ein Kaninchenloch oder eine Tierfährte. Aber die jungen Mädchen blieben zurück und verglichen den Inhalt ihrer Taschen, sie drehten die Blätter mit abgeleckten Fingern um und steckten dazu die Köpfe so dicht zusammen, daß Hutrand an Hutrand stieß, sieh du hier, sieh du dann meinen. Die Heuschrecken waren grün und hüpften auf den Beinen. Und als sie so beisammen waren und mit ihren Hausaufgaben beschäftigt, erschienen die Jungs von allen Seiten und umzingelten sie wie in den großen Kriegen. Jetzt aber, jetzt aber los. Laurentino, der Ältere, schon nach dem Zahnwechsel, so groß, daß ihm schon ein Flaum wuchs, stand steif aufgepflanzt mitten auf dem Weg. Eine von euch. Mädchen, ein Pröbchen. Und wenn man schrie, wenn man in der Ferne etwas hörte und Leute kämen? Aber nicht mal das. Die Buben hatten die Kittel irgendwo hingelegt und standen mit hängenden Händen, als sei die Drohung echt. Dann sagte eines der kleinen Mädchen und deutete auf Susette: Die da, die da, die keine Hosen anhat. Laurentino schnalzte mit der Zunge, wie die Diebe in Hanfsandalen die Menge rufen. Und alle auf eine. Sie teilten sich Handgelenke und Arme und Fußknöchel und wiegten Susette hin und her, als sei sie ein Sack, warfen sie ins Weizenfeld, und da Susette schließlich mit Gummibändern festgehaltenes Unterzeug trug, dauerte der Kampf lange und wurde von lautem Geschrei unterbrochen, bis Laurentino die Unterhose über die Köpfe aller hoch in die Luft warf. Susette mit gespreizten Schenkeln mitten im Weizenfeld, Susette ohne Handtasche, Susette ohne Haarschleife, Susette laut weinend, tief gekränkt, stahlharte Strohhalme stachen ihr in die Gehörgänge… Man sammelte Susettes Sack auf, Susettes Unterhose, das Mundtuch, das aus Susettes Schürze gefallen war. Ein paar Krümel und Rinde. Am nächsten Tag kam Susette in Begleitung ihres Vaters Punkt neun Uhr. Meine Senhora, ich bin gekommen, um das in Ordnung zu bringen. Zog den Hut, eine Haarsträhne klebte an den Schläfen. Die ganze Sache ins Reine zu bringen. Die Ikonen an der Wand, gebannt hielten sie die Augen offen, um die Nachwelt durch ein nachdenkliches Auge zu sehen. Vale da Vaca soll anhalten, im Jahre Neunzehnhundertundsoundsoviel, denn diese Sache muß säuberlich ins Reine gebracht werden. Meine Senhora, gestern war ich zu Haus, als ich Susette heimkommen sah. Aber Susette hielt vor allen ihren rechten Arm in Höhe der Augen und weigerte sich, ihr Gesicht vorzuzeigen. Es war, als klebe dieser Körperteil an den Gesichtszügen, und Susettes Vater, von einem heftigen Wutanfall geschüttelt, zerrte sie hinaus. Laurentino streckte die Hände aus, bald die linke, dann wieder die rechte, ein sich selbst auferlegtes Opfer zur allgemeinen Kenntnisnahme. Das Lineal war dick wie eine Faßdaube und fiel lotrecht von oben. Krachte knallend auf die brennenden Handflächen, bis man nach und nach das Zählen vergaß. Dreiundzwanzig, Senhora. Der gefesselte Christus hängte seinen Kopf mitten in den Raum hinein und in alle dort vertretenen lebendigen Altaraufsätze. Aber nachmittags riß Susette vor der Zeit aus und kehrte nicht zurück. Sie kehrte trotz der Verweise nicht zurück.

Jetzt geht Susette, Susette kommt, Susette bittet um etwas Geduld wegen dieses Säumens, Sandro ist nicht pünktlich. Bis man das Drehen des Schlüssels im Schloß hört und Sandro eintritt. Er hat eine brünette Stirn, dunkle Augen, die zurückhaltende Begrüßung des Kalabresers. Und schon belebt sich die Unterhaltung. Sandro, ich bin hier und ich denke an meine Tanten mit ihren Wäschesäcken auf dem Rücken, von Kälte durchschauert, auf dem Weg zum Teich. Ich kann nicht glücklich sein. Es muß aufhören. Laß, Susette, sobald ich dort vorbeikomme, sag ich ihnen, daß du in einem Jahr, in zwei, in drei spätestens wieder bei ihnen bist. Sandro, dieser ragazzo versteht und lacht zum ersten Mal. So seitwärts erinnert er an Laurentinos Profil mit der ausgestreckten Hand, die zum Krawall auffordert. Man sieht, daß hinter ihm ein uralter Vater steht, der das Vieh auf Kalabriens Weiden hütet und daß, um dorthin zurückzukehren, man ein halbes Jahrhundert Leben auf der Tragfläche eines amerikanischen Flugzeugs zurücklegen muß. Ich werde es ihnen ausrichten. Susette steht vorne mit den Kindern an der Hand, und so vor der Tür, mit schwebendem Arm, mit erhobenem Arm, erinnern die vier zusammen an eine Brücke aus Leuten, die zu dem Zwecke gebaut ist, Kontinente und Kontinente rund um die Erde zu verbinden. Lebwohl, Susette.

Übersetzung: CMC

Olga Gonçalves

KONDITOREI GÔNDOLA

Wieviel Uhr ist es. Vier Uhr zwanzig.

Keine Flüge unter den Wolken, und violetter Schimmer schwebt zwischen den Bäumen.

Der Campo Grande, ich kenne ihn, lang, lang bevor der Lautsprecher der Stadt uns die Luft wegnahm, ohne Stimme, noch eine Pause auszuhandeln, oder Mut, sich der Klangfarbe des Schweigens zu erwehren.

Zu jener Zeit waren die Tage seit Beginn des Sommers immer schön. In jedem Juni schenkte er uns herrliche Sonne, Litaneien von Notenschlüsseln, die uns die Richtungen der Brisen verrieten, Erdbeeren, andere als diese wesenlose Frucht, fast tote Körperlichkeit in ihrem plastischen Profil, ein unbestimmtes Aroma wie das der Weidenkörbe der Maria von der Unschuld.

Da sind sie. Sie kommen und gehen. Sie erinnern mich an Zahlen arithmetischer Operationen. Ich sehe sie und ihre leichten Schritte, lockere Sportblusen, die einen mit manchmal zerstreutem Blick, bei anderen die unschlagbare Interpunktion des Vertrautwerdens, alle tragen Bücher unter dem Arm, alle bestellen einen »Schwarzen«.

Geben wir es zu: Studentenlokale sind nie ganz sauber. Papier auf dem Fußboden. Verschüttete Getränke. Stühle wie Kraut und Rüben. Überschwengliche Gebärden zwischen Ideen vielfältiger Wissensgebiete.

Die Anmaßung von Erinnerungen, die ich nicht besitze. Indessen bewegen sie sich im Kreis, gleiten sie aus dem Kreis des Lichts. Denn obwohl nicht vorhanden, waren sie Sturzbäche im sagbar Konkreten meiner Einbildungskraft.

Man weiß, daß ich nicht erfinde: die Lehrer erschienen bei uns zu Hause, nachdem sie mit meinen Eltern Bekanntschaft geschlossen hatten. Ich sagte: Lehrer. Ja. Ein Mann. Die Ausnahme, Dr. Castro Rosa, der mich Geigenspielen lehrte und meine Neugierde auf London entfachte, auf Wien und Paris. Der dem stillschweigenden Reiz beim Filethäkeln, der Farbschattierung, dem Kettenstich und sogar den Sitzungen bei der Holzbrandmalerei ein Ende setzte.

Ein Studentenlokal, Jugendliche mit unausgefüllter Zeit, schöne Götter, denen die ganze Wahrheit unzugänglich ist — deshalb komme ich hierher. Gelegentlich. Nicht oft. Denn die Anstrengung, mich aufrecht zu halten, quält mich, fühle ich doch, wie ich auf meinen Schatten zusteuere, eine Sache, zu der ich mich nicht im *Versailles* zwinge. Nur scheinen die Stunden dort niemandem zu gehören, ich verliere meine Gefühle.

Ich bemerke die Narbe am Hals der Dame am Tisch vor mir, ich bewundere den jungen Mann, der auf die Theke zugeht, er scheint sonnengebräunt, zurück aus den Ferien am Meeresstrand, die jungen Männer und Mädchen haben beschlossen, wie gleich und gleich herumzulaufen, dieselben Jeans, in unserer Zeit übertrieb man das Uniforme auch, dunkelblauer Anzug und blankpolierte Schuhe. Nicht wie jetzt, damals zog man sich den Anlässen entsprechend an.

Da kommt der Kellner mit dem Tee. Und heute war er aufmerksam, er bringt mir den Toast mit wenig Butter.

Ah, dieselbe brüske Art, nur angedeutet, aber doch vollendet, was er tut, er stellt alles hin und schaut dabei schon mit mehr Genauigkeit woandershin.

Das Wasser könnte heißer sein. Ich habe das Wasser immer gern dampfend. Ja, das Brot ist innen weich, ich will um eine dieser kleinen Dosen Marmelade bitten.

Hier bin ich Kind
und probiere eine neue Kinderschürze an. Ich gehe von der Vorstellung aus, daß mich nicht einmal irgendein Abendstern dazu veranlassen könnte, diesen Beobachtungensposten aufzugeben. Hier fließen mir neue Atemströme zu, gewisse Weissagungen, kraftvolle Grundsatzerklärungen.

Gestern habe ich das neunundsiebzigste Lebensjahr vollendet. Und ich ruhe aus. Ausruhend solidarisiere ich mich mit dem, was mir begegnet. Ich sehe nicht mehr auf die nackte Haut meiner Arme, lebe nicht mehr mit äußerster Angst Überraschungen voraus, die mich auf einer Eisenbahnfahrt erwarten, ich entferne auch nicht hastig den Glanz auf meiner Nase mit der Puderquaste. Noch besser: ich vergesse, was ich zu vergessen wünsche.

Ich habe gelernt, an Vorhängen entlangzustreifen.

Immerhin, das Wunderbare kommt wieder, kommt auf andere Weise wieder, ein bißchen allein, ein gezwungenes Nichts, ohne große Pläne, ohne kaiserlichen Luxus oder Futterstoffe für Plüsch. Ich verschwinde zwischen Wolken, dauerhafter Friede, das wilde Pochen des Herzens ist vorbei. Humoristischerweise könnte ich hinzufügen, daß es keiner Feuerwehrmänner mehr bedarf.

Ich bin noch imstande, mit dem Fallschirm abzuspringen, einem Fallschirm aus Seide, doch um das zu tun, muß ich überdenken, was ich war in der ferngerückten Mannigfaltigkeit eines jeden Endes, eines jeden zarten und majestätischen Beginns. Ich habe immer den Tagesanbruch geliebt, wobei mir überdeutlich klar war, daß es wieder dunkel wird.

Jetzt hat sich die Welt in Purpur gehüllt, zauberhaft ist die Freiheit, und nicht scheu. Ich habe in einem unnachgiebigen Reich gelebt, das uns zerlegte, halb blöd, wie man die Vögel zerlegt.

Ich habe geträumt. Freilich bin ich nicht immer ein Don Quijote gewesen. Gerade diesen Pausen, Leitfaden einer Seherin, verdanke ich mein gutes Aussehen, das ich den Versicherungen anderer zufolge mir noch bewahrt habe.

Gut. Die Strecke ist durchlaufen. Im Lauf der Jahre galten meine Bestrebungen, den Wind zu kosten, ich habe aber nie geglaubt, nur um zu glauben. Die Wirklichkeit in Reichweite meiner Hände habe ich in Frage gestellt und ihren Zusammenhang gesucht. Der Rest war Erfindung eines neuen Lebens, ich habe mich nur gehütet, das auszusprechen.

Ich bin an die Person mit der Halsnarbe gebunden. Ihre Miene verrät, daß sie wie ich nicht in diese Umgebung paßt. Trotzdem langweilt mich die Art, wie sie ist. Ohne daß sie aussieht, als lebe sie von Erinnerungen, rinnt durch ihre Adern ein gemächliches, allzu starkes Blut, sie klebt zu stark an sich und steht dabei dem gleichzeitigen Feuerrad der Umwelt fern.

Man könnte sagen, sie sei nie durch Büros gewandert, nein. Sie kommt auch aus solchen Familien. Aber man kann annehmen, daß sie nie aus ihrem Elternhaus geflohen ist. Sie hat nie mit einem Mann einen gemeinsamen Selbstmord geplant oder Sehnsucht gehabt nach einem anderen Ort, weit weit weg von ihrem Heimatboden, von den Schreibtischen mit zerknitterten Papierbogen und von den Vergißmeinnicht, die alles wußten. Sie ist unendlich weit entfernt vom Typ des Freidenkers. Für sie muß der Hochmut, die Brunst, der Wagemut der Avantgarden zur Höhlenzeit gehören. So haben sich die Normen verändert. Die Kraft, bei allen und jedem Anstoß zu erregen, kenne ich von mir selbst.

Junge, junge, junge Leute.

Alle reden mit größter Begeisterung von ihren Prüfungen und bestellen sofort »noch einen Schwarzen«.

Es wäre erbarmungslos, sie als Feinde zu erachten. Feinde: ich spreche vom Körper und ich spreche vom Geist. Sie sind nicht erneuerbar. Nicht durch Feen und auch nicht durch die Wissenschaft.

Wenn sie sie waschen würden, könnten diese Haarschöpfe einen gewissen Charme ausstrahlen, freilich nichts, was einen Carlos Gardel begeistern könnte, da der Unterschied zum Haar von damals allzu sehr ins Auge fällt, natürlich dank dem Glanz, den damals die Brillantine verlieh.

Viele von ihnen sind wortkarg. Viele schweigen, unerschrocken, ohne Losungen auszutauschen, ein schwaches Anzeichen von Denken. Feinheiten. Feinheiten, möchte man sagen, denn es gibt Momente, wo sie sich durch Laute verständigen, wie ich sehe.

Bei anderen äußert sich die Begeisterung über ihre Erkenntnisse durch Stillschweigen, hochrotes Gespräch, der allerdings unverwechselbare Tonfall der Rhetorik ist, zugegebenermaßen, längst verschwunden.

Ein gerade eintretendes Paar sieht sich nach einem freien Tisch um.

Mittlerweile dieser Sturzbach von Erinnerungen, so viele Echolaute in mir, Stalaktiten in verborgenen Grotten belauern mich.

Durch den Dunst des Helldunkels höre ich meine Partnerin dort vor mir den Kellner um etwas bitten. Die Versuchung, ihr zuzulächeln, das Lächeln, das ihren Lippen entflieht und ihre Verzweiflung entblößt, jagt mir einen Schauder über den Rücken. Ich mäßige mich. Wie wenn ihr Mund im Innern bedeutsam flüstert und mich auf die Kehrseite meiner Überlegungen zwingt.

Urteilen ist heikel, es bedeutet, die tiefste Tiefe berühren.

Vielleicht würde sie eine zweite Ehe eingehen, vielleicht würde sie eines Tages die Romantik gutheißen, hätte sie die Kraft besessen, aufzustehen und aufzubrechen. Gegen die weisen Sprüche der Heuchler, die wir belehren müßten.

Das Duett, wer weiß ob ein Liebespaar, das Augenblicke vorher eingetreten ist, setzt sich an den Nebentisch. Wir sind einander so nahe, daß wir uns berühren könnten.

Ich stelle mir diese namenlose Angelegenheit vor als etwas, das bedeuten kann, daß wir von etwas inmitten unseres Herzens in Anspruch genommen sind, von etwas ganz Eigenem, der Wärme unserer Finger ähnlich, wenn wir sie auf die Erde legen, um ihr allernächstes Inneres zu fühlen.

Fraglos gibt es Eroberungen.

Ich würde ein tête-à-tête schwer ertragen, fast ganz ohne Abstand zu einer dritten Person, die, da weder unsichtbar noch gliederlos, sich mir als Gegenwart aufzwänge.

Jedenfalls scheint nichts die jungen Leute zu stören, oder sie sind auf der Hut. Beide setzen sich über den Spalt der Schwingungen und der unablässigen Stellungnahmen in ihrer nächsten Umgebung mit vollkommener Gleichgültigkeit hinweg.

Ich bemerke ihre karierte Jacke in Braun und Beige. Und die Wattepolster. Genau wie die, die ich vor Jahrtausenden trug. Die Mode kommt, wird Ursache, Zustand, entfernt sich, und meldet sich später wieder.

Das gleiche mit dem sehr kurzen Haar, Scheitel, gekräuselt, ein Stil, der Gustavo zur Weißglut brachte.

Ein Leberfleck auf der Stirn wie meiner, neben der Braue. Damals betonte ich ihn mit einem Schminkstift. Ich habe ihn noch, aber nein, es ist nicht derselbe. Und ich bemerke, daß die jungen Mädchen nach den sechziger Jahren das Anmalen langsam ließen. Eine weitere Befreiung, bekennen wir es.

Ich tue so. Ich tue so, als segelte ich durch ferne Gewässer und maßte mir das Selbstvertrauen an, mit dem ich das Äußere betrachte, allerdings gespannt, weil mich interessiert, was sie sagen.

»Gleich heute morgen, beim Erwachen, hatte ich Lust, dir eine Frage zu stellen, André.«

»Kann ich mir denken.«

»Kannst du dir denken? Wie denn?«

»Wie? Als wir uns gestern verabschiedeten, hat sich in dir diese Frage schon gestellt.«

»So ein Unsinn!«

»Aber sag doch…«

Ich höre ihnen zu. Sie zögert. Voller geheimer Wahrheiten. Und ich forsche, ob ich mein Einverständnis zum Werden und zur Meinung der jungen Leute geben kann.

»Wenn ich gut nachdenke, ist das verrückt! Kaum hast du heute morgen die Augen geöffnet, standest du auf dem Bettvorleger, hast den Vorhang aufgezogen, und schon kommt dir die Idee, mich auszufragen: ›André! Was bedeutet eine Farbe, dem Tageslicht gleich, eingeschlossen in unserer Hand?!‹«

»Sieh mal, wie erfinderisch! Und nun eine transzendente Frage! Wir nähern uns dem Jahrhundert, in dem der Geist herrschen wird.«

Vielleicht. Aber jetzt? Wie entwerfen wir uns? Dabei gibt es Leute, die behaupten, ein zu Ende gehendes Jahrhundert müsse tiefstes Mitleid erregen.

»Wir reden nicht vom selben. Du hast immer Metaphern geliebt. Wie funktionieren sie in deiner Zukunft als vollziehende Gewalt?«

»Metaphern, Metonymien, Synästhesien habe ich bei dir gelernt. Ehrlich gesagt, ich habe sie nicht gelernt. Ich habe dir zugehört. Ich habe sie bei dir gehört. Ich war viel zu faul dafür!«

»Fangen wir von vorne an…«

»Ja. Heute morgen bist du erwacht mit dem Verlangen, mir eine Frage zu stellen.«

»Und die ist einfach. Ich wollte nur wissen, ob du fähig bist, eine Idee zu lieben, dich für sie zu schlagen.«

»Aha, das war es?«

»Ja, das war es.«

»Gut. Laß mal sehen. Ob ich fähig bin, eine Idee zu lieben?… Eine Idee zu lieben?… Bin ich. Ich bin sicher, daß ich das bin.«

»Dich für sie zu schlagen?«

Er scheint verwirrt. Ein schlechtes Zeichen, wenn du mit der Antwort zögerst. Bei Gustavo war es ein anderes Alles-oder-Nichts. Ich, angebliche Republikanerin, er, ein Fanatiker im Hinblick auf gekrönte Häupter.

»Das erste Mal, als wir uns trafen, in der *Manela,* sagtest du: Ich bin kein Mann, der sich für unbekannte Konstellationen schlägt. Verwickelt mich nicht in Komplikationen. Laßt mich in Ruhe.«

»Das war nicht in der *Manela,* das war im Wagen, als ich dich nach Hause fuhr.«

»Du hast recht. So war es. Es war im Wagen. Jetzt erinnere ich mich, wir fuhren durch die Avenida Infante Santo.«

»Du siehst, ich habe es nicht vergessen…«

»Wir hatten über die Straffreiheit der Abtreibung gesprochen, über die Ungeheuerlichkeiten, die in der Parlamentssitzung zu Wort gekommen waren.«

»Und ihr habt einiges über die feministischen Bewegungen vom Stapel gelassen!…«

»Und über die Kundgebungen gegen den Atomkrieg.«

»Ja, ich hab so eine blasse Erinnerung. Am nächsten Tag trafen wir uns zufällig im Restaurant des *Zentrum der Modernen Kunst*. Das war kein Zufall. Ich hatte dir gesagt, daß ich dort zu Mittag essen würde.«

»Ich glaube ja. Du warst mir unter die Haut gegangen…«

Der Glanz des Körpers unterwegs. Wenn

»Tut es dir leid?«

»Ich weiß nicht, ob es mich langweilt. Es ist öde.«

»Seit diesem Abend haben wir uns täglich gesehen.«

»Es gibt Begegnungen…«

»Das ist es!«

»Laß mich zu Ende reden: es gibt Begegnungen, die plötzlich überlaut werden.«

»Erkläre dich.«

»Unser Zusammenleben hat mich zum Nachdenken über die Wichtigkeit und Unwichtigkeit der Ästhetik gebracht.«

»Und was soll das hier?«

»Ich denke an meine Doktorarbeit.«

»Ist sie überlaut geworden?«

»Ich habe aufgehört, experimentelle Texte auszuwählen und konkrete Gedichte zu fotokopieren. Selbst wenn sie mich mit vielen Stimmen und laut rufen, verführen sie mich nicht mehr.«

»Ich verstehe, Sie haben sich auf eine andere Ebene verlagert. Oder… sind zu Trümmern geschrumpft.«

»Es ist nicht genau das. Sie sind ein Markstein…«

»Ein geschichtliches Datum in deinem Leben.«

»Ich spreche von Literatur.«

Die heillosen Meinungsverschiedenheiten. Er bewunderte Columbano, ich verteidigte Raffael mit Zähnen und Krallen. Ich sagte, bei Columbano ahnt man kaum den Geist, er macht mich klaustrophobisch. Wohingegen wir in den Parodien von Rafael Kraft entdecken, so in der Satire auf den König, auf die Nation, auf die Kirche. Die vom Bischof von Beja, der, nach spanischer Sitte gekleidet, Cancan tanzt? Und was geht es mich an, ob er mit der Italienerin nach Caldas gefahren ist? Auf diese Weise brachte er fern vom leichtsinnigen Treiben der Hauptstadt mehr hervor und bereicherte so unser Erbgut.

»Worauf wartest du?… Erschrecke ich dich zum ersten Mal mit Literatur?«

»Was wirst du dann mit dem Teil deines Körpers machen und mit diesem Teil deines Gehirns, die auf einem bestimmten Feld der Li-te-ra-tur nicht mehr die große Verführung finden?«

»Ich will meine Doktorarbeit in eine andere Richtung lenken. Schau, vergiß sie. Und einfach die Richtung ändern.«

»Welche Rolle weist du mir in einem solchen Konflikt zu?«

»Die gegenwärtige Zeit, die, in der ich lebe, ist für mich das, was zählt.«

»Ich habe dir eine Frage gestellt.«

»In meiner Antwort ist das enthalten, was du wünschst.«

»Habe ich nicht verstanden.«

»Du kannst deine Hand von meiner wegnehmen. Ich weiß, daß jeder von uns verschiedene Wege einschlagen wird. «

»Warum bist du aus der Ästhetik ausgestiegen und willst nun etwas anderes zum Sakrament erheben?«

»Weil ich entdeckt habe, daß die Psychologie und die Soziologie mich begeistern. Andere Formen der Mitteilung. Und vielleicht, weil wir in dieser Zeit leben.«

Ein rechtmäßiger Tausch. Ich hatte mich für einen Schauspieler begeistert, ich bin mit ihm geflohen und bin ihm nach Paris und Straßburg nachgereist.

»Du ziehst es vor, dich zu beunruhigen.«

»Ich ziehe die Beunruhigung vor. Einen Schattenriß, den ich verwirklichen will.«

»Du willst einfach die Welt verändern.«

»Etwas irgendwie Unterschwelliges…«

»Ausgezeichnet! Befreie! Zum Teufel die Unterwerfung unter die Ästhetik!«

»Plötzlich kam sie mir ausdruckslos vor. Ich wünsche mir für meine Arbeit eine Freude, die andauert.«

Wenn diese Freude auf uns zukommt von einem Ort, zu dem unsere Gegenwart keinen Zugang hat, ist die Veränderung unseres Schicksals unvermeidlich.

»Dann gibst du deine Arbeit also auf?«
»Ich bin restlos entschlossen.«
»Laß mich dich richtig anschauen. So. Auge in Auge. Du bist eine zielstrebige Frau.«

Die ihre Rolle fern von Bevormundung ausfüllen wird.

»Ich bin das Gegenteil von dir, der du zögerst, mir zu beantworten, ob du imstande bist, dich für ein Ideal zu schlagen.«
»Ich schätze die Neutralität.«
»Das ist gleich Null… Und die Null ist steril, schlimmer als die Wüste.«
»Du frohlockst!«
»Ich verstehe nicht…«
»Ich sehe dich gerne hitzig diskutieren. Dann bist du noch hübscher. Aber sag, was sind schließlich und endlich deine neuen Pläne?«
»Dies scheint mir weder der Augenblick noch der Ort für Enthüllungen.«
»Ich würde mich gern von deiner Begeisterung anstecken lassen, von der Begeisterung vieler Leute, aber dieser Krach stört mich. Es mag ein Mangel sein.«
»Ein Mangel an Menschlichkeit in dir, an Solidarität.«
»Bist du böse?«
»Ich muß gehen. Ich habe mich verspätet. Ich habe meinen Professor um einen Termin gebeten. Hier ist das Geld für den Kaffee.«

Sie ist aufgestanden. Und kühn zieht sie ab.

»Hör zu, ich begleite dich…«
»Laß, ich hab's eilig… Bis irgendwann! Ciao!«

Das ist freilich eine andere Welt. Weder sind sie schuldig noch beleidigt. Fassen oder lassen, alles spielt sich in den Mechanismen einer andersgearteten Zivilisation ab. Bis irgendwann! Ciao! Hätte ich das zu Gustavo sagen können? Und etwa zu Leonel, ungeachtet dessen, daß er diese Gesellschaft ablehnte und die Schritte, wie er sagte, um den Kriegsschauplatz zu wechseln.

Ich bin abgeschweift. Sie sagten noch irgend etwas, was ich nicht gehört habe. Etwas, was mit Geld zu tun hat, mit Schwierigkeiten beim Wechseln.

Sie geht weg.

Hätte sie sich umgedreht, genau in dieser Sekunde, ich wäre ein Teil von ihr gewesen und sie ein Teil von mir in ihrer Jugend, in ihrem Lebensatem. Vereint im Mutterkuchen der Welt, das Geschenk, einander gleich zu sein, beide im Einverständnis mit allem.

Hätte sie sich umgedreht, sie wäre der Schönheit und der Vollkommenheit meiner alten Träume gegenübergestanden, sie hätte mir helfen können, den Verlauf der Symphonie wiederzuentdecken, auch wenn die Musiker innegehalten hätten und die Vergangenheit jede Nacht stirbt, wenn man die Augen schließt, um am Morgen zurückzukehren, genau dann, wenn das Licht mich weckt und ich gegen die Vergangenheitssucht anzukämpfen beginne.

Leonels Tod. Fortan gedachte ich, mich aufzurichten ohne Zukunft, beraubt von der Lust, das mich Umgebende zu fühlen, der Wirklichkeit entgegenzutreten. Aber die Wirklichkeit war ich, sie war in mir eingetreten, auf die Stufen, die ich Minute für Minute hinaufstieg und die die noch zu erlebenden Dinge rechtfertigen würden.

Ich bin nicht gewohnt zu jäten. Meine Knochen schmerzen. Ein Schmerz, der von weither kommt, von vielen Geschlechtern.

Mein Nachbar ist allein geblieben. Er zündet sich eine Zigarette an. Er schlägt seine Zeitung auf. Er bestellt einen Gin mit Tonic.

Genügend Eis, fügt er hinzu. Gleich darauf faltet er das Blatt zusammen und legt es auf den bisher von ihr besetzten leeren Stuhl.

Ich würde ihn gerne ansprechen.

Nein. Ich bin dabei, einen Roman zu fabrizieren. Der plötzliche Wunsch, zu dritt zu sein.

Ich lache. Zum unsichtbaren Glanz dessen, was selbst auf freiem Feld nie vergänglich ist: die Furchtlosigkeit, in eine andere Ordnung einzutreten.

Diese zitternde Feuchtigkeit, die meine Wimpern berührt, drückt auf unbestimmte Weise aus, daß mich der Zauber des Daseins beherrscht. Ich habe das Verlangen, alles zu benennen, alles auf mich zu nehmen, einen unendlichen Wunsch, hinzunehmen. Vor allem einen Wunsch nach Harmonie.

Heute, zur Nacht, in tiefer Nacht, weil die Stunden des Schlafs bei mir selten geworden sind, werde ich denken: Es wird nicht der Gedanke an das Ende sein, an das völlige Stillschweigen über das, was sich nicht eröffnet, da sich ja alles bereits sinnbildhaft darstellt, was das Leben von mir verscheuchen, diese Lust an der Berührung mit anderen verscheuchen könnte. Auch die anderen sind der Umriß der Wolke, die Nachricht vom losgelösten Augenblick, der uns mit freier Kraft auftauchen läßt, die Wörter, die uns für die endliche Ruhe vorbereiten, für die tiefste Stille.

Draußen sind die Bäume erschaffen, entschlossen, auserkoren für das Schwinden der Verführung. Aufragend bieten sie der Wende im Zeitenwandel die Stirn. Große Weisheit, die der Natur.

Die Tage nicht zählen. Die Tage, eine reine Erfindung.

Oder die Art bedenken, wie man sie zählt.

Noch atme ich.

Im übrigen, durch jene Tür dort das Kommen-und-Gehen von Göttern.

Übersetzung: CMC

José Saramago

EMBARGO

Er erwachte mit dem scharfen Eindruck von einem wie abgehackten Traum und sah vor sich die graue eisige Fensterscheibe, das eckige Auge des hereindringenden Morgens, bleich, zerschnitten durch ein Kreuz und triefend von verdickter Ausdünstung. Er dachte, seine Frau hätte vergessen, vor dem Schlafengehen den Vorhang zuzuziehen, und er war verärgert: wenn es ihm nicht gelang, wieder einzuschlafen, dann war der Tag verdorben. Aber er hatte keine Lust aufzustehen und den Vorhang zu schließen, es war ihm lieber, das Gesicht mit dem Leintuch zu bedecken und sich zu seiner schlafenden Frau umzudrehen, in ihre Wärme zu flüchten und in den Geruch ihres offenen Haars. Er wartete noch ein paar Minuten, unruhig, aus Furcht vor der morgendlichen Schlaflosigkeit. Doch dann überfiel ihn der Gedanke an den lauwarmen Kokon, der das Bett war und die labyrinthische Gegenwart des Körpers, an den er geschmiegt lag, und als er in einem trägen Kreis aus sinnlichen Bildern versank, schlief er von neuem ein. Das graue Auge der Fensterscheibe wurde nach und nach blau und starrte auf die beiden im Bett ruhenden Köpfe, wie vergessene Reste eines Umzugs in ein anderes Haus oder in eine andere Welt. Als der Wecker nach zwei Stunden rasselte, war das Schlafzimmer hell.

Er sagte zu seiner Frau, sie solle nicht aufstehen, sondern den Morgen noch ein wenig nutzen, und taumelte in die kalte Luft, die unbestimmbare Feuchtigkeit der Wände, der Türgriffe, der Handtücher im Badezimmer. Er rauchte die erste Zigarette, während er sich rasierte, und die zweite beim Kaffee, der inzwischen heiß geworden war. Er hustete wie jeden Morgen. Dann zog er sich tastend an, ohne die Schlafzimmerbeleuchtung einzuschalten. Er wollte seine Frau nicht wecken. Frischer Kölnischwasserduft belebte das Halbdunkel und bewirkte, daß seine Frau lustvoll seufzte, als ihr Mann sich über ihr Bett beugte, um sie auf die geschlossenen Augen zu küssen. Und er flüsterte, daß er nicht zum Mittagessen heimkomme.

Er schloß die Tür und ging rasch die Treppe hinunter. Das Gebäude wirkte stiller als sonst. Vielleicht wegen des Nebels, dachte er. Er fand, daß der Nebel wie eine Glocke war, der die Töne dämpfte und sie verwandelte, sie auflöste, mit ihnen das gleiche tat wie mit den Bildern. Es würde ein Nebeltag werden. Vom letzten Treppenabsatz aus würde er die Straße sehen können und wissen, ob er richtig geraten hatte. Schließlich war das Licht noch grau, aber hart und glänzend wie Quarz. Auf dem Kantstein des Gehsteigs eine große tote Ratte. Und während er, vor der Tür stehend, die dritte Zigarette anzündete, ging ein vermummter Junge mit Mütze vorüber und spuckte auf das Tier, wie man es ihn gelehrt hatte und wie er es alle tun sah.

Der Wagen stand fünf Gebäude weiter unten. Ein großes Glück, dort einen Platz gefunden zu haben. Er war zu dem Aberglauben gelangt, daß die Gefahr, bestohlen zu werden, desto größer war, je weiter entfernt er den Wagen am Vorabend geparkt hatte. Ohne es je ausgesprochen zu haben, war er davon überzeugt, daß er sein Auto nicht wiedersehen würde, wenn er es an irgendeinem Stadtrand gelassen hätte. Hier in der Nähe, hatte er Vertrauen. Das Auto schien ihm bedeckt mit dicken Tropfen, die Scheiben beschlagen von Feuchtigkeit. Wäre es nicht so kalt, man hätte meinen können, es schwitze wie ein lebendiger Körper. Gewohnheitsmäßig warf er einen prüfenden Blick auf die Reifen, stellte nebenbei fest, daß die Antenne nicht abgebrochen war, und schloß die Tür auf. Das Wageninnere war eisig. Mit den beschlagenen Scheiben war es wie eine durchsichtige Höhle, die unter einer Sintflut von Wasser versunken war. Er dachte, es wäre besser gewesen, den Wagen an einer abschüssigen Stelle gelassen zu haben, damit er leichter anspränge. Er schaltete die Zündung ein, und im gleichen Augenblick heulte der Motor auf mit tiefem ungeduldigen Keuchen. Er lächelte froh und überrascht. Der Tag begann gut.

Der Wagen stürzte die Straße hinauf, schrammte den Asphalt wie ein Tier auf Hufen und zermalmte den verstreuten Müll. Der Kilometerzähler sprang plötzlich auf neunzig, Selbstmordgeschwindigkeit in der engen, auf beiden Seiten vollgeparkten Straße. Was soll das? Beunruhigt nahm er den Fuß vom Gaspedal. Fast glaubte er, man hätte ihm den Motor mit einem anderen, viel stärkeren vertauscht. Behutsam trat er auf das Gaspedal und beherrschte seinen Wagen. Nichts von Bedeutung. Man verliert manchmal die Kontrolle über das Gleichgewicht des Fußes. Es genügt, daß der Schuhabsatz nicht auf der gewohnten Stelle liegt, und schon verändern sich Bewegung und Druck. Ganz einfach.

Zerstreut durch den Vorfall, hatte er noch nicht auf die Benzinuhr geschaut. Ob man ihm nachts Benzin gestohlen hatte, es wäre nicht das erste Mal? Nein. Der Zeiger zeigte genau einen halben Tank voll an. Er bremste an einer roten Ampel und fühlte den Wagen zitternd und angespannt in seinen Händen. Merkwürdig. Er hatte nie auf diese Art von tierhaftem Beben geachtet, das die Karosserie wellenförmig durchströmte und seinen Bauch in Schwingungen versetzte. Beim grünen Licht schien der Wagen sich zu winden, sich auszudehnen wie eine Flüssigkeit, um die zu überholen, die vor ihm waren. Merkwürdig. Aber in Wirklichkeit hatte er sich immer für einen überdurchschnittlich begabten Fahrer gehalten. Eine Frage der guten Verfassung, diese vielleicht ungewöhnliche Reaktionsfähigkeit heute. Halber Benzintank. Wenn er an einer funktionierenden Tankstelle vorbeikäme, würde er die Gelegenheit nutzen. Der Sicherheit halber wäre es bei all den Umwegen, die er an einem Tag wie diesem machen mußte, bevor er sein Büro erreichte, besser, einen vollen statt halbleeren Tank zu haben. Dieses blöde Embargo. Die Panik, die Stunden des Wartens, in Schlangen von Dutzenden und Dutzenden von Autos. Es heißt, die Industrie wird die Folgen zu tragen haben. Halber Tank voll. Andere fahren um diese Stunde mit viel weniger, doch wenn es sich machen ließe, randvoll füllen. Der Wagen fuhr eine ausgewogene Kurve und nahm im gleichen Schwung mühelos einen steilen Anstieg. Dort in der Nähe lag eine wenig bekannte Tankstelle, vielleicht hatte er Glück. Wie ein Hühnerhund, der die richtige Fährte wittert, schlängelte sich sein Wagen durch den Verkehr, bog um zwei Straßenecken und stellte sich in die wartende Schlange. Angenehme Erinnerung.

Er sah auf die Uhr. Etwa zwanzig Wagen mußten vor ihm stehen. Nichts Ungewöhnliches. Dann dachte er, es sei doch besser, erst ins Büro zu fahren und die Kundenbesuche mit vollem Tank sorglos auf den Nachmittag zu verschieben. Er drehte die Scheibe herunter, um einen vorübergehenden Zeitungsverkäufer zu rufen. Das Wetter hatte sich stark abgekühlt. Doch im Wageninnern, als er mit der auf dem Steuer aufgeschlagenen Zeitung rauchend wartete, herrschte angenehme Wärme wie zwischen zwei Bettlaken. Er bewegte die Rückenmuskeln mit der Drehung eines wollüstigen Katers, als er an seine zu jener Stunde noch im Bett zusammengekauerte Frau dachte, und rückte sich auf seinem Sitz bequem zurecht. Die Zeitung verhieß nichts Gutes. Das Embargo hielt an. Dunkle, kalte Weihnachten, lautete eine der Überschriften. Immerhin verfügte er über einen halbvollen Tank und würde ihn in Kürze voll haben. Das Auto vor ihm rückte ein paar Meter auf. Schön.

Anderthalb Stunden später füllte er seinen Tank voll, drei Minuten später startete er. Ein wenig besorgt, weil der Tankwart, ohne besonderen Nachdruck in der Stimme, so oft hatte er die Information schon wiederholt, ihm gesagt hatte, in den nächsten vierzehn Tagen werde es hier kein Benzin mehr geben. Auf dem Sitz neben ihm verkündete die Zeitung strenge Einschränkungen. Schließlich das kleinere Übel; der Tank war voll. Was sollte er tun? Direkt ins Büro oder zuerst zu einem Kunden fahren in der Hoffnung, den Auftrag zu bekommen? Er entschied sich für den Kunden. Es war vorzuziehen, seine Verspätung mit dem Kundenbesuch zu rechtfertigen, statt sagen zu müssen, daß er anderthalb Stunden in der Benzinschlange gewartet hatte, obwohl der Tank noch halbvoll war. Der Wagen war in vorzüglichem Zustand. Nie hatte er sich beim Lenken so wohl gefühlt. Er schaltete das Radio ein und empfing eine Nachrichtensendung. Zunehmend schlechtere Nachrichten. Die Araber. Saublödes Embargo.

Plötzlich machte der Wagen einen Sprung zur Seite und schlitterte die Straße rechts hinunter, bis er hinter einer Wagenschlange hielt, kürzer als die vorherige. Was war das? Er hatte einen vollen Tank, ja, einen fast vollen Tank, warum zum Teufel dieser Einfall? Er legte den Rückwärtsgang ein, aber die Kupplung gehorchte nicht. Er versuchte es gewaltsam, aber das Getriebe schien blockiert. So ein Ärger. Jetzt eine Panne. Der Wagen vor ihm fuhr an. Das Schlimmste befürchtend, legte er den ersten Gang ein. Alles klar. Er seufzte erleichtert. Aber was war mit dem Rückwärtsgang, wenn er ihn wieder brauchte?

Etwa eine halbe Stunde später füllte er einen halben Liter in den Tank und kam sich unter den verächtlichen Blicken des Tankwarts lächerlich vor. Er gab ihm ein übertrieben hohes Trinkgeld und startete mit hoher Geschwindigkeit und quietschenden Reifen. Verrückter Einfall. Nun zum Kunden oder der Vormittag war verloren. Der Wagen fuhr besser denn je. Er antwortete auf seine leisesten Bewegungen, als sei er eine mechanische Verlängerung seines Körpers. Doch die Sache mit dem Rückwärtsgang gab ihm zu denken. Jetzt wurde es ernst. Ein riesiger Lastwagen, der eine Panne hatte, blockierte die ganze Fahrbahn. Er konnte nicht mehr ausweichen, er klebte förmlich an ihm. Wieder die Angst, er bediente die Gangschaltung, und der Rückwärtsgang verzahnte sich mit sanft saugendem Geräusch. Er wußte nicht mehr, daß die Gangschaltung kurz vorher genauso reagiert hatte. Er drehte das Steuer nach links, beschleunigte, und mit einem Satz sprang der Wagen auf den Gehsteig dicht neben den Lastwagen und glitt auf der anderen Seite locker mit der Behendigkeit eines Tiers auf die Fahrbahn. Der Teufelswagen hatte einen Mordsatem. Vielleicht hatten die Ölfirmen im Durcheinander des Embargos, bei all der Panik viel stärkeres Benzin an die Tankstellen geliefert. Das wäre nicht übel.

Er sah auf die Uhr. Lohnte es sich noch, zu dem Kunden zu fahren? Vielleicht wäre die Firma gerade noch geöffnet. Wenn der Verkehr mithalf, ja, wenn der Verkehr ihm half, würde er es wohl schaffen. Aber der Verkehr half nicht mit. In der Weihnachtszeit ist selbst bei Benzinmangel die ganze Stadt unterwegs, um den, der arbeiten muß, aufzuhalten. Und als er eine unbefahrene Querstraße sah, verzichtete er auf seinen Kundenbesuch. Es war doch richtiger, im Büro irgendeine Erklärung vorzubringen und den Besuch auf den Nachmittag zu verschieben. Durch das lange Zögern hatte er sich weit vom Stadtzentrum entfernt. Hatte sinnlos Benzin verbraucht. Immerhin, der Tank war voll. Auf einem Platz am Ende der Straße, die er hinunterfuhr, sah er eine neue, wartende Autoschlange. Er lächelte genießerisch und beschleunigte die Fahrt, entschlossen, an den vor Kälte schlotternden Fahrern dröhnend vorbeizurasen. Aber der Wagen bog nach zwanzig Metern von selbst nach links ab und blieb, wie seufzend, sanft am Ende der

Schlange stehen. Was wäre nun, wenn er sich nicht entschlossen hätte, Benzin nachzufüllen? Was wäre, wenn der Tank voll wäre? Er starrte auf die verschiedenen Meßgeräte, betastete das Lenkrad, erkannte kaum seinen Wagen, und nach dieser Abfolge von Handlungen verstellte er den Rückspiegel und sah hinein. Er sah, daß er verblüfft war und fand, daß er recht hatte. Wieder im Rückspiegel sah er einen Wagen, der die Straße herunterkam in der offenbaren Absicht, sich in die Schlange zu stellen. Besorgt über die Vorstellung, hier mit vollem Tank eingekeilt zu werden, betätigte er schleunigst die Gangschaltung, um den Rückwärtsgang einzulegen. Der Wagen widerstand und der Schalthebel glitt ihm aus der Hand. Eine Sekunde darauf sah er sich zwischen seinen beiden Nachbarn eingeklemmt. Teufel. Was war mit dem Wagen los? Er mußte ihn in die Werkstatt fahren. Ein unzuverlässiger Rückwärtsgang war gefährlich.

Mehr als zwanzig Minuten waren vergangen, als er den Wagen bis an die Tankstelle vorangebracht hatte. Er sah den Tankwart herankommen, und ihm versagte fast die Stimme, als er ihn um das Auffüllen des Tanks bat. Im selben Augenblick unternahm er aus Schamgefühl einen Fluchtversuch, legte schnell den ersten Gang ein und ließ den Motor an. Vergebens. Der Wagen rührte sich nicht. Der Tankwart beobachtete ihn mißtrauisch, öffnete den Tank und forderte nach wenigen Sekunden das Geld für einen Liter, das er brummig einsteckte. Im nächsten Augenblick verlief das Schalten in den ersten Gang reibungslos, und der Wagen fuhr weich an und atmete bedächtig. Etwas konnte mit dem Wagen nicht in Ordnung sein, im Getriebe, im Motor, irgendwo, zum Teufel auch. Oder ließ ihn sein Fahrvermögen im Stich? Oder war er krank? Er hatte ziemlich gut geschlafen, er hatte nicht mehr Lebenssorgen als an allen anderen Tagen. Richtiger wäre es, vorläufig auf Kundenbesuche zu verzichten, sie sich für den Rest des Tages aus dem Kopf zu schlagen und im Büro zu bleiben. Er fühlte sich beunruhigt. Um ihn herum vibrierte das ganze Wagengestell, nicht an der Oberfläche, sondern im Innern des Fahrgestells, und der Motor arbeitete mit jenem unhörbaren Geräusch von Lungen, die sich füllen und leeren, sich füllen und leeren. Anfangs, ohne zu wissen warum, merkte er, daß er sich einen Fahrweg ausdachte, der ihn von anderen Tankstellen entfernte, und als er merkte, was er tat, erschrak er und fürchtete, im Kopf nicht ganz richtig zu sein. Dauernd machte er Umwege, verlängerte und kürzte seinen Weg ab, bis er vor dem Bürogebäude hielt. Er konnte den Wagen parken und seufzte erleichtert. Er stellte den Motor ab, zog den Zündschlüssel heraus und öffnete die Tür. Er war nicht fähig auszusteigen.

Er dachte, er hänge mit dem Saum seines Regenmantels fest, sein Bein sei durch die Steuersäule behindert, und er machte eine andere Bewegung. Er suchte nach dem Sicherheitsgurt, ob er ihn vielleicht gedankenlos umgelegt hatte. Nein. Der Gurt hing an der Seite, ein schwarzer weicher Darm. Zu dumm, dachte er. Ich muß krank sein. Wenn ich nicht aussteigen kann, bin ich krank. Aber er konnte seine Arme und Beine frei bewegen, leicht den Rumpf im Einklang mit diesen Manövern beugen, nach hinten sehen, sich etwas nach rechts neigen zum Handschuhfach, aber der Rücken haftete an der Sitzlehne. Nicht steif, aber so wie ein Glied am Körper haftet. Er zündete sich eine Zigarette an, und plötzlich beunruhigte ihn der Gedanke, was sein Chef sagen würde, wenn er in einem der Fenster auftauchte und ihn im Wagen sitzen sah, rauchend, und ohne daß er schnell ausstieg. Lautes Hupen veranlaßte ihn, die zur Straßenseite hin geöffnete Tür zuzuschlagen. Als der andere Wagen vorbeifuhr, machte er die Tür wieder langsam auf, warf die Zigarette hinaus und, sich mit beiden Händen am Steuer festhaltend, machte er eine jähe, heftige Bewegung. Nutzlos. Er fühlte nicht einmal Schmerzen. Die Rückenlehne seines Sitzes hielt ihn sanft gefangen und fest. Was geschah da mit ihm? Er bog den Rückspiegel nach unten und betrachtete sich. Keine Veränderung im Gesicht. Nur unbestimmte, schlecht beherrschte Besorgnis. Als er das Gesicht nach rechts wandte, zum Gehsteig, sah er ein kleines Mädchen, das ihn neugierig und zugleich belustigt anschaute. Gleich darauf tauchte eine Frau mit einem warmen Mäntelchen auf, in das die Kleine schlüpfte, ohne ihn dabei aus den Augen zu lassen. Die beiden entfernten sich, während die Frau den Kragen und das Haar der Kleinen in Ordnung brachte.

Wieder sah er in den Spiegel und begriff, was er zu tun hatte. Aber nicht hier. Es gab Leute, die zuschauten, ihm bekannte Personen. Er arbeitete, um den Rücken freizubekommen, blitzschnell, indem er mit der Hand zur Tür griff, um sie zu schließen, und fuhr die Straße hinunter, so schnell er konnte. Er hatte ein Ziel, einen genau umrissenen Plan, der ihn bereits beruhigte, und zwar so stark, daß er mit einem Lächeln, das seine Not linderte, dahinfuhr.

Er bemerkte die Tankstelle erst, als er schon fast an ihr vorbeigefahren war. Auf einem Schild stand »leer«, und der Wagen fuhr weiter, ohne die geringste Abweichung, ohne die Geschwindigkeit zu drosseln. Er wollte nicht an den Wagen denken. Er lächelte noch mehr. Er war dabei, aus der Stadt herauszufahren, schon befand er sich in den Vororten und in der Nähe der Gegend, die er suchte. Er fuhr in eine Straße mit Neubauten ein, bog links ab, rechts ab, bis zu einem Hohlweg zwischen Einfriedungen. Es begann zu regnen, als er den Wagen bremste.

Sein Einfall war einfach. Er bestand darin, den Regenmantel durch eine Drehung der Arme und des Körpers loszuwerden, sich aus ihm herauszuschälen, wie es eine Schlange tut, wenn sie ihre Haut abstreift. Inmitten von Menschen hätte er das nicht gewagt, aber hier, lächelnd, in der Einöde, fern der Stadt, die sich im Regen versteckte, fiel nichts leichter. Doch er hatte sich geirrt. Der Regenmantel klebte an der Rückenlehne seines Sitzes ebenso wie an der Anzugjacke, an der Wolljacke, am Hemd, am Unterhemd, an der Haut, an den Muskeln, an den Knochen. Daran dachte er, ohne zu wissen, daß er sich zehn Minuten später im Wageninnern schreiend, weinend, winden würde. Verzweifelt. Er war gefangen in seinem Wagen. Je angestrengter er sich hinauszubiegen versuchte, zur Wagenöffnung hin, durch die heftige kalte Windstöße den Regen hereintrieben, je fester er die Füße gegen den hervorstehenden Getriebekasten stemmte, desto weniger vermochte er sich vom Sitz zu reißen. Mit beiden Händen stützte er sich am Verdeck und versuchte sich hochzuziehen. Es war, als wolle er die Welt aus den Angeln heben. Er warf sich über das Lenkrad, stöhnte angstgeschüttelt. Vor seinen Augen wanderten die Scheibenwischer, die er in der Aufregung aus Versehen in Bewegung gesetzt hatte, mit dem trockenen Geräusch eines Metronoms. Von weitem ertönte der Pfiff einer Fabrik. Und bald darauf erschien an der Biegung der Landstraße ein Mann, der auf seinem Fahrrad die Pedale trat, bedeckt mit einer großen schwarzen Plastikfolie, an welcher der Regen herabfloß wie über das Fell einer Robbe. Der radelnde Mann sah neugierig in den Wagen hinein, vielleicht enttäuscht oder ärgerlich, einen einsamen Mann zu finden und kein Pärchen, wie es ihm von weitem vorgekommen war.

Was ihm passierte, war absurd. Nie war irgend jemand auf diese Weise im eigenen Wagen, vom eigenen Wagen gefangengenommen worden. Es mußte irgendeine Möglichkeit geben, hier herauszukommen. Mit Gewalt ging es nicht. Vielleicht in einer Reparaturwerkstatt? Nein. Wie sollte er das erklären? Die Polizei rufen? Und dann? Die Leute würden zusammenlaufen und gaffen, während die Obrigkeit ihn sehr wahrscheinlich an einem Arm zerren und die Zuschauer um Hilfe bitten würde, und alles wäre vergeblich, weil die Rückenlehne ihn sanft festhielt. Dann würden die Journalisten kommen, die Fotografen, und er würde in allen Tageszeitungen zu sehen sein, zutiefst beschämt wie ein geschorenes Schaf mitten im Regen. Er mußte sich etwas anderes ausdenken. Er stellte den Motor ab und warf sich, ohne den Ablauf zu unterbrechen, mit aller Kraft nach draußen wie jemand, der einen Überraschungsangriff unternimmt. Vergebens. Er verletzte sich am Kopf und an der linken Hand, und der Schmerz verursachte ihm ein Schwindelgefühl, das anhielt, während ein plötzlicher, unwiderstehlicher Urindruck ihn überfiel und die warme Flüßigkeit unaufhörlich an seinen Beinen entlang auf den Boden des Wagens rann. Als er das alles fühlte, begann er leise zu weinen, dann elendig zu heulen, und so verharrte er, bis ein aus dem Regen herbeitrottender Hund ihn vor der Wagentür schwächlich und ohne Überzeugung anbellte.

Er kuppelte langsam ein, mit den schwerfälligen Bewegungen in einem Höhlentraum, fuhr durch den Hohlweg und gab sich Mühe, nicht zu denken, damit seine Lage sein Denken nicht beherrsche. Er wußte irgendwie, daß er jemanden zu Hilfe rufen mußte. Doch wer sollte das sein? Er wollte seine Frau nicht erschrecken, aber ihm blieb kein anderer Ausweg. Vielleicht würde sie eine Lösung finden. Zumindest würde er sich dann nicht mehr so entsetzlich einsam fühlen.

Er kehrte in die Stadt zurück, gab auf die Ampeln acht, ohne plötzlich auf dem Sitz hin- und herzurücken, als wollte er die ihn fesselnden Kräfte besänftigen. Es war schon zwei Uhr nachmittags vorbei, und der Tag hatte sich zusehends verdunkelt. Er bemerkte drei Tankstellen, aber sein Wagen reagierte nicht. An allen war das Schild »leer« aufgehängt. Je weiter er in die Stadt hineinfuhr, desto mehr Wagen sah er in ungewöhnlichen Stellungen geparkt, mit den roten Dreiecken im Rückfenster, ein Zeichen, das sonst Panne hieß, das aber jetzt fast immer »kein Benzin« bedeutete. Zweimal sah er Gruppen von Männern, die mit ausholenden Unmutsgebärden in dem nicht enden wollenden Regen Autos auf die Gehsteige schoben.

Als er endlich die Straße erreichte, in der er wohnte, mußte er sich ausdenken, wie er seine Frau rufen würde. Er bremste den Wagen vor seiner Haustür, ratlos, nahezu am Rande einer Nervenkrise. Er wartete darauf, daß das Wunder geschehen und seine Frau seinem stummen Hilferuf zuliebe herunterkommen möge. Er wartete viele Minuten, bis ein neugieriger Junge aus der Nachbarschaft näherkam und er ihn mittels eines Geldstücks bitten konnte, in den dritten Stock hinaufzugehen und der dort wohnenden Senhora zu sagen, ihr Mann warte unten im Wagen auf sie. Der Junge ging hinauf und kam wieder herunter, sagte, die Senhora würde gleich kommen, und rannte mit seinem Tagesverdienst in der Tasche weg.

Seine Frau kam herunter, wie sie zu Hause immer war, ohne an einen Regenschirm gedacht zu haben, und nun stand sie unschlüssig auf der Schwelle der Haustür und sah, ohne es zu wollen, eine tote Ratte auf dem Kantstein des Gehsteigs, die weiche Ratte mit gesträubtem Fell; sie zögerte, den Gehsteig im Regen zu überschreiten, ein wenig aufgebracht gegen ihren Mann, der sie grundlos hatte herunterkommen lassen, während er ebenso gut hätte heraufkommen können, um ihr zu sagen, was er wünschte. Aber ihr Mann winkte ihr aus dem Wageninnern zu, und sie erschrak und lief hinüber. Sie faßte an den Türgriff, um schnell dem Regen zu entkommen, und als sie die Tür geöffnet hatte, sah sie vor sich die offene Hand ihres Mannes, der sie fortscheuchte, ohne sie zu berühren. Sie bestand darauf, einzusteigen, aber er schrie Nein, es sei gefährlich, und erzählte ihr, was geschehen war, während sie geduckt das Prasseln des Regens auf ihrem Haar spürte, das durcheinandergeriet, und Entsetzen ihr ganzes Gesicht verzerrte. Und sie sah ihren Mann in diesem warmen matten Kokon, der ihn von der Welt trennte, wie er sich auf seinem Sitz wand, um aus dem Wagen herauszukommen und es nicht fertigbrachte. Sie traute sich, ihn an einem Arm zu packen, und zog, ungläubig, vermochte ihn aber nicht von der Stelle zu bewegen. Und da das zu schrecklich war, um es zu glauben, verharrten beide stumm und blickten einander an, bis sie dachte, der Mann sei verrückt geworden und tue nur so, als könne er nicht aussteigen. Sie mußte jemanden holen, der ihn behandelte, der ihn dorthin brachte, wo der Wahnsinn behandelt wird. Behutsam sagte sie ihrem Mann mit vielen Worten, er solle einen Moment warten, sie käme gleich zurück, sie wolle Hilfe holen, damit er aussteigen könne, dann könnten sie sogar zusammen Mittag essen, und er könne dann im Büro anrufen und sagen, er sei erkältet. Und nachmittags würde er nicht zur Arbeit gehen. Er solle sich beruhigen, der Fall sei ohne Bedeutung, Geduld, sie werde nicht lang ausbleiben.

Doch als sie im Treppenhaus verschwand, stellte er sich vor, er sei wieder von Menschen umringt, sein Bild in den Zeitungen, die Schande, in die Hose uriniert zu haben, und er wartete noch einige Minuten. Und während seine Frau oben mit aller Welt telephonierte, mit der Polizei, mit dem Krankenhaus, darum kämpfend, man möge ihr glauben und nicht ihrer Stimme, wobei sie ihren Namen und den ihres Mannes angab, dazu die Farbe des Wagens, die Marke, das Kennzeichen, hielt er das Warten und die Vermutungen nicht länger aus und schaltete den Motor ein. Als die Frau wieder herunterkam, war der Wagen schon verschwunden, und die Ratte war endlich vom Kantstein gerutscht und rollte die abschüssige Straße hinunter, von dem aus den Kanälen strömenden Wasser fortgeschwemmt. Die Frau schrie, doch die Leute kamen lange nicht, und es fiel ihr schwer, sich zu erklären.

Bis gegen Abend kreiste der Mann durch die Stadt und fuhr an leeren Tanksäulen vorbei, reihte sich in Warteschlangen, ohne daß er es beabsichtigt hatte, ängstlich, weil ihm das Geld langsam ausging und er nicht wußte, was sein würde, wenn er kein Geld mehr hatte und das Auto vor einer Tankstelle stehenblieb, um aufzutanken. Das trat nur deswegen nicht ein, weil alle Tankstellen zu schließen begannen und die Schlangen, die noch zu sehen waren, nur auf den kommenden Tag warteten, und so war es das Beste, zu flüchten, um keine offenen Tankstellen mehr zu entdecken, um nicht anhalten zu müssen. Auf einer langen, breiten Avenida, fast ohne Verkehr, überholte ein Streifenwagen ihn, und als er ihn überholte, veranlaßte ihn ein Polizist durch ein Zeichen zu halten. Aber wieder bekam er es mit der Angst, und er bremste nicht. Er hörte hinter sich die Polizeisirene und sah auch aus einer Richtung, ohne zu wissen woher, einen uniformierten Motorradfahrer näherkommen und ihn fast einholen. Aber der Wagen, sein Wagen, machte einen mächtigen Satz vorwärts und raste weiter, einer Zufahrt zur Autobahn entgegen. Der Polizeiwagen folgte ihm in zunehmend größerer Entfernung, und als die Nacht vollends hereinbrach, waren die Polizisten verschwunden, und sein Wagen fuhr in eine andere Autobahn ein.

Er hatte Hunger. Wieder urinierte er, allzu gedemütigt, um sich noch zu schämen. Auch delirierte er ein wenig: gedemütigt, gemütedigt. Er fing an zu deklinieren, vertauschte die Konsonanten und Vokale bei einer unbewußten und besessenen Übung, die ihn gegen die Wirklichkeit schützte. Er hielt nicht an, weil er nicht wußte, wozu er anhalten sollte. Doch im Morgengrauen hielt er zweimal den Wagen am Randstein an und versuchte langsam auszusteigen, als seien er und der Wagen mittlerweile zu einer friedlichen Einigung gelangt und als sei es an der Zeit, den guten Glauben beider Parteien auf die Probe zu stellen. Zweimal sprach er leise, als der Sitz ihn festhielt, zweimal versuchte er das Fahrzeug zu überreden, ihn im Guten aussteigen zu lassen, zweimal auf nächtlichem eiskalten Feld, wo der Regen nicht aufhörte, brach er in Schreie aus, in Geheul, in Tränen, in blinde Verzweiflung. Seine Kopf- und Handwunden bluteten wieder. Und er, schluchzend, am Ersticken, stöhnend wie ein zu Tode erschrecktes Tier, lenkte seinen Wagen weiter. Oder ließ sich lenken.

Die ganze Nacht hindurch reiste er, ohne zu wissen, wohin. Er durchquerte Dörfer, deren Namen er nicht sah, er raste auf langen Geraden, erklomm Berghöhen und fuhr sie hinunter, schlang und entschlang Schleifen und Unschleifen von Kurven, und als der Tag anbrach, befand er sich irgendwo, auf einer schadhaften Landstraße, auf der das Regenwasser sich in gekräuselten Pfützen sammelte. Machtvoll heulte der Motor, riß die Reifen durch den Schlamm, und der ganze Wagenkörper erzitterte mit beunruhigenden Geräuschen. Der Morgen war nun hell, ohne daß sich die Sonne zeigte, doch plötzlich hatte es vollkommen aufgehört zu regnen. Die Landstraße wurde zu einem einfachen Feldweg, der sich weiter weg jeden Augenblick in einen steinigen Pfad zu verlieren schien. Wo war die Welt geblieben? Vor seinen Augen breiteten sich Gebirgszüge aus und ein erstaunlich tiefer Himmel. Ihm entfuhr ein Schrei, und er schlug mit den geballten Fäusten auf das Lenkrad. In diesem Augenblick sah er, daß die Benzinuhr auf Null stand. Der Motor schien aus eigener Kraft anspringen zu wollen und schleppte den Wagen noch an die zwanzig Meter weiter. Wieder lag vor ihm die Landstraße, aber das Benzin war zu Ende.

Seine Stirn bedeckte sich mit kaltem Schweiß. Ekel ergriff ihn und schüttelte ihn vom Kopf bis zu den Füßen, ein Schleier glitt dreimal über seine Augen. Tastend öffnete er die Wagentür, um einem drohenden Erstickungsanfall zu entgehen, und in dieser Bewegung, weil er sonst sterben würde oder weil der Motor abgestorben war, hing sein Körper an der linken Seite heraus und rutschte aus dem Wagen. Rutschte ein wenig weiter und blieb auf den Steinen liegen. Es fing wieder an zu regnen.

Übersetzung CMC

José Cardoso Pires

DIE CHINESEN

Der Werkschuppen hatte ein Vordach, und im Schatten des Vordachs saß ein Mann und aß. Obwohl dieser Mann seit Jahren in der Stadt arbeitete und bei Bauarbeiten mithalf, war er im Grunde Landmann. Er hatte die dunkle Haut der Menschen, die von Sonnenaufgang bis Sonnenuntergang ihren Acker bestellen und, wie wir sehen werden, die schleppende Stimme eines, der fern von Maschinen und Verwirrung aufgewachsen war.

Er saß und kaute, und in ziemlicher Entfernung vom Schuppen spielten seine Töchter Seilhüpfen. Es waren zwei, die ältere und die jüngere. So wie der Mann säuberlich gekleidet war mit Krawatte und Armbanduhr, so spielten die Kinder ordentlich angezogen, Schleife im Haar, die Strümpfe stramm, denn es war Sonntag und abgesehen vom Sonntag auch Johannisfest.

Sah der Mann sie? In diesem Augenblick nicht. In diesem Augenblick waren seine Augen auf den Stadthorizont gerichtet, hohe Gebäude, Fenster im Himmel, und irgendwo dort tummelte sich das Handwerkervolk, das war mehr als sicher: Gehilfen, Stuckarbeiter und Tischlermeister, alle zogen von Taverne zu Taverne hinter dem Maurer her, mit seiner Ziehharmonika und seiner Blume hinter dem Ohr. Es war mehr als sicher, jedenfalls war es alle Jahre so an diesem Tag. Und er, der Bauaufseher, begleitete sie in Gedanken. Mitunter senkte er den Blick auf die beiden zu seinen Füßen auf einem Stück Zeitungspapier liegenden Käse, doch gleich darauf blickte er wieder auf das fast heruntergebrannte Feuer, er sah den Kochtopf, die Landstraße, und dort draußen zwischen Bauernhöfen und Staub ließ er den Blick auf der weit entfernten Stadt ruhen. Und das, ohne im Kauen innezuhalten.

Er aß langsam, lustlos, und nur um Leib und Seele zusammenzuhalten, und auch darin glich er den Bauern, die sich ernähren, aber nicht essen. Bestimmt würde ein auf freiem Feld kauernder Bauer so essen — in der gleichen Einsamkeit; seine Vesper mit dem Klappmesser auf der flachen Hand aufschneiden, mit dem

Brotbelag sparsam umgehen, nachdenkliche Schlucke aus der Flasche nehmen.

Doch nun geschah es, daß der Bauaufseher mitten in seiner Brotzeit am Horizont zwei Schatten auf den Schuppen zukommen sah. Sogleich wich sein aufmerksamer Blick von der Stadt in der Ferne ab und verfolgte den Weg der beiden Fremdlinge. Sie kamen näher, immer näher, bis er wahrnahm, daß die armen Kerle schwere Lasten schleppten: Koffer. Bald konnte er ihre Gesichtszüge erkennen, und der Mann unter dem Vordach staunte: Chinesen — zwei in der Sonne glänzende Chinesen.

Er begriff jetzt, daß es sich um Trödler handelte, um solche, die bestickte Handtäschchen feilbieten und Zierrat für junge Mädchen. Früher sah man sie überall, aber heute findet man sie merkwürdigerweise selten und täglich seltener. Sie müssen in ihre Heimat, nach China zurückgekehrt sein, entschied der Bauaufseher. Dem Vernehmen nach gibt es dort die Mauer der Mandarine aus Gold nicht mehr, von denen so viel geredet worden war.

Wie dem auch sei, auch diese beiden waren Chinesen und trieben sich in der Gegend herum. Sie trugen die Hüte in der Hand und wischten sich unablässig die Stirn mit dem Taschentuch. Warum, etwa wegen der Hitze? Aber wie kann es angehen, daß zwei so ausgemergelte Gestalten, zwei Seelen ohne einen Tropfen Fett, nicht wahr?, wie können sie als Chinesen soviel Schweiß absondern? Ganz unmöglich, so etwas ist nicht zu fassen.

Doch so war es, sie schwitzten. Mit hängenden Ohren und keuchend vor Hitze kamen sie am Schuppen vorbei, ohne Guten Tag oder Schönen Nachmittag zu wünschen. Aber zehn Schritte weiter, wenn überhaupt so viele, packt doch der eine den anderen am Arm und redet in einer Sprache los, die niemand verstand: Chinesisch. Sie begannen eine Diskussion, eine sanfte Diskussion, eine Unterhaltung. Der eine hatte ein Mauseschnäuzchen und sagte etwas, und der andere hatte Goldzähne und sagte etwas anderes.

Beim Anblick eines solchen Schauspiels hörten die Kinder zu spielen auf und liefen dicht aneinandergedrängt hinter ihnen her. Sie lachten verstohlen, zogen die Köpfe ein, bissen sich hilflos lachend auf die Finger. Und die Chinesen sprachen weiter, ohne sie zu bemerken.

Unter dem Vordach schnitt der Bauaufseher Käsestückchen, die er auf der Messerklinge zum Mund führte, verpaßte dabei aber keinen Laut, keine ihrer Gebärden. In einem bestimmten Augenblick faßte einer der Chinesen einen Entschluß. In Gesellschaft des Freundes trat er unter das Vordach, und nachdem er dem Mann, der nach Bauernart aß, einen guten Nachmittag gewünscht hatte, fragte er ihn nach einer Taverne oder einem Gasthaus in der Nähe.

»Gibt es keines in der Nähe? Gibt es nicht?«

Hier konnten die Kinder des Bauaufsehers nicht mehr und brachen in solches Gelächter aus, daß sie hinter einen Berg von Bauholz flüchten mußten.

»Kinder«, murmelte der Besucher mit den Goldzähnen; und er lächelte wie eine alte Münze. »Die Kinder.«

Natürlich sagte er nicht Kinder wie wir; er sagte »Kindel«. Er hatte beim Näherkommen auch nicht Schönen Nachmittag gesagt, sondern »Schonen Nachmitlag«. Und dergleichen mehr.

»Hübsches Kind«, wiederholte er und wandte den Blick nach der Stelle, wo sie sich versteckt hatten.

Nun bot der Bauaufseher ihnen von seiner Vesper etwas an und erklärte ihnen auf ihre Frage nach Tavernen oder Gasthäusern, in der Umgebung gäbe es nichts, aber wenn er »nichts« sage, so meine er nichts außer Ziegelsteinen und Staub.

»Und Brot?« fragte, gleichfalls lächelnd, der mit dem Mauseschnäuzchen. »Können Sie halbes Brot entbehren?«

»Das läßt sich machen«, erwiderte der Bauaufseher.

Er legte das Messer auf die Zeitung neben den Käse und ging in den Proviantschuppen.

»Oh«, sagte das Goldene Lächeln, als er ihn mit einem Kilolaib zurückkehren sah. »Hälfte genügt. Verkaufen Sie keine Hälfte?«

Der Bauaufseher erinnerte sich daran, daß Chinesen keine Freunde von Brot sind. Reis, Reis ja, mit zwei Stäbchen. Jedenfalls erzählt man sich das von ihnen.

»Setzen Sie sich«, sagte er. »Ziehen Sie das Brett näher und legen Sie zwei Ziegelsteine drunter.«

»Vielen Dank.«

»Keine Ursache. Hier ist wenigstens Schatten.«

Der mit dem Mauseschnäuzchen öffnete ein Münzsäckchen, um

das Brot zu bezahlen, und sein Gefährte holte eine Tüte mit getrockneten Feigen hervor. Nun war es an ihnen, den Mann zu fragen, ob er sich bedienen wolle.

»Guten Appetit. Wenn Sie Wein wollen, bitte sehr.«

Die Besucher lehnten das Angebot mit vielem Dank ab und machten sich ans Essen. Als der Bauaufseher die beiden Männer einen halben Brotlaib und eine Handvoll Feigen kauen sah, sagte er zu sich: Kein Zweifel, die sparen für die Reise. Hier haben sie bereits geerntet, was es zu ernten gab.

Stillschweigend aßen die Chinesen mit unglaublicher Geschwindigkeit. An Maulwürfe, Mäuse, kleines Getier erinnerten sie beim Kauen. Doch nur die Münder bewegten sich; sonst waren sie beherrscht, schweigsam und betrachteten bald den Erdboden, auf den sie ihre Leinenschuhe gesetzt hatten, bald die winzig kleinen Hände, mit denen sie das Brot hielten, und die zitterten, zitterten. Das war gewiß eine Folge ihres Alters. Solch Gezitter sieht man bei Leuten, die schon eine Anzahl Jahre auf dem Buckel haben, und wir dürfen nicht vergessen, daß man sich bei Chinesen über das Alter häufig täuscht. Ihr glattes Gesicht, der Bart, der in Wahrheit kein Bart ist, ihr schütteres Haar, wahre Mäusewolle, was sie jünger erscheinen läßt — richtiger: alterslos.

Das ist es, dachte der Bauaufseher, diese Chinesen vor ihm waren die letzten, die hiergeblieben waren. Sie wollten zurück in ihre Heimat, das sah man deutlich, und taten recht daran, denn schlechter als hier war wohl kaum denkbar, das bewies, daß die anderen sich alle fortgemacht hatten. Diese beiden waren ja keine Kinder mehr, die Ärmsten, und waren als letzte zurückgeblieben. Der Mann unter dem Vordach fragte sich, wie lange sie wohl schon Geld für ihre Heimreise zusammenkratzten.

»Essen Sie doch einen Teller Suppe, wollen Sie nicht?«

»Danke«, sagten die Besucher, »vielen Dank.«

»Essen Sie«, bestimmte der Aufseher. »Eine Suppe tut sogar Kranken wohl.« Bevor sie antworten konnten, machte er sich ans Entfachen des Feuers. Er blies heftig, vor der Glut kniend, und blieb die ganze Zeit knien, während dessen der Suppentopf auf dem Feuer heiß wurde.

Er wurde nachdenklich. Er hatte einen Zahnstocher hinter dem

Ohr vorgeholt, besorgt um die Chinesen, die viele Arbeit, die es sie kosten mußte, das nötige Geld für die lange Reise zusammenzuscharren, schließlich stellte er sich die riesige Mauer der Mandarine vor, die heute durch Jahrtausende der Kriege zerstört war. Dann sah er Drachen, Feuerschlangen an einem atlasglänzenden Himmel wie auf den Bettdecken der Marktzigeuner, aber er rümpfte die Nase: derartige Drachen, sofern es die je gegeben hatte, waren fraglos von Chinas Antlitz fortgefegt worden. Und Mandarine? fragte er, traf es tatsächlich zu, daß es Mandarine mit solch langen Fingernägeln gab, wie man sie auf Abbildungen sah?

Auch die Chinesen dachten nach, die Hände auf ihren kleinen Wänsten gefaltet, und ließen den Blick über ihre Handelskoffer wandern, einen nach dem anderen, über die Riemen und die an einem Eisenstab hängenden Ledertaschen. Das hieß: auf dem Brett hockend, so ernst und alles so befremdet musternd, legten sie sich Rechenschaft ab über ihr Leben.

Als der Bauaufseher befand, die Suppe müsse eßbar sein, holte er im Schuppen Teller und Blechlöffel und legte den Besuchern vor.

»Iih«, machte das Goldene Lächeln. »Zuviel Suppe, Chef.«

»Weder zuviel, noch ein wenig zuviel«, sagte der Aufseher.

Und das Mauseschnäuzchen: »Gut. Gute Suppe, aber zuviel Suppe.«

»Greifen Sie zu und essen Sie, solang sie heiß ist. Kommen Euergnaden von weit her?«

»Von Linda-a-Pastora, Chef.«

»Teufel«, sagte der Aufseher. »Von hier nach Linda-a-Pastora ist's ein Stück.«

Mauseschnäuzchen lächelte.

»Dort wird gefeiert, lieber Chef. Dort gibt's ein Tanzvergnügen, die Rummelplatzbuden haben die ganze Nacht auf.«

»In Linda-a-Pastora? Möglich, ich sage nicht nein. Am heutigen Tag wird überall gefeiert.« Der Aufseher heftete die Augen auf das Zeitungsblatt mit den beiden Käsestücken. »Überall, sage ich.«

Damit verstummte er. Er sprach erst wieder, nachdem die Besucher ihre Mahlzeit beendet hatten, und diesmal, um sie von dem Käse kosten zu lassen, der auf der Zeitung lag.

»Ziegenkäse, erstklassig.«

Da keiner von beiden sein Angebot annahm, wollte der Bauaufseher wissen, ob sie Käse nicht mochten oder die Sorte nicht kannten. Konnte ja sein, daß Ziegenkäse in China nicht hergestellt wurde, das konnte als Grund gelten.

»Wird hergestellt, Chef. Alles wird hergestellt. Ziegenkäse, Kuhkäse, Käse aller Arten.«

»Das dachte ich mir. Umso mehr, als Ziegenkäse leicht herzustellen ist. Man braucht nur Ziegen und Weide. Der Rest ist einfach.« Nach diesen Worten lächelte der Aufseher: »Wie man sieht — Ziegen gibt's überall. Wo es Zicklein mit Röcken gibt, gibt es zwangsläufig Ziegen.«

Zuerst begriffen die Chinesen nicht recht, was der Aufseher meinte, doch einen Augenblick später begriffen sie: er sprach von Weiberziegen und sozusagen nicht von Ziegen-Ziegen.

Dann lachten sie hell heraus.

»Dasselbe wie hier, Chef. Dasselbe, dasselbe.«

»Dasselbe nicht gerade. Es wird immer Unterschiede geben.«

Der Aufseher war ernst geworden. »Zumindest in der Frage des Essens habe ich gehört, daß es verschieden ist.«

»Essen?«

»Ja, man sagt, ihr eßt Mäuse.«

»Oh«, sagte das Mauseschnäuzchen.

Und der andere, Goldmund:

»Unsere Leute essen alles. Sie essen Reis, essen Brot, essen Fisch, essen Fleisch...«

»Mäuse«, unterbrach jäh der Mann unter dem Vordach. »Ist es wirklich wahr, daß man in China Mäuse ißt?«

»Oh!«

»Und gebratene Kakerlaken? Und Schwalben?«

»Oh!«

»Nanu, Sie essen keine Schwalben? Man hat mir versichert, daß ja.«

»Unsere Leute, Chef, essen Vögel wie der Portugiese. Mag der Chef keine Vögel?«

»Mann, was für eine Frage. In Schmalz gebraten und dazu ein Gläschen zum Löschen, es gibt keinen Leckerbissen, der sich damit vergleichen läßt.«

Der Aufseher lächelte innerlich, sein Auge leuchtete. Er sah auf den Theken der Schilfrohrbuden auf Brot tropfende Vögelchen, außerhalb der Stadt.

»Schauen Sie, vor einem Jahr habe ich auf dem Land ein Dutzend Sperlinge gegessen, wie ich mich lange an keine zurückerinnern kann. Jawohl. Die Frauen holten sie aus der Bratpfanne, und in der Nähe war ein Netz, mit dem sie eingefangen wurden.«

Er kannte sich aus mit den Vögeln, und besonders mit dem Vogelfang. Und nun, in Gegenwart der beiden Chinesen, erklärte er Jagdlisten, er erläuterte ihnen das Fallenstellen und alles, was er über das Nisten der Vögel und die verschiedenen Arten, sie mit kühlem Wein übergossen zu essen, gelernt hatte.

Nach Beendigung der Lehrstunde standen die Chinesen auf:

»Es ist Zeit zum Gehen.«

Sie griffen nach ihren Koffern, öffneten sie auf dem Brett, und jeder von beiden holte nach einem Austausch von Blicken einen kleinen Bleistift hervor, den sie dem Mann vom Vordach aushändigten.

»Für die Kinder. Für ihre Schule.«

»Schön, in diesem Fall, vielen Dank.«

Einer der Besucher, Mauseschnäuzchen, deutete auf etwas in einem Notizbuch. Sein Gefährte las, stimmte zu, und der Aufseher, von Neugierde gepackt, reckte den Hals.

»Rechnungen«, entschuldigte sich Mauseschnäuzchen, als er des Mannes Interesse für das auf dem Papier Geschriebene bemerkte. Er zeigte ihm das Gekritzel:

»*Bleistift, zwei Bleistift...*«

Der Mann fiel aus allen Wolken. Ihm wäre nie in den Kopf gekommen, daß man soviel mit so wenigen Strichen schreiben könne.

»Und das andere?« fragte er. »Was heißt das andere?«

»Heißt *Feige...* So: *Feige, fünf Escudos...* Das hier heißt *Brot.* Das *eine Unze Tabak...*«

Ich verstehe, dachte der Aufseher. Das ist ihre Spesenrechnung für diese Reise.

»Und zum Beispiel *Vogel?* Wie schreiben Euergnaden das Wort *Vogel?*«

»Papier«, bat Mauseschnäuzchen. »Kein Papier übrig.«

Der Mann vom Vordach verlor keine Zeit und reichte ihm das Werkzeugheft.

»So, *Vogel* schreibt man so…«

Bei jeder Frage lächelten die Besucher. Weiter weg, auf der Landstraße, schauten die kleinen Mädchen höchst neugierig zu, wie die drei Männer unter dem Vordach sich mit den chinesischen Schriftzeichen beschäftigten.

»Und *Wein*?«

»Wein ist so. *Wein.*«

Goldenes Lächeln nahm nun dem Freund den Bleistift aus der Hand und schrieb auch seine Striche.

»Was heißt das?« fragte der Aufseher.

Die Chinesen lächelten noch breiter.

»Fröhliches Fest«, sagten sie. »Glücklicher Tag.«

»Ah«, machte der Aufseher.

Er griff nach dem Heft und beäugte es von allen Seiten.

Und schon hatten die beiden anderen ihre Koffer geschultert, um loszumarschieren, und noch immer waren seine von den Buchstaben gefesselten Augen auf das Blatt geheftet.

»Schönen Nachmittag«, verabschiedeten sich die Chinesen, einer nach dem anderen. Der Bauaufseher sagte gleichfalls »Schönen Nachmittag«, ohne das Heft aus der Hand zu lassen.

Und dann sah er sie gebeugt unter der Last ihrer Koffer winzig klein davonstapfen. Als sie an den Kindern vorbeikamen, wollten sie sie freundlich streicheln, aber die Kleinen wendeten ängstlich die Gesichter ab.

»China«, schrie die Ältere, als die beiden schon weit weg waren.

Sie wandte sich ihrer Schwester zu, und beide lachten zusammen los. Dann reichten sie einander die Hand und rannten rhythmisch hüpfend davon und trällerten:

»Oh, oh, oh verrückter Chinese… oh, oh, oh verrückter Chinese…«

Der Vater hörte sie nicht. Vor der Flasche und den beiden Ziegenkäsen sitzend, vertiefte er sich immer wieder aufs neue in das Heft mit den chinesischen Schriftzeichen. Sie erinnerten ihn an die

Art, wie er selbst, der nicht schreiben konnte, seine eigenen Dinge bezeichnete: ein Strich für jeden Sack Zement, soundsoviele Quadrate für soundsoviele Tausender Ziegelsteine, ein Kreuz für eine Ladung Sand — und so fort.

»Wie wir«, sagte der Aufseher zu sich. »Genau wie wir. Beim Essen und in allem.«

Als er sein Mittagsschläfchen im hinteren Teil des Vorbaus hielt, dachte er noch an die Chinesen, die ihn besucht hatten, und ohne zu wissen warum, sah er sie von goldenem Glanz bedeckt, bekleidet mit Drachenkimonos wie die Zauberer im Zirkus. Und den Nachmittagswind in der Nase, der den Harzgeruch des Brennholzes herüberwehte, schlief er ein und träumte von gebratenen Vögeln, die aufs Brot troffen.

Übersetzung: CMC

Alberto Caeiro

DER HÜTER DER HERDEN
VIII. GEDICHT

An einem Mittag des schwindenden Frühjahrs
hatte ich einen Traum so deutlich wie eine Photographie.
Ich sah Jesus Christus zur Erde niedersteigen.
Er kam den Hang eines Berges herunter,
wieder zum Kind geworden,
lief und rollte durchs Gras
und riß Blumen aus, um sie fortzuwerfen,
und lachte, daß man es schon von weitem hörte.

Er war aus dem Himmel geflüchtet.
Er war zu sehr unser, um sich
als zweite Person der Dreifaltigkeit auszugeben.
Im Himmel war alles falsch, stand alles in Mißklang
zu Blumen und Bäumen und Steinen.
Im Himmel war er gezwungen, immer ernsthaft zu bleiben,
und immer aufs neue wurde er Mensch
und kam ans Kreuz und starb
mit einer Dornenkrone
und nägeldurchbohrten Füßen
und einem Tuch um die Hüften
wie die Wilden in Bilderbüchern.

Nicht einmal Vater und Mutter durfte er haben
wie andere Kinder.
Zwei Personen waren sein Vater —
ein Alter mit Namen Joseph, ein Zimmermann,
und der war nicht sein Vater;
und der andere Vater war eine törichte Taube,
die einzige häßliche Taube der Welt,
denn sie war weder irdisch noch Taube.
Und seine Mutter hatte, ehe sie ihn gebar, nicht geliebt.

Doch es war keine Frau: es war ein Koffer,
in dem er vom Himmel kam.
Und er, der nur eine Mutter,
doch nie einen Vater gehabt hatte, um ihn mit Ehrfurcht zu lieben,
sollte Güte und sollte Gerechtigkeit predigen!

Eines Tages, als Gott gerade schlief
und der Heilige Geist umherflog,
lief er zur Wundertruhe und stahl sich drei.
Mit dem ersten bewirkte er, daß niemand von seiner Flucht erfuhr —
mit dem zweiten schuf er sich ewiges Menschentum und wurde zum Kind.
Mit dem dritten erschuf er einen ewig gekreuzigten Christus
und ließ ihn am Kreuz hängen, das oben im Himmel steht
und für die anderen Kreuze das Vorbild ist.
Dann flüchtete er zur Sonne
und stieg an dem ersten Strahl, den er fassen konnte, hernieder.
Heute lebt er bei mir in meinem Dorfe.
Er ist ein reizend lachendes, ganz natürliches Kind.
Er putzt sich die Nase mit dem rechten Arm,
panscht in den Wasserpfützen,
pflückt Blumen und freut sich daran und vergißt sie.
Er wirft mit Steinen nach den Eseln,
stiehlt Obst aus den Gärten
und läuft vor den Hunden schreiend und heulend davon.
Und weil er weiß, sie mögen das nicht,
aber alle Leute finden es spaßig,
läuft er den Mädchen nach,
die, den Krug auf dem Kopfe,
in Gruppen über die Straße ziehn,
und hebt ihre Röcke hoch.

Mich hat er alles gelehrt.
Er hat mich gelehrt, auf die Dinge zu schauen.
Er zeigt mir die Blumen mit allen Einzelheiten.
Er zeigt mir, wie kostbar die Steine sind,

wenn wir sie in den Händen halten
und geduldig betrachten.

Von Gott spricht er schlecht.
Er sagt, es sei ein kranker, törichter Alter,
der immerfort auf den Boden speie
und zotige Reden führe.
Die Jungfrau Maria verbringt ihre Ewigkeitsabende Strümpfe strickend.

Die Heilige Taube putzt sich mit dem Schnabel,
plustert sich auf den Sesseln auf und beschmutzt sie.
Alles im Himmel ist töricht wie die katholische Kirche.
Er sagt, Gott verstehe nichts
von den Dingen, die er geschaffen habe —
»Wenn er sie überhaupt schuf, was ich bezweifle« —
»Er behauptet zum Beispiel, daß alle Wesen sein Preislied singen,
aber die Wesen besingen nichts.
Sängen sie, wären es Sänger.
Die Wesen sind da und nichts weiter,
und darum heißen sie Wesen.«
Und danach, ermüdet vom Gotteslästern,
schlummert das Jesuskind auf meinen Armen ein,
und ich trag' es an meinem Halse nach Hause.

....

Es wohnt bei mir in meinem Hause auf der halben Höhe des Hügels.
Es ist das Ewige Kind, der Gott, der uns fehlte.
Er ist das Menschliche, das natürlich ist,
er ist das Göttliche, das da lächelt und spielt.
Und darum weiß ich mit aller Gewißheit,
daß er das wahre Jesuskind ist.

Das so menschliche Kind, das göttlich ist,
ist dies mein tägliches Dichterleben,

und weil es mich allzeit begleitet, bin ich auch allzeit Dichter,
und mein geringster Augenaufschlag
schenkt mir Empfindungen,
und der geringste Laut, woher er auch komme,
scheint sich mit mir zu besprechen.

Das Neue Kind, das dort wohnt, wo ich lebe,
reicht die eine Hand mir
und die andere allem, was da ist,
und so schreiten wir drei über Weg und Steg,
springen und singen und lachen
und genießen unser gemeinsames Geheimnis;
das lautet, allüberall zu wissen:
es gibt kein Geheimnis auf Erden
und alles ist seine Mühe wert.

Das Ewige Kind ist mein steter Begleiter.
Mein Sehen folgt seinem lenkenden Finger.
Mein Gehör, das heiter auf alle Laute achtgibt,
ist der Kitzel, wenn es mich spielerisch an den Ohren zupft.

So gut verstehen wir einer den anderen
in der Gemeinsamkeit aller Dinge,
daß wir nie aneinander denken,
doch wir leben vereint und zu zweit
in innerem Einverständnis
wie die rechte Hand und die linke.

Bei Anbruch der Dämmerung spielen wir
auf der Schwelle der Haustür Dame,
ernsthaft, wie es sich ziemt für Gott und Dichter,
als ob jedes Steinchen ein ganzes Weltall
und darum, es fallen zu lassen,
gefährlich wäre.

Dann erzähle ich ihm Geschichten nur von uns Menschen,
und er lächelt, weil alles unglaublich klingt.

Er verlacht die Könige und die Nichtkönige,
und es schmerzt ihn, von Kriegen reden zu hören,
von Handelsgeschäften und Schiffen,
die auf hoher See nur Rauch in der Luft sind.
Denn er weiß, daß dies alles die Wahrheit verfehlt,
die eine Blume beim Blühen besitzt,
die mit dem Sonnenlicht
Berge und Täler verwandelt
und die Augen blendet beim Anblick gekalkter Mauern.

Dann schlummert er ein, und ich bring' ihn zu Bett.
Ich trag' ihn ins Haus hinein
und lege ihn nieder und ziehe ihn langsam aus,
als ob ich das reinliche Ritual
einer Mutter vollzöge, bis er nackt ist.

Er schlummert in meiner Seele;
zuweilen erwacht er nachts
und spielt mit meinen Träumen.
Einige läßt er rücklings zappeln,
andere legt er übereinander
und klatscht in die Hände
und lächelt in meinen Schlaf hinein.

....

Wenn ich sterben muß, liebes Söhnchen,
will ich das Kind und der Kleinste sein.
Nimm du mich dann auf den Arm
und trag mich hinein in dein Haus.
Zieh mir das müde, menschliche Wesen aus
und leg mich hinein in dein Bett.
Und falls ich erwache, erzähl mir Geschichten,
damit ich wieder in Schlummer falle.
Leih deine Träume mir, damit ich spielen kann,
bis ich dann eines Tages, du weißt an welchem,
geboren werde.

....

Dies ist die Geschichte von meinem Jesuskind.
Aus welchem triftigen Grunde
sollte sie nicht wahrer sein
als alles, was Religionen lehren
und Philosophen ergrübeln?

Übersetzung: GRL

Natália Correia

WO IST DAS JESUSKIND?

Wer ist schließlich Gott?
Ein ewiges Kind, das in einem ewigen
Garten ein ewiges Spiel spielt.

Shri Aurobindo

Es wohnt bei mir in meinem Haus auf halber Höhe des Hügels.
Es ist das Ewige Kind, der Gott, der uns fehlte.
Es ist das Menschliche, das natürlich ist,
Es ist das Göttliche, das da lächelt und spielt.
Und darum weiß ich mit aller Gewißheit,
Daß er das wahre Jesuskind ist.

Alberto Caeiro

Ich fühlte mich am Ende all jener Jahre sehr erleichtert, als ich erfuhr, wo das Jesuskind war. Ich las diese Nachricht in den Versen eines Mannes, der Herden hütet, mit dem es in einem Haus auf halber Höhe eines Hügels wohnt. Mich beruhigt zu wissen, daß sich das Jesuskind dort aufhält, sich sehr zufrieden im Gras wälzt, Blumen pflückt, in Wasserpfützen planscht und den Mädchen die Röcke hochhebt. Diese Kindlichkeiten des Jesuskindes erstaunen mich, weil ich es nach so vielen Jahren für erwachsen hielt. Doch jener Hüter der Herden sagt, daß es das ewige Kind ist. Geheimnisse, aus denen ich nicht klug werde, aber gottlob, es lebt und ist munter, denn seit ich es in jener dunklen, eiskalten Nacht fortließ, hat mich die Furcht nie mehr verlassen, es könne vor Kälte und Hunger oder an irgend etwas anderem, wie es ja sein Wunsch war, gestorben sein.

Doch eine Sache ist da bei diesem Dichter, der Ziegen hütet oder Schafe oder sonst was, wo er sich irrt. Nämlich, als er sagt, daß das Jesuskind aus dem Himmel geflüchtet sei. Sollte ihn der Wildfang angelogen haben? Ich glaube nicht, denn ich kannte ihn als ungewöhnlich ehrliches Kind. Eher scheint es mir typisch für seinen Charakter, daß er die Wahrheit verschwiegen hat, um mich nicht bloßzustellen. Welch schöne Dankbarkeit. Aber man braucht das Geheimnis nun nicht mehr zu wahren. Denn Tante Michaela legte sich eine Zirrhose zu, womit Gott schließlich ihre verschämten Saufereien entlarvt hat. Tante Cremilde hat ihr etwas gegeben, was ihr den Mund so schief zog, daß ihr nur noch Kraft bleibt, um ihrer eigensinnigen, arglosen Seele ein paar breiige unverständliche Töne zu entlocken. Großvater hauchte sein schlagflüssiges Glück im Bett eines fettärschigen Dienstmädchens aus, nachdem er drei gehäufte Teller mit Fleisch, Gemüse, Reis und Kartoffeln verschlungen hatte. Papa, kaum hatte er seine Erbschaft erhalten, tat sich mit dem ordinären Weib zusammen, das er uns als seine Sekretärin andrehte. Und Mama bei all dem Verdruß will von nichts mehr etwas wissen, je genauer sie sich an das Weihnachtsgeschehen von damals erinnert.

Die lyrische Tante Cremilde hatte auf der Mahagonikommode die heilige Krippenangelegenheit aus bemaltem Ton aufgebaut — das Eselchen, das Kühlein, die über die Geburt des Knaben staunenden Hirten und den Dudelsackpfeifer. Über die bescheidene Wiege gebeugt, bewachten ein betagter Herr und eine hübsche Jungfrau bewundernd diese kleine Fleischesfrucht ihrer Ehe, die wegen des fortgeschrittenen Alters des Gatten dennoch nicht zu geschlechtlichen Gemeinheiten abgesunken war. Dieses Mysterium war wirklich rührend. Was einen aufbrachte, waren drei hinter einem Stern einhergehende königliche Grobiane, die vor dem Stall standen. Fremde, ein Umstand, ihnen zu mißtrauen. Trotz der Geschenke, mit denen sie sich bei dieser eigenartigen Geburt geschickt einführten. Vermutlich, um die Plebejer zu täuschen, die sehr froh waren, daß sie endlich einen Gott hatten, der so arm war wie sie, da er in einem Stall geboren war. Diese Geschichte, die Tante Cremilde mir erzählte, während sie dieses Hirtenmysterium in Szene setzte, muß sie dermaßen erregt haben, daß sie der Mattigkeit niedrigen Blutdrucks anheimfiel. Es trieb sie ins Bett. Wie die anderen. Alle ermüdet von den Vorbereitungen fürs Fest. Tante Michaela, diese Betschwester (so dachte ich), molk aus dem kleinen Dings vom Jesuskind den Likör, der einen die Engel sehen ließ. Großvater kniff den Dienstmädchen Striemen in die Hintern, und die tummelten sich zwischen Eierkuchen, armen Rittern, Schubladen und Geschirr, das sie auf Hochglanz scheuerten für das Weihnachtsessen am folgenden Abend, zu dem sich die Familie, magenfreundlich gesinnt, niederlassen würde. Mama verzierte grüne Girlanden mit rotgespritzten Beeren, die sie nach wollüstig dekorativem Nachdenken an Türen und Wände hängte. Papa war angeödet von dieser häuslichen Heiligtuerei, die ihn daran hinderte, einen Vorwand zu ersinnen, um sich fortzustehlen und sich im Bett einer seiner kleinen Freundinnen zu entspannen.

Das Haus versank alsbald in heiliger Stille, die das Mysterium der Geschenke umhüllte, die sie mir geben würden. Mein Verlangen, zu erfahren, was für Herrlichkeiten zwischen diesen bunten Papieren sein würden, ließ mich nicht schlafen.

Mitten in dieser Aufregung drang an meine durch die Schlaflosigkeit geschärften Ohren hartnäckiges Wimmern. Ich stand auf, und im Haus herumirrend, führte mich dieses seelenzerreißende Greinen schließlich an die Krippe. Was ich sah und hörte, war unglaublich. In pausbäckiger Verzweiflung wand sich das Jesuskind in den Strohhalmen und streckte seine Arme nach mir aus. Und meine Verblüffung nahm zu, als aus diesem zarten Körperchen eine Männerstimme sprach:

»Nimm mich hier weg.«

Erschrocken wich ich zurück.

»Wie kommt es, daß du Kleiner wie ein Erwachsener sprichst?«

Verächtlich entgegnete er:

»Große Neuigkeit! Womöglich möchtest du, daß ich am Ende von zweitausend Jahren immer noch so einfältig bin.« Doch dann wurde er wieder ungeduldig: »Worauf wartest du? Nimm mich hier weg. Siehst du nicht, daß das hier alles nur Theater ist. Ich habe genug von diesen Heuchlern, die einmal im Jahr auf meine Kosten gut sein wollen. Wenn sie sogar in dieser Jahreszeit Kriege unterbrechen, um meine Geburt zu feiern. Sagen sie. Was reiner Schwindel ist. Als ob ich nicht wüßte, daß diese fromme Ruhepause nur dazu da ist, um Kräfte zu sammeln für den nächsten Angriff, damit sie sich gegenseitig mit noch größerer Lust umbringen können.

« Schüchtern wagte ich einen Vorschlag:

»Warum wächst du nicht? Du würdest sie los…«

Das Jesuskind war empört über meinen Rat:

»Wachsen? Das fehlte gerade noch! Damit sie mich ans Kreuz nageln?! Darauf falle ich nicht rein.«

Ich versuchte meinen Standpunkt zu verteidigen:

»Aber wenn du nicht wächst, wirst du nie aus der Wiege rauskommen…«

»Das ist es ja. Eben das ist mein Verhängnis. Wenn ich wachse, drücken sie mir eine Dornenkrone auf den Kopf, hängen mich ans Kreuz, damit ich jahrhundertelang Blut vergieße, um für die Schurkereien dieses Gesindels zu büßen, das mich dann wegen meiner Leiden verhöhnt. Wenn ich nicht wachse, halten sie mich für immer in diesem Strohnest fest, in dem ich ihnen als Vorwand für eine Komödie wohlanständiger Gefühle dienen muß, die sie nur Weihnachten zur Schau tragen. Und den Rest des Jahres sperren sie mich in einen Schrank. Mich, der ich klaustrophobisch bin…«

Ich unterbrach ihn:

»Was soll das heißen?«

»Noch so ein dummer Ausdruck, den sie erfunden haben, um zu sagen, daß jemand kleine Räume nicht ertragen kann. Und das ist bei mir der Fall. Da im Schrank eingesperrt zu sein und die ganzen Niederträchtigkeiten mitanhören, mit denen sie sich gegenseitig rücklings erdolchen. Allen Blödsinn, den die Philosophen und Wissenschaftler ihnen aufbinden. Ich, der ich so gern durch Wiesen laufe, Esel mit Steinen beschmeiße, in der Sonne schaukle, Wasser aus Quellen trinke, auf Bäume klettere und mit kleinen Mädchen kochen spiele. Es ist eine Qual. Ich sehe nur eine Lösung. Töte mich!«

Die Rührung, die er mir mit seinen Leiden eingeflößt hatte, wich empörter Entrüstung.

»Dich töten! Das mache ich nicht. Gestern noch hat Tante Michaela mir wieder gesagt, daß in die Hölle kommt, wer tötet.«

»Was für eine Hölle, so ein Quatsch! Deine Tante ist eine Säuferin. Sie weiß nicht, was sie sagt.«

»Eine Säuferin?!« widersprach ich empört.

»Ja, eine Säuferin. Dauernd ist sie mit dem Brauen von Likör beschäftigt, und sieht dabei wie eine verliebte alte Jungfer aus. Aber die Liköre verschwinden, und wer dabei das Nachsehen hat, ist dein Großvater. Drum glaube mir, sie schluckt sie alle. Ja, eine Säuferin, das kann ich bezeugen. Um jeden Zweifel auszuschließen, sage ich dir, daß sie in diesem widerlichen Schrank eine Flasche Zuckerrohrschnaps versteckt hat, in diesem Kerker, in dem sie mich 365 Tage im Jahr fertigmachen, und wenn die anderen mal nicht aufpassen, steht jeder für einen Schluck!«

Heiliger Gott, was dieser Knabe mir alles erzählte! Aber wie konnte ich daran zweifeln. Mir war beigebracht worden, daß das Jesuskind das reinste, das wahrhaftigste Geschöpf sei. Da konnte ich nur noch weinen. Aber diese meine Schwäche führte zu nichts Gutem.

»Hör auf mit deiner Heulerei. In den besten Familien kommt der Schandfleck einer Säufertante vor, die obendrein Grund hat, sich vollaufen zu lassen, weil sie blitzhäßlich ist und sich nie einen Mann geangelt hat zum Löschen ihrer lüsternen Feuersbrunst.«

»Ich weiß nicht, was das ist.«

»Klar, sie haben dir das Leben nicht beigebracht. Und wenn du es begreifst, ist es schon zu spät. Aber warum hörst du denn nicht auf zu heulen? Hab lieber Mitleid mit mir, denn ich verdiene es. Los, bring mich um. Geh und hole das Strychnin.«

»Was für Strychnin?«

»Ah, du weißt auch nicht, daß in diesem Schrank, wo sie neben meiner in grausiges Seidenpapier eingewickelten Göttlichkeit ihre Laster verstecken, eine Flasche Gift steht?«

»Wer hat sie dahingestellt?«

»Dein Papa.«

»Für was?«

»Um den Alten umzubringen. Mit dem Köder, daß dieser Saft sexuelle Impotenz heilt — ein schmutziges Geheimnis zwischen Vater und Sohn — verabreicht er ihm kleine Dosen davon. Der arme Greis ist überzeugt, daß das Medizinchen wirkt und betastet abgetakelt die Popos der Dienstmädchen. Doch dieser Tage beißt er ins Gras.«

Diese schreckliche Enthüllung stieß sich an der Hochachtung, die sie mir für die moralische Überlegenheit des Jesuskindes eingeflößt hatten. Das war zuviel. Papa ein Mörder?! Was für eine Verleumdung! Ich widersprach ihm:

»Du lügst. Warum sollte Papa Großvater umbringen wollen?«

Seine Antwort war auf beängstigende Weise wirklich beunruhigend:

»Na, na, wofür das gut sein soll? Um die Erbschaft in Besitz zu nehmen. Er hat den Kopf verloren wegen dieser kleinen Type, die ihr für seine Sekretärin haltet. Er möchte mit ihr durchbrennen, da sie aber eine hochgestochene Schlampe ist, die nur im *Nerz* plus *Alfa Romeo* mitgeht, muß dein Papachen aus der Not eine Tugend machen und einen ergiebigen Vatermord begehen. Sonst haut die Puppe mit einem Stenz ab, einem reichen Knopf, der sie umgarnt.«

Ich kehrte ihm den Rücken und verbarg das Gesicht in den Händen, um mein Schluchzen zu ersticken. Doch seine jetzt von einem tiefen Schmerz geschwächte Stimme brachte mir die Tragödie zum Bewußtsein, die das sonderbare Kind quälte.

»Ich bin kein Intrigant. Ich sehe Dinge, die mir das Dasein verbittern. Und dein Vater ist nicht schlechter als alle anderen. Er ist ein armes Erzeugnis dessen, was man die Sünden der Welt nennt, die ich, wenn ich erwachsen bin, für sie büßen soll durch ewiges Leiden am Kreuz. Ich habe nie begriffen, warum sie sich dieses abstoßende Schauspiel ausgedacht und einen so fröhlichen Typ wie mich zur Vergebung ihrer Schuld geopfert haben. Deswegen hören die Sünden nicht auf. Aber mich erwarten diese Greuel, wenn du mich nicht umbringst. Denn, versuche mich zu verstehen, ein schlimmeres Verbrechen als jemanden zu töten ist, jemanden wie mich nicht sterben zu lassen, der dazu verurteilt ist, zwischen zwei grausamen Geschicken zu wählen: entweder auf immer erstarrt in heiligem Muskelkrampf in dieser engen Wiege zu liegen, umschmeichelt von den Krippenfiguren, die auf ländlich machen, um meine Liebe zur Natur zu täuschen; oder zu wachsen, um mich der Tragödie immerwährenden Todeskampfes auszuliefern, den sie verehren, sehr zufrieden, daß ich am Kreuz ihre Verderbtheiten bezahle. Nein, mein hübsches Fräulein, ich bin kein Masochist. Dazu wollen sie mich machen. Und auch du, was noch schlimmer ist, als was dein Vater treibt, weil du mich nicht umbringen willst…«

Ich hörte ihm mit offenem Mund zu, verwirrt über seine gewichtigen Einwände, die alles veränderten, was man mich gelehrt hatte. Er, der überschlau war, bemerkte mein Zögern und beeilte sich, meine letzten Widerstände zu brechen:

»Du bist verwirrt. Das ist natürlich. Man hat dich davon überzeugt, daß sterben wollen, weil man das Leben liebt, ein Widerspruch ist. Aber das ist nicht so. Die Römer wußten das. Deshalb wäscht Pontius Pilatus, als er in der Bibel-Szene über meine Verurteilung zum Tod befinden muß, seine Hände in Unschuld, so, wie wenn jemand sagt, daß der Tod nur ein anderes Wort für Leben ist. Ein höchst würdiger Stoiker, den die Ratten der Sakristei verleumdet haben. Rührt dich dieses hohe Vorbild nicht? Du zögerst noch? Du bist schlecht. Schau, es ist Mitternacht. In vierundzwanzig Stunden muß ich wieder zur Welt kommen und dann fangen meine Qualen aufs neue an…«

Seine Stimme zitterte jetzt vor Angst, die mich quälte. Aber warum sollte ausgerechnet ich ihn töten? Mir kam eine Idee, die die Ehre meines Vaters gewissermaßen wiederherstellte:

»Warum bittest du nicht deinen Vater darum, dich zu töten. Er ist nicht besser als meiner.«

Der Kleine entgegnete mir mit schmerzlicher Ungeduld:

»Keine Ahnung, wo mein Vater ist.«

»Ist das denn nicht dieses Alterchen hier, das sich über deine Wiege beugt?«

»Nichts, was zu mir gehört, ist anwesend. Dies ist nur ein Bühnenbild. Tonfiguren und Silberpapier. Ich liebe echte Bühnenbilder. Sonnensterne, die in wirklichen Bäumen hängen.«

»Aber wo ist er denn?«

»Gute Frage. Als ob ich das wüßte!… Er hat mich gemacht und dann ist er weggeflogen. Darum nennen sie ihn wohl eine Taube.«

Die Tatsache, daß der Vater sein armes Kind verlassen hatte, überzeugte mich davon, daß sein Wunsch zu sterben keine Laune dieses genialen Köpfchens war. Aber es gab die Mutter, und es war nicht die hübsche Dame, die ihr himmlisches Antlitz über ihren sonderbaren Sprößling neigte, da ja das Jesuskind sagte, nichts davon sei wahr. Wo war sie wohl? Ich zögerte, ihm meine Neugier zu offenbaren, aus Furcht, diesem ohnehin von seinem leichtsinnig flüchtigen Vater im Stich gelassenen kleinen Wesen eine weitere Wunde zu schlagen. Aber ich hielt nicht an mich:

»Und deine Mutter?«

Liebevoller Groll machte seine Stimme weich.

»Die ist gut, aber gerade deshalb lassen sie sie nicht in Ruhe. Die Ärmste wandelt durch die Gegend und ist überbeschäftigt mit Wundertaten an Pilgerstätten, die eine von den Medizinern enttäuschte große Kundschaft haben. Sie beuten sie aus. Es gibt Gewerkschaften für alles, nur für diese Heiligenarbeit nicht.«

Das Jesuskind hatte meine empfindlichste Stelle berührt. Wie entsetzlich! Ganz allein, ohne Vater, ohne Mutter. Was würde aus mir, wenn mir das passierte?... Möglicherweise würde ich dann auch sterben wollen. Ich konnte ihm mein Mitgefühl nicht verweigern.

»Du Ärmster... bist vollkommen allein.«

Er seufzte:

»Das ist das Schicksal der Götter.«

Diese Eröffnung füllte mich mit ehrfurchtsvollem Staunen:

»Ach, dann ist es immer noch wahr, daß du ein Gott bist?!«

Mir schien, er sei nicht besonders überzeugt davon, denn er dachte nach, bevor er antwortete:

»Also, ich gebe zu, daß ich für die Entstehung dieses Mythos einige Verantwortung trage. Weil ich ein paar abweichende Dinge gesagt habe. Sie aber haben alles verfälscht, und mit Hilfe dieser Märchen haben sie einen Gott aus mir gemacht. Nun, was ich ihnen beweisen wollte, ist, daß ein Gott ein ewiges Kind ist, das in einem ewigen Garten ein ewiges Spiel spielt. Wie kann ich ein Gott sein, wenn sie mich nicht spielen lassen? Und deshalb reicht es mir und ich will sterben.«

Seine furchtbare Verzweiflung erschreckte mich. Ich hatte Angst, daß er hier vor meinen Augen aus Kummer vergehen würde. Aber dann fiel mir ein, daß das nicht geschehen könne, weil sie ihn in diesen Strohhälmchen nicht sterben lassen würden. Und ich, auf unnatürliche Weise gehemmt durch meine mangelhafte religiöse Erziehung, wurde zur Komplizin dieser Tücke. Irgend etwas mußte unternommen werden. Ihn vielleicht in meinem Zimmer verstecken und heimlich mit ihm spielen. Nein, das nicht, sie könnten ihn entdecken, und dann müßte er zurück ins Stroh. Vielleicht… Ja… Warum nicht?… Warum ihm nicht die Freiheit schenken? Aber wohin sollte er gehen, dahinirrend, dahinpurzelnd, dahinzitternd durch die kalte Nacht? Er würde bestimmt sterben. In Wahrheit wünschte er nichts anderes. Aber ich war voller Gewissensbisse. Obwohl ich eine Entschuldigung hatte, um mein Gewissen zu beruhigen. Wenn er vor Kälte sterben würde, wäre nicht ich schuld, sondern das schlechte Wetter.

Diese Logik ermutigte mich zu dem spannenden Abenteuer, einen gefangenen Gott zu befreien. Eine unvergleichliche Geste, wie mir scheint, die nicht einmal die fabelhaftesten kindlichen Heldentaten auszeichnete, denn ein derartiger Charakterzug läßt sich auch nicht bei den Wettstreiten der Erwachsenen ahnen, die nur Götter erfinden, damit diese sie von ihren Kümmernissen befreien.

»Töten tue ich dich nicht. Was willst du? …ich kriege es nicht fertig. Aber… ich kann dir beim Fliehen helfen.«

Ein kurzes Beben durchfuhr seine Stimme, die sich in *huch huchs* verhaspelte, bis sie in einem Seufzer der Entsagung verhauchte:

»Das wäre nicht übel. Vielleicht findet sich eine mildtätige Seele, die mich umbringt.«

Neue Angst lähmte meine schon angedeutete Gebärde, mit der ich ihn aus dem Stroh heben wollte:

»Aber wie kannst du denn laufen, so klein wie du bist?«

»Ich bin nicht klein. Ich habe dir bereits gesagt, daß ich zweitausend Jahre hinter mir habe. Ich bin nur ein Kind. Bringe mir nichts durcheinander. Götter lassen sich nicht in Handbreiten messen.«

»Ja, ja, ich habe nur befürchtet, daß du dich nicht auf deinen krummen Babybeinchen halten kannst.«

Er zügelte seine Ungeduld, um mein Gewissen vollkommen zu beruhigen:

»Gut, es ist klar, daß meine Muskeln während dieser tausendjährigen Bewegungslosigkeit ein bißchen eingerostet sind. Nicht aber meine Seele. Und wenn ich mich von hier fortmache, dann Beine, auf geht's!«

Und so geschah es.

Ich wollte noch mein Wollmäntelchen holen und es ihm anziehen, aber vor lauter Lust, ins Freie zu gelangen, zappelte er derartig, daß ich die Tür öffnete; und mit aller Vorsicht, als wäre er das Tonpüppchen, das er zu sein schien, entließ ich in die eisige Finsternis der Nacht diese perlmutterne Knospe aus göttlichem Fleisch, die krabbelnd im Dickicht aus Stille und Dunkelheit verschwand.

Selbstverständlich tat ich den Rest der Nacht kein Auge zu. Bis die morgendlichen Geräusche das Haus füllten und Mama kam, um mir einen Kuß zu geben, mit dem sie mich immer weckte. In diesem Augenblick erhob Tante Cremilde ihre Stimme und rief uns alle ins Wohnzimmer, wo sie in allen Ecken und Enden und Schubladen kramte und schrie:

»Wo ist das Jesuskind? Wo ist das Jesuskind?«

Glühend erzählte sie, daß der Knabe aus der Krippe verschwunden sei, trotz allen Suchens habe sie ihn nicht gefunden. Was für ein Wunder war das?

»Welches Wunder! Sie war es.«

Die Urheberin dieser Beschuldigung war Tante Michaela, die, aufgeregt mit ihrem von Lockenwicklern gekrönten Kopf wackelnd auf Encarnação deutete, die sie zur Diebin gestempelt hatte, weil jene angeblich an ihre Liköre ging. Das Mädchen schlich trotzig winselnd aus dem Wohnzimmer. Und Großvater, mit diensteifriger Ritterlichkeit, reichlich auf seinen eigenen Nutzen bedacht, witterte er doch im Gewinsel der kleinen Drallen eine Gelegenheit, sie mit lüsternen Zärtlichkeiten zu trösten, rannte hinter ihr her und meckerte, Tante Michaela sei verrückt.

Papa trat verschlafen auf in dem Augenblick, als Tante Cremilde in volkstümliche Hirtenspiel-Dramatik ausbrach: »Weihnachten ohne Jesuskind, nein!« und empfahl sich, nachdem sie den Schauplatz durch jakobinisches Gelächter reingefegt hatte. Und ich, durch die Glückseligkeit meiner heiligen Heldentat verpflichtet und entrückt, brach in Schluchzen aus, um meine Seele von einer Zentnerlast zu befreien.

Mama nahm mich in ihre Arme und streichelte mich:

»Weine nicht, mein Liebling. Wir besorgen dir ein neues Jesuskind…«

»Ein neues?« Zwischen Schluchzern, die mir die Stimme benahmen, gelang es mir auszusprechen: »Aber gibt es denn nicht nur eins?«

»Glücklicherweise gibt es viele«, pflichtete Tante Cremilde bei, »brauchst dich nicht aufzuregen. Ein paar Läden für die letzten Weihnachtseinkäufe sind noch auf. Du wirst schon sehen.«

Sie rannte in ihr Zimmer, zog ihren alten Mantel aus Persianerklaue an, stülpte mit drei Püffen den violetten Filzhut auf den Kopf und plappernd, sie werde ein wunderschönes Jesuskind kaufen, hopste sie davon.

Kaufen?! Dieses Wort verletzte meine Mittäterschaft mit dem kleinen Gott, den ich befreit hatte, weil er wie ein im Käfig verendendes Vögelchen war, denn es kann nur singen, wenn es von Zweig zu Zweig hüpft. Oh, wie recht hatte dieser Knabe doch! Sie kauften und verkauften ihn, als wäre er irgendein Gebrauchserzeugnis, um die Gesetze des Marktes zu befriedigen. Gottlob hatte ich das göttliche Kind aus diesem gräßlichen Krämergeist errettet, das sterben wollte, weil sie es nicht hinaus in die Sonne ließen. Ich gewann aus diesen Überlegungen den engelhaften Frieden, eine allerheiligste Pflicht erfüllt zu haben, als Tante Cremilde ins Wohnzimmer stürmte:

»Komm her, mein Liebling… schau, was für ein himmlisches Kleinchen ich dir hier mitbringe.«

Sie löste das Schleifchen eines mit blauem Band verschnürten goldenen Pakets, brachte ein nagelneues Jesuskind zum Vorschein und legte es behutsam ins Stroh, als sei es ein Wurf aus ihrer jungfräulichen Mutterschaft. Sie verharrte reglos im Genuß des anmutig rosa strahlenden Püppchens, ein Entzücken, das sich schließlich äußerte durch jene Verkündigung von *Gloria in excelsis*.

»Kommt!… Kommt herbei!… Jetzt haben wir wieder ein Jesuskind.«

Als Höhepunkt erschienen Mama, Tante Michaela und die Hausmädchen — Encarnação mit noch geröteten Augen, und Großvater, ihr schwankendes Anhängsel — im Wohnzimmer, wo sie ein Gruppenbild von Anbetenden des göttlichen Kindes darstellten, geboren dank Tante Cremildes Einkauf. Und dann kamen die Lobreden:

»Oh, das Quarkmündchen!…«

»Die Augen sind zwei kleine Himmelsperlen…«

»Wie süß!«

»Ist er nicht zum Auffressen?«

Es war Tante Cremilde, die diese letzte Lobpreisung anstimmte und dabei ihre süßlich fragenden Augen auf mich heftete.

Ich tat ihr den Gefallen und nickte zustimmend. Denn dieser Knabe war wirklich sehr gelungen mit seinen Haarkringeln und roten Wangen eines Pausbackenengels. Aber ich bezweifelte keinesfalls, daß das Jesuskind, dem ich zur Flucht verholfen hatte, das echte war.

Übersetzung: ChMC

Luísa Costa Gomes

PAARE
(Glücklich sind die anderen)

Vulpino und die Dinge des Fleisches: Schale, Haut, Fruchtfleisch, Kerne und Saft. Vom Küchenfenster aus sieht er den Mann von nebenan heimkommen, sieht wie die Tochter ihn an der Tür empfängt, wie sie ihn hineinschiebt, sieht wie die Frau einige Schritte auf ihn zugeht, wie sie sich die Hände entgegenstrekken. In vier Teile schneiden, die grellgelbe Zitrone. So klein, diese Leute, und so zufrieden. Sie unterhalten sich einträchtig in der rechten Fensterhälfte, die flache Hand der Frau auf der Brust des Mannes, das Gesicht, das häusliche Profil, nach oben gewandt. Er läßt die Hände duch das lauwarme Wasser gleiten, erst die eine, dann die andere Hand. Das Mädchen ist hinterm Schrank verschwunden.

Gerade eben war Bobine noch da, voll Unverständnis für seinen gefesselten, vollkommen absichtslosen Blick. Die Frau hat die Hand in die Tasche geschoben, beide gehen in die Küche, er folgt ihr, sie spricht nach hinten gewandt, die ägyptischen Schultern mit den feinen Bändern zusammengedrückt, und Vulpino betastet weiter die Zitrone, reibt sich die Hände in ihrem Saft. Ob der Mann, der aussieht wie ein Geheimagent, ihn irritiert? Sieht nicht so aus. Saurer Zitronensaft.

Der einsame Tisch ist gedeckt, das-Messer-die-Gabel-das-Glas. Vor dem Essen setzt Vulpino sich zum Tanz der Gleichgewichte: er plaziert das Messer quer auf der Wölbung der Gabel, dann auf der Öffnung des Glases, desgleichen auf dem Tellerrand; Messer zwischen die Zinken der Gabel; Gabel mit den Zinken auf dem Tellerrand; und Gabel mit den Zinken nach oben; das Messer mit der Schneide auf dem Tellerrand, desgleichen auf der Öffnung des Glases; desgleichen auf der Wölbung der Gabel. Und der Trick aller Tricks, die Perle der Schwerkraftspiele, zwei Gabeln mit zueinandergewandten Zinken über der Öffnung des Glases, gehalten durch ein Geldstück. Stabil und zerbrechlich, der kleinste Hauch zerstört dieses Gleichgewicht. Bobine regt sich über die Gleichgewichte auf, als wären es Zaubereien gegen den Einbruch des Unglücks, für sie, die es heraufbeschwor, hatten diese Exorzismen den Effekt von Verzögerungen, von Hindernissen vor der letzten Erkenntnis. Aber Bobine war schon nicht mehr da, konnte sich nicht mehr aufregen, und Vulpino dehnte das Ritual in aller Freiheit aus.

Er würde sich danach eine Liste der nachmittäglichen Tätigkeiten erstellen: 1. hinausgehen 2. Brief bei der Post abgeben 3. um halb fünf Kino 4. in der Pause Kaffee trinken 5. für das Abendessen einkaufen 6. um acht Uhr anrufen. Alles klar, sagt er laut, damit alles mehr Verbindlichkeit bekommt, so sieht ein Ferientag daheim aus.

Er macht sich ausgehfertig, überprüft die Farben der Kleidung, will ihre Zusammenstellung nicht den Tücken des Zufalls überlassen; Bobine, die sich immer gleich anzog, hatte auf seinen Geschmack abgefärbt – er reifte heran in Richtung schwarz, grau, braun, blau. Aber nichtsdestotrotz gibt es fatale Aufeinandertreffen der vier Farben, die Unfälle verursachen oder die Ruhe stören. Vulpino zögert eine Weile und plötzlich weiß er, was dieser Nachmittag fordert: einen grauen Anzug. Er öffnet die Tür des Kleiderschranks, bis sie im Gleichgewicht ist, und die Fenster. Er knipst das Licht im Wohnzimmer an und wieder aus, und geht dann, nach den üblichen zwei Umdrehungen des Schlüssels.

Er geht immer auf dem rechten Gehweg, auf dem Bordstein, achtet darauf, daß er nicht in die Fallen zwischen den Steinen tritt; es sind Schritte, die zunächst einen Stein umfassen, dann zwei, woraus sich ein beschleunigter, staksiger Gang ergibt, wie an einem Faden gezogen, wenn man es nicht wüßte, würde man nicht sagen, daß er sie zählt zwei-vier-sechs, und er wird schneller, denn die Berechnungen reichen trotz allem nicht aus, um die Straße zu einem geschützten Ort zu machen.

In der Post stehen vier Personen an, um Briefmarken zu kaufen, Vulpino wartet, bis eine Frau auftaucht und sich ihnen anschließt, so ist es in Ordnung, er wird der sechste sein; während die anderen einer nach dem anderen verschwinden, wird sein Bild in der Scheibe immer deutlicher, vor allem die eng beieinanderliegenden Augen, sie beunruhigen ihn, diese Augen, denen es nicht gelingt, in der Spiegelung die übrige Gestalt zu entdecken, den Krawattenknoten, dessen Symmetrie sich in der Eile sicherlich aufgelöst hat; er läuft hinaus, glücklicherweise gibt es einen öffentlichen Spiegel an der Ecke. Die Krawatte saß wirklich ein wenig, aber doch schon lächerlich, auf der linken Seite; er zieht den Stift heraus und bringt ihn unter dem Zeigefinger ins Gleichgewicht, um die ersten beiden Punkte auf der Liste streichen zu können 1. hinausgehen 2. Brief bei der Post abgeben, aber anstelle der Liste zieht er einen verknickten Brief aus der Tasche, die Briefmarken fast ganz lose, wie Möwen, die im Teer steckengeblieben sind. Ist es nicht unfaßbar, eine Liste zu schreiben, von der einem nichts entweichen kann, und sie dann zu verlieren? Das ist es, was ihm zusetzt.

Noch immer sucht er nach dem Zettel, er weiß, daß er sich unseligerweise zwischen die Briefe bei der Post geschoben hat, ganz unten in der Kiste liegt; er ist sich ganz sicher, daß der dritte Punkt das Kino war, sofort wird er sich eine überarbeitete Liste ausdenken, die das Unglück des Vorfalls mildert. Zudem erscheint ihm dieses Unwohlsein lachhaft, übertrieben, er ärgert sich über sich selbst, schreit sich an, läßt du mich wohl in Ruhe? mach dich nicht lächerlich! und geht doch zur Post zurück, um nachzufragen; niemand hat die Liste gesehen, Vulpino bittet um ein Blatt Papier, schneidet es in vier Teile und schreibt 1. um halb fünf Kino 2. in der Pause Kaffee trinken 3. für das Abendessen einkaufen 4. um acht Uhr anrufen, und wundert sich über die Ähnlichkeit der beiden Listen, der alten und der neuen – die ungeraden Zahlen dekken sich mit den ungeraden und die geraden mit den geraden, die alte drei ist nun die eins und die vier die zwei.

Und es gibt noch ein Ärgernis, es ist so schwierig, Vulpino, unmöglich, mit dir zusammenzuleben, unter diesem Druck. Warum nicht ohne Liste hinausgehen, ohne die Tür zu öffnen und doppelt abzuschließen, ohne die Symmetrie des Wohnzimmers zu vervollkommnen? Ohne die Gleichgewichte? In Notfällen dutzt er sich, maßregelt sich. Auf dem rechten Gehweg vergnügt er sich mit seiner großen Fantasie, der von der ausgestorbenen Stadt.

Er blendet die Passanten auf der Straße aus, die Scheinwerferlichter, drosselt langsam den Lärm, leert die Cafés, der Rauch verzieht sich. Er erreicht die reine Natur der Alleinigkeit, die des einzigen Überlebenden; er kann in alle Häuser eintreten, eintreten und sich bedienen, kann sich in den Spiegeln der Snack-Bars betrachten, während er auf dem Tresen sitzt. In einem verlassenen Auto durch die Straßen fahren. Er eliminiert die Leute aus den Häusern, die Lichter in den Fenstern, läßt die Straßenbahnen in den abenteuerlichsten Positionen verharren, überquert Busse, die als Brücken über Gräben hängen. Und nirgends ein Mensch, weder drinnen noch draußen, kein Mensch. Tagsüber verändert diese Ruhe am meisten, die zwischen den Stockwerken feststeckenden Aufzüge, das vor sich hinschimmelnde, im Toaster eingeklemmte Brot, Beinahe-Taten, Halb-Sachen, und nirgendwo gibt es Augen. In den Trümmern der endlich intakten Stadt vor sich hinschlendern, und in Ruhe die Anzeigen lesen, rundheraus die eingefrorenen Mannequins in den Schaufenstern betrachten. Es gibt die anderen nicht mehr. Immer schneller läuft Vulpino unter freiem Himmel dahin, durchquert erleichtert die Straßen, mit weit ausgebreiteten Armen atmet er tief durch, lacht.

Es brennt Licht in der Wohnung von dem Mann von nebenan, die Frau kommt von rechts, bringt den Topf mit dem Abendessen, in der Mitte des Fensters tanzt er mit dem Mädchen. Sie essen außerhalb des Blickfeldes von Vulpino, der die Symmetrie der Vasen auf der Fensterbank wiederherstellt und sich heiter mit dem Hähnchen zu schaffen macht: mit dem weißen Fleisch, gewässert und, glücklicherweise, weich. Darauf folgen die Gleichgewichte; Bobine kannte die Eigenheiten der doppelt verrichteten Taten nicht, wußte nicht, wie das Machen und das Zerstören sich gegenseitig aufheben und dem Gleichgewicht Schaffenden Frieden geben.

Vulpino – falls dies eine Erklärung sein kann – fühlte sich bedroht, ständig; einer unaussprechlichen Gefahr ausgesetzt; wenn dieser Zenit auch nur einmal überschritten wird, ist dies ein Ort ohne Regeln, eine Drehscheibe der Katastrophen. Diese Bedrohung erfordert Gesetze, so wie Drachen Jungfrauen fordern; Vulpino opfert sich ihnen, bringt sich ins Gleichgewicht, so gut er kann, inmitten seiner Gleichgewichte.

Vorher hat er Eisenbahnlinien gebaut, bohrte Löcher durch die Wände, damit sie zwischen den Räumen hin- und herfahren konnten. Zusammenpassende Miniaturen, eine Lokomotive und vier Waggons, ein Speisewagen. Zu ihrer Zeit hatte sich Bobine auch für sie begeistern können, aber mit Vulpinos zunehmenden Kleinlichkeiten hatte sie sich voll Groll von ihnen abgewendet; sie wollte noch mehr Züge, mehr Zubehör, bunte Buchstaben auf den Waggons, die von kleinen, den Indianern geraubten Plastikpferdchen gezogen werden sollten, wohingegen Vulpino schwarze Wagen in unumstößlich gerader Anzahl benutzte, die er auf den unberechenbaren Gleisen ins Gleichgewicht brachte, ihnen Hindernisse in den Weg legte, Schranken, die auf der Hypotenuse schwankten, halb entwurzelte Bäume, Schilder, die Pflichten verkündeten, ärgerliche Durchfahrt-verboten-Schilder.

In dem Maße wie Vulpino die Eisenbahn reglementierte, reagierte Bobine zunächst nervös, dann lachend und schließlich mit offenem Spott. Aber Vulpino war dafür nicht empfänglich, und die Reglementierung beruhigte ihn (es war eine Form, die Unreinheit der Welt zu filtern). Er hatte nichts zu tun mit der ungewöhnlichen Veränderung Bobines, mit dieser Entwicklung von der Übereinkunft mit den Zügen bis hin zu so viel Gelächter, und er erklärte sich diesen Irrweg mit ihrer fehlenden Hingabe, die er entweder als vorübergehend betrachtete, oder als Bobines eigentliche und authentische Natur, je nach dem. Aber er hielt sich nicht lange damit auf, denn die Zahlen, die Gleichgewichte und die anderen Verpflichtungen ließen ihm kaum Zeit.

Jetzt streckt er den Arm aus. Im Wohnzimmer der anderen küssen sich der Mann und die Frau. Vulpino schiebt eine Vase vor, die im Innenhof zerbirst, er betrachtet die Zahnlücke auf dem Fensterbrett und wartet auf einen Aufschrei des Bodens, zumindest aber auf eine Beschwerde. Er schiebt den Tisch in die Ecke des Wohnzimmers, außerhalb der Reichweite des Lichts. Und verbringt die Nacht damit, Schalter auseinanderzunehmen und Dinge zu verpacken, die nur als Nummer existierten. Dann muß er einen Wagen lila und gelb anmalen, oder Gleise abbauen; einstweilen setzt er sich und wartet auf das, was wohl sein muß.

Aber bis zum Morgen ereignet sich nichts, und so schläft Vulpino ein. Als er aufwacht, will er einen heißen Kaffee, den Duft und den Dampf, der sich am Gaumen auflöst. Es gefällt ihm, daß dieses Wollen von Dingen zurückgekehrt ist, und er versucht, sie zu bekommen.

Der Mann verläßt das Haus und sieht müde aus, er führt das Mädchen an der Hand wie ein Tier, kaut noch auf seinem Keks herum, Vulpino hat Sehnsucht nach dem Leben mit lauwarmem Tee, den er mit großen, regelmäßigen Schlucken trinkt. Heute hat er Lust auf alles, große Lust: zu ungewohnten Zeiten baden, sich reichlich einparfümieren, telefonieren.

Zwischen zwei Erledigungen späht er zur Nachbarin hinüber, sie steht da und betrachtet ihn lange und aufmerksam, wie jemand, der den Busfahrplan studiert.

Vulpino schlägt die Tür mit aller Macht zu, siehst du, wiederholt er sich, siehst du, es passiert dir nichts, habe ich es dir nicht gesagt, und als er bemerkt, daß er auf dem Bordstein des Gehwegs läuft, lacht er, macht es anders und mischt sich unter die Leute, die Mittagspause haben. Später geht er in ein Geschäft, um weiße Anzüge anzuprobieren, die ihm mafiosomäßig gut zu Gesicht stehen, und zieht sich um. Er verliert sich in den Straßen und erfindet Theorien, ist auf der Suche. Er kauft Dinge in ungerader Anzahl, willkürlich, aus einer momentanen Laune heraus, Dinge, die zu nichts nütze sind und auch zu nichts nütze sein werden. Wenn man es nicht wüßte, und Vulpino ist einer von jenen, die es nicht wissen, würde man die Erregung als Zufriedenheit ansehen, das Lachen ganz bestimmt, und die Gleichgültigkeit den Regeln gegenüber.

Als er sich auf die Esplanade zwischen die Menschen setzt, beobachtet er sie geradeaus und ohne Umschweife. Er sieht sie lesen und flirten, und fühlt sich zu allem fähig, womit er Bobines Prophezeiungen widerspricht, für die der Tod von Zügen durchkreuzt wird, die immer die gleichen Wege fahren und sich gegen die gleichen Hindernisse auflehnen.

Jetzt gibt es wieder eine Zukunft, und eine vage Angst, ungreifbar. Aber es ist ihm noch nicht möglich, an sein Leben zu denken, er ist gerade erst geboren, sieht die Welt wie in den Romanen, in ein anderes Licht getaucht: so sieht er sich, neu und leuchtend in seinem weißen Anzug, dem Firmament aus Eis ganz nah; er hätte schwören können, daß irgendetwas Gutes und Unerwartetes in der

Luft lag, die Erscheinung eines Engels, einer eigenständigen und zärtlichen Frau, impulsiv und heiter, aktiv und unterwürfig, um sie bei der Hand zu haben, wenn Leidenschaft und Feuer und all diese Feriendinge gefragt waren.

Aber als er zu Hause ankommt, hat der weiße Anzug im Schlafzimmerspiegel schon nicht mehr dieselbe Wirkung. Er sieht aus wie ein Harlekin, ein mickriger Clown. Er kann die Jacke ausziehen und die Ärmel aufkrempeln, um die Hände zu waschen und das Bier zu trinken, es ist als hätte er den kompletten Anzug an, hätte ihn für immer über den Schultern, nach und nach würde er ein tiefes, glänzendes Schwarz annehmen, ein Betrug, der eines Tages augenfällig würde für die Welt, die kein Erbarmen kennt.

Das Haus ist sehr leer, Vulpino knipst die Lichter an und nimmt sich die Zeit, die Schalter ins Gleichgewicht zu bringen, bis sie alle in einheitlicher Stellung an der Wand hängen, er sucht die letzte Zitrone wie einen Rettungsring, sieht durch das Fenster ein Stück Schulter von der Frau, die ihm den Rücken zuwendet, sie unterhalten sich vielleicht, oder gucken Fernsehen, bis die Hymne gespielt wird; Vulpino fängt das lauwarme Wasser in der gewölbten Hand auf, in der eine kleine Lache Zitronensaft ist, aber schon kann ihn fast nichts mehr beruhigen, er stellt sich vor, wie er mit den Fingerknöcheln gegen die Scheibe klopft, um jemanden zu holen, um Hilfe zu rufen; es ist seine Stimme, die ihm sagt, er solle sich beherrschen, es geschieht dir nichts, niemand tut dir etwas, und die andere, ersterbende Stimme, oh mein Körper, wie fern sie klingt, er fängt die Rituale von neuem an, öffnet die Türen und schließt die Fenster, man muß reden, die ungeraden Zahlen entfernen, derlei Art von Gymnastik in Zeitlupe, wie im Traum gegen den teigigen Widerstand der Luft anrennen wollen.

Vulpino sucht nach der Lösung für das Rätsel dieser Nacht, welches Wort, welche Tat, welche Geste gilt es zu machen, und er führt Berechnungen durch, versucht sich vorzustellen, wie er Tabletten schluckt, immer zwei auf einmal, insgesamt vierzig, die magische Zahl, und er legt sich im unvollständigen Anzug hin und stellt die leeren Gläschen gleichmäßig nebeneinander, bis er zu guter Letzt einschläft.

Übersetzung: GH

Mário de Carvalho

IGNOTUS DEUS

In der Pfingstwoche starb fast die gesamte Bruderschaft eines stillen, ganz natürlichen Todes. Die meisten der Mönche schieden sanft lächelnd aus dem Leben, und ihr ruhender Leib verströmte wohlriechende Düfte. Den beiden Überlebenden, Bruder Abel und Bruder Domingos, dämmerte angesichts eines so einfachen, schmerzlosen Todes keinerlei Verdacht einer Epidemie. Dem Herrn war damit gedient, seine Diener zu sich zu rufen, und Er tat es mit Milde, indem Er ihnen ein Hinscheiden in Heiligkeit gewährte, ohne Krämpfe und Leiden an Fleisch und Seele, welche Büßerhemden und Bußübungen und Züchtigungen bereits hinreichend kasteit hatten.

Die beiden Mönche beerdigten die Leiber mitleidvoll und lösten einander ab beim inbrünstigen Lesen der Seelenmessen. Danach teilten sie die klösterlichen Pflichten unter sich auf und dankten dem Herrn auch für diese durch Verrichtungen und Verantwortlichkeiten gekennzeichnete Prüfung.

Sie wechselten sich ab beim Dienst an der Glocke, am Portal, im Gemüsegarten, beim Anzünden der Altarkerzen, damit das Leben im Kloster keine Änderung erlitt, sondern langsam und sanft weiterpulsierte, in Übereinstimmung mit den Regeln und dem Gottesdienst. So flossen die Tage in der Gemeinschaft geruhsam dahin.

Eines Morgens, beim ersten Hahnenschrei, noch zauderte die Sonne, kam Bruder Domingos, in seine Kutte gehüllt, um das breite Portal aus schwerem Holz zu öffnen, wie es der Brauch war. Doch das Portal gehorchte ihm nicht, mochte der Pater noch so heftig an den Riegeln rütteln.

Zur selben Stunde stand Bruder Abel auf dem Turm, streckte die Arme hoch und zog kräftig am Seil der Bronzeglocke, ein Mal, zwei Mal und ein drittes Mal. Doch auf seine Anstrengung antwortete nur die Stille, der Glockenschwengel kreiste und verdrehte sich, und die Glocke schaukelte so wild, daß sie sich in wahnwitzigen, jedoch stummen Schwüngen zu überschlagen schien. Die beiden Patres trafen sich auf dem Vorplatz, tiefe Furchen in den besorgten Gesichtern:

»Die Tür geht nicht auf.«

»Die Glocke schlägt nicht.«

Sie blickten einander an, im Zweifel darüber, ob dies Absichten der Vorsehung seien oder Tücken des Teufels, und in ihrem Zweifel bekreuzigten sie sich andächtig. Und widmeten sich der Erfüllung ihrer Pflichten, denn schon färbte die Sonne den Gemüsegarten rosig und spiegelte sich farbig in den Kirchenfenstern.

Beim Mittagessen saßen sie sich im weiten Refektorium gegenüber, vor sich auf dem Tisch den Suppennapf und das Maisbrot, und, gleichgültig gegen den Duft der heißen, fetten Suppe, fasteten sie. Und dachten nach.

Plötzlich stand Bruder Domingos nach dem Murmeln eines Gebets und einer hastigen Bekreuzigung auf. Der andere Bruder tat es ihm beunruhigt nach.

Die Holzpantinen erschollen auf den Steinfliesen des Klosters, als die beiden Mönche dem Turm zueilten, sie hallten unheilvoll auf den alten Granitquadern wider, als sie die Wendeltreppe erklommen, sie entließen kleine Laute, abgehackte, schüchterne, als die beiden auf dem letzten Treppenabsatz durch die Schießscharten spähten.

Rings um das Kloster gab es nichts mehr. Was war aus den Bergen geworden, dem rötlichen Fries in der Ferne, was war aus den Bauernhöfen geworden, die auf den umliegenden Hügeln weißlich schimmerten, wo war das üppige Laubwerk der Eichen geblieben, das die Klostermauern schmückte? Statt der bunten Landschaft von einst erahnte man unbestimmte, unstet wandernde Nebelschwaden, die in trägen Schneckenlinien dahinzogen.

Dann packte Frater Domingos, der die Ruhe verloren hatte und wie von Sinnen war, die Leiter und lehnte sie an die hohe Mauer, außer sich vor Neugierde, von Bruder Abel maßvoll getadelt, der sich nervös die Hände rieb:

»Herr des Himmels, Bruder, wenn das bloß keine Sünde ist …«

Aber schon beugte sich Bruder Domingos hoch oben auf der Leiter auf den Fußspitzen vornüber, wobei seine Fersen aus den Holzpantinen ragten.

Bruder Abel, der die Leiter ängstlich festhielt, sah, wie er sich in die Luft erhob, eine Elle über der letzten Sprosse, wie er die Hände von der Kante des Daches löste und langsam in die Lüfte ringsum eintauchte. Eine der Holzpantinen rutschte ab, prallte gegen die Leiter und fiel Bruder Abel vor die Füße, der, als er den Blick von neuem erhob, keinen Schatten des Bruders mehr entdekken konnte.

»Heilige Maria Mutter Gottes!« rief er aus und senkte den Blick reumütig zu Boden, betend.

Der Mönch legte die Leiter wieder an, wagte aber nicht, nach draußen zu spähen, da er das Verschwinden des anderen Bruders, für dessen Seele er inständig und andächtig betete, als Zeichen der Ächtung durch höhere Mächte ansah.

Langsam und still verstrich die Zeit für Bruder Abel in eintönigem und geruhsamem Seelenfrieden. Zwischen Altar und Pritsche vertrieb er sich seine Einsamkeit, stand beim ersten Hahnenschrei auf und legte sich beim Ave-Maria schlafen.

Eines Tages kniete er auf den Fliesen der Kapelle vor dem Altar in tiefem Gebet zwischen leisen, kummervollen *ab imo pectore* hervorgestoßenen Seufzern, als er bemerkte, daß der vom Kirchenfenster zu ihm reichende farbige Lichtschein an Leuchtkraft zunahm und in kleinen schillernden Flammen zu lodern schien. Und bevor er schreckgebannt aufstehen konnte, sagte ihm eine innere Stimme, daß die Kapelle voller Erscheinungen sei.

Und so war es. Der Mönch, an die Kolonnade gelehnt, das Antlitz vor Grausen verzerrt, ließ die Augen durch das Kirchenschiff schweifen. Auf den Bänken sitzend, auf die Betstühle gestützt, in Gruppen um die Säulen gedrängt, bewegte sich eine Masse unterschiedlichster, formloser Geschöpfe, die ihn seelenruhig anschauten. Wenige unter ihnen besaßen menschliche Züge, die meisten waren jedoch mit Gliedmaßen und Augen ausgestattet; diejenigen, denen diese fehlten, trugen ein zottiges Fell oder sonderbare Wollbüschel, Hände in Form von Klauen, und an einigen wogten Hahnenkämme und Schwänze. Von diesen Gestalten waren die einen dunkel oder gräulich, andere glänzten und erhellten die Winkel ringsum.

Der Priester hob ein hölzernes Kreuz, verwandelte Schwäche in Stärke, und schwenkte es vor den Anwesenden, die ihm wie die sechste Legion der Dämonen erschienen, hin und her, wobei er sie mit lautbebenden Rufen beschwor:

»*Abjuro ab te Serpens Imundissima* ...«

Aber eine Gestalt in der ersten Reihe, die ihn mit ihrem faltigen, leicht schwankenden Riesenkopf aus nächster Nähe beifällig betrachtete, die Klauen auf den spitzen Knien, mit dem Schwanz nachlässig zwischen den mißgestalteten Schuppenfüßen wedelnd, halb versteckt in den Falten des rötlich leuchtenden Umhangs, unterbrach ihn zärtlich:

»Ts,ts,ts, mein Freund, lassen wir das doch, ja?«

Und der Pater bekreuzigte sich fassungslos, außerstande, dieser freundlichen Bitte zu widerstehen, und blickte starr vor sich hin, ohne einen Tropfen Blut im Gesicht.

Die Gestalt wandte leicht den Kopf und rief in die Tiefe des Kirchenschiffs:

»Heda, du dort hinten, komm her!«

Ein funkelndes Wesen mit lächelnder Miene und langem weißen Bart, Frieden ausstrahlend und Güte, erhob sich und schritt durch das Kirchenschiff, wobei seine Zehen kaum den Fliesenboden berührten. Als es neben der Gestalt stand, die es gerufen hatte, verbeugte es sich leicht und wartete.

»Dann hast du also all die Jahrhunderte hindurch diese armseligen Wesen davon überzeugt, daß du der einzige Gott wärst?« rügte die seltsame Gestalt mit einem tiefen Seufzer. Und nachdem sie mit leichtem Nicken auf den Mönch gedeutet hatte: »Schön, nimm den da in deinen Himmel mit, oder wie sich der Ort nennt, und such mich hinterher auf, denn wir müssen noch abrechnen ...«

Übersetzung: CMC

João de Melo

VON DER LIEBE GRÖSSER ALS DAS LEBEN

Es ist lange her, daß sie überschlanke junge Mädchen waren mit offenem Lächeln und schönem Gesicht, das in der Mitte gescheitelte Haar mit fantasievollen Schleifen gebunden ... Kattunblumen zierten ihre leichten, eng anliegenden Kleidchen, doch diese verschwammen auf ihren jugendlich knochigen Beinen. Die Augen waren meist feucht, oftmals pechschwarz oder olivenfarben, selten grün oder blau, und besaßen einen kristallklaren – ich weiß nicht, ob metallischen oder nur von Augentropfen erleuchteten – Glanz.

Da nahten sie mit ihren schüchternen Schrittchen, baten um Erlaubnis, eintreten zu dürfen (in Erwartung nickender Zustimmung) und fühlten, wie sie aus Scheu und Scham vor den seltsam kühlen Blicken der Herren Lehrer erröteten. Mit fast wollüstiger Gewissenhaftigkeit machten sich diese daran, ihre schlanken Körper zu mustern, von vorne und im Profil. Sie sahen zitternde Knie, junge, schmale Gesichter am Rande der Blässe – und vielleicht wünschten sie sich, ein anderes Alter zu haben, einfach anders geartete Männer zu sein, geboren in der Zeit der Liebe und ihrer Sünden. Ach, was hätten sie darum gegeben, wenn es ihnen wieder möglich gewesen wäre, die Mädchen in den Tempeln der Seligkeit und der Eifersucht empfangen zu können, wo sie die Wonnen dieser durchscheinenden, zerbrechlichen Kinder mit den hellwachen Augen hätten feiern können!

Es waren leidenschaftliche Alte mit Purpurflecken auf den Apfelgesichtern, plötzlich so kurzsichtig und ungläubig wie Blinde. Zwischen Verkrampfung und Entschlossenheit betasteten ihre Hände hastig die Westentaschen und zitterten unter dem Gewicht der traurigen Augengläser – die sich mit ihren künstlichen Gebissen und der Trauer ihrer Körper verbündeten, um die Tragödien des Alters zu betonen. Als sie jene Hände mit den ihren drückten, empfanden die jungen Lehrerinnen die Gegenwart des Todes auf der eiskalten Haut, auf den hervorstehenden Knochen, in der augenscheinlichen Kraft der bläulichen Finger, auf deren Nägeln dennoch der Glanz des Lacks schimmerte. Sie sahen ihn, den Tod, auch im Trauerrauch ihrer Krawatten, in den überaus redseligen Stimmchen und in der Anstrengung eines Lächelns, bei dem sich nicht mehr viele Zähne zeigten.

Es waren sicherlich die selben Greise wie früher, als die Schulmädchen bei jedem launischen Einfall der Alten vor Lachen halb erstickten oder in ihren wirren und schwermütigen Schulstunden vor Langeweile gähnten. Schon in jenen Jahren hatten sie so aschfahl wie jetzt gewirkt, mit Pergamentmasken statt Gesichtern, mit Gebärden, die sich aus hauchdünnen Handgelenken lösten – bei den Gedenkfeiern noch immer glatt, weise, fast würdig mit ihren Großvaterbuckeln.

Nachdem die Lehrerinnen sich der Schulleitung vorgestellt und die trostlosen Henkerformulare einer Sekretärin ausgefüllt hatten, lernten sie im Lehrerzimmer die künftigen Kollegen kennen. Von irgendeiner Protokolldame von Gruppe zu Gruppe geleitet, sahen sie sich unbekannten, lächelnden Gesichtern gegenüber, hörten alltägliche Vornamen, die häufig ungewöhnlichen Familiennamen vorausgingen, und nahmen bei alledem das Befremdliche eines Schicksals wahr, das sie sich so nicht vorgestellt hatten.

Und schon brach die Welt in ihnen auseinander. Mit einem jähen Schauder lehnte sich ein Teil in ihnen auf gegen jene Zeit, die vielleicht nur erfunden worden war, damit sie rascher alterten. Die andere Hälfte ließ sie sich der Herausforderung dieses Verhängnisses stellen und legte ihnen nahe, entschlossen zum Mittelpunkt des Raumes vorzurücken. Sie sollten diesen erinnerungslosen Alten einfach «guten Tag» sagen, sie mit ihrem freundlichsten Lächeln begrüßen, die behutsamen Ratschläge, die wiederholten Lobsprüche über ihre Anmut und Schönheit stillschweigend anhören – um ihnen erst dann mitzuteilen, daß sie es doch seien und keine anderen, die Botinnen des Morgenrots. Und diejenigen, die geschickt worden waren, um sie abzulösen! Die Alten mußten somit die Versetzung in den Ruhestand annehmen, sich nach Hause und ins Gedächnis ihrer Witwen zurückziehen, auf dem Dachboden trüber und endloser Erinnerungen verlöschen. Und nun empfanden die jungen Frauen starkes Mitleid, weil sie ahnten, daß die Herren Lehrer gebrochen, verbittert und bezwungen von dannen ziehen würden, nur um alte Bücher zu lesen, in Familienalben zu blättern, Jahre, Monate und Tage auszuharren, bis der Tod sie endlich entführte ...

In der Erinnerung der neuen Lehrerinnen war der Halbschatten des Lehrerzimmers seit jeher mit jenem unablässigen Gemurmel verbunden, das aus dem Gesumm vieler Stimmen bestand, die nur die Enttäuschung über das Geflüster ausdrückten. Die dunkel gestrichenen, Mattglasscheiben verliehen dem dichten, stark verräucherten Raum die Gewichtigkeit einer Klausur und trennten die Greise vom offenen Himmel, von der Neugierde und dem fast aufrührerischen Lärm der Schüler während der Pausen. Noch immer hingen dieselben Sperrholzpaneele, hoch oben über die gesamte Länge der Wand, die der Küchenecke gegenüberlag. An ihnen hingen Bekanntmachungen; Papiere, die übrigens mit den einstigen völlig übereinstimmten: Dienstanweisungen, Einladungen, Faltblätter und fotokopierte Verordnungen mit in Leuchtfarben markierten Sätzen, die niemand las. Auch prunkte das Siegel der Republik über den steifen kleinen Buchstaben des Kultusministeriums!

Die jungen Lehrerinnen beschränkten sich also auf die Feststellung, der einzige Unterschied bestehe in der Tatsache, daß jemand die Daguerreotypien der Präsidenten entfernt habe, sowie das kirchlich-geistliche Lächeln der Diözese und das einfältige Gesicht eines Mannes, den früher alle mit Herr Rektor angeredet hatten. Alles übrige war unverändert in diesem kalten Schulhaus mit seiner klösterlichen Bauweise, dessen Mauern auf beiden Seiten der eisernen Eingangsportale nach wie vor turmhoch waren, und moosbedeckt. Es war auch derselbe schweigsame Mann, der sie bewachte und bewegte. Sie erkannten ihn an den großen Ringerhänden, am eiskalten Blick eines Geheimpolizisten, am Stiernakken. Nur das Lächeln schien ihnen weniger wild als früher, besonders in dem Augenblick, als sie ihm sagten, weshalb sie gekommen waren, und sich als die neuen Lehrerinnen der Schule vorstellten.

Jahre später sollten die schlanken jungen Mädchen von einst begreifen, daß diese Festung sich nur auf diese Weise erhalten konnte. Es war nach wie vor verboten, die Türen zuzuknallen, zwei Schritte in Richtung Mitte zu tun und vor die Herren Lehrer zu treten. Wie zu der Zeit, als sie Schülerinnen gewesen waren, bestand die einzige wirkliche Anziehungskraft jenes Raumes in der Kunst, die Wachsamkeit eines griesgrämigen Alten zu täuschen, der sich zu einem Nickerchen in den Innenhof setzte, gleich hinter die Tür, die auf einem Plastikschild die fettschwarze Aufschrift trug:

EINTRITT FÜR SCHÜLER VERBOTEN

So bekam die Absicht, nur die Trägheit, die finstere Vertraulichkeit und den Müßiggang jener Weisen zu belauern, etwas von Heimlichkeit und Zauberspuk. Dies störte ihre Ruhe und ihre Tugend. Es war, als wolle man ihr verwunschenes und herrliches und heiliges Reich entweihen! Man sah sie jedoch von außen, durch die Ritze, durch die Spalten des rissigen Anstrichs der Scheiben, aber besonders gut durch das Auf- und Zuschwingen der Tür in den rollenden Scharnieren, wenn müde, träge Wesen, rund wie Bischöfe, durch sie ein- und austraten. Und doch war es nicht das Gleiche, o nein! Dazu fehlte ihm der Kitzel irgendeiner Überschreitung, weil nämlich nur so die verbotenen Tempel noch einen besonderen Reiz ausüben konnten …

Jetzt leuchtet Lissabon unter dem indigoblauen und orangefarbenen Abendhimmel, der in der Ferne den Herbstbeginn verkündet. Die schlanken Mädchen von einst haben zugenommen, sind älter geworden und haben es nicht bemerkt. Sie haben sich zunehmend in finstere Frauen verwandelt, die allmählich die rastlose Größe der Mütter und Geliebten verlieren. Bald werden sie felsige Körper haben, sie werden Brocken sein, bauchige Massen mit hängenden Schultern, sterbende Schlangen mit schütterem, kraftlosem Haar – statt der einst gescheitelten Frisur – und sie werden die schlaffen Kinnladen alter listiger Mäuse haben. Sie keifen, sie stricken wie besessen in den Winkeln, sie leiern ihre ewigen kleinlichen häuslichen Trauerspiele ab. Unsichtbare Fäden begleiten die skizzenhaften Gebärden, mit denen sie die Familienkrankheiten beschreiben und die Ausmaße jedes Ränkespiels verdeutlichen. Sie wollen einfach sagen, daß sie leben. Säuerlich, aufsässig, mitunter zärtlich, machen sie sich immer noch kunstvoll und hartnäckig vor, sie lebten!

Hinter der Bar betrachtet eine dieser Frauen die Kuchen in der Vitrine und zögert, als wöge sie die Verlockungen jenes süßen Giftes ab, das seine Bedrohnisse hinter der schillernden Form von Zuckergrieben verbirgt. Sie trägt einheitliches Grau und stellt eine große, leicht in den Nacken geschobene, fast purpurrote Baskenmütze zur Schau. Es ist nicht schwer, fast unvermeidlich, das letzte Drama dieser Frau rasch zu durchschauen. Sie kleidet sich so, weil sie lieber kokett und versponnen erscheint, als sich alt und kalt zu fühlen wie eine Samstagsnacht. Ein Teil von ihr nährt noch eine letzte Illusion von Schönheit und Jugend. Der andere wurde von jeher unterdrückt, füllte sich mit geheimen Schauern und vermischte die Blässe, zunehmend verbittert, mit dem Nest ihrer Falten. Sie ist lebendig und tot zugleich – das ist ihre Tragödie. In ihrem Innern läuten bereits gegnerische Glocken, die an der Achse einer einzigen Natur aufgehängt sind. Einige klingen trügerisch festlich und nach Neubeginn. Andere setzen langsam ein, wirken trauervoll.

Aber ihr müsst wissen, daß ich, und keine andere, die einzige Schönheit meines geliebten und hässlichen Ungeheuers gewesen bin. In Samstagsnächten von der Leidenschaft eines völlig wahnsinnigen Dichters geliebt, der mir seine Verse widmete, mir einen Strauß Kamelien und etliche Gläschen Most spendierte – zu der Zeit, als es von größter Wichtigkeit war, ihn mit einem wirren Blick bei mir zu Hause zu empfangen, mit ihm die Hochzeit dieser fast immer trunkenen Liebe zu feiern, die vielleicht auch deshalb wunderbar war, weil sie, wiewohl heilig, von allen geschmäht wurde. Übrigens erinnere ich mich an keine überflüssige Einzelheit seines Dichterkörpers. Ich weiß nicht einmal, ob er schlank oder dick war, ob er nur mit mir tanzte oder ob er stets aus anderen Häusern kam, ob er einen Schlüssel zu meiner Haustür besaß oder ob seine Finger drei Mal auf den Klingelknopf drückten. Immer erfand er einen neuen Weg, mir seine Gegenwart anzukündigen. Er kam zu mir oder über mich durch eine Art Trance, die ihn von den Grenzen der Finsternis ins Licht meines Bettes trug. Ich wagte zu glauben, daß er ohne Alter sei. Denn seine Jahre sprachen mir nur vom Grün und vom Purpur, und auch von jenen Vögeln, die Landschaften überfliegen, deren festmodellierte Formen sich nur durch die Farben wandeln.

Ihr müsst wissen, daß mein Dichter in Wahrheit keinen Körper besaß: der Atem seines Mundes murmelte mir Geheimnisse ins Ohr, wahnsinnige Wörter eines jeden Liebhabers, der ein Gott zu sein begehrt, ein Gott der Jugend und der Verzauberung der auf dem Rücken liegenden Frau, mit gebeugten Beinen und im Bett dieser Samstagsnächte ruhenden Knochen. Der Dichter kam, um mich zu besingen und meine Freude zu sein, und ich liebte das Gefühl, beim Tonfall dieser Stimme aus Müdigkeit einzuschlafen – der einzigen Müdigkeit, die in meinem Leben die Bedeutung einer Suche gewann, eines am Faden des Horizonts hängenden Sterns, in dem mein Schicksal noch immer wohnte. Die Zeit blieb in der Schwebe, versteht ihr?, und machte mich unsterblich wie die Göttin, die der Dichter ruhmreich besuchen wollte, mit seinen Kamelien, seinen Versen, seiner kostbaren Kunst, keinen Körper zu besitzen und dennoch in mir große, kraftvolle Entladungen der Lust erbeben zu lassen.

In der Leidenschaft, in der Kunst, in dem verborgenen Teil meines Lebens gab es somit eine Traumseite und eine des nächtlichen Weins. Eine erste Hälfte von mir brannte im Feuer und in der Offenbarung dieser nur meiner, geheimen Liebe; sie war sich selber verhaftet wie einem Irrglauben, viel größer als das Leben. Die andere gehörte den greifbaren Dingen des Tages: der Dichter verließ mich bei Tagesanbruch eines jeden Sonntags, und ich zog mich an, steckte mir die aufgebühteste und weltlichste seiner Kamelien ins Haar (manchmal waren es übrigens auch weiße oder rote Rosen) und ging aus, um meine Existenz zu erhalten, meine Freude und das Anderssein meines weiblichen Blutes. Ich wollte die Schiffe sehen und die Tauben, die sonntägliche Qual verstreuter Familien betrachten, die ihre Kinder in die Parks und Stadtgärten führten: die Jungen liefen im Sand hinter ihren schlaffen, rosa, weiß und blau gefärbten Bällen her und füllten den Morgen und den Sonntag mit Geschrei; die Eltern setzten sich auf die Bänke im Schatten der Platanen, und man sah, wie vertraut die Langeweile war, wie kalt und verbraucht die Liebe, und wie das Stillschweigen der beiden bereits alle Kirschen und Granatäpfel des Obstgartens der Liebe aufgegessen hatte, um sich anschließend mit bitteren Limonen, Rosendornen und grausamen Früchten zu füllen.

Im Gegensatz zu allen anderen beängstigte mich nie der Gedanke, daß morgen Montag sein würde. Wisst ihr, weshalb? Ich stand gerne früh auf und wurde wach, indem ich die eine oder andere Gedichtzeile meines Poeten sang. Ich öffnete die Küchentür, rief die Katzen, und die Katzen kamen und erlebten die goldene Freude meines Körpers, der sich dem kalten Duschwasser überließ, sodann dem türkischen Bademantel, danach den intimen und übrigen Kleidungsstücken: denen, die meine Haut in dem Wind sein sollten, der von der Außen- in die Innenwelt weht. Wir aßen von den selben Milchsuppen, wir erzählten die kleinen Hausgeschichten, und schon war ich ausgehbereit, verabschiedete mich von den Katzen, schritt die Treppe hinunter und die Ausfahrt zur Straße hinauf, Richtung Schule. Die Menschen erwiderten hastig das Wohlgefühl meines Morgengrußes, wandten aber ihre bekümmerten Mienen ab, weil sie meine Fröhlichkeit für schwachsinnig oder übertrieben hielten. So dachten sie mit der Verwunderung von Menschen, die traurig zur Arbeit gehen, und mit der hilflosen Miene von Besiegten, von zum Leben Verurteilten, mit jener Miene, die ich in keine meiner Unterrichtstunden eindringen ließ.

Ihr müsst wissen, daß diese Schule immer das große und einzige Rad meines Lebens gewesen ist. Dazu verhalfen mir fast unmerkliche Triumphe, Scherze, hier und da ein Lächeln, harmlose Geburtstagsgeschenke, einige köstliche Boshaftigkeiten, Dankbarkeitsbekundungen aus anderen Blickrichtungen und der Einbildungskraft meiner Schüler. Ich weiß nicht, wieviele ich kennengelernt habe. Ich werde es übrigens nie wissen. Sie kamen, versetzt aus anderen Schulen, noch blutjung, mit erschrockenen Augen, der unverwechselbaren Hilflosigkeit von Säuglingen zur Zeit der Entwöhnung. Ich empfing sie mitunter in Tränen aufgelöst, Mutter ihrer klugen und flehenden Blicke, die mich um ein Lächeln baten, ein Streicheln ihres Haares, oder wer weiß, um einen Kuß gleich anderen Küssen, wenn sie sich schlafen legten und sagten, sie hätten Angst vor der Dunkelheit. Die anderen, scheueren, lenkte meine stets bemühte und stets nachsichtige Geduld in die Richtung der Stimmen und der Kenntnisse, welche die Bücher erhellen. Es gibt keinen Mittelpunkt der Welt, er liegt da, wo man ist. Daher stellte ich mich während meiner Unterrichtsstunden in ihren Mittelpunkt, wo ich die Priesterin ihrer Übel und die höchste Richterin aller Gegensätzlichkeiten war. Und dann hörte ich zu. Weil jener Bub mir das Lineal, den Zirkel und das Winkelmesser stibitzt, weil Monika meinen Kittel mit Wasserfarben beschmutzt und weil Hugo mir die Zeichnung vollgekritzelt hatte – ein jeder dieser Streiche war nichts als eine Art, ihrer aller Mutter zu sein –, und weil jene durstigen und vielleicht auf meine Erfahrung begierigen Münder noch nach der unsichtbaren Zitze meines Körpers verlangten. Ich war die Ordnung, der Baum und der Ast, von dem aus man den ersten Flug in den Raum außerhalb des begrenzten Nestbereichs wagte. Ich hatte meine Vögel. Und wir alle zogen aus, um Formen, Strukturen, Dinge zu entwerfen (die gleichen, die der Dichter mir in den Samstagnächten beigebracht hatte), wir benutzten den Kompaß, Pinsel und die Hand, die die freie Bewegung des Geistes zeichnet, die man Schöpfung, Erfindung, Freiheit nennt, oder einfach Fest, am Leben zu sein. Am Schluß jeder Schulstunde kamen sie zu mir, stellten sich auf die Zehenspitzen, zeigten mir ihre vom Überschwang der Farben leuchtenden Kartonblätter. Meine Hand ruhte auf den Krausköpfchen, die begannen, durch meinen Wahnsinn wahnsinnig zu werden, und das war ein Segen für die erschöpfte Mutter, die unbeirrt auf der Achse all dieser Energien lag, die in mir die Bestimmung und das Geheimnis anderer Frauen zu entdecken begannen.

Von einem Schuljahr zum anderen (und so verlief mein ganzes Leben) sah ich sie zu mir heranwachsen: zuerst der Flaum, dann die unerwartet tiefen Stimmen, hinterher die Akne der Hormone, die sie von ihrer Selbsttäuschung über mich befreien oder nicht befreien sollte – und schon glänzten in ihren Augen die sanften Sterne, die unbotmäßigen Monde des Wunsches, auch mein Samstagsdichter zu sein. Sie würden mich vielleicht zögernd besuchen, befangen, aber voller Entschlußkraft. Sollten sie an meine Türe klopfen, würden sie mir Gladiolensträuße mitbringen oder eine einzelne Orchidee, und würden sagen, sie seien nur gekommen, um mir ihre Zeichnungen zu zeigen. Manchmal waren es zornige Schöpfungen, ohne die feingeistige Beziehung zu jenem Wahnsinn, der die Verse und die Liebe meines Dichters zum Teil kennzeichnete. Die Schlußfolgerung fiel mir nicht schwer, daß sie nur mich zeichneten, nackt und unerkannt hinter der Pracht und dem Jubel ihrer Farben, und daß sie mich so mit der Leidenschaft eines Menschen liebten, der masturbiert, wenn ich vorübergehe, da ich das erwählte, und wer weiß, das verhängnisvolle Weib einer jeden dieser Wachstumsstunden war.

Wenn sie nicht zu mir nach Hause kamen, warteten sie vor der Tür des Lehrerzimmers und sprachen mir von Träumen und Abenteuern, von Plänen und Illusionen in der Malerei und der Architektur. Niemals habe ich mich auch nur einer dieser Leidenschaften verweigert. Ich fühlte in ihnen zu meinen Füßen das körperliche Wachsen der Welt, die Bewegung der Meere, das Erbeben und das Feuer der Kontinente. Letzten Endes ist dies das einzige Lebensziel einer Lehrerin: dem Konzert beiwohnen, mit dem Gehör Klang und Gewicht eines jeden Instruments in der Symphonie erkennen. Ich hob meinen Sieg auf die Höhe der Eifersucht und der Mißachtung; ich widmete mich dem Schmerz und der Verwundung ihrer Augen, dieser Schüler, die nie wußten, wie sie mich anbeten, noch wie sie mir die Wahrheit sagen sollten, die hinter der Abstraktion und den in Gips und Terrakotta geformten Gestalten wohnt. Sie liebten mich bis zum letzten Tag der Ausstellung von den Arbeiten und Objekten ihrer Leidenschaft, die während der letzten Unterrichtswoche eines jeden Jahres in der Schulbibliothek stattfand. Hinterher sah ich sie abziehen, ohne daß sie auch nur ein Mal zurückgeblickt hätten. Hätten sie es getan, sie hätten nicht widerstanden, mir für immer Lebewohl zu sagen, wohl wissend, daß wir unsere verborgenen Tränen weinen würden, was uns auch nicht erlaubt war. Im darauffolgenden Jahr schickten sie Briefchen, Grüße, Erfolgsnachrichten jüngerer Geschwister – und dann begriff ich erneut, daß sich in mir die Lebenskreise erfüllten und daß das große Tombolarad wieder über meinem Kopf kreiste.

Ich weiß nicht, wieviele Generationen vorübergezogen sind. Aber sicherlich sind alle vorübergezogen. Entscheidend ist, daß ich der Baum bin, die Mutter dieser und vieler anderer Früchte, und daß ich in ihnen allen unsterblich bin, zumindest solange, wie die Tage und die Jahre in ihnen und in mir reifen würden.

Sicherlich brauchte ich bereits ein zweites Brillenpaar, eines, um in die Nähe, das andere, um weiter weg zu sehen. Außerdem schrieb mir ein unvermeidlicher Arzt eine fast spartanische Diät vor, wegen Blutdruck, Cholesterin und Diabetes. Mein Körper lernte sogar die Verzweiflung der ersten inneren Unordnung kennen und begann langsam, mir nicht mehr zu gehören. Ich versuche, ihn so gut als möglich wiederherzustellen. Ich habe die Hälfte meiner Zähne verloren und daher meine Zuflucht zu einem Gebiß genommen, das jetzt mein Lächeln bestraft und mein Zahnfleisch quält. Ich erhalte in mir die Besessenheit von Grau und Purpur, den Farben meiner Beharrlichkeit im Leben und in der Bilderwelt der Schüler – denen, die gegangen sind und jenen, die vielleicht noch kommen werden. Im Übrigen sind diejenigen, die während der Unterrichtspausen vor der Tür des Lehrerzimmers auf mich warten, jetzt selten. Die wenigen, die mich noch aufsuchen, tragen im Blick bereits die Achtung und das Schamgefühl, sowie die Zurückhaltung, die sich zum Teil durch die strengeren Großeltern erklärt.

Ich bin es im September geworden, zu Beginn des laufenden Schuljahrs. Es geschah rein zufällig, vermute ich. Aber ich habe plötzlich diese Eigenschaft eines frühzeitigen Großmütterchens gewonnen, am Ende einer Unterhaltung zwischen zwei Jungen, die mich auf das Klassenzimmer im ersten Stock zugehen sahen:

«Die da hinten, die alte, ist meine Vertretungslehrerin in Kunsterziehung!»

Ich leugne nicht, daß es mir das Herz zuschnürte und daß mich ein unwiderstehliches Verlangen befiel, tot und von allen vergessen zu sein, seit damals, als ich schön war, schlank, mit hellem Lächeln und schönem Gesicht, das in der Mitte gescheitelte Haar mit fantasievollen Schleifen gebunden ... Zu allem Überfluß haben sich in meinem Leben andere kleine schmerzliche und ungerechte Dämmerungen eingestellt. Die letzte war der körperliche Tod meines Dichters.

Ich kann ihn nur in Träumen empfangen, glaube ich. Noch immer stets am Samstagabend. Jetzt, in meiner Zeit als Großmutter. Die Mythen der Mutter haben mich verlassen, ebenso wie das

Fleisch und der kraftvolle Gesang der Geliebten. Auch ist die Zeit vorbei, in welcher der Dichter meiner Träume nie einen Körper und eine Natur brauchte, um auch so die mythische und männliche Gegenwart meines Lebens zu sein. Ich habe, und darauf bin ich stolz, seinen Wahnsinn geerbt. Und ich werde immer seine Jungfrau sein, seine Braut und Gattin. Denn nie ist irgendjemand die Witwe eines Dichters gewesen, glaubt mir. Nur die, die es nicht verstand oder nicht begehrte, dieses Los zu leben, es zu lieben, der heilige Stoff seines Lebens zu sein.

Daher könnt ihr, wann und wie ihr wollt, ein junges Mädchen vom Ministerium herschicken und mir durch ihren Mund den Niedergang meines Sterns verkünden. Am liebsten sähe ich eine Jungfrau kommen: ich werde alles, den Kummer und den Dorn meiner alten Rosen gegen die jungfräuliche Reinheit einer einzigen ihrer Blumen eintauschen. Und hoffentlich kommt auch ein Dichter ihres Alters mit, damit die Liebe größer sei als das Leben. Im Leib und in der Seele und im Herzen einer Frau ist nie etwas so schön gewesen wie seine Portion Dichtung, oder wie ich sage, Wahnsinn.

Es ist bekannt, daß alles im Leben das Gewicht des Alterns und des Alters trägt. In der Schule sind wir alle alt, vom ersten Tag an, noch bevor wir den Stengel spüren, den der Wind umbiegt, den Zweig, den die Zeit bricht, den Holzscheit, der in uns brennt. Niemand mit Ausnahme der Dichter achtet das Alter irgendeines Menschen. Es genügt, daß ein Junge es erwähnt, und schon sind wir tot. Wie es mir erging, die ich sicherlich an den Leiden und Tränen meiner Wehklage sterben werde …

Übersetzung: CMC

Florbela Espanca

SCHWARZER DOMINO

Er lief ihr schon seit über acht Jahren nach. Und erst jetzt brachte er sie zu dem Entschluß, ihn anzuhören. Seit so vielen Jahren, heiliger Himmel! Er war noch Lehrling in dem Kolonialwarenladen an der Rua dos Olivais gewesen, träumte weder davon, an der Gesellschaft beteiligt zu werden, noch besaß er die sechs *Contos de Réis*, die er nun auf der Caixa Geral de Depósitos hatte, als er sie schon mochte, sie schon gern vorbeigehen sah, wie sie die Füße anmutig und gewandt auf die holprigen Steine der Gasse setzte. Die kleinen Schreie, die sie ausstieß, wenn sie den Fuß falsch aufsetzte, den Fuß einer Puppe in Lackschuhen, deren Absätze eineinhalb Handbreit hoch waren! Und wenn sie in den Laden trat! Die dunkle, dreckige, häßliche Kammer wurde plötzlich ein großer, hellerleuchteter, märchenhafter Salon, der vor Sauberkeit glänzte und einmalig schön war. Der arme Verkäufer, die Hände starr vor Kälte, mit dem breiten, gutmütigen und harmlosen Gesicht und dem störrischen Haar und den struppigen Augenbrauen, in seinem Drillichanzug mit zu kurzen Ärmeln, starrte sie an, vergaß, um was sie ihn gebeten hatte, sah nur den frischen Mund und die spitzbübischen Augen des fröhlichen Mädchens, das ihn ohne Unterlaß erbarmungslos verspottete. Aber was für ein hübsches Lachen sie hatte! Ungehemmt und wohlklingend füllte es den Raum mit Vogelgezwitscher, zeigte ihm all die sehr gesunden, sehr weißen Zähne und den ganzen sehr rosafarbenen Mund mit Zahnfleisch, so kräftig und saftig wie eine an einem Frühlingsmorgen gepflückte Erdbeere.

Auf der Bank an der Avenida unter der Akazie, die schon voll Blätter hing, vertrieb sich Joaquim in dunkler Nacht die Zeit mit dem frommen Abbeten seines Rosenkranzes der Erinnerungen, der süßen und bitteren Erinnerungen an die langen Jahre, während derer er ihr nachlief, erfolglos, unermüdlich ein klein wenig Liebe erbettelnd, um den Hunger und Durst seines reinen Jünglingskörpers zu stillen, der sich niemals getraut hatte, einer Frau durch die einsamen Straßen zu folgen, durch geheimnisvolle Winkel, wenn die komplizenhafte Stadt die Augen schließt und sich schlafend stellt.

Er hatte nur sie geliebt, nur sie, und eines Tages – es waren schon zwei Jahre vergangen! – hatte er all seinen Mut zusammengenommen und es ihr gesagt. Welch ein Gelächter! Er hatte es noch immer in den Ohren, dieses amüsierte und höhnische Lachen, das ihm die Tränen in die Augen trieb.

Er war ein armer Teufel, aber er begehrte sie, begehrte sie so, wie nur die Bauern aus seinen Bergen zu begehren verstehen, begehrte sie mit der ganzen Glut seiner zwanzig Jahre, mit der Lebenskraft einer jungen Korkeiche, er wollte sie, koste es, was es wolle, und sollte er sich sein ganzes Leben lang hinter ihr herschleppen. Er hatte Zeit! Und so ging er ans Werk: Monat um Monat arbeitete er ohne Rast und Ruhe, alle Tage des Jahres, sommers wie winters, vom Sonnenaufgang bis in die Nacht hinein, ausgenommen Sonn- und Feiertage. Schlecht bezahlt und schlecht genährt plagte er sich ab, war hilfreich und tanzte nach jedermanns Geige, lebte seiner unumstößlichen fixen Idee, die mit einem Hammer in das arme Gehirn eingebleut worden war, ohne nach rechts oder links zu schauen, ohne sich darum zu scheren, was auf der Welt geschah, was sich jenseits der schmutzigen Fichtentheke ereignete, hinter der seine Jugend verging, an die Arbeit gekettet wie ein Sklave.

Mit der Zeit begann der Chef auf ihn zu achten, ihn zu beobachten, und eines schönen Tages ließ er ihm, indem er auf den Gewinn, den er aus einer guten Tat ziehen könnte, spekulierte, das Lesen beibringen. Des Nachts, wenn der Laden sauber gefegt und alles aufgeräumt war, denn der Chef zögerte nicht, ihm zwei saftige Ohrfeigen zu geben, ging der Knabe die zwei Stufen hinunter, die den Laden mit dem feuchten Loch verbanden, in dem er schlief. Ah, wenn die Wände sprechen könnten! Ein Kerzenstummel brannte auf dem einzigen Stuhl aus Holz, und er saß auf dem Bett aus Brettern, die Hände in die störrischen Haare vergraben, Haare des Hungers; den Kopf benommen, wirr vor Müdigkeit, entzifferte der Arme dort die Schriftzeichen, buchstabierte, fügte die Silben zusammen, übte die Lektion für den nächsten Tag mit verzweifelter

Anstrengung und einer Willenskraft, die keine Macht würde besiegen können. Wenn er verstand, leuchtete das gutmütige, breite Gesicht in einem Lächeln auf, das zwischen jenen vier Wänden, wo die Spinnen in aller Ruhe ihre Netze aus Seide und mattem Silber spannen, allein schon ein großartiges Wunder an Liebe war! In diesen einfachen Seelen ist die Liebe besonders rein und stark. Die Quelle des klaren Wassers, das den Durst in der Ebene löscht und die Felder begrünt, entspringt aus dem Herzen des harten Gebirgsgesteins in kargen Gegenden, entlegen und hoch oben!

Eines Abends stieß er beim Erarbeiten einer Lektion auf ihren Namen: Maria. In einem Rausch entzifferte er mit großen Augen und offenem Mund die beiden Silben, und ohne daß er wußte wie, legten sich die breiten Lippen plötzlich auf das verschlissene, flekkige Buch, auf die wunderbaren Silben, während ihm Tränen in die Augen schossen und Schluchzer seine Brust erfüllten. Über eine halbe Stunde buchstabierte er den Namen: Ma-ria, betrachtete er die Buchstaben wie geheimnisvolle Zeichen, die all das ausdrücken wollten, was er zu sagen hatte, Striche, die wie Zauberstäbe eine Welt schöner Dinge heraufbeschworen, eine Welt so schöner und guter Dinge, daß er sie nicht einmal kannte.

Und so vergingen die Jahre. Allmählich arbeitete er sich hoch, häufte Geld an, indem er auf alles verzichtete und sinnlos sparte, brachte sich um vor Arbeit; aber es gelang ihm, sechs *Contos de réis* auf seinem Konto anzusparen, die wahrhaftig ihm gehörten, nur ihm, und eine Teilhaberschaft an dem Geschäft zu erwerben, die ihm ebenfalls ein bescheidenes Einkommen sicherte und nicht zu verachten war ...

Und mit einem glücklichen Lächeln lachte Joaquim leise auf seiner Bank an der Avenida unter der Akazie, die schon voll Blätter hing und wo die Spatzen wegen der Kälte ganz eng aneinandergedrängt schliefen. Er besaß schon alles, um ihr ein Heim einzurichten, die vierte oder fünfte Etage in einem gerade fertiggestellten Haus in einer ruhigen und sauberen Straße, die er schon im Auge hatte, dort unten, in der Nähe des Flusses. Und es war nicht weit von dem Kolonialwarenladen entfernt, er würde jeden Tag zu Fuß gehen und so das Geld für die Straßenbahn sparen ... Die Möbel für ein Schlafzimmer mit einem Kleiderschrank mit Spiegeltüren ...

eine Anrichte aus Marmor … Rohrstühle und ein Sofa für das Wohnzimmer … eine ansehnliche Wohnung, solide eingerichtet, denn er hatte Geld und scheute sich nicht, es auszugeben. Man ging Geld verdienen, um zu leben, und es sollte Maria niemals an etwas fehlen: die Pelzjacke, von Zeit zu Zeit ein Seidenkleid und Lackschuhe, um auszugehen … An nichts!, denn er wollte sie nicht als arme Bettlerin sehen, mit Schal und Kopftuch. Sie sollte eine Dame sein, hübscher und besser gekleidet als die oberflächlich ausstaffierten Frauen, die er in den Straßen sah und die so taten, als seien sie etwas Besonderes … Seine Maria sollte alles haben, was sie begehrte, und für den Anfang würde er ihr gleich morgen die langen Ohrringe mit den blauen Steinen kaufen, die er in dem Juweliergeschäft nebenan gesehen hatte und die ihr bestimmt gut stehen würden, wenn sie bei jener Geste, die sie mit so viel Anmut machte und mit der sie »nein« sagte, an dem rosa Ohrläppchen baumelten … denn sie hatte immer »nein« zu ihm gesagt; »nein« und nochmals »nein«, die Unwürdige! Immer, auf all seine Bitten, auf all seine Versprechungen, auf alles, was er tat, um sie zu gewinnen, um sie zu verführen, seit acht Jahren bis … bis gestern. Ah, gestern!

Und Joaquim sah in der dunklen Nacht das Leuchten des Vollmonds, er verzog den Mund bis zu den Ohren zu einem breiten, lautlosen Grinsen. Gestern! … Und Joaquim schloß die grünlichen Augen, die leuchteten wie die eines wilden Katers in der Glut der Begierde, in dem Triumphgefühl, sie endlich erobert zu haben, endlich die Seine, nach so vielen grausamen Jahren der Armut und der Angst, nach all dem schrecklichen Hunger und all der Kälte, die er für sie erlitten hatte, seit er nach ihr verlangte, wie nur einfache und rauhe Seelen zu verlangen vermögen, in dem unüberwindlichen und eisernen Beharren auf einer fixen Idee, die sich in dem harmlosen Gehirn festgesetzt hatte wie die lästigen Dornen eines wilden Strauches.

Gestern! … Und Joaquim sah die schlecht beleuchtete Straße des armen Viertels, die Menschen, die müde und mit Paketen bepackt vorbeiliefen, Menschen aus dem Volk, bescheidene Menschen auf dem Heimweg nach einem anstrengenden Tag, er sah die vollen Straßenbahnen mit ihrem lauten, blechernen Knarren, tim, tim … tim, tim … den Abhang hinabfahren, er sah sie selbst in ihrem blauen Schal mit dem grellen Blumenmuster, ihrer hellen Bluse, auf der das Gold eines Medaillons von Unserer lieben Frau von der Empfängnis leuchtete; er hörte ihr jungenhaftes Lachen voller Andeutungen, das verbotene und ersehnte Liebkosungen erahnen ließ, das Lachen, das ihn manchmal auf Gedanken brachte, die er besser nicht dachte.

Armes Mädchen! Er ging nun zu den Dingen über, die man ihm über sie erzählt hatte! Man hatte nicht nur ein oder zwei Mal etwas Schlechtes über sie gesagt; die Auskünfte, die man ihm gab, waren keineswegs gut, keineswegs! Daß sie nicht vertrauenswürdig sei, über keinerlei gesunden Menschenverstand verfüge, daß sie nichts von ihm wolle, wohl aber von anderen, daß sie sich mit Theaterleuten abgebe, und dies und jenes mehr, jedenfalls genügend, um ihn von Zeit zu Zeit traurig zu stimmen. Sie hatten nichts ausgelassen, um ihn von seiner Marotte zu befreien, um ihn vor dem Schicksal zu bewahren, in das sie ihn schon seit Jahren sich verrennen sahen, aber alles war vergeblich gewesen. Wie sollte er auch nur an eine von diesen Geschichten glauben! Lügen! Böse Worte von bösen Menschen! Mißgunst! ... Und wütend ballte Joaquim seine Fäuste zusammen. Am liebsten hätte er all die Leute, die ihr Schlechtes nachsagten, erwürgt, ihnen die Zunge aus dem Hals gerissen wie scham- und ehrlosen Lästerern, die es wagten, über eine bescheidene und arbeitsame Waise herzuziehen. Sie nähte für das Theater, alles gut und schön. Ist es vielleicht ein Vergehen zu arbeiten, seinen Lebensunterhalt zu verdienen, die Butter auf dem Brot und das Recht auf ein Dach über dem Kopf gegen Kälte und Regen?! Niederträchtiges Volk! ... Verdorbenes Pack! ...

Aber jetzt auf der Bank an der Avenida ließ er alle schlechten Gedanken hinter sich, Joaquim war glücklich, war geliebt, er wartete auf sie, die versprochen hatte zu kommen: »Um zehn Uhr werde ich dort sein, an der ersten Bank rechts von unten gesehen, ein wenig oberhalb von der U-Bahnstation Avenida, ich werde dort sein, warten Sie auf mich, ganz bestimmt.«

... Vielleicht hatte sie acht Uhr gesagt, er konnte sich schon nicht mehr genau erinnern. Er war völlig durcheinander. Es wäre nicht verwunderlich, wenn er die Zeiten vertauscht hätte, sich geirrt hätte. Ah, gestern! ... Er wußte gleich, woran er war, als er sie das erste Mal in seinem Leben »ja« sagen hörte, daß sie mit ihm reden würde, daß sie ihr Leben miteinander verbinden würden, daß sie ihre Versprechen austauschen würden und von Liebe sprechen. Von Liebe! ...

Zitternd, als wäre er von einem heftigen Wechselfieber erfaßt, berührte er die Bank, auf die sie sich in Kürze neben ihn setzen würde, Hand in Hand, die Blicke ineinander versenkt. Seine Maria! Die Gedanken in seinem Kopf surrten wie Bienen in der Sonne; er konnte keinem Faden folgen, es war, als hätte er ein Knäuel von Goldfäden im Kopf, verworren in einem Gewimmel, einem Wirbel, rollten sie sich auf und wieder ab, formten im Wahn Traumvisionen, die viel zu schön waren, viel zu golden, als daß die Augen eines einfachen Mannes sie hätten betrachten können, ohne geblendet zu sein. Arme Fledermaus mit blinzelnden Augen im Glanz eines in der Sonne glühenden Mittags!

Aber jetzt mußte es soweit sein. Bestimmt. Wieviel Uhr war es wohl? In Gedanken versunken saß er dort und führte Selbstgespräche, ohne auf irgend etwas zu achten, es bestand die Gefahr, daß sie vorbeilief, ohne daß er sie sähe. Er tastete nach der großen Silberuhr in der Westentasche. Als er sie hervorzog, um nachzusehen, wieviel Uhr es sei, legten sich seine Hände um den schwarzen Domino, den er trug. Er lächelte zufrieden. Eine weitere Laune des Dämons in dem Mädchen, es war wie verhext mit ihr. So schwer war es doch nicht, sich daran zu erinnern. Wo doch Fastnachtsdienstag war ...

»Ziehen Sie einen schwarzen Domino an, mit einer blauen Schleife auf der Schulter, damit ich Sie erkenne. Wir werden uns köstlich amüsieren!« Und er tat ihr den Gefallen, natürlich! Gefällig betrachtete er sich von oben bis unten: Der schwarze Domino, der ihm fast bis zu den Füßen reichte, lang wie die Soutane eines Geistlichen, die prächtige blaue Seidenschleife auf der Schulter ... So wie sie gesagt hatte ...

Joaquim lächelte, aber beim Anblick der Uhr gefror ihm das Lächeln plötzlich auf den Lippen. Er erschrak wie jemand, der mit einem Ruck erwacht. Halb elf! Was tat sie, daß sie nicht kam? War sie schon vorbeigekommen? Während er hier seinen Gedanken nachhing, war sie möglicherweise vorbeigelaufen, ohne ihn zu bemerken. Erregt murmelte er: Gott steh' mir bei! Er stand auf und warf einen verstörten Blick um sich. Auf der Avenida setzte sich die ununterbrochene Autoschlange fort. Am Eingang der U-Bahnstation stand noch immer die laut schwatzende Gruppe; die Menschen gingen ihrem Leben, ihren Vergnügungen, ihrem Schicksal nach; lärmend zogen zwei Frauen an ihm vorbei, lachten viel und mit ausladenden Bewegungen. Nachdenklich und langsam drehte er den Blumenstrauß in seinen Händen, ging noch ein paar Schritte aufwärts, aber als ihm plötzlich einfiel, daß sie kommen und wieder gehen könnte, ohne ihn zu sehen, lief er hastig zur Bank zurück.

Doch was für eine Torheit eigentlich, sich wegen einer halben Stunde Verspätung so aufzuregen! Das Mädchen meinte es ernst, zum Teufel! Er würde doch jetzt nicht an ihr zweifeln, an ihrer Aufrichtigkeit! Gesagt ist gesagt. Man mußte nur Geduld haben! So ist es mit den Frauen, sie sind niemals rechtzeitig fertig: noch eine Brosche hierhin, noch ein wenig Crème dorthin, noch ein Bändel, noch ein Schleifchen ... und sich schließlich vom Spiegel losreißen ist das schwerste Stück Arbeit! ... Und bei der lieblichen Vorstellung, daß seine Maria sich für ihn hübsch machte, weitete sich sein Herz mit einem Seufzer der Erleichterung, und ein strahlendes Lächeln öffnete abermals seine Lippen, die das Leid verschlossen hatte.

Er rutschte auf der Bank hin und her, wickelte sich fester in seinen Mantel ein, denn die Nacht kühlte sich ab, und beschloß resigniert zu warten. Es vergingen jedoch eine Stunde, zwei Stunden, ohne daß sie auftauchte ... Die Unruhe zwickte ihn erneut in der Seele ... Warum kam sie nicht? Wo mochte sie sich zu dieser nächtlichen Stunde wohl herumtreiben? ...

Noch immer fuhren Autos vorbei, noch immer gingen Menschen vorbei, aber keine Spur von ihr! Nicht einmal ein Schatten von ihr! ... Er schaute genau in alle Richtungen, erforschte mit weit aufgerissenen Augen das Dunkel in der Ferne, aus der sie kommen mußte. Nichts!

Die Lichter der Avenida blendeten ihn, er schloß die Augen, um sie nicht zu sehen. Die Unruhe, die Angst, die tödliche Erregung jener, die ohne Hoffnung warten, nagten an seinem Inneren wie geschmolzenes Blei. Und inmitten der scherzenden Menge an einem Fastnachtsabend zitterte der Arme, als wäre er in einer verlassenen Wüste, ohne einen Tropfen Wasser oder das Blatt einer Palme, die die trostlose und unheimliche Weite beleben würden, bis an den Horizont, bis an das Ende der Welt!

Der Polizist auf seiner Runde ahnte, was los war, ging einmal um die Bank herum und verschwand, ohne das Wort an ihn gerichtet zu haben. Zwei Schritte vor ihm schwänzelte ein junger pechschwarzer Hühnerhund auf dem Rasen umher und gab Freudenkläffer von sich, weil er frei war. Da Joaquim einer Familie mit Hang zum Zigeunerleben entstammte, gelang es dem Hund mit seinen Kapriolen, ihn für einen Moment aus seinen peinigenden Gedanken zu reißen. Er streckte die Hand aus, um ihn zu streicheln, aber der scheue und mißtrauische Hund nahm Reißaus und verschwand in den dunklen Schatten einer Seitenstraße.

Wieviel Uhr war es wohl? ... Er sah ein weiteres Mal auf seine Uhr: drei Uhr! Sie würde nicht mehr kommen. Unmöglich! ... Was hatte er auf dieser vermaledeiten Bank zu suchen, so ganz allein? ... Unter dem mühevollen Einsatz seiner gesamten Willenskraft straffte er seine Muskeln und erhob sich. Ein Mann, der gerade vorbeikam, wich erschrocken zurück, als er dies schwarze Gespenst plötzlich vor sich sah; nachdem er vorbeigegangen war, sah er noch einmal neugierig zurück. Der diensthabende Polizist, es war schon nicht mehr derselbe, fragte ihn barsch, was er seit Ewigkeiten auf der Bank zu suchen habe. Mit einem demütigen Lächeln, das eher wie die Grimasse eines Schluchzers aussah, antwortete er, indem er sich bemühte, sich einen schelmischen Anschein zu geben, daß er auf ein Mädchen warte, um mit ihr zu Abend zu essen und den Fastnachtsdienstag zu feiern ... Die Erklärung stellte den Polizisten zufrieden, er zwinkerte verständnisvoll und ging seiner Wege. Joaquim setzte sich erneut. Es war möglich, es war sehr gut möglich, daß sie noch kam. Es war noch nicht allzu spät! Vielleicht war sie krank geworden ... Aber mit diesen Ausreden, mit denen er sich zu täuschen versuchte, rebellierte das arme Herz, das einer blutenden Wunde in seiner Brust glich, in einem Aufbäumen der letzten Energien, in einem unermeßlichen Ekel gegen die ungerechte Niedertracht. Ah, Maria, Maria!

All das Schlechte, das sie über sie gesagt hatten, stimmte also, all das Schlechte, das sie ihm gesagt hatten! Ohne Scham, ohne Verstand, ohne sich dessen bewußt zu sein, verbrachte die Unglückselige ihr Leben damit, Männer ins Unglück zu stürzen! Aber was sollte nun aus seiner Wohnung, seiner kleinen neuen Wohnung in der sauberen und ruhigen Straße werden, aus seinen Ersparnissen, all seinen Träumen, seinem ganzen Leben?! Was sollte aus all dem werden, heiliger Gott?! Oh, die Lüge, die Illusion all der grausamen Jahre, die vergangen waren, der Hohn der Täuschung, diese Luft, die er geatmet hatte, das Brot, das er gegessen hatte, derweil er für sie lebte, für sie arbeitete, für sie litt! Er würde sie niemals besitzen, niemals! Er würde niemals den Geschmack ihres Mundes kosten, dieses verführerischen Mundes, so rot und feucht wie eine erblühende Nelke!

Heftige Schluchzer erschütterten seine Brust, die Erregung schnürte ihm die Kehle mit eisernen Zangen zu, die Tränen liefen ihm in Strömen das Gesicht hinab. In seiner grotesken Erbärmlichkeit glich er einer elenden Vogelscheuche. Maskiert und in Tränen gebadet, war er unglücklicher als ein Stein und gab eine so absurde Gestalt ab, daß man sich versucht fühlte zu lachen!

Vier Uhr! Ihr Lächeln, dieses Lächeln voller Andeutungen, niederträchtig und spöttisch, die Erinnerung daran geißelte ihn wie ein Peitschenhieb. Sie hatte ihn zum Narren gehalten! Sie hatte niemals die Absicht gehabt zu kommen! Wo war sie? ... Ah, Maria, Maria! ...

Plötzlich ertastete er in seiner Hosentasche mit seiner zusammengekrampften Hand das Taschenmesser, das er immer bei sich trug; mit geschlossenen Augen und haßerfüllt verzerrtem Mund öffnete er es und stieß die schmale, spitze Klinge tief in sein Handgelenk. Das Blut sprudelte wie eine Fontäne hervor und besudelte seine Finger. Ohne einen Gedanken, mit dahinschwindendem Bewußtsein, benommen, verwirrt, stieß er einen rauhen Schrei hervor, dumpf wie das Brüllen eines verletzten Raubtiers, fiel in sich zusammen wie eine Marionette, und mit weit aufgerissenen Augen betrachtete er erstaunt, wie das Blut ihm über die Hand lief, über den Arm, in breiten, schwarzen Bahnen bis auf den Boden. Fern im Osten begann der Himmel, sich rötlich zu färben. Der herumstreunende Hund hatte genug von seiner Freiheit und kam mit langsamen Schritten auf ihn zu, voller Schwermut, mißtrauisch, denn er witterte das Blut schon von weitem. Die Spatzen saßen eng aneinandergedrängt auf der Akazie, die der Frühling schon mit zarten Blättern gefüllt hatte, begannen sich zu regen und leise zu zwitschern.

Joaquim wollte aufstehen, aber es gelang ihm nicht, er wollte die Augen öffnen, aber er hatte nicht die Kraft dazu. Ein großes Wohlbefinden bemächtigte sich seines ganzen Körpers, eine merkwürdige Gefühllosigkeit ließ seine Arme und Beine schlaff wie Lumpen werden. Der Kopf hing ihm über die Rückenlehne der Bank. Das Blut lief noch immer über den Arm, über die schwarze Soutane, in einem lauwarmen, feinen Faden.

Plötzlich drang undeutlich, wie in einem Traum, das Geräusch von Schritten an die Ohren des Sterbenden. Er unternahm eine mächtige Anstrengung, um sich aufzurichten, zu denken: Ob sie es war? … Die Schritte näherten sich … In dem noch diffusen ersten Licht des Morgens ließ sich eine Gruppe von Männern und Frauen in schwarzen Dominos erahnen. Sie lachten und schwatzten lebhaft, kamen von einem Ball zurück, vielleicht …

Als sie an ihm vorbeigingen, rief eine der Frauen:

»Sieh mal der da auf der Bank, er sieht aus wie ein Clown.«

»Er ist betrunken«, sagte die andere.

Und helles Gelächter weckte den Morgen wie Vogelgezwitscher. Als der dem Tod Geweihte auf der Bank dieses sich entfernende Lachen hörte, erzitterte er. Unter schrecklichen Mühen gelang es ihm, sich dem Totenhemd, das ihn schon umfing, zu entziehen, das Gespenst des Todes, das ihn umkreiste, zu vertreiben; er konnte die Arme bewegen, die Augen öffnen. Er war sicher, daß sie kommen würde, ganz sicher! …

Mit den Klängen einer Trompete erstarb das jugendliche Lachen im Schatten … Die Gruppe entfernte sich, verschwand in der Ferne …

Der Sterbende ließ die Arme erneut fallen, schloß erneut die Augen und verharrte steif und lang ausgestreckt auf seiner Bank, mit einem Lächeln auf den Lippen, voller Illusionen und zufrieden.

Der blaßblau-grünliche Himmel verstärkte seine Perlmutttönung einer großen offenen Muschel und färbte sich an seinem Rand golden … Mit einem spitzen Freudenschrei schoß eine Schwalbe, die erste, pfeilschnell dicht an seinem Gesicht vorbei …

Der Morgen brach an.

Übersetzung: GH

DIE AUTOREN UND IHRE WERKE

A., Ruben

Geboren 1920 als Ruben Andresen Leitão in Lissabon. Wuchs in Porto auf, studierte in Coimbra Geschichte und Romanische Philologie. Kritiker geschichtlicher und kunstgeschichtlicher Werke. Er starb 1975.

Veröffentlichungen: *Páginas* I bis VI, 1949–1970, Tagebücher; *Caranguejo*, Roman, 1954; *Cores*, Erzählungen, 1960; *Júlia*, Theater, 1963; *A Torre de Barbela*, Roman, 1965; *O Outro que era Eu*, Novelle, 1966; *O Mundo à minha Procura*, Autobiographie, I, II, III, 1964/6/8; *Silêncio Para Quatro*, Roman, 1973; *Relato 1453*, Drama, 1980; *Kaos*, Roman, 1982.

Branca ist dem Erzählungsband *Cores* entnommen.

ANDRESEN, Sophia de Mello Breyner

Geboren 1919 in Porto. Begann ein Studium der klassischen Philologie. Bereiste mehrere Mittelmeerländer und Brasilien. Mitarbeit in den ›Cadernos de Poesia‹. Lebt in Lissabon.

Veröffentlichungen: *Poesia*, 1944; *Dia do Mar*, 1947; *Coral*, 1950; *No Tempo Dividido*, 1954; *Mar Novo*, 1958; *Poesia*, 1959; *O Cristo Cigano*, 1961; *Livro Sexto*, 1962; *Geografia*, 1967; *Contos Exemplares*, Erzählungen, 1962; sechs Bände Kindergeschichten, 1961–1970; *Il Poemas*, 1969; *Grades*, 1970; *Dual*, 1972; *O Nome das Coisas*, 1977; *Antologia*, 1944–1978; *Navegações*, Gedichte, 1983; *Histórias da Terra e do Mar*, Erzählungen, 1984; *Ilhas*, 1989; *Obra Poética*, 3 Vols. 1990–1991; *Poesia de Cor*, 1991, Gedichte. Übersetzungen aus Dante, Shakespeare, Claudel, Euripides, Essays in verschiedenen Zeitungen und Zeitschriften sowie Kinderbücher.

Die Reise ist dem Band *Contos Exemplares* entnommen.

ARCOS, Joaquim Paço d'

Geboren 1908 als Joaquim Belford Corrêa Silva (aus dem Adelsgeschlecht Paço d'Arcos). Als Geschäftsmann, Journalist und Diplomat verbrachte er mehrere Jahre in Angola, Moçambique, Macao, Brasilien und Nordamerika. Nach dem Vorbild Balzacs zeichnete er in einem halben Dutzend umfangreicher Romane die Sittengeschichte der städtischen Zivilisation zwischen den dreißiger und fünfziger Jahren. Er starb 1979.

Veröffentlichungen: *Diário de um Emigrante*, Reisetagebuch, 1936; *Neve sobre o Mar*, 1942; *O Navio dos Mortos*, Erzählungen, 1952; *Crónica da Vida Lisboeta*, Romanzyklus; *Ana Paula*, 1938; *Ansiedade*, 1940; *O Caminho da Culpa*, 1944; *Tons Verdes em Fundo Escuro*, 1946; *Espelho de três Faces*, 1950; *A Corça Prisioneira*, 1956, Romane. *Carnaval e Outros Contos*, 1959, Erzählungen; *A Floresta de Cimento*, Nordamerikanische Aufzeichnungen, 1953; *Memórias de uma Nota de Banco*, 1962; *Cela 27*, 1966, Romane. *Contos Nada Exemplares*, Erzählungen, 1967. *Memórias da Minha Vida e do Meu Tempo*, 1973–1979, Memoiren.

Die Geschichte des kleinen Beamten Venâncio ist dem Erzählband *Carnaval e Outros Contos* entnommen.

BARRENO, Maria Isabel

Geboren 1939. Studium der Geschichte und Philosophie. 1962–1975 Arbeit am Nationalen Institut für Industrieforschung. Mitarbeit bei diversen Zeitungen und Zeitschriften.

Veröffentlichungen: *A Condição da Mulher Portuguesa*, Gemeinschaftsarbeit, 1968; *De Noite as Árvores São Negras*, 1968; *Os Outros Legítimos Superiores*, 1970; *Novas Cartas Portuguesas*, mit Maria Teresa Horta und Maria Velho da Costa, 1973; *A Imagem da Mulher na Imprensa*, 1976; *A Morte da Máe*, 1979; *Inventário de Ana*, 1982; *Contos Antológicos*, 1983; *A Dama Verde*, 1983; *Sinos do Universo*, 1984; *O Falso Neutro*, 1985; *Célia e Celina*, 1985; *O Mundo Sobre o Outro Desbotado*, 1986; *Crónica do Tempo*, 1990; *O Enviado*, 1991; *O Chão Salgado*, 1992, Romane.

Das Beispiel und das Haus ist dem Sammelband des Verlags Caminho *Contos* (1985) entnommen.

BESSA LUÍS, Agustina

Geboren 1922 im Dorf Vila Meã in Nordportugal. Ihre literarische Begabung meldete sich ohne nennenswerte Vorstudien. Einflüsse: Camilo Castelo Branco, Balzac, Proust. Sie war Präsidentin des portugiesischen PEN-Clubs und zuvor Chefredakteurin der Tageszeitung »O Primeiro de Janeiro« in Porto. Von 1990–1993 war sie künstlerische Direktorin des Teatro Dona Maria in Lissabon. Agustina Bessa Luís lebt in Porto.

Veröffentlichungen: *Mundo Fechado*, 1948; *Os Super-Homens*, 1950; *A Sibila*, 1954; *Os Incuráveis*, 1956; *A Muralha*, 1957; *O Susto*, 1958; *Ternos Guerreiros*, 1960; *O Manto*, 1961; *O Sermão do Fogo*, 1963; *Os Quatro Rios*, 1964; *A Dança das Espadas*, 1965; *Canção Diante de uma Porta Fechada*, 1966; *Homens e Mulheres*, 1967; *As Categorias*, 1970; *Santo António*, 1973; *As Pessoas Felizes*, 1975; *Crónica do Cruzado Osb*, 1976; *As Fúrias*, 1977; *Florbela Espanca*, 1979; *Fanny Owen*, 1979; *O Mosteiro*, 1980; *Sebastião José*, 1981; *Longos Dias Têm Cem Anos*, 1982; *Os Meninos de Ouro*, 1983; *A Corte do Norte*, 1986, Romane und Biographien. *O Inseparável*, 1953, Theater. *Embaixada a Calígula*, 1961, Reiseeindrücke. *Contos Impopulares*, 1951–53; *A Brusca*, 1971, Erzählungen. Viele der Werke sind auch ins Deutsche übersetzt.

Eine Fischpartie ist dem Band *A Brusca* entnommen.

BOTELHO, Fernanda

Geboren 1926 als Maria Fernanda Botelho de Faria e Castro in Porto. Studierte Klassische Philologie an den Universitäten Coimbra und Lissabon. Hat Belgien, Spanien, Frankreich und die Schweiz bereist. Begann mit Gedichten, die in Zeitschriften erschienen: in *Távola Redonda, Graal, Europa*. Ihr Werk besteht vorwiegend aus Romanen.

Veröffentlichungen: *As Coordenadas Líricas*, 1951; *Tábua do Lugar Íntimo*, 1968, Gedichte; *Ângulo Raso*, 1957; *Calendário Privado*, 1958; *A Gata e a Fábula*, 1960 (Camilo-Castelo-Branco-Preis); *Xerazade e os Outros*, 1964, Romane. *O Enigma das Sete Alíneas*, Novelle, 1965. *Terra Sem Música*, 1969; *Lourenço é Nome de Jogral*, 1971; *Esta Noite Sonhei com Brueghel*, 1987; *Dramaticamente Vestido de Negro*, 1994, Romane.

Heißes Bett, kühler Rasen … oder Die Unkeuschheit ist dem Sammelband des Verlags Minotauro *Die sieben Todsünden* (1967) entnommen.

BRAGA, Maria Ondina

Geboren 1932 in Braga. Sprachenstudium in England und Frankreich. Unterrichte Sprachen an Schulen in Angola, Goa, Macao und Peking. Mitarbeit in zahlreichen Literaturzeitschriften. Lebt seit 1965 in Lissabon.

Veröffentlichungen: *Eu Vim para Ver a Terra*, Chroniken, 1965; *A China Fica ao Lado*, Erzählungen, 1968; *Estátua de Sal*, romanhafte Autobiographie, 1969; *Amor e Morte*, Erzählungen, 1970; *Os Rostos de Jano*, Novellen, 1973; *A Revolta das Palavras*, Erzählungen, 1975; *A Personagem*, Roman, 1978; *Mulheres Escritoras*, Biographien, 1980; *Estação Morta*, Erzählungen und Novellen, 1980; *A Casa Suspensa*, Novelle, 1982; *Angústia em Pequim*, Erzählungen, 1984; *Lua de Sangue*, Novellen, 1986; *Nocturno em Macao*, Roman, 1981; *A Rosa-de-Jericó*, Erzählungen, 1992. Übersetzungen von Caldwell, Galsworthy, Pearl S. Buck, Graham Green, Bertrand Russel, John le Carré, Herbert Marcuse, Anaïs Nin.

Die Erzählung *Die Tochter des Teufels* ist dem Sammelband des Verlags edições rolim *Fantástico no Feminino* (1985) entnommen.

CARVALHO, Maria Judite de

Geboren 1921 in Lissabon. Studierte Romanische Philologie an der Universität Lissabon und lebte von 1949 bis 1955 in Frankreich und Belgien. Redakteurin der Zeitschrift »Eva« sowie des »Diário de Lisboa«, des »Diário de Notícias« und von »O Jornal«. Sie ist verheiratet mit dem Erzähler Urbano Tavares Rodrigues.

Veröffentlichungen: *Tanta Gente, Mariana*, 1959; *As Palavras Poupadas*, 1961, (Camilo-Castelo-Branco-Preis); *Paisagem sem Barcos*, 1964, Erzählungen; *Os Armários Vazios*, 1966; *O Seu Amor por Etel*, 1967, Romane. *Flores ao Telefone*, 1968; *Os Idólatras*, 1969; *Tempo de Mercês*, 1973, Erzählungen. *A Janela Fingida*, 1975; *O Homem do Arame*, 1979, Chroniken; *Além do Quadro*, 1983; *Este Tempo*, 1992; *Seta Despedida*, 1995, Erzählungen.

Veranda mit Blumen ist dem Band *As Palavras Poupadas* entnommen.

CARVALHO, Mário de

Geboren 1944. Jurastudium an der Universität Lissabon. Lebte bis 1974 im schwedischen Exil. Verfasser von Erzählungen und Romanen.

Veröffentlichungen: *Os Casos do Beco das Sardinheiras*, 1981; *Os Contos da Sétima Esfera*, 1981; *O Livro Grande de Tebas, Navio e Mariana*, 1983; *A Inaudita Guerra da Avenida Gago Coutinho*, 1983; *Fabulário*, 1984; *Era uma Vez um Alferes*, 1984; *A Paixão do Conde de Fróis*, 1986; *Contos*, 1986; *Os Alferes*, 1989; *Maria Alfreda*, 1991; *Quatrocentos Mil Sestércios seguido de O Conde Jano*, 1991; *Um Deus Passeando Pela Brisa da Tarde*, 1994; *Era Bom se Trocássemos umas Ideias Sobra o Assunto*, 1995. Zudem einige Theaterstücke.

Ignotus Deus ist dem Band *A Inaudita Guerra da Avenida Gago Coutinho*, 1992, Editorial Caminho entnommen.

CASTRO, Ferreira de

Geboren 1898 als José Maria Ferreira de Castro in der Nähe des im Norden Portugals liegenden Dorfes Oliveira de Azeméis. Kind armer Bauern. Wanderte als Zwölfjähriger nach Brasilien aus. Arbeitete in Kautschukplantagen des Amazonasgebiets. Kehrte 1919 nach Portugal zurück und war Redakteur verschiedener Zeitungen und Zeitschriften. Seine bedeutendsten Werke entstanden nach dem Zweiten Weltkrieg: *Wolle und Schnee*, ein Roman, der den Kampf von Textilarbeitern um bessere Arbeits- und Lebensbedingungen schildert; *Die Straßenkurve*, der die sozialen Kämpfe in der spanischen Republik behandelt. Er starb 1974.

Veröffentlichungen: *Emigrantes*, 1928 (Dt.: *Auswanderer*, 1953); *A Selva*, 1930 (Dt.: *Selva*, 1946; *Die Kautschukzapfer*, 1953); *Eternidade*, 1933; *Terra Fria*, 1935 (Dt.: *Karge Erde*, 1955); *A Tempestade*, 1940, Romane. *Pequenos Mundos*, Reisebücher, 2 Vols., 1941–44. *A Lã e a Neve*, 1947 (Dt.: *Wolle und Schnee*, 1954); *A Curva da Estrada*, 1950, Romane. *A Missão*, 1954, Novellen. *O Instinto Supremo*, Essays, 1968.

Der Gott der Seefahrer ist dem Novellenband *A Missão* entnommen.

CORREIA, Hélia

Veröffentlicht seit 1968 Gedichte in Feuilletons, Zeitschriften und Sammelbänden.

Veröffentlichungen: *O Separar das Águas*, 1981; *O Número dos Vivos*, 1982; *Montedemo*, 1983; *A Fenda Erótica*, 1988; *Soma*, 1988.

Die Erzählung *Verschwinden eines Buchhalters* wurde dem Sammelband des Verlags Caminho *Contos* (1985) entnommen.

CORREIA, João de Araújo

Geboren 1899 in Canelas de Douro. Arzt und einer der besten zeitgenössischen Erzähler des Landes. Die soziale Welt des Douro-Gebietes mit seinem Aberglauben, seinem Kampf ums Land, seiner Gewinnsucht, seinem Kult lokaler Honoratioren, seiner Unterwerfung der Frau unter die Vormundschaft des Mannes. Er starb 1985.

Veröffentlichungen: *Contos Bárbaros*, 1939; *Contos Durienses*, 1941; *Terra Ingrata*, 1946; *Três Meses de Inferno*, 1947; *Cinza do Lar*, 1951, Erzählungen. *Casa Paterna*, Novelle, 1953; *Caminho de Consortes*, 1954; *Contos da Montanha*, 1955; *Folhas de Xisto*, 1959; *Montes Pintados*, 1960, Erzählungen. *Perfil Transmontano de Trindade Coelho*, 1962; *Manta de Farrapos; Passos Perdidos*, 1967; *Horas Mortas*, 1968, Chroniken; *Rio Morto*, 1973; *Tempo Revolvido*, 1974; *Lira Familiar*, 1976, Gedichte, Vorträge, Essays, Briefe, Wissenschaftliches.

Für meinen Bischof ist dem Band *Contos Bárbaros* entnommen.

CORREIA, Natália

Geboren 1923 auf der Insel S. Miguel, Azoren. Mitarbeit in verschiedenen Zeitschriften. Unabhängige Parlamentsabgeordnete. Natália Correia starb 1993.

Veröffentlichungen: Lyrik: *Rio de Nuvens*, 1947; *Poemas*, 1955; *Dimensão Encontrada*, 1957; *Passaporte*, 1958; *Comunicação*, 1959; *Cântico do País Emerso*, 1961; *O Vinho e a Lira*, 1966; *Mátria*, 1968; *As Maçãs de Orestes*, 1970; *A Mosca Iluminada*, 1972; *O Anjo do Ocidente à Entrada do Ferro*, 1973; *Poemas a Rebate*, 1975; *Epístola aos Iamitas*, 1976; *O Dilúvio e a Pomba*, 1979; *O Armistício*, 1985; *Sonetos Românticos*, 1990; *O Sol nas Noites e o Luar nos Dias*, lyrische Gesamtausgabe, 2 vols., 1993. Prosa: *Anoiteceu no Bairro*, 1946; *A Madona*, 1968; *A Ilha de Circe*, 1983; *O Progresso de Édipo*, 1957; *O Homúnculo*, 1965; *O Encoberto*, 1969; *Erros Meus, Má Fortuna, Amor Ardente*, 1981; *As Núpcias*, 1992. Dramen: *Uma Estátua para Herodes*, 1974; *A Pécora*, 1983. *Não Percas a Rosa*, 1978, Tagebuch. Essays. Forschungsarbeiten, Reiseliteratur und Sammelbände.

Die Erzählung *Wo ist das Christkind?* ist dem Sammelband des Verlags Caminho *Contos* (1985) entnommen.

COSTA, Maria Velho da

Geboren 1938 in Lissabon. Mitarbeit beim Fernsehen und bei Filmen. 1975–78 war sie Präsidentin des portugiesischen Schriftstellerverbandes. Sie ist Mitautorin der *Novas Cartas Portuguesas.*

Veröffentlichungen: *O Lugar Comum*, 1968, Erzählungen; *Maina Mendes*, Roman, 1969; *Desescrita*, Chroniken, 1973; *Cravo*, 1976; *Casas Pardas*, 1977; *Da Rosa Fixa*, 1978; *Lucialima*, 1983; *Mapa Cor de Rosa*, 1984; *Missa in Albis*, 1988; *Dores*, 1994, Romane.

Die Erzählung *Nachtwache* ist dem Band *O Lugar Comum* entnommen.

ESPANCA, Florbela

Geboren 1894. Sie studierte zunächst in Évora. Anschließend Jurisprudenz in Lissabon. Autorin von Sonetten und Erzählungen. Nach einem sehr bewegten, doch unglücklichen Leben beging sie 1930 Selbstmord.

Veröffentlichungen: *Livro de Mágoas*, Gedichte, 1919; *Livro de Sóror Saudade*, Gedichte, 1923; *Charneca em Flor*, Gedichte, 1930; *As Máscaras do Destino*, Erzählungen, 1931 (in Auszügen dt.: *Der Rest ist Parfum*, Beck & Glückler 1994); *Diário do Último Ano*, Tagebuch, 1932; *Obras Completas de Florbela Espanca*, Hrsg. Rui Guedes, 1985.

FARIA, Almeida

Geboren als Benigno Almeida Faria 1943 in Montemor-o-Novo im Alentejo. Philosophiestudium an der Universität Lissabon. Stipendiat in Iowa-City und Berlin. Lehrt Ästhetik und Literaturtheorie an der Universität von Lissabon.

Veröffentlichungen: *Rumor Branco*, Roman, 1962; *A Paixão* (Dt.: *Passionstag*, 1968), 1968; *Cortes*, 1978; *Lusitânia*, 1980; *Cavaleiro Andante*, 1983, Romantetralogie; *O Conquistador*, Roman, 1990. Erzählungen in Zeitschriften und Sammelbänden. Übersetzung politischer Gedichte von Hans Magnus Enzensberger.

Die Novelle *Die Spaziergänge des einsamen Träumers* (Os Passeios do Sonhador Solitário) erschien 1982 mit Zeichnungen von Mário Botas im Verlag Contexto.

FERREIRA, José Gomes

Geboren 1900 in Porto. Studierte Musik und machte sich in jungen Jahren als Komponist einen Namen; studierte anschließend in Lissabon Jurisprudenz und wurde 1923 zum Konsul in Norwegen ernannt. Seinen demokratischen Anschauungen zuliebe wechselte er den Beruf, wurde Journalist und arbeitete beim Rundfunk. Seine besten Gedichte entstanden während des Spanischen Bürgerkriegs und des Zweiten Weltkriegs, konnten aber erst 1948 und 1950 erscheinen. Bedeutendster Lyriker der neo-realistischen Strömung. Er starb 1985.

Veröffentlichungen: *Lírios do Monte*, 1918; *Longe*, 1921; *Danças e Canções*, 1946. *Poesia-I*, 1948; *Homenagem Poética a Gomes Leal*, 1948; *Poesia-II*, 1950; *Eléctrico*, 1956; *Poesia-III*, 1961; *Poesia-IV*, 1970, Gedichte. *O Mundo dos Outros*, 1950; *O Mundo Desabitado*, 1960, Erzählungen; *Os Segredos de Lisboa*, Chroniken, 1962; *Aventuras Maravilhosas de João Sem Medo*, Roman, 1963; *Imitação dos Dias*, Imaginäres Tagebuch, 1966; *Tempo Escandinavo*, Erzählungen, 1969; *O Irreal Quotidiano*, Geschichten und Erfindungen, 1971. Mehrere Studien, darunter *Memória das Palavras* oder: *O Gosto de Falar de Mim*, Erinnerungen, 1965. *Poesia-V*, 1973; *Poesia-VI*, 1976; *Poeta Militante-I*, 1977; *Poeta Militante-II*, 1978; *Poeta Militante-III*, 1978, Gedichte. *Revolução Necessária*, 1975, politische Chroniken; *O Sabor das Trevas*, 1976, Roman-Allegorie; *Intervenção Sonâmbula*, 1977, Chroniken; *O Enigma da Árvore Enamorada*, Roman, 1980.

Das Fest kam mich billig! ist dem Band *O Mundo dos Outros* entnommen.

FERREIRA, Vergílio

Geboren 1916 in einem Dorf der Serra da Estrela, des größten Gebirgszugs Mittelportugals. Studierte in Coimbra Klassische Philologie und lebte bis 1959 in Évora, der Hauptstadt des Alentejo-Gebiets, Gymnasiallehrer in Lissabon. Gilt als Vertreter des portugiesischen Existentialismus. Er starb 1996.

Veröffentlichungen: *O Caminho Fica Longe*, 1943, beschlagnahmt; *Onde Tudo Foi Morrendo*, 1944; *Vagão »J«*, 1946; *Mudança*, 1949, Romane. *A Face Sangrenta*, Erzählungen, 1953; *Manhã Submersa*, 1954; *Aparição*, 1959; *Cântico Final*, 1960. *Apelo da Noite*, 1963; *Estrela Polar*, 1962; *Alegria Breve*, 1965; *Nítido Nulo*, 1971,

Romane. *Apenas Homens*, Erzählungen, 1972. *Sobre o Humanismo de Eça de Queirós*, 1943; *Do Mundo Original*, 1957; *Carta ao Futuro*, 1958; *Da Fenomenologia a Sartre*, 1962; *André Malraux*, 1963; *Espaço do Invisível I-IV*, 1965–1987; *Inovação ao Meu Corpo*, 1969, Essays. *Rápida, a Sombra*, 1974, Roman; *Contos*, 1976; *Signo Sinal*, 1979; *Para Sempre*, 1983; *Até ao fim*, 1987, Romane; *Conta-Corrente*, 5 Vols., 1981–1987, *Conta-Corrente*, Segunda Série, 3 Vols., 1989–1994; zeitkritische Tagebücher. *Em Nome da Terra*, 1990; *Na tua Face*, 1993; *Cartas a Sandra*, 1996, Romane. Zudem Verfasser von Essays.

Die Erzählung *Das Huhn* erschien 1971 erstmalig in der Zeitschrift *Colóquio*.

FONSECA, Branquinho da

Geboren 1905 als António José Branquinho da Fonseca in Mortágua, Mittelportugal, aus bürgerlicher Familie mit liberalen Traditionen. Studierte Jura an der Universität Coimbra und gehörte in seiner Jugend zum portugiesischen Modernismus, begründete und leitete die Zeitschriften *Tríptico* und *Presença*. Trat zuerst als Lyriker und Stückeschreiber hervor. Autor der Novelle *O Barão* (Der Baron), eines der Meisterwerke der zeitgenössischen Literatur Portugals: »Der typische Exponent einer geschlossenen Gesellschaft, eines mittelalterlichen Status, der noch heute absurderweise existiert«; »Der Mensch des langen Gedächtnisses, der Held in Verfügbarkeit, die schlummernde Potentialität in Reserve«; »einer jener Portugiesen« – wie Fernando Pessoa sein Heteronym Álvaro de Campos sagen ließ –, »der nach der Entdeckung Indiens arbeitslos wurde«. In den letzten Lebensjahren hat Branquinho da Fonseca hauptsächlich als Kritiker der jungen Poesie gewirkt und Erzählungen geschrieben. Er starb 1974.

Veröffentlichungen: *Poemas*, 1926; *Mar Coalhado*, 1932, Gedichte (vom Meer und Gebirge). *Zonas*, 1931; *Caminhos Magnéticos*, 1938; *Teatro I*, 1939; *Rio Turvo*, 1945, Erzählungen; *Porta de Minerva*, Roman, 1947; *Mar Santo*, 1952; *Bandeira Preta*, 1958, Erzählungen. *O Barão*, 1942, wurde 1964 von dem Dramatiker Luís de Sttau Monteiro dramatisiert.

Die kalten Hände ist dem Erzählungsband *Rio Turvo* entnommen.

FONSECA, Manuel da

Geboren 1911 in einer Kleinstadt des Alentejo-Gebiets. Besuchte in Lissabon das Gymnasium und war kaufmännischer Angestellter, Handelsreisender und Zeitschriftenredakteur. Einer der namhaftesten Vertreter der neorealistischen Bewegung, gleichermaßen in Poesie und Prosa, unmittelbar, ohne Berechnung und Kunstgriffe, gefärbt von einem sehr persönlichen, subtilen Anarchismus. Sein Thema ist seine engere Heimat, die Dorflandschaft des Alentejo, und deren soziale Veränderungen. Er starb 1993.

Veröffentlichungen: *Aldeia Nova*, Erzählungen, 1942; *Cerromaior*, Roman, 1943; *O Fogo e as Cinzas*, Erzählungen, 1953; *Seara do Vento*, Roman (beschlagnahmt) 1958 (Dt.: *Die Saat des Windes*, Beck & Glückler, 1989); *Nortada*, 1959; *Um Anjo no Trapézio*, 1968, *Tempo de Solidão*, 1973, Erzählungen; *Rosa dos Ventos*, 1940; *Planície*, 1941; *Poesias Completas*, 1958; *Obra Poética*, 1984, Gedichte. *Antologia de Fialho de Almeida*, 1984. *Crónicas Algárvias*, Chroniken, 1986.

Maria Altinha ist dem Band *Aldeia Nova* entnommen.

GOMES, Luísa Costa

Geboren 1954 in Lissabon. Studierte Philosophie an der Universität Lissabon. Gymnasiallehrerin. Arbeitet als Übersetzerin und Lektorin für unterschiedliche Verlage, schreibt und präsentiert Radio- und Fernsehsendungen.

Veröffentlichungen: *13 Contos de Sobressalto*, Erzählungen, 1981; *Arnheim & Desirée*, Roman, 1983; *O Gémeo Diferente*, Erzählungen, 1984; *O Trono e o Domínio*, Erzählung, verfaßt mit Ilda Figueiredo, 1983; *História com Recadinho*, 1986; *O Pequeno Mundo*, 1988; *Vida de Ramón*, 1991, Romane; *Nunca Nada de Ninguém*, Theater, 1991; *Ubardo Seguido de A Minha Austrália*, Theater, 1993; *Olhos Verdes*, Roman, 1994.

Paare (Glücklich sind die anderen) ist dem Band *O Gémeo Diferente* entnommen.

GOMES, Soeiro Pereira

Geboren 1909 als Joaquim Soeiro Pereira Gomes in Gestaço, Distrikt Porto. Besuchte die Landwirtschaftsschule und ging Ende der zwanziger Jahre nach Afrika, kehrte jedoch, unzufrieden mit den dortigen Arbeitsbedingungen, 1931, zurück und verdingte sich als Angestellter einer Zementfabrik in der Lissabonner Industrievorstadt Alhandra. Wegen der Organisation eines Arbeiterstreiks von der Polizei gesucht, ging er 1944 in den Untergrund, wo er 1949, kaum vierzigjährig, an Lungenkrebs starb. Vor seinem Tode arbeitete er an einem Roman *Companheiros*.

Veröffentlichungen: *Contos e Poemas*, Erzählungen und Gedichte, 1942; Kurzgeschichten und Chroniken in verschiedenen Zeitschriften, 1942/43. *Esteiros*, Roman (geschrieben 1941), 1949 (Dt.: *Esteiros*, 1954); *Engrenagem*, Roman, geschrieben 1944 und unter der Hand im Privatdruck 1950 verkauft; *Refúgio Perdido* (geschrieben zwischen 1940 und 1943), 1950, beschlagnahmt; *Crónicas*, Chroniken (1940/43), 1950. *Obras Completas*, Gesammelte Werke, die obige Titel umfassen, 1968.

Verlorene Zuflucht ist den in den vierziger Jahren geschriebenen *Contos Vermelhos* entnommen, die 1957 als Privatdruck kursierten.

CONÇALVES, Olga

Geboren 1929 in Luanda, Angola. Aufgewachsen in Portugal. Studium in England am King's College und am Queen Elisabeth College. Lehrerin in Lissabon.

Veröffentlichungen: *Movimento*, 1972; *25 Composições e 11 Provas de Artista*, 1973; *Só de Amor*, Sonette, 1975; *Três Poetas*, 1981; *Caixa Inglesa*, 1983; *O Livro de Olotolilisobi*, 1983, Gedichte. *A Floresta em Bremerhaven*, 1975; *Mandei-lhe uma Boca*, 1977; *Este Verão o Imigrante Là-Bas*, 1978; *Ora Esguardae*, 1982; *Rudolfo*, 1985; *Sara*, 1986; *Armandina e Luciano, o Traficante de Canários*, 1988, Prosa. Veröffentlichte in mehreren Anthologien portugiesische Prosa und Poesie.

Die Erzählung *Café Gôndola* wurde dem Sammelband des Verlags Caminho *Contos* (1985) entnommen.

HELDER, Herberto

Geboren 1930 als Herberto Helder de Oliveira in Funchal auf der Insel Madeira. Studierte Romanische Philologie an der Universität Lissabon. War Bibliothekar der Fundação Calouste Gulbenkian, Lissabon. Teilhaber eines Verlags. Lyriker, begann als Surrealist und ging zu experimenteller Poesie über.

Veröffentlichungen: *O Amor em Visita*, 1958; *A Colher na Boca*, 1961; *Poemacto*, 1961; *Lugar*, 1962, Gedichte. *Os Passos em Volta*, Erzählungen, 1963; *Electronicolírica*, 1964; *Húmus, Poema-Montagem*, 1967; *Retrato em Movimento*, 1967; *Ofício Cantante*, Ausgewählte Gedichte, 1967; *Vocação Animal*, 1971; *Poesia Toda*, 2 Vols., 1973; *Cobra*, 1977; *O Corpo, o Luxo, Obra*, 1978; *Photomaton e Vox*, 1979, Gedichte. *Apresentação do Rosto*, 1968; *Do Mundo*, 1994, Romane.

Theorem ist dem Band *Os Passos em Volta* entnommen.

HORTA, Maria Teresa

Geboren 1937 in Lissabon. Journalistin. Mitautorin der *Novas Cartas Portuguesas*. Redaktionschefin der Zeitschrift *Mulheres*.

Veröffentlichungen: *Espelho Inicial*, Gedichte, 1960; *Tatuagem*, in *Poesia 61*, Gedichte, 1961; *Cidadelas Submersas*, 1961; *Verão Coincidente*, 1962; *Amor Habitado*, 1963; *Candelabro*, 1964; *Jardim de Inverno*, 1966; *Cronista não é Recado*, 1967; *Minha Senhora de Mim*, 1971 (beschlagnahmt); *Educação Sentimental*, 1975; *Mulheres de Abril*, 1979; *Poesia Completa I e II*, 1982; *Os Anjos*, 1983, Gedichte. *Ambas as Mãos sobre o Corpo*, 1970; *Novas Cartas Portuguesas*, mit Maria Velho da Costa und Maria Isabel Barreno, 1973 (beschlagnahmt); *Ana*, 1974; *Transfer in Feminino Plural*, 1984; *Ema*, 1984; *Cristina*, 1985, Romane; *Antologia Poética*, 1994, Gedichte; *A Paixão Segundo Constança H.*, Roman, 1994.

Lídia ist dem Sammelband *Contos* (1985) des Verlags Caminho entnommen.

JORGE, Lídia

Geboren 1946 in Boliqueime, Algarve. Studium der Romanistik in Lissabon. Während des Kolonialkriegs verbrachte sie einige Jahre in Angola und Moçambique. Gymnasiallehrerin.

Veröffentlichungen: Romane: *O Dia dos Prodígios*, 1980 (Dt.: *Der Tag der Wunder*, Beck & Glückler 1989); *O Cais das Merendas*, 1982; *Notícia da Cidade Silvestre*, 1984; *A Costa dos Murmúrios*, 1988; *A última Dona*, 1992; *A Instrumentalista*, 1992; *Um Amigo que Passa*, 1995; *O Jardim sem Limites*, 1995. Zudem Theaterstücke und ein Kinderbuch. Auch die späteren Romane wurden ins Deutsche übersetzt.

Zeugin ist der Zeitschrift *Colóquio Letras*, Nr. 73 (Mai 1983) entnommen.

LLANSOL, Maria Gabriela

Geboren 1931 in Lissabon. Studium der Jurisprudenz bis 1955 mit Licenciatura; gleichzeitiges Studium der Pädagogik bis 1957. Sie lebt und arbeitet seit 1965 in Lüttich.

Veröffentlichungen: *Os Pregos na Erva*, Erzählungen, 1962, welche die Kritik nicht einzustufen wußte. *Depois de Os Pregos na Erva*, 1973; *O Livro das Comunidades*, 1977; *A Restante Vida*, 1983; *Causa Amante*, 1984; *Na Casa de Julho e Agosto*, 1984; *Um Falcão no Punho*, 1985; *Contos do Mal Errante*, 1986; *Finita*, Tagebuch, 1988; *Da Sebe ao Ser*, 1988; *Um Beijo Dado Mais Tarde*, 1990, Romane.

Die umzingelten Körper ist ihrem ersten Buch *Os Pregos na Erva* entnommen.

LOSA, Ilse

Geboren 1913 als Ilse Lieblich in Buer, Bezirk Osnabrück. Abitur und Beginn eines Studiums, zu dessen vorzeitigem Abbruch sie als Jüdin von den Behörden des Naziregimes gezwungen wurde. Emigration nach Portugal. Lebt seitdem in Porto, verheiratet mit dem Architekten Arménio Losa, der vor einigen Jahren starb. Leitete einen Kindergarten und arbeitete an mehreren Zeitungen und Zeitschriften mit, auch als Lektorin für deutsche Literatur beim Lissaboner Verlag Livros do Brasil, als Lektorin für portugiesische Literatur bei deutschen Verlagen. Übersetzte Bertolt Brecht, Thomas Mann, Anna Seghers, Max Frisch u. a. ins Portugiesische. Mitherausgeberin von Anthologien portugiesischer Erzählungen in DDR-Verlagen.

Veröffentlichungen: *O Mundo em que vivi*, Roman, 1959 (Dt. *Die Welt in der ich lebte*, Beck & Glückler 1991); *Histórias Quase Esquecidas*, Erzählungen, 1951; *Grades Brancas*, Gedichte in Prosa, 1951; *Rio sem Ponte*, Roman, 1952; *O Papel do Cinema na Vida da Criança*, Essay, 1954; *Nós e a Criança*, Ein Buch für die Eltern, 1954; *A Flor Azul*, Geschichten für Kinder, 1955; *Aqui houve uma Casa*, Erzählungen, 1955; *Um Fidalgo de Pernas Curtas*, Kinderroman, 1958; *Retta ou o Ciume da Morte*, Novelle, 1958; *Ida e Volta*, Reisebuch,

1960; *Sob Céus Estranhos*, Roman, 1961 (Dt. *Unter fremden Himmeln*, Beck & Glückler 1991); *Duas Peças Infantis*, Kindertheaterstücke; *Um Artista Chamado Duque*, Kindergeschichten, 1964; *Encontro no Outono*, Erzählungen, 1966; *A Adivinha*, Kindertheaterstück, 1967; *O Quadro Roubado*, Kindergeschichten, 1971; weitere Kinderbücher.

Eine Geschichte ohne Überraschungen ist dem Erzählungsband *Aqui houve uma Casa* entnommen.

MELO, João de

Geboren 1949 auf der Azoreninsel São Miguel. Studierte Romanische Philologie an der Universität Lissabon. Teilnahme am Kolonialkrieg (1971–1974). Gymnasiallehrer. Verfasser von Romanen, Erzählungen, Essays, Chroniken und Gedichten.

Veröffentlichungen: *Histórias de Resistência*, Erzählungen, 1975; *As Memórias de Ver Matar e Morrer*, Roman, 1977; *Navegação da Terra*, Gedichte, 1980; *O Meu Mundo não é deste Reino*, 1983; *Autópsia de um Mar de Ruínas*, 1984, Romane; *Entre Pássaro e Anjo*, Erzählungen, 1986; *Gente Feliz com Lágrimas*, Roman, 1988 (»Grande Prémio do Romance e da Novela« der APE); *Bem-Aventuranças*, Erzählungen, 1992; *O Homem Suspenso*, Roman, 1996.

Von der Liebe größer als das Leben ist dem Band *Bem-Aventuranças*, © 1992 João de Melo, entnommen.

MIGUÉIS, José Rodrigues

Geboren 1901 in Lissabon. Studierte Jura, wurde aber wegen seiner fortschrittlichen Überzeugungen von der Universität relegiert. Mit zwanzig Jahren Mitarbeiter demokratischer Zeitungen und Zeitschriften. Präsident der »Vereinigung der republikanischen Jugend«, einer der ersten ›Jungen‹ von *Seara Nova.* Studierte 1929 bis 1933 Psychologie und Pädagogik in Brüssel. Wanderte 1935 aus politischen Gründen in die USA aus, wo er als Redakteur von »Reader's Digest« arbeitete, kehrte 1947 nach Portugal zurück, lebte 1949/50 in Brasilien und wohnte seit 1957 als Übersetzer abwechselnd in den USA und Portugal. Das Hauptelement seiner Bilderwelt sind seine Kindheit in Lissabon und seine Jugend in Belgien; sein Hauptthema sind die Einheit und die Verantwortlichkeit der Person. Er starb 1980.

Veröffentlichungen: *Páscoa Feliz*, Novelle, 1932; *Onde a Noite se Acaba*, Erzählungen und Novellen, 1946; *Léah e outros Contos* (Camilo-Castelo-Branco-Preis) 1958, Erzählungen; *Uma Aventura Inquitante*, Roman, 1959; *Um Homem Sorri à Morte com Meia Cara*, Autobiographische Erzählung, 1959; *A Escola do Paraíso*, Roman, 1960; *O Passageiro do Expresso*, Theaterstück, 1960; *Gente da Terceira Classe*, Erzählungen und Novellen, 1962; *É Probido Apontar*, Überlegungen eines Bürgers, 1965; *Nikolai! Nikolai!*, Romanfantasie, 1971; *O Comércio com o Inimigo*, 1973, Erzählungen; *O Milagre Segundo Salomé*, 2 Bände, 1975, Roman.

Léah ist die Titelgeschichte des gleichnamigen Erzählungsbandes.

MOURÃO-FERREIRA, David

Geboren 1927 als David de Jesus Mourão-Ferreira in Lissabon. Studierte Romanische Philologie, war anschließend Assistent an der Romanischen Fakultät. Kodirektor von *Távola Redonda* und Redakteur von *Seara Nova* und *Graal*. Professur für französische Literatur, Chefredakteur (*A Capital*), Staatssekretär für Kultur (1976–79). Essayist, Lyriker, Romancier, Kritiker. Direktor der Bibliothek der Fundação Calouste Gulbenkian und des »Colóquio/Letras«. Er starb 1996.

Veröffentlichungen: *A Secreta Viagem*, 1950; *Tempestade de Verão*, 1954; *Os Quatro Cantos do Tempo*, 1958; *In memoriam Memoriae*, 1962; *Infinito Pessoal*, 1962; *Do Tempo ao Coração*, 1966; *Cancioneiro do Natal*, 1971; *Matura Idade*, 1973; *Órfico Ofício*, 1978; *Entre a Sombra e o Corpo*, 1980; *Ode à Música*, 1980; *Os Ramos os Remos*, 1985, Gedichte. *Gaivotas em Terra*, 1959; *O Viúvo*, 1962, Romane. *Os Amantes*, 1968; *As Quatro Estações*, 1980, Erzählungen. *O Irmão*, Drama, 1965. *Vinte Poetas Contemporâneos*, 1960; *Aspectos da Obra de M. Teixeira-Gomes*, 1961; *Motim Literário*, 1962; *Hospital das Letras*, 1966; *Discurso Directo*, 1969; *Tópicos de Crítica e de História Literária*, 1969, *Lâmpadas no Escuro*, 1979, und weitere Essays. *Um Amor Feliz*, 1986; *Jogo de Espelhos*, 1993, Romane.

Die Liebenden ist die Titelgeschichte des Erzählungsbandes *Os Amantes*.

NAMORA, Fernando

Geboren 1919 als Fernando Gonçalves Namora in Condeixa, einem Dorf des mittleren Küstengebiets, als Sohn von Kleinbürgern bäuerlicher Herkunft. Studierte Medizin in Coimbra und schloß sich dort der Gruppe neorealistischer Schriftsteller an. Dann praktischer Arzt, erst in mehreren Landgebieten, später in Lissabon. 1965 gab er seine Praxis auf und teilte seine Zeit zwischen seiner Tätigkeit als Arzt und dem Beruf eines malenden Schriftstellers. Seine Werke wurden in 20 Sprachen übersetzt. Er starb 1989.

Veröffentlichungen: *Cabeças de Barro* (mit Carlos de Oliveira und Artur Varela), Erzählungen, 1937; *Relevos*, Gedichte, 1938; *As Sete Partidas do Mundo*, Roman, 1938; *Mar de Sargaços*, Gedichte, 1940; *Terra*, Gedichte, 1941; *Fogo na Noite Escura*, Roman, 1943, 1971 (revidiert); *Casa da Malta*, Novelle, 1945; *Minas de S. Francisco*, Roman, 1946 (Dt.: *Gold aus schwarzen Steinen*, 1966); *Retalhos da Vida de um Médico*, Erzählungen, erste Serie, 1949 (Dt.: *Landarzt in Portugal*, 1958); *A Noite e a Madrugada*, Roman, 1950; *Deuses e Demónios da Medicina*, romancierte Biographien, 1952; *O Trigo e o Joio*, Roman, 1954 (Dt.: *Spreu und Weizen*, 1963); *O Homem Disfarçado*, Roman, 1957 (Dt.: *Der Mann mit der Maske*, 1974); *Cidade Solitária*, Erzählungen, 1959; *As Frias Madrugadas*, Gesammelte Gedichte, 1959; *Domingo à Tarde*, Roman, 1961 (Dt.: *Sonntagnachmittag*, 1962); *Esboço Histórico do Neo-Realismo*, Essay, 1961; *Deuses e Demónios*, romancierte Biographien (zweite Fassung in zwei Bänden), 1963; *Retalhos da Vida de um Médico*, Erzählungen, zweite Serie, 1963 (Dt. *Landarzt in Portugal*, Erinnerungen, 1992); *Diálogo em Setembro*, romancierte Chronik, 1966; *Um Sino na Montanha*, Tagebuch eines Schriftstellers, 1968; *Marketing*, Gedichte, 1969; *Os Adoradores do Sol*, 1971; *Os Clandestinos*, 1972, Roman; *Estamos no Vento*, 1974; *A Nave de Pedra*, 1975; *Cavalgada Cinzenta*, 1976, Erzählungen; *Resposta a Matilde*, Divertimento, 1980; *Nome para uma Casa*, Gedichte, 1982; *O Rio Triste*, 1982 (Dt.: *Der traurige Fluß*, 1985); *Sentados na Relva*, 1986, Romane; *Jornal sem Data*, 1988, Tagebuch.

Picknick ist dem Erzählband *A Cidade Solitária* entnommen.

NEMÉSIO, Vitorino

Geboren 1901 auf der Insel Terceira, Azoren, als »Azorianer von dreizehn Generationen«. Gymnasium, Infanterist am Ende des Ersten Weltkriegs. Büroangesteller in Lissabon. Reporter bis zum Pressestreik 1921. Revisor der Universitätsdruckerei Coimbra, Student der Jurisprudenz und Philosophie. Militanter akademischer Republikaner. Gehörte zur Gruppe *Tríptico*, Vorläufer von *Presença*. Promovierte in Lissabon 1931. Lektor in Montpellier. Assistent an der Universität Brüssel 1937/39. Ordinarius, später Dekan an der Philosophischen Fakultät in Lissabon. Gastprofessor in Bahia und Rio de Janeiro 1952/58. Gedichte in Französisch, Spanisch. Mitglied der Academia das Ciências, Lissabon. Nationalpreis für Literatur. Sein ganzes Werk fußt auf dem Schauplatz seiner Kindheit: der Insel. Dort spielen Romane und Erzählungen. Das von üppiger Vegetation überwucherte Lavagestein verdichtet sich in seinem Werk zur mythischen Realität. Er starb 1978.

Veröffentlichungen: Gedichte: *La Voyelle Promise*, 1935; *O Bicho Harmonioso*, 1938; *Eu, Comovido a Oeste*, 1940; *Festa Redonda*, 1949; *Nem Toda a Noite a Vida*, 1952; *O Pão e a Culpa*, 1955; *O Verbo e a Morte*, 1959; *O Cavalo Encantado*, 1963; *Andamento Holandês e Outros Poemas*, 1966; *Canto de Véspera*, 1966; *Violão de Morro*, 1968; *Limite de Idade*, 1972; *Poemas Brasileiros*, 1972; *Sapateira Açoriana*, 1976. Romane: *Varanda de Pilatos*, 1926; *Mau Tempo no Canal*, 1944. *O Mistério do Paço do Milhafre*, 1949, Erzählungen. Geschichtliche Studien, Kritiken, Reiseberichte, Essays.

Quallenkopf ist dem Band *O Mistério do Paço do Milhafre* entnommen.

NUNES, Natália

Geboren 1921 als Maria Natália Nunes de Carvalho in Lissabon. Absolvierte 1949 bis 1956 in Coimbra ihre Ausbildung als Bibliothekarin, war 1955 Stipendiatin der französischen Regierung an der Nationalbibliothek von Paris. Von 1957 bis 1958 Konservatorin des Nationalarchivs der Torre do Tombo; seither arbeitet sie als Bibliothekarin der Hochschule für Bildende Künste.

Veröffentlichungen: *Horas Vivas*, Kindheitserinnerungen, 1952; *Autobiografia de uma Mulher Romântica*, Roman, 1955; *Uma Portuguesa em Paris*, Reisenotizen, 1956; *A Mosca Verde*, Erzählungen,

1957; *Regresso ao Caos*, Roman, 1960; *Assembleia de Mulheres*, Roman, 1964; *O Caso de Zulmira L.*, Novelle, 1967; *Ao Menos um Hipopótamo*, Geschenkerzählung des Verlags Estúdios Cor, 1967; *A Nuvem, Estória de Amor*, 1971; *A Cabeça de Abóbora*, 1971. Übersetzte Violette Leduc, Elsa Triolet, Roger Portal u. a.

Die grüne Mücke ist die Titelgeschichte des Bandes *A Mosca Verde*.

OLIVEIRA, Carlos de

Geboren 1921 in Belém, Brasilien, kam als Kind nach Portugal. Licenciatura an der Universität Coimbra in Geschichte und Philosophie. Gehörte mit Fernando Namora und Manuel da Fonseca zur Gruppe *Novo Cancioneiro* des Neorealismus. Er ist der einzige, der neben dem Romancier noch heute als Lyriker besteht. Sein Werk fußt auf der Erlebniswelt des Gebiets von Gândara: angstvolle Stumpfheit, Entbehrungen, unablässig aufgeschobene Hoffnungen voller Klage und Aufruhr. Carlos de Oliveira starb 1981 in Lissabon.

Veröffentlichungen: *Turismo*, Gedichte, 1942; *Casa na Duna*, Roman, 1943 (Dt. *Haus auf der Düne*, Beck & Glückler 1989); *Alcateia*, Roman, 1944; *Mãe Pobre*, 1945; *Colheita Perdida*, 1948; *Descida aos Infernos*, 1949; *Terra de Harmonia*, 1950, Gedichte; *Uma Abelha na Chuva*, Roman, 1954 (Dt.: *Eine Biene im Regen*, Beck & Glückler 1987); *Pequenos Burgueses*, Roman, 1958 (Dt. *Kleinbürger*, Beck & Glückler 1991); *Poesias*, 1962; *Sobre o Lado Esquerdo*, 1968; *Micropaisagem*, 1969, Gedichte; *O Aprendiz do Feiticeiro*, Texte, 1971; *Entre Duas Memórias*, Gedichte, 1971; *Trabalho Poético*, 2 Vols., Gedichte, 1977/78; *Finisterra*, Roman, 1979.

Die Flucht (1961 und 1967) ist dem Sammelband *O Aprendiz do Feiticeiro* entnommen.

PESSOA, Fernando

Als António Nogueira de Seabra 1888 in Lissabon geboren und daselbst 1935 gestorben. Studium in Kapstadt und Lissabon ohne Abschluß. Übersetzer und Handelskorrespondent. Der Verschiedenheit und Widersprüchlichkeit seiner Gedichte und Prosatexte entspricht die Annahme unterschiedlicher Heteronyme: Alberto Caeiro, Álvaro de Campos, Ricardo Reis, u. a.

Veröffentlichungen: *Antonious* (englisch), 1918; *35 Sonnets*, 1918; *English Poems*, 3 Vols., 1922; *Poesias de Fernando Pessoa; Poesias de Álvaro de Campos; Poesias de Alberto Caeiro; Odes de Ricardo Reis; Mensagem de Fernando Pessoa*, 5 Vols., 1945–51; *Poesias Ineditas*, 1955; *Livro do Desassossego*, 1982.

Gedicht VIII aus *O Guardador de Rebanhos* (1911–1912) von Alberto Caeiro in der Übersetzung von Georg Rudolf Lind (1983) ist dem Band «Fernando Pessoa *Alberto Caeiro. Dichtungen/ Ricardo Reis. Oden*», © 1986 by Ammann-Verlag & Co. Zürich, entnommen.

PIRES, José Cardoso

Geboren 1925 in Pêso, einem Dorf Mittelportugals, aufgewachsen in Lissabon. Begann zu studieren, war Handels- und Werbeagent, Hafenaufseher, kaufmännischer Angestellter. Dolmetscher und Übersetzer aus dem Englischen, Mitarbeiter eines Verlags und einer Zeitschrift. Feuilleton-Redakteur der Tageszeitung »Diário de Lisboa«. Gastprofessor für Luso-Brasilianische Literatur am King's College, London. Lebt in Lissabon als freier Schriftsteller.

Veröffentlichungen: *Os Caminheiros e Outros Contos*, Erzählungen, 1946; *Histórias de Amor*, Erzählungen, 1952, beschlagnahmt; *Cartilha do Marialva*, Essay, 1960; *O Render dos Heróis*, Drama, 1960; *Jogos de Azar*, Erzählungen, 1963; *O Hóspede de Job*, Roman, 1963 (Camilo-Castelo-Branco-Preis); *O Delfim*, Roman, 1968 (Dt.: *Der Dauphin*, 1972). *Dinossauro Excelentíssimo*, Fabel, 1972 (Dt.: *Seine Exzellenz der Dinosaurus*, 1978); *E agora, José?*, Essays, 1977; *O Burro em Pé*, Erzählungen, 1979; *Corpo-Delito, Na Sala da Espera*, Theaterstücke, 1980; *A Balada da Praia dos Cães*, Roman, 1982 (Großer Roman- und Novellenpreis) (Dt. *Ballade vom Hundestrand*, 1990); *Alexandra Alpha*, 1987; *A República dos Corvos*, 1988, Romane; *O Cavalo no Diabo*, Chroniken, 1994.

Die Chinesen ist dem dem Erzählband *O Burro em Pé* entnommen.

REDOL, Alves

Geboren 1911 als António Alves Redol in der Kleinstadt Vila Francade Xira im Ribatejo-Gebiet von armen Eltern und gestorben 1969 in Lissabon. Lehrling einer Lebensmittel- und Tuchhandlung, Büroangestellter, Autoreifenverkäufer, Werbeagent und Setzer. Vom sechzehnten bis zum neunzehnten Lebensjahr in Portugiesisch-Angola, Besuch der Handelsschule und Privatlehrer. Einer der wichtigsten Neorealisten und von Jorge Amado beeinflußter Erneuerer des portugiesischen Romans, der die soziale Dramatik seiner engeren Heimat anpackte.

Veröffentlichungen: *Glória*, 1938; *Gaibéus*, 1940; *Marés*, 1941; *Avieiros*, 1942; *Fanga*, 1943; *Porto Manso*, 1946; Portwein-Zyklus in drei Bänden, 1943–1953; *Olhos de Água*, 1954; *A Barca dos Sete Lemes*, 1958; *Uma Fenda na Muralha*, 1959; *O Cavalo Espantado*, 1960; *O Barranco dos Cegos*, 1962; *O Muro Branco*, 1966, Romane. *Teatro I, II, III*, 1966; *Nasci com Passaporte de Turista*, 1939; *Espólio; O Comboio das Seis; Noite Esquecida; Constantino Guardador de Vacas e de Sonhos; Histórias Afluentes*, Erzählungen. Kinderbücher, Studien, Vorträge. *Romanceiro Geral do Povo Português*, Sammlung portugiesischer Volkslyrik, 1964.

Die Nelke ist *Olhos de Água*, dem »kleinen Roman eines Städtchens ohne Geschichte« entnommen, der ein unzusammenhängendes Gemisch aus Roman, Chronik, Erzählung und Novelle ist.

RÉGIO, José

Geboren 1901 als José Maria dos Reis Pereira in Vila do Conde, in der nördlichsten Küstenprovinz Minho. Studierte Romanische Philologie an der Universität Coimbra. Mitbegründer der Zeitschrift *Presença*. War Gymnasiallehrer in Portalegre, Südportugal. Starb dort 1969. Die Hauptelemente seines aus dem Blickfeld kritischer Introspektion geschaffenen umfangreichen Werks sind: die Antinomie mit der Welt, die Unmöglichkeit echter Kommunikation.

Veröffentlichungen: *Poemas de Deus e do Diabo*, 1925, bis *Colheita da Tarde*, 1975, 10 Vols., Gedichte. *Jogo de Cabra Cega*, Roman, 1934 (verboten); *Davam Grandes Passeios aos Domingos*, 1941, Erzählungen; *O Príncipe com Orelhas de Burro*, 1942; *A Velha Casa*, Zyklus von fünf Romanen, 1945–1966, Romane. *Histórias de Mulheres*, Erzählungen, 1947; *Há Mais Mundos*, romancierte Bekenntnisse, 1962; Theaterstücke, Herausgeber von Sammlungen portugiesischer Dichtung; sechs Bände Kritik und Essay, 1936–1967; *Páginas do Diário Íntimo*, Tagebuchauszüge, 1995.

Fräulein Olímpia und ihr Dienstmädchen Belarmina entstammt dem Band *Histórias de Mulheres*.

REIS, Jorge

Geboren in Vila Franca de Xira, 1926. Lebt seit 1949 in Frankreich.

Veröffentlichungen: *A Gula,* in: *Os Sete Pecados Mortais; O Pesadelo*, in: *Histórias Breves de Escritores Ribatejanos*, 1968, Erzählungen; *Matai-Vos uns aos Outros*, Roman, 1963 (Camilo-Castelo-Branco-Preis); Chroniken in »Gazeta de Coimbra«, »Vértice« und »Diário de Lisboa«; gesammelt in *O Beco dos Comprades. Aquilino em Paris*, 1987, über Aquilino Ribeiro.

Also sprach Scheherazade ist dem Sammelband des Verlags Caminho *Contos*, 1985, entnommen.

RIBEIRO, Aquilino

Geboren 1885 in Carregal, einem Dorf in der Provinz Beira, als unehelicher Sohn eines Paters und einer Bäuerin. Philosophiestudium, dann auf Wunsch der Mutter Aufnahme in ein Priesterseminar, das er aber mangels Berufung vorzeitig verließ. 1907 Emigration nach Frankreich und Deutschland, als Folge einer Beteiligung an einer antimonarchistischen Verschwörung und der Entdeckung einiger Ladungen Dynamit, die er in seinem Zimmer versteckt hatte. Studium an der Sorbonne. Dann Rückkehr, 1914. Unterrichtete am Liceu Camões. 1919 Bibliothekar. Beteiligung an antidiktatorischen Verschwörungen, Verhaftung, erneute Exilaufenthalte. Wurde 1932 amnistiert und lebte fortan in Portugal. Er starb 1963.

Veröffentlichungen u. a.: Erzählungen: *Jardim das Tormentas*, 1913; *Estrada de Santiago* mit *O Malhadinhas*, 1922; *Quando ao Gavião Cai a Pena*, 1935; *Arca de Noé I, Arca de Noé II* und *Arca de Noé III*, 1963. Romane und Novellen: *A Via Sinuosa*, 1918; *Terras do Demo*, 1919; *Filhas de Babilónia*, 1920; *Romance da Raposa*, 1924; *Andam Faunos pelos Bosques*, 1926; *O Homem que Matou o Diabo*, 1930; *A Batalha sem Fim*, 1932; *As Três Mulheres de Sansão*, 1932; *Maria Benigna*, 1933; *Aventura Maravilhosa*, 1936; *S. Bonaboião, Anacoreta e Mártir*, 1937; *Mónica*, 1939; *O Servo de Deus e A Casa Roubada*, 1941; *Volfrâmio*, 1943; *Lápides Partidas*, 1945; *Caminhos Errados*, 1947; *O Arcanjo Negro*, 1947; *Cinco Réis de Gente*, 1948; *A Casa Grande de Romarigães*, 1957; *Quando os Lobos Uivam*, 1958 (Dt.: *Wenn die Wölfe heulen*, 1965), ein Roman, der ihm einen Prozeß wegen »Unehrerbietigkeit gegen die Regierung« einbrachte; *Casa do Escorpião*, 1963. Theaterstücke, biografische, literarische und geographisch-landeskundliche Studien.

Das Fell für die Trommel ist dem Sammelband *Portugiesische Erzähler* des Aufbau-Verlags, 1962, entnommen. Portugiesisch in *Jardim das Tormentas*.

RODRIGUES, Urbano Tavares

Geboren 1923 in Lissabon, aufgewachsen im Alentejo-Gebiet. Studium der Romanischen Philologie an der Universität Lissabon mit Licenciatura. 1949–1955 Lektor für Portugiesisch an der Universität Montpellier, Aix-Marseille, Paris. Dann Dozent an der Universität Lissabon, Journalist, Schriftsteller. Mehrfach von der Geheimpolizei PIDE verhaftet. Als Redakteur der Tageszeitung »Diário de Lisboa« hat er Europa, Kleinasien, Portugiesisch-Indien und Brasilien bereist. Mitarbeiter zahlreicher Zeitungen und Zeitschriften. Lehrt heute an der Universität Lissabon.

Veröffentlichungen: *A Porta dos Limites*, 1952; *Vida Perigosa*, 1955; *A Noite Roxa*, 1956; *Uma Pedrada no Charco*, 1958; *As Aves de Madrugada*, 1959; *Nus e Suplicantes*, 1960; *Dias Lamacentos, Imitação da Felicidade*, 1965; *Bastardos do Sol*, 1959; *Os Insubmissos*, 1961; *Exílio Perturbado*, 1962; *Despedidas de Verão*, 1967; *Casa de Correcção*, 1968; *Horas Perdidas*, 1968; *Contos de Solidão*, 1970; *Estrada de Morrer*, 1972; *Estórias Alentejanas*, 1977; *Desta Água Beberei*, 1979; *Fuga Imóvel*, 1982; *Oceano oblíquo*, 1985; *A Vaga de Calor*, 1986 (dt. *Die Hitzewelle*, 1997); *Filipa, Nesse Dia*, 1988; *Violeta e a Noite*, 1991; *Deriva*, 1993; *A Hora da Incerteza*, 1995, Romane und Erzählungen. Reisebücher, Chroniken und Essays.

Der falsche Forscher ist dem Erzählband *Nus e Suplicantes* entnommen.

SARAMAGO, José

Geboren 1922 als Sohn eines Landarbeiters in Azinhaga, Provinz Ribatejo. Technischer Zeichner, Angestellter, Verlagslektor, Literaturkritiker und Redakteur. Lebt als freier, vielfach ausgezeichneter und geehrter Schriftsteller auf Lanzarote.

Veröffentlichungen: *Os Poemas Possíveis*, Gedichte, 1966; *Provavelmente Alegria*, Gedichte, 1970; *Deste Mundo e do Outro*, Gedichte, 1971; *A Bagagem do Viajante*, Roman, 1973; *As Opiniões que o DL teve*, Roman, 1976; *Manual de Pintura e Caligrafia*, Roman, 1977; *Objecto Quase*, Erzählungen, 1978; *Poética dos Cinco Sentidos*, Sammelband; *O Ouvido*, 1979; *A Noite*, Drama, 1979; *Levantado do Chão*, Roman, 1979; *Que Farei com este Livro?*, Drama, 1980; *Viagem a Portugal*, Reisebuch, 1981; *Memorial do Convento*, Roman, 1982; *O Ano da Morte de Ricardo Reis*, Roman, 1984; *A Jangada de Pedra*, Roman, 1986; *A Segunda Vida de Francisco de Assis*, Drama, 1987; *História do Cerco de Lisboa*, 1989; *O Evangelho Segundo Jesus Cristo*, 1991, Romane; *In Nomine Dei*, Drama, 1993. Essays und Tagebücher. Die Romane des Autors sind zum großen Teil auf deutsch übersetzt.

Embargo ist dem Erzählband *Objecto Quase* entnommen.

SENA, Jorge de

Geboren 1919 in Lissabon. Studierte Ingenieurwesen in Porto. Hat in den portugiesischen Überseeprovinzen gelebt, Europa und Afrika bereist, von 1959 bis 1964 an brasilianischen Universitäten Literaturtheorie und Portugiesische Literatur gelehrt. Gastprofessor für Luso-Brasilianische Literatur an der Universität Madson (Wisconsin) und Santa Barbara (Kalifornien). Lyriker, Erzähler, Dramaturg, Essayist und Kritiker. Übersetzer und Herausgeber englischer und amerikanischer Schriftsteller. Autor einer *História da Literatura Inglesa*. Er starb 1978.

Veröffentlichungen (über 100 Bücher): *Perseguição*, 1942; *Coroa da Terra*, 1946; *Pedra Filosofal*, 1950; *As Evidências*, 1955; *Fidelidade*, 1958; *Poesia I, Metamorfoses*, 1963, Gedichte. *O Indesejado*, Verstragödie, 1951; *Andanças do Demónio*, 1966, Erzählungen. *O Reino da Estupidez I*, 1961, *II*, 1978 über Portugal. Literarische Studien, darunter *Uma Canção de Camões e o Soneto Quinhentista Peninsular* und *Fernando Pessoa e sua Heterónima. Os Grão-Capitães*, Erzählungen, 1976; *Sinais de Fogo*, Roman, 1979; *O Físico Prodigioso*, Novelle, 1977 (Dt. *Der wundertätige Physikus*, 1989); *Antigas e Novas Andanças do Demónio*, 1978. *Amparo da Mãe, e mais Cinco Peças em Um Acto*, Theater, 1974. *Poesia II*, 1978; *Poesia III*, 1978; *Visão Perpétua*, Gedichte, 1982; *Post-Scriptum II*, 2 Vols., 1985 u.v.a.

Super Flumina Babylonis ist dem Band *Novas Andanças do Demónio* entnommen.

TORGA, Miguel

Geboren 1907 als Adolfo Rocha in S. Martinho de Anta, in der nördlichen Gebirgsprovinz Trás-os-Montes. Nach kurzem Aufenthalt in einem Priesterseminar wanderte er mit 13 Jahren nach Brasilien aus und arbeitete dort auf der Plantage eines Onkels. Kehrte mit 18 Jahren zurück und studierte Medizin. Lebte als Landarzt und Schriftsteller, abseits der gängigen Literaturströmungen. Vielleicht wählte der Autor, der viele Jahre als Arzt in Coimbra lebte, von seinem dritten Buch an für sein Pseudonym den Vornamen des von ihm bewunderten Unamuno und als Nachnamen das in seiner Gebirgsheimat wuchernde Heidekraut. Das Werk des Lyrikers, Romanciers, Erzählers, Essayisten, Tagebuchschreibers und Dramaturgen umfaßt heute einige Dutzend Bände, von denen einige der Zensur zum Opfer fielen. Die meisten Bücher Miguel Torgas, der sich bis 1987 hartnäckig der Öffentlichkeit verweigerte, erschienen im Selbstverlag. Miguel Torga starb 1995.

Gedichte: *Ansiedade*, 1928; *Rampa*, 1930; *Tributo*, 1931; *Abismo*, 1932; *O Outro Livro de Job*, 1936; *Lamentação*, 1943; *Libertação*, 1944; *Odes*, 1946; *Nihil Sibi*, 1948; *Cântico do Homem*, 1950; *Alguns Poemas Ibéricos*, 1952; *Penas do Purgatório*, 1954; *Orfeu Rebelde*, 1958; *Câmara Ardente*, 1962; *Poemas Ibéricos*, 1965; *Antologia Poética*, 1981. Prosa: *Pão Azimo*, 1931; *A Terceira Voz*, 1934; *Bichos*, 1940 (Dt.: *Tiere*, Beck & Glückler 1989); *Contos da Montanha*, 1941 (nach Erscheinen beschlagnahmt); *O Senhor Ventura*, 1943 (Dt. *Senhor Ventura*, Beck & Glückler 1992); *Um Reino Maravilhoso*, 1941; *Rua*, 1942; *O Porto*, 1944; *Portugal*, 1950; *Pedras Lavradas*, 1951 (Dt. *Findlinge*, Beck & Glückler 1993); *Novos Contos da Montanha*, 1944 (Dt.: *Neue Erzählungen aus dem Gebirge*, Beck & Glückler 1989); *Vindima*, 1945 (Dt.: *Weinlese*, 1965, Neuauflage Beck & Glückler 1997); *Traço de União*, 1955; *Fogo Preso*, 1976. Autobiografie: *A Criação do Mundo*, 1. bis 6. Tag, 1937–1981 (teilweise beschlagnahmt) (Dt. *Die Erschaffung der Welt*, Beck & Glückler 1991). Tagebücher: *Diário*, 1.–16. Band, 1941–1993. Theaterstücke: *Terra Firme*, 1941; *O Paraíso*, 1949; *Sinfonia*, 1947; *Mar*, 1941.

Der Große-Seele ist dem Erzählband *Novos Contos da Montanha* (Dt. *Neue Erzählungen aus dem Gebirge*, Beck & Glückler, 1989) entnommen.